LE CHANT

OUVRAGES DES MÊMES AUTEURS

HENRI LAVOIX Fils

Les Traducteurs de Shakespeare en musique, in-8°. Baur et Detaille, éditeurs.
La Musique dans la nature, in-8°. Pottier de Lalaine, éditeur.
La Musique dans l'imagerie du moyen âge, grand in-8°. Pottier de Lalaine, éditeur.
Histoire de l'Instrumentation depuis le seizième siècle jusqu'à nos jours. Ouvrage récompensé par l'Institut; grand in-8°. Firmin-Didot et Cie.

THÉOPHILE LEMAIRE

L'Art du Chant. Opinions sur les chanteurs anciens et modernes, ou observations sur le Chant figuré, par Pierfrancesco Tosi. Ouvrage imprimé à Bologne en 1723, traduit de l'italien et augmenté d'exemples et de notes, par THÉOPHILE LEMAIRE; in-12. Paris, 1874. Rothschild, éditeur. (En vente chez Baur.)
L'Art du Chant en Italie au XVIIe siècle et au XVIIIe siècle; in-8°. (Chronique musicale.)

LE
CHANT

SES PRINCIPES

ET

SON HISTOIRE

PAR

THÉOPHILE LEMAIRE ET HENRI LAVOIX FILS

PARIS

AU MÉNESTREL, 2 *bis*, RUE VIVIENNE

HEUGEL ET FILS

ÉDITEURS DES MÉTHODES ET SOLFÈGES CLASSIQUES DU CONSERVATOIRE

1881

Droits de reproduction et de traduction réservés pour tous pays

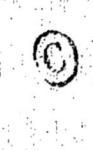

AU LECTEUR

« Le chant disparaît, le chant n'est plus », telles sont les lamentations que nous entendons chaque jour, comme nos pères, il faut bien le dire, les avaient entendues à l'époque où le chant brillait de son plus vif éclat.

Il y a du vrai dans ce cri de détresse ; le chant pour le chant n'existe plus, mais il y a aussi du faux, d'abord parce qu'en art tout se transforme et rien ne disparaît, ensuite parce que le chant ne peut pas plus disparaître que la musique elle-même.

Pendant la période de transition que nous traversons en ce moment, le chant se transforme chaque jour pour répondre aux nouveaux besoins de l'art moderne. La musique pour le chant fait place à la musique chantée, c'est la suite naturelle et fatale de l'évolution artistique dont l'histoire nous apprend une à une toutes les péripéties.

La virtuosité est nécessairement condamnée à disparaître, mais il ne s'ensuit pas de là que la science du chant puisse être négligée, bien au contraire ; plus la musique devient difficile et complexe, plus son interprétation doit être parfaite et sans reproche, et plus il faut que le chanteur connaisse jusqu'aux moindres secrets de son art. Or, nous devons avouer que les maîtres du passé avaient compris et analysé avec une singulière intelligence les ressources de cet art du *bel Canto* qui, pour eux, constituait la plus grande partie de la musique.

C'est cette science et cette expérience pratique de l'art vocal qui paraissent aujourd'hui un peu abandonnées par les maîtres et les chanteurs modernes; dans leur ardeur à pousser en avant, ils semblent avoir quelquefois oublié de regarder en arrière, afin de mieux assurer leur marche et de demander au passé un enseignement dont l'avenir devait profiter.

C'est cet oubli que nous tentons de réparer. Encouragés par ceux qui occupent aujourd'hui le premier rang dans l'art musical, nous avons interrogé les anciens maîtres du *bel Canto* pour appliquer leurs sages et pratiques préceptes à l'art moderne du chant, n'hésitant jamais à leur donner la parole, résumant pour ainsi dire leur enseignement en un corps de doctrine, puis, nous autorisant de leurs leçons, nous avons posé les règles qui nous paraissaient les meilleures, appuyant encore nos propres théories sur des exemples empruntés aux chanteurs et aux professeurs contemporains les plus autorisés. Nous espérons, grâce à cet éclectisme, avoir fait une sorte de méthode des méthodes qui pourra rendre quelques services au moment où l'art se préparant à de nouvelles destinées semble pour ainsi dire reprendre haleine avant de continuer sa route.

L'histoire était le complément nécessaire d'une méthode comme celle que nous présentons au public. C'est pourquoi dans la seconde partie de cet ouvrage nous avons raconté quel usage les compositeurs avaient fait de cet instrument unique qui a nom la voix humaine, quelle chaîne non interrompue reliait depuis le moyen âge les maîtres du passé à ceux du présent.

Étant donné notre plan, le lecteur ne s'étonnera pas des nombreuses citations que renferme la première partie de ce livre. Pour ne pas multiplier les notes, nous avons pris soin de dresser une véritable bibliographie de l'art et de l'histoire du chant dans laquelle on trouvera les titres et la désignation de tous les livres, de toutes les méthodes anciennes et modernes que nous avons dû citer ou consulter. Pour les ouvrages qui n'appartiennent pas au domaine public, il nous faut remercier les auteurs, éditeurs ou propriétaires qui ont bien voulu nous accorder leur autorisation. Citons au premier rang : MM. Heugel, Brandus, Richault, Mme Bataille, Mme Parvy-Graff.

Pour un travail de ce genre, bien des collaborations de toute espèce nous ont été nécessaires. Nous ne pouvons mieux finir cette préface qu'en témoignant notre gratitude d'abord à la haute administration des Beaux-Arts, sans les encouragements de laquelle nous n'eussions jamais pu mener à fin notre entreprise, puis à l'éminent professeur Marmontel, dont les excellents conseils nous ont bien des fois soutenu dans notre tâche. M. le docteur Nitot, en se chargeant de la partie médicale et physiologique, a acquis lui aussi tous les droits à notre reconnaissance, et enfin n'ouvrons pas le premier chapitre, avant d'avoir consacré un souvenir au pauvre et regretté Jean-Gustave Bertrand, qui avait dû dans le principe collaborer à l'ouvrage que nous terminons aujourd'hui et qui jusqu'à son dernier jour n'avait cessé de s'intéresser à un livre dont il avait cru d'abord pouvoir être un des auteurs.

PREMIÈRE PARTIE

PRINCIPES DU CHANT

AUX MAITRES ET AUX ÉLÈVES.

Pour écrire ce livre, nous avons puisé nos doctrines aux sources les plus pures, nous avons emprunté au passé ses leçons les plus indiscutables et nous espérons, nous appuyant sur ces doctrines et sur ces exemples, donner dans la suite de ce travail les préceptes d'une bonne école de chant. Mais nous ne nous faisons pas d'illusions, et nous ne croyons pas avoir trouvé le secret d'apprendre l'art du chant sans maître. Le maître, cette glose vivante de l'enseignement, est et sera toujours absolument nécessaire; c'est lui qui élucide les questions délicates, qui commente les textes, qui montre les exemples, qui explique les passages sur lesquels nous n'avons pu nous étendre sans courir le risque de faire naître l'ennui, sans grossir démesurément notre livre. Nous avons indiqué la route, mais c'est le maître qui est le guide. Chaque élève a, pour ainsi dire, besoin d'un supplément de méthode qui s'applique particulièrement à son talent, à son intelligence, à ses dispositions naturelles. C'est au maître que revient la tâche difficile d'expliquer au disciple les règles générales, tout en tenant compte des différences multiples que présentent entre elles les différentes natures.

Elle est bien humble et bien modeste la mission du professeur; à lui ne sont point réservés les succès éclatants, les bruyants applaudissements, bref, tous les éblouissements de la gloire ; mais, qu'on ne s'y trompe pas, si son rôle est moins glorieux, il n'est pas moins difficile, il n'est pas moins utile à l'art. Dépositaire des grands et bons principes, c'est à lui que revient l'honneur de conserver, en gardien fidèle, la beauté et la pureté du chant; de transmettre d'école en école les préceptes sans lesquels ce bel art, dépérissant chaque jour, finirait par se perdre dans l'empirisme et l'ignorance.

Nous n'abuserons pas ici du mot bien gros de *sacerdoce*; mais, comme dit Figaro : « Aux qualités qu'on exige d'un bon maître, nous connaissons peu de chanteurs qui seraient capables d'enseigner. »

En effet, la plupart des grands maîtres de chant, à de rares exceptions près, ont été des chanteurs habiles dans leur art, des artistes d'un goût exquis, plutôt que d'illustres et brillants virtuoses. Ces derniers sont trop occupés d'eux-mêmes pour se donner aux autres ; il faut qu'ils travaillent, qu'ils s'exercent, qu'ils étudient leurs rôles, qu'ils se montrent au public, qu'ils entretiennent le succès. Puis, il en est ainsi dans tous les arts : de même qu'un très grand compositeur a rarement fait des élèves, de même un chanteur de génie ne peut avoir de disciples. Il connaît ses forces, il sait ce qu'il peut faire, il sait que l'impossible n'existe pas pour lui ; mais, faut-il former des modèles à son image, il comprend que le moule serait trop grand pour les jeunes talents.

Ce serait trop exiger que de vouloir obtenir d'un tel homme qu'il s'abaissât jusqu'aux faiblesses mêmes de l'élève et à ses défauts, pour les corriger et les redresser.

M. Marmontel, l'excellent professeur, le maître accompli, s'exprime en ces termes à ce sujet : « Posséder toutes les connaissances nécessaires relatives à l'enseignement d'un art, ne suffit pas pour être un bon professeur ; un grand virtuose, un compositeur de mérite, peuvent manquer des qualités voulues pour bien apprendre aux autres ce qu'ils exécutent ou écrivent eux-mêmes avec une rare perfection. »

Il ne s'ensuit pas que tout chanteur médiocre fasse un excellent maître. Ce serait une consolation pour les chanteurs qui ne réussissent pas, mais à coup sûr, ce ne serait pas une garantie pour la perfection de l'enseignement.

Essayons donc de chercher quelles sont les qualités nécessaires à un bon maître, et le lecteur comprendra avec quel soin il faut choisir ceux entre les mains desquels est souvent remis l'avenir tout entier d'un artiste.

Il est dans les habitudes de confier l'élève jeune et commençant à des maîtres élémentaires chargés, qu'on nous passe le mot, de les dégrossir.

En général, la première, la seule qualité peut-être, exigée de ce maître élémentaire, est de donner ses leçons aux prix les plus modérés. Souvent ce n'est point un spécialiste, c'est un musicien qui joue du violon, du piano, qui solfie ; il peut même arriver qu'il ne soit pas musicien du tout (Le cas s'est vu). Il est bon marché, cela suffit. Cela suffit si peu qu'il est le plus cher de tous ; et nous croyons, pour notre part, que nous préférerions celui qui, ne sachant rien, ne pourrait rien enseigner, à celui qui, ayant quelques notions, entreprendrait l'éducation d'un jeune chanteur. Dans ce dernier cas, lorsque l'élève sort des mains du maître, non seulement il sait peu, mais encore il sait mal ; il lui devient difficile d'apprendre, il a pris des défauts dont il ne se corrigera qu'à grand'peine. La besogne est à recommencer, et dans de détestables conditions. Il faut donc, dès le début, se décider à s'adresser à un véritable maître de chant, médiocre chanteur, si l'on veut, mais expérimenté dans son art, connaissant bien les voix, leurs moyens et leur étendue, sachant les conduire et les ménager.

« Le choix d'un professeur élémentaire expérimenté est à notre avis, dit M. Marmontel, de la plus grande importance, car la direction donnée aux premières études, non seulement, exerce une influence immédiate sur les progrès des commençants, mais a, de plus, une action très prononcée sur leur avenir musical.

» C'est dès le début qu'il faut donner aux élèves le goût d'un travail correct et consciencieux. Pour atteindre ce but, la première condition est de faire aimer l'étude, de la rendre agréable et attrayante.

» Les parents ont, en général, la faiblesse de croire qu'un professeur médiocre, le premier venu, est toujours suffisant pour commencer un élève ; nous pensons, au contraire, qu'il faut des connaissances très variées, une éducation musicale très complète, pour faire un bon professeur élémentaire. »

Lorsque les premières études sont terminées, soit que l'on conserve le même maître, soit que l'élève passe entre des mains plus habiles encore, voici ce qu'il faudrait pouvoir trouver dans le professeur auquel on se confie. Ces qualités sont bien nombreuses, l'homme qui les posséderait serait le *rara avis;* mais qu'il en réunisse seulement quelques-unes, et maître et élève auront lieu d'être satisfaits l'un de l'autre.

La première qualité d'un bon maître est, non seulement de connaître à fond son art, mais encore d'avoir l'esprit critique, c'est-à-dire capable de distinguer les styles, d'apprécier les écoles du passé et le caractère de la musique qui a été chantée par les maîtres virtuoses. Par ces connaissances, il se forme le goût ; il peut varier les études de l'élève, et, en un mot, renfermer en lui seul plusieurs maîtres. Il est bon aussi qu'il soit excellent lecteur et qu'il connaisse l'harmonie, non pas au point de pouvoir écrire la musique, ce qui n'est pas indispensable, non pas non plus pour apprendre à l'élève à improviser des embellissements, mode aujourd'hui disparue ; mais afin de mieux entrer dans l'esprit de la musique qu'il fait chanter, afin de mieux comprendre, et, par conséquent, de mieux faire comprendre le caractère d'un morceau et le style de l'exécution. Aujourd'hui que le rôle de l'harmonie est devenu plus important que jamais, cette connaissance est des plus nécessaires.

L'intelligence a bien aussi une grande part dans les qualités d'un bon maître. C'est grâce à elle qu'il saura varier son enseignement; c'est grâce à elle qu'il pourra intéresser l'élève, se l'attacher, et rendre plus fructueuses les heures de leçons.

Le tact et l'esprit d'observation sont absolument nécessaires, de même qu'il faut savoir se rendre sympathique à l'élève. La musique est un art aimable : celui qui l'enseigne ne doit pas faire du travail une corvée pour le disciple qui devient une victime. Grâce au tact le maître saura observer l'élève à son insu, faire ressortir ses qualités en couvrant ses faiblesses. Le maître pourra ainsi, sans se montrer trop sévère, ne pas flatter l'écolier, lui indiquer avec fermeté ses fautes et ses erreurs.

Baillot, le grand violoniste, donne à ce sujet un excellent conseil. Il veut que le maître ne fatigue pas l'élève de ses observations, qu'il l'écoute, qu'il l'observe sans l'interrompre, se contentant de relever ensuite les fautes dont le disciple se sera sans doute aperçu déjà lui-même.

Il est bien entendu que la patience est une qualité indispensable au professeur, mais non la patience passive. Il faut savoir faire répéter les passages difficiles sans arriver cependant à excéder l'élève; savoir se plier un peu à ses défauts, afin de pouvoir les redresser; en un mot, il faut une patience mêlée de souplesse.

Pour conserver son prestige, surtout vis-à-vis des élèves encore jeunes, le maître ne doit pas donner prise à la critique. Par son ton, par ses manières, par son instruction, il doit faire sentir au disciple qu'il est le maître, non point un maître sévère et rogue, mais un professeur au courant de tout ce qu'un homme bien élevé doit savoir, ne se renfermant pas seulement dans la science de son art, et pouvant au besoin, si l'intérêt de l'enseignement l'exige, faire quelques utiles excursions dans les autres arts et dans la littérature.

Libre à lui de choisir la méthode qui convient le mieux à sa nature et à celle de l'élève; mais il est certaines règles dont il ne doit pas se départir. Il faut qu'il sache avant tout bien proportionner son enseignement, suivre pas à pas les progrès du disciple; ne pas abandonner un chapitre avant d'avoir acquis la certitude qu'il est bien su. Il doit aussi savoir à quoi se destine le chanteur, si c'est au théâtre ou au salon, et, après s'être bien assuré de ce point important, le guider fermement dans le chemin tracé d'avance.

Il est bon que le maître prêche d'exemple; mais on ne peut toujours exiger d'un maître de chant, qui quelquefois est vieux et a la voix fatiguée, ce qu'on peut exiger d'un pianiste ; aussi cette condition n'est-elle pas indispensable.

Ce qui nous reste à dire pour les maîtres ne regarde certainement aucun de ceux qui veulent bien nous lire ; mais il est encore une qualité bien importante et que nous nous reprocherions de passer sous silence. Nous voulons parler de la conscience. Bien des maîtres par le manque de conscience ont perdu le bénéfice de leur savoir et de leur intelligence. La première chose que doit faire un homme consciencieux est de voir s'il pourra faire un chanteur de son élève. S'il a devant lui une voix irrémédiablement fausse, une organisation antimusicale ; si l'élève n'a ni oreille, ni sentiment du rythme, qu'il le refuse impitoyablement ! Il n'aurait aucun avantage à enseigner ainsi ; l'écolier ne lui ferait jamais honneur, et le misérable argent qu'il gagnerait dans des leçons mal données et mal reçues, finirait peut-être par lui coûter fort cher. Il faut, en un mot, avoir de l'amour-propre et non pas seulement l'amour du gain. Le maître consciencieux doit être exact, employer tout son temps et ne se laisser distraire par aucun objet étranger à la leçon. Mais il est prudent aussi de ne pas dépasser l'heure : l'élève se fatigue et s'ennuie ensuite et (ceci est absolument pratique), le jour où le maître se voit forcé de donner strictement le temps convenu, il semble n'avoir pas rempli sa tâche et avoir frustré son élève.

Telles sont les qualités que l'élève peut exiger de son maître. Le maître, à son tour, a le droit de demander au disciple de remplir certaines conditions.

Il est bon que le futur chanteur ne commence pas trop tard ses études. Outre que la mémoire est moins fraîche et l'imagination moins ardente, la voix se prête avec infiniment moins de souplesse à toutes les fatigues de l'étude du chant ; les défauts se corrigent moins facilement, et souvent il est impossible de remédier à des vices invétérés de l'organe vocal. Nous pensons qu'entreprendre l'étude du chant après avoir dépassé l'âge de vingt-cinq ans serait s'exposer à perdre un temps précieux, s'imposer un bien rude labeur, pour n'arriver qu'à un résultat insignifiant.

Mais cette condition n'est pas la seule. Le maître comme l'élève doivent renoncer à l'art du chant, si le *sujet*, pour emprunter aux médecins une de leurs expressions, ne possède pas certaines qualités indispensables. Il y va non seulement de la réputation du maître, non seulement de l'avenir de l'élève, mais même de sa santé.

La première condition pour étudier le chant d'une façon fructueuse est d'avoir une voix sympathique, étendue et forte. Manstein, à ce sujet, donne un fort bon conseil : « Autrefois, dit-il, quiconque voulait embrasser la carrière de chanteur, se soumettait auparavant à l'examen d'un médecin pour savoir si ses qualités physiques le rendaient apte à l'art qu'il voulait cultiver ; c'est-à-dire si sa poitrine était large et forte, son cou vigoureux, sa langue étroite et mince, son palais convexe, ses lèvres bien formées, ses dents complètes et sa bouche bien conformée. On disait d'un homme qui ne possédait pas ces qualités, mais qui savait chanter : *è un professore di musica ma non cantante.* » La voix, l'oreille, le sentiment du rythme sont aussi nécessaires ; et certains vices dans ces facultés rendent absolument impossible l'étude du chant. « Un génie prononcé pour la musique, dit Périno, un talent sublime, une voix mélodieuse ne pourront produire l'effet qu'on a le droit d'attendre du chant, si une poitrine faible, un médiocre volume de souffle empêchaient de modifier ces inflexions suivant la nature des diverses expressions. »

Les obstacles véritablement insurmontables sont, d'après M. Garcia :

« Une intelligence bornée ;

» Une voix et une oreille fausses ;

» La voix, en partie ou en totalité rauque, ou tremblante ;

» Que cette dernière disposition soit normale ou qu'elle se révèle après un court exercice, le sujet qui la présente laisse peu d'espérance à fonder sur lui. »

Si ces vices sont incorrigibles et peuvent arrêter net le futur artiste dans sa carrière, il en est d'autres auxquels il est possible de remédier et que le maître doit savoir reconnaître.

« Les voix à l'état naturel, dit M. Garcia, sont presque toujours rudes, inégales, mal assurées, chevrotantes même, enfin lourdes et peu étendues ; l'étude seule, mais une étude éclairée et opiniâtre peut fixer l'intonation, épurer les timbres, perfectionner l'intensité et l'élasticité des sons. Par l'étude on nivelle les aspérités, on règle les incohérences des registres, et en réunissant ceux-ci l'un à l'autre, on étend les dimensions de la voix. L'étude nous fera conquérir l'agilité, qualité généralement trop négligée ; il faut soumettre à des exercices sévères, non seulement les organes rebelles, mais aussi ceux qui entraînés par une facilité dangereuse ne peuvent maîtriser leurs mouvements. Cette souplesse apparente s'allie au défaut de netteté, de tenue, d'aplomb et de largeur, c'est-à-dire à l'absence de tous les éléments de l'accent et du style. »

« Celui qui étudie, dit Tosi, malgré une nature ingrate, doit se consoler en pensant que l'intonation, l'expression, les mises de voix, les appoggiatures, les trilles, les passages et l'accompagnement sont des qualités essentielles, mais non pas des difficultés insurmontables. »

Les qualités morales ne sont pas moins nécessaires que les qualités physiques. Sans une intelligence ouverte, sans une imagination vive, sans une sensibilité facile à éveiller, il n'est pas de bon chanteur. L'esprit et le cœur de l'artiste doivent être cultivés.

L'expression des passions, les fines et délicates nuances du sentiment ne peuvent être rendues que par un artiste doué d'intelligence et d'une véritable sensibilité.

Si le chanteur possède ces qualités que nous considérons comme nécessaires, il peut espérer que le succès couronnera ses efforts; mais il est une condition pour l'étude du chant sans laquelle toutes les autres facultés, si heureuses qu'elles soient, sont absolument inutiles. Il faut à l'élève comme au maître une longue et robuste patience. Le premier ne doit pas hésiter à répéter maintes fois ses leçons, à revenir sur les mêmes passages jusqu'à ce qu'ils soient bien exercés; le second doit avoir grande confiance dans le maître, lui obéir avec patience, lui être reconnaissant du soin qu'il met à corriger ses défauts. Il faut, et ceci est important, changer de maître le moins possible, ne pas perdre une minute de ses leçons.

Il est encore une dernière qualité nécessaire à l'élève qui veut bien profiter des leçons de son maître, il faut qu'il rejette de côté tout amour-propre; nous voulons dire cet amour-propre malsain qui n'est après tout que de l'orgueil, et qui fait prendre en mauvaise part les observations du maître et les conseils de ceux qui s'intéressent à vous.

Dans la suite de ce travail, nous reviendrons bien des fois sur les moyens pratiques qui peuvent rendre plus facile l'étude du chant; cependant dès le commencement il est bon que l'élève soit aidé par quelques connaissances qui, sans tenir à l'art du chant lui-même, peuvent contribuer beaucoup à perfectionner le chanteur.

Il est bon que l'élève sache jouer d'un instrument, du piano surtout, et puisse s'accompagner lui-même. Les meilleurs maîtres, Tosi, M. Garcia, M. Panofka, recommandent fort ce genre d'étude, et Tosi formule son conseil d'une manière assez imagée : « Que l'élève apprenne à s'accompagner s'il aspire à bien chanter; le clavecin invite si affectueusement à l'étude qu'il triomphe de la négligence la plus obstinée et éclaire de plus en plus l'intelligence. Les avantages qui en résultent pour le chanteur me dispensent de chercher à persuader par des exemples; ajoutons que souvent l'élève qui ne sait pas jouer du clavecin ne peut se faire entendre sans l'aide d'autrui. »

L'étude de l'harmonie est aussi des plus utiles, non que nous demandions à l'élève d'approfondir complètement cette science, mais il est bon qu'il sache analyser le morceau qu'il chante, en comprendre le caractère, et s'il veut ajouter quelque ornement qu'il le fasse d'une manière correcte. « Cette dernière science, dit M. Garcia, est pour le musicien une ressource indispensable. C'est avec son secours que, sans l'aide d'un maître, le chanteur peut adapter les rôles à sa voix, les orner, en faire ressortir les beautés tout en respectant le caractère qui leur est propre et ajouter son génie à celui du compositeur. »

Si l'élève doit avoir quelques bonnes notions d'harmonie, à plus forte raison doit-il savoir solfier. On se figure généralement que l'étude du solfège n'est pas nécessaire au chant. Certes, on a vu de fort bons chanteurs qui ne savaient pas solfier, et le solfège par lui-même n'ajoute rien ni à la voix ni à la méthode; mais une des grandes qualités du chanteur est de savoir lire à première vue. Il faut qu'il puisse apprendre ses rôles lui-même, et il ne doit pas avoir besoin que toute musique nouvelle lui soit apprise note à note par un répétiteur.

Tosi conseille aux élèves de savoir lire; ce conseil ne serait plus de mise aujourd'hui. Dans ce curieux chapitre il constate que quelques célèbres virtuoses de son temps ne savaient même pas l'alphabet et il ajoute, ce qui a plus d'importance, qu'il est désirable que les élèves sachent le latin, et voici ses raisons : « Que l'élève étudie les éléments de la grammaire latine en même temps que la musique, afin de pouvoir comprendre les paroles qu'il devra chanter à l'église, et pour leur donner la force et l'expression qui leur conviennent, aussi bien dans la langue latine que dans la langue italienne... J'oserais presque croire, ajoute-t-il, que beaucoup de chanteurs ne comprennent pas plus l'italien que le latin. » Le latin aujourd'hui est devenu moins utile qu'il ne l'était du temps de Tosi ; cependant il est bon de ne pas le négliger. De plus, le chanteur français doit pouvoir lire et prononcer l'italien, car c'est en cette langue qu'est écrite le plus souvent, du moins jusqu'à ce jour, la musique qu'il devra interpréter. Quant au français, nous n'osons conseiller de l'apprendre, mais on verra, au chapitre de la prononciation, que quelques bonnes et correctes notions ne sont pas inutiles.

Pour tirer le meilleur parti possible des leçons du maître, l'élève doit s'aider lui-même. Il faut qu'il étudie seul, en tenant bien compte des observations du professeur, et pour que l'étude solitaire soit fructueuse, il est nécessaire qu'elle soit faite avec plus d'attention peut-être que sous les yeux du maître. Elle prépare ainsi le sujet de la leçon et rend la tâche du maître plus rapide et plus facile. Qu'on s'applique alors à observer religieusement la mesure et à corriger ses défauts. Tosi conseille d'étudier le matin, réservant la journée aux diverses leçons.

Du reste, on verra dans la suite de ce livre comment les grands maîtres employaient le temps de leurs élèves.

Il est un écueil que les jeunes chanteurs doivent éviter avec grand soin. Il ne faut pas qu'ils se hâtent trop de vouloir profiter de l'acquit que quelques leçons leur ont donné. « Il ne faut pas, dit Quantz, entreprendre de chanter avant le temps des morceaux trop vifs, et encore moins l'adagio. Peu d'élèves veulent comprendre cela, et la plupart commencent par où ils devraient finir. L'élève ne doit pas se faire entendre en public avant d'avoir toute la fermeté nécessaire dans la mesure et dans la lecture. » Manstein, à ce sujet, s'exprime d'une façon assez nette : « Ce qu'aujourd'hui, on appelle étude, ne sert ordinairement qu'à plâtrer des défauts naturels de défauts factices, et à peine l'élève a-t-il mis le pied sur le seuil du temple de l'art qu'il veut déjà se produire et briller ; et, pour comble de malheur, il y a partout des insensés et des parasites qui se mettent à l'admirer et à le combler de louanges outrées, de telle sorte qu'il se croit un génie de premier ordre. »

Dans les lignes qui précèdent, nous avons conseillé à l'élève de se défier de l'amour-propre mal placé qui empêche de recevoir les observations du maître et d'en profiter ; mais il est une sorte d'amour-propre né de l'émulation, qui est un excellent stimulant. Le moyen le plus pratique, pour faire naître dans le cœur du jeune chanteur et entretenir ce sentiment si louable et si nécessaire, est de lui faire entendre souvent, non pas des artistes accomplis, mais des chanteurs qui ont déjà acquis un certain talent, dont les défauts peuvent être comparés et étudiés, les qualités imitées ou même surpassées par l'élève.

L'audition des artistes de premier ordre est aussi d'une très grande utilité, mais à un autre point de vue. L'élève y trouve un exemple vivant et palpable de la perfection à laquelle il doit s'efforcer d'atteindre. Il reçoit directement les traditions du grand artiste qui met devant lui en valeur toutes les qualités de l'œuvre. Il comprend mieux les enseignements et les exemples du maître.

Autrefois, l'audition des grands chanteurs tenait une large place dans l'éducation de l'élève, qui, en rentrant à l'école ou au Conservatoire, était tenu d'analyser ses sensations par écrit, de formuler son jugement, de se rendre compte par lui-même du morceau qu'il avait entendu et de la façon dont il avait été interprété. Les instrumentistes fournissent de très bons modèles. Excellents musiciens, habitués à exécuter la musique des grands maîtres, ils acquièrent des qualités de style et de goût, qui deviennent malheureusement trop rares aujourd'hui chez nos chanteurs. « Que l'élève entende le plus souvent possible les chanteurs les plus célèbres et les meilleurs instrumentistes ! En les écoutant avec attention, on en retire plus de profit que de tout autre enseignement. Qu'il cherche ensuite à les imiter pour se former insensiblement le goût par l'étude des uns et des autres ! qu'il chante souvent les compositions les plus agréables des meilleurs auteurs. Ces compositions, tout en habituant l'oreille aux choses qui plaisent, invitent doucement à en faire un usage fréquent. Qu'il sache bien que, par cette initiation et par l'impulsion que donne la bonne musique, avec le temps, le goût devient art et l'art devient nature ! » Ce dernier conseil de Tosi a beaucoup de bon ; cependant il ne faut en user que dans une certaine mesure.

L'audition trop prolongée de la musique facile et dite agréable excite chez le chanteur une paresse dont il a de la peine à se débarrasser lorsqu'il se trouve en face d'œuvres plus viriles et plus nerveuses, auxquelles son éducation musicale ne l'a pas habitué. Au temps de Tosi, la musique italienne et facile, écrite en vue du chanteur, était, au résumé, la seule bonne ; il n'en est plus tout à fait ainsi aujourd'hui. Nous ne jugeons pas, nous constatons.

Il faut que l'élève ne se montre pas trop empressé à se faire entendre en public avant d'être sûr de lui-même. Une production trop hâtive nuit à la réputation et au talent. En cas d'insuccès, l'effet produit est déplorable, et le jeune élève a toujours de la peine à se relever d'une chute qu'il lui eût été facile d'éviter. Si le succès accueille ses premiers essais, le jeune chanteur voit grandir son orgueil avant d'avoir perfectionné son talent, il abandonne les études qu'il a commencées et ses progrès s'arrêtent au moment même où le travail devrait porter ses plus beaux fruits.

La timidité est souvent un grand obstacle au succès ; non seulement, elle empêche l'artiste de se produire en public, mais lorsqu'il est obligé de se faire entendre devant un auditoire nombreux, il perd tous ses moyens, la voix s'altère et finit par lui manquer absolument.

Il faut à tout prix éviter ce désagrément qui peut devenir pour l'artiste un véritable désastre. On a vu des chanteurs renoncer à leur carrière artistique dès leur premier début : l'effroi les avait saisis à la gorge au moment même d'articuler un son, la voix s'était arrêtée dans leur gosier, force leur avait été d'abandonner la partie.

« Tâchez, dit Mancini, de n'être jamais timides, jamais faibles, jamais peureux, lorsque vous devez chanter en public, il faut de la force, du courage et de la hardiesse, autrement tout est mauvais, languissant et méprisable. Je sais que la timidité est naturelle aux débutants ; c'est par cette raison qu'un maître adroit, lorsqu'il a un écolier en état de chanter seul, doit peu à peu le produire en public, d'abord devant quelques amis, et ensuite, graduellement devant des assemblées plus nombreuses. Notez bien cependant que j'ai parlé de hardiesse et non de témérité et d'effronterie. »

Enfin notre élève a terminé ses études, il est chanteur, il est artiste, mais tout n'est pas fini pour lui, et le moment où il entre dans la carrière, celui où commence la lutte avec le public, avec les émules, avec l'art lui-même, est le plus dangereux et le plus difficile.

Bien des conseils seraient utiles au jeune chanteur à cette heure délicate de sa carrière. Nous avons bien des fois déjà cité Tosi, et le lecteur a pu apprécier avec quelle finesse, quel sens pratique, quelle justesse d'observation, le vieux maître de chant sait indiquer les plus utiles préceptes. Ici, il faudrait le reproduire en entier, et le chapitre IX, intitulé *Observations pour les chanteurs*, serait à copier depuis la première ligne jusqu'à la dernière. Rien n'est oublié dans ces pages : conseils pratiques pour conserver la voix, conseils de tact et de conduite pour montrer au jeune artiste quels sentiments doivent guider jusqu'aux moindres actions de sa vie, tout s'y trouve jusqu'à ces mille petits secrets du chanteur, qui paraissent de bien mince importance et dont l'utilité se fait sentir à chaque instant dans la carrière artistique. Tout cela est dit avec esprit, avec tact et bon sens, tout cela doit être lu et médité avec soin.

Nous donnerions à ce travail une étendue trop considérable si nous voulions indiquer à l'artiste quelle hygiène il doit suivre pour conserver sa voix, cet interprète si précieux et si fragile de son talent. De savants spécialistes ont longuement traité le sujet; nous renvoyons aux excellents ouvrages de M. Fournié et du docteur Mandl.

Nous terminerons en citant seulement quelques conseils que donne à ses élèves Mme Damoreau, dont le nom est resté si célèbre dans les annales du chant. Il semble qu'elle livre ainsi elle-même le secret de son propre talent, et l'exemple venu d'un modèle encore si rapproché de nous ne peut être qu'utile aux chanteurs qui auront bien voulu nous lire jusqu'ici. Nous copions textuellement sa préface adressée à ses élèves :

« Si je vous parle de mes études, c'est qu'à l'apogée même de ma carrière d'artiste *je n'ai jamais cessé d'étudier;* ce n'est qu'à un travail assidu et à la ferme volonté de réaliser chaque jour un progrès nouveau que l'on doit l'inestimable honneur de conquérir et de conserver la faveur du public.

» Je n'étudiai d'abord que l'ancien répertoire; je commençai par les psaumes de Durante, et ce fut à peine si mon maître (Plantade) me fit dire trois ou quatre airs français (on la destinait au répertoire italien). De ce nombre étaient les airs de *Montano et Stéphanie* et de *Béniowski*, véritables modèles du genre simple, expressif et gracieux tout à la fois. Je vous les cite, mes chères élèves, pour ne pas vous laisser croire que l'on ne chante bien que lorsqu'on est arrivé à chanter facilement la difficulté.

» Il ne suffit pas, en effet, de faire des notes, d'exécuter des passages plus ou moins difficiles, il faut encore leur donner de la couleur, les animer, les accentuer, et pour cela il faut que l'artiste se pénètre des paroles, de l'esprit du morceau ou de la scène qu'il va chanter; il faut même que sa physionomie en révèle, pour ainsi dire, à l'auditeur le sujet et le caractère.

» Ai-je besoin d'ajouter que l'articulation, la prononciation, doivent être irréprochables?

» Il ne faut pas imiter servilement le maître ou le modèle qu'on adopte. Il faut, je ne puis trop le répéter, se rendre compte des moyens de succès propres à l'artiste qu'on écoute, distinguer par quel art il obtient de la grâce, par quel secret il arrive à charmer.

» On évite ainsi l'écueil de la parodie, on avance rapidement dans la route qui conduit au succès.

» Aujourd'hui l'éloge est devenu plus facile et plus banal que jamais. Ne vous laissez pas prendre à ses trompeuses amorces; jugez-vous vous-mêmes sévèrement avant de croire à la bienveillance d'autrui. Il n'y a guère de débutante, si mince que soit aujourd'hui son mérite, dont le feuilleton et la réclame ne fassent trop souvent un talent colossal.

» Songez que la plus grande difficulté pour une artiste n'est pas d'acquérir une certaine réputation, mais bien de la soutenir. On n'arrive à ce résultat qu'en obtenant à tout prix un nouveau progrès, au lendemain même d'un succès nouveau. Ne pas avancer dans les arts, c'est reculer. Souvenez-vous que les notes en musique ne sont pas tout dans l'art du chant. Sans doute, si à l'aptitude musicale vous pouvez joindre une voix flexible et légère qui vous mette à même d'exécuter toutes les difficultés, vous aurez un avantage qui rehaussera votre talent. Mais avant tout, il faut *dire*, *parler* en chantant; l'accent, l'expression, voilà ce qui doit vous préoccuper sans cesse; je vous le répète. Recherchez surtout le suffrage des grands artistes.

» Si vous vous destinez au théâtre, il ne doit pas vous suffire d'étudier le rôle dans lequel vous vous proposez de paraître; il faut encore vous rendre compte, vous pénétrer de tous les autres; par là vous arriverez à mieux saisir la pensée de l'ouvrage, et vous vous livrerez à un des exercices les plus propres à façonner, à assouplir le talent. »

CHAPITRE PREMIER

PHYSIOLOGIE DE LA VOIX

ANATOMIE ET PHYSIOLOGIE DE L'APPAREIL VOCAL. — MUE DE LA VOIX. — TIMBRES. — INTENSITÉ ET VOLUME DE LA VOIX. — VOIX MIXTE — CHEVROTEMENT. — COUAC. — CLASSIFICATION DES VOIX CULTIVÉES D'HOMMES ET DE FEMMES. — CONSERVATION DE LA VOIX.

Anatomie et Physiologie de l'appareil vocal (1).

ANATOMIE

L'appareil de la voix se compose de trois parties essentielles :
1° D'organes destinés à chasser l'air au travers du larynx : Ce sont les poumons qui remplissent l'office de soufflets d'orgue ;
2° Du larynx, organe producteur du son ;
3° De parties annexées au larynx ; en bas, la trachée et les bronches qui servent de porte-vent ; en haut, surmontant le larynx, le tuyau formé par toutes les parties que doit traverser l'air sonore pour modifier ses caractères.
Telle est la division que nous suivrons en exposant l'anatomie et la physiologie de l'appareil vocal.

I

Les poumons enveloppés par la plèvre sont au nombre de deux et logés dans la poitrine. Ils sont volumineux, élastiques et remplissent presque toute la cavité thoracique.
Chez l'homme bien constitué, le thorax, recouvert de ses parties molles, présente la forme d'une pyramide quadrangulaire dont la base

---

(1) Nous devons à l'obligeance de M. le Docteur E. Nitot la partie anatomique et physiologique de ce chapitre, qu'il a bien voulu écrire spécialement pour cet ouvrage.

est formée par les épaules, dont le sommet se continue avec l'abdomen. Mais si l'on considère le thorax dépourvu de ses parties molles, c'est-à-dire le squelette, il est tout différent. Il représente un cône légèrement aplati d'avant en arrière dont le sommet regarde en haut. Les parties qui le constituent sont en arrière, la colonne vertébrale, latéralement, les côtes et les cartilages costaux, en avant, le sternum. Les côtes, au nombre de douze, de chaque côté, représentent de longs leviers osseux réunis en avant au sternum par les cartilages costaux ; en arrière, à la colonne vertébrale sur laquelle ils prennent un point d'appui pour exécuter leurs mouvements. Envisagées d'une façon générale, elles sont toutes obliquement dirigées en bas et en avant, et d'autant plus longues qu'on se rapproche de la 7me ou 8me pour diminuer ensuite progressivement de longueur jusqu'à la 12me. Leur extrémité postérieure, qui s'unit à la colonne vertébrale, est munie d'une articulation mobile ; leur extrémité antérieure, au contraire, est solidement fixée au sternum et toutes sont reliées entre elles par des plans aponévrotiques et musculaires. Aussi, dans leurs mouvements d'ensemble, les côtes soulèveront le sternum avec elles et augmenteront la capacité de la poitrine, surtout dans sa partie inférieure.

En bas, la cavité thoracique n'est pas fermée, et là, les viscères thoraciques sont séparés des viscères abdominaux par un large muscle transversal, formant une voûte à convexité supérieure. Ce muscle est le diaphragme dont nous aurons à examiner le rôle important dans la respiration.

Sur cette cage thoracique qui sert de loge aux poumons viennent se fixer des muscles puissants destinés, les uns, à élever les côtes, les autres à les abaisser. Les premiers sont appelés muscles inspirateurs, les autres, muscles expirateurs.

II

Un point bien autrement important est la description du larynx et des parties qui lui sont annexées.

Situé à la partie médiane et antérieure du cou, au-dessus de la trachée qu'il surmonte à la manière d'un chapiteau, au-dessous de l'os hyoïde et de la base de la langue aux mouvements de laquelle il participe surtout dans l'acte de la déglutition, le larynx est l'organe essentiel de la phonation.

Grâce à cette situation, grâce à la laxité des liens qui l'unissent à toutes les parties ambiantes, il jouit d'une grande mobilité qui facilit ses mouvements physiologiques et fait à chaque instant varier ses rapports avec les organes voisins. Ces mouvements ont lieu dans tous les sens ; mais si les mouvements dans le sens transversal sont peu marqués et purement accidentels, ceux qui se passent dans le sens vertical, au contraire, sont les plus importants ; ils varient de quelques millimètres à deux ou trois centimètres.

Le volume du larynx varie selon le sexe, les individus, et selon l'âge ; aussi, chez l'homme est-il plus développé que chez la femme, et, comme l'a fait remarquer Bichat, cette différence est d'un tiers environ. Parmi les différents diamètres qu'il présente, c'est le diamètre antéro-postérieur le plus important et celui qui varie le plus. Le larynx varie encore dans les deux sexes d'un individu à l'autre, et ces différences de volume que l'on peut apprécier par la saillie plus ou moins grande que le larynx fait à la partie antérieure du cou et que l'on appelle communément la *pomme d'Adam*, sont en rapport avec la gravité de la voix. La voix est d'autant plus grave que le larynx est plus développé. Chez l'enfant, le larynx est peu volumineux, ce n'est qu'au moment de la puberté qu'il se développe. Ce développement se fait alors rapidement dans l'espace de 18 mois à 2 ans ; le larynx s'allonge surtout d'avant en arrière et prédomine sous les téguments. C'est alors que la voix plus ou moins flûtée devient grave, mais les sons à ce moment sont discordants et caractérisent la voix qui mue.

Le larynx affecte la forme d'une pyramide triangulaire dont la base supérieure s'unit à l'os hyoïde dont le sommet tronqué se continue inférieurement avec la trachée artère. — Ses trois faces sont : l'une postérieure, et les deux autres latérales. Sa face postérieure répond au pharynx et fait légèrement saillie dans sa cavité.

Telle est la conformation extérieure du larynx ; mais avant d'examiner sa conformation intérieure, il convient d'en étudier la structure, d'examiner les différentes pièces qui le composent.

Le larynx présente comme parties constituantes un ensemble de pièces rigides cartilagineuses, mobiles les unes sur les autres et articulées entre elles. Ces cartilages sont au nombre de quatre, deux médians et deux latéraux.

Le plus volumineux de tous est le cartilage thyroïde ; il représente une sorte de bouclier ou mieux un livre ouvert, dont le dos serait tourné en avant. De ses deux faces, l'une est antérieure, l'autre es postérieure. La face antérieure présente sur la ligne médiane la saillie anguleuse produite par l'inflexion des deux moitiés du cartilage ; cette saillie plus ou moins accusée selon les sujets, moins accusée chez la femme que chez l'homme forme la pomme d'Adam. De chaque côté est une large surface quadrilatère où se font des insertions musculaires. La face postérieure d'une configuration inverse à la précédente présente sur la ligne médiane un angle rentrant dans lequel viennent s'attacher les cordes vocales.

Au-dessous du précédent est un autre cartilage qui forme un anneau complet, une bague dont le chaton regarde en arrière; c'est le cartilage cricoïde.

Sur la partie supérieure et postérieure du cartilage cricoïde sont situés deux petits cartilages complètement indépendants qui s'articulent avec lui. Ce sont les cartilages aryténoïdes. Leur forme est celle d'une petite pyramide triangulaire légèrement recourbée en forme de crochet. Leur mobilité est extrême; par leur face externe, ils donnent insertion à des muscles moteurs, et sur leur face interne s'attachent les cordes vocales inférieures, qu'ils tendent par suite d'un mouvement de bascule.

L'épiglotte et les noyaux cartilagineux de Wrisberg et de Santorini complètent la structure du larynx.

Tous ces cartilages sont unis les uns aux autres par des ligaments larges et puissants, qui, tout en faisant de ces pièces un tout unique, en assurent néanmoins l'indépendance. De plus, il existe un ligament résistant qui unit le larynx à l'os hyoïde et à la base de la langue.

Sur cette charpente rigide, s'insèrent des muscles qui sont destinés à mouvoir les cartilages les uns sur les autres, et principalement les cartilages aryténoïdes. Ces muscles représentent autant de forces actives et se divisent en deux groupes. Les uns impriment au larynx des mouvements de totalité, en agissant, soit directement, soit indirectement sur cet organe, et lui font subir des mouvements d'ascension et d'abaissement. Ce sont, d'une façon générale, les muscles de la partie antérieure du cou, les muscles du pharynx, de la langue. Les autres impriment au larynx des mouvements partiels, et ce sont eux les plus importants, car tous concourent soit à tendre, soit à relâcher les cordes vocales. Il serait ici fastidieux de les énumérer, de donner les insertions précises, de détailler les faisceaux dont ils se composent; qu'il nous suffise de savoir que parmi ces muscles les uns sont situés tout à fait en dehors des cartilages, et viennent presque tous s'insérer à l'un des angles des cartilages aryténoïdes pour rayonner de là sur les parties latérales du larynx.

Il en est un cependant, situé de chaque côté du larynx, qui mérite une description particulière.

Ce muscle pair, appelé crico-thyroïdien, s'insère, d'une part, sur les parties latérales du cartilage cricoïde, se dirige obliquement en haut et en arrière, et va se fixer sur le bord inférieur du cartilage thyroïde. Son action est des plus importantes; il fait, lorsqu'il se contracte avec celui du côté opposé, basculer en avant le cartilage thyroïde sur le cricoïde.

Deux muscles pairs et symétriques sont situés à l'intérieur du larynx. Les deux plus importants s'attachent en avant dans l'angle rentrant du cartilage thyroïde, et en arrière à l'angle antérieur des cartilages aryténoïdes. Ils font saillie dans l'intérieur du larynx et font partie des cordes vocales inférieures.

Quel est l'aspect que présente la cavité du larynx?

Lorsque l'on fait une coupe verticale d'un larynx, l'on remarque que la cavité de cet organe se continue directement avec celle de la trachée, et qu'à peu près à la partie moyenne du larynx il y a deux rétrécissements situés l'un au-dessus de l'autre, et séparés par un petit intervalle.

Le rétrécissement supérieur est peu marqué et se trouve limité par les cordes vocales supérieures. Le rétrécissement inférieur, au contraire, plus manifeste, est formé par les vraies cordes vocales ou cordes vocales inférieures.

Si différentes au point de vue de l'aspect, les cordes vocales diffèrent encore entre elles au point de vue de la structure. Les cordes vocales supérieures, en effet, sont uniquement constituées par la membrane muqueuse qui tapisse la cavité intérieure du larynx comme celle de la trachée et des bronches, et tout au plus, pour quelques auteurs, par quelques faisceaux fibreux qui doublent la muqueuse. Leur longueur varie chez l'homme de 20 à 24 millimètres, et chez la femme de 16 à 18. Leur forme est celle d'un prisme triangulaire faisant saillie par son sommet. Les cordes vocales inférieures présentent une structure plus compliquée; elles s'attachent en avant, à la partie moyenne de l'angle rentrant du cartilage thyroïde, à 3 millimètres au-dessous des supérieures, et l'on observe là dans leur épaisseur un petit noyau cartilagineux. En arrière, elles s'attachent à l'angle antérieur du cartilage aryténoïde. Leur direction est horizontale antéro-postérieure, et leur longueur est la même que celle des supérieures. Ces cordes se composent de trois plans superposés; le plus profond est le bord d'un muscle que nous connaissons, le thyro-aryténoïdien; au-dessus est une couche de tissu élastique, qui, pour certains auteurs, serait l'élément fondamental de la corde vocale, qui, pour d'autres, ne servirait qu'à séparer le muscle, élément fondamental de la muqueuse qui le recouvre et forme le plan le plus superficiel. Les cordes vocales inférieures ainsi constituées ont peu d'épaisseur ; elles font saillie dans le larynx, tout en étant solidement maintenues aux parois de la cavité, et sont comparables aux anches des instruments de musique.

Entre les cordes vocales inférieures et les cordes vocales supérieures est un intervalle au niveau duquel la cavité du larynx reprend ses dimensions ; c'est ce que l'on nomme les ventricules du larynx. La glotte est l'espace compris entre les cordes vocales inférieures. Cet orifice, variable dans sa forme, représente une fente triangulaire, dont le sommet est dirigé en avant, dont la base regarde en arrière. Le sommet répond à la partie moyenne de l'angle rentrant du cartilage thyroïde ; la base répond à des muscles qui ferment, comme le ferait une sangle, l'espace compris entre les deux cartilages aryténoïdes. Quant aux côtés de cette fente, aux bords qui la limitent, ils ne sont pas les mêmes dans toute leur étendue. En avant, dans les trois cinquièmes antérieurs, ils se trouvent constitués par les cordes vocales proprement dites, tandis qu'en arrière, dans les deux cinquièmes postérieurs, ils sont formés par les bords des cartilages aryténoïdes. De là, la division naturelle de la fente glottique en deux parties ; l'une antérieure, limitée en arrière par un plan factice passant au niveau de l'angle antérieur des cartilages aryténoïdes, et formant la véritable glotte, la glotte interligamenteuse, celle qui parle et produit le son ; l'autre postérieure, intercartilagineuse.

Enfin, le larynx est tapissé dans toute son étendue par une membrane muqueuse spéciale, fortement adhérente aux parties sous-jacentes. Cette muqueuse se continue directement en bas avec celle qui tapisse la trachée, en haut avec celle qui va recouvrir le pharynx et la langue ; c'est à ce niveau qu'elle forme deux replis, les replis glosso-épiglottiques unissant la langue à l'épiglotte, et deux autres replis reliant à l'épiglotte les extrémités des cartilages aryténoïdes aux replis aryténo-épiglottiques. Dans le larynx, elle recouvre les cordes vocales supérieures, pénètre dans les ventricules et tapisse les cordes vocales inférieures au niveau desquelles elle se distingue par sa minceur et sa transparence.

Cette muqueuse, d'un blanc rosé sur l'épiglotte, devient, blanchâtre dans le larynx, tout-à-fait blanche au niveau des cordes vocales inférieures.

Dans son épaisseur viennent se terminer des vaisseaux et des nerfs, et, sous elle, sont disposées de nombreuses glandes qui versent leur contenu à sa surface pour en entretenir la souplesse et l'humidité.

III

Le larynx n'est pas isolé de toutes les autres parties de l'appareil vocal. Il est rattaché, en bas, à un long conduit qui lui transmet l'air venu des poumons, et forme ce que dans les instruments à vent on nomme le porte-vent; en haut, à un autre tuyau plus compliqué que le précédent, analogue au porte-voix des mêmes intruments.

La trachée-artère forme le porte-vent.

Elle s'étend du larynx dans l'intérieur de la poitrine et se divise à son extrémité inférieure en deux branches inégales (bronches), qui se rendent aux poumons, pénètrent dans leur épaisseur et s'y divisent et subdivisent en un grand nombre de ramifications chargées de porter l'air dans toute l'étendue de ces viscères. La longueur est de 13 centimètres chez l'homme et de 11 chez la femme.

La trachée est constituée par des cerceaux cartilagineux formant des anneaux incomplets dont la partie postérieure aurait été retranchée. Ces anneaux, dont le nombre varie, soutiennent les parois de la trachée; ils sont superposés et séparés les uns des autres par un intervalle égal à leur épaisseur. Mais loin d'être libres, ils sont reliés entre eux par un étui ligamenteux qui s'étend à toute la largeur de la trachée et des bronches. Cette gaîne fibreuse adhère intimement aux anneaux qu'elle contient dans son épaisseur comme dans une sorte de dédoublement. En arrière, où manque le squelette cartilagineux est une large bandelette de fibres musculaires qui unissent les cerceaux et sont susceptibles de tendre par leur contraction la membrane fibreuse sur laquelle elles s'insèrent. Enfin, la trachée et les bronches sont tapissées à leur intérieur d'une membrane muqueuse doublée d'une couche de faisceaux élastiques.

Ainsi constituée, la trachée est susceptible de s'allonger et de se rétracter; lorsqu'elle se rétracte, sa tension devient plus considérable, et la rigidité de ses parois qui, à l'état normal n'a lieu qu'au niveau de ses anneaux cartilagineux, se fait alors dans toute sa longueur, car la gaîne fibreuse qui la double est résistante et fortement tendue.

Quant au tuyau qui forme le porte-voix, il est plus compliqué et constitue ce que nous appellerons le tuyau vocal. C'est, en un mot, le pharynx, l'isthme du gosier, la bouche, les fosses nasales munies de leurs cavités secondaires ou sinus. Toutes ces parties sont autant de cavités de résonnance par où le son produit s'échappe et prend un caractère particulier. Mais si les unes sont rigides, osseuses et modifient peu leur état, les autres (pharynx, bouche, que limite en haut le voile du palais et, en bas, la langue) sont au contraire susceptibles de se contracter et de modifier leur forme dans de nombreuses circonstances que nous aurons à examiner.

PHYSIOLOGIE

Nous devons examiner successivement d'une part la respiration en tant qu'inspiration et expiration destinée à emmagasiner l'air dans la poitrine, puis à le chasser au dehors d'une façon lente et continue; d'autre part, la production du son au niveau du larynx et les modifications qu'il éprouve en traversant le tuyau vocal.

I

Les mouvements réguliers, rythmiques, qui font entrer l'air dans les poumons, et l'en font sortir, élargissent la cage thoracique dans l'inspiration et la ramènent à son volume premier dans l'expiration ordinaire, vient ensuite un temps d'arrêt : la pause.

Dans l'inspiration, les côtes s'écartent les unes des autres ; en d'autres termes, il y a augmentation des espaces intercostaux. Les côtes subissent en second lieu un mouvement d'élévation qui entraîne simultanément toutes les côtes, à l'exception des côtes flottantes, que l'inspiration porte en dehors et en bas. En s'élevant, les côtes d'obliques, qu'elles étaient, deviennent plus ou moins horizontales et agrandissent le *diamètre antéro-postérieur* du thorax. En même temps que les côtes s'élèvent elles exécutent un mouvement de rotation sur l'axe qui réunirait leurs deux extrémités, en vertu de ce mouvement, elles s'écartent de la ligne médiane et agrandissent le *diamètre transversal* de la poitrine.

Ces mouvements des côtes sont déterminés par la contraction des muscles du thorax (*muscles inspirateurs*), dont les uns servent seuls à la respiration normale, dont les autres n'entrent en action que dans les inspirations forcées. (*Muscles inspirateurs accessoires*). Parmi ces muscles, il en est un dont l'action est des plus énergiques, c'est le muscle diaphragme à qui revient la plus grande partie de l'acte inspirateur. Lorsqu'il se contracte, il se déprime du côté de l'abdomen en effaçant sa voussure et agrandit la poitrine dans son *diamètre vertical*.

La respiration normale a donc pour but de dilater la poitrine dans tous ses diamètres, et lorsqu'on respire, le creux épigastrique se gonfle, le ventre se relâche et se porte en avant, la poitrine se soulève et se dilate ; mais les épaules restent fixes, effacées, la tête est droite et le cou libre dans ses mouvements.

Toutefois la respiration présente différents modes que l'on peut rapporter à trois types principaux : Le type abdominal, le type costo-inférieur, le type costo-supérieur.

Dans le type abdominal, qui est le propre de l'homme et du jeune enfant, les côtes restent immobiles, le ventre seul s'élève dans l'inspiration et se déprime dans l'expiration. C'est aussi la respiration du sommeil. Dans le type costo-inférieur qui appartient aux petits garçons, la paroi abdominale reste immobile et les côtes inférieures seules se soulèvent.

Dans le type costo-supérieur qui appartient exclusivement à la femme, les mouvements respiratoires ne s'accusent qu'au niveau des côtes supérieures, spécialement de la première, et ce mode respiratoire est surtout exagéré par l'usage du corset.

Mais si cette respiration partielle chez la femme est au besoin suffisante pour entretenir les fonctions respiratoires, il n'en est pas de même lorsqu'il lui faut faire une inspiration plus profonde comme dans l'effort, le cri, le chant. Elle doit alors contracter tous les muscles inspirateurs et surtout son diaphragme, elle doit, elle aussi, *respirer du ventre*, de cette manière, elle pourra, sans la moindre fatigue, emmagasiner dans sa poitrine une quantité d'air vraiment considérable.

A l'inspiration succède l'expiration ; son mécanisme est des plus simples. Il suffit que l'action des muscles inspirateurs cesse, pour que la cage thoracique qui s'était soulevée retombe d'elle-même, pour que le diaphragme qui s'était contracté reprenne sa voussure, pour que le poumon qui s'était distendu revienne sur lui-même en vertu de son élasticité. En un mot, dès que l'inspiration cesse, le soufflet respiratoire s'affaisse rapidement.

Mais une semblable expiration serait, on le comprend aisément, tout à fait impropre au chant s'il n'existait des modifications spéciales ; or, il existe au niveau du cou deux muscles puissants, le trapèze et le sterno-cléido-mastoïdien qui s'insèrent sur la partie supérieure du thorax et se contractent dans l'expiration sonore pour ménager le soufflet à air ; c'est là ce que M. Mandl a désigné sous le nom de *lutte vocale*. C'est l'effort partiel ou thoracique de M. Verneuil.

II

La voix se forme dans le larynx, au niveau de la glotte, c'est du moins ce qu'ont démontré les expériences faites sur les animaux, les observations accidentelles chez l'homme à la suite des blessures du cou, et les essais de phonation artificielle sur des larynx détachés.

Si, comme l'a fait Longet (1), l'on supprime successivement sur des animaux vivants différentes parties de leur appareil vocal on remarque les résultats suivants :

Enlève-t-on l'épiglotte, la voix se fait sans altération.

Supprime-t-on les cordes vocales supérieures, il en est de même ou à peu près.

Supprime-t-on les ventricules, la voix s'altère, mais se fait néanmoins.

C'est donc au niveau de la glotte que se produit le son, mais dans quelle partie ?

Enlève-t-on la glotte postérieure ou inter-aryténoïdienne, la voix se fait encore, mais si l'on retranche la glotte antérieure ou ligamenteuse il y a aphonie. Il en résulte que la glotte ligamenteuse est seule indispensable à la production de la voix.

Si maintenant on fait parler une glotte séparée de l'appareil vocal, on entend un son discordant qui ne ressemble en rien au son de la voix humaine. Pour la produire, il faut surmonter la glotte d'un tuyau résonnant. Ces expériences nous prouvent que si la voix se produit au niveau de la glotte, la glotte est incapable par elle-même de produire la voix, il lui faut un tuyau de résonnance semblable au tuyau des instruments à anche. C'est ce tuyau vocal que constituent le pharynx, la bouche et les fosses nasales.

Aussi voit-on au moment de l'émission de la voix, le larynx s'élever dans les sons aigus, s'abaisser dans les sons graves et ces mouvements d'ascension ou d'abaissement du larynx ont pour but d'allonger ou de raccourcir le tuyau de résonnance. Telles sont dans les instruments à vent les changements dans la longueur réciproque du porte-vent ou du porte-voix nécessaires pour modifier la hauteur du son.

Quelle est au niveau de la glotte la partie vibrante ?

Est-ce l'air ? Est-ce la corde vocale elle-même ?

Il est aujourd'hui démontré que ce n'est pas l'air qui entre en vibra-

---

(1) Longet, *Traité de physiologie*, 1869, t. II.

tion au niveau de la glotte, et que ce sont les cordes vocales elles-mêmes qui vibrent, soit au niveau des muscles comme le veut Küss, soit au niveau seulement de la muqueuse comme l'enseigne M. Béclard.

Aussi a-t-on voulu comparer la glotte à l'un de nos instruments de musique, à un appeau pour Savart, à un instrument à cordes pour Ferrein, à un instrument à anche pour la plupart des auteurs.

Mais l'appareil vocal ne ressemble à aucun instrument de musique ou plutôt il leur ressemble à tous sur des points différents, et cet appareil est des plus compliqués. Il ressemble à l'anche, car les cordes vocales vibrent comme l'anche au contact de la colonne d'air expiré, mais alors les cordes vocales se contractent, elles augmentent de volume et se rapprochent par cela même des instruments à cordes ; enfin les variations de longueur du porte-voix et du porte-vent le rapprochent de quelques instruments à vent.

Quel est le rôle des autres parties constituantes du larynx?

La glotte postérieure ou inter-aryténoïdienne sert surtout à la respiration, c'est la glotte respiratoire, mais au point de vue de la phonation, elle règle la pression de l'air, et donne issue à l'air en excès. « Sans cette espèce de soupape de sûreté, dit Longet, on ne pourrait concilier les phénomènes de la voix avec la respiration normale. »

Les ventricules qui, pour Savard, serviraient de caisse de résonnance dans la voix de tête ont pour seul usage de permettre le libre fonctionnement des rubans vocaux.

Quant aux cordes vocales supérieures, de vives discussions ont eu lieu sur leur compte.

Pour M. Segond (1), leurs vibrations produiraient la voix de tête. Pour M. Mandl, elles s'abaisseraient dans la voix de tête et viendraient s'appliquer sur les cordes vocales supérieures en en recouvrant une grande partie, de manière à diminuer l'étendue de la partie vibrante comme le font les rasettes dans les tuyaux à anche. Mais l'on sait que l'on peut les enlever sans altérer la voix, et d'autre part les oiseaux qui produisent un ensemble de tons des plus variés et des plus éclatants en sont complètement dépourvus.

Les différentes parties de l'appareil vocal associent leurs mouvements dans la production de la voix, et, depuis l'application du laryngoscope, on a pu suivre dans le larynx lui-même les modifications de la glotte dans l'émission des sons aigus et des sons graves.

Emet-on un son grave, l'épiglotte se relève et les cordes vocales supérieures se rapprochent aussi légèrement que possible. Le cartilage

---

(1) Segond, *Archives générales de la médecine*, 1848.

thyroïde bascule sur le cartilage cricoïde et ce mouvement de bascule a pour effet de tendre les cordes vocales.

La glotte représente alors une fente triangulaire dont la base peut varier de largeur ; elle vibre dans sa portion ligamenteuse au contact de la colonne d'air expiré, et ses vibrations, larges et pleines, se font sur toute l'étendue et toute la largeur des rubans vocaux.

En même temps, la trachée se raccourcit et se dilate, la langue se contracte légèrement et reste plane ; le voile du palais se relève et s'efface pour ainsi dire ; ses piliers s'écartent, de sorte que tous les diamètres de l'isthme du gosier se trouvent augmentés, et le son vient librement résonner dans la bouche, ainsi que dans les fosses nasales, pour les sons les plus graves.

Dans les sons aigus, les cartilages aryténoïdes se rapprochent en arrière, les cordes vocales se contractent et rétrécissent la glotte qui ne représente plus bientôt qu'un intervalle linéaire. Le courant d'air expiré est plus intense et les vibrations des cordes sont plus rapides et plus nombreuses.

De plus, la trachée s'allonge et se rétrécit, le pharynx, en se contractant, élève le larynx et raccourcit le porte-voix, la langue se contracte énergiquement, la pointe s'élargit et se porte en arrière, tandis que sa base se rétrécit et se porte en haut. Le voile du palais s'abaisse et s'applique contre la paroi postérieure du pharynx. Les piliers se rapprochent et l'isthme du gosier se trouve rétréci dans tous les sens.

L'orifice buccal se modifie également. Il en résulte que la bouche représente un cône dont le sommet tronqué répond à l'isthme du gosier, et la base à l'orifice buccal. Le son sort dans la bouche par cet orifice rétréci et ne retentit plus dans les fosses nasales qui sont oblitérées par le rapprochement des piliers postérieurs du voile du palais.

Aussi, toute modification de la voix détermine des modifications dans le larynx, dans le porte-vent et le tuyau vocal. C'est pour n'avoir pas établi l'équilibre constant qui existe entre ces parties, que l'on a voulu tout attribuer à la glotte ou au tuyau vocal, et l'on a pu s'exposer, comme l'a fait Bennati (1) à ne plus considérer la glotte que comme un organe tout à fait accessoire, à côté du tuyau vocal pour les notes aiguës, du moins, d'où le nom de notes sus-laryngiennes.

La voix présente des modifications propres à chaque individu et son timbre varie suivant l'âge et suivant le sexe. L'enfant et la femme dont le larynx est plus petit, dont les cordes vocales sont moins

---

(1) Bennati, *Du mécanisme de la voix humaine pendant le chant*, 1830.

longues, ont une voix plus élevée, mais dans l'un comme dans l'autre sexe, la voix est d'autant plus grave que la pomme d'Adam fait une saillie plus prononcée. Plus tard, dans la vieillesse, les cartilages s'ossifient, deviennent moins mobiles, les muscles s'affaiblissent et la voix est cassée ; aussi voyons-nous le plus souvent les vieillards parler en voix de tête.

Le timbre de la voix ne dépend pas exclusivement du larynx, il est le résultat des modifications de l'ensemble de l'appareil vocal.

La voix est pleine quand elle retentit à la fois dans la bouche et dans les fosses nasales ; mais son timbre peut s'altérer selon qu'elle ne retentit que dans l'une de ces cavités ; elle devient nasillarde quand elle retentit uniquement dans les fosses nasales, elle est au contraire gutturale quand toute la résonnance a lieu dans la bouche aux dépens des fosses nasales.

La voix présente encore deux autres caractères ; elle est claire, quand les orifices de la bouche et des fosses nasales sont libres ; elle devient sombrée quand elle retentit dans le tuyau vocal disposé de façon que les dimensions des cavités que le son doit traverser, soient aussi grandes que possible, et les orifices de sortie assez resserrés pour opposer un obstacle à l'issue de l'air. C'est du moins l'explication que donne Fournié (1).

Cette explication de la voix sombrée a été le sujet de discussions qui ont donné le jour à de nouvelles théories.

Segond admet que le voile du palais se rapproche légèrement de la base de la langue et que le larynx est abaissé, de sorte que le son, tout en s'échappant par la bouche, va résonner sous la voûte basilaire.

Pour Diday et Pétrequin (2), la voix sombrée résulte de l'immobilité du larynx, fixé par la contracture des muscles du gosier, d'où il résulte un changement dans la forme et le diamètre de cette cavité. Mais cette contraction permanente exige l'intervention constante de la volonté ; aussi, devient-elle une voix fatigante. Pour la produire, le chanteur tient la tête fixée dans la verticale, il élève les épaules et contracte tous ses muscles du cou pour immobiliser à la fois la tête et le larynx.

Enfin pour Béclard (3), la voix claire ou sombrée ne serait qu'une modification dans le timbre résultant des changements survenus dans le degré d'ouverture de la glotte. La voix est-elle sombrée ? La glotte

---

(1) Fournié, *Physiologie de la voix et de la parole*, 1866.
(2) Diday et Pétrequin, *Gazette médicale de Paris*.
(3) Béclard, *Traité de physiologie*.

interligamenteuse ne se ferme pas complètement; la voix est-elle claire? les lèvres de la glotte se trouvent sensiblement en contact.

La voix peut encore présenter des modifications dans son timbre et prendre les caractères du chant.

Les cordes vocales produisent alors un son d'autant plus élevé qu'elles sont plus tendues et la voix forme des gammes en allant des sons graves aux sons aigus. Elle forme même deux séries de gammes, dont l'une, plus basse, est généralement désignée sous le nom de registre de poitrine ou voix de poitrine, et l'autre, plus aiguë, sous le nom de registre de tête ou voix de tête.

Ces expressions n'ont au point de vue physiologique aucune valeur, car c'est toujours au niveau de la glotte que se forme la voix. Ce qui a motivé, et ce qui justifie jusqu'à un certain point ces expressions, ce sont les sensations que l'on éprouve pendant l'émission de la voix dite de poitrine ou de tête, et les vibrations concomitantes plus accentuées dans les parois thoraciques dans un cas, et dans l'autre cas dans les cavités sus-laryngiennes. Ce sont ces vibrations sus-laryngiennes qui produisent dans la voix de tête ce frémissement particulier qu'éprouve le chanteur dans la tête et les parties latérales du cou. Dans la voix de tête, en effet, la trachée reste souple, tandis que toutes les parties du tuyau vocal (pharynx, voile du palais), sont fortement tendues; or, les vibrations produites au niveau du larynx se transmettent dans tous les sens; mais elles se transmettent plus facilement sur des parois rigides. De là cette sensation de plénitude et de résonnance dans les parties latérales du cou dans la voix de tête, et cette absence plus ou moins complète de vibrations thoraciques. Le contraire a lieu dans la voix de poitrine, les vibrations sont manifestes du côté de la cage thoracique et manquent presque totalement du côté du pharynx.

La voix de tête ou de fausset est caractérisée par un son doux et flûté.

Il semble que le chanteur, qui vient de parcourir le registre de poitrine, éprouve un véritable soulagement dès qu'il passe à la voix de fausset.

Avant d'étudier son mécanisme réel, il peut être intéressant de passer en revue les différentes théories auxquelles elle a donné naissance; ne serait-ce que pour montrer le désaccord qui régna pendant longtemps entre les physiologistes sur ce sujet.

Pour Dodart, la voix de tête serait le résultat du passage de l'air par les fosses nasales, qui résonnerait plus dans ce conduit que dans la bouche, pendant que la glotte ne laisserait passer qu'un petit courant d'air.

Pour Malgaigne, au contraire, le son ne résonne plus que dans la bouche convertie en un tuyau simple et conique, dont le sommet est représenté par l'isthme du gosier rétréci.

Pour Müller et Battaille (1), les cordes vocales ne vibrent plus que sur leurs bords, tandis qu'elles vibrent dans toute leur largeur pour la voix de poitrine.

Pour Savard, l'air seul des ventricules résonne.

Pour Bennati et Colombat (2), le larynx n'a plus qu'une intervention secondaire et tout résulte de l'action des muscles de la région hyoïdienne de la langue et du voile du palais.

Pour Segond, ce serait les cordes vocales supérieures qui produiraient la voix de tête.

Masson rapporte la voix de fausset à l'effet d'un tuyau de flûte qui octavie, et dit que le tuyau vocal résonne alors sous l'influence du courant d'air qui donnerait pour la voix de poitrine un son deux fois plus grave.

Fournié admet que l'ouverture de la glotte étant diminuée, et ses bords moins tendus, le tuyau résonnant est rétréci par ses extrémités et dilaté dans le reste de son étendue comme pour la voix sombrée.

« Toutes ces théories, comme le dit Longet, peuvent se diviser en deux groupes :

1° C'est le tuyau résonnant qui est modifié (Dodart, Malgaigne);

2° C'est l'organe générateur du son qui est changé (Savart, Segond, admettant un organe spécial pour le fausset. Müller, Diday, Battaille, Fournié, admettant des modifications de la glotte). Modifications d'ailleurs différente selon les auteurs, puisque avec Müller, les cordes vocales sont plus tendues dans le fausset, avec Battaille et Fournié plus relâchées. »

D'autres auteurs ont encore donné de nouvelles explications.

Pour Mandl, l'orifice glottique est ouvert dans la voix de poitrine, et vibre dans toute son étendue, tandis que dans la voix de tête ou de fausset, l'orifice glottique est ouvert et vibre seulement dans sa partie interligamenteuse, en même temps que les cordes vocales s'abaissent, s'appliquent sur les inférieures et en recouvrent une partie considérable de manière à diminuer la partie vibrante.

Pour Diday et Pétrequin, la glotte est, pendant la production de la voix de tête, dans un état de tension telle que les cordes vocales ne

---

(1) Battaille, *Nouvelles recherches sur la phonation*, 1861.
(2) Colombat, *Traité médico-chirurgical des maladies de la voix*, 1834.

vibrent plus comme une anche, mais le son est produit par les vibrations de l'air lui-même comme dans la flûte.

C'est là une explication ingénieuse, qu'il ne reste rien moins qu'à démontrer, car dans la voix de tête, aussi bien que dans la voix de poitrine, les cordes vocales vibrent elles-mêmes, comme on peut le constater au laryngoscope.

Quel est donc le véritable mécanisme de la voix de tête?

Il suffit, pour le comprendre, d'examiner un larynx, pendant la production de la voix de tête, au moyen du laryngoscope, et toutes les théories tombent d'elles-mêmes devant l'observation. Dans la voix de poitrine, indépendamment des modifications du tuyau vocal sur lesquelles nous ne voulons pas revenir, on constate que le cartilage thyroïde a basculé sur le cricoïde de façon à tendre les cordes vocales qui se trouvent allongées. Ce mouvement de bascule est le résultat de l'action des crico-thyroïdiens. Les cordes vocales sont alors allongées, tendues passivement; mais elles se contractent aussi, de façon, non pas à se raccourcir, car elles ne le peuvent pas, tendues qu'elles sont par le mouvement de bascule du thyroïde; mais à se rapprocher l'une de l'autre, et la glotte présente alors la forme d'une fente linéaire dont les bords vibrent.

Si maintenant on produit la voix de tête, on voit que subitement les crico-thyroïdiens se relâchent, le mouvement de bascule cesse; les cordes vocales sont toujours contractées et cela plus énergiquement; mais elles n'ont plus à lutter contre la force des crico-thyroïdiens. Il s'ensuit qu'elles raccourcissent et se gonflent légèrement; la longueur de la partie vibrante a diminué, et la glotte ne représente plus une fente linéaire, mais une ouverture ovalaire par où l'air expiré s'échappe plus librement en produisant une sensation de soulagement. En arrière, les cartilages aryténoïdes sont restés affrontés par leur angle antérieur.

Passe-t-on de la voix de tête à la voix de poitrine, l'action énergique des crico-thyroïdiens entraîne le thyroïde, les cordes vocales s'allongent, et l'ouverture ovalaire redevient une fente linéaire. Il suit de là que, par une sorte de balancement d'action entre les deux puissances crico-thyroïdiens, d'une part, crico-aryténoïdiens de l'autre, le registre de poitrine passe à la voix de tête et cela réciproquement. C'est ce qu'a démontré Béclard dans son traité de physiologie. Si maintenant on fait en voix de tête des notes aiguës, la glotte, tout en conservant sa forme ovalaire, rapproche légèrement ses bords. La voix de tête est plus fatigante que la voix de poitrine, et se soutient moins longtemps. Cela se conçoit facilement, car dans la voix de tête, la glotte est plus ouverte, il faut un courant d'air plus rapide pour faire vibrer ses bords et la dépense d'air est plus considérable.

Influence du système nerveux sur la phonation.

L'appareil phonateur du larynx est placé sous la dépendance du nerf laryngé inférieur, qui semble venir du pneumogastrique, mais représente en réalité la suite des fibres que ce grand tronc nerveux emprunte à l'accessoire de Willès, ou spinal. (Branche interne du spinal.)

Aussi la section du spinal abolit-elle complètement la voix : on pourrait donc le nommer le nerf vocal. Chose remarquable, les autres rameaux du même nerf (branche externe du spinal) se rendent à deux muscles du cou (sterno-mastoïdien et trapèze), qui, pendant l'expiration sonore, se contractent pour empêcher la cage thoracique de s'affaisser subitement et pour ménager ainsi le soufflet à air. Ce fonctionnement est facile à constater chez les chanteurs.

Enfin, il est aujourd'hui démontré que le centre nerveux de la phonation a son siège dans la moelle allongée.

Dr E. NITOT.

Mue de la voix.

Lorsque les enfants entrent dans l'âge de puberté, un changement s'opère dans leur voix; c'est ce changement qu'on appelle la mue. L'époque et la durée de cette crise varient suivant les individus.

Dès que cette transformation commence, la voix devient enrouée, rauque et sourde chez les uns ; elle s'éteint quelquefois presque entièrement chez les autres. Il arrive aussi que, par suite du désordre qui atteint tous les organes, la justesse même de l'intonation devient défectueuse.

Les anciens maîtres défendaient absolument l'exercice du chant pendant la mue, pour ne pas exposer les élèves au danger de détériorer leur voix ou même de la perdre entièrement.

D'autres pensent qu'on doit se contenter de restreindre graduellement les exercices à mesure que la voix perd de son étendue, jusqu'au moment où la crise étant arrivée à son paroxysme, ils suspendent entièrement toute étude vocale.

Cette crise est moins forte et souvent moins longue chez les filles que chez les garçons.

On peut faire continuer l'exercice du chant aux filles, mais avec prudence et en employant des exercices convenablement gradués ; cependant il faut faire cesser tout à fait le travail aussitôt que l'élève éprouve de la fatigue à émettre les sons.

Le changement de voix étant beaucoup plus considérable chez les garçons que chez les filles, il est nécessaire de suspendre tout travail vocal dès le commencement de la mue des garçons ; à ce moment la nature a besoin d'un repos absolu.

L'élève doit, dans ces circonstances, prendre les plus grandes précautions hygiéniques et s'abstenir de tout travail fatigant qui pourrait entraver ce grand mouvement de la nature ; aussi pensons-nous que, pendant toute la durée de la mue, il est nécessaire de s'abstenir de tout travail vocal.

La voix des jeunes filles ne change pas de nature après la mue ; elle conserve le caractère qu'elle avait auparavant, soit de soprano, soit de contralto ; seulement elle acquiert de la force, du timbre et une plus grande énergie.

La voix des jeunes garçons, au contraire, change complètement et baisse d'une octave. Si la voix est celle d'un soprano, la mue la transformera en voix de ténor ; si la voix, au contraire, possédait les sons graves plutôt que les sons aigus, cette voix devient une basse ou un baryton. Les études sérieuses du chant ne doivent commencer qu'après la mue, pour les hommes de dix-huit à vingt ans, pour les femmes de seize à dix-sept ans.

La Méthode du Conservatoire, Le Camus, Manstein, Crivelli, l'abbé Céleste Alix, G. Duca, Fétis, M. Panofka, adoptent tous ce principe, qui du reste, est conforme aux lois de la nature.

Timbres.

Nous avons exposé dans le chapitre de *l'appareil vocal* la théorie scientifique des timbres. De nombreux savants, notamment Helmholtz, ont traité longuement cette question ; et la théorie de ce dernier sur la nature et la production du timbre est aujourd'hui la seule acceptée. Mais nous ne pourrions, sans nous éloigner du but que nous nous sommes proposé, les suivre dans le domaine de la science, aussi nous contenterons-nous de définir le timbre sans entrer dans des démonstrations physiologiques qui ne seraient d'aucune utilité à notre lecteur.

Le mot timbre en musique désigne les différentes sonorités des instruments et des voix.

Nous ne nous occuperons naturellement que des timbres de la voix humaine.

Lorsqu'une voix est sonore, vibrante, que la résonnance en est claire, pure et agréable à l'oreille, on dit : C'est une voix *bien timbrée*, voici un *beau timbre* de voix. Mais cette expression vague semble désigner plutôt la nature de la voix que les nuances infinies dont cette voix est susceptible, et ce sont justement ces nuances si variables, provenant quelquefois de différences presque imperceptibles dans la position de la bouche et des organes concourant à la formation de la voix, qui constituent ce que les musiciens appellent le timbre de la voix.

Le timbre peut être pur, beau, sonore, et alors, il entre pour une grande part dans le succès du chanteur; mais il peut aussi être défectueux, guttural ou nasal, et alors aucune qualité ne saurait complètement balancer la mauvaise impression produite par ces défauts, quel que soit le talent de l'artiste.

Nous allons indiquer quelques-uns des procédés par lesquels on peut faire disparaître les vices du timbre; mais nous ferons remarquer que les causes de ces défauts variant presque avec chaque individu, il est difficile de donner des règles générales en pareille matière. C'est aux maîtres à modifier ces règles, à en faire l'application suivant les circonstances.

Les défauts provenant du nez et de la gorge sont ceux que les anciens maîtres condamnent sans merci, et ils ne cessent de recommander de les corriger avant toute autre étude.

« Si l'élève a des défauts, dit Tosi, particulièrement du nez et de la gorge, il est nécessaire qu'il ne chante jamais que devant son maître ou en présence de quelque personne qui entende la profession et qui puisse le corriger; sans cette précaution, les défauts vont en grandissant de jour en jour et le mal est sans remède. »

« Le maître, dit-il encore, doit veiller avec le plus grand soin à ce que dans les registres de poitrine et de tête, l'émission de la voix soit claire et pure sans être nasale ni gutturale; ces deux défauts les plus horribles chez un chanteur, sont impossibles à corriger lorsqu'ils sont passés à l'état d'habitude. »

Le *timbre guttural* est presque toujours occasionné par le gonflement de la base de la langue, qui rejetée en arrière refoule l'épiglotte sur le larynx et empêche la colonne d'air sonore de sortir librement.

Cette disposition de la langue écrase, pour ainsi dire, le son d'une façon horriblement désagréable à l'oreille.

Pour corriger ce défaut, assez commun du reste, il faut choisir une voyelle dont la prononciation force la langue à se creuser par la base et, une fois la voyelle choisie, émettre les sons à *mezza voce*, en ramenant la langue en avant contre les dents inférieures. De cette manière, les organes vocaux ne subiront aucune contraction et pourront agir en toute liberté. Ce procédé permet au son de prendre une couleur naturelle. Le chanteur s'écoute mieux, observe avec plus de sûreté la position et les mouvements de l'appareil vocal, et le timbre cesse d'être guttural.

La voyelle *à* très grave est quelquefois employée avec succès. Les voyelles *e* fermé *o* ou *u*, ainsi que les diphtongues *ai*, *eu*, sont très bonnes pour corriger le timbre guttural, mais à la condition expresse de les chanter à demi-voix, du moins tant qu'il n'y aura pas d'amélioration sensible. A mesure que le défaut diminuera on devra augmenter graduellement l'intensité du son, en veillant toutefois à ce que les voyelles soient toutes sonores et d'une teinte agréable.

Le timbre guttural est dû quelquefois aussi à un rétrécissement trop considérable du tuyau vocal; dans ce cas, il faut, pour chercher à le corriger, ne se servir que des sons de poitrine.

Comme nous l'avons dit plus haut, les moyens que nous indiquons ne sont pas les seuls qui puissent être employés; c'est au maître à chercher lui-même, suivant que le défaut est plus ou moins enraciné, suivant qu'il est plus ou moins grave, selon la nature de la voix et les facultés de l'élève, les procédés qui pourront le plus rapidement faire disparaître le timbre guttural; mais qu'il ne perde pas de vue que ce vice est un des plus odieux qui puissent affecter la voix, et que si on tarde à le corriger il devient absolument impossible de le faire disparaître.

Le *timbre nasal* provient presque toujours de la position relâchée du voile du palais qui, en se rapprochant de la base de la langue, ne laisse plus une ouverture suffisante pour livrer passage au son et l'oblige alors à chercher une issue par les fosses nasales. Ce défaut, non moins insupportable que celui du timbre guttural, est aussi très nuisible à l'émission du son et au développement de la voix. L'élève qui ne pourra pas s'en corriger devra renoncer à chanter : « Avec de l'attention, dit Lablache, les commençants qui seraient enclins à ce défaut pourraient facilement l'éviter; mais pour le déraciner chez les personnes qui en ont une longue habitude, il n'y a pas d'autre moyen que celui de faire vocaliser d'abord sur *o*, ensuite sur *a* et sur *e*, en tenant le nez pincé de manière que le souffle n'y puisse nullement passer. Cet expédient est le seul dont l'expérience nous démontre l'efficacité; nous l'indiquons sans craindre le ridicule, persuadés comme nous le sommes que lorsque l'élève sera parvenu à faire sortir la voix de cette manière, le défaut aura entièrement disparu. »

Manstein conseille aussi le même procédé. Mais, moins confiants que Lablache, nous ne sommes pas sans craindre le ridicule, aussi croyons-nous pouvoir arriver à faire disparaître le timbre nasal en indiquant aux élèves des procédés plus simples.

Si le timbre nasal est le résultat d'un relâchement du voile du palais, occasionné par des habitudes contractées ou par une certaine paresse de ce muscle, il faut abaisser vigoureusement la base de la langue et la creuser fortement ; la base de la langue et le voile du palais se mouvant en sens contraire, il arrive alors que ce dernier s'élève pendant que la langue s'abaisse.

Cet exercice doit être fait devant un miroir, de telle façon que l'on puisse bien voir le fond de la bouche et se rendre compte des mouvements de la langue et du voile du palais.

Dès que l'élève pourra exécuter facilement les mouvements que nous venons d'indiquer, il devra choisir une voyelle à résonnance claire et dont la prononciation exige le relèvement subit du voile du palais. Les voyelles *e* fermé, *o* ouvert, sont très favorables à cet exercice. Il faut les articuler avec une certaine vigueur, et donner à la voix une intensité assez marquée pour que les mouvements s'opèrent nettement et avec énergie.

Nous sommes convaincus que par un exercice persévérant l'élève fera disparaître ce défaut ; mais qu'on ne s'y trompe pas, avant d'obtenir un heureux résultat, il faudra s'armer de patience, et le maître et l'élève ne devront pas cesser de prêter à ces exercices la plus grande attention.

Nous avons commencé par parler des timbres défectueux et des procédés qui nous paraissent les meilleurs pour corriger ces défauts, il nous reste à traiter des timbres les plus employés dans la musique vocale.

On distingue deux timbres principaux :

1° Le *timbre clair*.

2° Le *timbre sombre*.

Ces deux couleurs de voix sont susceptibles d'un nombre infini de nuances, auxquelles on donne le nom de timbres, mais qui ne sont en réalité que des dérivés du timbre clair et du timbre sombre.

Le timbre clair, habilement produit, donne à la voix de l'éclat et du brillant ; il permet au chanteur de se faire entendre à une grande distance sans pour cela l'obliger à faire une forte dépense d'air. Mais poussé à l'excès il rend la voix criarde. Ce qu'on appelle improprement une voix blanche n'est qu'une espèce de timbre clair, et souvent même c'est par ce mot que l'on désigne ce timbre; mais nous n'admettons en aucune façon cette expression inexacte.

Pour produire le timbre clair, il faut ouvrir la bouche horizontalement, un peu plus que pour l'émission ordinaire, et émettre les sons sur *e* et *a* clair. Les diverses positions de la bouche et des lèvres, de la langue, des joues, du voile du palais, les différents degrés d'ouverture de la bouche, peuvent apporter dans le timbre des modifications nombreuses, dont un habile chanteur doit toujours savoir tirer parti, pour augmenter le charme et l'expression de la musique ; mais c'est surtout dans le chant avec paroles que ces artifices peuvent lui être d'un grand secours.

Le *timbre sombre* procure à la voix un accent dramatique et passionné que le timbre clair ne peut donner. Ce timbre fut introduit dans l'école française par M. Duprez.

Ce grand artiste, par l'emploi judicieux du timbre sombre, a su trouver d'admirables effets ; mais, il faut l'avouer, son exemple n'a pas été sans danger pour un grand nombre de chanteurs, dont la voix n'a pu résister aux efforts qu'exige le timbre sombre. En abuser, c'est causer promptement une altération sensible de la voix. Il faut qu'un chanteur travaille ce timbre, qu'il connaisse toutes les nuances dont il est susceptible et qui peuvent augmenter la force et l'expression musicale; mais il faut aussi qu'il en use avec la plus grande prudence, sous peine de payer bien cher les quelques succès faciles que lui procureraient ces effets.

Citons, à l'appui de ces quelques lignes, ce passage de la *physiologie de la voix et de la parole* de M. Ed. Fournié :

« Nous ne pensons pas que l'on doive employer exclusivement le timbre sombre ; nous croyons même devoir signaler les inconvénients que cette habitude pourrait entraîner. En chantant toujours en timbre sombre, on s'expose à fatiguer prématurément l'organe vocal. Il est positif que pour porter dans une salle un chant exprimé en timbre sombre, il faut dépenser beaucoup plus de force que si le même chant était rendu en timbre clair.

» Pour chanter longtemps avec ce timbre, il faut un larynx très solide et surtout une poitrine bien constituée. D'ailleurs, employer toujours la même sonorité, n'est-ce pas enlever à la voix humaine la plus belle de ses prérogatives, qui est la variété du timbre? »

Nous avons signalé au lecteur les dangers auxquels l'abus du timbre sombre exposait l'organe vocal, nous pouvons maintenant lui indiquer les moyens propres à produire la voix sombrée. « Pour donner à la voix le timbre sombre, dit encore M. Ed. Fournié, l'orifice buccal doit être plus rétréci que dans la voix ordinaire. Les lèvres et les mâchoires se rapprochent les unes des autres, comme dans la prononciation de la lettre *o*, et il résulte de cette disposition que la lettre *a*, dans le chant, ne peut plus être prononcée aussi franchement. La sonorité qui l'accompagne ressemble beaucoup à celle de l'*o*. Pour la même raison, la lettre *e* rappelle la sonorité particulière de la diphtongue *eu*. Ces effets sont favorisés par l'aplatissement de la partie antérieure de la langue sur le plancher de la bouche.

« On peut dire, en général, que dans le timbre sombre toutes les lettres sont formées par la même disposition des parties qui président à la formation de ces mêmes lettres dans le timbre ordinaire de la voix ; mais dans le timbre sombre les cavités buccales et pharyngiennes sont beaucoup plus grandes. Ainsi, par exemple, dans la voix ordinaire, la lettre *e* s'obtient par le rapprochement de la langue contre la voûte palatine ; la même lettre étant prononcée avec le timbre sombre, la langue reste très éloignée de la voûte palatine, et cet éloignement, joint au développement de l'orifice buccal, lui donne les caractères de la diphtongue *eu*, selon que les modifications sont plus ou moins prononcées. »

Le timbre clair et le timbre sombre peuvent subir mille modifications ; mais ils ne constituent pas des genres de voix spéciaux. Seulement, grâce à leurs nuances habilement ménagées, ils donnent au coloris musical une variété et une force d'exprimer dont l'effet sur l'auditeur est toujours assuré.

C'est par le mélange des timbres que le chanteur peut exprimer les diverses passions ; c'est encore par ce mélange qu'il peut obtenir un chant riche et varié. Sans cette science délicate et précieuse, un artiste est toujours insipide et monotone.

Il est encore un timbre auquel on peut donner le nom de *timbre rond*. Il tient le milieu entre le timbre clair et le timbre sombre ; c'est celui du langage articulé. Lorsque dans le cours de cet ouvrage nous conseillons d'arrondir la voix, c'est l'emploi du timbre rond que nous recommandons. Ce timbre n'est autre que le timbre clair un peu modifié par une légère nuance de timbre sombre. Moins brillant que le premier, il n'a pas la force d'expression du second ; mais sa sonorité est des plus agréables.

Voici, d'après M. Manuel Garcia, la manière de le produire : « Lorsque la langue prend une disposition un peu plus basse que pour le timbre clair, et que le voile du palais se soulève médiocrement, la colonne d'air se redresse un peu et va frapper contre le milieu du palais; alors la voix devient éclatante, mais plus arrondie que dans le timbre clair. »

Registres.

Les différentes voix ne sont pas d'un timbre uniforme dans toute leur étendue, et la nature du son et son intensité sont sujettes à des différences notables. Les voix se subdivisent encore en divers *registres*, qui méritent chacun une attention particulière.

On peut supposer que c'est vers la fin du dix-septième siècle que les théoriciens et les chanteurs s'occupèrent des différents registres de la voix et de leurs divisions; en effet, si nous n'en trouvons pas trace dans les écrivains des seizième et dix-septième siècles, Tosi, en 1723, parle d'une classification des registres comme d'une chose admise et pratiquée dans les écoles. Bacilly, en France, en 1671, parle vaguement d'une certaine voix de *fausset*; mais ce terme, chez cet auteur, ne s'applique qu'aux castrats, et aucune partie de son livre ne mentionne les registres de la voix. Dodart, médecin français, nous paraît être le premier qui ait traité cette importante question, dans un mémoire présenté à l'Académie des sciences en 1700. Après lui, mais avec moins de succès, d'autres savants, notamment Ferrein, se sont occupés de cette matière et ont combattu les théories de Dodart. Enfin, Mancini, en 1774, s'étend longuement sur les registres de tête et de poitrine.

A partir de cette époque, un grand nombre de physiologistes distingués ont fait des registres des voix l'objet d'études approfondies. Le docteur Bennati (1832) a proposé de substituer à l'expression de registre de poitrine celle de voix laryngienne, et celle de voix surlaryngienne au registre de tête; cette dénomination, acceptée par quelques maîtres, notamment par Garaudé et Fétis, est aujourd'hui complètement tombée en désuétude.

Des savants et des professeurs, parmi lesquels nous citerons les docteurs Segond, Mandl, Fournié; les chanteurs Manuel Garcia et Bataille ont, par leurs travaux, fait faire un grand pas à la science; et grâce au laryngoscope, maintenant complètement perfectionné, il a été possible de faire des observations qui éclairent d'une vive lumière cette question restée bien longtemps obscure.

En examinant la voix, on distingue aisément, sur certains points de l'échelle vocale, des différences très sensibles dans la sonorité, le timbre et l'intensité du son. Ces différences proviennent de ce qu'on appelle les divers registres.

Le lecteur a pu voir, dans notre chapitre de l'appareil vocal, comment se formait la voix et à quelles causes physiques il fallait attribuer la variété des registres. Nous n'aurons donc pas à revenir sur cette question, et nous pourrons nous contenter de constater le phénomène et d'en indiquer les effets.

Les auteurs qui se sont occupés de la physiologie de la voix humaine admettent deux registres pour les voix d'hommes :

Premier registre, ou voix de poitrine ;

Deuxième registre, ou voix de tête.

Le premier se reconnaît à la plénitude, la rondeur, la puissante vibration du son. Quelques auteurs l'ont désigné sous le nom de voix naturelle, parce que le mécanisme qui le forme est le même que celui de la parole. Il appartient à la partie grave de la voix.

Les sons du second sont souvent, au contraire, faibles et un peu ternes, et diffèrent absolument de ceux du registre de poitrine. On les trouve dans les parties moyenne et aiguë de la voix.

Intensité et volume de la voix.

Par intensité, nous entendons la puissance de sonorité que la voix acquiert, grâce à une poussée d'air énergique et pleine. L'intensité est absolument indépendante du volume de la voix et de son timbre, qu'il soit clair, rond ou sombre.

Le volume de la voix est en raison directe de la capacité du corps sonore; mais il est à remarquer qu'une voix peut être volumineuse et manquer cependant d'intensité et de timbre. Pour grossir le volume de la voix, quel que soit le degré d'intensité, il faut toujours que les organes vocaux prennent la position que réclame le timbre sombre. Mais il est un danger contre lequel les chanteurs doivent bien se mettre en garde. Beaucoup d'entre eux pensent devoir grossir démesurément le volume du son, voulant par là faire croire à l'auditoire que la nature les a doués d'une puissante voix. C'est une erreur : le son devient lourd et empâté, le chant est fatigant, et l'exagération de ce procédé ne tarde pas à devenir ridicule.

Voix mixte.

Les auteurs diffèrent tous d'opinion sur le véritable caractère de la voix mixte et sur les procédés à l'aide desquels on la produit. Et cependant, que de charmants effets les chanteurs peuvent tirer de cette voix employée à propos avec intelligence et tact!

Les médecins seuls, et particulièrement MM. Mandl et Fournié, s'en sont occupés sérieusement et ont tenté d'en expliquer l'origine et la formation au point de vue scientifique. Leurs systèmes varient, à la vérité, mais au moins ont-ils jeté quelque lumière sur cette question si obscure et si importante de l'art du chant. Quant aux professeurs, ils connaissent la voix mixte, ils en recommandent l'usage; mais là s'arrêtent leurs préceptes, et aucun n'a voulu énoncer clairement son opinion sur cette voix, aucun n'a donné de règles pour la produire.

Les théories des docteurs Mandl et Fournié, quoique différentes l'une de l'autre, sont intéressantes à connaître, et nous croyons utile de les reproduire ici.

Voici comment s'exprime le premier dans son *Traité des maladies du larynx* :

« *Voix mixte*. — Un certain nombre de sons de la même tonalité constituent les sons les plus aigus du registre inférieur et les sons les plus graves du registre supérieur (1).

» Les deux registres ne peuvent donc être considérés comme deux séries de sons qui se touchent bout à bout, mais bien comme deux séries dont le commencement de l'une est superposé à la fin de l'autre.

» Ces quelques sons qui, par leur tonalité, sont communs aux deux registres, constituent pour nous ce qu'on appelle la *voix mixte;* ils ne sont pas produits par une disposition particulière anatomique, mais acquièrent de nouveaux caractères par une altération d'intensité ou de timbre; ainsi, lorsque les artistes veulent émettre les sons de cette série dans le registre inférieur, ou, anatomiquement parlant, lorsqu'ils veulent laisser ouverte la glotte dans toute sa longueur, le rétrécissement de l'orifice est porté à son plus haut degré, et les sons deviennent stridents, criards, désagréables; alors on diminue l'intensité, et c'est avec une voix de *poitrine diminuée* qu'on chante; c'est ce qui arrive habituellement aux basses et aux barytons; d'autres artistes

---

(1) M. le Dr Mandl entend par inférieur le registre de poitrine, et par supérieur celui de médium et de tête.

donnent ces mêmes sons avec les dispositions anatomiques du registre supérieur, et produisent ainsi un son de la même tonalité, mais qui diffère des notes plus aiguës par le timbre.

» Ainsi, un certain nombre de sons peuvent être émis avec les dispositions anatomiques du registre inférieur ou du supérieur; dans le premier cas, on l'appelle *voix de poitrine diminuée*; dans le second, *voix mixte*. Aussi, les effets étant semblables, a-t-on dit que la voix mixte n'était qu'une voix de poitrine diminuée. Au point de vue anatomique, c'est une erreur, comme nous venons de le voir, car les dispositions anatomiques sont différentes. Une confusion assez notable existe, au surplus, parmi les musiciens en ce qui concerne la valeur de ces dénominations diverses. Pour les uns, voix *de tête* ou de *fausset* sont identiques, et la voix mixte comprend les sons communs aux registres inférieurs et supérieurs; pour les autres, voix de fausset veut dire voix mixte; d'autres appellent voix de tête la voix mixte et voix de fausset le registre supérieur.

» On appelle *médium* le milieu de la voix, à savoir la voix mixte, à laquelle on ajoute les sons les plus voisins, soit du registre inférieur, soit du supérieur. Quelques musiciens limitent l'étendue du médium à celle de la voix mixte. »

Selon M. le docteur Mandl, un certain nombre de sons, les plus élevés du registre inférieur, et les plus graves du registre supérieur, ont le même timbre et constituent la voix mixte. Nous avons bien des fois partagé l'opinion de M. Mandl dans le cours de ce travail, et nous ne discuterons pas la question de théorie avec le savant docteur; mais, au point de vue de la pratique, nous avouons ne pas partager son opinion, et nous donnerons plus loin nos raisons.

Voici le système adopté par le docteur Edouard Fournié dans sa *Physiologie de la voix et de la parole* :

« En général, on n'admet que deux registres de la voix; cependant celui que nous allons décrire existe au même titre que les autres, car il est produit par un mécanisme qui lui est propre, et il possède des qualités sonores qui n'appartiennent ni à la voix de poitrine ni à la voix de fausset.

» La voix mixte est en quelque sorte le diminutif de la voix de poitrine : moins volumineuse, moins ample, moins pleine, elle sert principalement à orner le chant de nuances indispensables à son agrément. Moins pénible à produire que la voix de poitrine, elle est aussi pour le chanteur un instrument de repos.

» Ce registre est surtout employé lorsque, arrivé dans les notes élevées, le chanteur éprouve une trop grande difficulté à émettre de nouvelles notes. Or, dans le but de ménager ses efforts, tout en fournissant de nouvelles notes qui conservent quelque peu les qualités des sons de poitrine, le chanteur, instinctivement, exécute un procédé particulier, et c'est ce procédé qui caractérise pour nous la *voix mixte*.

« *La voix mixte*, qu'il ne faut pas confondre avec la *voix diminuée*, s'emploie surtout pour remplacer les notes élevées de la voix de poitrine et étendre dans le haut les limites de ce registre. Il n'est pas possible d'obtenir des notes graves en voix mixte, parce que ce procédé entraîne inévitablement une tension de la membrane vocale assez forte et incompatible avec les vibrations lentes qui produisent les notes graves.

» Si tous les professeurs de chant ne sont pas d'accord sur l'existence de cette voix, cela tient, à notre avis, à ce que l'on ne s'entend pas sur ses caractères essentiels.

» Pour beaucoup de personnes, en effet, la *voix mixte* n'est que la voix de poitrine diminuée, et, pour celles-là, ce registre n'existe pas; elles sont logiques avec elles-mêmes.

» La véritable voix mixte est produite par un procédé particulier; ce procédé n'est pas employé par tous les chanteurs; chacun possède *sa manière*, selon les leçons qu'il a reçues, et aussi, selon les dispositions de son organe vocal; il est assez fréquemment usité dans le haut par les personnes qui n'ont pas suffisamment exercé leur organe. Chez ces dernières, les muscles sont impuissants ou inhabiles à effectuer cette action d'ensemble qui doit donner naissance aux sons élevés de la voix de poitrine, et, pour remédier à cette insuffisance, elles emploient une tension exagérée; de cette manière, la note désirée est obtenue; mais c'est aux dépens de son timbre et de ses qualités sonores; elle est moins ample, moins pleine, elle est tendue, en un mot.

» Au point de vue physiologique, le registre mixte existe; mais nous pensons que tous les efforts des chanteurs doivent tendre à développer, autant que possible, les registres de poitrine et de fausset, et à obtenir, en variant suffisamment le timbre et l'intensité des sons de ces deux registres, toutes les nuances que la voix humaine est susceptible de produire (1). »

Ces appréciations émanant de savants docteurs qui ont longuement étudié la question, prouvent jusqu'à quel point les théoriciens s'entendent peu sur la nature de la voix mixte.

(1) Pour les détails anatomiques, nous renvoyons à l'ouvrage de M. Ed. Fournié, page 464.

Pour notre part, nous ne considérons pas ce que l'on est convenu d'appeler *voix mixte*, comme un composé des registres de poitrine et de tête, *car elle peut se faire sentir au delà et en deçà des notes coïncidentes de ces deux registres.*

Les sons appelés *sons mixtes* sont, à notre avis, le résultat d'une modification de l'intensité et du timbre de la voix de poitrine, qui fait entendre dans ce cas des sons doux et clairs.

Pour produire les sons mixtes, le chanteur doit émettre doucement les sons sans contraction ni raideur des muscles du cou. Si on arrondit très légèrement le son en le portant en dehors, et si, par une poussée d'air régulière, mais fort douce, on arrive à laisser la voix sortir sans effort, on obtient des sons d'une douceur et d'un charme qui produisent les plus heureux effets.

Cependant, le mécanisme de la voix mixte nous a toujours paru présenter avec celui de la voix de poitrine une très légère différence, toutes les fois que nous avons expérimenté sur nous-mêmes; cette modification est presque inappréciable, mais elle existe.

L'analyse de cette voix est fort difficile; et il est plus difficile encore d'en faire comprendre l'effet à ceux qui n'ont pas entendu les chanteurs de la grande école italienne, Rubini, Garcia père, Mario, etc. Cependant nous avons cru nécessaire de mettre sous les yeux du lecteur les pièces de ce petit débat musical, et nous pensons qu'il pourra se faire avec nos renseignements une idée assez exacte des qualités de la voix mixte, qui est une si grande ressource pour les chanteurs, sans être réduit à ce précepte un peu général de Garaudé :

« Pour bien comprendre ce que c'est que la voix mixte, il faut l'entendre par un professeur. »

Chevrotement.

Certains chanteurs, et même quelques professeurs, croient augmenter l'expression pathétique au moyen du chevrotement, de ce trémolo vocal dont tant d'artistes font usage aujourd'hui. Nous n'hésitons pas à le dire, c'est un préjugé déplorable qui choque à la fois et le goût et les règles du chant. Nous n'interdisons pas absolument à l'artiste de se servir, dans de rares circonstances et d'une façon très passagère, d'un procédé qui peut produire un certain effet; mais, nous le répétons, il ne doit être employé que par exception et avec la plus attentive circonspection. Il devient bien vite insupportable pour l'auditeur, et de plus il présente de réels dangers.

Les maîtres de la grande école italienne, notamment Tosi, blâment sévèrement les chanteurs qui se laissent aller au chevrotement; il en est de même des bons maîtres français du siècle dernier et de ceux d'aujourd'hui.

Malheureusement certains professeurs, dont les études n'ont pas été sérieuses et auxquels le goût fait défaut, non seulement ne savent pas corriger leurs élèves du chevrotement, mais encore les encouragent dans cette voie déplorable.

Nous ne saurions trop mettre en garde les élèves contre ces erreurs. Une voix qui chevrote est mal posée, elle affecte désagréablement l'auditeur, et finit par entraîner fatalement la ruine du chanteur.

Charles Bataille nous a donné de ce défaut une analyse très détaillée que nous reproduisons en entier :

« On obtient le tremblement de la voix en imposant aux muscles du larynx, notamment au crico-thyroïdien, une sorte de convulsion volontaire à laquelle vient en aide une poussée d'air exagérée. Or, les muscles, sous l'empire de cette excitation désordonnée, prennent rapidement l'habitude de contractions irrégulières et mal assurées, finissent par se soustraire complètement à l'empire de la volonté et par rendre insurmontable l'habitude du tremblement. Le chevrotement résulte plus souvent encore de l'exagération seule de la poussée d'air destinée à produire les sons. Dans ce cas, les muscles chargés de maintenir le degré d'ouverture glottique nécessaire à chaque son, ayant à résister à un courant d'air dont la puissance dépasse leurs forces, cèdent peu à peu à la pression, et prennent l'habitude de se contracter par saccades. On se fera une idée exacte du phénomène en se reportant aux tremblements musculaires qui suivent généralement tout effort prolongé, comme par exemple, le soutien à bras tendus d'un objet un peu lourd.

» En tout état de cause, le chevrotement, volontaire ou involontaire, a pour résultat infaillible, outre la sensation insupportable qu'il procure à l'oreille, de fatiguer à la fois, et les muscles et les ligaments vocaux, et par suite, de causer à la voix, dans un temps donné, un dommage dont il est impossible de prévoir l'étendue. »

D'après ce qui précède, il est facile d'indiquer le moyen de remédier au tremblement de la voix. Il suffit, pour cela, d'émettre les sons avec une poussée d'air modérée, sans contraction des organes vocaux, et de chercher à affermir la voix par une tension bien graduée de ces mêmes organes.

Il faut, en un mot, chanter à demi-voix et augmenter la force du son jusqu'à ce qu'on sente que le chevrotement va se produire. A ce moment, il est bon de cesser d'augmenter le son et de le maintenir dans la même intensité, tant que la voix reste ferme et bien posée.

Par cet exercice fait avec prudence et persévérance, on parviendra à rendre la voix ferme et sonore dans toute son étendue, quelle que soit l'intensité des sons.

Couac.

Le couac, suivant la théorie de Charles Bataille, résulte du passage d'un registre à l'autre, avec retour subit au registre primitif.

Le couac ne se produit presque jamais que dans l'émission des sons de poitrine, et particulièrement sur les notes aiguës. Le couac est de tous les accidents qui peuvent arriver à un chanteur le plus funeste, car il atteste toujours la maladresse ou la négligence de l'artiste, et ne manque jamais d'exciter l'hilarité du public.

Pour empêcher cet accident, il faut soutenir énergiquement le son sans brusquerie ; il faut que l'air sonore soit poussé avec une égalité parfaite, en imprimant une impulsion un peu plus forte pour passer d'une note à l'autre à l'aide d'une liaison bien marquée ou d'un port de voix assez accentué. La colonne d'air sonore étant ainsi soutenue et bien alimentée, il ne se produira aucune rupture dans la voix, surtout si le chanteur a le soin de tenir les organes vocaux dans un état de tension régulière et d'arrondir légèrement le son par une modification de ces mêmes organes, en leur faisant prendre la position favorable à l'émission de la voyelle o. Par ce moyen, le chanteur se mettra à l'abri d'un accident ridicule qui peut avoir la plus funeste influence sur sa carrière tout entière.

Classification des voix cultivées d'homme et de femme.

Nous n'aurons à nous occuper dans ce chapitre ni des voix d'enfants ni des voix non cultivées. Dans la partie historique on ne verra peut-être pas sans intérêt quel parti les vieux musiciens surent tirer du timbre de voix d'enfants aux premiers temps du drame lyrique, à une époque où les enfants remplissaient les personnages de femme. Mais ici c'est de la voix de femme et d'homme qu'il s'agit, c'est de ce merveilleux instrument, interprète fidèle des plus sublimes inspirations des compositeurs.

Les voix se divisent en deux genres :

1° Voix d'hommes. — 2° Voix de femmes.

Chacun de ces genres de voix se subdivise en trois espèces :

HOMMES........ { Basse. Baryton. Ténor. }   FEMMES.... { Contralto. Mezzo-soprano. Soprano. }

Ces six espèces, qui constituent l'ensemble de la voix humaine, présentent une étendue de trois octaves plus quatre notes, soit vingt-six sons diatoniques.

TABLEAU DES VOIX ET DE LEUR ÉTENDUE.

L'étendue de chacune des voix indiquées dans ce tableau est celle qui est généralement admise par les meilleurs auteurs pour les voix cultivées. Nous nous sommes servi pour les voix de femmes de la clef de *sol* plus usitée, surtout en France, que les clefs d'*ut* mais nous avons dû conserver pour le ténor la clef d'*ut*, sans laquelle il eût été impossible de donner à cette voix sa véritable place dans le tableau comparatif de l'échelle vocale. La partie inférieure du tableau indique le rapport de chacun des sons de la voix avec les notes correspondantes du clavier du piano.

A la simple inspection de ce tableau on peut remarquer deux particularités importantes :

1° Les voix d'hommes s'échelonnent de tierce en tierce : la basse commence au *fa*, le baryton au *la*, le ténor à l'*ut*.

2° Les voix de femmes reproduisent exactement l'échelle des voix d'hommes de tierce en tierce aussi, mais à une octave au-dessus : le contralto commence au *fa*, le mezzo-soprano au *la*, le soprano à l'*ut*.

VOIX D'HOMMES.

Basse (basso profondo).

On distingue deux sortes de basses :

1° La basse profonde.

2° La basse chantante.

La voix de basse profonde, nommée autrefois basse-contre en France, est généralement volumineuse, forte, mordante et d'un timbre cuivré. Son étendue au grave peut descendre jusqu'au *ré* et même à l'*ut*; mais à l'aigu elle ne peut s'élever au dessus du *ré* et du *mi bémol*. Cette voix est peu propre aux effets qui exigent de la souplesse; mais, par un travail assidu et bien dirigé, on peut lui donner une certaine agilité relative. Les chanteurs qui possèdent cette voix doivent se borner au registre de poitrine et renoncer au registre de tête, qui, ne pouvant se fondre avec le registre de poitrine, ne leur est d'aucune utilité. Cette voix est d'un excellent effet dans les morceaux d'ensemble par l'énergie de son timbre. Voici son étendue :

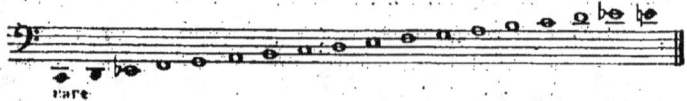

Porto, au théâtre italien, possédait du *ré bémol* au *mi naturel*; et Levasseur, pour qui furent écrits les rôles de Bertram, de *Robert le diable* et de Marcel des *Huguenots*, descendait facilement au *mi bémol* et faisait entendre le *fa dièse* au-dessus des lignes.

On a entendu à l'Opéra de Paris un choriste doué d'une voix puissante, qui, dans le rôle de Caron de l'*Alceste* de Gluck, chantait la phrase « Caron t'appelle, entends sa voix, » une octave plus bas que la note écrite, c'est-à-dire, qu'il donnait le *ré* au-dessous des lignes.

Basse-taille (basso cantante).

Cette voix est moins rude et moins volumineuse que la précédente; mais elle est susceptible d'une plus grande agilité, et prend les différents timbres avec une remarquable aisance. Son étendue est de deux octaves.

La voix de basse-taille peut émettre quelques sons de tête qui coïncident avec le registre de poitrine de l'*ut* au *fa*, et atteindre au *sol* et au *la*; mais la fusion des deux registres est fort difficile, exige un travail très long, et comme, en résumé, l'effet des sons de tête dans la voix de basse est toujours assez médiocre, il vaut mieux s'en abstenir complètement ainsi que le conseillent Manstein, M. Manuel Garcia, Lablache et la méthode du Conservatoire.

Le chanteur qui possède une voix de basse-taille doit travailler particulièrement les sons supérieurs du *si* au *fa*, de manière à les produire avec la voix mixte dont le timbre est éminemment propre à l'expression des sentiments doux et tendres.

Lorsque les notes supérieures de cette voix sont fortes et bien timbrées, il arrive souvent que les notes *fa* et *fa dièse* au grave manquent de rondeur et de sonorité. Il est bon dans ce cas de travailler ces notes chaque jour avec persévérance pour leur faire acquérir la force qui leur est nécessaire.

En France, c'est dans l'opéra-comique que la voix de basse-taille trouve le mieux son emploi. En Italie, où le *basso cantante* est en grand honneur, on réserva longtemps cette voix à l'*opéra buffa*, et les chefs-d'œuvre de Cimarosa et de Rossini renferment d'admirables et nombreux rôles de basse; mais à partir du commencement de ce siècle on s'en servit dans l'*opéra seria*, et on sait quel parti l'auteur de *Sémiramide* a su en tirer.

Baryton (baritono).

La voix de baryton participe en quelque sorte de la basse chantante et du ténor. Elle possède naturellement une puissance d'expression, une douceur et une souplesse qui lui permettent de donner avec facilité le *ré*, le *mi* et le *fa* supérieur, ce qui la fait quelquefois confondre avec le ténor.

En effet, certaines voix de baryton ont une telle analogie avec celle de ténor, qu'il n'est pas toujours facile de les classer. Dans ce cas, il faut apporter la plus grande prudence dans le travail des exercices propres au développement de la voix et soigneusement se garder d'abuser des notes élevées.

Après quelques semaines d'une étude bien conduite, la voix, si elle appartient à un baryton, se portera vers le grave, de manière à ne laisser aucun doute sur son véritable caractère. Rien n'est plus dangereux que de vouloir forcer la nature d'une voix de baryton en essayant de la transformer en ténor; le résultat de ce contre-sens, dans lequel on tombe si souvent de nos jours, est non seulement de donner à la voix un timbre désagréable et dur, mais de briser en peu de temps la carrière de l'artiste.

La voix de baryton, douée d'un timbre sonore et doux possède en même temps une vigueur et un éclat qui la rendent très propre aux effets dramatiques; de plus, elle est susceptible d'acquérir par le travail une très grande agilité. On trouve dans les partitions de Rossini un grand nombre de rôles qui prouvent jusqu'à quel degré de légèreté et de souplesse cette voix peut parvenir. On sait que certains rôles, comme celui de *Don Juan*, sont écrits également pour baryton ou ténor, et depuis une vingtaine d'années des compositeurs tels que MM. Verdi, A. Thomas, ont appliqué tous leurs soins à mettre en valeur cette voix qui, dans des œuvres telles que *il Ballo in Maschera*, *Rigoletto*, *Hamlet* luttent d'importance avec celle du ténor.

L'étendue admise pour le baryton par la majeure partie des auteurs est du *la* au *fa* en registre de poitrine; de plus, il peut monter en voix de tête jusqu'au *la*. Les notes coïncidentes de ce second registre avec celui de poitrine sont de l'*ut* au *fa*.

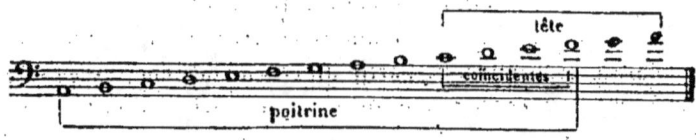

Telle est l'opinion de Lablache, Crivelli, Fétis, de MM. Duprez et Panofka. M. Manuel Garcia étend jusqu'au *si* la voix de tête du baryton :
« Mais, ajoute-t il, peu de barytons pourraient se servir de cette note avec succès. »

M. Verdi a souvent poussé jusqu'au *sol* aigu la limite supérieure de la voix de poitrine du baryton ; mais cet effort nous paraît dangereux pour la durée, la fraîcheur et la pureté de la voix.

Aujourd'hui les barytons ainsi que les basses-tailles ne se servent que du registre de poitrine, et les occasions où ils pourraient employer la voix de tête sont assez rares. En revanche la voix mixte leur est d'une très grande ressource, surtout dans les passages de tendresse auxquels elle prête un accent pénétrant d'un excellent effet.

Ténor.

Il y a deux espèces de voix de ténor :
1° Le fort ténor.
2° Le ténor léger.

Fort ténor.

La voix de fort ténor est puissante, pleine, sonore, et apte à soutenir le son avec vigueur ; elle se prête admirablement à la passion la plus énergique et aux sentiments les plus tendres. Assouplie par un travail assidu, elle acquiert une remarquable agilité qui lui permet d'aborder tous les genres de musique. Elle est surtout employée dans le grand opéra.

Voici l'étendue de la voix de ténor et la division de ses registres, d'après la méthode du Conservatoire, Crivelli, Manstein, Garaudé, Rodriguez de Ledesma, Carulli, Lablache, Catrufo, Fétis, MM. Duprez, Manuel Garcia, Panofka.

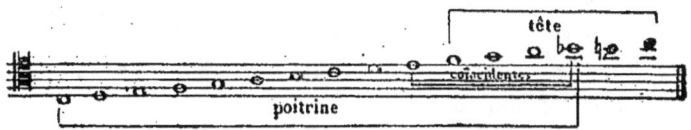

Le registre de poitrine s'étend de l'*ut* inférieur au *si* bémol supérieur, mais peu de ténors peuvent atteindre jusqu'au *si* naturel. Il faut apporter la plus grande attention à ne pas forcer les notes élevées de poitrine, et veiller à ce qu'elles soient émises sans violence, mais soutenues avec fermeté.

Le registre de tête s'élève jusqu'à l'*ut* ; les notes communes aux deux registres sont du *mi* au *si* bémol.

Nous conseillons fort de travailler le registre de tête avec un grand soin et une grande patience, afin d'en rendre l'union aussi bonne que possible. Le chanteur peut sentir ses forces paralysées par la fatigue, et c'est alors que la voix de tête lui sera d'un précieux secours, surtout dans certains passages qui exigent de la douceur, et qui ne pourraient être rendus de poitrine sans danger.

Ténor léger.

La voix de ténor léger est généralement délicate, agile, et presque toujours faible dans les notes graves.

Le caractère de cette voix se prête peu au chant large et encore moins aux effets puissants et dramatiques ; mais, en raison de sa netteté, de sa souplesse, du charme de son timbre, et de l'extrême agilité dont elle est douée, elle convient à merveille à l'opéra buffa, à l'opéra-comique, et surtout au style italien, dont le tour mélodique en fait ressortir toutes les précieuses qualités. Son étendue est la même que celle du fort ténor, et la coïncidence entre les notes des registres de tête et de poitrine est la même ; on peut étendre le registre de tête jusqu'au *ré*.

Cette voix n'ayant pas la rondeur et la puissance de celle du fort ténor, la disparité des sons d'un registre à l'autre présente un contraste moins sensible ; cependant l'union de ces deux registres demande une étude sérieuse, afin que la fusion soit bien complète, ce qui permet au chanteur d'exprimer avec plus de grâce les sentiments de tendresse. Du reste, il faut cultiver avec beaucoup de soin la voix de tête dont le ténor léger fait plus souvent usage que le fort ténor. Cette union des registres se fait ordinairement du *sol* au *la*. (?)

Les traits, les gammes, tout ce qui demande de l'agilité, doivent être exécutés avec la plus grande perfection. Les trilles, les gruppetti, en un mot, tous les ornements du chant, réclament chez le ténor léger une exécution irréprochable.

Haute-Contre.

Cette voix n'étant plus en usage, nous ne la citons que pour mémoire, nous réservant d'y revenir dans la partie historique.

VOIX DE FEMMES

Contralto.

La voix de contralto est la plus grave des voix de femmes. Par la puissance, la sonorité, la rondeur de ses sons, le caractère *sui generis* de son admirable timbre, elle est d'une grande utilité aux compositeurs.

Elle possède à la fois le registre de poitrine et celui de tête : « Cette voix, dit Lablache, varie dans ses moyens presque avec chaque individu ; il est donc impossible de marquer exactement les limites de ses registres. » Cependant, en nous appuyant de l'opinion des auteurs les plus autorisés, nous pouvons fixer ainsi l'étendue de la voix de contralto :

Le registre de poitrine du contralto est très vigoureux, en revanche le registre de tête est faible : c'est pourquoi le passage de l'un à l'autre, soit en montant, soit en descendant, est rude et ne s'opère qu'avec une espèce de soubresaut très accentué de l'organe vocal. La fusion des registres est toujours difficile, et ce n'est qu'après un travail opiniâtre et sagement dirigé qu'on parvient à faire disparaître complètement le défaut que nous avons signalé.

Les contralti doivent travailler le registre de tête à partir du *fa*. Il faut surtout se garder d'exercer la voix dans le registre de poitrine au-dessus de ce *fa* qui en est la limite naturelle.

Dans les exercices, les notes supérieures du registre de tête doivent être abordées avec circonspection et en les effleurant, sans chercher à les soutenir : « Pour développer cette voix, dit Crivelli, il faut user des plus grandes précautions, car, naturellement peu flexible, elle perdra facilement ses qualités si on la violente, surtout en cherchant à lui donner de l'extension vers les sons extrêmes supérieurs. »

Cette voix, par un travail bien dirigé, peut acquérir une agilité suffisante, et dans plus d'un rôle écrit par Rossini (celui d'Arsace de *Semiramide*, pour n'en citer qu'un), le contralto doit faire preuve non seulement de puissance, mais encore d'agilité.

Chez le contralto comme chez le baryton, et ceci prouve l'analogie frappante des voix de femmes et d'hommes, il est quelquefois difficile de distinguer, dès la première leçon, le véritable caractère de la voix qui se rapproche de celle du mezzo-soprano. Il faut, dans ce cas, prendre les mêmes précautions que nous avons indiquées pour le baryton.

Soprano.

La division qui existe pour les ténors existe aussi pour les soprani. On distingue deux sortes de soprani : le Mezzo soprano, et le Soprano aigu.

Avant d'entrer dans le détail de chacune de ces voix, il est bon de nous arrêter un instant sur une question au sujet de laquelle les maîtres les plus autorisés se sont partagés en deux camps.

Les uns soutiennent que la voix de soprano possède trois registres ; les autres affirment qu'elle n'en a que deux.

Ceux qui admettent trois registres les divisent de la manière suivante :

1° Registre de poitrine ;
2° Registre de médium ou de fausset ;
3° Registre de tête.

Cette division est celle adoptée par Martini, Crivelli, la méthode du Conservatoire, Crescentini, Manstein, Garaudé, Piermarini, G. Duca, Lablache, Concone, Damour Burnett et Elwart, Lamperti, Florimo, Delle Sedie, Milhès.

Les auteurs dont l'opinion est contraire à la théorie des trois registres, et qui n'en admettent que deux.

1° Le registre de poitrine ;
2° Le registre de tête.

Sont Tosi, Mancini, Lanza, Marcello Perino, Carulli, Roucourt, Rodriguez de Ledesma, Fétis, Stephen de la Madelaine, Ch. Bataille, M. Manuel Garcia, les docteurs Bennati, Segond, Müller, Mandl, Fournié, et quelques autres.

Voici la division des registres de la voix de soprano, telle que l'indiquent les auteurs que nous venons de citer :

Cette division est celle que donne en réalité la nature et que nous admettons en théorie ; cependant, à l'exemple de M. Manuel Garcia (1), et pour ne pas exclure du langage musical des expressions consacrées depuis longtemps, nous nous servirons, dans la suite, pour désigner

---

(1) M. Manuel Garcia, dans ses *Études physiologiques sur la voix humaine*, soutient que les registres de fausset et de tête n'en forment qu'un ; mais, page 6. il dit que, pour être mieux compris, il a dû conserver les expressions de voix de poitrine, de médium ou fausset et de tête.

les registres, des dénominations de voix de poitrine, voix de médium, voix de tête, que nous divisons ainsi ;

Mezzo-Soprano.

La voix de mezzo-soprano est généralement d'un timbre rond, sonore, ample, sans cependant avoir toute la puissance du contralto dans les notes graves, toute la légèreté du soprano à l'aigu.

La secousse qui se produit dans le larynx au passage du registre de poitrine à celui de tête, est très sensible et cependant moins marquée que dans le contralto. Malgré la différence qui existe souvent entre la voix de poitrine et les premières notes de la voix du médium, on peut toujours arriver à corriger ce défaut, à rendre la liaison des registres aussi parfaite que possible, et à donner à la voix une grande égalité dans toute son étendue.

Il faut reconnaître avec soin la nature de voix du mezzo-soprano et ne pas la confondre avec celle du soprano élevé, en cherchant à lui faire acquérir les notes aiguës, ce qui causerait la ruine certaine de la voix et de la santé de l'élève.

On peut aussi, au début des études, confondre le mezzo-soprano avec le contralto ; mais cette erreur présente de grands dangers, et si on pousse trop au grave le mezzo-soprano, on obtiendra une voix bâtarde et sans timbre.

Cette voix, lorsqu'elle est bien timbrée, convient surtout au grand opéra et rend très bien les sentiments tendres et passionnés. On l'emploie aussi pour l'opéra-comique, mais elle n'a pas toujours la légèreté nécessaire à ce genre.

Son étendue divisée en deux registres est la suivante :

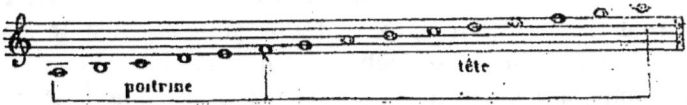

Il serait dangereux de vouloir étendre le registre de poitrine au delà du *fa* ; cependant il est des mezzo-soprano qui montent facilement jusqu'au *la* et même jusqu'au *si* bémol du médium ; mais nous conseillons de travailler ces notes en voix de tête, et de chercher à leur donner de la rondeur, réservant l'usage de ces notes en voix de poitrine pour les situations très dramatiques et les élans passionnés. La division de cette voix en trois registres que nous admettons pour la pratique est la suivante :

Soprano aigu.

Cette voix de soprano, partagée en trois registres dans la pratique, se divise ainsi :

Les notes coïncidentes sont du *ré* au *fa*.

La voix de soprano est généralement brillante, déliée, éclatante dans les notes élevées du registre de tête. Les sons du médium sont souvent ternes et présentent une différence marquée avec ceux de poitrine et ceux de tête ; cependant cette différence est moins sensible que dans la voix de mezzo-soprano ; aussi cette voix, qui présente plus d'homogénéité que les autres voix de femme, peut-elle devenir d'une égalité parfaite si l'union des registres est travaillée avec assiduité et prudence.

Les sons du registre de poitrine ne sont pas toujours très pleins, et quelquefois on ne les trouve pas dans un premier examen de la voix, parce que, si l'élève a contracté l'habitude de parler dans le médium de sa voix, elle descend aux limites inférieures de l'échelle tout en voix du médium. Dans ce cas, il faut quelquefois un travail long et patient pour obtenir les quatre premières notes en voix de poitrine. On a vu quelques soprani d'un très grand talent se servir exclusivement du second registre et supprimer tout à fait le premier. D'autres fois, on rencontre des soprani qui éprouvent une grande difficulté à reprendre la voix de poitrine en exécutant des gammes descendantes ou des exercices qui contiennent la série des sons jusqu'à l'*ut* inférieur.

Pour faire trouver à une élève la voix de poitrine, nous nous sommes souvent servi d'un moyen très simple et qui nous a toujours réussi. Nous faisons parler l'élève en lui laissant prendre la voix dans la partie de l'échelle où elle a l'habitude de parler, puis, faisant baisser la voix par degré, nous la dirigeons peu à peu vers le timbre sombre ; de cette manière, l'élève arrive forcément à se servir du registre de poitrine dans le langage parlé; et une fois là, nous lui faisons prendre instantanément la voix chantante sur la voyelle *â* très grave en conservant aux organes la disposition prise pendant l'acte de la parole.

Ce procédé, en réalité assez facile, exige quelquefois une grande patience et une grande force de volonté de la part du maître, aussi bien que de l'élève.

Le registre de poitrine étant indispensable au soprano, il faut l'étudier avec soin et le travailler avec prudence. La voix de soprano est celle qui acquiert le plus d'agilité et de brio. On l'emploie également dans l'opéra sérieux et dans l'opéra-comique ; mais dans les grands opéras tels que les *Huguenots*, c'est à elle que sont réservés les rôles les moins dramatiques, à la vérité, mais les plus brillants au point de vue de la virtuosité. Au dix-huitième siècle et même au commencement de celui-ci, les castrats prenaient souvent la place du soprano. Il est vrai de dire que dans ces mêmes opéras c'étaient les contralti qui remplaçaient les ténors ; mais cette absurdité était compensée par la merveilleuse habileté de ces chanteurs qui ont fait l'admiration de l'Europe entière.

Observation. Nous n'avons traité dans ce chapitre que de l'étendue des voix les plus ordinaires, et nous avons évité de nous arrêter sur les virtuoses exceptionnels dont les voix, surtout chez les femmes, semblent dépasser les limites fixées par la nature ; mais nous nous réservons de revenir dans le chapitre historique sur ces voix extraordinaires.

Conservation de la voix.

La conservation de la voix exige des soins et des précautions que, dans l'intérêt de leur avenir et de leur fortune, les élèves et les chanteurs ne doivent pas négliger.

Nous ne dirons rien des pratiques superstitieuses auxquelles se livraient les acteurs et les orateurs de l'antiquité, ni des moyens poussés quelquefois jusqu'à la puérilité dont ils usaient pour fortifier et conserver leur organe. On peut consulter Pline, qui indique une vingtaine de plantes, de spécifiques, de recettes propres à fortifier la voix.

Ces acteurs ne prononçaient jamais un mot le matin, avant d'avoir développé méthodiquement leur voix, en la faisant sortir peu à peu pour lui donner une force progressive et éviter de violenter les organes vocaux ; ils avaient soin de se tenir couchés durant cet exercice.

Les précautions comiques que Néron prenait de sa voix peuvent donner une idée de ce que faisaient les chanteurs. « La nuit, Néron se couchait sur le dos avec une mince plaque de plomb sur son estomac. Il se purgeait par des clystères et des vomitifs ; il s'abstenait de fruits et de tous les mets qui pouvaient nuire à la voix. Enfin, de peur d'en altérer les sons, il cessa de haranguer les soldats et le Sénat. Il établit même auprès de lui un officier pour prendre soin de sa voix, il ne parlait plus qu'en présence de ce singulier gouverneur, qui l'avertissait dès qu'il parlait trop haut ou qu'il forçait sa voix, et si l'empereur, transporté de quelque passion soudaine, n'écoutait pas ses remontrances, il fallait qu'il lui fermât la bouche avec une serviette. » (GINGUENÉ). (*Encyclopédie méthodique*).

Cet exemple trop illustre prouve que de tous temps la conservation de leur voix a été pour les orateurs, les acteurs et les chanteurs, une préoccupation incessante.

La division du temps à consacrer à l'étude doit être faite suivant la santé, les forces et le tempérament de l'élève.

Le matin, il est utile de préparer l'estomac à l'exercice du chant par une nourriture très légère, prise en petite quantité. Cette précaution permet d'émettre les sons avec plus d'énergie et fait disparaître promptement l'espèce de raucité qui affecte ordinairement la voix au moment du lever.

Au commencement des études, il ne faut jamais chanter longtemps sans se reposer. S'exercer pendant cinq ou six minutes seulement, continuer de cette manière pendant une demi-heure, pas davantage. Ces repos fréquents ont pour but de laisser aux organes vocaux le temps de reprendre leur position normale, et de leur épargner la fatigue que pourrait occasionner une tension trop prolongée.

Le premier mois, on devra s'exercer chaque jour pendant une heure et demie, divisée en trois séances assez éloignées les unes des autres.

Plus tard, porter à trois heures par jour les études du chant, à la condition toutefois de ne jamais travailler plus d'une heure à la fois, de faire les repos après huit ou dix minutes au plus d'exercice, et d'espacer les trois heures de manière à laisser à la voix un repos suffisant entre chaque séance.

Ne chanter que deux heures après les repas, afin de n'apporter aucun trouble dans les fonctions de l'estomac qui sera alors mieux disposé à l'acte du chant. Cette précaution préservera la santé de l'élève de tout accident fâcheux, et les sons sortiront plus beaux et plus purs.

Ne pas prendre ses repas immédiatement après avoir chanté. Une demi-heure d'intervalle est nécessaire entre la fin de l'étude et le moment du repas.

Faire tous les exercices la voix pleine, sans la forcer, ni chercher à la grossir.

Le matin, se contenter de la pose de la voix, des ports de voix et de quelques exercices d'agilité ; mais limiter l'étendue de tous ces exercices, de manière à ne jamais descendre aux notes les plus graves, ni monter aux sons les plus élevés ; toujours s'arrêter au grave comme à l'aigu, en deçà des trois notes extrêmes.

A partir de la seconde heure, on pourra travailler la voix dans toute son étendue, mais sans trop insister sur les notes aiguës.

Ne point chanter dans un local dont la température serait trop froide ou trop chaude, dans les deux cas l'enrouement peut se produire.

Ne pas chanter après une marche longue ou précipitée, ni après un exercice qui aurait occasionné de la fatigue.

A moins d'indisposition, ne pas négliger de s'exercer tous les jours.

Ne pas chanter en face d'une porte ou d'une fenêtre ouverte, surtout par les temps de pluie ou de vent.

Ne jamais chanter devant un grand feu sans avoir la précaution de tourner le visage du côté opposé.

Se garder de passer subitement d'une température très élevée à une température très basse, *et vice versa.*

Ne pas parler dans une atmosphère humide.

Ne jamais chanter le soir en plein air, ce qui pourrait amener la perte de la voix.

En dehors de l'exercice du chant, toujours respirer par le nez, afin que l'air arrive moins froid dans les poumons et que les parois de l'arrière-bouche ne se dessèchent point sous l'action de l'air directement introduit par l'ouverture de la bouche.

Se préserver du froid, surtout aux pieds.

Ne pas crier, ni parler trop fort ou trop longtemps.

Ne pas boire trop froid, ni trop chaud, se garder des glaces.

Ne pas tousser, ni expectorer avant de chanter, ce qui deviendrait une habitude fâcheuse sous plus d'un rapport.

Ne pas chanter le visage tourné contre le mur, mais se placer de manière que la voix se dirige vers un espace vide.

Ne pas s'exposer à l'air froid et humide immédiatement après avoir chanté.

L'élève qui étudie le piano dans le but de s'accompagner doit travailler peu à la fois, et sur un instrument toujours accordé au diapason normal.

L'étude des instruments à vent est absolument interdite aux chanteurs.

Toutes les fois que le chanteur doit se faire entendre en public, nous lui conseillons de s'abstenir de parler, et de se renfermer dans un mutisme à peu près complet, pendant deux ou trois heures avant le moment de chanter. Ce repos rend à la voix toute sa fraîcheur et aux organes toute leur force et leur souplesse.

Nous pensons que l'on peut manger tout ce qui plaît au goût et que l'estomac digère facilement.

Ne jamais boire de liqueurs fortes ; le vin pris en petite quantité, les grogs et quelques liqueurs douces peuvent seuls être considérés comme d'excellents toniques.

Le tabac doit être rigoureusement proscrit si l'on veut conserver à la voix toutes ses qualités. Le tabac à priser irrite la muqueuse et la fumée du tabac entretient aux parois de l'arrière-bouche et au pharynx une irritation qui nuit sensiblement à la voix.

Ne négliger aucune des indispositions, si légères qu'elles soient, qui affectent les organes vocaux, et ne pas attendre qu'elles passent à l'état chronique, ou qu'elles dégénèrent en maladies graves.

Ne pas s'exercer en chantant entre les dents et surtout ne point fredonner continuellement, ce qui devient une habitude ou une manie on ne peut plus nuisible à la voix.

Pendant le sommeil, que les fenêtres soient closes de manière à laisser pénétrer très peu de jour dans la chambre.

Par les grands froids, faire provision de chaleur avant de s'exposer à l'air ; pour cela, bien se chauffer avant de sortir et faire pénétrer dans les vêtements la chaleur du foyer, puis bien fermer le pardessus pour conserver la chaleur.

Éviter les émotions violentes, telles que la colère, etc., qui produisent toujours une altération plus ou moins prolongée de la voix.

Avant de chanter, examiner attentivement ce que l'on doit étudier et s'en rendre compte par la réflexion. Ce travail mental qui débarrasse le chanteur de toute hésitation est le plus sûr moyen pour préserver de toute fatigue inutile l'esprit et la voix.

Nous n'avons donné ce résumé des précautions à prendre pour la conservation de la voix, qu'afin de mettre les chanteurs en garde contre les désastres, malheureusement trop fréquents, que nous avons observés pendant notre longue carrière. Puissent les élèves et les chanteurs se bien pénétrer que de l'observation scrupuleuse de nos conseils dépendent les succès durables ; que leur fortune est attachée à tous ces soins, ridicules, en apparence, pour tous ceux qui n'exercent pas la profession de chanteur et qui n'en connaissent pas les mille dangers. Toutefois, nous ferons observer qu'il ne faut pas exagérer ces soins et précautions jusqu'à la puérilité ; mais que dédaigner ou négliger les conseils de la simple prudence c'est vouloir courir au-devant d'une catastrophe plus ou moins éloignée, mais inévitable.

Terminons par un dernier conseil : suivre un régime sobre, avoir une vie régulière, et éviter les excès.

CHAPITRE II

DE L'ÉTUDE DU CHANT

Tenue du chanteur. — Respiration. — Manière de disposer la bouche pendant les exercices. — Attaque et émission du son. — Pose de la voix. — Sons liés. — Ports de voix. — Union des registres. — Sons filés.

Tenue du chanteur.

Avant d'aborder l'étude du chant, avant d'en expliquer les principes et l'esthétique, il est bon de nous arrêter un instant sur quelques règles autrefois importantes et que les professeurs ont presque tous négligées depuis longtemps déjà, soit dans leurs méthodes, soit dans leur enseignement oral. Nous voulons parler de la tenue, du maintien, que le chanteur doit avoir pendant les études, de la manière dont il doit se présenter devant le public, autant pour faciliter le chant que pour disposer favorablement ses auditeurs. Qu'on ne s'y trompe point, il n'est pas sans importance de savoir, dès les premières leçons, prendre une pose correcte et en même temps libre et dégagée.

Plus tard, au théâtre, au concert, au salon, les circonstances modifieront les règles que le maître aura posées dès le début; mais toujours, et presque sans s'en apercevoir, le chanteur appliquera avec aisance les principes qu'il aura reçus dans les premières leçons, et dont il ne tardera pas à recueillir les fruits, soit qu'il trouve plus de facilité dans l'émission du son, soit que, sans aucune contrainte, il sache tout à la fois et se présenter avec grâce, et varier son expression et son geste d'après le sentiment de la musique qu'il est chargé d'interpréter.

« Quand je dis que l'élève doit se tenir avec grâce, la grâce peut-elle s'accorder avec la moindre contrainte? On ne la trouve qu'avec la plus grande liberté. Et comment l'acteur pourrait-il suffire à tant d'objets différents qui doivent concourir à une parfaite exécution de sa part, savoir le beau son, la flexibilité de la voix, la musique, la grâce, le sentiment, dont l'expression doit être fidèlement rendue par le goût du chant, par le geste, par l'air du visage, si tous ces objets ne lui étaient pas familiers au point qu'ils lui deviennent naturels. »

Dans ces lignes de son *Code de musique*, Rameau, le musicien dramatique par excellence, ne s'est occupé que du chanteur de théâtre. Nous irons plus loin, et nous ajouterons même que c'est aux soins apportés à la tenue générale du chanteur dès le début des études que seront dus, en grande partie, les premiers progrès des élèves, qui, par une bonne tenue de la poitrine et des jambes, verront l'émission se faire avec plus de facilité, et le travail devenir, par des procédés pour ainsi dire mécaniques, plus rapides et plus fructueux.

Sur ce point, le maître ne devra rien négliger. Après avoir trouvé la tenue la plus favorable à l'élève commençant, il devra veiller, sans relâche, à l'observation stricte des règles qu'il aura posées, ne rien abandonner au hasard, ne pas laisser s'invétérer chez son élève des défauts qui, légers au début, deviennent plus tard impossibles à corriger, et peuvent avoir une fâcheuse influence sur sa carrière artistique.

Quelques-unes de ces règles sont générales et doivent être de tout temps et en toutes circonstances appliquées par le chanteur. Même lorsque le débit dramatique, le sens des paroles et de la musique, exigent dans les gestes du mouvement et de la variété, le chanteur, sans le faire sentir à son public, doit savoir allier d'une manière ingénieuse les attitudes dramatiques à la position normale. « L'élève doit chanter debout pour que la voix puisse disposer de toute sa force. » Ce précepte de Tosi, nous le retrouvons encore chez d'autres maîtres : « Quant à moi, dit Mancini, j'en ai toujours usé avec mes élèves comme fait un maître de danse : Je les appelais devant moi, un à un, et après les avoir bien placés : — Mon fils, disais-je, soyez attentif, levez la tête, ne la penchez ni en avant ni en arrière, qu'elle soit droite, tenue naturellement, de cette manière les muscles du gosier demeureront souples, tandis que si la tête penche en avant, ils se tendent péniblement ; penchez-la en arrière, la tension devient plus grande encore. » Manfredini, Manstein, Lamperti, donnent absolument le même conseil, et ce dernier se résume en disant que l'élève doit prendre la position du soldat, le corps d'aplomb sur les hanches, les épaules effacées, les bras pendants naturellement, les coudes près du corps, les deux talons joints, la pointe des pieds en dehors. La position des jambes n'est pas indifférente : « Posé d'aplomb, le buste sera porté un peu plus haut que dans la position abandonnée, le corps se redressera naturellement et cette attitude aura l'avantage de rendre plus libre et plus franc le jeu du diaphragme, et de faciliter par conséquent la respiration. »

(MANSTEIN.)

Il arrive souvent que l'élève doit tenir sa musique à la main en chantant et alors quelques préceptes généraux deviennent indispensables. Ici, Tosi nous est un guide sûr : « Le maître ne doit jamais permettre que l'élève tienne sa musique trop près devant son visage, et cela afin que le son de sa voix ne soit pas étouffé, et pour ne pas le rendre timide. » Du reste, ce qui vaut mieux encore, à notre avis, pour l'élève commençant, c'est que la musique soit posée sur un pupitre assez haut pour qu'il n'ait besoin, ni de lever la tête, ni de faire aucun mouvement.

Mancini résume en quelques lignes les préceptes généraux : « Les défauts de la voix ne sont point les seuls dont les élèves doivent se corriger ; le maître, en les soulignant, en les exagérant, corrigera également toutes les autres imperfections auxquelles ils sont sujets.

« Les défauts de cette seconde espèce sont : la mauvaise position de la bouche,... le sourcillement du front,... le tournoiement des yeux... les contorsions du cou... et de toute la personne... Pour corriger ces défectuosités j'ai suivi la méthode suivante : j'ai obligé mes élèves à chanter leur leçon debout devant moi, et à la chanter par cœur. Je trouvais deux avantages dans cette position, l'un pour moi, l'autre pour l'élève ; j'apercevais plus facilement ses défauts, et il exerçait sa mémoire, exercice nécessaire, parce que, en chantant de cette manière, celui qui étudie est plus prompt à éviter les autres défauts, n'étant plus obligé de fixer ses yeux sur les notes. Cette habitude de chanter par cœur doit s'appliquer seulement à la leçon journalière destinée à faciliter la liaison des sons et à donner aux vocalises plus de légèreté. »

L'attention du maître doit se porter sur chacun de ces détails sans en négliger aucun ; mais il faut aussi qu'il emploie des moyens plus spéciaux, des procédés pour ainsi dire orthopédiques, afin de développer avec plus de facilité les organes vocaux. Certains professeurs forcent leurs élèves à chanter les mains jointes derrière le dos pour développer la poitrine ; c'est aller trop loin et fatiguer inutilement l'élève. Mais nous pensons, d'après notre expérience personnelle, qu'il est bon de faire placer les mains tournées en dehors, allongées sur la partie postérieure des hanches, de telle façon que les bouts seulement des doigts se touchent. Par ce procédé les épaules sont effacées, la poitrine, dégagée du poids et de l'embarras des bras, se développe en avant, ce qui constitue la condition la plus favorable pour le jeu de la respiration et de l'émission vocale, sans pour cela obliger le chanteur à prendre une position forcée et gênante plus nuisible que favorable au chant.

Du reste, aussitôt qu'on aura obtenu le résultat qu'on attend de ce procédé, c'est-à-dire le développement normal de la poitrine, on pourra l'abandonner; car il importe par-dessus tout que la tenue de l'élève ne perde rien de son aisance et de son naturel.

Lorsque, après les premières études préliminaires, l'élève en arrive à joindre les paroles au chant, il se trouve en face de mille petits écueils qu'il doit éviter avec soin. Sous prétexte d'ajouter à l'expression, les artistes, hommes ou femmes, croient devoir recourir à une quantité de contorsions de visage et de corps qui ne sont, la plupart du temps, que des ridicules dont il leur est bien difficile de se corriger dans la suite. Ces défauts, qui tiennent à la nature de chacun, qui varient à l'infini, suivant les chanteurs, ne peuvent être énumérés tous; mais, il en est quelques-uns, ce sont les plus fréquents, que nous devons signaler.

Certaines cantatrices contractent l'habitude de lever démesurément les sourcils en attaquant les notes suraiguës, grimace disgracieuse, qui n'aide en rien à l'émission vocale, mais qui, en revanche, donne à l'auditoire l'idée d'un effort périlleux, plus inquiétant qu'agréable. D'autres, par coquetterie, pensons-nous, se livrent à un certain mouvement *vibratoire* des hanches, comme pour s'aider, lorsqu'il s'agit d'enlever un trait ou une fin de phrase. D'autres encore, et ce défaut est des plus graves, baissent le haut du corps, penchent le buste en avant en retirant les hanches en arrière; ce mouvement paralyse une partie des forces de l'artiste, en lui faisant perdre l'aplomb qui lui est nécessaire, en faisant porter à faux le haut du corps, et, lorsqu'il s'agit de passer du phrasé aux vocalises, la voix n'a plus ni la souplesse, ni la force désirable.

Pour prévenir ou corriger ces défauts, Tosi indique un moyen utile : « En étudiant ses leçons à la maison, l'élève doit chanter de temps en temps devant une glace, non point pour s'extasier devant sa propre beauté, mais pour remédier aux mouvements convulsifs du corps et du visage (je désigne sous ce nom toutes les grimaces d'un chanteur affecté); quand ces vices sont enracinés, ils ne s'en vont jamais. » Lanza, qui écrivait en 1813, fait la même recommandation.

C'est au théâtre que l'artiste doit déployer tous ses talents naturels ou acquis. Aidé par le prestige des décors, du costume, de la mise en scène, soutenu par la puissance de l'orchestre, il trouve tous les éléments qui contribuent à donner à son jeu de la variété et de l'animation; mais, là aussi, et même plus que partout ailleurs, il est exposé à tomber dans les défauts que nous avons indiqués plus haut. Qu'il n'oublie pas que toujours sa physionomie doit être en rapport avec le sentiment de la musique et des paroles, sans, pour cela, se laisser aller à l'exagération. Qu'il n'oublie pas non plus que, quelle que soit la force de son expression, il ne doit rien perdre de la noblesse de son attitude, et qu'il doit observer naturellement, et presque sans s'en apercevoir, les règles de tenue qu'il a reçues au commencement de ses études.

L'artiste lancé dans la carrière militante rencontre rarement des amis sincères capables d'un conseil utile, et l'amour-propre l'empêchera peut-être lui-même d'y prêter l'oreille.

Les exigences de la scène font varier, suivant mille circonstances, la tenue et les gestes du chanteur, et il serait bien difficile d'indiquer des règles en cette matière; mais que l'artiste soit toujours persuadé que s'il est quelquefois facile d'émouvoir le public par l'exagération du mouvement dramatique, il devient impossible de revenir aux premiers principes si nécessaires, une fois qu'on s'en est trop écarté.

Dans une salle de concert, il est difficile à l'artiste de se mettre, pour ainsi dire, au point juste de l'effet à produire; il n'a plus la mise en scène, il n'a plus le costume, il ne jouit plus des bénéfices de l'illusion dramatique. L'expression de sa physionomie, sous peine de tomber dans le ridicule et l'exagération, ne peut être aussi vive et aussi variée qu'au théâtre, cependant, si ses traits sont impassibles, ses yeux sans regard, il est froid, et son extérieur déplaît. S'il exagère les mouvements de son corps et de sa physionomie, il ne tarde pas à être ridicule; certains mouvements passionnés, que la vérité scénique exige, sont absolument déplacés sur une estrade de concert; plus l'artiste s'efforcera d'accentuer la vérité, plus son action paraîtra choquante; mais en même temps le chanteur, qui n'a plus l'expression et le geste dramatique pour excuse, doit veiller plus que jamais à la correction de sa tenue. « Je ne crois pas commettre d'exagération, dit G. Duca, dans ses *Conseils sur l'étude du chant*, en disant qu'à peu d'exceptions près, tous les chanteurs qui se font entendre en public n'ont pas la tenue convenable; les uns se balancent, d'autres s'élèvent ou s'abaissent tour à tour, se penchent fréquemment sur le cahier pour chercher la suite de ce qu'ils veulent dire, comme si leur mémoire était infidèle ou leur vue mauvaise; beaucoup agitent la mâchoire inférieure, font grimacer leur visage, battent la mesure avec la tête ou le pied, ou se meuvent en cadence ; ceux-ci croient se donner de la grâce par des minauderies ; ceux-là prennent des poses tragiques ; très peu, enfin, qui n'aient une pose, un tic, une grimace, un geste, un mouvement disgracieux ou burlesque. »

Nous conseillons au chanteur de tenir à la main un cahier de musique, non pour se cacher derrière, ni pour affermir sa mémoire dont il doit être absolument sûr aussi bien au théâtre qu'au concert, mais pour se donner un maintien, pour que ses bras et ses mains aient une position élégante, et aussi pour éviter, avec plus de facilité, les gestes dont l'exagération paraîtrait ridicule.

Pour le chanteur de salon, ces règles sont plus sévères encore. Il est plus près du public, plus en butte aux observations malignes, le moindre mouvement exagéré de sa physionomie est saisi au passage et amèrement critiqué. G. Duca donne à ce sujet des conseils pleins de finesse : « Mouvement des yeux, ouverture de la bouche, attitude du visage, maintien du corps, tenue des jambes et des bras, ensemble même de l'habillement, sont autant de points qui demandent de la simplicité, du naturel et du goût; autant de points sur lesquels il faut éviter de donner prise à la critique, qui, toujours malicieuse, va chercher là des défauts, des ridicules, des sujets de rire et de plaisanterie, quand elle n'en trouve pas dans l'exécution même du chant. Car, il ne faut pas se le dissimuler, si la politesse accorde tout haut et prodigue même les applaudissements, elle manque rarement de s'en dédommager à voix basse, ou lorsqu'elle n'est plus en face. Soyez sévères, irréprochables de tenue comme de méthode, et l'auditoire ne trouvant rien à censurer, rien qui l'amuse et le distrait, sera forcé de prêter son attention au chant. »

Il est un autre défaut, très fréquent chez les virtuoses de salon, et que Lanza condamne avec force lorsqu'il se rit des chanteurs qui ferment les yeux, semblent tomber en pâmoison au son de leur propre voix. Romagnési, qui écrivait expressément pour les chanteurs de salon, paraît avoir touché juste, dans sa *Psychologie du chant*, en ce qui concerne la tenue du chanteur, et résume ainsi les préceptes que celui-ci doit appliquer : « La manière dont un chanteur doit se poser près du piano doit être également l'objet de quelques recommandations. Sans doute il serait de mauvais goût de se placer en face de son auditoire comme un acteur sur le théâtre. Les gestes, les mouvements affectés de la tête et du corps, seraient souvent inconvenants et presque toujours ridicules; mais, pourtant, on ne doit pas oublier qu'une œuvre de musique vocale, si simple qu'elle soit, exprime un sentiment dont le chanteur doit paraître impressionné, s'il veut émouvoir son auditoire ; que, par conséquent, son regard, le jeu de sa physionomie, doivent, avec le son de la voix, concourir à l'effet qu'il veut produire ; mais tout cela sans prétention, simplement, avec convenance et bon goût. Le chanteur doit éviter ces regards désespérés, cette sensibilité outrée, cette fausse chaleur, en un mot, qui est à l'art du chant ce qu'une charge difforme est à un beau dessin. »

Nous ne pouvons mieux faire pour finir ce chapitre que de citer les recommandations générales de Mancini, qui résument brièvement les devoirs des maîtres et des élèves en cette matière délicate : « Je termine en recommandant aux maîtres aussi bien qu'aux écoliers, la vertu de la patience, parce que c'est elle qui perfectionne l'œuvre. Je ne doute aucunement des maîtres ; mais je doute des écoliers, qui croient facilement toutes ces attentions superflues ou peu nécessaires, et qui, par cette raison, les négligent ; on remarque même que les jeunes gens sont impatients et s'emportent facilement contre les reproches de leurs maîtres. »

Respiration.

Chi sa ben respirare e sillabare
Sapra ben cantare
PACCHIAROTTI.

La respiration, dans le chant comme dans la vie, est de toutes les fonctions de nos organes la plus importante et la plus nécessaire.

Une bonne respiration est l'élément principal d'un bon style, et le chanteur qui saura bien respirer obtiendra toujours le plus grand succès. « Malheureusement, dit Crivelli, cette branche si importante de l'art du chant est presque généralement négligée, soit par suite de l'inexpérience des maîtres, soit à cause de la négligence des élèves. Très peu de chanteurs savent faire un bon usage de la respiration, et souvent, en cherchant à chanter avec expression, ils ne parviennent à faire entendre que des sons désagréables à l'oreille et à se rendre ridicules par leurs contorsions. » Lorsque nous parlons, notre respiration se fait sans effort et si nous pouvons donner sans peine à notre voix toute les inflexions qu'exige le sentiment que nous voulons exprimer, c'est que la respiration se produit naturellement et comme à notre insu. Le chanteur doit pouvoir arriver à acquérir la même aisance. « Il faut, comme dit Rameau, que le chanteur ne soit occupé que du sentiment qu'il veut rendre. Tout le reste doit lui être si familier qu'il ne soit pas obligé d'y revenir. » Pour obtenir ce résultat il faut une étude longue et minutieuse ; et la respiration, pour le maître comme pour l'élève, est un des points les plus délicats de l'enseignement du chant.

Au dix-septième siècle et au dix-huitième, les études du chant en Italie furent dirigées plutôt en vue de la virtuosité que de l'expression dramatique. Le chant était, et a été longtemps un art spécial qui avait son style, sa musique, ses formules, et dans lequel la mélodie, quoiqu'on en ait dit, quand il y avait mélodie véritable, était secondaire. Le mouvement dramatique, le sentiment de la situation, cédaient devant l'art du chanteur ; et, en considérant avec soin certaines pages du style italien tombées dans un injuste mépris, on est étonné du soin, de l'élégance, du charme, du respect même avec lequel la voix humaine y était traitée, et on conçoit l'admiration des dilettanti pour cette musique, morte aujourd'hui, vivifiée alors par des artistes de génie. Le chanteur savait bien que sur lui était concentrée toute l'attention du public, qu'il était au-dessus du drame, au-dessus de la musique elle-même ; aussi était-il plus préoccupé de la beauté et de la douceur que du volume et de l'intensité du son. Il cherchait particulièrement ses effets dans l'étendue et dans la flexibilité de la voix, toujours sûr d'exciter plus de transports d'enthousiasme par une belle *Messa di voce*, par des trilles, par tous les brillants *embellissements* dont il fleurissait son chant, que par de violents accès de passion. Or, c'est en grande partie à l'art de bien respirer qu'il devait la douceur, la pureté et la durée du son ; aussi apprenait-il avec le plus grand soin à mesurer sa respiration avec économie, au point de pouvoir exécuter des traits dont la durée dépassait vingt ou vingt-cinq secondes. Farinelli, par exemple, chantait sans reprendre haleine des passages composés de trois cents notes.

En France, l'esthétique musicale est tout autre. Les faiseurs de roulades, comme on dit vulgairement, ne tiennent qu'un rang secondaire parmi les artistes ; mais, par une singulière erreur, les chanteurs et leurs maîtres, uniquement occupés de l'expression dramatique et passionnée qui exige une grande puissance et une grande portée de voix, ont laissé de côté les études et les procédés pratiques par lesquels on pouvait obtenir ce résultat. « Les maîtres, dit Rameau, ont toujours enseigné le goût du chant, sans s'occuper beaucoup des moyens qui doivent en procurer l'exécution ; il n'est donc pas étonnant qu'il y ait si peu de bons chanteurs en France, vu qu'on ne les doit qu'au hasard. »

Comme le grand maître dijonnais, nous devons constater le fait, et nous pensons que c'est à cette négligence qu'est due l'infériorité de notre école française du chant. Certes, la voix humaine est un simple moyen d'expression dramatique, c'est le plus beau, le plus émouvant, le plus varié des instruments; mais elle ne doit pas chercher à éclipser la musique qu'elle sert à exprimer. Elle doit se plier à toutes les exigences du drame, à toutes les lois de la déclamation, même lorsque ces lois ne sont pas toujours celles du style vocal le plus pur. Mais comment pourra-t-elle être l'humble esclave de celui qui la dirige, comment pourra-t-elle, en même temps, légère et puissante, voler sur les ailes d'un allégro passionné, suivre les méandres d'un récitatif aux accents variés ou d'un largo expressif, si le chanteur ne s'est pas exercé de bonne heure à toutes les difficultés du chant, s'il n'a pas appris, dès le commencement de ses études, à bien ménager la respiration, qu'on pourrait presque appeler la force motrice de la voix humaine?

Quoiqu'ils aient bien compris l'importance de la respiration et que dans leurs écoles les vieux maîtres italiens aient pris grand soin d'apprendre à leurs élèves à bien respirer, ils ont laissé peu de règles positives à ce sujet. Tosi se contente de dire : « Le maître doit apprendre à l'élève à bien diriger sa respiration, à en prendre un peu plus qu'il n'est nécessaire, mais jamais de manière à fatiguer la poitrine. » Et, jusqu'au commencement de ce siècle, nous ne trouvons dans les traités que des préceptes généraux qui ne sont pas plus explicites que ceux de Tosi. Blanchet et Rameau, tout en s'appuyant sur de bons principes, sont entrés dans peu de détails. Mais à partir de la méthode du Conservatoire, les maîtres ont multiplié leurs conseils à ce sujet. Cependant ils se divisent en deux écoles, entre lesquelles nous aurons à nous prononcer.

Nous traiterons d'abord la respiration au point de vue de l'émission de la voix, des exercices, du timbre, de toute la musique, en un mot, chantée sans paroles, réservant pour un chapitre spécial les préceptes qui ont rapport au phrasé, aux accents ou périodes musicales, à l'application des paroles sur la musique. Le lecteur a déjà vu, dans le chapitre de l'appareil vocal, par quel mécanisme s'opère le phénomène de la respiration, aussi, aborderons-nous notre sujet sans revenir sur cette question déjà élucidée.

La majeure partie des élèves et des chanteurs s'imagine que pour chanter, il faut respirer autrement que dans la vie ordinaire. C'est une erreur grave, dont les effets désastreux se manifestent par l'altération de la voix et la fatigue qui en résulte. Nous admettons comme seule bonne la respiration diaphragmatique, et en cela nous nous appuyons sur l'autorité du plus grand nombre des maîtres (1) et sur notre propre expérience. L'élève doit d'abord prendre la pose indiquée au chapitre de la tenue du chanteur et disposer sa bouche conformément à ce que nous avons dit. Dans cette position, il inspirera naturellement et lentement comme dans la *respiration ordinaire*, *en gonflant un peu le creux de l'estomac, le ventre se portant légèrement en avant, et la poitrine se soulevant aussi en avant* en raison de la quantité d'air inspiré ; après que le son aura été attaqué, l'expiration se fera lente, égale et sans secousse, avec la plus grande économie dans l'écoulement du souffle, afin de laisser les mouvements de la respiration s'accomplir *comme dans la vie ordinaire*.

Il faut en même temps soutenir la voix et lui conserver le degré d'énergie relative qui permet de la conduire et la rend plus expressive.

Il est essentiel de ne point faire une trop grande inspiration, car, si dans l'état de dilatation, les poumons sont chargés d'une trop grande quantité d'air, il en résulte un développement inusité de la poitrine et une torture qui porte nécessairement celle-ci à laisser échapper le souffle rapidement et avec force afin de revenir à la position normale. Dans ce cas, la raideur qui se produit dans tous les muscles du cou qui concourent à la formation de la voix rend l'émission du son mauvaise et empêche même l'articulation des paroles. Il faut, au contraire, inspirer modérément et conserver la plus grande souplesse et la plus grande liberté à toutes les parties qui composent l'appareil respiratoire et vocal.

Lorsqu'un élève commence l'étude du chant, il est déjà trop enclin à négliger tout ce qui est naturel ; c'est alors qu'on le voit inspirer profondément et laisser échapper l'air, même avant d'avoir commencé à chanter. Il lui est impossible de soutenir un son au delà de quelques secondes, il s'épuise en respirations fréquentes. Loin de pouvoir maîtriser sa voix, il chante alors de manière à s'étourdir et provoque par là un désordre d'esprit tel qu'il ne lui est plus possible de fixer son attention sur aucun des points essentiels qui lui ont été expliqués.

La faculté de respirer varie chez les individus selon le degré de vigueur de leurs poumons ; mais elle peut se développer par un travail prudent, et il faut que le maître n'oublie pas que l'inspiration doit être proportionnée à la force physique de l'élève. Cependant, il faut toujours éviter de la faire trop profonde, et ne remplir les poumons que d'une moyenne quantité d'air, afin de conserver la plus grande souplesse à la poitrine.

(1) Blanchet, Rameau, Crivelli, Lamperti, Battaille, Debay, Gérard, Concone, Rodriguez de Ledesma, D' Mandl, J.-F. Bernard, M. Panofka, Holtzem, Fournié, Segond.

« Il faut, dit Lanza, que la respiration se fasse sans bruit et sans mouvements apparents extérieurs de la poitrine. »

La méthode de respiration dite diaphragmatique, et qui est celle que nous venons d'exprimer, paraît, en effet, la plus simple, la plus facile. Cependant, par une singulière erreur, beaucoup de professeurs, et en tête les maîtres qui ont rédigé la méthode du Conservatoire, ont adopté la respiration que M. Mandl appelle claviculaire, et que nous repoussons de toutes nos forces. Voici ce que dit la méthode du Conservatoire :

« Il faut observer que l'action de respirer pour chanter diffère en quelque sorte de la respiration pour parler. Quand on respire pour parler ou pour renouveler simplement l'air des poumons, le premier mouvement est celui de l'aspiration, alors le ventre se gonfle et sa partie supérieure s'avance un peu, ensuite, il s'affaisse, c'est le second mouvement, celui de l'expiration ; ces deux mouvements s'opèrent lentement, lorsque le corps est dans son état naturel. Au contraire, dans l'action de respirer pour chanter, en aspirant, il faut aplatir le ventre et le faire remonter avec promptitude, en gonflant et avançant la poitrine ; dans l'expiration, le ventre doit revenir fort lentement à son état naturel, et la poitrine s'abaisser à mesure, afin de conserver et de ménager l'air le plus longtemps possible. »

Sur ce thème, les maîtres ont brodé des variations nombreuses, et nous en comptons, parmi les meilleurs, qui n'ont pas craint d'enseigner ces doctrines déplorables, sans s'apercevoir qu'ils ne les appliquaient pas dans la pratique et qu'ils ne pouvaient les appliquer.

G. Duca, Manstein, Garaudé, Carulli, Lablache, M. Manuel Garcia, Mme Mainvielle-Fodor, Fétis, se sont rangés à la méthode du Conservatoire.

N'est-il pas étonnant que tant de maîtres et de chanteurs émérites se soient ainsi trompés sur les principes de la respiration, sans avoir cherché à se rendre compte, par l'observation, si leurs doctrines étaient conformes à la nature, sans même avoir remarqué sur eux-mêmes, en chantant, que la pratique était en désaccord avec leur théorie?

Cette manière de respirer est contraire à la nature : elle amène une fatigue extrême dans l'organisme du corps, et, par la contrainte qu'elle impose à la poitrine, elle cause des contractions musculaires, dont l'effet est de rendre impossible la production d'un son rond, pur et agréable.

M. Mandl, dans les conclusions de son mémoire, a fort bien résumé les inconvénients de la respiration claviculaire et les avantages de la respiration diaphragmatique.

« Si l'on pose, dit-il, la question de savoir quel mode de respiration le chanteur ou l'orateur devra choisir pour conserver sa voix et pour éprouver le moins de fatigue possible, nous répondrons, sans hésitation, qu'avant tout le type claviculaire doit être banni et de l'enseignement et de la pratique.

« Dans la respiration claviculaire, en effet, la lutte vocale et avec elle la fatigue sont très considérables, parce que beaucoup de muscles agissent dans l'inspiration et l'expiration, parce que des parties fixes et peu flexibles doivent être déplacées, parce que le larynx est fortement abaissé, la glotte élargie et les cordes relâchées pendant l'inspiration, et que pendant l'expiration nécessaire à la modulation du son, le larynx, la glotte et les cordes vocales doivent se trouver dans des conditions diamétralement opposées. Tous ces mouvements sont tellement enchaînés les uns aux autres, que l'inspection seule de la clavicule et des épaules permet de deviner la position du larynx.

« Ces tractions opposées, exercées sur le larynx pendant le chant lorsqu'on a adopté la respiration claviculaire, rendent l'émission de la voix plus difficile, plus fatigante, moins harmonieuse.

« L'effort considérable, l'enflement du cou, le gonflement des veines jugulaires, le renversement de la tête, l'inspiration bruyante, forment le cortège habituel de cette respiration fautive ; elle peut même occasionner à la longue, dans les muscles intéressés, une excessive sensibilité et des contractions spasmodiques; les tiraillements dans la région mammaire, les enrouements instantanés, se trouvent ainsi fréquemment expliqués. Cet état pathologique peut, dans les muscles intrinsèques du larynx, amener leur atrophie plus ou moins complète, avec perte de la contractilité et perte consécutive de la voix.

« Le médecin doit par conséquent, s'appuyant sur des raisons anatomiques et physiologiques, insister sur ce que le type de la respiration claviculaire ne soit jamais employé. L'expérience des artistes et l'enseignement de quelques-uns de nos premiers maîtres de chant se sont déjà, depuis longtemps, prononcés dans ce sens.

« Reste le type diaphragmatique et le latéral.

« La lutte entre l'inspiration et l'expiration, c'est-à-dire la lutte vocale, et par conséquent aussi la fatigue qui en résulte, est, à son moindre degré dans la respiration abdominale, parce qu'alors un petit nombre de muscles seulement (principalement le diaphragme) est mis en jeu, parce qu'il ne s'agit que du déplacement des viscères mous et mobiles de la cavité abdominale, parce que pendant l'inspiration le larynx reste dans sa position normale, que la glotte ne subit ni élargissement ni rétrécissement notables, que les cordes vocales ne sont ni relâchées ni tendues d'une manière appréciable. L'expiration nécessaire à la modulation du son trouve donc les organes principaux dans leur position et tension naturelles. Le déplacement du larynx, le rétrécissement de la glotte, la tension des cordes vocales, la dilatation des poumons, toutes choses nécessaires à la production du son, peuvent par conséquent s'effectuer sans résistance, sans luttes notables, et aussi sans fatigue. » (*De la fatigue de la voix dans ses rapports avec le mode de respiration.*)

Quelques maîtres recommandent aussi, comme exercice, d'inspirer lentement sans chanter une grande quantité d'air, de la garder un instant, de la laisser ensuite s'écouler le plus lentement possible, puis enfin de rester encore quelques moments les poumons entièrement vides. Lablache, M. Manuel Garcia et quelques autres, conseillent cet exercice pour le développement des poumons, afin de leur donner une plus grande élasticité, et d'acquérir par là une respiration plus longue. Nous ne partageons pas cette opinion, et nous croyons au contraire, avec M. Panofka, que cet exercice ne sert qu'à fatiguer les poumons, sans aucun profit pour le chanteur.

Il est un dernier danger contre lequel nous devons bien mettre en garde les élèves et les maîtres : Qu'on évite avec soin de chercher à prolonger le son en forçant la respiration ! Nous ne pouvons mieux faire, à ce sujet, que de citer ces excellents conseils que Boisquel donne dans son *essai sur l'art du comédien chanteur* : « En voulant prolonger le son au delà de sa force, on oblige les poumons à se charger d'une trop grande quantité d'air. Ils perdent leur élasticité, la voix devient molle et traînante, la justesse s'en trouve altérée, la respiration se fait avec violence et avec bruit. Ces défauts se trouvent presque toujours chez les chanteurs qui, dès leur enfance, ont cherché à prolonger leur souffle et à filer des sons ; ils perdent leur voix de bonne heure.

« L'air a dilaté les fibres nombreuses des poumons, qui étaient trop jeunes et trop délicats pour supporter cette fatigue. A vingt ans, la respiration se fait avec bruit, et à vingt-cinq il y a un dépérissement marqué dans la voix. Les jeunes poitrines demandent le plus grand ménagement ; et, pour peu que le souffle soit passable, il ne faut pas chercher à filer des sons et à les étendre. On le fera quand l'âge nubile aura donné aux poumons la solidité nécessaire. La voix en acquerra plus de force et plus d'énergie, et sera plus pure et plus harmonieuse. »

Manière de disposer la bouche pendant les exercices.

L'élève devra, en grande partie, la pureté de l'émission, l'éclat et la qualité de la voix à une bonne position des lèvres, des dents, de la langue, du voile du palais, de tous les organes enfin qui concourent à la formation du son dans la cavité buccale. « Les règles relatives à la position de la bouche, dit Mancini, que l'on considère souvent comme peu importantes, sont néanmoins absolument essentielles pour réussir dans le chant. Ce n'est qu'après une longue suite d'observations, et après une expérience de beaucoup d'années, que je suis parvenu à fixer mes idées à cet égard. »

Les vieux maîtres de l'école italienne, jusqu'à la seconde moitié du dix-huitième siècle, avaient parfaitement compris l'importance de cette partie de l'enseignement ; mais ils s'étaient fiés à la démonstration orale pour inculquer aux élèves les bons principes, plutôt que d'en formuler les règles dans des méthodes. Ce ne fut qu'en 1723 à peu près que les écrits des théoriciens devinrent plus explicites. Mancini le premier entra dans les détails les plus circonstanciés sur cette matière, et après lui les maîtres de chant ne crurent mieux faire que de le copier à l'envi.

En France, on fut plus long à faire ressortir l'utilité des règles de la position de la bouche, et, le dirons-nous, les auteurs qui, à partir de 1812, s'occupèrent de cette question délicate, ne surent que reproduire le théoricien italien sans poser de lois fixes basées sur la pratique et l'observation (1).

Tentons l'épreuve à notre tour, aidons-nous de l'expérience du passé comme aussi de nos observations personnelles, et peut-être serons-nous assez heureux pour donner sur ce sujet quelques règles utiles et définitives ; mais, avant de commencer, faisons bien observer à nos lecteurs que nos préceptes s'appliquent particulièrement à l'émission du son, aux exercices élémentaires, aux gammes, aux vocalises, en un mot à toute la musique qui doit être chantée *sans paroles* sur les voyelles, a, e, i, o, u.

---

(1) Voici les noms des auteurs qui ont traité avec le plus de succès, dans leurs méthodes, cette question de la disposition de la bouche.

Tosi.	Rodriguez de Ledesma.	Lamperti.
Mancini.	Crivelli.	M. Panofka.
Martini.	Carulli.	G. Duca.
Marcello Perino.	Concone.	Fétis.
Manfredini.	Lablache.	M. Manuel Garcia.
Manstein.	Lanza.	Méthode du Conserv[re].

Ce n'est point sans difficulté que le maître peut arriver à fixer les règles de la position de la bouche, et il doit d'abord tenir compte de la prodigieuse variété que la nature a mise dans la conformation de la bouche de l'homme. Dans notre longue carrière d'enseignement, nous n'avons pas rencontré deux élèves chez lesquels la disposition de la bouche, des lèvres, des dents, etc., fût identique. L'un a la bouche trop large, l'autre trop étroite ; chez celui-ci la longueur des dents est trop considérable, pas assez chez celui-là. C'est au maître à prendre soin d'observer soigneusement la conformation de la bouche de son disciple, à trouver une position qui permette à la voix de sortir pure et belle, à l'articulation de se produire librement ; et cette position une fois trouvée, il doit veiller scrupuleusement à ce que l'élève la conserve toujours.

La facilité même apparente de l'application de ces règles est un écueil dont il faut se garder, et ces recommandations minutieuses, si nécessaires, sont plus d'une fois oubliées pendant le cours même de la leçon.

L'observation stricte des règles que nous allons poser demande à l'élève beaucoup de patience et d'attention. Il est très difficile qu'il retienne et applique dès les premières fois les préceptes relatifs à la position de la bouche et de la langue ; et presque toujours, au troisième ou quatrième son qu'il posera, la bouche aura déjà changé de position. Le rôle du maître est alors important dans ces premières indications. « Qu'il ne croie pas avoir assez rempli son devoir, quand il a répété sans cesse : « Ouvrez la bouche ! » Selon mon opinion il doit expliquer avec douceur quelle est précisément, relativement à l'élève, la véritable position de la bouche. Qu'il ne cesse pas de l'expliquer chaque fois que cela sera nécessaire, parce que c'est le point essentiel. » (MANCINI).

La bouche doit être souriante, sans affectation ; les coins des lèvres légèrement retirés en arrière ; les lèvres doucement appuyées contre les dents. Le visage doit avoir l'aspect agréable sans arriver absolument à l'expression du sourire. Il faut donner à la bouche une ouverture proportionnée à sa conformation, mais « de manière à pouvoir placer le bout de l'index en travers, » dit Lablache. Que la mâchoire inférieure tombe naturellement et sans raideur. Toute contraction de ses muscles ou de ceux qui l'environnent aurait pour résultat d'empêcher l'émission du son, de le rendre guttural ou d'une mauvaise qualité.

Ces règles sont aussi celles des vieux maîtres.

Tosi recommandait aux professeurs de veiller avec soin à ce que la bouche eût toujours la grâce du sourire, autant que le permettaient les paroles, plutôt que d'affecter un air sévère.

La bonne position de la langue est d'une importance capitale dans l'étude du chant : « Elle nous paraît, dit M. Panofka, mériter une plus grande attention qu'on ne lui en accorde généralement. »

Mais là aussi les règles peuvent varier à l'infini suivant les individus. Cependant si la langue est dans de justes proportions avec la conformation de la bouche, si elle n'est ni trop longue ni trop épaisse, on peut poser les règles générales suivantes :

La langue doit rester inerte sans la moindre contraction, la base aplatie, la pointe appuyée doucement contre les dents de la mâchoire inférieure, les bords latéraux légèrement relevés et touchant un peu les dents, le milieu de la langue creusé de manière à former une espèce de cuillère. Cette position permet au voile du palais de se relever modérément, et laisse un espace suffisant entre la langue et la voûte palatine pour livrer passage au son qui sort alors parfaitement libre et ample. Si la langue ondule dans la cavité buccale, le son deviendra nasillard et guttural ; si elle est convexe, elle gênera la libre circulation de l'air sonore.

Il est, dans l'art du chant, peu de parties qui présentent plus d'écueils que la position de la bouche ; malgré l'apparente facilité des préceptes que nous venons d'exposer, on ne peut s'imaginer combien de défauts contractent les élèves, presque sans s'en apercevoir. Si le maître laisse à ces défauts, nous dirons même à ces vices, le temps de s'enraciner, il sera plus tard impossible de les corriger, et la négligence du professeur pourra influer à jamais sur la carrière du chanteur. « Les défauts les plus contraires au chant, dit la méthode du Conservatoire, proviennent souvent d'une position vicieuse de toutes les parties qui composent la bouche. »

Nous ne pouvons, comme on le comprend bien, signaler tous les dangers dans lesquels l'élève peut tomber ; cependant nous en énumérerons quelques-uns.

Le premier, et celui contre lequel il faut soigneusement mettre en garde les élèves, c'est la préoccupation qu'amènent souvent les recommandations du maître. C'est le cas de rappeler ce précepte de Rameau : « Pour bien chanter, il faut surtout prendre la peine de n'en prendre aucune. »

Quelques-uns s'entendant dire souvent : « Ouvrez la bouche, » l'ouvrent tellement qu'elle ressemble à un *petit four*, dit Mancini, et que dans cette attitude ils semblent avoir une *bouche de poisson.*

« L'ouverture démesurée de la bouche fait que le chanteur a la voix dans la gorge ; et, chose plus grave encore, ce son guttural se corrige difficilement ; en effet, les fibres du gosier demeurant ainsi tendues, perdent la flexibilité nécessaire pour donner à la voix sa clarté naturelle.

« On en a rencontré d'autres, au contraire, qui, croyant bien placer la bouche, l'ouvraient à peine, lui donnant une forme ronde, et, pour comble d'erreur, avançaient la langue jusque sur les lèvres. » (MANCINI).

Quelques autres chantent les dents serrées et empêchent par là leur voix de prendre tout son développement. En revanche, un trop grand écartement des mâchoires, resserrant le pharynx, éteint les vibrations de la voix. Enfin si on avance les lèvres en forme d'entonnoir, le son devient lourd et pâteux.

Nous avons incidemment parlé de la langue et des inconvénients qu'elle présente lorsqu'elle est dans une mauvaise position. Il est bon de nous arrêter un instant sur ce sujet.

Qu'on se garde bien surtout de refouler la langue en arrière et de la gonfler par la base. Sur 20 élèves, 19 tombent dans cette faute grave. Ce gonflement de la langue cause l'abaissement du voile du palais, de manière que le son n'ayant plus qu'une très étroite ouverture pour passer entre la langue et le palais, la voix devient gutturale et nasale. Le maître doit veiller soigneusement à corriger ce défaut.

Nous conseillons, dans ce cas, de faire émettre souvent les sons sur *ô* et sur *eu*.

Nous avons signalé le cas où l'élève avance la langue hors de la bouche. Non seulement alors la voix devient sourde ; mais la langue n'étant pas dans sa position naturelle, le son, gêné dans sa sortie par la grosseur de cet organe, ne trouve plus d'issue que par le nez.

Nous avons indiqué la bonne disposition de la bouche, signalé les défauts dans lesquels pouvait tomber l'élève ; mais, nous le répétons, la part du professeur est aussi grande que celle de l'écolier dans cette partie de l'enseignement ; il est bon même qu'il prenne quelques précautions matérielles propres à lui rendre plus facile l'observation, qui lui permettent de surveiller plus exactement son élève, de le suivre attentivement pendant qu'il chante, de pouvoir le reprendre et corriger immédiatement des défauts qu'il est sur le point de contracter. Un moyen simple pour arriver à ce but, et conseillé par Marcello Perino, est que le maître ait l'élève en face de lui, et non à ses côtés, afin qu'il puisse le regarder sans cesse, et le reprendre au moment opportun, ce moyen utile n'exige qu'une précaution, celle de se pourvoir d'une partie double de chant, dont le maître et le disciple feraient usage séparément.

Attaque et émission du son.

La voix humaine, le plus beau, le plus riche, et en même temps le plus fragile de tous les instruments, se présente rarement à l'observateur avec cette pureté de son, ce coloris varié qui lui permettent d'être l'interprète des inspirations les plus multiples du compositeur.

On ne peut mieux comparer la voix non cultivée qu'au diamant brut enveloppé dans sa gangue et dont les feux restent cachés jusqu'à ce que la main du lapidaire les fasse éclater à nos yeux. Il est fort rare de rencontrer une voix non cultivée qui ne soit entachée de quelques défauts. Les unes sont tremblantes, chevrotantes; les autres nasales, gutturales, sourdes, voilées, ternes, criardes, grêles, dures, etc. Tous ces défauts peuvent être corrigés ou atténués. C'est au maître à distinguer les vraies qualités de la voix, c'est à lui à mettre en lumière les mille facettes du diamant.

Il devra s'assurer d'abord de la justesse de la voix de l'élève. « Il est indispensable de chanter juste, dit Mme Damoreau. Sans justesse point de charme, la justesse ne se donne pas; cependant, en travaillant avec application les intervalles de tous genres, *faits lentement*, avec l'aide du professeur, on peut quelquefois arriver à chanter juste, même quand la justesse n'est pas dans la nature. »

On ne doit pas chercher à développer le volume de la voix avant d'en avoir corrigé les défauts et assuré la justesse.

Aussi la première chose que doit faire le maître, est-elle de tout tenter pour rectifier l'intonation.

Si ce défaut de justesse est incorrigible, s'il s'aperçoit que tous ses efforts sont vains, il n'a plus qu'à abandonner l'élève, dont la voix est trop récalcitrante.

L'attaque du son n'est pas sans présenter de sérieuses difficultés, et les maîtres sur ce sujet ont varié dans leur enseignement. Nous allons exposer notre théorie basée sur une longue expérience et l'autorité des meilleurs auteurs. Il est bien entendu que dans ce chapitre, comme dans tous ceux qui précèdent, nous n'avons eu en vue que les exercices préparatoires du chant, et que l'application des paroles à la musique modifiera en quelques points nos préceptes.

Pour commencer l'étude de l'attaque du son, il faut d'abord s'exercer par une des notes dont l'émission se fera sans gêne et sans fatigue, et toujours vers la partie inférieure de l'échelle vocale, le médium de la voix n'exigeant que des efforts modérés. La pousser vers l'aigu ou le grave, au commencement des études, c'est vouloir la ruine du chanteur. « Le maître, dit Tosi, ne devra aborder les sons aigus que doucement et avec les plus grandes précautions. »

Pour attaquer le son, l'élève se conformera à ce que nous avons dit, aux chapitres de la tenue du chanteur, de la position de la bouche et de la respiration ; puis, il inspirera modérément, mais de manière à remplir suffisamment les poumons, sans leur causer la moindre gêne ; puis, il attaquera le son, sur la voyelle *a* clair, sans violence, *mezzo forte*, cependant avec assez d'énergie pour donner à la voix une certaine sonorité.

Dans tous ces exercices préparatoires, on doit bien se garder de laisser sortir mollement la voix ; il faut qu'elle soit toujours ferme, et, pour ainsi dire, *intelligente* dans sa couleur, dans sa sonorité, comme dans son émission. « L'attaque du son, dit Bataille, doit se faire sans violence, pour que les muscles ne soient pas surmenés par une série de contractions brusques, et la membrane vocale froissée par une explosion outrée du courant d'air qui la met en vibration ; de plus, en employant, dès les premières études, une grande énergie dans l'attaque du son, on provoque infailliblement la *synergie musculaire*, et on retarde les progrès de l'élève en entretenant chez lui la raideur à laquelle il n'est que trop disposé naturellement. »

Le son doit être attaqué franchement, mais avec douceur, en ayant soin de ne le prendre ni en dessus, ni en dessous, comme on le voit par cet exemple :

Il faut aussi qu'après avoir introduit l'air dans les poumons, l'élève n'en laisse échapper aucune parcelle avant d'attaquer le son. Ce défaut, presque général chez les commençants, a pour effet de fatiguer la poitrine, de compromettre la respiration, et, par suite, d'empêcher de soutenir le son.

On doit éviter d'attaquer le son par des coups de poitrine, ce qui peut avoir lieu lorsque les poumons ont perdu une partie de la respiration par l'effet de la maladresse dont nous venons de parler.

Pour que l'attaque du son soit bonne, il faut, après avoir inspiré, maintenir l'air derrière la glotte qui se ferme pour un instant, puis articuler le son sans brusquerie, par un léger mouvement des lèvres de la glotte, qui devra s'ouvrir subitement, sans secousse et sans contraction, pour livrer passage à la voix. M. Manuel Garcia conseille d'attaquer les sons sur la voyelle *a*, très claire, au moyen de ce qu'il appelle le *coup de la glotte*. « Il faut, dit-il, préparer ce coup de la glotte en la fermant, ce qui arrête et accumule l'air à ce passage ; puis, comme s'il s'opérait une rupture au moyen d'une détente, on l'ouvre par un coup sec et vigoureux, semblable à l'action des lèvres prononçant énergiquement le *p*. Ce coup du gosier ressemble aussi à l'action de l'arcade palatine, exécutant le mouvement nécessaire pour articuler la lettre *K*. » Concone, Lamperti, Holtzem, Bataille, combattent cette manière d'attaquer le son. « Contrairement à l'opinion de Garcia, dit Holtzem, je crois avec Lamperti que le pincement de la glotte peut avoir des inconvénients, en ce sens qu'il rend le son guttural et arrête la vibration au passage. En outre, il est bon d'observer que ce procédé réclame déjà une certaine expérience chez l'élève, ce qui ajoute encore à la difficulté de son application. » M. Panofka est le seul après M. Garcia qui conseille ce procédé que, pour notre part, nous n'admettons pas au commencement des études.

En effet, ce coup de la glotte, très difficile dans les premières études, produit, s'il est mal exécuté, une espèce de déchirement des cordes vocales, fort pénible pour l'élève et désagréable à l'oreille. M. Garcia, en conseillant cette manière d'attaquer le son, a voulu obtenir plus de netteté, et éviter ce défaut, si fréquent chez les élèves et même chez certains chanteurs, qui consiste à prendre la note une seconde ou une tierce plus bas, pour y arriver ensuite en traînant la voix d'une manière insupportable à l'oreille et nuisible au chant.

Il est d'autres moyens de corriger ce défaut sans avoir recours au coup de la glotte, et nous pensons que celui que nous avons indiqué précédemment suffit pour éviter l'inconvénient que nous venons de signaler.

Il faut dire cependant que le procédé de M. Garcia peut être employé avec bonheur pour donner plus de force et d'énergie à certaines parties du discours musical, mais alors seulement que, les études élémentaires étant terminées, l'élève possède une certaine expérience. Nous ne devons donc pas rejeter complètement le coup de la glotte, d'autant plus qu'il faut rendre à M. Garcia cette justice qu'il a été le premier à l'indiquer, personne, avant lui, n'ayant donné de règles fixes pour l'attaque du son.

A l'appui de nos préceptes, nous citerons l'autorité des maîtres les plus accrédités. « On doit attaquer le son franc et juste, dit la méthode du Conservatoire ; et sans arriver à ce son par aucune traînée. »

Garaudé, Lamperti, Bataille, Roucourt, Gérard, Manstein, Carulli, Mancini, Concone, sont d'accord avec nous dans leurs préceptes sur l'attaque du son. Lamperti, pour obvier aux inconvénients que présente ce coup de la glotte, conseille aux commençants d'attaquer le son avec la syllabe *la*, au lieu de la simple voyelle *a*; mais seulement au début des études, pour éviter cette déperdition d'air insonore qui précède presque toujours l'émission du son.

Une fois le son attaqué, il faut rendre l'émission aussi bonne que possible; et le maître et l'élève doivent s'attacher à faire sortir le son rond, sonore et moelleux.

Après avoir bien étudié la qualité de la voix, le maître, sans perdre de vue les règles que nous venons d'exposer, devra choisir la voyelle qui conviendra le mieux à la bonne émission de tous les sons de l'échelle vocale.

En effet, il ne faut pas croire que la voix doive toujours être travaillée dans toute son étendue sur la même voyelle, et que toutes les voyelles soient également favorables à l'émission du son. La voyelle *a*, par exemple, donne beaucoup d'éclat et de sonorité à certaines notes de la voix, tandis que d'autres notes voisines de celles-là, et chantées sur la même voyelle seront ternes, sourdes ou rudes. Pour éviter cet inconvénient, il faudra chercher les voyelles qui donneront aux sons la couleur le plus en rapport avec les notes déjà émises. En un mot, il faut choisir la voyelle et en modifier la couleur sonore suivant les défauts à corriger.

Pose de la voix.

L'attaque et l'émission du son nous amènent tout naturellement à étudier la pose de la voix. On appelle une voix bien posée celle qui, dans toute son étendue, peut émettre les sons pleins, fermes, ronds et vibrants, sans vacillation ou tremblement.

Il faut qu'elle soit, par-dessus tout, exempte de ce détestable *trémolo* dont sont affligés bien des chanteurs, et dont l'effet d'harmonica produit sur l'auditeur une si désagréable sensation. Une voix bien posée doit être susceptible de toutes les modifications dans le timbre sans que la sonorité en soit altérée.

Afin d'arriver à ce résultat difficile, mais si important pour les succès de l'artiste et pour sa carrière, il faut soutenir le son avec une égalité parfaite, sans en augmenter ou diminuer la force ou l'intensité; on le conduira aussi longtemps que le permettra la quantité d'air inspirée, et on le quittera sans brusquerie, mais nettement, avant d'être arrivé à la fin de la respiration. De cette façon, on évitera cette espèce d'expiration involontaire qui ressemble à l'épuisement, et qu'on ne peut mieux comparer qu'à l'effet produit par un soufflet dont on soulèverait vivement la soupape au moment de faire jouer la soufflerie. Il est également nécessaire de ne pas laisser échapper rapidement l'air qui restera dans les poumons, ce qui serait d'un effet détestable. De même il ne faut pas fermer la bouche, en quittant le son, si on veut éviter ce bruit que nous représentons ainsi : a...am. Il faut surtout, au début des études, éviter d'émettre les sons à pleine voix, comme le recommandent quelques maîtres.

Les exercices pour la pose du son doivent être faits ainsi que nous l'avons déjà dit, d'abord *mezzo forte* ou à *mezza voce* (1), selon la nature ou la qualité de la voix. Pour les voix jeunes qui n'ont pas encore atteint leur entière formation, il est absolument indispensable de ne faire émettre les sons qu'à demi-voix, sous peine de ruiner l'organe de l'élève ou même d'exposer sérieusement sa santé.

Si la voix de l'élève est très bien formée, on pourra le faire chanter *mezzo forte*, mais non *forte*.

On commencera la pose du son par une note de poitrine d'une émission facile; les soprani, par exemple, prendront pour point de départ la note 𝄞. Ce son étant bien posé, on passera à la note inférieure *si naturel* puis au *si bémol*, mais on ne descendra pas plus bas. Ensuite on reprendra la première note *ut*, et on posera successivement la voix sur toutes les notes, en suivant toujours l'ordre chromatique jusqu'à l'*ut* de la deuxième octave, et prenant bien soin de ne pas abandonner une note avant qu'elle soit bien égale à toutes les autres en sonorité et en timbre. Si l'élève peut émettre sans gêne et sans fatigue *ut dièze* et *ré*, il lui sera permis de les atteindre ; mais sans dépasser le *mi* dans les commencements.

On suivra la même marche pour le contralto qui pourra seulement descendre jusqu'au *la* 𝄞 ; et en montant il ne devra pas dépasser le *ré* 𝄞.

Exemple pour les soprani et les contralti :

(1) Par cette expression à *mezza voce*, nous entendons faire chanter d'une façon sonore, mais à demi voix, sans toutefois tomber dans le *piano*. *Mezzo forte* est un degré plus fort que la *mezza voce*.

Il faut tenir les sons également, sans les diminuer ni les augmenter, comme nous l'avons dit, tant que le permettra la respiration; puis respirer et attaquer le son suivant en le posant de la même manière.

On posera les sons graves sur *a* clair, et on arrondira peu à peu cette voyelle, en montant, de manière à la faire passer insensiblement de *a* clair sur *a* grave. On procédera de même pour les voix d'hommes.

Les basses et les barytons prendront pour point de départ la note 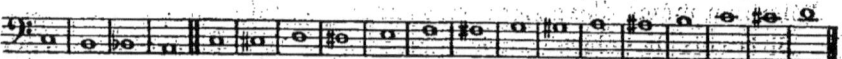.

Les premiers descendront jusqu'au *la* inférieur, et les seconds jusqu'au *si*. Ils reprendront le premier *ut*, pour monter chromatiquement; les basses jusqu'à l'*ut* 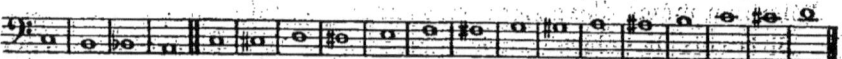, les barytons jusqu'au *ré*. Exemple :

Les ténors procéderont de même en se conformant à l'exemple suivant :

Si l'élève éprouvait de la difficulté à émettre les notes élevées en les attaquant isolément, il faudrait procéder par des ports de voix ascendants à l'octave, comme dans l'exemple suivant :

Par ce moyen la voix arrive sur la note supérieure sans gêne et sans fatigue.

Cet exemple devra être transposé, et son étendue limitée suivant les moyens de l'élève.

Nous recommandons l'exercice de la pose du son par degrés chromatiques, parce que, de cette manière, toutes les notes de l'échelle vocale, étant également travaillées, on arrive sûrement à donner une homogénéité et une égalité parfaites à tous les sons.

Il faut que la voix sorte pure, sonore et égale dans toute l'étendue que nous avons indiquée pour chaque espèce de voix : « Que le maître apprenne à l'élève, dit Tosi, à soutenir les sons sans que la voix hésite ou vacille, qu'il l'habitue à la bien poser, sans cela elle aura indubitablement cette espèce de tremblement si fort en usage parmi les chanteurs de mauvais goût. »

Les exemples que nous avons donnés pour exercer les voix permettent de parcourir facilement l'étendue que nous indiquons. La position des organes ne recevant qu'une très légère modification pour l'émission de chaque son, il en résulte que l'élève peut passer d'un son au son voisin sans éprouver la moindre gêne et en conservant le même timbre à la voix.

Dans la pose de la voix, il ne faut pas oublier non plus que les vibrations doivent être larges et qu'il faut que le son sorte librement et sans gêne.

Lorsque la voix sera bien posée, que toute l'échelle que nous avons indiquée présentera une égalité parfaite, si le maître reconnaît à l'organe une fermeté convenable, il pourra augmenter un peu chaque semaine la force du son dans le même exercice pour arriver graduellement à chanter à voix pleine, sans cependant exagérer l'emploi de la force et atteindre le cri.

L'art de poser le son, si important dans l'étude du chant, a été l'objet de nombreuses observations des maîtres, et nous croyons utile d'appuyer nos conseils de leurs propres préceptes.

Remarquons d'abord que, par une métaphore ingénieuse, *poser le son* s'appelait *filer le son*, *filare il suono*, qu'il ne faut pas confondre avec ce que nous désignons aujourd'hui par l'expression de *sons filés*. « La qualité qui caractérise un beau son, dit Manstein, est qu'il ne soit pas poussé mais bien filé... De même qu'une fileuse tire le fil de la quenouille, de même le chanteur doit filer le son de la poitrine sans le moindre effort. »

« Une telle étude doit être bien commencée. Il faut d'abord s'exercer sur des sons de courte durée, reprendre haleine d'un son à l'autre, et enfin, à mesure que les organes de la voix s'habituent à l'émission du son, augmenter la durée des notes. C'est ainsi que l'on obtiendra une longue respiration. D'ailleurs, dans un exercice ordinaire, chaque son filé doit durer au moins 15 à 18 secondes. » (PANSERON).

Nous avons répété à satiété qu'il fallait avant tout ménager l'organe vocal et chanter *mezzo-forte* ou à demi voix, au début des études. Un grand nombre de professeurs et des plus réputés, font faire à voix pleine les exercices de la pose du son, sous prétexte de développer la voix et de lui donner de l'ampleur et du volume. Nous nous élevons de toutes nos forces contre cette théorie dont la déplorable influence est la principale cause de la pénurie de chanteurs qui se fait sentir aujourd'hui. Voici ce que dit Ch. Battaille au sujet des efforts que font les élèves et les artistes : « Tous les commençants et, ce qui est plus regrettable, la majorité des chanteurs d'à présent, cédant à un dangereux engouement pour les cris et les sonorités exagérées, imposent à leur larynx des contractions violentes, rendues encore plus pernicieuses par l'énergie de l'expiration qui les accompagne. »

Avouons-le, la grande école française de Lulli, Rameau, Gluck, qui puisait ses plus merveilleuses beautés dans la vérité de l'expression, n'a pas peu contribué non plus à propager l'école du cri du dix-septième siècle et du dix-huitième. Comme nous l'avons dit, ces maîtres, cherchant avant tout la déclamation mélodique et juste, se préoccupaient peu de la voix humaine. Lorsque le chanteur possédait une voix claire et sonore, que son articulation et sa prononciation étaient nettes, et qu'il savait se faire entendre dans une vaste salle, on le lançait sur la scène.

L'histoire d'autrefois n'est-elle pas un peu celle d'aujourd'hui? Écoutez ce que dit Roucourt à ce sujet : « Avant que les Français eussent connaissance des véritables règles, ils disaient que les Italiens chantaient bien, à la vérité, mais qu'assez généralement ils manquaient de voix. On croira d'autant moins à cette assertion que les amateurs des beaux-arts, parcourant l'Italie dans tous les sens, pouvaient alors attester que les chanteurs italiens, malgré cette prétendue absence de moyens naturels, remplissaient de leurs accents sonores et enchanteurs les temples sacrés, ainsi que les théâtres bien autrement vastes que ceux de la France, tandis que les chanteurs Français pour la plupart, n'atteignaient ce but qu'en faisant des efforts incroyables, plus capables de briser le tympan des auditeurs que de les charmer. *Ce qui prouve assez évidemment que crier n'est pas chanter.* »

Cependant vers 1775, époque où l'on entendait déjà depuis près de trente ans les bouffes italiens, où quelques hommes de goût étaient allés en Italie et avaient rapporté dans notre pays les saines traditions du chant, où des maîtres purement italiens, comme Piccini, avaient passé sur la scène de l'Opéra, une légère réaction s'était faite contre l'*urlo francese*, mais elle fut de courte durée.

Un maître dans l'art du chant, un artiste d'un inimitable talent et qui nous a fait éprouver à nous-mêmes les plus puissantes émotions artistiques, M. Duprez, en un mot, a beaucoup contribué, il faut l'avouer, à cet engouement dont parle Ch. Bataille, qui pousse les chanteurs à forcer leur voix et à chercher des effets dans l'exagération de la puissance. Le succès prodigieux qu'obtint cet artiste et par la beauté de sa voix et par l'admirable style de sa déclamation, dissimulèrent les dangers dans lesquels il entraînait toute l'école du chant; et bientôt tous les artistes s'élancèrent à sa suite sans s'apercevoir que M. Duprez était un de ces prodigieux chanteurs d'exception, qu'on admire, mais qu'on n'imite pas. Maîtres et élèves crurent qu'il suffisait d'étendre le registre de la voix de poitrine jusque dans ses dernières limites, en laissant de côté les études élémentaires, qui permettent d'aborder tous les genres de musique. On s'attacha simplement à donner au son la plus grande ampleur possible; on changea l'émission naturelle de la voix, au lieu de chercher à acquérir, par un travail soutenu et patient, le développement gradué de l'organe vocal.

Les compositeurs, à leur tour, sachant que la victoire appartenait aux plus fortes voix, se jetèrent dans la mêlée, se rallièrent à l'école de la sonorité exagérée, sans s'apercevoir qu'ils écrasaient les chanteurs sous le poids de leurs partitions. Les Italiens eux-mêmes, si prudents jusqu'à ce jour, si pleins de respect pour la voix humaine, oublièrent toute mesure, et se placèrent au premier rang des partisans de cette école.

Alors apparurent sur la scène, chanteurs et chanteuses éphémères, aussitôt épuisés qu'entendus; alors on trouva dans les écoles nombre de voix ruinées avant la fin des études, ou gravement altérées dans leur timbre et leur sonorité au moment même des débuts; alors disparurent presque complètement les vrais chanteurs, et avec eux les œuvres qui faisaient la gloire de la musique.

Qu'on se garde donc avec le plus grand soin de vouloir donner à la voix une étendue que la nature lui a refusée. « Lorsqu'on entreprend, dit Crivelli, le développement des voix, il faut faire grande attention à ne pas les contraindre à s'écarter de leur caractère naturel. » Par un travail long et opiniâtre, on peut, à la vérité, faire gagner à la voix quelques notes dans le haut; mais cette acquisition contre nature entraîne nécessairement une perte proportionnelle des notes graves. De plus, ces sons aigus ne sont jamais d'un grand secours pour l'artiste, car il est rare qu'ils soient beaux et d'une bonne sonorité.

Puissent nos lecteurs, élèves, chanteurs ou professeurs, bien se pénétrer de ces doctrines! ce n'est qu'en les observant, que les élèves arriveront à la fin de leurs études sans avoir perdu la fraîcheur de leur voix, que l'artiste pourra fournir une carrière longue et glorieuse, que le maître vraiment digne de ce nom pourra fonder une brillante école qui sera l'espoir et le soutien de la musique.

Sons liés.

Chez la plupart des auteurs français, comme aussi chez les Italiens tant anciens que modernes, la *liaison des sons* et les *ports de voix* sont considérés comme un seul et même procédé de l'art du chant et confondus ensemble. Cela vient de ce que la manière de conduire la voix pour lier les sons se rapproche beaucoup de celle qu'exige l'exécution du *port de voix*. Nous ne pouvons partager cette opinion : aussi traiterons-nous séparément et les *sons liés* et ce que les Italiens appellent *portamento di voce*.

La liaison des sons consiste dans la manière de passer d'un son à un autre en les unissant tous deux moelleusement. Pour obtenir une liaison parfaite, il faut que le chanteur, après avoir respiré, dirige la poussée d'air avec une très grande régularité ; de telle façon que la voix, étant bien soutenue, glisse, pour ainsi dire, d'une note à l'autre sans interruption entre les sons. Les notes liées doivent être articulées également et distinctement avec la plus grande justesse. Il faut éviter de traîner la voix mollement entre les notes, ce qui causerait nécessairement une confusion dans les sons ; on doit, au contraire, la maintenir ferme et souple tout à la fois.

Il est indispensable de graduer l'intensité de la poussée d'air à mesure que les sons s'élèvent vers l'aigu, et, dans les passages descendants, de la soutenir pour éviter la mollesse. La liaison se marque ainsi, par une ligne courbe tracée au-dessus des notes qui doivent être liées :

Quelquefois, pour mieux marquer la manière générale d'exécuter un morceau, le musicien écrit en tête de la première mesure ces mots : *Legando e portando la voce*, en liant et en portant la voix.

La liaison parfaite des sons constitue une des plus grandes beautés du chant ; elle lui donne une limpidité et une grâce extrêmes, surtout dans les morceaux d'expression. Si nous voulions représenter aux yeux une série de sons liés, voici ce qu'il faudrait écrire :

Les Italiens désignent la liaison par l'expression *Legato*; quelques auteurs français lui donnent le nom de *coulé*, qui nous paraît impropre.

Ports de voix.

Pour donner une idée de l'importance que les anciens maîtres accordaient au port de voix, nous citerons ce passage du traité de David, qui résume tout ce qui a été dit avant lui et qui en définit le caractère :

« Le port de voix est un des objets de la propreté du chant, le plus essentiel ; il l'orne d'une manière si gracieuse, qu'il sert à exprimer tout ce que l'âme peut sentir ; aussi est-il très difficile de montrer par écrit la façon dont il faut s'y prendre pour le bien former, et peu de chanteurs ont réussi à le rendre aussi touchant qu'il doit être ; c'est avec le sentiment d'un esprit bien pénétré de ce qu'il dit qu'on parvient à la perfection de cet agrément. »

Malgré ces paroles de David, nous tenterons d'expliquer la manière de bien exécuter le port de voix.

Dans le port de voix, le passage d'une note à l'autre est beaucoup plus accentué que dans la liaison. C'est ce qui établit la différence entre ces deux manières de lier les sons.

Les anciens maîtres connaissaient un grand nombre de ports de voix. Nous étudierons dans la partie historique les variétés de cet agrément important du *bel canto*. Dans un chapitre, spécialement consacré aux ornements de l'ancien chant français, nous indiquerons le tableau de tous les agréments du chant dont les ports de voix font partie, et nous indiquerons la manière de les exécuter, ainsi que les divers signes qui servaient à les marquer.

Contentons-nous donc ici d'en citer quelques-uns :

Le port de voix plein ou véritable ;
Le demi-port de voix ;
Le port de voix glissé ou coulé ;
Le port de voix perdu.

David (1737) en donne trois espèces :

Le port de voix préparé ou soutenu ;
Le port de voix double ;
Le port de voix par intervalles.

Blanchet, Lacassagne, Duval, reconnaissent le *Port de voix entier* ou *réel* et le *Port de voix feint*.

Il est encore une autre sorte de port de voix que les chanteurs employaient autrefois, que Manstein décrit, et qu'il est bon de signaler en quelques mots, la première note devait être filée et le son porté pianissimo sur la seconde note. Exemple :

Très lentement.

Tous ces ports de voix différaient les uns des autres et produisaient des effets variés.

« Le *portamento di voce* consiste, dit Maria Anfossi, dans la grâce et la légèreté avec laquelle on doit conduire la voix d'une note à l'autre, que cette note monte ou descende par intervalles conjoints ou disjoints, en la glissant rapidement et avec la plus grande douceur. »

En effet, c'est en glissant légèrement sur tous les sons chromatiques qui séparent les deux notes qu'on peut, au moyen d'une poussée d'air bien ménagée et continue, exécuter un bon port de voix. Les sons intermédiaires ne doivent pas être appréciables à l'oreille, mais plutôt fondus les uns dans les autres.

La voix doit être bien soutenue, conduite avec une très grande régularité sur la seconde note. Il faut imprimer à la poussée d'air une légère impulsion qui augmentera insensiblement la force du son à mesure que la voix se rapprochera de la seconde note.

Voici comment se marque le port de voix :

Le port de voix peut recevoir plusieurs nuances. Il peut être :

1° Absolument *piano*, soit en montant, soit en descendant;
2° *Forte*.

En ces deux cas, la voix doit toujours subir dans le port de voix ascendant une très légère augmentation d'intensité. Dans le port de voix descendant, au contraire, il faut diminuer un peu la force du son.

3° Il peut aller du *piano* au *forte*, mais seulement en montant;
4° Il peut aussi se faire du *forte* au *piano*, mais seulement en descendant.

Dans tous les ports de voix ascendants, il faut arrondir légèrement la voyelle, à mesure que la voix monte, comme nous l'avons recommandé au chapitre de l'émission du son.

Le port de voix peut être pratiqué sur *tous* les intervalles, depuis la seconde jusqu'à l'intervalle le plus grand que puisse embrasser la voix humaine. Il faut éviter de le faire avec rudesse, c'est-à-dire de traîner la voix lourdement, mais avoir soin que le son soit toujours pur et plein.

On doit bien se garder aussi, et ceci est un défaut grave dans lequel on tombe assez communément, en quittant le premier son, de décrire, pour ainsi dire, une courbe sur une note inférieure pour revenir à la note supérieure. Exemple :

La voix doit quitter nettement le premier son pour arriver directement sur le second en décrivant une courbe très légère. Exemple :

Dans l'ancienne école italienne, quelques chanteurs faisaient usage d'un port de voix qui consistait à traîner le son sur tous les intervalles chromatiques, en les articulant légèrement. L'école moderne a rejeté ce procédé défectueux, que Donzelli fut un des derniers à employer.

« Le *portamento di voce*, dit G. Duca, est un des beaux ornements du chant lorsqu'il est traité avec ménagement ; mais beaucoup de chanteurs en abusent au point de tout porter, ce qui rend le chant monotone. »

Duca est en cela d'accord avec David qui écrivait en 1737 : « Le *portamento di voce* est un exercice dangereux et d'une pratique difficile à acquérir, car peu de chanteurs sont capables de porter parfaitement la voix, et il en est beaucoup qui tombent dans l'exagération. »

Il n'est point aisé d'indiquer les endroits où on peut employer le port de voix ; c'est au chanteur à juger lui-même, d'après son goût et son sentiment artistique, de la manière la plus opportune de le placer. Du reste, quand nous étudierons le chant avec paroles, il sera temps de revenir sur ce sujet important et de montrer dans quelles sortes de passages il peut produire le meilleur effet. Nous avons indiqué seulement dans ce chapitre la manière d'exécuter cet ornement.

Union des registres.

Comme on a pu le voir dans le chapitre précédent, il est absolument impossible de parvenir à la perfection dans l'art du chant, si on n'obtient pas l'union parfaite des registres.

Avant de donner les règles de cet art et d'indiquer les meilleurs moyens à employer pour anéantir aussi complètement que possible les disparates qui existent entre les différents registres de la voix, citons les opinions des anciens maîtres, qui montrent de quelle importance fut, de tout temps, cette étude pour les chanteurs. Nous verrons ensuite les règles posées par les meilleurs professeurs modernes. Forts ainsi de ces autorités nous formulerons à notre tour des règles pratiques.

« Le maître, dit Tosi, ne doit rien négliger pour que l'union des registres de la voix de poitrine et de la voix de tête soit si parfaite qu'on ne puisse les distinguer l'un de l'autre. »

De son côté, Mancini s'exprime ainsi :

« Le grand art des chanteurs doit être de rendre imperceptible le plus ou moins de difficulté qu'ils éprouvent à rendre égaux les sons des deux registres. Pour cela, il faut une union parfaite, qu'il n'est pas toujours facile d'obtenir. Il faut de l'application, du travail, de l'adresse pour corriger les défauts provenant plus ou moins de la constitution des organes. Cela exige un tel ménagement de la voix, pour la rendre sonore et agréable, que peu d'écoliers peuvent s'en tirer, et qu'il est un bien petit nombre de maîtres qui en connaissent les règles pratiques et qui sachent les faire exécuter. »

Mancini, Martini, Manstein, Lablache, Gérard, Garaudé, la méthode du Conservatoire, Marcello Perino, Rodriguez de Ledesma, Fétis, MM. Duprez, Manuel Garcia et Panofka, recommandent l'union parfaite des registres comme absolument indispensable. Ces maîtres, sans formuler de règles bien fixes pour cette étude, nous ont transmis le résultat de leurs observations et de leur pratique. Il peut être intéressant et utile de profiter de leurs conseils :

« Si les sons de poitrine sont forts, dit Mancini, et ceux de tête faibles, le moyen le plus simple pour unir les deux registres est de s'appliquer à modérer les sons de poitrine et à donner peu à peu plus de force aux sons de tête, afin de rendre aussi égaux que possible les sons des deux registres. Lorsque l'élève commence à prendre avec plus de force et de flexibilité les sons de tête, il faut lui prescrire de donner à la voix de poitrine la force accoutumée, afin de pouvoir comparer l'état des deux registres. »

« Chez le soprano, dit Manstein, l'union du registre de poitrine au registre de fausset (médium) commence au *fa* ou au *sol* ; et, bien que l'élève puisse faire entendre ces notes en voix de poitrine, il faut cependant qu'il les travaille aussi en voix du médium, quelque faibles qu'elles soient d'abord. Ce travail doit se faire de manière à ne pas forcer la voix, ce qui empêcherait pour toujours l'union des registres. Ces notes ayant acquis de la force et de la rondeur en voix de médium, l'élève doit les attaquer en voix de poitrine, et, avec la même respiration, passer insensiblement à la voix du médium, puis revenir à la voix de poitrine. Pour éviter l'espèce de hoquet qui se fait sentir au passage d'un registre à l'autre, il faut adoucir la voix de poitrine et renforcer celle du médium, ce qui diminuera l'effet du contraste et le fera même disparaître après quelque temps d'une étude assidue. »

Pour unir le registre de médium à celui de tête, Manstein conseille le même exercice, mais en renforçant les sons du médium et en diminuant l'éclat des sons de tête.

Garaudé, Gérard, la méthode du Conservatoire, M. Duprez, Bataille et quelques autres ont adopté ces mêmes principes.

M. Manuel Garcia indique un procédé absolument contraire. Il veut que l'on conserve aux sons de poitrine toute leur force et leur éclat, jusqu'au moment d'aborder le registre de tête :

« *Il faut bien se garder, dit-il, d'amoindrir l'éclat et la force des sons de poitrine, de même qu'il faut donner au fausset toute l'étendue dont il est susceptible. On est tenté de penser qu'il serait mieux de réduire la puissance du plus fort aux proportions de celles du plus faible : c'est une erreur, l'expérience prouve que l'emploi d'un tel procédé aurait pour résultat d'appauvrir la voix. Je fais coïncider le registre de tête sur les cinq sons* , *parce qu'il faut se ménager la faculté de changer de registre sur l'une de ces notes.* »

Citons encore ces excellents conseils de Marcello Perino. « S'il arrive que les notes de poitrine soient de beaucoup plus faibles que celles de tête, le maître fera sagement *de suspendre l'union des deux registres* et de s'appliquer, non pas à diminuer la force des notes de tête pour les rendre égales à celles de poitrine, mais bien, au contraire, à faire tous ses efforts pour mettre ces dernières à l'unisson de celles de tête. Ensuite, il pourra réunir les deux registres, en se proposant constamment pour but d'augmenter le volume et la vigueur de la voix. »

« L'étude du passage d'un registre à l'autre, dit M. Panofka, faite isolément, est souvent la cause d'une grande fatigue et même de la ruine de l'organe. Voilà pourquoi nous conseillons de l'entreprendre dès l'exercice des trois notes. Arrivé à l'exercice des huit notes, on aura généralement vaincu la difficulté (1). »

---

(1) On verra plus bas ce que l'auteur entend par ces mots: « Exercices des trois notes et des huit notes. »

Suivant ce maître, il faut faire ces exercices sans s'inquiéter de la dureté du passage ni des soubresauts qui se font sentir dans l'organe vocal.

Au moment de formuler les règles qui nous paraissent les meilleures, nous croyons utile de faire quelques observations préliminaires.

Il est nécessaire que la voix soit parfaitement posée avant de commencer l'étude de l'union des registres, qu'elle ait une égalité relative dans toute son étendue, que les sons de tête chez les hommes aient acquis une certaine rondeur, que les notes de médium chez les femmes soient devenues sonores autant du moins que le permet la nature de la voix ; enfin, il est indispensable que l'élève soit suffisamment maître de sa respiration afin qu'il puisse soutenir les sons pleins et fermés avec une justesse irréprochable sur toute l'étendue acquise grâce aux exercices précédents.

L'étude de l'union des registres étant toujours pénible et ennuyeuse pour l'élève, il faut que le maître la dirige avec une grande adresse et prenne bien soin de ne pas fatiguer la voix. Le maître et l'élève ne doivent pas se décourager si les bons résultats se font attendre.

Ils doivent, au contraire, mettre à ces exercices une grande patience et le travail persévérant finira toujours par porter ses fruits.

Aussitôt que la fatigue se fera sentir, et même à la moindre gêne que ressentira l'élève, il faudra cesser immédiatement le travail pour le reprendre après quelques minutes de repos.

Du reste, ces exercices ne devront pas durer plus de cinq à dix minutes chaque fois.

Nous avons indiqué, dans le chapitre des registres de la voix, les points où les transitions s'opèrent généralement; mais ces transitions ne se présentent pas toujours de même chez tous les individus, et c'est à la sagacité du maître à déterminer l'endroit précis où l'élève doit commencer l'étude de l'union des registres.

On voit quelquefois des soprani chez lesquels la différence du passage de la voix de poitrine à la voix de tête se fait à peine sentir. Ces cas sont excessivement rares, et très peu d'élèves peuvent éviter tout à fait l'étude de la fusion des registres.

Les règles que nous donnons pour étudier l'union des registres sont, à peu de chose près, les mêmes que celles des maîtres que nous avons cités ; cependant, il est bon de les coordonner et de les réduire en principes courts et précis :

1° Il faut, dans les études préliminaires et notamment dans les dessins de trois, quatre, six ou huit notes, et dans le travail des gammes, passer franchement d'un registre à l'autre, sans se préoccuper des soubresauts qui se font sentir au passage de la voix de poitrine à la voix de médium. Si on travaille de cette manière, la voix s'habituera insensiblement à franchir le passage avec plus de facilité, et l'étude de la réunion des deux registres deviendra moins ardue.

2° Il faut travailler isolément les quatre derniers sons de la voix de poitrine en voix du médium et tâcher de leur faire acquérir le plus de sonorité possible dans ce registre.

Cet exercice est pénible au début. C'est pourquoi il faut le faire à demi voix d'abord, et peu à peu augmenter la force des sons. De plus, la dépense d'air qu'il exige est si considérable, qu'on ne peut soutenir les sons au delà de quelques secondes.

3° Les notes du médium doivent être exercées d'abord *mezzo-forte*, essayant de leur donner de la vibration et surtout de la pureté ; peu à peu, suivant les résultats obtenus, on augmentera l'intensité du son, mais toujours sans forcer la voix. Les progrès de l'élève dans cette étude doivent être suivis par le maître avec les plus grands soins.

4° Les dernières notes du registre de poitrine ayant obtenu en voix de médium la vigueur cherchée, il faut alors reprendre ces mêmes notes en voix de poitrine pleine et sonore, et, par une diminution bien calculée de l'intensité, les adoucir de telle manière que leur timbre se rapproche le plus possible de celui qu'elles ont acquis en voix du médium.

Ces exercices doivent être faits pour la voix de poitrine sur la voyelle *a clair*, d'abord et *à grave* ensuite ; pour le médium sur la voyelle *a très clair* dont on arrondit peu à peu le timbre. Du reste, le maître doit choisir en général la couleur de la voyelle qui convient le mieux à la voix.

5° Dès que les deux registres ont été travaillés ainsi que nous venons de le dire et qu'on a obtenu de bons résultats, il faut essayer de les réunir.

On prendra la gamme de *si* pour point de départ ; on commencera cette gamme en voix pleine et ronde, sans exagération ; on la montera lentement, en adoucissant les sons, de manière que la dernière note de la voix de poitrine vienne se fondre avec la première note du médium.

Il faudra ensuite faire le même exercice sur la gamme d'*ut naturel*. Avec ces deux gammes, on aura travaillé toutes les notes du clavier vocal.

Pour arriver à une perfection absolue, il sera bon de s'exercer sur les dernières notes du registre de poitrine isolément, et voici comment :

1° Attaquer les sons en voix de poitrine, et, avec la même respiration, passer à la voix du médium et revenir à la voix de poitrine ;

2° Faire le même exercice en commençant par la voix du médium.

Cet exercice doit être fait sans effort et à demi-voix. Il demande une attention très soutenue de la part de l'élève. Suivant les progrès obtenus, on augmentera graduellement la durée et la force du son jusqu'au *forte*.

6° Il est nécessaire aussi de réunir isolément la dernière note du registre de poitrine à la première note du registre du médium par une liaison bien marquée.

Ici, il faut encore que les deux notes soient chantées presque à demi-voix en cherchant surtout le charme et la douceur. Nous le répétons ce travail est long et pénible ; et nous ne pouvons assez recommander la patience et la persévérance, sans lesquelles il n'est pas de bons résultats à espérer.

On peut aussi passer de la voix de poitrine à la voix du médium par des ports de voix bien marqués sur des intervalles variés, par exemple :

Pour lier la voix du médium à la voix de tête, on éprouvera moins de difficulté, attendu que le mécanisme de ces deux registres étant le même, on n'aura pas à combattre les soubresauts qui se produisent entre les deux premiers registres ; il faudra chercher à donner plus d'éclat aux sons du médium et ne pas diminuer le brillant des notes de tête.

Sons filés.

IMPORTANCE ET UTILITÉ DE L'ÉTUDE DES SONS FILÉS.

Les Italiens donnent le nom de *messa di voce*, mise de voix, à ce que nous appelons *son filé*.

Mais, ainsi que nous l'avons dit, le son filé a été considéré de deux façons. Pour les uns, il consiste à prolonger et à soutenir le son sans nuance de *crescendo* ou de *diminuendo*. C'est l'opinion de Manstein, de G. Duca et de quelques maîtres. Pour d'autres, il n'y a de son filé que celui qui, attaqué d'abord *pianissimo*, passe graduellement par toutes les nuances du *crescendo* pour aboutir au *forte*, puis revient en *diminuendo* jusqu'au *pianissimo*, le tout avec la même respiration.

C'est cette dernière manière de conduire la voix que nous considérons comme le véritable son filé.

Autrefois l'étude de cet agrément était fort en usage dans les écoles d'Italie, et les maîtres du siècle dernier et du commencement de celui-ci la considéraient comme une des bases d'une bonne éducation musicale.

« Une belle mise de voix, dit Tosi, dans la bouche d'un chanteur qui en use avec modération, et seulement sur les trois voyelles ouvertes, produit un excellent effet. »

Il est regrettable que les artistes modernes négligent l'art de filer des sons et le regardent comme inutile. C'est lui qui donne à la voix la souplesse et la vigueur indispensables pour bien colorer une mélodie. En effet, c'est le *crescendo* et le *diminuendo* habilement employés qui forment, pour ainsi dire, la palette du chanteur. C'est par ces artifices, qu'il peut rendre les inflexions, ainsi que les contrastes sans lesquels le chant serait terne et trop uniforme.

L'étude des sons filés est l'exercice le plus utile qu'on puisse faire. C'est par elle qu'on donne de la fermeté à la voix, et qu'on augmente sa puissance.

Avant de commencer l'étude des sons filés, il est nécessaire que l'élève possède les qualités suivantes :

1° Que la respiration soit ample et facile ;

2° Que l'attaque du son soit nette et ferme ;

3° Que la voix soit corrigée de tous ses défauts, qu'elle soit bien posée et que les sons sortent purs, clairs et sonores ;

4° Que les ports de voix soient faits avec fermeté et assurance ;

5° Que les sons puissent être soutenus à pleine voix, également, sans aucune nuance de *crescendo* ou de *diminuendo* ;

6° Que ce même exercice puisse être exécuté *pianissimo* en tenant les notes aussi longtemps que possible, sans fatigue.

Ce dernier exercice est le meilleur et le plus utile pour se préparer à l'étude des sons filés.

Ce simple énoncé des qualités que l'élève doit avoir acquises avant d'entreprendre l'étude des sons filés, dit assez pourquoi c'est ici et non ailleurs qu'est placé ce chapitre.

Ce n'est qu'après le troisième ou quatrième mois de travail que cet exercice peut être abordé sans danger. En effet, il est nécessaire que la respiration ait déjà pris une certaine ampleur, que les poumons aient acquis un développement et une élasticité qui leur permettent de maintenir la respiration sans gêne, de la conduire avec aisance par toutes les nuances du *piano*, du *crescendo*, du *forte*, du *diminuendo* et du *pianissimo*, et cela sur des notes d'une durée plus ou moins longue. En un mot, il faut que l'élève, parfaitement maître du jeu de ses poumons, ait été longuement préparé par de bons exercices préliminaires, résultat qui ne peut être obtenu qu'après plusieurs mois d'étude.

Quelques auteurs recommandent de diviser l'étude des sons filés en trois parties, afin d'en rendre le travail moins pénible et moins rebutant. Nous citerons seulement Lamperti, Hœser, MM. Garcia et Panofka, qui conseillent la division suivante :

1° Du *pianissimo au forte;*
2° Du *forte au pianissimo;*
3° Réunion des deux exercices précédents, en les exécutant d'une seule respiration du *pianissimo au forte* et en revenant au *pianissimo*, ce qui constitue le son filé tout entier.

C'est la division que nous employons nous-même, et qui nous a toujours donné de bons résultats.

Le son filé consiste, comme nous l'avons dit, à commencer un son *pianissimo*, à le faire passer insensiblement par tous les degrés du *crescendo* jusqu'au *forte*, puis à le ramener au *pianissimo*, en passant par toutes les nuances du *diminuendo*.

Il s'indique ainsi :

L'étude des sons filés doit se faire de la manière suivante :

1° Prendre une respiration modérée ;
2° Ouvrir la bouche médiocrement ; un peu moins que pour l'émission ordinaire du son ;
3° Attaquer le son nettement aussi *pianissimo* que possible, et le conduire d'une seule respiration par un *crescendo* habilement gradué jusqu'au *forte*. A mesure que le son augmente de force, la bouche doit s'ouvrir peu à peu jusqu'au degré ordinaire. Si l'ouverture de la bouche était exagérée, le son serait écrasé.
4° Arrivé au *forte*, quitter net le son un peu avant d'avoir complètement épuisé la respiration.

Dans les commencements, il faut donner beaucoup de plénitude au *forte*, sans toutefois forcer la voix et atteindre le cri.

Cet exercice doit être travaillé sur les voyelles *a* ou *e ouvert*. On attaquera le son en timbre clair et on passera graduellement au timbre rond. On doit commencer par une note du registre de poitrine, l'*ut grave*, par exemple, et, au début de cette étude, ne s'exercer que sur les trois ou quatre notes de ce registre, qui précèdent celui du médium.

On procédera par degrés chromatiques, et on travaillera chaque note isolément. On doit prendre un mouvement lent et le maintenir rigoureusement sans ralentir ni presser. Au commencement, le mouvement devra être un peu moins lent pour ne pas fatiguer la poitrine, choisissant, par exemple, une mesure à quatre temps, 70, du métronome de Maelzel.

Mais à mesure que l'élève fera quelques progrès dans cet exercice, il ralentira le mouvement afin de donner plus de durée au *crescendo*.

Cependant il est nécessaire de faire grande attention à ne pas prolonger cette étude au delà des limites assignées par la nature aux forces de l'élève.

Cet exercice ne doit être travaillé que pendant dix minutes de suite; il sera repris trois fois par jour, mais à de longs intervalles.

La seconde partie de l'étude du son filé consiste à attaquer le son *forte* et à le diminuer insensiblement jusqu'au *pianissimo*. Cet exercice est beaucoup plus difficile pour les commençants que le précédent.

Il faut :

1° Respirer modérément.

2° Bien ouvrir la bouche, attaquer le son *forte* énergiquement, sans hésitation et avec une grande justesse d'intonation, puis commencer à le diminuer insensiblement, en le faisant passer sans secousse par tous les degrés du *decrescendo* jusqu'au *pianissimo*.

A mesure que le son diminuera d'intensité, l'ouverture de la bouche reviendra peu à peu au degré qui lui a été assigné pour commencer l'exercice précédent ; les cordes vocales se détendront aussi en proportion de la diminution du son, sans toutefois se relâcher au point de ne plus pouvoir retenir la voix.

Cette seconde étude, beaucoup plus difficile encore que la première, demande des précautions infinies pour conduire la respiration et diriger habilement le jeu des poumons, qui tendent toujours à revenir brusquement à leur position normale.

Dans ces deux exercices, la respiration doit se faire naturellement. L'estomac et le ventre se gonflent pendant l'inspiration, et à mesure que l'air s'échappe, ils se contractent peu à peu du dehors au dedans pour donner à la poussée d'air une continuité régulière et bien soutenir les poumons.

Lorsque cet exercice est fait sur les notes coïncidentes du registre de poitrine et du médium, le chanteur peut éprouver quelque difficulté à soutenir le son en voix de poitrine jusqu'à la fin de l'exercice et il advient fréquemment qu'en diminuant la tension des cordes vocales pour arriver au *pianissimo*, la voix passe tout à coup dans le registre du médium. Il faut éviter ce défaut avec grand soin, et pour cela veiller à ce que les cordes vocales ne se détendent que graduellement, suivant cette règle sans exception que *tout son filé doit finir dans le registre où il a été commencé.*

Au début de cette étude, il faut attaquer le son à pleine voix, mais non avec une grande intensité. Peu à peu, on augmentera la force et on prolongera la durée du *decrescendo* à mesure que les progrès de l'élève le permettront.

Cet exercice sera travaillé, comme le précédent, pendant dix minutes seulement, et répété trois ou quatre fois par jour à des intervalles assez éloignés.

Lorsque le *crescendo* et le *decrescendo* ont été étudiés séparément, l'élève les réunit dans une seule respiration; ce qui constitue le son filé proprement dit, celui que les Italiens ont pratiqué de tout temps, et qu'ils appellent *Messa di voce;* il se marque ainsi :

« Le son filé, dit Rameau, se fait tout d'une haleine, en débutant par la plus grande douceur, et en l'enflant insensiblement jusqu'au plus fort, mais non *pas à l'excès;* puis en l'affaiblissant de même jusqu'à l'extinction de la voix. »

Pour arriver à la perfection du son filé, il faut prendre de grandes précautions. La respiration doit être un peu plus ample que pour les deux exercices préliminaires, afin de pouvoir conduire la voix, sans gêne, sans contraction, et avec la plus complète aisance.

Du reste, voici quelques règles qu'on peut formuler pour apprendre l'art difficile de filer un son :

1° Maintenir le son d'une justesse parfaite d'intonation, la voix ayant une tendance à monter en enflant le son et à baisser en le diminuant;

2° Ne pas laisser trembler la voix;

3° Ne pas filer les sons sur les notes les plus élevées de la voix ni sur les dernières notes graves;

4° Conserver le son dans le même registre et ne pas le laisser passer en voix de médium en le diminuant;

5° Conduire la poussée d'air avec la plus parfaite régularité, en lui imprimant une impulsion presque insensible, mais bien graduée et surtout exempte de secousses;

6° Donner au *crescendo* et au *diminuendo* la même durée, et pour cela les exécuter en mesure comme nous l'avons indiqué;

7° « Tenir la bouche, en commençant le son, *à peine ouverte;* cela aidera infiniment l'élève à faire sortir d'abord la voix avec douceur pour la renforcer ensuite par degrés, en ouvrant la bouche jusqu'au point exigé par l'art. » (MANCINI.)

8° Ne pas altérer la voyelle, qui doit rester la même pendant toute la durée du son;

9° Attaquer le son avec douceur, nettement, et éviter de le prendre en dessous par une traînée :

10° Ne pas abandonner ce qui reste d'air dans la poitrine en laissant retomber brusquement l'estomac;

11° Filer les sons sur toutes les notes par degrés chromatiques;

12° Ne pas pousser le *crescendo* jusqu'à l'exagération en forçant la voix;

13° Limiter la durée de cet exercice, dans chacune des deux premières parties, d'abord à dix ou douze secondes, puis à quinze;

14° Fixer la durée du son filé entier à vingt, vingt-cinq ou trente secondes, selon les facultés de l'élève;

15° Ne pas travailler cet exercice pendant plus de cinq à dix minutes de suite, mais le recommencer à plusieurs reprises dans la même journée et à de longs intervalles, sans consacrer plus de trente à quarante minutes en tout aux sons filés.

La *messa di voce* s'emploie au commencement d'un *cantabile* ou à un point d'orgue, pour préparer une cadence.

Les meilleurs chanteurs italiens préparent toujours le point d'orgue, la cadence finale, où le trille prolongé, par la mise de voix. Le chanteur habile adaptera les qualités de la *messa di voce* à tous les sons de sa voix, surtout aux notes d'une longue durée.

Qu'on nous permette de citer un curieux passage de Framery, que nous empruntons à l'*Encyclopédie méthodique*, et qui montre de quelle façon les chanteurs français comprenaient autrefois le son filé :

« On file le son, dans les points d'arrêt, lorsque la voix s'entend seule et sans accompagnement. Dans ce cas, les Italiens aiment non seulement que les sons soient renforcés par gradation, mais qu'ils soient alternativement enflés, diminués, et produisent diverses ondulations aussi longtemps que l'haleine peut le permettre. En cela, les Français commencent à les imiter. On file les sons quelquefois même lorsque l'accompagnement travaille, mais dans le *piano*. Si l'orchestre joue fort, un chanteur habile quitte le son pour reprendre haleine, en tenant la bouche ouverte, comme si le son continuait; il ne le reprend qu'au moment où le *forte* est près de finir. C'est alors qu'il le *file* ou qu'il emploie son haleine à former différentes broderies. »

Qu'on ne croie pas que les choses se passent bien différemment aujourd'hui ! Plus d'un de nos chanteurs n'emploient pas d'autre stratagème; aussi est-il facile d'expliquer par ce seul fait la décadence de l'art du chant.

Autrefois on se servait aussi des sons filés à inflexions ou à échos. M. Garcia donne de ces derniers sons filés, que peu de chanteurs sont aujourd'hui capables d'exécuter, une excellente description : « Ils consistaient en une série non discontinue de petits sons filés de proportions différentes et aussi multipliés que le permet l'étendue de la respiration. »

Quelques auteurs appellent cela faire vibrer la voix. Catrufo indique cet effet au moyen de syncopes :

Il y a encore une manière de filer le son, qui consiste à augmenter et à diminuer plusieurs fois le son sur une même respiration :

Cet agrément exige une longue respiration et surtout une élasticité extraordinaire dans le jeu des poumons.

CHAPITRE III

VOCALISATION

(AGILITÉ DE LA VOIX)

Vocalisation liée. — Sons marqués. — Notes détachées ou piquées. — Sons coupés. — Notes rebattues. — Notes répétées. — Arpèges. — Gammes chromatiques.

Avant de commencer ce chapitre, que le lecteur se dispose à nous pardonner si nous usons des citations plus encore que nous l'avons fait jusqu'ici. L'art de la vocalisation, si difficile et si utile, tendant chaque jour à disparaître, nous croyons bon de montrer, en citant les maîtres les plus autorisés, quelle importance les chanteurs de la bonne école lui accordaient, et de combien de minutieuses précautions ils en entouraient l'étude.

« L'étude de la vocalisation, qui est plus que négligée de nos jours, doit être remise en honneur, si l'on veut remédier efficacement au déclin progressif de l'art. » (CH. BATTAILLE.) En effet, « de tous les exercices du chant, celui des gammes est le plus difficile et le plus nécessaire. C'est avec celui-ci, quand il est bien dirigé, qu'on forme, qu'on arrondit, qu'on développe et qu'on affermit la voix d'un élève ; c'est enfin par le même exercice qu'on parvient à corriger les défauts de la voix et les vices naturels des organes dont elle est formée. » (*Méthode du Conservatoire.*)

Crescentini n'est pas moins affirmatif : « L'étude de la vocalisation est la plus nécessaire à la perfection du chant. Après avoir travaillé sur d'autres solfèges en nommant les notes, et, quoique au premier abord il semble difficile de donner l'expression convenable à la mélodie sans le secours des paroles, les élèves studieux pourront la trouver et la faire ressortir en observant exactement l'*accent*, le *coloris* et la *flexibilité*, qualités nécessaires, non seulement au chanteur, mais à quiconque exécute de la musique, étant les seules qui font la véritable expression. »

Ces citations prouvent surabondamment combien l'exercice de la vocalisation est nécessaire, non seulement pour faciliter l'exécution de tous les ornements du chant, mais même pour rendre la voix plus apte à toutes les nuances de l'expression.

Si la vocalisation offre au chanteur bien organisé d'inappréciables avantages, il est juste de dire aussi que les voix n'ont pas toutes la même facilité pour vocaliser; mais, contrairement à l'opinion de Mancini, qui veut que tout élève dont la voix est rebelle à l'agilité abandonne cet exercice, nous pensons qu'un chanteur peut toujours parvenir à une agilité relative et proportionnée à ses facultés. Nous insistons donc pour que tous les élèves cultivent de bonne heure les études préliminaires de la vocalisation.

« L'expérience nous a appris, dit Negri, que quelques chanteurs qui, dans le principe, semblaient privés de cet avantage, ont, par un exercice journalier, rendu leur voix beaucoup plus agile. »

Il est bien évident que si la nature ne s'y prête pas, le chanteur n'arrivera jamais à une grande perfection de vocalise; mais, grâce à de bonnes et patientes études, il pourra toujours parvenir à un résultat satisfaisant.

On peut poser en principe que les voix graves, volumineuses et fortement timbrées, sont les moins propres à la vocalisation.

La vocalisation ou agilité de la voix, telle que la comprenaient et la pratiquaient les virtuoses du siècle dernier et du commencement de celui-ci, était une suite de notes qui s'exécutaient en longues périodes avec rapidité et une très grande égalité sur les voyelles *a*, *e*, *o*. Elle était uniquement destinée à faire briller le chanteur, qui déployait dans l'exécution de ces traits toutes les ressources de son imagination et toute son habileté. Ces traits, trop souvent nuisibles au sentiment dramatique, dont ils altéraient l'expression, devraient être aujourd'hui presque entièrement bannis de la musique; ou du moins employés avec une grande prudence ; mais ce serait une erreur fatale de croire que l'étude de la vocalisation doive être abandonnée complètement. Outre que la vocalisation est un précieux exercice pour assouplir la voix, elle enrichit la musique, qui ne peut être totalement dépourvue d'ornements sans courir le risque de tomber dans la sécheresse; et ce n'est que grâce à de fortes études élémentaires de vocalisation qu'il sera possible d'exécuter les ornements et les traits d'une façon satisfaisante. Pour l'exécution de la musique ancienne, l'emploi des vocalises est absolument indispensable ; Richard Wagner a dit avec juste raison, au sujet de la musique moderne, qu'il n'y avait pas de bons chanteurs sans une science parfaite de la vocalisation, mais que l'on cessait d'être artiste le jour où l'on faisait parade de cette science.

Vocalisation liée.

La vocalisation la plus naturelle et la plus usitée est la vocalisation liée. C'est par elle qu'il faut commencer.

Le moyen le plus certain d'arriver à vocaliser parfaitement une gamme ou un trait quelconque, est d'en réduire d'abord l'étude à sa plus simple expression, pour la conduire ensuite par degrés jusqu'à sa forme la plus compliquée. Lablache, M. Manuel Garcia, Panseron, Winter, Martini, Garaudé, Manstein, Fétis et autres, recommandent cette manière d'étudier.

Voici particulièrement ce qu'en dit Manuel Garcia père : « Celui qui voudrait faire les gammes ou d'autres traits sans commencer par deux, trois, quatre notes, risquerait de ne pouvoir bien exécuter les roulades. Il semble, au premier abord, qu'il soit très aisé de bien chanter deux notes, cependant cela n'est pas ; mais lorsqu'on sait bien faire deux notes, on peut en faire même trois, quatre, cinq, jusqu'à l'octave et plus encore. »

On travaillera donc les exercices dans l'ordre suivant :

    1° Par dessin de deux notes ;
    2°   —   trois notes ;
    3°   —   quatre notes ;
    4°   —   cinq notes ;
    5°   —   six notes ;
    6°   —   sept notes ;
    7°   —   huit notes ;

Dessin de deux notes :

On étudiera d'abord la première mesure, on la répétera plusieurs fois en liant bien les notes par une respiration continue et soutenue, sans la moindre secousse.

Cet exercice doit être fait sur la voyelle *a* en timbre rond un peu clair, et dans un mouvement très lent, afin que les notes sortent nettement, sans mollesse, sans être traînées, et de manière qu'elles soient très distinctement articulées. Dès que l'élève exécutera bien cette première mesure, il y ajoutera la seconde, qui devra être réunie à la première avec la même respiration, en conservant le même mouvement. Il répétera ces deux mesures jusqu'à ce qu'il ait obtenu le résultat cherché; puis il y joindra la troisième, en procédant toujours de la même manière.

Lorsqu'il exécutera ces premiers exercices d'une façon satisfaisante, il passera à l'étude de ceux qui suivent, en observant les mêmes procédés.

Dessin de trois notes :

Dessin de quatre notes :

Dans cet exercice, on travaillera d'abord les deux premières mesures, puis on ajoutera les deux autres.

Dessin de cinq notes :

On commencera par les deux premières mesures; on ajoutera la troisième, puis la quatrième, et enfin la cinquième.

Dessin de six notes :

On étudiera ces deux exercices séparément et sans les réunir.

Dessin de sept notes :

On étudiera cet exercice tout entier et d'une seule respiration. Lorsqu'on le saura bien, on pressera un peu le mouvement.

Dessin de huit notes :

On étudiera ces deux exercices séparément et sans les réunir.

Ces exercices devront être travaillés en timbre clair et en timbre rond, dans toute l'étendue de la voix, dans tous les tons, et sur les voyelles *a, â, é, ê, e, i, o, ô, eu, ou, u.* Afin que l'élève n'éprouve aucune difficulté dans l'émission des sons, il prendra pour point de départ la troisième note grave de l'échelle de sa voix, puis il transposera tous ces exercices en suivant la succession chromatique ascendante des tons; il aura seulement soin que ces transpositions ne fassent pas monter ces exercices au delà des notes que la voix peut émettre avec la plus parfaite aisance. « Combien de belles voix, dit Manstein, ont été sacrifiées par des maîtres qui, méprisant ce conseil, ont forcé les élèves à rendre certains tons auxquels leur voix se refusait pour le moment, et qu'ils auraient pu obtenir en peu de temps. »

On travaillera ensuite des exercices par dessins de deux, de trois, de quatre, de six, de huit notes par intervalles conjoints et disjoints, tels que ceux qui se trouvent dans les méthodes du Conservatoire, de Manuel Garcia père, de M. Manuel Garcia fils, de Winter, Garaudé, Lanza, Panseron, Manstein, Panofka, Duprez et de Mme Damoreau.

Ces exercices sont une excellente gymnastique à l'aide de laquelle la voix deviendra souple et agile.

Nous croyons devoir ajouter quelques conseils sur la manière de les travailler.

L'élève laissera le menton, les lèvres et la langue tout à fait immobiles. Il évitera surtout toute raideur des muscles du cou, afin que chaque partie de l'appareil vocal conserve la plus grande souplesse. Il disposera la bouche, ainsi que nous l'avons indiqué précédemment. Il respirera modérément, suivant la longueur de l'exercice, conduisant la respiration avec régularité, comme pour les sons filés.

Ces exercices devront être exécutés, d'abord *piano*, puis un peu plus fort, et ensuite *forte*, sans arriver au *fortissimo*. Ces trois manières de travailler apprendront aux élèves à maîtriser leur voix et à la manier.

Au début de cette étude, le maître choisira la voyelle qui conviendra le mieux à la bonne émission des sons.

On augmentera le son par un léger *crescendo*, sur toute la partie ascendante ; on le diminuera par un *decrescendo* bien gradué sur toute la partie descendante.

A cette recommandation nous ajouterons celle non moins essentielle, de modifier insensiblement la voyelle de la façon suivante :

On arrondira modérément et graduellement la voyelle dans les progressions ascendantes, sans arriver cependant au timbre sombre ; dans les gammes ou exercices descendants, on l'éclaircira de même progressivement, de manière à ramener la voix, par des gradations bien ménagées, à sa sonorité première. Ces modifications de la voyelle ont pour but de donner à la voix une égalité apparente qui, en réalité, n'est que le produit d'une inégalité bien ménagée de la voix. Ainsi, l'*a* s'approchera de l'*o* en montant, et redeviendra en descendant à sa sonorité première ; de même l'*é* prendra la couleur de l'*eu* ; et l'*o* s'approchera de l'*ou*.

Si le chanteur négligeait de modifier la voyelle en montant, comme nous venons de le dire, il en résulterait que les sons aigus seraient criards et désagréables à l'oreille ; si en descendant une gamme, il conservait à la voyelle la rondeur des sons élevés, les notes graves seraient sourdes et sans éclat.

Il faudra bien observer la mesure et ne jamais presser ni ralentir le mouvement. Tous ces exercices devront être faits en mesure, et certaines notes plus accentuées que les autres serviront de point d'appui en marquant le rythme.

On prendra bien soin de proportionner le mouvement à l'exercice qu'on veut faire. Si, au commencement, on prenait un mouvement un peu vif, il en résulterait une grande confusion dans l'articulation des notes et un vacillement de la voix, qui dégénérerait bientôt en chevrotement. Du reste, tous les auteurs anciens et modernes recommandent de commencer l'étude des gammes et des exercices d'agilité dans un mouvement très lent. Ce précepte doit être appliqué aussi bien aux élèves qui ont une très grande aptitude à la légèreté, qu'à ceux qui sont moins bien doués sous ce rapport ; il maîtrisera chez les premiers l'instinct qui les porte à précipiter les gammes et les traits ; il habituera graduellement les seconds à acquérir l'agilité nécessaire.

Il faut aussi veiller à ce que les nuances de détail soient toujours en concordance avec la nuance générale ; dans un *forte*, le signe > marquera un accent plus fort encore ; dans un *pianissimo*, il n'indiquera qu'une inflexion un peu plus accentuée.

Dans les passages écrits en notes de même durée, on devra donner à chacun des sons une valeur parfaitement égale, bien équilibrer la force et conserver sans altération le timbre de la voix.

Il n'est pas nécessaire de multiplier les exercices de vocalisation ; on formera un bon chanteur avec un petit nombre d'exercices bien gradués, soigneusement travaillés et perfectionnés, plutôt que par de nombreuses séries étudiées à la hâte.

Il arrive souvent que dans un exercice ou un trait ascendant l'élève éprouve une certaine difficulté à quitter la première note pour passer aux suivantes, surtout lorsque cette note initiale est d'une plus longue valeur que les autres et que la voix s'y est posée. Pour éviter à coup sûr cet écueil, la meilleure manière est de passer de la première à la seconde note au moyen d'un port de voix très doux, ou pour mieux dire, par une liaison un peu accentuée. Grâce à ce procédé, la voix, doucement portée vers les autres notes par une poussée d'air continue et régulière, pourra tourner la difficulté, qui vient de ce que les muscles expirateurs manquent de mouvement et restent comme paralysés.

Le passage du registre de poitrine à celui du médium devra, comme nous l'avons déjà dit, se faire avec assurance et sans s'inquiéter du soubresaut qui se produira.

Le choix des voyelles sur lesquelles on doit vocaliser les exercices, n'est pas non plus sans importance. Comme nous l'avons conseillé, le maître choisira celle qui pourra en même temps et favoriser l'émission et corriger les défauts de la voix. Mais, autant que possible, il faudra commencer par la voyelle *a* qui, suivant la nature de la voix et les défauts à corriger, devra avoir la sonorité grave de l'*a* dans le mot *âme*, ou la clarté de l'*a* du mot *ami*. Ensuite, on emploiera la voyelle *é*, qui donnera du brillant et de l'éclat à la voix ; puis, la voyelle *o*, qui lui donnera de la rondeur et du volume. Les voyelles *i* et *u* viendront plus tard.

Garaudé, Lablache, la méthode du Conservatoire, conseillent seulement l'*a* et l'*e* ; mais cette dernière repousse absolument les voyelles *o*, *i* et *u*, dans la vocalisation. Manstein et G. Duca recommandent *a*, *e*, *o*, et Garcia père, *a*, *e*, *i*, *o*, *u*. Pour notre part, nous pensons qu'il faut vocaliser sur toutes les voyelles dont nous avons donné la nomenclature ci-dessus. La prononciation des voyelles *i* et *u* étant très difficile et donnant à la voix une couleur désagréable, nous conseillons de les étudier spécialement, de les chanter avec douceur, et d'en modifier un peu la dureté, afin d'atténuer leur mauvaise influence sur la voix.

Lacassagne donne l'exemple suivant avec l'indication des voyelles sur lesquelles il veut qu'on vocalise ce genre de trait :

```
a..........................a      a..........................a
e..........................e      e..........................e
i..........................i      i..........................i
o..........................o      o..........................o
u..........................u      u..........................u
a....e....i....o.....u            a.....e.....i.....o......u
```

Avant lui, Herbst avait indiqué ce procédé dans sa méthode.

Sons marqués.

On appelle sons marqués des notes que l'on accentue, en faisant sur chacune d'elles une inflexion qui rend tous les sons distincts, sans pour cela qu'ils soient séparés les uns des autres.

On les indique de cette manière :

Les sons marqués se font par une impulsion de l'air donnée à chaque note, au moyen d'un retrait volontaire du creux de l'estomac. Après avoir respiré, il faut, tout en gardant la poitrine soutenue pendant la durée nécessaire, contracter plus ou moins brusquement les muscles abdominaux, en rentrant légèrement le creux de l'estomac ; ce mouvement refoule le diaphragme du côté de la poitrine, et fait sur la base des poumons une pression qui a pour but d'augmenter l'intensité de l'expiration, tout en permettant de soutenir le soufflet à air aussi longtemps que possible. La colonne d'air sonore doit être soutenue sans interruption pendant toute la durée du trait, de manière que les sons ne soient pas détachés les uns des autres par des aspirations.

Il faut surtout éviter la secousse de la poitrine, vulgairement appelée *coup de poitrine*, qui ne produirait que des sons heurtés et brusques.

Les sons marqués conviennent particulièrement aux voix de basse et de baryton, et sont beaucoup plus en usage dans la musique italienne que dans la musique française. Les chanteurs italiens l'emploient de préférence dans la musique bouffe ; on peut cependant considérer les sons marqués comme un des principaux moyens de coloris dans le genre sérieux, où ils sont d'un grand effet lorsqu'on en use avec discernement et sans abus.

Notes détachées ou piquées.

Les sons détachés conviennent principalement aux notes élevées de la voix de soprano, à cause de l'exécution délicate et nette qu'ils demandent.

Les notes détachées ou piquées s'exécutent en attaquant chaque son par un coup de la glotte et en le quittant aussitôt après qu'on l'a attaqué.

Ces sons, d'une très courte durée, doivent être articulés san sécheresse et sans dureté, avec une ouverture moyenne de la bouche, et parfaitement détachés les uns des autres. La respiration se trouve coupée après chaque son et comme suspendue, sans qu'il soit permis de respirer, car une suite de sons détachés s'exécute toujours sur la même respiration. Les sons doivent être d'une justesse irréprochable et parfaitement nets pour que l'oreille puisse les apprécier à l'instant.

Les notes détachées se marquent par un point placé au-dessus de la note.

Lorsque, à la suite de deux notes liées, il se trouve une note détachée, on quitte cette dernière subitement ; en ce cas, on peut respirer après la note détachée :

« La grande prodigalité de notes détachées serait aussi vicieuse dans le chant, que le serait une longue suite de notes nonchalamment traînées, mais les notes détachées, employées avec jugement et avec justesse, donnent de la grâce et de la variété au chant, font distinguer le talent d'une bonne chanteuse dans les airs de bravoure, et font principalement briller la voix de tête. » (Martini.)

Sons coupés.

Le son coupé est [une note que l'on ne soutient pas pendant toute sa valeur, que l'on quitte aussitôt après l'avoir fait entendre, et dont le reste de la durée est remplacé par un silence.

Les sons coupés se font généralement sur des notes liées de deux en deux,

On exécute ces sons en faisant une inflexion sur la première note qu'il faut lier à la note suivante en diminuant un peu le son ; on donne à la première note toute sa valeur, et on enlève la seconde avec plus ou moins de rapidité, suivant le caractère du morceau.

Cette espèce d'ornement est d'un grand effet pour exprimer les accents de la douleur ou une vive émotion.

Rossini, Mercadante, Donizetti, Meyerbeer, Verdi, l'ont employé avec succès dans le style gracieux et le style pathétique.

Notes rebattues.

On nomme notes rebattues ou redoublées des traits du genre des exemples suivants :

L'exécution ne présente aucune différence avec celle des sons coupés. Il faut seulement accentuer un peu la première note et enlever la seconde. Une suite de notes rebattues doit toujours se faire d'une seule respiration.

Notes répétées.

Les notes répétées se font sans interrompre la voix et en répétant la même voyelle sur chaque son.

Chaque note doit être articulée avec douceur et délicatesse, et répétée distinctement. Il faut éviter de produire ces sons par un tremblement de la voix ou par le chevrotement.

Les notes répétées ont été fort en usage au dix-septième siècle et au dix-huitième ; mais de nos jours on les a presque abandonnées ; et peu de chanteuses seraient capables d'exécuter convenablement une suite de sons de ce genre.

Arpèges.

« *Arpegio*, dit J.-J. Rousseau, vient du mot italien *arpa*, parce que c'est de la harpe qu'on a tiré l'idée de l'arpègement. »

Les arpèges sont des groupes de notes formant accord, qui appartiennent plutôt à la musique instrumentale qu'à la musique vocale :

Depuis que les chanteurs et les cantatrices ont voulu rivaliser avec les instrumentistes, les compositeurs se sont vus contraints de sacrifier à la fantaisie des virtuoses et au caprice de la mode ; et c'est là ce qui nous a valu cette quantité d'airs italiens, et même français, qui semblent avoir été écrits plutôt pour la flûte ou le violon que pour la voix humaine.

Quoique les traits arpégés soient d'une exécution assez difficile, on ne doit pas pour cela négliger de s'y exercer, car leur étude est d'une utilité incontestable pour l'union des registres de la voix et pour obtenir sûreté et précision dans l'intonation des intervalles éloignés.

Dans les exercices en arpèges, il faut accentuer un peu la première note et passer avec précision et fermeté d'un son à l'autre, en conservant à chacune des notes une valeur égale ; il ne faut ni porter ni détacher les sons, mais les enchaîner en les liant légèrement. Le courant d'air doit être poussé avec une égalité parfaite, de manière qu'il ne se produise aucune secousse d'un son au son suivant.

Toute contraction des muscles du cou et du larynx doit être évitée avec soin.

On trouvera, dans le traité complet de l'art du chant de M. Garcia et dans la méthode de chant de Garaudé un grand nombre d'exercices d'arpèges que les élèves feront bien de travailler.

Après avoir suffisamment travaillé ces exercices dans le genre lié, il sera bon d'en étudier quelques-uns en *staccato*. Il est indispensable de les traiter d'abord lentement, pour bien affermir les mouvements du larynx et assurer l'intonation.

Dans les mouvements rapides, il faut généralement exécuter les traits arpégés à *mezza-voce*.

Gammes chromatiques.

On nomme gamme chromatique ou trait chromatique, une suite de sons qui se succèdent par demi-tons, soit en montant, soit en descendant.

« Le mot chromatique vient du grec *chroma*, qui signifie couleur, dit J.-J. Rousseau, soit parce que les Grecs marquaient ce genre par des caractères rouges ou diversement colorés ; soit, disent les auteurs, parce que le genre chromatique est moyen entre les deux autres, comme la couleur est moyenne entre le noir et le blanc ; ou, selon d'autres, parce que ce genre varie et embellit le diatonique par ses semi-tons, qui font, dans la musique, le même effet que la variété des couleurs fait dans la peinture. »

C'est par pure curiosité que nous citons ce passage de Rousseau et pour montrer jusqu'à quel degré d'absurdité pouvait arriver ce fameux philosophe lorsqu'il parlait de ce qu'il ne connaissait pas ; mais passons à une définition un peu moins fantaisiste.

« Le chromatique est admirable pour exprimer l'affliction, dit Mercadier de Belesta. Une voix qui monte par semi-tons arrache des larmes, et l'on ne peut résister aux accents douloureux d'une voix qui forme des semi-tons en descendant. On éprouve alors tous les sentiments qu'un cœur sensible peut éprouver. On ne croit plus ouïr de la musique ; on croit entendre des gémissements ; et l'agitation que ces sons excitent imprime dans l'âme le désordre des passions violentes. Mais plus ce genre est énergique, moins il doit être prodigué ; on doit le ménager pour les grandes expressions, et ne l'insérer que rarement et avec circonspection dans le diatonique. »

Ce que dit ici Mercadier de Bélesta ne s'applique qu'à certaines successions de sons chromatiques, composées seulement de quelques notes, que les compositeurs introduisent dans la mélodie pour la rendre plus expressive; mais il ne peut être question ici des grands traits chromatiques, en usage au siècle dernier et au commencement de celui-ci, qui souvent ne servaient qu'à faire briller les virtuoses.

Les compositeurs se sont affranchis depuis longtemps de la contrainte que leur imposaient des principes par trop rigoureux, et ils ont employé les traits chromatiques dans tous les genres de musique. Néanmoins, il ne faut user de ces traits qu'avec la plus grande discrétion, si l'on veut éviter la satiété et la monotonie qui résulteraient de leur emploi trop fréquent.

La justesse irréprochable de chaque degré, la pureté et l'égalité des sons, sont indispensables dans les gammes et les traits chromatiques. L'extension des intervalles chromatiques étant moitié moindre que celle des intervalles diatoniques, il est évident que les élèves éprouvent une grande difficulté à chanter juste une succession de demi-tons. Aussi est-il absolument indispensable de se préparer à l'étude de ces gammes et de ces traits par des exercices écrits en notes de valeur que l'on chante dans un mouvement lent afin de bien assurer l'intonation de chaque degré.

« Le maître, dit Mancini, doit aussi préparer l'écolier à l'étude de la gamme chromatique avec un solfège *posé*, afin qu'il puisse entonner distinctement chaque monosyllabe séparée. Cette étude exige la patience du maître, et une étude longue et assidue. Le passage dont il s'agit, quoique d'un mouvement lent, ne doit pas être exécuté avec une voix languissante, il faut, au contraire, soutenir la voix et l'intonation au point convenable, afin que chaque degré soit sensiblement marqué avec le *piano* et le *forte* pour le rendre parfait depuis la première note jusqu'à la dernière. »

Les exercices que nous donnons, exécutés avec une attention soutenue, feront acquérir à l'oreille une délicatesse qui lui permettra de saisir rapidement et avec la plus grande précision tous les intervalles chromatiques. Ces exercices devront être chantés en nommant les notes.

La méthode du Conservatoire, Martini, Degola, Crivelli, Gérard, Garaudé, Lablache, Concone, MM. Panofka, Garcia et autres donnent le conseil de travailler ces exercices fort lentement et de frapper en même temps la note sur le piano, afin de soutenir et de guider la voix dans l'intonation de chaque son.

L'élève commencera par bien fixer dans son esprit le son de la première note et celui de la dernière de l'intervalle à parcourir, ainsi que nous l'avons marqué dans la mesure qui précède chaque exercice.

La vitesse du mouvement ne sera augmentée que peu à peu et à mesure que la voix aura été bien affermie dans le mouvement déjà exercé. Si l'on accélérait trop tôt le mouvement, il en résulterait un certain trouble dans la mémoire des intonations, qui rendrait la voix vacillante et incertaine; les demi-tons deviendraient trop petits ou trop grands; et le nombre des sons renfermés entre les deux notes extrêmes de l'exercice serait dépassé ou diminué, ce qui détruirait tout sentiment de la tonalité.

Lorsque l'élève aura acquis l'assurance nécessaire pour l'intonation d'un exercice, il le répétera plusieurs fois sans le secours du piano et en s'abandonnant à son propre jugement.

Tous ces exercices doivent être chantés en timbre rond et presque *à mezza voce*, mais néanmoins avec l'énergie nécessaire.

Pour en rendre l'exécution facile et donner le degré de limpidité et de netteté indispensable à ce genre de traits, on laissera aux muscles du cou et du larynx la plus grande souplesse possible ; on poussera l'air doucement, avec une régularité parfaite, de manière à produire l'échelle chromatique sans secousse et sans un ébranlement trop sensible du larynx.

Dès que les intonations seront bien affermies sur tous les exercices il faudra les reprendre un à un et les vocaliser sur la voyelle *a*, d'abord avec le secours du piano, puis en abandonnant l'élève à lui-même; il faudra en même temps faire l'application de la règle générale du *Crescendo* pour les gammes montantes et du *Decrescendo* pour les gammes descendantes. Il sera bon aussi de marquer les premières notes de chaque temps par une légère accentuation.

Ce genre de traits est fort difficile à exécuter, surtout lorsqu'il se fait dans l'étendue d'une ou de deux octaves, dans un mouvement vif.

Nous conseillons aux élèves d'apporter à cette étude une attention très soutenue et une patience à toute épreuve, car le genre chromatique exige de longs mois de travail. Exemples :

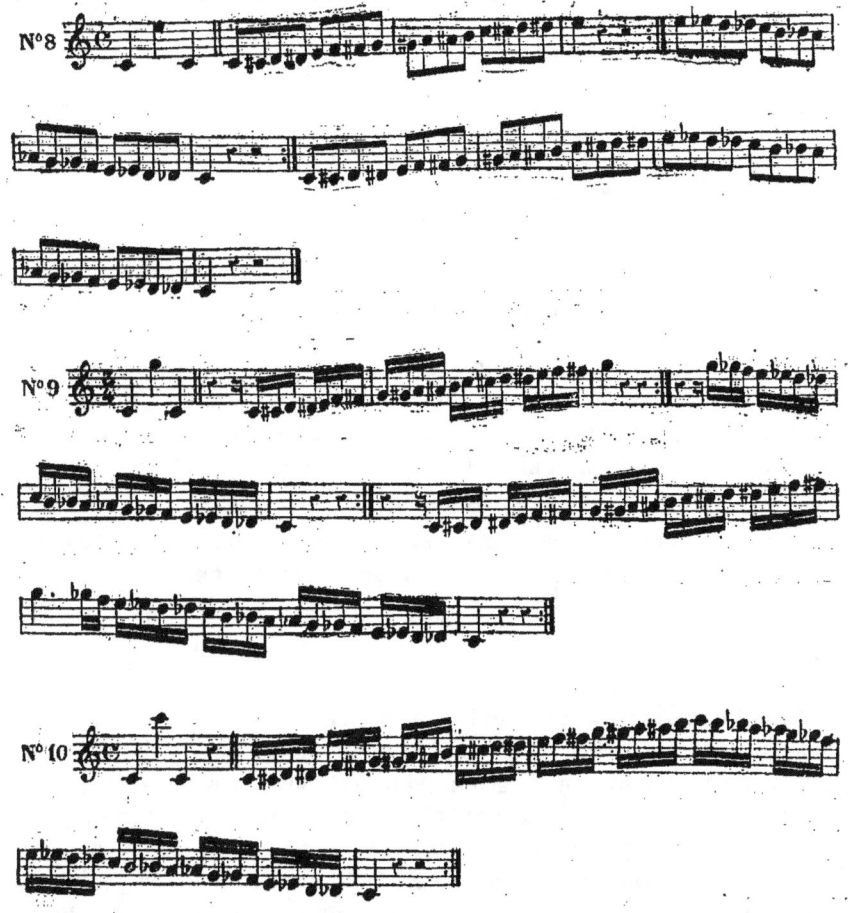

En indiquant en tête de chaque exercice les deux points extrêmes que la voix doit parcourir, nous nous sommes conformés aux excellents conseils donnés par Lablache.

On répétera plusieurs fois ces deux points extrêmes afin de bien en fixer l'intonation dans la mémoire.

Chaque exercice sera répété de même autant de fois qu'il sera nécessaire, jusqu'à ce que l'élève l'exécute correctement et avec une parfaite justesse d'intonation.

CHAPITRE VI

ORNEMENTS DU CHANT

Ancien chant français. — Port de voix. — Sons filés. — Pincé. — Martellement. — Tour de gosier. — Petite note. — Tremblements ou cadences. — Flatté. — Balancement. — Accent. — Sanglot. — Son glissé. — Chute. — Diminution et passage. — Trait, tirade et coulé. — Coulade.

Chant moderne. — Appoggiature. — Acciacatura. — Groupes. — Trilles et mordants. — Point d'orgue. — Syncope.

Nous touchons ici à la partie la plus délicate de l'art du chant. Longtemps, les ornements ont été pour le chanteur l'occasion de faire ressortir son goût et son imagination. Pour ressusciter ces restes du passé, il faut aujourd'hui, non seulement chercher avec soin dans les méthodes des vieux maîtres, mais encore faire revivre par la pensée l'accent, le mode d'exécution que les chanteurs mettaient à dessiner les nombreuses fioritures que nous pourrions appeler les fleurs du chant. Réduits à invoquer les lois du goût, lorsque les préceptes de l'enseignement ne suffisent pas, nous ne pouvons donner que la substance sèche et froide de cette partie de l'art du chant qui fut considérée comme étant d'une importance capitale et par les virtuoses du passé, et par les chanteurs presque contemporains qui ont été les interprètes des œuvres essentiellement vocales de Rossini et de Donizetti.

Aujourd'hui, à part quelques traits dont le retour persistant finit par devenir monotone, les ornements sont généralement bannis de la musique. C'est exagérer une réforme qui pourrait avoir du bon. Certes, il y aurait des inconvénients à laisser aux chanteurs leur libre arbitre, ainsi que nous le verrons dans les chapitres historiques, et les compositeurs firent bien de refréner les débordements d'une improvisation le plus souvent plate et banale, lorsqu'elle n'était pas incorrecte. Venant après une école toute fleurie, ces maîtres eux-mêmes avaient dû sacrifier à la manie des ornements; il devint utile d'émonder quelque peu cette frondaison trop touffue de notes parasites. Mais nos contemporains sont quelquefois allés trop loin dans cette voie où nous n'avons pas à les suivre.

Reprenons donc les ornements les plus usités et cherchons dans les préceptes des vieux maîtres les principes d'après lesquels ils étaient exécutés et employés par les virtuoses de la grande école du chant. Au moment d'entrer dans cette étude, il est bon de nous arrêter un instant sur l'ancien chant français. Longtemps il fut de mode de considérer tout ce qui tenait à notre belle et expressive école française comme nul et non avenu. Aujourd'hui on semble revenir sur cette erreur: les anciens maîtres sont plus connus et mieux appréciés, leurs œuvres sont publiées et exécutées, leur musique, quoique n'ayant pas les afféteries de l'art italien, ne paraît plus aussi barbare qu'on se l'était imaginé.

Dans le chapitre historique de notre livre, nous marquons les différentes péripéties de l'art du chant en France. Mais, pour ne point entraver notre récit de détails dont l'étude aurait arrêté la marche de l'histoire, nous avons laissé de côté ce qui regardait les ornements proprement dits du chant, nous appliquant seulement à montrer à nos lecteurs les diverses transformations de la mélodie chantée, les progrès acquis par les virtuoses sous l'influence des chanteurs italiens et aussi sous celle de nos compositeurs dont le style s'allégeait chaque jour et s'affranchissait des lourdeurs et des entraves du plain-chant.

Nous ne croyons pas inutile de nous arrêter ici spécialement aux mille détails de l'ornementation vocale. En empruntant aux meilleurs maîtres du passé leurs théories d'enseignement, en indiquant leurs caractères, nous ne nous éloignons pas de notre sujet, puisque dans la lettre même de ces maîtres nous retrouvons l'esprit du bon art et du bon chant. Les modes ont changé, les formes ne sont plus, mais les lois demeurent les mêmes, et tous ces anciens préceptes révèlent encore une réelle connaissance de l'art et une judicieuse application des procédés pour bien chanter.

A quelque point de vue que nous considérions l'école française, nous la retrouvons toujours avec ses qualités dominantes : la recherche de la vérité d'expression, la préoccupation de ce qui est de bon goût et conforme au bon sens, à la clarté et à la raison. Si une partie de la musique semble devoir ouvrir à la fantaisie les horizons les plus larges, c'est le chant embelli par tous ses ornements improvisés et variés à l'infini; eh bien! là encore, la loi du bon goût s'impose, et se retrouve indéniable, évidente, dans les plus grands écarts de la virtuosité, à l'époque même où l'imitation de l'étranger semble devoir entraîner nos musiciens dans des exagérations blâmables.

ANCIEN CHANT FRANÇAIS

Les ornements du chant français sont évidemment moins brillants, moins variés, moins *inventés* que ceux des Italiens; mais ils sont nombreux et semblent pour la plupart destinés plutôt à augmenter la force de l'expression qu'à fleurir la mélodie. C'est en effet le caractère expressif qui permet de distinguer les ornements entre eux, et de les classer de trois manières :

Les premiers, les plus fréquents, étaient ceux que nous pourrions, pour ainsi dire, appeler *communs*. Suivant l'accent avec lequel il les exécutait, le chanteur les appliquait à tous les genres de musique. Nous rangerons dans cette série le *port de voix* tant employé dans notre vieille école, le *son filé*, le *pincé*, le *martellement*, le *tour de gosier*, la *petite note*, les *cadences* et les *tremblements*.

Les ornements exclusivement expressifs et dramatiques étaient : le *balancement*, l'*accent*, le *sanglot*, la *plainte*, le *son glissé*, le *flatté*, la *chute*.

Enfin les ornements qui paraissaient ne devoir servir qu'à broder un thème, à faire briller l'habileté et la légèreté de voix du chanteur, sans rien ajouter à l'expression ni au caractère passionné de la musique, étaient, avant tout, les *diminutions* et les *passages*, puis le *trait*, la *tirade*, la *fusée*, la *coulade* et le *coulé*.

Étudions séparément chacun de ces ornements, empruntant à chacun des maîtres qui ont traité de cette matière leurs principes les mieux énoncés et leurs définitions les plus claires.

Port de voix.

C'est le plus usité des ornements. Il est même à remarquer que, par une recherche parfois outrée de l'expression, les Français ont une tendance fâcheuse à exagérer ce genre d'effet. Quelques chanteurs modernes n'ont-ils pas élevé le port de voix à la hauteur d'un principe d'enseignement, donnant ainsi au chant une tournure lourde et vulgaire qui altère le dessin mélodique sans augmenter d'une manière efficace la force de l'expression musicale?

A diverses époques le port de voix a changé légèrement dans la forme et dans l'exécution ; mais, malgré les mille transformations de la mode et du goût, cet artifice vocal est, avec l'appoggiature et le trille, celui qui a le mieux résisté au temps, et même de nos jours, à une époque où les ornements sont systématiquement bannis de l'art du chant, le port de voix est entré dans les habitudes mélodiques, et, perdant son caractère de hors-d'œuvre musical, il fait partie constitutive de la mélodie.

Bacilly le définit ainsi en général : « Transport qui se fait par un coup de gosier d'une note inférieure à une note supérieure. » Mais il ajoute que les Français en admettaient deux : le *port de voix entier*, ou *plein*, ou *réel ;* le *demi-port de voix*, ou *feint*. L'exécution de ces deux ports de voix était peu différente. On introduisait encore dans la manière d'exécuter cet ornement certaines nuances qui en variaient un peu l'effet.

« Il y a trois choses à considérer dans le port de voix, dit Bacilly : 1° la note inférieure, qu'il faut soutenir ; 2° le doublement du gosier qui se fait sur la note supérieure ; 3° le soutien de la même note après qu'on l'a doublée.

« Dans le demi-port de voix, qui n'est pas tout à fait complet, il y a deux choses à considérer : 1° Le soutien de la note inférieure avant que de la porter ; 2° le coup de gosier qui double la note supérieure sans la soutenir en aucune manière, lequel coup se fait avec moins de fermeté et beaucoup plus délicatement que dans le port de voix ordinaire. On peut encore faire le demi-port de voix de deux manières : 1° En coulant le coup du gosier, sans le marquer avec fermeté comme dans le plein port de voix et toutefois laissant la note supérieure dans sa valeur et dans sa quantité, ce que je nomme *port de voix glissé*, ou *coulé ;* 2° en supprimant la valeur de la note supérieure, en la donnant presque tout entière à celle qui la précède, ce que j'appelle *port de voix perdu*. »

Nous allons indiquer les signes dont on s'est servi pour marquer le port de voix.

En 1671, selon Bacilly, le port de voix n'était pas indiqué dans les pièces de chant ; aussi disait-il : « comme le port de voix et le demi-port de voix sont absolument nécessaires pour rendre le chant parfait, il n'y a rien qui embarrasse ceux qui chantent comme de les placer aux endroits où il faut qu'ils soient pour rendre le chant ferme sans être rude, et doux sans être fade. »

En 1696, Loulié parle ainsi du port de voix : « Le port de voix est une élévation de la voix d'un son d'une petite durée ou faible à un son ordinaire et plus haut d'un degré. Il se marque ainsi :

Dans cet exemple, le port de voix s'exécute de deux manières : dans la première mesure et dans la troisième, il se prend sur la première note, et la deuxième conserve sa valeur entière ; dans la seconde mesure et dans la quatrième, c'est la première note qui conserve toute sa valeur, et le port de voix absorbe une partie de la durée de la note supérieure.

La première manière répond au *port de voix glissé ou coulé* de Bacilly; la seconde, au *port de voix perdu*. Remarquons encore que le dans port de voix à intervalles disjoints on fait précéder la note supérieure de sa seconde inférieure.

En 1736, Montéclair nous dit : « Le port de voix se marque quelquefois par une petite note postiche qui lui sert de préparation et qui prend le nom de la note forte à laquelle elle se lie et sur laquelle il faut élever la voix  on le marque aussi par ce signe

En 1737, David distingue trois espèces de port de voix :

« 1° Le *port de voix préparé et soutenu* se fait en montant. Il tire son origine de la note au-dessous de celle où l'on doit asseoir le son, soit par un ton ou demi-ton au-dessous ; et lorsqu'on aura assis le son, il faudra le filer avec douceur sur la première des trois parties qu'il faut donner à la durée de la note, enfler insensiblement le son sur la deuxième partie, et le faire mourir, comme on l'a fait naître, sur la troisième partie :

» 2° Le *port de voix doublé* prend son origine de la tierce au-dessous de la note où la voix va se reposer.

Exemple :

« 3° Le *port de voix par intervalle*, en descendant comme en montant, prend son origine de la note précédente à celle où l'on va se reposer, en empruntant le son de la première pour le lier avec celui de la seconde. Celui-ci est trop gothique et trop peu supportable pour le mettre en usage, mais on peut le tolérer et le pratiquer en certains cas. »

En 1759, Choquel dit qu'on fait le port de voix en montant et en descendant. « Les ports de voix, dit-il, sont des inflexions de la voix dont l'objet est d'adoucir le passage d'une note à l'autre, soit en montant ou en descendant par degrés disjoints, soit quelquefois en allant de note en note par degrés conjoints. On le marque actuellement par de petites notes crochues qui ne comptent jamais pour remplir la mesure. » Suivant Choquel on ne faisait les ports de voix que dans les chants graves, lents ou gracieux; on ne les employait jamais dans les airs de mouvement et de vitesse.

En 1762, Blanchet marque le port de voix par ce signe ʎ.

En 1766, l'abbé Lacassagne nous dit : « Le port de voix se divise en *réel* et en *feint*.

« Celui qui est réel se marque pour l'ordinaire ainsi ⌄. Il sert particulièrement à flatter les notes dans les airs tendres. On le fait d'abord partir de la note qu'il quitte jusqu'à celle qui doit être portée : il survient alors une petite ondulation dans la voix qui touche le degré voisin en dessous avant que de prendre celui qu'on nomme, qu'on file et qu'on termine toujours par un accent. »

« Le *port de voix feint* se distingue du *réel* en ce qu'il suspend longtemps les petites notes de passage. Il se marque par une petite note sur le degré au-dessous de la note qui porte cette espèce d'agrément. »

Il est bon de remarquer que le port de voix de Lacassagne est agrémentée d'un petit groupe de notes dont les anciens auteurs désignaient l'effet par l'expression : *maniérer le son*.

« Le port de voix, dit Duval vers 1785, s'indique par une petite note, au-dessous de celle à laquelle on la joint par un coup de gosier plus vif que lent. »

Exemple du port de voix plein :

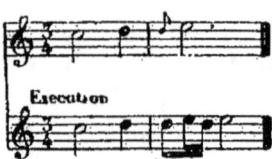

« Le port de voix feint arrive quand la petite note prend la valeur de celle qu'elle joint par un coup de gosier assez marqué. »

Nous terminons ici ce chapitre, dans lequel nous avons suffisamment montré de quelles diverses manières le port de voix avait été pratiqué en France depuis 1671 jusqu'à la fin du siècle dernier. On voit avec quelle insistance les meilleurs maîtres de chant se sont arrêtés sur cet agrément et sur les diverses manières de l'exécuter ; mais ces différentes altérations de mode n'ont changé que très peu de chose au caractère mélodique de cet ornement tant de fois employé.

Sons filés.

Comme le port de voix, le son filé est plutôt un artifice vocal qu'un ornement proprement dit. La définition des anciens théoriciens nous l'indique comme une tenue bien égale et bien soutenue. Il n'est pas d'école en France ou en Italie qui n'ait mis en pratique cet ornement qui exige une réelle égalité de voix. La manière de le placer a changé ou a varié dans l'exécution, mais au résumé, les sons filés sont restés ce qu'ils étaient aux dix-septième et dix-huitième siècles.

On nommait *son filé* une note de longue durée que le chanteur soutenait également et avec la même intensité pendant toute sa valeur. « La voix, dit Montéclair, doit être, pour ainsi dire, unie comme une glace pendant toute la durée de la note. »

On appelait aussi *son filé*, et *son enflé et diminué* la *messa di voce* des Italiens, qui consiste à commencer le son *pianissimo*, à l'augmenter insensiblement jusqu'au *forte*, et à le diminuer ensuite graduellement jusqu'au *pianissimo*.

« Ces sortes de tenues, dit Lacassagne, sont souvent précédées d'un port de voix et terminées par un accent. »

Cette tenue de la voix devrait être étudiée et pratiquée de nos jours. Le son filé, *uni comme une glace*, semble un mythe. On le remplace par un tremblement perpétuel.

Pincé.

Le *pincé*, en revanche, a complètement disparu, et il est un des ornements qui indiquent le mieux la date d'une composition, qui lui donnent le plus son caractère suranné et sa couleur antique.

L'emploi du *pincé* était commun aux instrumentistes et aux chanteurs ; il entrait dans cette série de petits ornements brefs par lesquels on essayait de corriger ce que le clavecin pouvait avoir de trop sec. On peut même ajouter que son emploi était plus commun chez les joueurs de luth et les clavecinistes que chez les chanteurs.

Le *pincé* était composé de la note principale et de sa seconde inférieure, que l'on exécutait rapidement en revenant avec vivacité sur la note principale. Aujourd'hui cet ornement est désigné par le nom de *mordant*. Il y a cette différence du *pincé* au *mordant* que celui-ci se bat généralement avec la seconde supérieure, et que le *pincé* se faisait toujours avec la seconde inférieure.

Les notes du *pincé* se frappaient rigoureusement sur le temps.

Pendant longtemps cet agrément n'eut aucun signe pour le représenter, et les chanteurs l'employèrent selon leur goût. Cependant les clavecinistes avaient adopté pour cet agrément certains signes particuliers : Couperin le marquait avec une petite croix fort semblable à celle avec laquelle on indiquait le trille.

En 1766, l'abbé Lacassagne l'indique par une petite ligne ondulée. Un peu plus tard on le voit marqué par le même signe traversé par une petite barre verticale.

« On faisait souvent usage du *pincé* dans les airs gais et détachés, pour caresser les notes, s'il est permis de le dire ainsi, avec de petits martellements coupés. Le mouvement du chant les rend plus ou moins vifs. » (LACASSAGNE).

Martellement.

C'est un ancien ornement auquel on donna aussi le nom de *battement* vers la fin du siècle dernier.

Voici sa définition, que nous empruntons au dictionnaire de l'Académie des beaux-arts : « Le *battement* consiste dans l'émission alternée et rapide de deux notes conjointes, dont l'une sert de broderie à l'autre qui est note principale ; il a donc quelque analogie avec le trille ; toutefois le trille occupe d'ordinaire toute la durée de la note principale, tandis que le *battement* ne fait que la précéder pour lui donner une sorte d'accent incisif et une certaine ténuité. En outre, dans le trille, la broderie a lieu par la seconde supérieure (tantôt majeure, tantôt mineure) de la note principale, tandis que c'est la seconde inférieure et toujours mineure qui constitue la broderie dans le *battement*.

« Ce genre d'ornement se rencontre rarement dans la musique moderne, mais on en faisait un usage assez fréquent au siècle dernier ; il est toujours figuré par un groupe de petites notes précédant la grosse note principale. »

Loulié compte trois sortes de martellements :

1° Le martellement simple de deux notes; 2° le martellement double de quatre notes; 3° le martellement triple de six notes.

Chaque martellement a son signe particulier :

Choquel (1759) dit que l'on ne se sert plus de ces signes pour désigner le martellement, mais qu'à présent on le marque ainsi ⁓.

Duval, vers 1785, prétend que le martellement n'a point de signe certain.

Cet agrément avait plus ou moins d'étendue, selon les circonstances, et le chanteur devait en approprier l'exécution au caractère du morceau.

Nous pouvons remarquer que le martellement ou battement était aussi fort employé par les instrumentistes; les joueurs de luth lui donnaient le nom singulier de *verres cassés ;* et Mersenne en parle fréquemment dès 1636.

Le martellement n'est pas sans se rapprocher quelque peu du *tour de gosier*, bien que son dessin mélodique en diffère sensiblement.

Tour de gosier.

Cet ornement répond assez bien à celui que les Italiens appelaient *gruppetto*. Son emploi était des plus fréquents. Comme le port de voix, comme la petite note, il a résisté au temps.

En traitant du gruppetto dans la suite de ce travail, nous aurons à revenir sur ce genre d'agrément qui ajoute à la note comme une sorte d'aigrette mélodique. Contentons-nous donc ici de citer ce qu'en ont dit les anciens maîtres.

Loulié (1696) marque cet ornement par le signe ∿ qui est celui du *gruppetto*, et il donne l'exemple suivant :

que l'on peut traduire :

Montéclair (1736) donne l'exemple qui suit, dans lequel on trouve une difficulté qui n'existe pas ordinairement :

« Après avoir demeuré sur la note d'appui, il faut que le gosier fasse son tour, en passant légèrement de cette première note à la cinquième, et en faisant une espèce de tremblement très subtil sur la seconde petite note ; cet agrément forme dans le gosier un ramage difficile à exécuter et encore plus à expliquer. »

Cette explication d'un naïf, qui peut paraître ridicule aujourd'hui, prouve l'importance du tour de gosier.

Petite note.

Nous avons peu de chose à dire de la petite note. Autrefois, elle était dans le chant français, elle était dans le chant italien, elle existe encore aujourd'hui. C'est l'appoggiature commune fréquemment employée. Cependant citons à son sujet quelques petites particularités de l'ancien chant français.

Loulié dit que « *la petite note* est une note d'un plus petit caractère que les autres notes ; elle est toujours liée avec une note ordinaire ; cette liaison se marque ainsi ‿ ou ⁀ .

« La petite note se nomme du nom de la note ordinaire avec laquelle elle se lie, tout en conservant le son du degré où elle est posée.

« Elle se prend quelquefois sur la valeur de la note ordinaire qui la précède, quelquefois sur la valeur de la note ordinaire qui la suit :

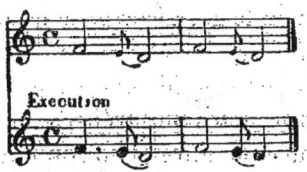

« La petite note doit se passer légèrement. »

Tremblements ou cadences.

« De tous les agréments qui se pratiquent dans le chant, dit Montéclair (1736) le tremblement que les Italiens appellent *trillo*, et que les Français appellent par corruption *cadence*, tient le premier rang, en ce qu'il est le plus brillant, et qu'il se rencontre plus souvent que les autres ; c'est pourquoi l'on ne saurait trop s'appliquer à le bien former, d'autant plus que ceux qui l'exécutent mal ne peuvent jamais chanter d'une manière agréable.

« On n'est pas tout à fait d'accord sur la figure ni sur le nom des agréments qui se pratiquent pour la propreté et la variété du chant français.

« Les maîtres de viole, par exemple, désignent le tremblement par ce signe qu'ils posent après la note qui doit être tremblée . Les maîtres de musique, au contraire, marquent le tremblement par une petite croix qu'ils posent avant cette note . Les organistes désignent le tremblement par un autre signe qu'ils posent au-dessus d'une note pour marquer qu'elle doit être tremblée .

« Les maîtres de luth, de théorbe, de guitare, etc., se servent d'autres signes pour désigner le tremblement. »

Il y avait plusieurs espèces de tremblements ou cadences. Nous allons les faire connaître en reproduisant les exemples que nous avons recueillis dans les traités du dix-septième et du dix-huitième siècle, en suivant l'ordre chronologique afin de bien établir les changements qui se sont produits successivement dans la manière de les exécuter, dans les noms qui leur ont été donnés, et que nous mentionnons au chapitre du trille.

Nous ferons seulement observer ici que les tremblements ou cadences qui se bornent à peu près à quatre, semblent être en bien plus grand nombre, par suite des diverses dénominations dont on s'est servi pour les désigner.

Loulié (1696) admet trois tremblements : le simple, le double et le triple, qui s'exécutaient en notes mesurées.

Le simple se faisait sur une noire et se composait de quatre doubles croches. Le double se faisait sur une blanche et se composait de huit doubles croches. Le triple se faisait sur une blanche suivie d'un point et se composait de douze doubles croches.

Loulié marque le tremblement par une petite croix qu'il place au-dessus ou à côté de la note qui doit être tremblée :

« Les notes du tremblement, dit-il, ne doivent pas être secouées ni par l'aspiration, ni par le chevrotement ; mais elles doivent être liées autant qu'il est possible. Les tremblements doivent se faire plus vite ou plus lentement à proportion de la vitesse ou de la lenteur de l'air ; ils doivent être plus courts ou plus longs à proportion de la note tremblée. »

Les tremblements étant exécutés en notes mesurées, comme l'indique Loulié, les notes ne pouvaient être battues avec la rapidité du trille moderne, d'autant plus qu'à cette époque les mouvements, bien qu'ils fussent indiqués avec les termes mêmes dont on se sert encore aujourd'hui, n'avaient pas le degré de vitesse qu'on leur donne maintenant.

D'après les observations de Quantz (1752), le mouvement d'un tremblement *long* terminant la fin d'un morceau peut être évalué à huit triples croches environ, exécutées au n° 60 du métronome Maelzel :

Dans les morceaux d'un mouvement vif, les tremblements *courts* sur des notes de petite valeur pouvaient être exécutés un peu plus rapidement.

Le tremblement tout à fait lent n'était en usage que dans le chant français; mais il y en avait un quatrième plus rapide que les Français appelaient *tremblement chevroté*, qui était absolument rejeté par les bons maîtres. Ce tremblement se faisait par la même note répétée rapidement.

Le tremblement appuyé de Loulié consiste à donner une valeur plus longue à la première note; il le marque par une petite croix surmontée d'un demi-cercle :

« L'appui du tremblement, dit-il, doit être plus long ou plus court à proportion de la durée de la note sur laquelle il se fait.

« Le tremblement doit commencer dans le temps où commence la note tremblée, à moins qu'il ne soit marqué autrement. » (Voir la deuxième mesure de l'exemple ci-dessus.)

De 1696 à 1732, les auteurs semblent s'être peu occupés des ornements du chant, car on ne trouve pas de renseignements bien précis sur cet objet dans les traités qui ont été publiés en France pendant ce laps de temps.

A partir de 1732, les tremblements ou cadences en usage dans le chant français sont les suivants :

1° La cadence préparée ou appuyée;
2° La cadence jetée;
3° La cadence subite;
4° La cadence double ou doublée;
5° La cadence feinte.

1° La préparation de la *cadence préparée ou appuyée* consistait à faire entendre d'abord la note supérieure de la cadence, à la soutenir pendant la moitié de la valeur de la note sur laquelle était placé le signe indicatif, à faire ensuite les battements sur la seconde moitié de cette dernière note. Les battements se faisaient en progression, c'est-à-dire qu'ils étaient plus rapides vers la fin; ils se terminaient sur la note principale par une note un peu plus longue, qui formait comme un repos ou soutien de la note cadencée :

« Dans les mesures à trois temps, dit Blanchet, la note d'appui ou de préparation ne doit prendre qu'un temps. »

On terminait quelquefois cette cadence par un tour de gosier.

Louli*, Montéclair, Choquel, Blanchet, lui donnent le nom de tremblement appuyé ou cadence appuyée; David la nomme cadence préparée; Lacassagne, cadence pleine; Duval, cadence appuyée, cadence préparée, cadence parfaite, cadence finale.

Tous ces auteurs la marquent par une petite croix; Montéclair seul la désigne par un *t*.

2° *Cadence jetée.* C'était celle qui se faisait en montant à intervalle de seconde, de tierce, de quarte, etc.

La note de la préparation n'avait que la valeur d'une croche ou d'une double croche; les battements de cette cadence étaient vifs et brillants, et on la terminait ordinairement par un tour de gosier.

Elle se marquait par une petite croix :

Choquel et Lacassagne la font sans préparation, mais avec la terminaison :

Duval dit qu'elle se fait sans préparation ni terminaison.

3° *Cadence subite.* Lorsque la cadence se faisait en descendant à un intervalle quelconque, elle se nommait *cadence subite*, *tremblement subit.*

Elle s'exécutait sans préparation et sans terminaison, suivant l'opinion de Montéclair, Choquel et Duval. David veut qu'elle soit préparée par une note de la durée d'une double ou d'une triple croche.

Elle se marquait par une petite croix :

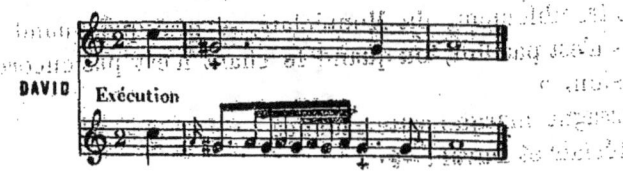

Ses battements se faisaient avec vivacité. Elle se pratiquait plus souvent dans le récitatif que dans les airs, dit Montéclair.

4° La *cadence double ou doublée* se terminait par deux petites notes qui formaient un tour de gosier. Elle se préparait ou ne se préparait pas, suivant les circonstances. Elle devait être battue avec rapidité et légèreté, et les notes de la terminaison devaient être liées avec douceur.

Elle se marquait par une petite croix :

L'exemple suivant, que nous empruntons à Montéclair, fait voir la manière dont on pouvait la préparer :

« Cette cadence, dit cet auteur, se fait surtout dans les airs tendres où il se trouve beaucoup de passages dans lesquels on l'intercale facilement. »

5° La *cadence feinte* consistait à donner à la note qui formait la préparation presque toute la durée de la note principale, et à ne faire que deux battements exécutés rapidement et avec douceur :

« Ce tremblement, dit Montéclair, se pratique quand le sens des paroles n'est pas fini, ou quand le chant n'est pas encore arrivé à sa conclusion. »

Lacassagne marque cette cadence :

Montéclair et Duval :

David :

Blanchet la nomme *demi-cadence* ou *coup de gorge;* Lacassagne, *cadence feinte* ou *coupée*.

Les ornements expressifs étaient assez nombreux, et, pour celui qui connaît le caractère de l'ancienne musique française, plus déclamée et dramatique que brillante et légère, ils étaient employés tout autant que les accents mêmes de la parole. C'était le timbre de la voix du chanteur qui leur donnait leur sens véritable. Ils empruntaient plus de force et de puissance à la façon dont ils étaient employés ; tel accent qui passait inaperçu lorsque l'expression n'exigeait pas sa présence, devenait d'un effet sûr et pathétique quand l'artiste savait le faire intervenir à propos. Comme nous l'avons dit, beaucoup d'ornements décrits dans le paragraphe précédent pouvaient s'appliquer à la musique expressive et déclamée, suivant les besoins et le goût du chanteur.

Flatté.

Cet agrément était composé de deux notes, écrites en petit caractère et placées entre deux notes mélodiques. La valeur de ces deux petites notes se prenait sur celle de la note qui les précédait.

Il s'exécutait en montant ou en descendant, et devait être fait doucement et avec grâce.

Les auteurs sont peu d'accord sur sa forme : les uns ne l'admettent que par degrés conjoints, tandis que les autres disent qu'on peut l'exécuter de quatre manières, comme dans les exemples suivants, empruntés à Émy de l'Ilette et à Trœstler.

Première manière, en montant par degrés conjoints :

Deuxième manière, en descendant par degrés conjoints :

Troisième manière, en montant par intervalles disjoints :

Quatrième manière, en montant et en répétant la note principale qui précède :

Dans les exemples de la troisième et de la quatrième manière, la valeur du flatté se prend sur la note principale à laquelle il se trouve lié.

Suivant le temps et la mode, les auteurs ont fréquemment varié sur la manière de comprendre le *flatté* ; il leur est même arrivé de donner ce nom à des agréments qui, en réalité, différaient notablement du véritable *flatté* et dans la forme et dans l'exécution. Aussi croyons-nous bon de donner dans leur ordre chronologique la définition et la figure des divers ornements qu'il a plu aux théoriciens d'appeler *flatté*.

Loulié dit, en 1696 : « Le *flatté* ou *flattement* est un tremblement simple composé de deux coulés suivis d'une chute ; exemple :

Il emploie pour le marquer (comme avertissement au chanteur de goût) la petite croix déjà usitée pour le trille. Remarquons en passant que la croix était le signe le plus répandu pendant le dix-septième siècle, pour tous les petits agréments dont l'exécution était le plus souvent laissée au goût de l'artiste.

Montéclair (1736) dit : « Le flatté est une espèce de balancement que la voix fait, par plusieurs petites aspirations douces, sur une note de longue durée ou sur une note de repos, sans en hausser ni baisser le son.

« Cet agrément produit le même effet que la vibration d'une corde tendue qu'on ébranle avec le doigt. Il n'y a eu jusqu'à présent aucun signe pour le désigner ; on pourrait le marquer par une ligne ondoyée. »

« Si l'on pratiquait le flatté sur toutes les notes fortes, il deviendrait insupportable, en ce qu'il rendrait le chant tremblant et trop uniforme. »

On ne peut admettre cet effet vocal comme un ornement ; on doit le considérer comme un son auquel le chanteur communique certaines vibrations qui rendent la voix un peu tremblante, comme cela arrive lorsqu'on est sous l'empire d'une grande émotion.

Choquel (1759) : « Le flatté est une inflexion de la voix par laquelle en descendant par degrés disjoints d'une note à une autre qui se trouve suivie de quelque pause, on ne fait sentir cette dernière note qu'à demi-voix, et même en la rendant comme une croche, quoi qu'elle soit indiquée par une noire. »

D'après cette définition le flatté de Choquel n'est qu'un simple port de voix, qui se fait en diminuant la force du son pour arriver sur la seconde note que l'on quitte en lui enlevant une partie de sa valeur.

Blanchet (1762) : Le flatté exige une inflexion de voix presque insensible et qu'on joigne rapidement deux notes de bas en haut, en maniérant un peu le son. « On peut regarder cet ornement comme un quart de port de voix. »

Ainsi Choquel veut que le flatté se fasse en descendant et Blanchet en montant.

Duval (vers 1785) : « Le flatté consiste à donner un léger coup de gosier qui joint ensemble deux notes à intervalle diatonique en montant et quelquefois en descendant. »

Cette manière d'exécuter le flatté est celle que nous avons indiquée au commencement de ce chapitre.

Duval marque cet ornement par une petite note qui, dans l'exécution, se transforme en un groupe de deux ou trois notes.

Voilà bien des nuances dans l'exécution d'un simple ornement. Mais nous avons suivi ses transformations pendant l'espace de plus d'un siècle, et il n'était pas sans intérêt de voir de quelles différentes façons les anciens maîtres de chant considéraient les agréments.

Balancement.

« Le balancement, que les Italiens appellent *trémolo*, produit l'effet du tremblement de l'orgue. Pour le bien exécuter, il faut que la voix fasse plusieurs petites aspirations plus marquées et plus lentes que celles du flatté. »

D'après cette définition donnée par Montéclair, le balancement nous paraît n'être qu'un son dont les vibrations sont assez amples pour donner à la voix l'apparence du chevrotement, si bien pratiqué encore de nos jours par les chanteurs médiocres. Il est fort probable que les chanteurs du siècle dernier n'en usaient qu'avec précaution et rarement.

Voici l'exemple de Loulié et celui de Montéclair, avec le signe indicatif dont chacun d'eux s'est servi :

Accent.

L'accent, lui aussi, varia considérablement; mais toujours et partout il fut considéré comme nuance expressive.

Montéclair en donne cette définition : « L'accent est une aspiration ou élévation douloureuse de la voix, qui se pratique plus souvent dans les airs plaintifs que dans les airs tendres ; il ne se fait jamais dans les airs gais, ni dans ceux qui expriment la colère. Il se forme dans la poitrine par une espèce de sanglot, à l'extrémité d'une note de longue durée ou forte, en faisant un peu sentir le degré immédiatement au-dessus de la note accentuée. »

Bacilly (1671) et Loulié (1696) le marquent par un petit trait placé au-dessus de la note où il devait se faire ; mais on remplace déjà ce signe par une petite note :

En 1759, Choquel dit qu'on ne se sert plus du signe qui est définitivement remplacé par la petite note.

Quelques vieux maîtres se sont aussi servis de ce signe :

Cet agrément ne se pratiquait que sur une syllabe longue et jamais sur une brève.

On l'employait ordinairement lorsque deux notes se trouvant sur le même degré, la première devait être appuyée, ou quand la seconde note se trouvait à un intervalle inférieur quelconque :

« Tout l'effet de l'accent se trouve dans la manière de l'exécuter, dit Bacilly. Il faut appuyer la note qui porte l'accent et porter légèrement la voix sur la seconde supérieure, de manière à ne donner à cette note qu'un son très faible, fort délicat, touché légèrement et quasi imperceptible. »

Dans l'exemple ci-dessus de Loulié, l'accent prend le quart de la valeur de la note à laquelle il appartient; mais, dans l'exécution, la valeur de cette petite note était modifiée et souvent réduite à une durée moindre, suivant les circonstances.

D'anciens auteurs donnent à l'accent le nom de *plainte*, ou celui d'*aspiration*.

En 1766, l'abbé Lacassagne présente l'accent sous diverses formes qui indiquent qu'on l'employait de différentes manières : « L'accent, dit-il, qu'on marque ainsi ♪ ou ♩ ou ♫ ou ♬ est un coup de gosier plus ou moins tendre ou vif, qui sert à fermer avec art et d'une façon gracieuse la note que l'on quitte : »

Vers 1785, Duval dit que l'accent consiste à faire entendre à la fin d'une note longue un léger coup de gosier qui répète le son que l'on quitte :

Dans cet exemple l'accent ne se fait plus par la seconde supérieure, mais simplement par la répétition de la note que l'on quitte. Duval n'indique l'accent par aucun signe; il est donc probable qu'à cette époque, comme le dit J.-J. Rousseau, les *Maîtres du goût du chant*, pendant la leçon, marquaient seulement cet agrément avec le crayon, et cessaient de guider ainsi l'élève lorsque celui-ci savait le trouver lui-même.

Sanglot.

Il est assez difficile de donner une définition satisfaisante du *sanglot*. Peu d'auteurs s'en sont occupés, et il faut bien reconnaître que leurs définitions manquent de clarté et ne peuvent en donner une idée exacte.

Suivant notre sentiment, le sanglot était une espèce de soupir poussé d'une voix entrecoupée, ou bien une sorte d'exclamation que le chanteur devait exprimer en communiquant à la voix l'accent de la passion qui contribuait à produire cet ornement.

Voici, du reste, la définition textuelle de Montéclair. « Il semblerait par le terme de sanglot que cet agrément ne devrait servir que dans les gémissements; cependant on s'en sert pour exprimer plusieurs passions opposées les unes aux autres.

« Le *sanglot* est un enthousiasme qui prend son origine dans le fond de la poitrine et qui se forme par une aspiration violente qui ne fait entendre au dehors qu'un souffle sourd et suffoqué.

« Le sanglot prévient la vive voix avec laquelle il se lie étroitement, et lorsque la voix s'est étendue; suivant la valeur de la note, ou suivant la force de la passion, elle finit presque toujours par un *accent* ou par une *chute*.

« Le *sanglot* s'emploie dans la plus vive douleur, dans la plus grande tristesse, dans les plaintes, dans les chants tendres, dans la colère, dans le contentement et dans la joie.

« Il se pratique presque toujours sur la première syllabe du mot *hélas!* et sur les exclamations *ah! eh! ô!* »

David donne le nom de *plainte* à cet agrément.

Du reste, comme on le comprend bien, des agréments du genre de celui-ci ne peuvent se démontrer dans un livre.

Leur exécution comme la manière de les placer était loin d'être absolue ; la forme mélodique du morceau, la disposition des intervalles, le timbre et l'accent de la voix du chanteur changeaient complètement les conditions dans lesquelles on pouvait employer l'*accent*, le *sanglot*, la *plainte*. Ces agréments sont très brièvement traités dans les méthodes ; et pourtant c'était peut-être sur ceux-là que le maître s'arrêtait le plus volontiers dans la démonstration orale ; en effet, considérés isolément ils n'avaient guère d'importance musicale, mais ils contribuaient puissamment à la couleur et à la force expressive du chant.

Sons glissés.

Pour exécuter le *son glissé* on liait étroitement entre eux deux ou plusieurs sons procédant par degrés conjoints.

Montéclair compare le son glissé au mouvement du pied que l'on glisse sans le lever de terre, comme on le fait dans la danse : « Le son glissé, ajoute-t-il, fait en quelque façon le même effet, puisque la voix doit monter ou descendre sans interruption, en glissant d'un degré à un autre prochain, et en passant doucement par toutes les parties indivisibles que le demi-ton ou le ton contient, sans que ce passage fasse sentir aucune section. Les joueurs de viole, dit-il encore, au lieu de porter le doigt sur une touche prochaine à celle où ils ont un doigt déjà posé, glissent le doigt le long de la corde d'une touche à l'autre, pour former cet agrément. »

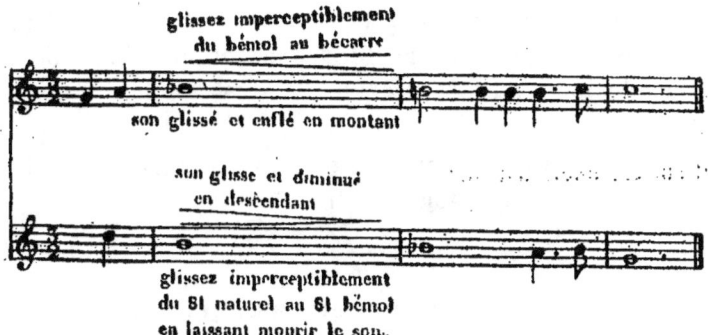

Tosi indique l'usage de cet ornement : « L'emploi du passage glissé est très limité dans le chant, et son étendue est bornée à un si petit nombre de notes montant ou descendant par degrés conjoints qu'il ne peut dépasser l'étendue d'une quarte sans déplaire. Il me paraît plus agréable à l'oreille quand il descend que quand il monte. »

Les chanteurs italiens le nommaient *scivolo* et ne l'employaient que rarement afin d'en rendre les effets plus agréables.

Chute.

La chute consistait à quitter un son un peu avant la fin de sa valeur et à laisser tomber la voix doucement et comme en mourant sur la note suivante.

Loulié (1696) marque la chute par un petit trait placé à côté de la note sur laquelle cet ornement prenait sa valeur.

D'après Montéclair, en 1736, on ne se servait plus du signe, et cet agrément se marquait par une petite note liée à la première :

« Pour rendre la chute avec grâce, dit Emy de l'Ilette, il faut enfler un peu le son de la grande note et le laisser tomber à la fin de sa durée avec une inflexion tendre et très peu de voix, sur le son de la petite note. »

La chute était un agrément très expressif qui n'était employé que pour rendre les affections tendres ou pathétiques.

Diminution et Passage.

Dans la partie historique de notre travail, nous avons dû étudier de très près les diminutions : elles constituent en effet la plus grande partie de l'art du chant français pendant tout le dix-septième siècle Elles faisaient partie de la composition même, et certains maîtres n'ont dû leur célébrité qu'à la façon dont ils savaient broder les diminutions sur un thème connu. Le thème était la matière, la diminution donnait libre carrière à l'imagination du chanteur ou du maître. En France, en Italie, en Allemagne, nous la retrouvons sous différentes formes. C'est dans l'école française que nous en voyons les plus nombreux exemples; car de tout temps les maîtres et les compositeurs français ont tenu à laisser le moins possible l'imagination du chanteur errer dans les champs sans bornes de l'improvisation; aussi ont-ils le plus souvent écrit leurs passages et leurs broderies.

Nous avons étudié les diminutions au point de vue de la formation de l'art vocal en France; ici nous nous arrêterons plus spécialement sur la manière d'exécuter ce genre d'ornement en comparant un peu les *diminutions* françaises aux *passi* des Italiens.

La *diminution* consistait à substituer aux notes simples du chant des petits groupes de notes rapides qui tenaient la même place dans la mesure et dans l'harmonie, mais qui rendaient la mélodie plus ornée.

Les notes qui composaient la diminution représentaient toujours par leur quantité la valeur exacte de la note à laquelle elles étaient substituées. Si, par exemple, on faisait une diminution sur une blanche, on substituait à cette blanche des notes de moindre valeur, telles que des noires, des croches, des doubles croches, etc., que le chanteur combinait selon son goût ou suivant son inspiration; mais la valeur représentée par ces notes ne pouvait excéder celle de la blanche.

Les Italiens désignaient ces changements par les mots *diminuzione, passaggio, passo*.

Les Français les nommaient *diminution, passages, fredons, roulements, broderies*.

Ils appelaient *doubles* les diminutions que l'on faisait dans les seconds couplets des airs et des chansons. Le premier couplet se chantait ordinairement tel qu'il était écrit; cependant les chanteurs se permettaient quelquefois d'y faire de petites altérations ou diminutions sur certaines notes, afin de rendre plus agréable la liaison de deux sons et pour donner plus de grâce ou d'expression à un mot. Il n'en était pas de même pour les seconds couplets où le compositeur et, à son défaut, le chanteur multipliaient les diminutions afin d'exciter la curiosité et pour ranimer l'attention de l'auditeur.

Prætorius (1614), Zacconi (1622), Herbst (1642) ont donné un grand nombre de diminutions et de passages que le lecteur peut consulter pour avoir une idée exacte des innombrables combinaisons auxquelles s'abandonnait le génie des compositeurs et des chanteurs.

Herbst nomme les diminutions *coloratures*.

« Les diminutions et les passages, dit Bacilly, doivent être exécutés avec une grande légèreté de voix ; et trois choses sont à remarquer dans ces ornements du chant:

1° L'invention qui part d'un grand génie et d'un long exercice ;

2° Leur application aux paroles, qui suppose une grande *routine* et surtout une connaissance très parfaite des syllabes longues ou brèves ;

3° L'exécution qui procède d'une disposition naturelle du gosier, qui est souple à faire tout ce que l'on veut, c'est-à-dire, à marquer, à glisser à propos avec plus ou moins de vitesse et de légèreté et autres circonstances qui se rencontrent dans l'exécution des passages. »

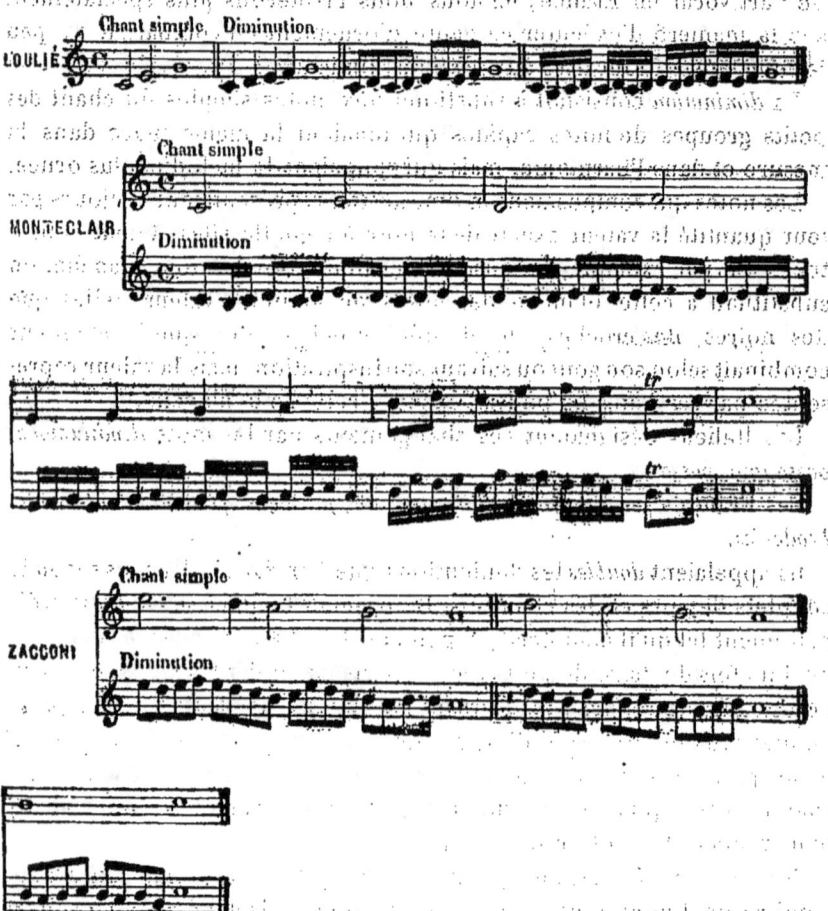

Si la diminution était toujours faite en notes mesurées, il n'en était pas toujours ainsi du *passage*, qui était d'une grande importance dans l'art du chant italien.

148 LE CHANT

« Les *passages*, dit Loulié, sont plusieurs petits sons qu'on entremêle parmi les agréments simples. Ces passages s'appellent communément *doubles*.

Passages de Loulié :

Les passages étaient arbitraires, et chacun pouvait en faire suivant sa fantaisie, son goût et ses moyens d'exécution.

Les notes du passage n'étaient pas toujours mesurées, et on pouvait en mettre plus ou moins ; mais il était indispensable de les exécuter de manière à ne pas déranger le rythme musical et de façon à conserver l'intégrité de la mesure.

Les passages de Herbst et de Zacconi sont toujours faits en notes mesurées.

On peut encore consulter le traité de Hiller où se trouvent deux airs variés avec des passages en notes mesurées ; Marchesi a laissé aussi plusieurs airs dont les passages sont écrits de la même manière.

« Lorsque le passage est bien exécuté et placé aux endroits convenables, dit Tosi, il commande les applaudissements et rend les chanteurs capables de chanter dans tous les styles. »

Suivant cet auteur, les passages devaient être exécutés avec toutes les ressources de l'art. « Il faut tantôt détacher ou marteler les notes, tantôt les lier légèrement ou les glisser l'une sur l'autre ; il faut observer une grande égalité dans la mesure et dans le mouvement. Le *forte* et le *piano* doivent quelquefois se combiner ensemble ; le demi-trille et le mordant, introduits à propos, viennent encore augmenter la beauté et l'élégance des passages. »

Bacilly et Tosi disent que les passages doivent être exécutés sur la voyelle *a*.

Les maîtres de l'ancienne école italienne attribuaient une si grande importance aux passages, que tout chanteur en Italie était obligé de savoir en composer, tandis que les chanteurs français ne s'écartaient pas de la note et ne faisaient que les passages qui étaient écrits. Les maîtres italiens exerçaient leurs élèves à composer des *passi*, d'abord en notes simples comme des noires et des croches, puis on passait graduellement aux combinaisons de croches, de doubles croches, etc. Herbst, qui recommande d'exercer les élèves de cette manière, a donné un grand nombre de passages où les difficultés sont graduées avec le plus grand soin.

« Pour former un *passo* parfait, dit Tosi, cinq qualités principales sont indispensables au chanteur : l'intelligence, l'invention, la mesure, l'artifice et le goût. Il doit savoir exécuter parfaitement l'appoggiature, le trille, le *portamento di voce*, et savoir bien lier les sons. »

Les ornements qui nous restent à citer sont d'une importance moindre et ont été souvent confondus. Ici encore une grande place est donnée à la fantaisie ; mais ces traits offrent ceci de particulier, qu'ils ne sont pas une *diminution* ou pour mieux dire une *division* d'une longue, mais des sortes de notes parasites dont le placement exigeait infiniment de goût et de sûreté dans l'exécution.

Trait, Tirade et Fusée.

« La différence qu'il y a entre le *trait* et la *coulade*, dit Montéclair, ne consiste qu'en ce que toutes les notes s'articulent dans le trait, et qu'elles se coulent dans la coulade. Le trait demande un coup d'archet, ou de langue aux instruments à vent pour chaque note ; et la coulade fait passer toutes ses notes d'un seul coup d'archet ou d'un seul coup de langue, ou sur une même syllabe. »

Cette définition indique clairement que les notes du trait étaient liées, mais articulées avec plus d'énergie que celles de la coulade. Du reste, le trait ne se bornait pas comme la coulade à une suite de notes montant ou descendant par degrés conjoints ; on l'employait sous des formes très variées, et on l'écrivait souvent en grosses notes.

Lacassagne (1766), donne le nom de *tirade* à l'exemple suivant. « La roulade ou *tirade*, dit-il, va par degrés disjoints ; on répète le même degré de proche en proche :

Manstein (1835), appelle *tirade* le coulé quand il part d'une note de moindre valeur que celle à laquelle il se rattache :

Herbst (1642), nomme *tirata* ce même trait. Il dit qu'il doit être exécuté le plus rapidement possible, mais de manière que chaque note soit entendue distinctement.

Lacassagne appelle *fusée* « un trait de chant, plus ou moins long, composé de plusieurs notes rapides qui montent ou qui descendent par degrés conjoints; quand il y a des paroles, une seule syllabe embrasse toutes les notes du trait. »

Coulé.

Il consistait en une petite note de courte durée qui servait de liaison à deux notes placées à intervalles disjoints; cette petite note prenait sa durée sur la valeur de la première note, et se liait avec grâce à la suivante par une légère inflexion de la voix.

En 1696, Loulié le marque par une sorte de virgule placée après la note sur laquelle se prenait le coulé :

Dans cet exemple, le coulé se place à intervalle de seconde au-dessus de la deuxième note ; mais il se pratiquait aussi en répétant la première note :

En 1736, on ne se servait plus de ce signe : Il n'y a point ordinairement de signe qui caractérise cet ornement, dit Montéclair, et c'est le goût qui décide des endroits où il faut le faire, il y a cependant des maîtres qui le désignent par une petite note. »

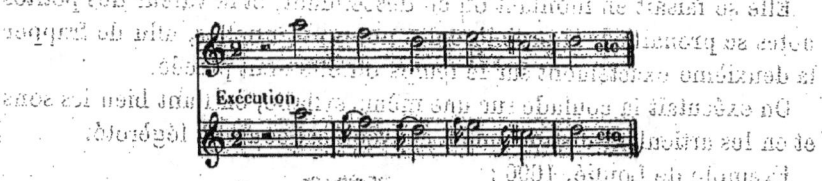

En 1737, David dit que les coulés se font par une ou plusieurs petites notes supposées, entre les notes essentielles du chant :

Le deuxième exemple présente déjà un changement dans le coulé.

En 1759, Choquel dit que le coulé n'est plus indiqué par un signe, mais qu'il est absolument confondu avec le port de voix, et qu'on le marque, comme celui-ci, par une petite note liée à celle à laquelle il est attaché ; la valeur de la petite note se prend sur la première.

En 1766, Lacassagne répète la même chose ; et, en 1770, Bailleux reproduit à la lettre le texte et les exemples de Montéclair.

Vers 1785, Duval veut que la valeur du coulé soit prise sur la seconde note, et que cet ornement soit exécuté par une inflexion de la voix plus lente que vive.

Le coulé ne s'employait que dans les morceaux d'un mouvement lent et modéré ; on ne l'admettait pas dans les morceaux d'un mouvement vif ou précipité.

Coulade.

C'était une succession de petites notes par degrés conjoints, que l'on plaçait entre deux notes essentielles, auxquelles elles servaient, en quelque sorte, de trait d'union, et qui pouvaient se faire sans que la suite, la liaison ni la beauté de la mélodie en fussent interrompues.

Elle se faisait en montant ou en descendant, et la valeur des petites notes se prenait sur la première des notes essentielles, afin de frapper la deuxième exactement sur le temps où elle était placée.

On exécutait la coulade sur une même syllabe, en liant bien les sons et en les articulant distinctement et avec beaucoup de légèreté.

Exemple de Loulié, 1696 :

Exemple de Montéclair, 1736 :

Aujourd'hui, on écrit tous ces traits en notes réelles, et on leur donne la valeur qu'elles doivent occuper dans la mesure.

CHANT MODERNE

Appoggiature (*appoggiatura*).

« Appoggiature est un mot italien francisé, provenant d'*appoggiatura*, qui dérive du verbe *appoggiare*, appuyer. Le sens de ce mot indique donc une note qui s'appuie sur une autre, ou plutôt sur laquelle l'exécutant doit appuyer. » (*Dict. de l'Acad. des B.-A.*)

On rencontre l'appoggiature sous le nom de *plique* dans les théoriciens du douzième siècle ; et, depuis ce temps, cet ornement n'a pas cessé d'être d'un usage constant dans la musique ; c'est dans les temps modernes qu'il a reçu le nom d'*appoggiatura*.

L'appoggiature étant naturelle aux inflexions de la langue italienne, les compositeurs du dix-septième et du dix-huitième siècle l'écrivaient rarement, et les chanteurs la faisaient d'instinct dans l'exécution.

Tosi (1723) ne nous laisse aucun doute à cet égard. Après avoir démontré comment on doit pratiquer les appoggiatures, cet auteur s'exprime ainsi : « Dès que l'élève sera bien instruit des préceptes qui précèdent, les appoggiatures lui deviendront si familières, qu'à peine sorti des premières leçons, il se rira des compositeurs qui écrivent cet ornement. De mon temps, l'intelligence seule indiquait les endroits où le chanteur devait faire les appoggiatures. »

Dans le récitatif italien, elle n'est souvent que l'imitation des inflexions du langage ordinaire; aussi cet ornement est-il une nécessité du chant italien, et le plus fréquemment employé.

Après Mozart et Cimarosa, les compositeurs commencèrent à écrire en grosses notes ou notes de valeur presque tous les ornements du chant; l'appoggiature n'échappa pas à cette manière de fondre les agréments dans les notes réelles de la mélodie. En ce qui concerne l'appoggiature, ce fut une erreur sur laquelle nous reviendrons à la fin de ce chapitre.

« L'appoggiature est une note exclusivement mélodique, étrangère à l'accord qui l'accompagne, placée le plus souvent sur un temps fort, ou sur la partie forte d'un temps faible, et précédant, à distance de seconde majeure ou mineure, supérieure ou inférieure, une autre note appelée note principale.

« Sa qualité de *note étrangère* à l'accord, la rendant dissonante à l'égard de l'harmonie qui l'accompagne, elle a, par ce fait, la propriété d'attirer à elle l'accent et la valeur expressive de la phrase ou du dessin où elle est placée; ce qui explique, en ce sens, sa dénomination d'appoggiature. » (*Dictionnaire de l'Académie des Beaux-Arts.*)

L'appoggiature s'indique par une petite note.

L'appoggiature supérieure se place à la distance d'un ton ou d'un demi-ton de la note réelle, selon les circonstances :

TARTINI

L'appoggiature inférieure se place toujours à la distance d'un demi-ton de la note principale. Telle est la règle établie par la majorité des auteurs :

TOSI

Cependant on peut la faire, dans certaines circonstances, à la distance d'un ton, selon MM. Garcia et Fétis.

Les appoggiatures peuvent être considérées comme une suspension ou un retard de la note principale, à laquelle elles prennent une partie de sa valeur.

Nous allons donner des exemples des diverses appoggiatures et indiquer la manière de les exécuter :

1° L'appoggiature prend à la note principale la moitié de sa valeur, quand celle-ci se divise en deux parties égales :

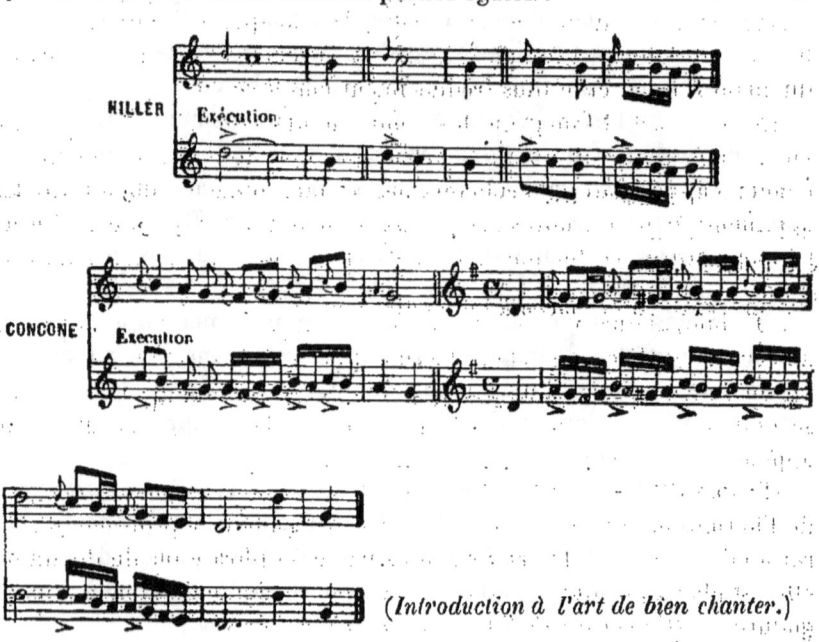

(*Introduction à l'art de bien chanter.*)

« Lorsque l'appoggiature prend la moitié de la valeur de la grosse note, dit Tartini, le chanteur doit commencer la petite note avec douceur, en augmenter par gradation le son jusqu'à la moitié de sa valeur, et le diminuer de même, en venant tomber doucement sur la grosse note à laquelle elle est jointe. »

Ce procédé est d'un excellent effet, particulièrement dans les mouvements lents.

2° Lorsque l'appoggiature se trouve placée devant une note pointée qui se divise en trois parties, elle prend les deux tiers de la valeur de cette note et ne lui laisse que la valeur du point :

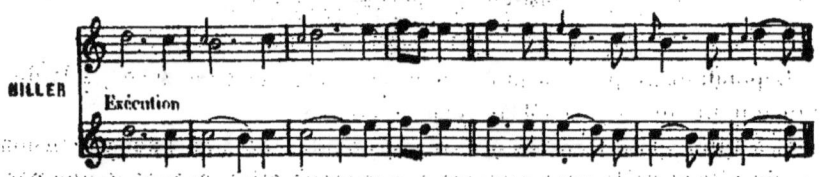

3° « Quand il y a deux points devant une note, dit Hummel, l'appoggiature prend la valeur de la note, et laisse à celle-ci la valeur des deux points : » (MANSTEIN).

4° L'appoggiature est préparée, lorsqu'elle se trouve précédée d'une note placée sur le même degré. Elle peut se faire par degrés conjoints ou disjoints.

Appoggiature préparée à intervalles conjoints :

Appoggiature préparée à intervalles disjoints :

Lorsque l'appoggiature est préparée, sa valeur est toujours rigoureusement déterminée, et sa durée doit être égale à la moitié de celle qui la suit. (*La méthode du Conservatoire*, MANSTEIN et AUTRES.)

« Il me semble que ces auteurs, dit Fétis, ont ici, à tort, fait une règle générale d'un cas particulier ; car, malgré la préparation, il peut se présenter beaucoup de circonstances où l'appoggiature, exécutée de cette manière, donnerait à la musique un sentiment lourd et disgracieux. Le caractère du morceau, quelques circonstances harmoniques, et le sentiment intime d'un bon artiste, guideront toujours mieux que des règles, dans des cas semblables. » (*Méthode des méthodes de chant*.)

Nous sommes tout à fait de cet avis.

5° « L'appoggiature prend la valeur entière de la note principale, lorsque la durée de celle-ci est prolongée sur une note de moindre valeur par une liaison, et que ces deux notes forment une syncope brisée. » (MANSTEIN.)

6° « Dans les phrases qui se terminent par deux notes sur le même degré, la pénultième devient quelquefois appoggiature de la dernière. » (RODRIGUEZ DE LEDESMA, CONCONE.)

Dans ce cas, elle conserve la valeur entière de la note :

(*Introduction à l'art de bien chanter*).

Nous allons terminer ce chapitre par quelques observations sur la manière d'exécuter l'appoggiature.

1° L'appoggiature, pour être expressive, doit être appuyée avec un peu plus de force que la note qui la précède et que celle dont elle est suivie ;

2° Si l'appoggiature est trop appuyée, ou si elle ne l'est pas assez, elle ne produit aucun effet;

3° Si l'on effleure l'appoggiature sans y fixer suffisamment la voix, on risque de chanter faux ;

4° Si le chanteur donne à la note réelle la même force qu'à l'appoggiature, celle-ci reste sans expression.

« Dans la musique sérieuse, il ne faut pas forcer l'appoggiature, dit Mancini, c'est-à-dire, l'appuyer au delà de ce que demandent le caractère du morceau et l'expression des paroles ; mais il n'en est pas de même dans le genre bouffe, qui admet, au contraire, une certaine exagération relative dans l'accentuation de cet ornement. »

L'appoggiature perd quelquefois tout son effet, si elle est exécutée avec trop de rapidité.

« Dans les andante, andantino, largo, larghetto, et dans toutes les compositions sentimentales, l'appoggiature doit être de la plus grande durée possible et très expressive.

« Dans le cas où l'appoggiature doit être rapide comme dans les allegro, il faut l'attaquer avec plus de force. » (R. DE LEDESMA.)

Lorsque les appoggiatures ne sont pas écrites par le compositeur, le chanteur doit en user avec la plus grande réserve ; les prodiguer serait un manque de goût qui jetterait de la confusion dans la mélodie.

« Souvent, dit Lablache, les appoggiatures sont écrites en grosses notes ordinaires avec leur valeur déterminée dans la mesure. Mais comme la manière dont l'appoggiature est écrite ne change rien à la couleur qu'elle doit avoir, il est essentiel de savoir la distinguer dans la contexture de la mélodie.

« Nous ferons connaître à cet effet le principe suivant : toute note altérée ou non, qui, étant étrangère à l'accord qui l'accompagne, se trouve placée au temps fort de la mesure, est une appoggiature et doit être exécutée comme telle. »

Le principe donné par Lablache ne détruit pas les inconvénients que présente cette manière d'écrire. Il est bien certain que beaucoup de chanteurs ne savent pas reconnaître la note qui forme l'appoggiature et qu'ils ne lui donnent pas l'accent qui lui est propre, parce qu'aucun signe particulier ne la distingue des autres notes.

Si les anciens compositeurs avaient adopté l'usage des petites notes pour écrire les appoggiatures, c'est qu'ils avaient reconnu que cela était nécessaire, afin de ne laisser aucun doute dans l'esprit du chanteur et pour éviter toute confusion.

Acciacatura.

L'acciacatura est, à proprement parler, une courte appoggiature à peine sensible dans le chant, mais qui en relève l'accent.

C'est un léger condiment, si nous pouvonsn ous exprimer ainsi, dont la présence donne à l'accent mélodique quelque chose de plus incisif et de plus expressif.

Acciacatura vient du verbe italien *acciacare* qui veut dire écraser.

L'acciacatura peut être regardée comme une appoggiature brève. Elle s'indique par une croche écrite en petit caractère et traversée par un petit trait :

L'acciacatura s'exécute très rapidement, et ne prend rien ou presque rien sur la valeur de la note réelle qui la suit; il faut que le chanteur la précipite, pour ainsi dire, sur la note principale, de sorte que l'accent tombe sur cette dernière.

Elle diffère de l'appoggiature ordinaire en ce sens qu'elle n'enlève pour ainsi dire rien ni à la valeur, ni à l'accent de la note principale.

Comme l'appoggiature ordinaire, elle peut être prise à intervalles conjoints et à intervalles disjoints.

On trouve quelquefois l'acciacatura écrite en doubles croches comme dans les exemples suivants tirés de Clémenti :

Quelques auteurs disent que l'acciacatura doit emprunter sa durée à la note qui la précède, contrairement à l'appoggiature ordinaire qui prend la sienne sur la note qui la suit. Nous partageons cette opinion pour certains cas.

Lorsque la note principale doit être d'une longue durée, il est préférable de faire tomber l'accent sur la petite note.

Il arrive aussi que l'on doit modifier la rapidité de cette petite note, afin de la mettre en harmonie avec le caractère du morceau et l'expression des paroles.

Le sentiment et le goût devront toujours guider le chanteur dans les détails minutieux que demande l'exécution de cet ornement.

Dans les méthodes, l'acciacatura est souvent indiquée par des noms différents. Ainsi Stœpel et Kastner l'appellent appoggiature brève, Hummel appoggiature courte. M. Duprez, note brisée; d'autres la nomment simplement petite note, qui est le nom par lequel on la désigne le plus ordinairement aujourd'hui.

Groupes. (*Gruppetti*).

Il y a différentes espèces de groupes. Ils ont formé et forment encore dans l'art du chant une division importante. De leur bonne exécution dépendent souvent la netteté et la pureté du chant.

Il faut donc y prêter une grande attention et savoir bien les distinguer les uns des autres, car chacun a sa nuance et son exécution qui lui est propre.

Autrefois on abusait du groupe sous ses différentes formes ; aujourd'hui, par un singulier retour, on semble y revenir, et les œuvres de M. R. Wagner sont remplies de *gruppetti* confiés, soit aux instruments, soit aux voix, et qu'il est bon de savoir parfaitement exécuter.

Pour éviter la confusion qui existe dans les traités et méthodes que nous avons compulsés, il nous a paru plus logique de ranger en une seule catégorie tous les ornements du chant formés de groupes de deux ou d'un plus grand nombre de notes. Cette classification présentera ces ornements sous un jour plus clair et ne laissera subsister aucun doute dans l'esprit du lecteur sur leur emploi et leur mode d'exécution.

1° GROUPE DE DEUX NOTES. — Ce groupe, que quelques auteurs nomment double-appoggiature, est composé de deux petites notes, doubles ou triples croches, écrites en petit caractère.

Il se fait en montant ou en descendant comme l'appoggiature ordinaire.

Ces deux petites notes prennent leur valeur tantôt sur la note réelle devant laquelle elles sont placées, tantôt sur celle qui les précède ; dans ce cas, celle-ci est considérée comme note principale.

Lorsque les deux petites notes sont écrites sur la première partie du temps, elles prennent leur valeur sur la note réelle qui les suit :

MANSTEIN. Exécution

Les petites notes disposées à intervalles disjoints, prennent également leur valeur sur la note réelle qui les suit.

« Lorsque les deux petites notes sont placées après une note longue et qu'elles sont suivies d'une note de moindre durée, elles prennent leur valeur sur la note longue qui les précède et s'exécutent à peu près comme la terminaison du trille.

Si le groupe de deux notes se trouve placé entre deux notes de même valeur, comme dans l'exemple suivant ; il prend également sa durée sur la note qui le précède :

Dans les exemples qui précèdent, il faut articuler également les deux petites notes en les liant doucement, et ne fixer et appuyer la voix que sur la note principale. Telles sont les règles indiquées par un grand nombre d'auteurs.

Stœpel donne pour précepte que la double appoggiature exige de l'agilité, et demande d'abord un accent sur la première des notes qui la composent, puis un autre sur celle devant laquelle elle est placée.

Manstein et M. Duprez recommandent d'exécuter cet ornement avec rapidité.

L'exécution du groupe de deux notes doit, comme celle de l'appoggiature simple, être subordonnée au caractère et au style de la musique.

La situation, l'expression des paroles, amènent toujours des modifications dans la manière d'exécuter cet ornement qui, dans tous les cas, demande une exécution gracieuse et ne doit jamais être brusqué.

Il n'est donc pas possible d'établir des règles qui mettraient à chaque instant le chanteur en contradiction avec son propre sentiment.

« On pratique aussi dans le chant, dit *la méthode du Conservatoire*, un trait qui s'exécute en ajoutant une petite note à l'appoggiature et auquel on peut donner le nom de double petite note ou double appoggiature :

« Afin d'exécuter ce trait avec grâce et avec goût, il faut appuyer la voix sur la première petite note, détacher celle-ci de la seconde par une expiration extrêmement légère qu'à peine on doit entendre, et glisser rapidement la voix sur la troisième pour arriver à la grosse note. » (*Méthode du Conservatoire*).

2º GROUPE DE TROIS NOTES. (*Gruppetto ou brisé.*) — Le gruppetto est composé de trois petites notes qui se succèdent par degrés conjoints.

On l'indique avec des doubles croches ou des triples croches écrites en petit caractère.

Il se fait en montant et en descendant.

Le gruppetto ascendant commence par la note inférieure formant une seconde avec la note principale :

Le gruppetto descendant commence par la note supérieure formant aussi un intervalle de seconde avec la note principale :

Les deux notes extrêmes du gruppetto doivent généralement présenter une tierce mineure comme dans les deux exemples ci-dessus.

La règle générale veut que la note inférieure des gruppetti ascendants et descendants soit toujours à la distance d'un demi-ton de la note mélodique. Or, il arrive quelquefois que la note inférieure du gruppetto descendant se trouve à la distance d'un ton de la note mélodique en conservant toutefois la tierce mineure avec la note supérieure :

On rencontre aussi la note inférieure du gruppetto ascendant formant non seulement une seconde majeure avec la note mélodique, mais une tierce majeure avec la note supérieure :

Ces deux manières de faire les gruppetti sont peu usitées et doivent être considérées comme exceptionnelles, car cet ornement perd de sa grâce et de sa légèreté lorsqu'il est pratiqué comme dans ces deux exemples.

La *méthode du Conservatoire* n'admet pas la tierce majeure et ses règles à ce sujet sont très précises : « Ces trois petites notes ne doivent en aucun cas former une tierce majeure, ni en montant, ni en descendant. Cette manière diminuerait la grâce naturelle de cet agrément, et lui donnerait en même temps de la lourdeur.

Une telle défense est une suite de la règle de l'appoggiature, qui enseigne de mettre toujours un demi-ton de distance entre la petite note en dessous et la grande note. »

Le gruppetto se trouve quelquefois borné à une tierce diminuée :

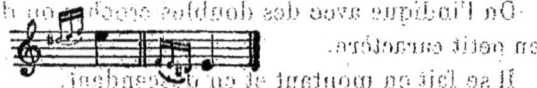

On écrit assez souvent le gruppetto en petites notes ; mais on l'indique aussi avec ces deux signes ∾ ∽ suivant que le gruppetto est ascendant ou descendant.

Si le signe a son premier crochet en bas le gruppetto est ascendant, il commence par la note inférieure :

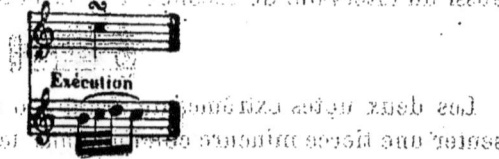

Si le signe a son premier crochet en haut, le gruppetto est descendant, et il commence par la note supérieure :

C'est de cette manière que beaucoup de théoriciens indiquent les signes du gruppetto.

Cependant, ces signes sont aussi employés en sens inverse des deux exemples qui précèdent, c'est-à-dire que le premier signe est appliqué au gruppetto descendant, et le second au gruppetto ascendant ; Em. Bach, Johan Samuel Pétris, Fréd. Domingo, Varellas de San Jose, M. Garcia, M. Audubert et quelques autres, ne les emploient pas autrement.

De nos jours la plupart des compositeurs ne se servent plus que de ce signe ∾ pour indiquer le gruppetto, laissant au goût et à l'intelligence du chanteur le soin de reconnaître si cet ornement doit être ascendant ou descendant. Martini, Stœpel, Gérard, Concone, M. Duprez, ne se sont servis que de ce seul signe dans leurs méthodes pour indiquer le gruppetto.

Les auteurs étant d'avis contraire sur l'application des signes, et l'interprétation indiquée par les uns étant absolument contraire à celle marquée par les autres, il en résulte que l'exécutant est souvent fort incertain sur le choix du gruppetto.

La règle suivante sera d'un grand secours dans beaucoup de cas : « Si le gruppetto inférieur, dit Farrenc (*Trésor des pianistes*), était représenté par un signe, et qu'il y eût doute sur la manière de le rendre, on pourrait poser pour règle générale, que le groupe doit commencer par la note inférieure lorsque la note qui le suit descend. »

Le signe du gruppetto se place au-dessus des notes ou entre les notes.

Le gruppetto fait toujours sa résolution sur la note à laquelle il sert d'ornement.

Lorsque le signe est placé au-dessus d'une note, il emprunte sa valeur à cette note, qui ne se fait entendre qu'après le gruppetto.

Si le signe se trouve placé entre deux notes, le gruppetto prend sa valeur sur la première note, que l'on fait d'abord entendre avant d'exécuter le gruppetto.

[partition musicale : Exécution]

La note sur laquelle se fait la résolution doit être frappée strictement sur le temps.

Lorsque le gruppetto se trouve écrit au commencement d'une mesure, il prend sa valeur sur le temps ou sur la note qui le précède ; la note mélodique doit être faite strictement en mesure.

Telles sont les règles données par Lablache, la méthode du Conservatoire, Manstein, Stœpel, Audubert, etc.

Cependant quelques auteurs sont d'un avis contraire et veulent que le gruppetto prenne sa valeur sur la note qui en est affectée : « Lorsque le gruppetto attaque le son, dit M. Garcia, on doit lui consacrer le premier instant de la valeur de la note. » « Dans les exemples qui suivent, dit Gérard, le groupe doit se faire au frappé de la mesure, sa durée doit être prise sur la valeur du premier quart de la grande note dont il est suivi : »

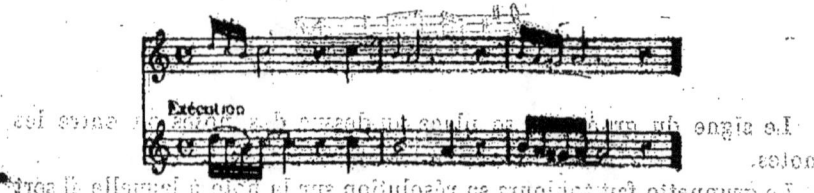

Nous voilà de nouveau en présence de deux opinions diamétralement opposées, qui laissent encore l'élève dans une indécision fâcheuse.

Si chaque auteur avait basé son opinion sur des principes fixes, l'exécutant pourrait se tirer d'embarras à l'aide du raisonnement ; mais il n'en est point ainsi : chacun donne sa règle sans l'appuyer d'aucune raison.

Gérard seul a cherché à jeter un peu de lumière sur ce point : « Les groupes de l'exemple suivant, dit-il, doivent prendre leur durée sur la première moitié de la valeur de la noire qui en est affectée, attendu que la basse frappe en même temps que cette note, et que ces brisés seraient lâches et d'un mauvais effet s'ils n'étaient point exécutés de cette manière : »

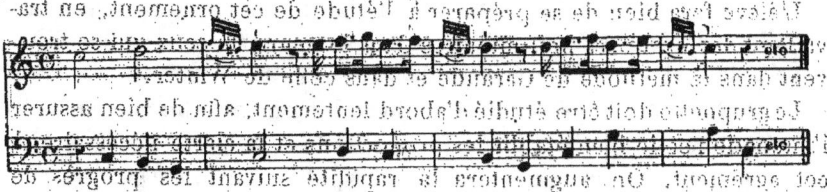

D'après cet exemple, nous pouvons poser en principe que quand la basse frappe en même temps que la note affectée du gruppetto, celui-ci se fait au frappé du temps.

L'étude des bons maîtres, la réflexion et le goût feront bien vite surmonter les petites hésitations que peuvent occasionner les différentes interprétations que nous venons de signaler.

Lorsque le signe est placé sur une note pointée ou sur un point, le gruppetto prend sa valeur sur la note principale qui le précède, et il se termine sur cette même note, que l'on répète et à laquelle on laisse toute la valeur du point :

Ce gruppetto doit toujours commencer par la note supérieure.

Lorsque la note inférieure ou la note supérieure doivent subir une altération, l'accident qui sert à altérer la note se place au-dessus du signe si c'est la note supérieure qui reçoit cette modification, au-dessous si c'est la note inférieure.

Si la note supérieure et la note inférieure doivent être altérées en même temps, les accidents nécessaires à ces altérations se placent en dessus et en dessous du signe.

Le gruppetto étant employé aussi bien dans la musique sérieuse que dans la musique légère, est, par cela même, un ornement indispensable, dont le chanteur doit faire une étude particulière afin de le rendre avec toute la perfection possible.

Beaucoup d'élèves éprouvent une grande difficulté à exécuter le gruppetto. Cette difficulté est due le plus souvent à la raideur du cou, de la mâchoire inférieure, et des muscles qui concourent à la formation du son. Que l'élève n'oublie pas que la plus grande souplesse de tous ces organes est indispensable pour la bonne exécution de cet agrément.

L'élève fera bien de se préparer à l'étude de cet ornement, en travaillant des exercices préliminaires dans le genre de ceux qui se trouvent dans la méthode de Garaudé et dans celle de Winter.

Le gruppetto doit être étudié d'abord lentement, afin de bien assurer l'intonation et de bien établir les proportions et la clarté nécessaires à cet agrément. On augmentera la rapidité suivant les progrès de l'élève.

Le gruppetto doit être exécuté doucement; il faut articuler les notes distinctement, avec légèreté, avec rondeur, mais sans mollesse; attaquer la première note avec une très légère accentuation de la voix; enlever les deux autres à la suite de la première en les liant à celle-ci avec douceur. Cette accentuation a pour résultat de faire rester un peu plus la voix sur la première note et de lui imprimer une durée un peu plus longue, mais presque insensible.

Le gruppetto doit subir de nombreuses modifications dans son mouvement et dans son exécution, selon le caractère, le style et le genre de la musique où il se trouve employé.

Dans l'allegro, il faut l'exécuter avec énergie et rapidité, de manière à lui donner du brillant et de l'éclat.

Dans l'adagio, le cantabile, l'andante, les notes du gruppetto doivent être bien liées et distinctes : il faut que son mouvement soit en parfaite harmonie avec celui du morceau, et son exécution empreinte du coloris d'expression de la mélodie.

Voici les préceptes donnés par les maîtres les plus autorisés pour l'exécution du gruppetto :

« Afin d'exécuter parfaitement cet agrément, il faut l'articuler légèrement; mais la première note doit être attaquée plus fort que les autres et soutenue plus longtemps. » (*Méth. du Conservatoire.*) Manstein, Stœpel, Gérard, M. Garcia, Concone, Crivelli, Castil-Blaze, Farrenc, disent aussi qu'il faut appuyer un peu sur la première note; mais la petite augmentation de durée étant une conséquence naturelle de cet appui, ces auteurs n'en parlent pas. Mme Damoreau donne les règles suivantes :

« Le gruppetto au-dessus de la note doit être fait très légèrement, presque sans voix, et l'on appuie seulement sur la note qui le suit :

« Le gruppetto fait en dessous doit, au contraire, porter l'accentuation sur la première note et diminuer ensuite. »

Avant de terminer ce paragraphe, nous croyons utile de faire connaître les différents noms qui ont été donnés au gruppetto : Gruppetto, brisé, doublé, mordant, groupe, appoggiature, groppo, mezzo-circolo, tour de gosier, sont les mots par lesquels cet ornement est indiqué dans divers traités.

Cette quantité de noms donnés au même agrément prouve le peu de soin que les auteurs ont toujours mis dans le choix des mots pour désigner les divers ornements du chant.

3° GROUPE DE QUATRE NOTES. — « Quand le gruppetto est formé de quatre notes, dit Lablache, sa valeur est prise sur celle de la note où il est placé :

Ce gruppetto se place tantôt avant, tantôt après la note principale, à laquelle il emprunte une partie de sa valeur.

Les préceptes que nous avons donnés pour le gruppetto de trois notes s'appliquent à celui-ci, ainsi qu'à ceux dont nous allons parler.

On emploie aussi des groupes de trois, de quatre, de cinq et de six notes combinées de différentes manières, comme dans les exemples suivants, que nous donnons à titre de spécimens :

Tous ces groupes peuvent être variés et combinés selon le goût et le caprice du chanteur.

Le lecteur a pu remarquer, que nous laissions, à l'exemple des vieux maîtres, une certaine latitude au chanteur pour l'emploi et la place des ornements. Cette liberté lui est indispensable pour l'exécution de la musique ancienne ; mais qu'il n'oublie pas que dans la musique moderne et, surtout contemporaine, il n'a pas une note à ajouter au texte écrit. C'est avant tout à l'interprétation exacte et fidèle de la pensée des maîtres que l'artiste doit consacrer son talent et sa science.

Trilles et mordants

Dans les chapitres historiques, nous avons suivi les changements subis par le trille, dans les différents siècles. Nous n'aurons donc pas à revenir ici sur cette question, et nous nous contenterons de définir en quelques mots les anciennes formes du trille.

Trille, en italien *trillo*, doit être prononcé comme le mot *ville*.

Parmi les ornements du chant, le trille est celui qui remonte à l'époque la plus éloignée ; l'action de triller était connue des anciens sous le nom de *vibrissare, vibrare*, comme l'attestent Pompeius Festus et Pline le Naturaliste. « Les auteurs du moyen âge se servaient des mots *oriscus, voces vinnulæ, tremulæ, garrulæ, collisibiles, secabiles, procellares*, pour désigner ces effets de voix, qui sont bien connus dans la musique moderne, et qu'on appelle tremolo, vibrato, trille. » (E. RAILLARD.)

Au treizième siècle, Jérôme de Moravie fait mention, dans son *Traité de musique*, de plusieurs trilles, qu'il nomme *fleurs harmoniques*.

Caccini (1600) l'appelle *groppo*; Prætorius (1614), *tremolus*; Herbst (1642), *tremulo, tremolo, trillo*; Pistocchi (1700), Tosi (1723), Mancini (1774), Martini (1792), la Méthode du Conservatoire (1802), Manstein (1835), et tous les auteurs modernes le nomment *trillo* et *trille*.

« En France, on lui a souvent donné le nom de cadence : on se sert souvent de ce mot, à tort, pour désigner le *trille*. Cette fausse dénomination vient de ce que, durant une partie du dix-septième siècle et surtout du dix-huitième, la mode consacra l'usage invariable d'orner par un trille l'avant-dernière note de toute phrase mélodique donnant lieu à la *cadence parfaite;* ce trille, placé ainsi, annonçait, par conséquent, la chute de la phrase; on finit par contracter l'habitude d'envisager le fait de la *cadence* effective, comme inséparable de son orne-

ment accessoire, et l'on confondit les deux sous le même nom. »
(*Dictionn. de l'Académie des Beaux-Arts.*)

De 1737 à 1785, les auteurs français le désignent par le nom de *cadence* ou celui de *tremblement*, tremblé.

Le mot cadence, pour désigner le trille, faisait si bien partie de la langue musicale, que, pour exprimer qu'un artiste faisait bien ou mal le trille, on disait : Ce chanteur a une belle cadence, cette chanteuse bat mal la cadence.

Les diverses cadences (trilles) en usage aux époques dont nous venons de parler étaient les suivantes : la *cadence simple*, la *double cadence*, la *cadence appuyée*, la *cadence précipitée*, la *cadence molle*, la *demi-cadence* ou le *coup de gorge*, la *cadence préparée*, la *cadence coulée*, la *cadence jetée*, la *cadence subite*, la *cadence pleine*, la *cadence brisée*, la *cadence feinte* ou *coupée*, la *cadence imparfaite*, la *cadence parfaite*, la *cadence finale*.

Malheureusement, les auteurs et les professeurs n'ont jamais pu s'entendre sur l'espèce des cadences et sur leur qualité, de sorte que, suivant la fantaisie des uns ou le caprice des autres, la même cadence est souvent désignée par des noms différents, ou, le même nom sert à indiquer des cadences d'espèces diverses. On comprendra ce qu'une pareille confusion de mots occasionne de difficultés à celui qui veut étudier les vieux maîtres : une connaissance parfaite du langage de chacun d'eux est nécessaire pour ne pas s'égarer dans une semblable étude. Nous nous efforcerons d'éviter cette tâche pénible au lecteur.

Le trille a été considéré de tout temps comme l'ornement le plus beau et le plus indispensable du chant; il a été fort en usage dans la musique d'église.

« Celui qui possède le trille dans toute sa perfection, dit Tosi, a toujours l'avantage d'arriver aux cadences, où cet ornement est généralement fort essentiel; mais celui qui ne sait pas le faire, ou qui ne le possède que défectueux, ne sera jamais un grand chanteur, quelle que soit son instruction dans l'art du chant. » Cent ans avant, le père Mersenne s'exprimait ainsi : « Les cadences sont d'autant plus agréables qu'elles sont plus difficiles; car si les autres mouvements (ornements) sont les couleurs et les nuances, l'on peut dire que les cadences (trilles) en sont les rayons et la lumière. »

Pour prouver combien le trille était en honneur de son temps, Mancini affirme qu'une cadence composée de deux notes, c'est-à-dire du son filé et du trille, suffit pour être parfaite et digne d'applaudissements; tandis que si le chanteur passe à la note finale avec la seule appoggiature sans y joindre le trille, tout est languissant, imparfait : « et cela est si vrai, ajoute-t-il, que les musiciens eux-mêmes appellent, en plaisantant, le trille, la *complaisante du chant;* parce que, de quelque manière qu'on veuille l'employer, il peut donner du répit et de l'aisance au chanteur. » Malheureusement, à l'époque où écrivaient Tosi et Mancini, le trille était déjà fort négligé par les chanteurs, et même tout à fait abandonné par quelques-uns, à cause de la difficulté que présente son étude.

Le maître et l'élève doivent se prêter dans le travail du trille un mutuel secours : si le maître manque de patience et de persévérance, il se refroidit peu à peu et finit par abandonner la partie; de son côté, l'élève, intimidé, souvent humilié par le mécontentement et l'impatience de son professeur, se dégoûte, se décourage, et finit par laisser cette étude.

Si Tosi, Mancini et ceux qui les ont suivis déplorent la négligence apportée par les professeurs et les élèves dans l'étude du trille, que dirons-nous, aujourd'hui, où l'on ne rencontre cet ornement dans sa perfection que chez quelques rares cantatrices? Et encore est-il permis de supposer que le trille, tel qu'on le pratiquait autrefois et même dans la première moitié de ce siècle, ne serait pas sans présenter quelque difficulté à ces mêmes artistes.

Il est regrettable que le trille soit aussi négligé de nos jours, surtout parmi les hommes, car cet ornement jette toujours une vive lumière sur le chant, et lui donne une variété qui charme l'oreille.

Autrefois, et même au siècle dernier, les compositeurs multipliaient les trilles dans leurs compositions, aussi les chanteurs devaient-ils le posséder parfaitement, de manière à pouvoir en faire usage toutes les fois que la mélodie le permettait ou l'exigeait.

Nous terminons par cette citation de la méthode de Marcello Perino : « Un chanteur sans trille est un soldat sans valeur, et tout chanteur qui n'y excelle pas doit être considéré, non comme un artiste, mais comme un simple amateur. »

Les meilleurs auteurs, depuis Prætorius jusqu'à nos jours, recommandent d'étudier le trille, d'abord lentement et en mesure, et, suivant que l'élève acquiert plus de facilité, d'accélérer graduellement les battements des deux notes, afin de donner au larynx le mouvement oscillatoire qui convient au trille.

Il faut travailler le trille, sur les notes du médium de la voix, qui, généralement, sont d'une émission facile. Le timbre de la voix doit être naturel, c'est-à-dire tenant le milieu entre le timbre clair et le timbre sombre. La voyelle *a* sera employée de préférence pour cet exercice;

cependant si une autre voyelle offrait plus de facilité à l'élève, il faudrait d'abord s'en servir, sauf à revenir plus tard à la voyelle *a*.

On doit éviter toute contraction du cou, de la mâchoire inférieure et des muscles du larynx, ainsi que tout mouvement de la langue, des lèvres et du menton.

Les deux notes du trille seront articulées avec netteté, distinctement et liées. Elles seront d'égale durée, de même intensité, de même timbre et d'une justesse parfaite.

Après avoir aspiré une moyenne quantité d'air, on commencera le trille majeur par la note principale, et on articulera lentement, librement, et à *mezza-voce*, les deux notes auxquelles on donnera exactement la même durée et la même force.

On travaillera d'abord sur des noires, puis sur des croches, dans le mouvement indiqué par cet exemple :

La durée de ces exercices sera proportionnée à celle de la respiration ; elle doit être courte dans les commencements. On laissera s'écouler l'air doucement, avec la plus parfaite régularité, sans la moindre secousse de la poitrine et sans effort du larynx.

Suivant les progrès de l'élève, on augmentera graduellement la vitesse de ces exercices, en les transformant en doubles et en triples croches, mais en conservant toujours le mouvement indiqué.

On s'exercera de cette manière jusqu'à ce qu'on ait acquis le mouvement oscillatoire du larynx.

Une attention très soutenue est indispensable pour cette étude. Souvent l'accélération des battements fait perdre à l'élève le sentiment de l'intonation ; insensiblement les deux sons se rapprochent et finissent par se confondre, de sorte que la voix ne fait plus entendre qu'une seule note répétée.

Il arrive aussi que, par manque d'attention, on tombe dans l'excès contraire et que l'on bat le trille à intervalle de seconde augmentée ; ce qui est un défaut également insupportable.

On est souvent enclin à donner une impulsion un peu plus forte à la première note. Pour remédier à ce défaut, il faudra étudier le trille en le commençant tantôt par la note principale, tantôt par la note auxiliaire. Lablache et Mme Damoreau conseillent de travailler de cette manière pour obtenir l'égalité.

Mme Damoreau engage aussi les élèves à exercer le trille en accentuant la première note de chaque temps :

Cette manière est fort utile pour bien régulariser le trille.

MM. Garcia et Ch. Bataille recommandent de s'exercer sur des intervalles de secondes mineures et majeures, de tierce, de quarte et de quinte, afin de donner plus d'étendue aux mouvements du larynx et pour bien les affermir :

Ces exercices doivent être exécutés d'abord lentement, puis un peu plus rapidement, suivant la facilité de l'élève ; mais ils seront abandonnés aussitôt que les mouvements du larynx se feront librement.

Tosi, Mancini, Hiller, recommandent de faire commencer l'étude du trille dès les premières leçons, de le travailler chaque jour, mais peu à la fois, sans essayer de le faire trop long, et d'en suspendre le travail aussitôt que la raideur se fait sentir dans le larynx.

Quelques personnes possèdent naturellement le trille, grâce à une grande flexibilité du larynx ; mais ce trille n'est jamais sans défauts, et il est indispensable d'en régulariser l'articulation et d'en assurer l'intonation par la pratique des exercices que nous avons indiqués.

On croit assez généralement que le trille est un don accordé par la nature à quelques êtres privilégiés et que ceux qui ne le possèdent pas naturellement doivent renoncer à l'espoir de l'acquérir par le travail. C'est là un préjugé absurde, dont il est bon de faire justice ; car il est bien prouvé qu'un travail persévérant donne un résultat souvent complet, et, en tous cas, toujours satisfaisant.

Nous citerons, comme exemple, Bernacchi, qui parvint à faire acquérir le trille à la Mérighi et Mme Pasta qui, après un travail long et persévérant, obtint un trille parfait.

On donne au trille la durée que représente la note sur laquelle le signe est placé ; mais si cette note est surmontée d'un point d'orgue, la durée du trille est arbitraire. Le trille doit toujours participer du caractère de la musique : il est plus lent ou plus vif, suivant l'expression du morceau. Nous ferons observer que dans aucun cas « il ne doit être fait ni trop vite, ni trop lentement ; il est défectueux dans le premier cas, et sans effet dans le second. » (*Méthode du Conservatoire.*)

Nous ferons les mêmes observations pour la conclusion du trille, dont les notes doivent être exécutées plus ou moins vite, eu égard au caractère du morceau.

Dans l'*adagio*, le trille doit être commencé lentement, accéléré et renforcé vers le milieu, ralenti et diminué vers la fin.

Pour la musique vive et légère, il est permis de l'attaquer dans son plus grand degré de vitesse et de le terminer de même.

Le trille s'indique par les initiales *tr.* que l'on place au-dessus de la note où l'on doit faire cet ornement. Le trille consiste dans l'articulation alternative et rapide de la note où sont placées les initiales et de sa seconde supérieure majeure ou mineure.

Manière d'écrire :

La note qui porte le signe, se nomme note principale, et la seconde supérieure avec laquelle elle se combine, note auxiliaire. Cette dernière note ne s'écrit pas ; la forme du trille, une fois connue, les initiales indiquent suffisamment son effet.

Ainsi que nous l'avons indiqué et comme le dit M. Garcia : « Le trille a été longtemps l'indispensable terminaison de la cadence finale, comme la fin obligée de tous les morceaux de chant. »

Lorsque cet ornement formait une cadence finale, on le nommait *grand trille*. Les chanteurs italiens faisaient toujours précéder ce trille d'une *messa di voce*, et ils le commençaient lentement et avec douceur en en augmentant graduellement la force et la vitesse, comme dans les exemples suivants :

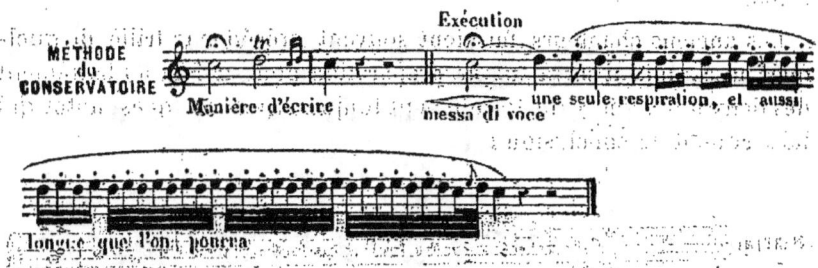

La *messa di voce* et le trille étaient exécutés d'une seule respiration.

L'exemple suivant de Tartini laisse voir très clairement comment on faisait sentir les degrés de force et de vitesse.

Ce trille a aussi reçu en Italie le nom de *trillo sforzato*.

Lorsque le trille avait lieu sur un point de repos à la dominante, on y apportait une petite modification : « Le trille qu'on fait dans un *point de repos*, lequel point de repos se pratique ordinairement sur la dominante d'un mode quelconque, diffère, quant à l'étendue, du trille dans un point final. »

Voici comment on le marque et comment on l'exécute :

Ces trilles exigent une longue respiration et sont difficiles à exécuter ; aussi les chanteurs modernes qui n'ont pas pris le temps de faire des études sérieuses et raisonnées les ont-ils complètement abandonnés. Aujourd'hui on commence généralement le trille sans la *messa di voce*, et on l'exécute sans modification de vitesse et de force.

Les anciens chanteurs faisaient souvent précéder le trille de quelques notes qui lui servaient de préparation pour arriver au battement des deux notes; et ils le terminaient toujours par quelques notes qui lui servaient de conclusion :

On préparait aussi le trille en faisant entendre d'abord la note auxiliaire :

« Cette préparation doit toujours être longue, dit Emy de l'Ilette, lorsqu'on fait un trille sur une cadence finale. Mais quand le trille n'est pas placé sur l'avant-dernière note d'une phrase, la préparation doit être brève et les martellements accélérés » :

Dans ce cas on commence le trille par la note auxiliaire.

On terminait quelquefois le trille par un trait comme l'indique Momigny :

(*Encyclopédie Méthodique*).

On peut le diminuer de moitié par un agrément :

On supprime quelquefois le trille et on lui substitue un agrément :

On dénature quelquefois le trille en lui substituant l'agrément ci-après. Dans ce cas on prend pour note auxiliaire celle qui est en dessous de la note écrite, tandis que, pour former le trille, on prend la note au-dessus :

Le temps a introduit de nouvelles habitudes, et, par suite, des modifications ont été apportées dans l'exécution du trille. Aujourd'hui, on prépare ou on ne prépare pas le trille.

Voici les trilles qui sont encore en usage aujourd'hui :

1° Le trille lent et lié ;
2° Le trille vif ;
3° Le trille en progression diatonique ;
4° Le trille redoublé ;
5° Le trille en succession par degrés disjoints ;
6° Le trille à inflexion ;
7° Le trille chromatique ;
8° Le trille enharmonique.

1° *Trille lent et lié* (*Trillo lento legato, trillo molle*). — « Ce trille consiste en une courte et douce ondulation qui s'opère par la voix dans le cours d'une mélodie de mouvement large sur quelques-unes des notes qui peuvent s'y prêter. » (MARCELLO PERINO.)

Ce trille ne trouve son emploi que pour l'expression des sentiments tristes, car il conserve le caractère de notes rabattues par la lenteur du battement des deux notes.

2° *Trille vif*. — Il se bat avec rapidité sans modification de force ni de vitesse. Dans la musique moderne, il se trouve souvent dans le corps des phrases musicales et s'exécute avec ou sans préparation; mais il a toujours une terminaison.

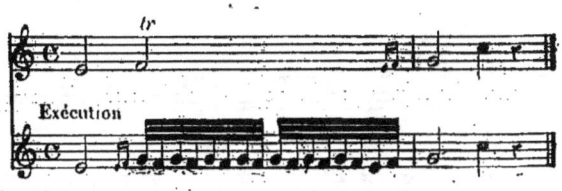

Dans un mouvement vif, il ne serait pas possible de préparer ce trille sans faire tort au rythme; mais la préparation doit se faire dans les mouvements modérés.

3° *Trilles en progression diatonique ascendante ou descendante*. — On attaque ces trilles brusquement par la note supérieure, disent M. Garcia et Emy de l'Ilette; on ne les prépare généralement pas, parce que d'ordinaire on n'en a pas le temps, et le dernier trille seul reçoit la terminaison. Cependant M. Garcia ajoute un peu plus loin : « On ne doit supprimer la terminaison de chaque trille que lorsque le temps manque pour l'exécuter, d'ailleurs la terminaison ravive l'effet. »

M. Panofka et Lablache veulent que la terminaison ait lieu. « Le trille, dit ce dernier, se pratique quelquefois sur une suite de notes ascendantes et descendantes, par gamme; il faut lui donner une terminaison à chaque note : l'oreille est plus satisfaite du petit repos qui en résulte. »

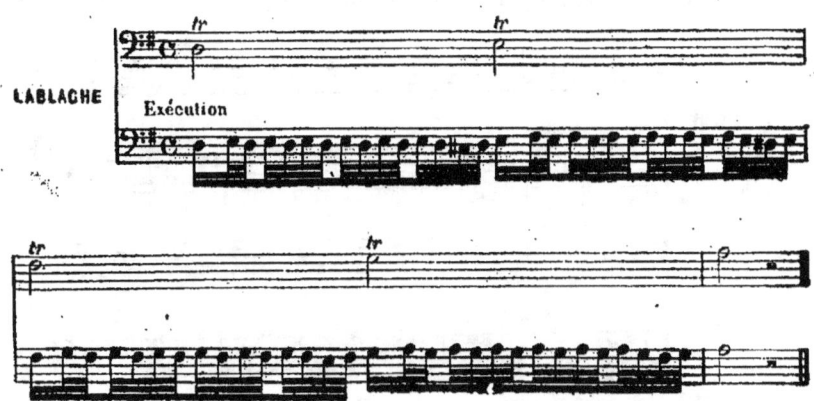

Ces trilles doivent recevoir la terminaison indiquée par Lablache toutes les fois qu'ils se trouvent dans un morceau d'un mouvement large et modéré ; mais dans un mouvement vif, la conclusion serait assez difficile à exécuter, à cause de la précision qu'il faut mettre dans le passage d'une note à l'autre.

Le goût dictera toujours au chanteur, selon les circonstances, laquelle de ces deux manières il devra employer.

« Ce trille, dit Mancini, est un des points les plus difficiles, parce qu'il exige, tant en montant qu'en descendant, l'intonation la plus parfaite ; en outre, le chanteur doit avoir déjà acquis l'art de soutenir, de graduer et de ménager l'haleine, ne devant, ni en montant ni en descendant, interrompre l'échelle ; il doit d'ailleurs passer d'un trille à l'autre avec une proportion si pure, si sûre, qu'il ne fasse pas d'autre changement que de passer exactement d'un ton à un autre, en renforçant et en adoucissant la voix. »

Milhès dit qu'il faut appuyer la première note des trilles qui se succèdent en marche ascendante ou descendante :

Cette manière d'arrêter la voix sur la dernière note de chaque trille et d'accentuer un peu la première du trille suivant est excellente en ce qu'elle permet au chanteur de faire bien sentir la progression ascendante ou descendante.

Le chanteur doit faire usage de ces diverses manières d'exécuter le trille en progression, suivant le style et le caractère de la musique.

4° *Trille redoublé (trillo raddoppiato)*. — « Le trille redoublé, dit Tosi, se fait en intercalant quelques notes au milieu du trille majeur ou du trille mineur, ce qui permet de faire trois trilles d'un seul.

« Ce trille est d'un bel effet lorsque les quelques notes intercalées sont articulées avec assurance. Lorsqu'il est fait doucement sur les notes aiguës par une belle voix qui le possède avec la plus rare perfection et qui en use avec discrétion, il est impossible qu'il ne plaise pas. »

« Ce trille, dit Mancini, exécuté dans les proportions convenables, et avec l'art de soutenir la respiration, en renforçant et en diminuant la voix (ce qui est nécessaire pour lui donner sa véritable forme), peut être employé seul et sans le secours d'aucun passage qui serve à le préparer sur une tenue ; la seule simplicité lui attire des applaudissements. On commence l'*ut* en le filant avec la parfaite gradation prescrite par l'art, et la voix étant à son véritable point ne doit commencer le trille que sur la note marquée.

« La première note sert pour filer la voix ; celle qui suit forme le premier trille ; elle est suivie immédiatement de trois petites notes qui le reprennent pour passer de nouveau au même trille ; mais il est nécessaire de prévenir que ces notes doivent être empâtées avec la même respiration, et qu'elles doivent reprendre la note du trille avec un léger mouvement lié.

« Ce point de l'art sera excellent lorsqu'il sera exécuté dans sa perfection ; mais il ne faut pas l'entreprendre sans l'avoir mûrement étudié, et sans le bien posséder. Il faut une bonne poitrine pour soutenir la première note, de l'art pour conserver la respiration, un jugement sûr pour filer la voix avec la division convenable, afin que le trille soit terminé sans affaiblissement. »

5° *Trilles en succession par degrés disjoints.* — Ces trilles sont toujours précédés de l'appoggiature supérieure par laquelle on les attaque ; on soutient un peu la note qui porte le trille avant de commencer les battements et chaque trille reçoit sa terminaison.

6° *Trille à inflexions.* — Nous désignons ainsi un trille enflé et diminué à plusieurs reprises sans interruption des battements. On le fait particulièrement sur les tenues de plusieurs mesures :

On peut faire les inflexions de ce trille de deux manières :

1° En répétant les inflexions avec la même proportion de force, comme elles sont indiquées A ;

2° En diminuant la force du son à chaque répétition des inflexions, comme elles sont marquées B.

Cette seconde manière est fort difficile.

7° *Trille chromatique.* — Les Italiens nomment *Trillo crescente cromatico* celui qui se fait sur une succession de notes ascendantes procédant par demi-tons, et *trillo mancante cromatico* celui qui descend par demi-tons.

Ces deux trilles s'attaquent par la note supérieure auxiliaire à intervalle d'un demi-ton ou d'un ton, selon la tonalité de la phrase musicale. La conclusion se fait toujours sur le dernier trille par un groupe de deux petites notes :

Ce trille a été fort en usage au siècle dernier; mais il a été absolument abandonné par les chanteurs modernes à cause de son excessive difficulté.

8° *Trille enharmonique.* — « Le trille enharmonique, dit Tosi, se fait en montant imperceptiblement de coma en coma en trillant, de manière que cette progression ascendante soit insensible.

« Le trille enharmonique descendant consiste à descendre de coma en coma en trillant de manière à rendre insensible à l'oreille la progression descendante. »

Marcello Perino parle de ce trille et l'admet comme une variété de cet ornement. M. Garcia le cite aussi d'après Tosi, et il le nomme *port de voix trillé.*

Tosi, qui le premier en a parlé, dit qu'il est passé de mode depuis que le bon goût en a fait justice, et qu'il faut se hâter de l'oublier. Nous nous rangeons avec empressement à l'avis de ce vieux maître.

Cette progression trillée par intervalles plus petits qu'un demi-ton, n'a jamais été fort usitée et a complètement disparu de nos jours; cependant on peut la retrouver dans les reproductions et imitations de chants orientaux ou hébreux comme dans le chant du Muezzin du Désert de Félicien David.

Les anciens ont aussi fait usage d'une espèce de tremblement de voix qui consistait dans la répétition rapide de la même note, et que Caccini nomme *trillo.*

La durée de ce tremblement était la même que celle attribuée à la note sur laquelle se trouvait le signe *t*.

Le P. Mersenne en parlant de ce tremblement qu'il nomme *trille suivant la méthode de Caccini* assure qu'il n'a jamais été en usage en France.

Herbst lui donne le nom de *trillo* et l'indique de la manière suivante :

Cette sorte de trille, dit-il, se trouve assez souvent dans les œuvres de Claudio Monteverde, et dans celles de Giovanni Rovetta.

Tosi le compare au chant des grillons et dit que de son temps on l'appelait *mordente fresco*.

Souvent les élèves qui étudient le trille produisent ce tremblement ridicule qu'ils prennent pour un trille mais dont ils doivent bien se garder.

Le trille peut commencer par la note auxiliaire ou par la note principale.

Il ne serait pas possible de déterminer par des règles les cas où il doit être attaqué par l'une ou par l'autre de ces notes ; c'est une question de goût, et non de préceptes. Voici deux exemples empruntés à Lablache qui pourront aider le chanteur :

« Quand le trille a une conclusion d'une note ou de trois notes, les battements égaux doivent commencer par la note inférieure (note essentielle, celle qui porte l'ornement) ; par ce moyen, on n'est pas obligé d'accélérer ou de ralentir cette conclusion pour finir régulièrement en mesure :

« Quand le trille a une terminaison de deux notes, les battements égaux doivent commencer par la note supérieure, par la même raison. »

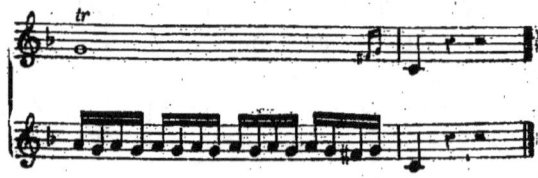

DEMI-TRILLE ET MORDANT. — Le demi-trille et le mordant, que les

Italiens nomment *mordente*, ont souvent été confondus l'un avec l'autre par un grand nombre d'auteurs qui, sans s'inquiéter de la forme de ces ornements et de leur effet particulier, les ont indifféremment nommés *demi-trille, trille-court, trille-tronqué, trille-mordant, mordant, brisé*. Cependant les définitions dont les auteurs font suivre ces diverses dénominations ne présentent entre elles que de légères différences qui n'en altèrent nullement le fond.

Voici les signes dont on s'est servi pour désigner ces deux ornements :

Ces signes sont encore en usage dans la musique moderne, à l'exception des deux premiers.

Le *demi-trille* est un trille rapide composé seulement de quelques notes, qui n'absorbe pas la valeur entière de la note sur laquelle il est placé et dont les battements sont égaux et précipités.

Cet ornement ne se fait que sur des notes de courte durée et n'est ordinairement employé que dans la musique vive et gaie.

On l'attaque généralement par la note principale, comme dans ces exemples :

Dans la *Méthode du Conservatoire*, ce trille est nommé *trille tronqué*. Garaudé l'appelle *trille court* ou *mordente* :

Quelques anciens maîtres appellent trilles tronqués ceux dont on suspend la terminaison en restant un peu plus sur la dernière note, ou en faisant suivre cette dernière note d'un silence de courte durée :

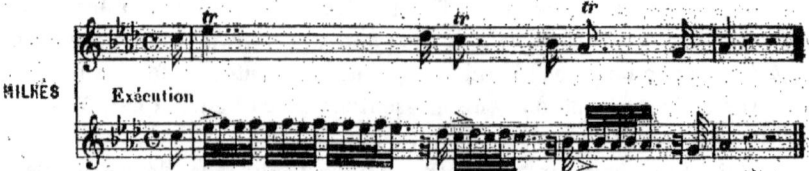

Cette manière donne beaucoup d'élégance à la phrase musicale. Ces trilles doivent être exécutés avec une grande légèreté.

Le *mordant* a été considéré par le plus grand nombre des auteurs, comme une espèce de trille très bref.

Le *mordant* n'étant composé que de trois notes n'a de ressemblance avec le trille que par la combinaison vive et rapide de la note principale avec son auxiliaire. Cette combinaison, qui n'a lieu qu'une seule fois, forme un ornement d'une espèce particulière et non un trille.

On le commence par la note principale sur laquelle on revient avec vivacité après avoir fait entendre la note auxiliaire supérieure ou inférieure.

On doit l'exécuter vivement et avec feu, dit Hiller.

« Au commencement, dit Crivelli, on doit travailler le *mordente* plutôt lentement que vite, en ayant soin de marquer la note du milieu comme une appoggiature en montant ou en descendant sur le troisième son, et surtout en ne traînant pas la voix. La différence qui existe entre cet ornement et le triolet consiste en ce que dans le triolet les sons sont d'égale valeur, tandis que le *mordente* est composé de deux sons rapides et d'un long. Lorsque ces trois sons sont exécutés avec netteté et avec force, ils donnent au mordant une expression énergique et vigoureuse. »

Point d'orgue.

Le point d'orgue, en italien *corona*, se marque par un point surmonté d'un demi-cercle, que l'on place au-dessus ou au-dessous d'une note :

Ce signe indique un repos de convention et prolonge d'une manière arbitraire la durée de la note où il est placé.

Le point d'orgue s'emploie ordinairement à la fin d'une période ; son effet est d'amener une suspension du sens musical qui permet au compositeur ou au chanteur d'ajouter quelques traits ou fioritures qui terminent d'une manière brillante les périodes de la mélodie. Ces traits ou fioritures, qui sont tout à fait arbitraires, s'écrivent en petites notes et ne sont jamais mesurés.

Au siècle dernier, les compositeurs, pleins de confiance dans l'imagination et le talent des chanteurs, n'écrivaient pas ces points d'orgue. Les virtuoses avaient alors la facilité de se livrer entièrement à leur fantaisie ; ils composaient ou improvisaient des traits plus ou moins longs, en manière d'épilogue résumant les pensées brillantes du morceau et faisant ainsi acte de savoir et de bravoure.

Le point d'orgue contenait à lui seul toutes les difficultés du chant, et un beau point d'orgue était toute une composition qui permettait de juger sans appel le talent du chanteur. Aujourd'hui les points d'orgue sont écrits, car peu d'artistes (heureusement), se risqueraient à en improviser. Pendant tout le temps que durait le point d'orgue, l'orchestre ou le clavecin se taisait.

Si le point d'orgue n'existe plus en réalité, du moins se rencontre-t-il souvent dans les anciennes œuvres ; et l'étude de ce genre d'ornement compliqué a droit ici à une place importante.

Le point d'orgue se fait généralement sur une syllabe longue ; il exige une grande perfection d'exécution, et doit être fait d'une seule respiration. Aussi est-il nécessaire que le chanteur se prépare bien, afin de n'entreprendre que ce que ses forces lui permettent de faire, car il faut se garder de couper maladroitement, par une respiration, des traits qui ne peuvent le plus souvent supporter aucune interruption.

Le chanteur qui n'a pas les moyens nécessaires pour mener à bonne fin un point d'orgue d'une certaine étendue peut, en ce cas, introduire plusieurs mots dans les traits, ou répéter plusieurs fois les mêmes paroles, si le sens le permet. Ce procédé lui laisse la liberté de respirer dans l'intervalle.

On peut aussi exécuter les points d'orgue sur l'exclamation *ah!* lorsque le sens des paroles ne permet pas de les répéter.

Un point d'orgue sur une cadence finale est d'une grande importance : car c'est de sa composition et de la manière dont il est exécuté que dépend souvent tout le succès d'un morceau.

Le chanteur (eût-il été froid ou eût-il eu quelques moments de faiblesse dans le courant d'un air) entraînera toujours l'auditoire s'il est assez heureux pour créer une belle *cadence finale*, et assez habile pour l'exécuter avec une grande perfection. Le contraire arrive si, après avoir chanté d'une manière irréprochable, il a le malheur de terminer par une mauvaise *cadence*.

Autrefois, les chanteurs étaient fort divisés d'opinion sur les points d'orgue des cadences finales. Les uns voulaient que cette cadence fût préparée avec le son filé ; que les dessins mélodiques qui suivaient fussent une espèce d'épilogue formé particulièrement des passages et des traits renfermés dans l'air ; que ces traits et ces passages fussent bien distribués, bien imités, exécutés d'une seule respiration et terminés par le trille accoutumé. Les autres prétendaient que la cadence était arbitraire et tellement dépendante de la volonté du chanteur qu'il pouvait y faire toutes sortes de tours de force, pour faire montre de son habileté en composant ces cadences dans une forme convenable aux qualités de sa voix et à ses moyens d'exécution.

Cette dernière manière, qui fut toujours rejetée par toutes les bonnes écoles, était la plus commode pour le chanteur qui, en prodiguant une quantité surprenante de notes prises au hasard, se faisait applaudir par ceux qui aiment mieux être étonnés par la quantité que touchés par la qualité.

On cite un air de *l'Antigone*, d'Anfossi, dans lequel ce célèbre compositeur n'a pas craint d'employer cent cinquante-deux notes sur la seconde voyelle du mot *amato*, et cela à deux reprises consécutives, ce qui fait le total respectable de trois cent quatre notes sur une seule voyelle.

Les qualités indispensables au chanteur, pour composer ou exécuter une bonne cadence, sont : 1° une respiration très longue et le talent de la ménager avec art; 2° une intonation parfaite; 3° une grande égalité dans toute l'étendue de la voix; 4° un génie créateur pour improviser des traits inattendus; 5° un jugement droit pour que ces improvisations soient dans le style de la musique.

La cadence doit avoir une analogie parfaite avec le caractère du morceau : rien ne blesse tant le goût et le bon sens que, lorsque dans un morceau pathétique ou grave, la cadence est amenée par des traits brillants, des tours de force, ou par des transitions harmoniques qui n'ont aucun rapport avec l'expression du morceau.

Cependant le chanteur doit apporter une certaine variété dans les dessins mélodiques des cadences finales, et surtout éviter de fatiguer les auditeurs en faisant des cadences trop longues, comme cela arrive souvent.

Une cadence qui débute par un son filé et se termine par un trille, doit être commencée piano, en ménageant bien le son, car si le chanteur donne toute sa voix en commençant il se fatigue vite, et avant la fin, il se trouve épuisé et ne peut faire sentir la note finale, qui doit être bien accentuée (1).

Les grands artistes avaient toujours soin au début de modérer leur voix, de ménager leurs forces et leur respiration ; maîtres de leurs moyens lorsqu'ils arrivaient à la fin de la cadence, ils déployaient plus de vigueur et semblaient même trouver des accents plus énergiques.

L'exemple suivant peut donner une idée de ce qu'étaient ces fameux points d'orgue :

Réduits en règle générale, les points d'orgue sont de deux sortes :

Le premier se fait sur l'accord de la dominante seule, qui constitue une demi-cadence, et se place sur la dernière note de la période, qui se termine sur la dominante. Les dessins mélodiques de ce point d'orgue doivent être de peu d'étendue et ressortir de l'accord sur lequel ils se font. Les Français nomment ce point d'orgue *point de repos*, et les Italiens *fermata*.

Quelquefois on y ajoute quelques notes qui enchaînent la dominante

(1) Les anciens maîtres avaient l'habitude de faire étudier les cadences dès que leurs élèves étaient parvenus à savoir bien soutenir la voix et qu'ils étaient suffisamment maîtres du jeu des poumons ; ils les exerçaient d'abord sur des cadences composées d'un petit nombre de notes, et peu à peu en augmentaient la quantité suivant les progrès obtenus.

à la première note de la phrase suivante. Ces quelques notes reçoivent en France le nom de *conduit mélodique*, et celui de *conducimento* en Italie. Ce conduit mélodique se place sur la note finale d'une demi-cadence, comme dans l'exemple suivant: Il ne peut avoir lieu dans une période ou dans une cadence finale :

Quelquefois on fait usage du conduit mélodique, après avoir simplement prolongé la durée de la note qui porte le point d'orgue. Dans ce cas, le conduit sert à revenir sur une phrase qui a déjà été entendue.

(*Traité de la mélodie.*)

Le second point d'orgue se fait sur la cadence finale ; il se place ordinairement sur l'avant-dernière note d'une période finale et exige un repos complet.

Les Italiens le nomment *cadenza*. Ce point d'orgue se fait toujours sur l'accord de quarte et sixte, suivi de la septième de la dominante ou sur le dernier accord seul.

Les dessins mélodiques doivent ressortir de l'accord sur lequel ils se font ; cependant il est permis de moduler, pourvu que l'on sache ramener la modulation sur la note finale de la période :

(*Traité de la mélodie*).

Les traits de ce point d'orgue reçoivent en France le nom de *dessins mélodiques arbitraires;* en Italie, celui de *arbitrio*.

On place quelquefois un point d'orgue au commencement d'un morceau, dans le courant d'une mélodie, à certaines cadences indiquées par le sentiment et à la fin des récitatifs. Ces cadences ne sont jamais d'une grande étendue.

On trouve dans les partitions de Rossini de nombreux points d'orgue écrits, auxquels nous renvoyons le lecteur pour éviter de multiplier les exemples.

On place aussi le point d'orgue sur un silence :

Il prend alors le nom de point d'arrêt. Dans ce cas, l'exécution du morceau se trouve suspendue par un moment de silence qui interrompt la mesure. Cette suspension fait désirer la continuation du morceau.

Le point d'orgue, ou cadence finale, qui se fait à la fin d'un morceau, remonte à une époque fort éloignée. Caccini, en 1600, après avoir blâmé l'usage des grands traits d'agilité s'exprime ainsi : « Selon moi, ces longs passages ne sont à leur place que dans les morceaux peu passionnés, et seulement sur les syllabes longues, ainsi que sur les cadences finales. »

Ce passage prouve que les cadences arbitraires existaient longtemps avant Caccini ; mais les observations suivantes de Tosi (1723) indiquent qu'elles furent abandonnées dans le courant du dix-septième siècle. « Très anciennement, dit Tosi, le style des chanteurs était insupportable à cause de la quantité de passages qu'ils faisaient dans les cadences ; ces passages, au lieu d'être corrigés ou modérés, furent bannis comme perturbateurs de l'oreille. Rivani, Pistocchi, Buzzolini, Luigino, Mme Boschi, Mme Lotti, etc., nous ont enseigné que le bon vocaliste pouvait toujours trouver les endroits propres aux embellissements sans offenser la mesure. Ces artistes, ajoute-t-il, savaient chanter pour le cœur plutôt que pour l'oreille. »

Les cadences furent donc sensiblement modifiées par ces chanteurs et par leurs contemporains, et limitées à quelques notes seulement.

C'est vers l'année 1710 ou 1716, dit Quantz, que les cadences reparurent en Italie, avec un très grand luxe de développements, et avec le trille obligé pour terminaison. Tosi ne laisse aucun doute à cet égard : « Maintenant, dit-il, les chanteurs se moquent ouvertement de la réforme des passages dans les cadences ; ils les ont même rappelés de l'exil et les ont remis sur la scène, avec quelques ridicules de plus, afin de les faire passer dans l'opinion des sots pour des inventions nouvelles. Ces chanteurs se soucient fort peu que leurs moyens aient été abhorrés et détestés pendant dix ou douze lustres. »

Citons aussi ce passage de Quantz, qui écrivait en 1752 : « Il semble que les cadences n'étaient pas encore connues à l'époque où Lulli quitta l'Italie; car il aurait aussi introduit cet ornement chez les Français (1).

» Ce qu'on peut dire de plus sûr de l'origine des cadences, c'est que quelques années avant la fin du siècle passé (le dix-septième) et dès les premières années du siècle courant (le dix-huitième) les parties concertantes avaient la coutume de finir, moyennant un petit passage sur la basse qui marchait toujours, et un bon tremblement (trille) qu'on y ajoutait.

» Ce n'est qu'environ entre l'année 1710 et 1716 que les cadences, telles que nous les avons présentement, où la basse s'arrête, sont devenues à la mode. Les *fermate*, quand on s'arrête *ad libitum* au milieu d'une pièce, peuvent bien être un peu plus anciennes. »

Autrefois les airs italiens étaient coupés de manière à présenter trois cadences.

« Tout air, dit Tosi, a pour le moins trois cadences, qui toutes trois sont finales. En général, l'étude des chanteurs d'aujourd'hui consiste à terminer la cadence de la première partie avec une profusion de passages *ad libitum*. Dans la cadence de la deuxième partie, on augmente la dose au gosier; et enfin, dans la reprise de la dernière cadence, c'est un véritable feu d'artifice. »

Nous avons dit plus haut que les compositeurs négligeaient souvent d'écrire les cadences; la liberté laissée aux chanteurs leur permettait d'introduire quelques changements dans les cadences chaque fois qu'ils chantaient un air, ce qui occasionnait toujours quelque surprise nouvelle aux auditeurs et excitait leur curiosité.

La cadence dont nous venons de parler ne fut introduite en France que fort tard.

Quantz prétend qu'en 1752 les Français et les Allemands n'en faisaient pas usage.

Lorsque Rossini s'empara du sceptre musical en Italie, vers 1814, il n'hésita pas, en sa qualité de chanteur et de compositeur, à orner, à fleurir lui-même sa musique et à imposer aux chanteurs des traits et des fioritures de son invention. Cette manière de procéder mit un terme à tous ces traits de mauvais goût que des artistes médiocres introduisaient dans les airs.

Aujourd'hui tous ces points d'orgue, toutes ces cadences sont passées de mode encore une fois, et il serait peut-être fort difficile de ren-

(1) Pour ce qui regarde Lulli, on verra que le théoricien allemand s'est trompé.

contrer des artistes capables d'intercaler et d'exécuter une cadence dans le genre ancien.

On trouve des modèles de points d'orgue, tant anciens que modernes, dans les méthodes de chant de Herbst, Martini, Duprez, Lablache, Garaudé, Panseron, Mme Damoreau, M. Garcia, ainsi que dans les *Œuvres choisies des maîtres italiens* de G. Alary.

Syncope.

La syncope, en principe, est la prolongation sur un temps fort d'un son commencé sur un temps faible, ou d'un son commencé sur la partie faible d'un temps et prolongé sur la partie forte du temps suivant.

L'apparition de la syncope dans la musique marque le point de départ de la grande révolution qui donne naissance à la musique moderne. En effet, elle prépare l'avènement de la dissonance, qui peut être considérée comme le principe de notre harmonie.

Au point de vue mélodique et dans le chant, la syncope est d'un grand secours pour l'expression.

Son emploi remonte au quatorzième siècle, dit d'Ortigue. Elle fut employée d'abord dans les chansons à deux et à trois voix ; et cet artifice donna lieu aux dissonances artificielles et aux retards de consonances dont les compositeurs des quinzième et seizième siècles tirèrent un si grand parti.

Son effet est de déplacer l'accentuation rythmique qui a lieu ordinairement sur le temps fort ou sur la partie forte du temps, et de faire sentir l'accent sur le temps faible ou sur la partie faible du temps où elle commence, en sorte que le son qui forme syncope se trouve toujours coupé par le temps.

La syncope est une des combinaisons les plus ingénieuses et les plus agréables de la musique : elle donne une grande puissance à la portion de temps sur laquelle elle commence, en interrompant le cours régulier du rythme. Ce procédé est d'un grand effet et donne de la variété au chant lorsqu'on l'emploie avec discernement ; mais il faut bien se garder d'en abuser.

La syncope est d'une exécution difficile, et il est indispensable de la pratiquer avec persévérance pour parvenir à rendre tout son effet. On doit l'exécuter avec délicatesse, sans trop accuser l'accentuation du son prolongé, qu'il faut soutenir sans faire sentir la section du temps.

L'accent de la syncope doit toujours être exécuté du fort au faible.

« Dans les mouvements lents, dit Garaudé, il faut appuyer un peu la voix sur chaque note syncopée. Lorsque le mouvement est d'une certaine vitesse, l'inflexion de la voix doit être plus marquée, surtout dans les morceaux dont le rythme est plus cadencé. »

On distingue dans la syncope : la syncope *régulière* ou *égale*, et la syncope *irrégulière* ou *brisée* et *inégale*.

La syncope *régulière* est composée de deux notes d'une valeur égale.

La syncope *irrégulière* est formée par deux notes de valeurs différentes placées sur le même degré.

Syncopes régulières.

Syncopes irrégulières.

Autrefois on écrivait aussi la syncope, avec le secours du point :

L'exemple suivant :

s'écrivait ainsi :

On trouvera dans le dictionnaire de Brossard des renseignements très développés sur l'emploi de la syncope et sur les différentes manières dont on l'écrivait autrefois.

CHAPITRE V

CHANT AVEC PAROLES.

Voyelles. — Consonnes. — Prononciation. — Grasseyement. — Mélodie, Art de phraser. — Respiration. — Liaison des sons sous les paroles. — Expression. — Récitatif.

Voyelles.

De même que nous distinguons dans la voix deux sortes d'éléments, les sons et les articulations, nous devons distinguer deux sortes de lettres : les voyelles pour représenter les sons, et les consonnes pour les articulations.

On entend par voyelles des lettres employées pour exprimer un son simple, qui se forme par la seule ouverture de la bouche et se diversifie par les différentes dispositions du passage de la voix.

Chaque voyelle exige que les organes de la bouche soient dans la situation requise pour faire prendre à l'air qui sort de la trachée-artère la modification propre à exciter le son qu'elle représente. La situation qui doit faire entendre l'*a* n'est pas la même que celle qui doit produire le son de l'*i*; ainsi des autres.

Tant que la situation des organes subsiste dans le même état, on entend la même voyelle aussi longtemps que la respiration peut la soutenir.

Tout son qui ne résulte que d'une situation d'organes, sans exiger aucun battement ni mouvement des parties de la bouche, et qui peut être continué aussi longtemps que le permet la respiration, est considéré comme une voyelle.

Ainsi les sons *a, â, e, é, ê, i, o, ô, u, ou, eu, an, en, in, on, un*, sont autant de voyelles particulières, tant celles qui ne sont écrites que par un seul caractère, tel que *a, e, i, o, u*, que celles qui, faute d'un caractère propre, sont écrites par plusieurs lettres, telles que *ou*, *eu*, *aient*, etc.

Ce n'est pas la manière d'écrire qui fait la voyelle, c'est la simplicité du son, qui ne dépend que d'une situation d'organes et qui peut être continué ; ainsi *au*, *eau*, *ou*, *eu*, *aient*, etc., quoique écrits par plus d'une lettre, n'en sont pas moins des voyelles.

La plupart des grammairiens divisent les voyelles en trois classes :

   1° Voyelles simples ;
   2° Voyelles composées ;
   3° Voyelles nasales.

Les voyelles simples sont :

a clair ou bref,	comme ;	apôtre, cadence ;
â grave ou profond,	—	pâtre, pâture ;
é fermé ou aigu,	—	déité, exécuté ;
è ouvert,	—	père, prophète ;
ê grave ou très ouvert,	—	conquête, être, fête ;
e muet,	—	livre, donne, ronde ;
i bref,	—	inique, avis ;
i long,	—	île ;
o clair,	—	odorat, molle, porte, sol ;
ô grave ou profond,	—	ôter, trône, pôle ;
u,	—	unité, butte, chute.

Les voyelles composées sont deux ou quelquefois trois des voyelles *a*, *e*, *i*, *o*, *u*, lesquelles jointes ensemble expriment un son simple et permanent, et qui, par conséquent, ne doivent être regardées que comme une seule voyelle.

VOYELLES COMPOSÉES :

ea, qui a le son de l'*a* dans mangea ;
ai, qui a le son de l'*e* dans faisant (fesant) ;
ai, qui a le son de l'*é* fermé dans j'ai (jé), je chantai (je chanté) ;
ai, *ei*, qui ont le son de l'*è* ouvert dans maison (mèson), seigneur (sègneur), faible (fèble) ;
au, *eau*, *eo*, qui ont le son de l'*o* dans les mots auteur (ôteur), tableau (tablô), geôlier (jolier) ;
eu, qui a le son de l'*u* dans gageure (gajure), j'ai eu (j'ai u) ;
œ, qui a le son de l'*é* dans le mot œcuménique.

Les voyelles composées qui expriment des sons particuliers et différents des cinq voyelles *a*, *e*, *i*, *o*, *u*, sont : *eu*, *ou*, *œu*, dont le son diffère de celui de l'*e* muet, en ce qu'il est plus marqué et peut se continuer, comme dans les mots *feu, neveu, œuvre, nœud, vœu, cœur.*

ou, qui se prononce comme dans les mots *fou, genou;*

aou, qui se prononce comme *ou* dans le mot *août.*

Les voyelles nasales sont les voyelles simples ou composées, lesquelles, jointes à la lettre *n* ou à la lettre *m*, expriment un son simple ou permanent d'une espèce particulière. On les appelle nasales parce que le son qu'elles expriment se prononce un peu du nez.

VOYELLES NASALES :

an, pan ;
on, son ;
in, pin ;
un, un, chacun.

On compte aussi parmi les voyelles nasales les sons suivants ;

ean, Jean, mangeant ;
am, ambigu ;
aen, Caen ;
aon, Laon (lan), paon (pan) ;
en, engager (angager) ;
em, empire (ampire) ;
en, ennemi (dans ce mot la prononciation tient plutôt de l'*e* que de l'*a*) ;
im, impie ;
ain, main ;
ein, dessein ;
aim, faim ;
eon, pigeon ;
om, nom, ombrage ;
eun, à jeun ;
um, parfum, humble.

Dans l'étude du chant, nous n'admettons, pour les exercices de mécanisme et de vocalisation, que les voyelles suivantes, qui suffisent pour donner à la voix toutes les nuances indispensables au chant : *a, â, é, ê, e, o, ô, eu*, comme dans *feu; ou*, comme dans *fou*.

Les voyelles *i* et *u* doivent être travaillées seulement sur des exercices de peu d'étendue, et toujours dans la partie de la voix où ces deux voyelles peuvent être émises sans effort. On doit surtout éviter de les exercer sur des notes élevées.

Les mâchoires, la langue, ainsi que les lèvres, jouent un rôle considérable dans la prononciation des voyelles. Le jeu de ces trois agents, qui sont susceptibles de différentes sortes de mouvements, varie par cela même, et donne des différences dans leur résultat ; ce sont ces différences qui constituent les différents ordres de voyelles.

DE L'A.

Pour former le son *a*, les mâchoires s'écartent, afin que l'intérieur de la bouche fournisse au son une capacité suffisante pour lui permettre de se diriger vers l'ouverture de la bouche, dont la forme présente alors une issue assez vaste à l'air. La langue demeure dans son état naturel ; elle se creuse un peu vers le milieu dans toute sa longueur et prend la forme d'une cuillère ; les lèvres demeurent inactives et légèrement appuyées contre les dents.

Les variantes de cette forme sont : 1° l'*a* clair, produit par un moindre creux dans la bouche et une ouverture plus grande des lèvres qu'on retire en arrière comme dans le rire ; 2° l'*â* grave ou profond, produit au contraire par un plus grand creux dans la bouche et une ouverture moindre des lèvres que l'on pousse au dehors, sans trop découvrir les dents.

DE L'È OUVERT

Si de la forme *a* on passe à la forme *è*, les mâchoires se rapprochent un peu l'une de l'autre ; les lèvres s'étendent dans leur longueur et se tirent de chaque côté par les extrémités vers les oreilles, en sorte que la bouche paraît plus fendue ; le visage est souriant ; la langue, conservant la forme de cuillère qu'elle a prise dans *a*, se porte un peu plus en avant et se creuse davantage de manière à former une espèce de canal ; la pointe de la langue porte néanmoins toujours contre les dents inférieures, sur lesquelles ses bords viennent s'appuyer des deux côtés. Le son ne se dirige plus droit vers l'ouverture de la bouche, mais vers le palais.

É FERMÉ

En passant de la forme *è* ouvert à celle de *é* fermé, les organes reçoivent les modifications suivantes : Les mâchoires se rapprochent encore davantage ; la langue s'élance un peu plus en avant, sa pointe demeurant toujours fixe et portant contre les dents inférieures ; les lèvres s'allongent, se tendent et se rapprochent par conséquent dans leur longueur encore un peu plus l'une de l'autre en se tirant vers les oreilles, en sorte que l'image du sourire en devienne plus marquée, plus accentuée.

I

La forme de l'*i* ne diffère de celle de l'*é* fermé qu'en ce que les bords de la langue viennent s'appuyer plus fortement contre le palais et que la pointe de la langue elle-même semble porter plus fortement contre les dents inférieures pour resserrer encore plus le passage de l'air.

O

Il est facile de sentir que la voyelle *o* a le son moins éclatant que les voyelles *a*, *è*, *é*, mais qu'elle a quelque chose de plus sonore, de plus résonnant, de plus plein que l'*é* fermé.

Les parties de la bouche qui concourent à la formation de cette voyelle reçoivent une autre sorte d'action et suivent une marche autre que celle qu'elles tiennent dans la formation de l'*a*, ainsi que dans celle des *e*. Ici les mâchoires s'écartent l'une de l'autre, les lèvres se portent en avant et se raccourcissent par suite du rapprochement de leurs extrémités ; la langue se porte un peu en arrière et se canalise de plus en plus.

Les diverses espèces d'*o* que la bouche peut exprimer, depuis l'*o* le plus clair jusqu'à l'*o* le plus grave, dépendent des modifications que l'on apporte à la position de la langue, à l'écartement des mâchoires et au rapprochement des extrémités labiales.

Si on dispose la langue, les mâchoires et les lèvres, comme nous venons de le dire, mais dans un degré faible, on obtiendra le son *o*, tel qu'il se fait entendre dans *écho* ; si on accentue un peu plus cette disposition des organes, il en résultera le son de l'*ô* grave, comme dans les mots *hôte*, *côte* ; si enfin on accentue encore plus fortement cette même disposition, on aura un son tout à fait sourd qui sera *ou*.

E MUET

Pour la formation de l'*e* muet, comme dans les monosyllabes *le*, *ce*, *de*, et dans les mots *monde*, *forme*, les mâchoires se rapprochent l'une de l'autre, la langue se porte en avant, comme dans la formation des *é* ; les lèvres se raccourcissent, comme dans la formation des *o*, en se portant légèrement en avant. Cette disposition des organes donne une sorte de son mitoyen entre l'*e* et l'*o*, qui tient beaucoup plus de la nature des *e* que de celle des *o* et qui est le véritable *e* muet.

Si on accentue un peu plus cette position des organes on obtient le son ou la voyelle composée *eu*, comme dans *peu*, *feu*.

U

Dans la formation de l'*u*, la langue vient s'interposer au passage de l'air en se rapprochant du palais et en le touchant légèrement; les lèvres, plus rapprochées, se portent encore plus en avant que pour la prononciation de la voyelle *eu*.

Nous terminerons ce paragraphe par l'explication de quelques voyelles composées;

Ou, comme dans le mot *roux*.

Comparativement à la forme de l'*u*, voici quelle est la situation des organes :

Les lèvres encore plus avancées et plus fermées de chaque côté de la bouche, la langue creusée dans toute sa longueur.

La partie gutturale semble disposée de cette manière : la glotte très ouverte et le larynx abaissé pour diriger l'air contre le milieu du palais.

An, comme dans le mot *ruban*.

Dans cette forme, les organes sont disposés comme pour la forme *â*, avec cette différence que pour produire ce son à la manière ordinaire, on donne un coup de gosier pour fermer la glotte, en même temps aussi un peu plus la bouche, et on refoule la base de la langue vers le palais, afin de resserrer le passage de l'air et de le forcer encore mieux à passer par le nez.

In, comme dans *matin*.

Les organes sont ici disposés comme pour la forme *i*, mais la langue n'appuie pas aussi fortement au palais. Malgré cela, une grande partie de l'air passe par le nez, ce qui provient de ce que la glotte se trouve plus ouverte que pour la forme *i*, comme aussi de ce qu'une grande quantité d'air est poussée à la fois ; du reste, même coup de gosier que pour les voix fermées et pour la nasale *an*.

On, comme dans *bonbon*.

Les organes sont disposés comme pour la forme *ô*. Avec un coup de gosier comme aux précédentes voyelles, on ne produirait que *o* fermé; mais pour faire passer l'air par le nez et produire le son *on*, il faut remarquer qu'au moment où l'air est chassé des poumons, il vient d'abord frapper au palais, que de là il est renvoyé au fond de la bouche et ainsi contraint de remonter en partie par le nez. Ce renvoi de l'air, qui ressemble à une aspiration, sert aussi à former toutes les nasales ; mais il est plus sensible sur la nasale *on*.

Un, comme dans *aucun*.

Les organes sont encore disposés comme pour la forme *â*; la différence consiste à former un plus grand creux dans la bouche, à pousser une plus grande quantité d'air à la fois, à tenir la glotte plus ouverte, et toujours avec le coup de gosier obliger une bonne partie de l'air à passer par le nez.

Il est indispensable que les élèves étudient avec soin la formation des diverses voyelles dont nous venons de parler; par cette étude, ils pourront, pendant le travail des exercices préliminaires, donner à chaque voyelle le son qui lui est propre.

Parmi les nombreux auteurs anciens et modernes auxquels nous avons fait une grande partie des emprunts dont est composé ce chapitre, citons particulièrement :

Regnier-Desmarais.......	*Traité de la grammaire française*, 1706.
Restaut	*Principes généraux et raisonnés de la grammaire française*, 1750.
De Moy...............	*Le parfait alphabet*, 1787.
Du Marsais	*Principes de grammaire*, 1793.
Court de Geblin.......	*Le monde primitif*, 1775.
Morel	*Essai sur les voix de la langue française*, 1804.
Pain...................	*Remarques sur l'enseignement simultané*, 1811.
S. Faure	*Essai sur la composition d'un nouvel alphabet*, 1831.
Volney.................	*Alphabet européen appliqué aux langues asiatiques*, 1849.

Consonnes.

Les consonnes sont des lettres dont on se sert pour représenter les différentes articulations des sons simples et permanents, c'est-à-dire des voyelles (1).

L'action des lèvres ou les agitations de la langue donnent à l'air qui sort de la bouche la modification propre à faire entendre telle ou telle consonne.

Si, après une telle modification, l'émission de l'air dure encore, la bouche demeurant nécessairement ouverte pour donner passage à l'air et les organes se trouvant dans la situation qui a fait entendre la voyelle, le son de cette voyelle pourra être continué aussi longtemps

---

(1) Voyelles, en latin *vocalis*, vient de *vox*, c'est-à-dire *voix*, parce qu'une voyelle suffit seule pour former une voix ou un son.

Consonne vient du verbe *consonare*, c'est-à-dire sonner ensemble, ou *avec*, parce qu'une consonne n'a de son qu'avec une voyelle.

que l'émission de l'air durera; la consonne, au contraire, s'évanouit sur-le-champ, après l'action de l'organe qui l'a produite.

L'union ou combinaison d'une consonne avec une voyelle ne peut se faire que par une même émission de voix. Cette union est appelée : *articulation*.

Cette combinaison se fait d'une manière successive, et elle ne peut être que momentanée. L'oreille distingue l'effet du battement et celui de la situation, elle entend séparément l'un après l'autre. Par exemple, dans la syllabe *ba*, l'oreille entend d'abord le *b*, ensuite l'*a*. Enfin cette union est de peu de durée, parce qu'il ne serait pas possible que les organes de la parole fussent en même temps en deux états, qui ont chacun son effet propre et différent.

La voyelle est donc le son qui résulte de la situation où les organes de la parole se trouvent, dans le temps que l'air de la voix sort par la trachée-artère; et la *consonne* est l'effet de la modification passagère que cet air reçoit de l'action momentanée de quelque organe particulier de la parole.

C'est relativement à chacun de ces organes que, dans toutes les langues, on divise les lettres en certaines classes, où elles sont nommées du nom de l'organe particulier qui paraît contribuer le plus à leur formation. Ainsi elles sont appelées *labiales, linguales, palatales, dentales, sifflantes, nasales, gutturales*.

On compte ordinairement dix-huit consonnes, savoir :

b, c, d, f, g, j, k, l, m, n, p, q, r, s, t, v, x, z.

CONSONNES LABIALES. — Elles sont au nombre de cinq : *b, p, m, f, v*. Cependant, les deux dernières ne sont pas de la même nature que les trois autres; elles en diffèrent en ce qu'elles n'exigent pas un contact parfait de la part des lèvres. Les articulations des consonnes *b, p, m*, se forment sur le bord même des lèvres, dont la réunion les annonce à la vue avant qu'elles parviennent à l'oreille.

Le *b* occupe le premier rang parmi les consonnes. Son articulation faisant nécessairement agir les lèvres, ce caractère donne beaucoup d'énergie à quelques mots de notre langue.

Le *p* a beaucoup d'affinité avec le *b*, et le même organe sert à les proférer; mais son action varie. Si la disposition en est la même, chaque partie néanmoins ne coopère pas également : la lèvre supérieure a plus de part à la production du *p*, et l'inférieure à celle du *b*.

Le son de la consonne *m* ne participe pas moins du nez que des lèvres; c'est un son mixte, un son *labio-nasal*. La bouche s'ouvre, les lèvres se rapprochent et se séparent ensuite brusquement.

Pour articuler la consonne *f*, les dents supérieures s'appuient sur la lèvre inférieure, et l'air est chassé avec une force médiocre.

L'articulation de la consonne *v* se fait de même que celle de la lettre *f*.

Consonnes linguales. — On nomme ainsi les consonnes dont la langue est le principal instrument. On les divise en trois branches, et on les appelle : *dentales*, lorsque, pour les produire, la langue frappe sur les dents ; *palatales*, lorsqu'elle s'élève et s'attache au palais ; *nasales*, lorsque le son reflue par le nez.

Consonnes dentales. — Ce sont le *d* et le *t*. L'articulation de ces deux consonnes exige que la langue soit appliquée sur les dents supérieures et qu'elle se retire instantanément.

Consonnes palatales. — Les consonnes qui appartiennent à cette branche sont *l*, *n* et *r*. Comme *n* est classée aussi parmi les nasales, nous n'en parlerons pas maintenant et ne donnerons ici que l'explication de *l* et de *r*.

Pour l'articulation de *l*, l'extrémité de la langue se courbe un peu pour s'élever au palais et s'y attacher.

Dans la production de *r*, l'extrémité de la langue s'élevant au palais, se recourbe et forme aussitôt plusieurs vibrations rapides, d'où résulte le son *re*. L'effet de ces vibrations et de la position de la langue est de racler et de gratter le palais, non par un mouvement qui lui soit propre et qu'elle puisse se donner, mais par l'impulsion du souffle qui sort de la trachée-artère et l'oblige à lui donner passage.

Consonnes nasales. — Ce sont *m* et *n*. Quoique nasales toutes deux, elles ne procèdent pas du même organe principal.

La consonne *m* dépend des lèvres, qui en sont la base et le fondement. (Nous renvoyons le lecteur à ce que nous avons dit plus haut pour l'articulation de cette consonne.)

La consonne *n* appartient à la langue, qui en est le principe, et aussi au palais et aux fosses nasales. *Linguale*, *palatale* et *nasale* en même temps, c'est la seule consonne qui exige le concours de trois organes à la fois.

Pour former le son *n*, la langue s'élève au palais et s'y attache de manière que le son reflue vers les fosses nasales.

Consonnes sifflantes. — Ce sont *s*, *z*, *x*.

Les consonnes connues sous le nom de sifflantes sont encore une division des linguales, parce que la langue en est le principal instrument. Cet organe pour les produire s'applique au palais, et, par là, comprime fortement le souffle qui, ne s'échappant qu'avec peine, forme cette espèce de sifflement dont elles empruntent leur nom.

Les sifflantes proprement dites sont *s* et *z*; car *x*, qu'on leur associe, n'est qu'une répétition de *s*, comme nous le verrons plus loin.

Dans la prononciation de *s*, la partie antérieure de la langue est appuyée au palais, sa pointe recourbée touche les dents inférieures, les dents sont légèrement desserrées et les lèvres ouvertes.

Cette consonne se prononce de plusieurs manières. Elle se prononce avec le son du *z* quand elle est entre deux voyelles : *visage, raison*. Partout ailleurs elle a ordinairement la prononciation sifflante du *c* avant *e* et *i* : *salut, sénat, silence*. Lorsqu'elle se double, comme dans *essor*, le sifflement se resserre et se prolonge, suivant l'expression qu'elle est destinée à donner.

Il en est du *z* et de l'*s*, comparés l'un à l'autre, comme des autres lettres homophones en général ; c'est-à-dire que les sons en sont à peu près les mêmes. Ils ne diffèrent que par le plus ou le moins de souffle qui les produit. Dans la consonne *s*, le sifflement est plus vif et plus aigu ; dans la consonne *z*, il est plus délicat et plus doux. Pour la prononciation de cette dernière, les organes se placent dans la même position que pour *s*.

X n'est qu'une abréviation, et non une consonne proprement dite. Elle équivaut au *c* et à l'*s*, dont elle réunit les deux sons, savoir *k* et *s*. De là sa dénomination *icse*. Ce caractère n'ayant aucun son propre et particulier, n'est qu'un signe purement surnuméraire, il n'y a donc pas lieu d'en donner la description.

Les mots que nous écrivons par un *x* peuvent également s'écrire par *cs*, sans qu'il en résulte aucun changement dans la prononciation : ainsi les mots *axe* et *acse maxime* et *macsime*, ne diffèrent que pour la vue, et nullement pour l'oreille. Il en est de même dans d'autres mots où l'*x* a le son du *g* et du *z*, comme dans examen, etc. *X* a aussi la prononciation forte de l'*s* dans *six, dix, soixante*, et celle de *z* dans *deuxième, sixième, dix-huit*, etc.

Consonnes gutturales. — Quoique nous n'hésitions pas à nous servir du mot *guttural* consacré parmi les grammairiens, nous regardons cependant cette dénomination comme impropre sous un certain rapport. Dans le fait, les lettres que nous appelons *gutturales* proviennent de la langue et non du gosier, comme on se l'imagine.

Il faut en effet distinguer trois parties dans la langue : la pointe, le milieu et la racine. Sa grande souplesse lui permet de faire agir séparément chacune de ces parties, qui ont ainsi leurs articulations propres et spéciales : à la pointe appartiennent les dentales, les palatales et les sifflantes ; au milieu, les chuintines et les mouillées ; à la racine, les gutturales. Pour peu qu'on veuille observer le mouvement de cet organe dans la prononciation du mot *coque*, par exemple, composé de deux syllabes réputées gutturales, on verra qu'elles résultent du gonflement de sa racine, sans lequel on ne peut le proférer et qui, par conséquent, en est la cause productive.

Ce qui aura fait probablement donner le nom de *gutturales* aux consonnes dont il s'agit, c'est que la racine de la langue avoisinant le gosier de fort près semble se confondre avec lui. Mais cette promiscuité n'empêche pas qu'ils aient leurs opérations particulières et indépendantes qu'il faut par conséquent bien distinguer.

Les consonnes *gutturales* sont au nombre de quatre, *c, g, k, q*; mais elles se réduisent effectivement à deux qu'on peut appeler correspondantes, le *c* et le *g*, parce que le son en est à peu près le même et qu'elles ne diffèrent, ainsi que les autres consonnes homophones, que par le plus ou le moins de force dans l'articulation. Les deux autres sont surnuméraires, comme nous le verrons.

La manière d'articuler le *c* n'est pas uniforme. Nous lui donnons deux valeurs différentes, par lesquelles il équivaut seul au *k* et à l'*s*. Il se prononce comme *k* devant les voyelles *a, o, u : Cabinet, colère, cure ;* il devient sifflant comme l'*s* devant *e* et *i : Célibat, citoyen*. Il prend aussi le son du *g* dans le mot *second*, etc. Pour avoir le son de cette consonne dans toute son intégrité il faut la placer devant une consonne, comme dans *crime, clameur*.

Il en est du *g* comme du *c* ; on lui donne aussi deux valeurs différentes.

Il a le son qui lui est naturel devant les voyelles *a, o, u : Galant, gosier, aigu*.

Il a le son du *j* devant les voyelles *e, i : Génie*, et les voyelles *a, o, u*, précédées d'un *e : Mangea, geôlier, gageure*.

Les consonnes *c* et *g* ayant des articulations différentes suivant les voyelles devant lesquelles elles se trouvent placées, il suffit de se reporter aux lettres auxquelles elles correspondent pour connaître leur mécanisme.

Dans la production du *k*, la langue se voûte et se courbe sous le palais, sa pointe reste appuyée contre les dents inférieures. Cette consonne ne peut être entendue sans le secours d'une autre lettre.

La consonne *q*, équivalente du *c* et du *k*, est représentative de la même articulation : la racine de la langue s'élève et se gonfle, tandis que sa pointe s'appuie contre les dents inférieures et que les lèvres se portent en avant.

La consonne *j* se prononce d'une manière uniforme partout où on l'emploie ; elle n'a aucune irrégularité, et par conséquent n'offre aucune variation à noter, aucune remarque à faire. Cette lettre a partout le son lingual, palatal, sifflant faible.

Les consonnes *ch* réunies représentent le son guttural de la lettre *q* : 1° lorsqu'elles sont suivies de *l*, *n*, ou *r*; *Chloris*, *arachné*, *chrétien*; 2° dans les mots tirés du latin, de l'italien, de l'hébreu ou du grec, où ces deux caractères sont suivis de *a*, *o*, *u* : *Écho*, *Achab*, *catéchumène*, etc. ; 3° dans les mots *archiépiscopal*, *Michel-Ange*, etc. Le *ch* reprend le son qui lui est propre dans *archevêque*, *Michel*, etc.

Nous n'avons plus à parler que de l'*h* aspirée, que quelques grammairiens rangent parmi les consonnes. L'effet de l'aspiration est d'empêcher la liaison du mot qui commence par *h* aspirée avec celui qui le précède ; ainsi on écrit et on prononce *la haine, il se hâte, les hameaux, un discours hardi*, etc.

Nous terminerons ce chapitre par les deux syllabes mouillées *gne*, (*règne*, *dignité*), et *ille* (*fille*, *famille*). On les articule en rapprochant du voile du palais la base de la langue et en opérant le mouvement contraire pour livrer passage à l'air.

Si nous avons insisté un peu longuement sur l'analyse des voyelles et des consonnes, si nous avons expliqué minutieusement le mécanisme des organes qui servent à leur formation, c'est que nous avons reconnu la nécessité de ces explications. En effet, la bonne émission du son dépend essentiellement de la justesse que l'on apporte dans la prononciation des voyelles, et l'articulation nette et précise des consonnes donne seule le degré d'énergie qui convient aux paroles.

Si l'on ne donne pas aux voyelles leur véritable son, la voix perd tout son charme ; si les consonnes sont mal articulées, le chanteur se fait difficilement comprendre.

Nous avons consulté pour la rédaction de ce chapitre un grand nombre d'ouvrages auxquels nous avons fait quelques emprunts. Parmi ces ouvrages nous citerons particulièrement :

L'abbé MOUSSAUD.	*L'alphabet raisonné ou explication de la figure des lettres*, 1803 ;
RESTAUD.	*Principes généraux et raisonnés de la grammaire française*, etc., 1750.

Du Marsais . . . . *Principes de grammaire, ou fragments sur les causes de la parole,* 1793.

Prononciation.

Tous les auteurs anciens, ainsi que la plupart des maîtres modernes qui ont écrit sur l'art du chant se plaignent de la mauvaise prononciation des chanteurs. Il est donc évident que de tout temps l'étude de cette partie si essentielle de l'art vocal a été fort négligée, malgré les recommandations des bons maîtres de tous les pays. Cependant, si un grand nombre de chanteurs se sont attiré, par leur prononciation défectueuse, les sévérités de la critique, il est juste de reconnaître que, à toutes les époques, il y a eu des artistes habiles et instruits dont la prononciation ne laissait rien à désirer.

Vers le milieu de la seconde moitié du siècle dernier, les Français, éblouis sans doute par la richesse des vocalises et la variété des ornements que les chanteurs italiens prodiguaient dans les mélodies, crurent que ces artistes ne prononçaient presque pas les paroles. Cette erreur donna naissance à un préjugé ridicule qui régna en France pendant quelque temps, et qui jeta un grand trouble dans l'esprit des chanteurs. Framery a raconté ce fait en l'accompagnant d'observations si judicieuses que nous n'hésitons pas à le rapporter.

« Depuis quelque temps, dit-il, beaucoup de personnes croient que les Italiens et surtout les Italiennes *n'articulent* presque point les paroles en chantant. On va jusqu'à imaginer que cette mollesse est favorable à la mélodie, qu'elle est même nécessaire à la liaison des sons qu'on ne saurait *articuler* sans faire de saccades, et qu'un chant où toutes les consonnes sont sacrifiées pour ne laisser entendre que des voyelles, en est plus flatteur et plus voluptueux. Nous avons vu des compositeurs même entichés de ce préjugé, quoiqu'il soit destructeur de toute expression.

» Ceux qui s'appuient de l'exemple des Italiens pour soutenir leur opinion tombent dans une double erreur. Il est absolument faux que l'articulation soit négligée en Italie ; c'est une des choses les plus recommandées par les bons maîtres, et si nous avons entendu quelques chanteurs ou chanteuses de ce pays qui affectaient de mal articuler, c'était un défaut que leur nation leur aurait reproché, comme nous le reprochons aux chanteurs de la nôtre. Mme *Agujari*, plus connue sous le nom de la *Bastardella*, Mme *Todi* et quelques autres, dont on entendait si parfaitement les paroles, articulaient très bien sans saccades et sans dureté.

» Parmi les Françaises, nous pourrions nommer Mme *Trial*, dont la voix mélodieuse a longtemps embelli le théâtre italien et dont l'*articulation* pure et pourtant moelleuse présentait un modèle qu'on a trop peu imité. On peut faire le même éloge de M. *Richer*, qui joint à tant d'autres qualités pour le chant celle d'une *articulation* parfaite.

» Que la plupart de nos chanteuses françaises, croyant imiter celles d'Italie, négligent de faire entendre des paroles qu'elles estropient assez souvent, faute de les comprendre elles-mêmes, on devine cette politique; elles sont du moins à l'abri de tout reproche du côté de l'expression; mais que des compositeurs portent la démence au point de recommander eux-mêmes le défaut d'*articulation* comme une qualité, c'est ce qui est plus difficile à concevoir et l'on en voit pourtant chaque jour des exemples. Assurément le plus bel air dont on n'entend pas les paroles, n'est plus qu'une sonate de voix, et c'est en vain que le musicien aurait voulu exprimer des sentiments, si l'on ne donne à juger à l'auditeur que des sons vagues.

» C'est lorsque les élèves du chant commencent à joindre les paroles à la musique, que les maîtres doivent s'attacher à leur *articulation*. C'est le moment de leur apprendre à faire distinguer, autant qu'il est possible, toutes les consonnes de chaque syllabe; les voyelles s'entendent toujours assez. Les Italiens, que nous accusons si légèrement de ne pas *articuler*, portent cependant cette attention jusqu'à l'extrême; non seulement ils prononcent toutes les consonnes dans le courant des mots suivant le génie de leur langue qui n'a point de son nasal, mais ils ont même le soin de faire entendre une sorte d'*e* muet après les consonnes finales; ainsi dans leurs vers *tronchi*, lesquels répondent à nos vers masculins, comme :

Mi fanno delirar,
La pace del mio cor,
Voglio vederti almen,

ils prononcent le dernier mot comme s'il y avait *delirare, core*, etc. Ils sont beaucoup moins scrupuleux sur les voyelles. Nous avons entendu des chanteuses italiennes faisant des passages sur un *a* et changer cet *a* en *o* et en *e* dans le même passage pour leur plus grande commodité.

» Les excès en tout sont ridicules. Autrefois, dans la musique française, l'expression consistait dans le doublement de quelques consonnes. Les maîtres même avaient grand soin de les marquer, et l'on était un chanteur excellent quand on avait dit : *vous mmaimez, je vous addore. L'amour ccomble nnos ddésirs.*

» On a senti l'extravagance de cette méthode et aujourd'hui on affecte le défaut contraire : les consonnes ne s'articulent presque pas ; mais, en récompense, on aspire toutes les voyelles pour se donner une voix plus intense. Il en résulte que, plus un chanteur paraît avoir de voix, moins on peut entendre ce qu'il dit.

» M. Richer, le premier Français dont la manière ait captivé à la fois le suffrage des amateurs de France et d'Italie, M. Richer n'a jamais eu la voix forte, mais son articulation est si nette, que jamais on ne perd une de ses paroles, même dans l'endroit le plus vaste et au milieu de l'orchestre le plus bruyant.

» Les étrangers conviennent qu'aucune nation du monde n'a produit autant de belles voix que la France. Pourquoi donc nos chanteurs gâtent-ils presque tous leur voix naturelle, en la forçant pour en augmenter le volume ? C'est qu'ils ne sont pas assez persuadés de cette vérité, qui devrait passer en maxime, *qu'on a toujours assez de voix quand on sait bien articuler.* » (*Encyclopédie méthodique.*)

Une prononciation exacte, nette et régulière, est la première condition du chant avec paroles. Il faut donc commencer par apprendre à bien parler, si l'on veut exceller dans cet art ; la beauté du geste, la richesse d'une brillante vocalisation, le charme d'une physionomie expressive, les éclats d'une voix sonore et mélodieuse, ne peuvent cacher les vices d'une prononciation défectueuse. « Sans une bonne prononciation, dit Tosi, le chanteur prive les auditeurs du charme que le chant reçoit des paroles, et il en exclut la force et la vérité. Si les paroles ne sont pas entendues distinctement, on ne fait plus de différence entre la voix humaine et les sons d'un cornet ou d'un hautbois. Ce défaut, fort préjudiciable aux chanteurs et nuisible à l'exécution, est à peu près général aujourd'hui. Cependant les chanteurs ne devraient pas ignorer que c'est par les paroles qu'ils s'élèvent au-dessus des instrumentistes. »

Malheureusement la plupart des maîtres ne prêtent qu'une médiocre attention à la prononciation : ils se laissent séduire par le charme de la justesse et la beauté du son ; ils passent légèrement sur les mots mal articulés, sans penser que le sens des paroles ne doit pas être considéré comme partie accessoire.

Ces maîtres devraient ne pas oublier que quand les paroles manquent de netteté, la musique perd la majeure partie de ses effets, et que le chanteur alors se voit obligé à de vains efforts, qui altèrent la pureté et le charme de sa voix.

Il faut distinguer la *prononciation* de l'*articulation*. La prononciation consiste à donner aux lettres et aux syllabes les sons qu'elles doivent avoir dans la langue que l'on parle ou que l'on chante. Articuler, c'est faire ressortir les diverses syllabes d'un mot en attaquant les voyelles qui forment ce mot au moyen des consonnes qui entrent dans sa composition; c'est, en quelque sorte, mettre en relief tous les éléments du mot, de manière qu'aucun ne passe inaperçu, en venant frapper faiblement l'oreille.

« La juste distinction des lettres et des syllabes qui entrent dans la composition des mots est une des premières bases d'une bonne prononciation. Quand les lettres et les syllabes sont nettement et régulièrement émises, c'est-à-dire quand chacune d'elles reçoit sa pulsation et son articulation propre, alors la prononciation est juste et correcte fondamentalement; elle est nécessairement confuse, quand les mouvements successifs de la voix sont ou confondus dans une seule émission de son, ou perdus dans une articulation faible, sans caractère, ou vicieuse. » (Dubroca.) Quintilien, traitant le même sujet, compare l'oreille à un vestibule et s'exprime ainsi : « Si les paroles y arrivent en désordre, confuses, décousues et sans caractère, alors elles sont repoussées, rejetées, et l'entrée du cœur et de l'esprit leur est interdite. *Nihil potest intrare in affectum, quod in aure quodam vestibulo statim offendit.* »

« Les conditions d'une bonne articulation sont de trois sortes : la première regarde la prononciation des lettres dans leur caractère grammatical; la seconde l'énonciation des syllabes, et la troisième, celle des mots.

» Premièrement, dans la prononciation des lettres, il faut donner à toutes, tant voyelles que consonnes, le caractère qui leur est grammaticalement assigné. On doit se rappeler que les voyelles ont des modifications, qu'elles sont aiguës, ou graves, ou très ouvertes, que l'*e* surtout se combine dans nos mots de plusieurs manières, enfin que les consonnes ont un caractère organique qui les rend ou faibles, ou fortes, ou labiales, ou dentales, ou sifflantes, etc. Rien ne peut dispenser de donner à toutes ces lettres ces divers caractères, et les conséquences de l'oubli de cette loi sont infiniment préjudiciables à la juste expression des idées.

» La seconde condition consiste dans l'entière et intelligible énonciation de toutes les syllabes d'un mot. Le vice le plus commun et celui qui jette le plus d'obscurité dans la prononciation, c'est l'habitude contractée de ne donner quelque consistance qu'aux premières syllabes d'un mot, et d'affaiblir tellement l'articulation des dernières, qu'à peine l'oreille peut les saisir. Souvent même, ces syllabes finales disparaissent totalement; de manière qu'on n'entend que la moitié du mot, et que tout le reste est perdu pour celui qui écoute. Cela arrive, surtout, pour les mots qui sont terminés par une syllabe féminine, comme dans les mots *prudence, espérance*, où la dernière syllabe est souvent entièrement retranchée; cela arrive encore dans les finales en *ée,* en *ie,* en *ue; destinée, envie, émue,* que l'on prononce, *destiné, envi, ému,* sans donner aucune consistance à la dernière syllabe qui est formée de l'*e* muet et dont la prononciation est cependant si nécessaire, tant pour l'intégrité du mot, que pour déterminer le sens des idées (1).

» Il faut que toutes les syllabes d'un mot, soit masculines, soit féminines, soit aiguës ou graves, soit douces ou fortes, entrent sensiblement dans la prononciation de ce mot, et y entrent avec leur articulation propre et exacte; mais, en prescrivant la loi de l'entière et intelligible énonciation de toutes les syllabes qui entrent dans la composition d'un mot, nous ne voulons pas dire qu'il faille les frapper ou plutôt les marteler avec une affectation pédantesque et ridicule.

» Enfin, la troisième condition d'une bonne articulation regarde la distinction des mots, qui consiste, non à les couper et à les diviser, de manière que leur liaison grammaticale et nécessaire soit rompue (ce qui serait un inconvénient pire que les défauts contre lesquels nous nous élevons), mais à donner aux lettres initiales de ces mots une force telle que l'oreille sente distinctement leur division, c'est-à-dire leur commencement et leur fin. » (DUBROCA.)

Les oreilles sont difficiles à contenter, dit Cicéron, *fastidiosissimæ sunt aures ;* souvent on leur déplaît en pensant leur plaire. Une bonne articulation dépendant surtout de la mobilité, de la flexibilité des organes, on peut facilement acquérir ces facultés par l'exercice.

On arrive difficilement à la bonne prononciation d'une langue, si l'on n'a pas une connaissance profonde de sa prosodie. Les lois de la prosodie sont aussi importantes pour une juste prononciation que celle d'une bonne articulation.

Ces deux conditions essentielles se soutiennent mutuellement, et si l'application des règles de la prosodie vient en aide à la pratique exacte d'une bonne articulation, rien n'est plus favorable à l'observation juste des lois de la prosodie qu'une articulation régulière.

(1) Les compositeurs mettent toujours une note sous cette voyelle finale, ce qui oblige le chanteur à la prononcer; mais il est bon d'observer que presque toujours il faut adoucir le son de cette dernière voyelle afin de rapprocher la parole chantée autant que possible du langage parlé.

On entend par *prosodie* la manière de prononcer chaque mot régulièrement, c'est-à-dire, suivant ce qu'exige chaque syllabe de ce mot, prise à part et considérée dans ses trois propriétés qui sont, l'accent, l'aspiration et la quantité.

Toutes les syllabes ne peuvent être prononcées sur le même ton ; il y a par conséquent diverses inflexions de voix qui marquent la différence qui existe dans la prononciation entre les syllabes longues et les syllabes brèves ; c'est ce que les grammairiens nomment *accent*.

L'*accent prosodique* se manifeste par l'appui et la prolongation de la voix qui s'arrête un peu sur la voyelle la plus importante du mot qu'on veut rendre incisif.

« Le mot *aspiration* appliqué à la parole ou au son veut dire : émettre un son de voix par le seul effort de la gorge et sans le modifier par aucun des agents de l'appareil buccal ; ce mode d'émission produit l'*h* aspirée. » (*Dict. de l'Acad. des Beaux-Arts.*)

On met plus ou moins de temps à prononcer chaque syllabe, en sorte que les unes sont sensées longues et les autres brèves : c'est ce que l'on appelle *quantité*.

Les chanteurs feront bien d'étudier sérieusement la prosodie ; cette étude est nécessaire : premièrement pour obtenir une prononciation grammaticalement juste et régulière ; secondement, pour attacher aux mots et par conséquent aux idées leur véritable sens.

Pour compléter cette petite étude, nous empruntons au dictionnaire de l'Académie des Beaux-Arts le fragment suivant, qui contient tout ce que l'on peut dire de plus juste et de plus intéressant sur la prononciation.

« Les organes *actifs* concourant à l'*articulation* sont : la langue, les lèvres, les mâchoires et les muscles des joues ; les organes *passifs* sont : le palais, les dents et les fosses nasales. Ceux-ci servent surtout à modifier le son et le timbre soit des voyelles, soit des consonnes ; tandis que les autres donnent l'impulsion et la force à l'accentuation, et leur action principale et énergique consiste à articuler les consonnes ; d'où il suit que le mot *articulation* est, de fait, particulièrement applicable aux consonnes, car les voyelles, tout en subissant des modifications plus ou moins légères de la part des différents organes de la parole, sont surtout produites par la simple émission de la voix.

» Une belle *articulation* est un des moyens les plus puissants pour captiver un auditoire, car elle est non seulement indispensable à faire comprendre ce que l'on dit, mais elle donne au débit la grâce, le charme et la force. L'étude de l'*articulation* est donc de la plus haute importance dans l'art du comédien ou du chanteur ; la volonté, le tact et l'observation sont indispensables à cette étude.

» Lorsque l'artiste aura réformé ses défauts, il devra étudier et travailler avec un soin extrême la beauté, la justesse et la vérité de l'*articulation* ; toutefois, si l'intelligence et le tact ne le secondent pas dans cette étude, si l'esprit n'y a aucune part, s'il l'abandonne au caprice sans autre but que celui d'acquérir de la netteté, comment évitera-t-il l'affectation, la dureté, les contre sens? Car il faut se garder de croire que, pour bien articuler, il soit nécessaire de donner la même force à toutes les consonnes. Ici, comme en tout ce qui touche aux arts, c'est l'étude de la nature prise sur le fait qui doit guider et servir à établir les règles, l'observation ne tardera pas à convaincre que les nuances *d'articulation*, d'une variété et d'une délicatesse si infinies, ne sont point l'effet d'une convention ; dès que la parole traduit un sentiment vrai ou une passion, la force relative *d'articulation* est la même dans toutes les langues. Les consonnes initiales des mots l'emportent de beaucoup sur toutes les autres, et la consonne initiale du mot de valeur dans une phrase acquiert une importance extrême et attire à elle toute l'énergie de l'*articulation*.

» L'*articulation*, en apparence exagérée, de certaines consonnes est donc nécessaire à la force et à la vérité du discours.

» L'*articulation* concourt aussi à donner de la précision et de la sonorité à la voix ; en effet, une consonne ne peut être prolongée et fortement accentuée que par une tension des organes destinés à l'articulation ; or, plus cette tension sera forte, plus l'explosion de la voyelle qui suit aura de force elle-même.

» De tout ce qui précède, on peut conclure que les voyelles seules ne traduisent aucune passion ; elles sont simplement euphoniques et n'expriment que le calme ou la contemplation, à ce point que l'émission isolée d'une voyelle ne décèle aucune passion que lorsque le son est précédé d'une aspiration ou au moins d'un effort de la glotte qui lui donne l'accent de la vie.

» Tout ce que nous venons de dire au sujet de l'*articulation* concerne le langage parlé en général ; mais comment appliquer ces observations à l'art du chant proprement dit, de manière à ne pas nuire à la musique elle-même ? Comment atteindre à la force, à la justesse et à la vérité *d'articulation* sans faire perdre à une phrase musicale son rythme, son charme et son ensemble ? Il est évident que l'émission du son doit être constamment libre et pure ; or, l'émission libre du son exige toujours une voyelle, et ce son ou cette voyelle doit frapper simultanément avec le temps ou bien la fraction de temps qui comporte la note correspondant avec la syllabe ; donc, si l'initiale du mot ou de la voyelle est une consonne, cette consonne doit nécessairement être anticipée, précaution sans laquelle la voyelle frapperait après le temps, altérerait le rythme musical, ou le rendrait indécis et produirait toujours la sensation de la syncope.

» L'art d'articuler dans le chant consiste donc principalement dans une sorte d'anticipation des consonnes ; mais cette manière d'anticiper ou de préparer le son exige elle-même une grande habileté, une souplesse extrême et un tact sûr, sans lesquels le rythme musical se trouverait aussi bien altéré que par l'émission tardive de la voyelle. De plus, cette anticipation des consonnes donne lieu à d'autres précautions indispensables à la beauté du chant ; nous voulons parler du son appliqué à la consonne même. Quoique plusieurs consonnes se refusent absolument à l'émission du son musical, il en est d'autres qui s'y prêtent plus ou moins ; ainsi les consonnes *j* et *v* sont de ce nombre ; les consonnes *m*, *n*, *r*, permettent le son, soit à bouche close, soit nasal, soit roulant, mais la consonne *l* est la plus musicale entre toutes, puisqu'elle se dit la bouche ouverte et que le son n'en est modifié que par la langue s'appuyant contre le palais. Dans l'*articulation* de ces diverses consonnes que nous qualifions de *musicales*, le chanteur, en les anticipant, doit leur donner le son de la voyelle suivante, c'est-à-dire, que ce son doit être déjà formé, dans toute sa justesse, sur la consonne même ; en négligeant cette précaution essentielle, l'émission du son sera toujours précédée d'un bruit anti-musical formant une sorte de port de voix inférieur, ce qui, dans le langage vulgaire, s'appelle *prendre la note en dessous;* ce défaut, malheureusement trop répandu parmi les chanteurs, rend l'émission molle et indécise ; il s'oppose autant à la justesse du son qu'aux accents vifs et spontanés ; il communique au chant cette fadeur et cette vulgarité triste qui, dans les beaux-arts, doivent être classés parmi les défauts répulsifs. Quant aux consonnes qui se refusent au son musical, telles que *f*, *s*, *t*, etc., le chanteur, en les articulant, doit songer au son de la voyelle suivante, et le former mentalement, afin qu'à l'émission de la voyelle le son soit produit dans toute sa justesse.

» L'analyse des divers phénomènes de l'*articulation* pourra paraître puérile aux esprits superficiels et l'application étudiée de ces phénomènes pourra faire redouter l'affectation, l'alourdissement dans la prononciation et le mauvais effet des dissonances choquantes provenant de l'anticipation des consonnes. Mais, si l'analyse est lente et pénible, l'exécution doit être vive et prompte, et les organes actifs de l'*articulation* ont des ressorts tellement énergiques et tellement souples que la rapidité de leur effet est extrême et qu'une étude intelligente augmente cette rapidité et cette force dans des proportions incalculables. Ainsi l'anticipation des consonnes, leur importance dans les mots de valeur, la grâce ou l'énergie qu'on leur communique en les prolongeant, en un mot, tous ces moyens qui paraissent languissants à l'analyse se traduisent, par l'organe d'un chanteur habile, en accents vifs, harmonieux, incisifs et complètent le chant, par tout le charme et tout l'intérêt dont il est susceptible. L'étude raisonnée, l'exercice et l'esprit peuvent seuls obtenir ce résultat. » (*Dict. de l'Acad. des B.-A.*).

Nous croyons avoir suffisamment exposé les principes de la prononciation, pour que l'élève puisse les mettre en pratique ; mais nous pensons qu'il est utile de signaler aussi quelques-uns des défauts de prononciation que l'on rencontre le plus fréquemment chez les chanteurs et qui ne sont dus qu'à leur négligence ou à un manque d'attention.

Il n'est pas rare de rencontrer des personnes qui prononcent assez correctement dans la conversation ordinaire, et qui, dans l'exercice du chant, deviennent inintelligibles et insupportables ; les unes changent le son des voyelles, les autres négligent l'articulation des consonnes ; d'autres ajoutent une voyelle entre deux consonnes, croyant ainsi donner de la grâce à leur prononciation ; il y en a qui suppriment certaines consonnes et les remplacent par d'autres ; mais le défaut le plus commun est de grossir la voix et d'en exagérer le volume, ce qui rend la prononciation sourde, lourde et pâteuse.

Tous ces défauts proviennent du manque de soin ou de la légèreté qu'on a apportée dans ce travail, parce que, comme nous l'avons dit plus haut, on considère l'étude de la prononciation et de l'articulation comme accessoire lorsqu'on possède une belle voix. Ainsi il n'est pas rare d'entendre prononcer :

Aremide	pour	Armide.
Bereger	—	berger.
Berûler	—	brûler.
Chardin	—	jardin.
Chénéreux	—	généreux.
Malegré	—	malgré.
Parefaitement	—	parfaitement.
Pelus	—	plus.
Pelaisir	—	plaisir.
Quile sommeille	—	qu'il sommeille.
Rendere	—	rendre.
Mâtre	—	maître.

Magnère	—	manière.
Seingneur	—	seigneur.
Glouere	—	gloire.
Pèro	—	père.
Pautrie	—	patrie.
Tieu	—	Dieu, etc., etc.

Souvent les chanteurs négligent l'articulation des doubles consonnes et ils prononcent :

Horeur	pour	horreur.
Ereur	—	erreur.
Couroux	—	courroux.

Dans sa brochure intitulée *de la réforme des études du chant*, publiée en 1871, Gustave Bertrand a sévèrement relevé toutes ces fautes. « La prononciation, dit-il, est livrée maintenant aux fantaisies les plus pitoyables. Si ce n'était que la fantaisie, encore! Ce n'est pas assez des accents toulousain, marseillais, normand, strabourgeois, breton, flamand, qu'on reconnaît à l'état de nature chez les moins mauvais élèves; il y a des vices de prononciation systématiquement enseignés par certains maîtres, à seule fin de rendre plus sonores certaines syllabes qu'on juge déshéritées ; ils font dire, par exemple : *Grand Diôl.. mon kéir... pâtâ-tra, ç'ata les palmes immortalles*, etc. Alice s'avance en *tromblon* et Bertram lui dit : *Foat bian !* Eléazar a voué sa vie *anntièro* au *bônher* de Rachel, et lui chantera tout à l'heure : *Diô m'éclare, fulieu chârue, pras d'eum père vians môrer*, etc. Raoul, de son côté, dit à Valentine : *Le dongeu preusse, et le temps vôle, lasse-mouo, la-haisse-mouo parterr.* »

Nous pourrions étendre considérablement la liste de ces défauts, mais nous en avons dit assez pour faire comprendre à l'élève qu'il doit apporter tous ses soins à se préserver de pareilles erreurs.

L'*élision* des voyelles devant d'autres voyelles est une des difficultés de la langue française qui embarrasse souvent les élèves chanteurs ; cette question, fort négligée dans la plupart des méthodes de chant, est cependant une de celles qui, par son importance, demande les éclaircissements que nous donnons et dont nous empruntons la substance à Dubroca.

La langue française écrite et la langue française parlée forment, par l'effet de l'élision fréquente de nos finales muettes, un contraste curieux. Par elle, les mots les plus disparates, quant au sens, et que la langue écrite tient dans un état continuel de séparation, sont tellement confondus et identifiés, qu'ils n'en forment absolument qu'un à l'oreille ; l'ordre des syllabes est renversé et à sa place s'élève comme une nouvelle langue que l'œil a peine à reconnaître, quand on veut la représenter par des signes analogues à sa prononciation.

Nous ne parlerons pas de l'élision des voyelles qui est marquée par l'orthographe comme l'*amitié*, l'*espoir*, etc.; nous n'avons à nous occuper ici que des élisions qui ne sont point indiquées par l'orthographe : ces élisions ne portent que sur l'*e* muet final de nos mots, et leur rencontre est immense dans notre langue. Prononcer une syllabe muette quand elle doit se confondre et s'absorber dans la syllabe du mot suivant, est une atteinte contre le génie de la langue française et aussi contre la prosodie du vers. L'élision s'opère en supprimant entièrement l'*e* muet final et en liant la syllabe tout entière à laquelle il était attaché avec la voyelle initiale du mot suivant de telle manière que les deux mots, divisés dans l'orthographe, n'en forment plus qu'un dans la prononciation.

    Agréable illusion, prononcez :   *agréa-bl'illusion*
    Célèbre auteur . . . .   *célè-br'auteur*
    Monde épouvanté . . . . .   *mon-d'épouvanté*
    Peine horrible . . . .   *pei-n'horrible*

La liaison des voyelles nasales est quelquefois vicieuse, et il n'est pas rare d'entendre dire *mé-n'avide* pour une *main avide*, etc. Quelquefois on double la consonne finale d'un mot en la liant avec la voyelle initiale du mot suivant; ainsi au lieu de prononcer *bon-n-ange un-n-oiseau*, *mon-n-amour*, il faut dire, *bo-n'ange, un'oiseau, mon'amour*, sans doubler la consonne *n*.

Nous conseillons à l'élève qui veut acquérir une bonne prononciation, de s'exercer à la lecture à haute voix avec un bon maître ; ces exercices de lecture doivent être faits sans emphase, en conservant à la voix son timbre naturel, et surtout sans forcer ni grossir le son. Les élèves qui veulent se soustraire à cette étude si essentielle, et qui espèrent y suppléer en cherchant à imiter quelques chanteurs en renom, ne parviennent tout au plus qu'à saisir quelques intonations tranchantes et des réminiscences dont l'application fausse et souvent ridicule ne sert qu'à prouver leur ignorance et la nullité de leurs moyens personnels.

Le degré de force de l'articulation doit être en rapport avec le sens des paroles et subordonné à la situation dramatique et au caractère du personnage. L'articulation varie sensiblement suivant la dimension du local où l'on chante et le nombre des auditeurs.

Il est important que les paroles arrivent distinctes à l'oreille de l'auditeur sans qu'il soit obligé de prêter une attention trop active.

Grasseyement.

Les défauts que l'on rencontre le plus souvent dans l'articulation de la consonne *r* sont : 1° le grasseyement, 2° la substitution à cette lettre d'autres consonnes, qui dénaturent complètement les mots et donnent à celui qui parle une prononciation défectueuse et toujours ridicule.

Le grasseyement est le vice le plus fréquent et le moins facile à corriger. Ce défaut, insupportable chez un orateur ou un comédien, est tout à fait intolérable chez un chanteur ; aussi ce dernier doit-il travailler activement à corriger le plus vite possible une imperfection qui nuirait à ses progrès et entraverait son avenir. Les physiologistes ont donné des définitions très différentes du grasseyement, et tous lui ont assigné des causes qu'ils ont généralement mal appréciées ; les uns croient que ce défaut provient de ce que la pointe de la langue est trop épaisse ; les autres pensent qu'il est produit par la vibration de la partie postérieure de la langue. En réfléchissant un peu, on est bien vite convaincu que le grasseyement ne provient pas des causes que nous venons d'indiquer ; car la base de la langue ne peut pas vibrer, et la pointe ne présente jamais une épaisseur telle que ses mouvements ne puissent acquérir une grande rapidité avec l'aide d'un travail persévérant.

Stéphen de la Madelaine a compris mieux que les autres les causes de ce défaut : « Le grasseyement, dit-il, vient de ce que la partie molle du palais, mise en contact avec le dos de la langue, fait les fonctions de celle-ci. » En effet, c'est le voile du palais et la luette qui viennent vibrer contre la base de la langue pendant que celle-ci reste complètement immobile. Dans la prononciation de la lettre *r* c'est la pointe de la langue qui agit, tandis que dans le grasseyement les organes fonctionnent à rebours ; la langue reste dans l'inaction, et la partie molle du palais fait le travail de la langue.

Plusieurs moyens ont été proposés pour corriger le grasseyement. Celui du tragédien Talma, qui est le premier en date, et celui du docteur Colombat de l'Isère nous semblent être les seuls qui présentent des chances réelles de succès ; aussi ne nous occuperons-nous que de ces deux moyens.

Stéphen de la Madelaine a reproduit, dans ses *théories complètes du chant*, un travail du docteur Fournié qui résume, mais en les modifiant, les principes proposés par Talma : « Je crois, dit Stéphen de la Madelaine, qu'il faut avant tout donner au sujet les moyens d'exécution qui lui manquent, et l'amener insensiblement, par un travail préparatoire, à se servir avec une agilité toujours croissante du bout de la langue, qui s'est engourdie en quelque sorte dans l'inaction, et l'emploi des procédés analogues ou imitatifs triomphe presque toujours de cette gymnastique linguale. »

La gymnastique proposée par Talma, et qui est encore fort en usage de nos jours, consiste dans l'articulation des consonnes *t, d,* que l'on prononce d'abord lentement, et qu'il faut accélérer peu à peu, suivant les progrès de l'élève, pour arriver à prononcer une longue suite de *t, d,* aussi vite qu'il sera possible de le faire. Cet exercice a pour but de donner une grande mobilité à la pointe de la langue et de l'amener insensiblement à la vibration nécessaire pour l'articulation correcte de la lettre *r*.

Le moyen proposé par le docteur Colombat de l'Isère est assez simple mais d'une exécution très difficile. Cependant ce moyen nous semble le meilleur pour arriver promptement à un bon résultat. « D'abord, dit notre auteur, nous faisons porter la langue vers la voûte palatine, à peu près à trois ou quatre lignes plus en arrière que la partie postérieure des dents incisives de la mâchoire supérieure, de manière que la face dorsale de l'organe phonateur soit *concave*, et que sa *pointe élevée* soit libre et puisse seule vibrer. Ce résultat est obtenu sans beaucoup de difficultés, si on a soin de dire à la personne de laisser l'arrière-bouche dans l'inaction et surtout de ne pas vouloir d'abord articuler l'*r*, mais seulement se contenter de chercher à faire osciller la pointe de la langue en chassant une grande masse d'air, comme pour imiter le ronflement du chat, ou encore mieux le bruit sourd produit par le mouvement de la corde et de la grande roue d'un émouleur. Lorsque par le moyen de cette gymnastique on est parvenu à faire vibrer *seulement* le sommet de la langue il résulte alors un son naturel qui imite à peu près celui de la syllabe *re*, à laquelle on fait ajouter une autre syllabe, *tour*, par exemple, ce qui donne le mot *retour*, ou tout autre, selon la voyelle ajoutée.

» Lorsqu'on a obtenu ce résultat, il s'agit de faire prononcer l'*r* précédé d'une autre consonne, comme dans le mot *français ;* pour y parvenir, on fait prononcez l'*f* seul, et l'on dit d'imiter le bruit dont nous venons de parler, et enfin d'ajouter les deux dernières syllabes *ançais*, ce qui donne *fe....rrr....ançais*, que l'on prononce bientôt convenablement. Il en est de même pour toutes les autres lettres qui peuvent se trouver avant l'*r*. » (*Traité de tous les vices de la parole et en particulier du bégaiement.*)

Nous apprécions à leur juste valeur les moyens proposés par Talma et ceux conseillés par Colombat de l'Isère ; mais les vices qui affectent la parole étant souvent particuliers aux individus et variant selon la conformation des organes, le professeur fera bien de chercher lequel de ces moyens pourra convenir à l'élève, avant d'en adopter un définitivement ; il devra même y apporter des modifications si cela est nécessaire.

Nous allons nous occuper maintenant des substitutions, dont il a été parlé au commencement de ce chapitre.

On rencontre assez souvent des personnes qui donnent à l'*r* le son du *v* et qui prononcent *vouyeur* pour rougeur, *vrois* pour trois, etc. D'autres substituent au son de *r* le son de la syllabe *gue* ; ils disent *gague* pour *rare*, *tguente-tguois* pour *trente-trois*, etc. Il n'est pas rare non plus d'entendre substituer la lettre *l* à l'*r*, et alors on entend *louge* pour *rouge*, *plendle* pour *prendre*, etc.

Un autre défaut assez fréquent est celui qui consiste à supprimer plus ou moins complètement l'*r*, de sorte que l'on entend cette prononciation ridicule *moui* pour *mourir*, *plaisi* pour *plaisir*, *tavail* pour *travail*, *ma paole d'honneu* pour *ma parole d'honneur*. Cette dernière manière de prononcer les *r* n'est souvent due qu'à la négligence de certains individus qui, par manie, croient se distinguer du commun des mortels en affectant une prononciation qui les rend simplement ridicules.

Pour corriger tous ces défauts, on se servira des moyens que nous avons indiqués pour le grasseyement.

Les élèves qui désireraient étudier plus à fond les vices de la parole feront bien de consulter les ouvrages de Talma, du docteur Fournié, du docteur Colombat de l'Isère, de Stéphen de la Madelaine ; ces auteurs ont traité la question avec une grande autorité et beaucoup d'observation.

Mélodie, art de phraser et respiration dans le chant avec paroles.

L'art de phraser et l'art de savoir respirer à propos dans le cours d'une phrase musicale, abstraction faite de la parole et de la ponctuation du discours, complètent l'ensemble des qualités indispensables au chanteur. Une connaissance exacte de la constitution de la mélodie peut seule lui permettre d'obtenir ces deux qualités si nécessaires à l'exécution et si utiles à l'expression. En effet, pour que le chanteur puisse donner à la phrase musicale son véritable caractère et en faire ressortir les divers accents, il faut qu'il sache se rendre compte de l'ensemble d'une mélodie et qu'il soit en état d'analyser les diverses parties dont elle est composée. Celui qui néglige cette étude ou qui la regarde comme inutile ne sera jamais qu'un artiste médiocre.

On s'entend assez peu en général sur le sens du mot *mélodie*, et on peut affirmer, sans se lancer dans la critique agressive, qu'avant peu d'années la mélodie aura complètement renouvelé ses formes, grâce aux efforts de l'école moderne. Cependant, quelque soit le genre ou la coupe d'une pensée musicale, on peut dire que la mélodie est une succession de sons, au moyen de laquelle le compositeur émet ses propres idées, ou traduit celles du poète.

La mélodie est, à proprement dire, l'essence de la musique vocale.

Une mélodie bien faite est, comme le discours, formée de périodes dont les divisions principales sont indiquées par des points de repos.

La période musicale est formée de phrases, et la phrase se divise en membres de phrase.

Les terminaisons ou points de repos qui distinguent les diverses parties des phrases ou des périodes mélodiques constituent ce que l'on nomme la *ponctuation musicale*.

L'étendue de ces parties et les rapports qu'elles ont entre elles par le nombre de mesures qu'elles contiennent constituent, ce que, dans un sens général, on nomme discours musical.

Lorsque les parties de la mélodie déterminées par un point de repos présentent un sens complet, elles forment une phrase plus ou moins longue; mais si elles n'offrent qu'un sens incomplet, il faut y ajouter une ou plusieurs autres parties pour compléter la phrase musicale; ces parties prennent le nom de membres de phrases.

On donne le nom de phrase musicale à l'assemblage des membres qui forment un sens achevé et comportent un sens complet.

« Les repos de la phrase musicale correspondent à ceux de la phrase oratoire; il faut que le sens de la première soit suspendu lorsque celui de la seconde est suspendu, et qu'il se termine quand celui de l'autre est terminé. On appelle contre sens le défaut de concordance en ce genre. » (Choron.) (*Principes de composition des écoles d'Italie.*)

Les points de repos dans la musique se nomment cadences, et ont une grande analogie avec la ponctuation grammaticale. En effet, on pourrait dire que le quart de cadence répond à la virgule, la demi cadence au point et virgule ou aux deux points, et la cadence parfaite au point. L'écriture musicale n'ayant pas de signes pour les quarts et les demi-cadences, c'est au chanteur qu'il appartient de les découvrir. Par conséquent, si un dessin mélodique ne forme pas un membre entier, ce sera un quart de cadence; le membre entier sera un point et virgule, et la période une cadence parfaite. La succession des accords dans l'harmonie est aussi un guide sûr pour indiquer la ponctuation musicale.

L'art de phraser consiste pour le chanteur à faire sentir d'une manière distincte les membres de phrase, les phrases et les périodes du discours musical ; à les ponctuer par les respirations, pour en marquer les repos plus ou moins complets ; à diviser si bien les phrases que l'oreille saisisse facilement leurs commencements et leurs fins, ainsi que leurs liaisons plus ou moins grandes, comme cela se fait dans le discours oratoire à l'aide de la ponctuation grammaticale.

L'art de respirer à propos constitue donc une grande partie de la science du chanteur.

« L'art de respirer, dit Roucourt, étant à la musique ce que les *points* et *virgules* sont au discours soutenu, il en résulte qu'un chanteur qui respirerait au milieu des phrases détruirait non seulement les phrases musicales et se rendrait incompréhensible, mais nuirait essentiellement au charme que pourrait avoir son exécution, tandis que celui qui ne respire qu'à propos, rend d'autant plus intelligible la musique qu'il exécute, et donne ainsi plus de force et de vie à son chant. »

La respiration doit être prise plus ou moins complètement, suivant le repos indiqué par le sens des paroles et celui de la phrase mélodique.

Il ne faut pas oublier que de la respiration dépendent le charme ou la sécheresse de la voix : si les respirations sont mal calculées ou prises maladroitement, la qualité de la voix s'altère bien vite, pour faire place à des sons ternes et sans vigueur.

Pour bien phraser, on doit ménager le souffle en commençant une période, et ne dépenser que juste ce qui est nécessaire pour alimenter la voix. Néglige-t-on cette précaution, on arrive difficilement à bien conduire la phrase, et les sons deviennent bientôt désagréables et fatigués.

Nous recommandons de nouveau à l'élève de s'exercer à l'analyse de la mélodie, afin d'apprendre à connaître les endroits où il doit respirer, et ceux où il pourrait le faire sans trop heurter les convenances, au cas où ses moyens seraient insuffisants. Nous insistons sur ce point, parce que les sons d'une phrase musicale bien faite doivent être si bien enchaînés, que le chanteur ne pourrait les interrompre sans détruire l'idée qu'elle représente.

Il nous semble difficile de donner des règles fixes pour la respiration dans le chant avec paroles ; on doit se contenter de quelques règles générales applicables dans des cas prévus et déterminés, et que l'on peut modifier selon les moyens de l'élève, ou suivant qu'il est bien ou mal disposé au moment de l'exécution.

On peut classer la manière de respirer, en respiration entière, en demi-respiration et en quart de respiration.

La respiration entière ne doit être prise qu'à la fin des phrases ou sur les silences; la demi-respiration et le quart de respiration peuvent se faire à la fin des membres de phrases, mais il faut qu'elles soient prises rapidement.

La respiration doit toujours être prise aux dépens de la valeur de la note que l'on quitte, afin d'attaquer la note suivante strictement en mesure.

On doit respirer : Avant un son filé, avant un son soutenu d'une longue durée, avant un trait d'une grande longueur, sur les silences, avant un point d'orgue, à la fin d'une phrase.

On peut aussi respirer lorsque la ponctuation des paroles le permet, sans qu'il en résulte un contre sens dans la musique.

Il faut respirer toutes les fois que cela se peut, afin d'éviter la fatigue et d'avoir toujours la force nécessaire pour colorer le chant et graduer les nuances de la voix. Mais sans un certain volume d'air qu'on doit savoir conserver et dépenser avec adresse, la voix aura peu de timbre et manquera d'énergie.

La respiration doit se faire sans bruit, et sans que les auditeurs s'en aperçoivent : il faut aussi éviter ces aspirations bruyantes et pénibles qui fatiguent inutilement la voix et la poitrine.

On ne doit pas séparer par une respiration les mots liés par la syntaxe, c'est-à-dire les mots qui forment ensemble une idée. Il ne faut donc pas respirer entre l'article et le substantif, entre le substantif et l'adjectif.

On ne peut pas non plus séparer le verbe principal du verbe auxiliaire.

Il est expressément défendu de couper un mot en deux par une respiration.

Ces règles, qui sont rigoureusement applicables au chant français, ont été et sont encore peu respectées par les chanteurs italiens.

« C'est surtout dans le chant françois, dit Garaudé, que la respiration prise mal à propos devient une faute majeure. En Italie, la tolérance sur ce point est poussée jusqu'à l'extrême. L'art du chant y jouit d'une telle prééminence sur les règles de la grammaire et du bon sens, que les virtuoses modernes respirent sans façon au milieu d'un mot, ou après le membre de la phrase qui leur semble le plus commode. »

Les chanteurs italiens, on le sait, ont toujours pris des licences que les artistes français n'auraient jamais osé se permettre.

On peut voir dans la *Méthode de Chant* de Lanza des exemples assez nombreux où ces licences sont marquées comme des règles autorisées. M. Manuel Garcia a aussi traité fort longuement cette partie de l'art du chant. Nous y renvoyons le lecteur, qui pourra consulter encore avec fruit les méthodes de Garaudé, de Milhès, de Lablache, de Manstein, de Duca, de Marcello Perino, de Crivelli, de Maria Anfossi, l'*Art du Chant* de Tosi. Tous ces ouvrages contiennent des exemples et des conseils qui complèteront ce que nous venons de dire sur l'art de phraser.

Liaisons des sons sur les paroles

Un chant large et plein est une condition fondamentale de ce que l'on appelle *une bonne méthode*. Souvent les élèves trouvent une grande difficulté à joindre à une émission soutenue de la voix une articulation exacte des consonnes; dans ce cas le chant paraît maigre et décousu, la voix perd en partie ses qualités et ne porte pas, la prononciation reste défectueuse. Savoir soutenir la voix avec une égale intensité, articuler les consonnes et les syllabes sans altérer ni interrompre la continuité du son, sont les conditions essentielles d'un chant large. Pour obtenir ces qualités, il faut que les organes de la parole aient été préalablement assouplis par un long exercice de la lecture à haute voix; que l'élève soit parvenu à rendre l'émission de la voix complètement indépendante des mouvements de ces mêmes organes; et que ceux-ci fonctionnent librement et sans porter atteinte à l'intensité et à la liaison des sons.

Pour arriver à une exécution parfaite de ces règles, nous avons souvent eu recours à un exercice conseillé par M. Garcin, qui consiste à faire chanter sur le même son une suite de paroles qui se transforment alors en une sorte de débit uniforme. Cette uniformité dans la production des syllabes amène insensiblement les organes à fonctionner en toute liberté, et permet à la voix de rester complètement indépendante des mouvements de l'articulation. Mais, si la voix n'est pas soutenue également, si le son reçoit la moindre interruption, on n'obtiendra que difficilement un bon résultat.

Expression.

« L'expression, dit M. Marmontel, est un don naturel que l'éducation et la direction donnée aux études ne peuvent manquer de guider, de développer ou modifier ; mais le germe de cette précieuse qualité est, avant tout, inhérent à notre organisation ; le maître le plus habile ne remplacera jamais par plus ou moins de *méthode* la sensibilité native, cette impressionnabilité intime, qui nous rend aptes à traduire d'une manière expansive nos sentiments et nos émotions.

» L'affinité des impressions entre virtuoses et compositeurs est, indépendamment du mérite individuel de l'exécutant, l'une des causes principales d'une bonne interprétation ; un artiste sera d'autant mieux inspiré, si la pensée qu'il doit exprimer correspond plus intimement à celle qui éveille ou surexcite sa propre sensibilité.

» Ce phénomène sympathique se produit en nous-mêmes au point de vue de l'audition, et agit souvent à notre insu, quand nous écoutons avec recueillement des compositions qui traduisent, dans le poétique langage des sons, les douces rêveries ou les mouvements passionnés de notre âme. Ces mystérieux rapports de sensation établissent alors entre les exécutants et les auditeurs comme un courant électrique musical, qui produit jusqu'à l'enthousiasme lorsque les œuvres de génie trouvent pour interprètes des artistes dont le cœur et l'imagination vibrent à l'unisson du talent, et pour public des gens de goût qui se passionnent pour les beautés d'une œuvre et le fini de son exécution.

» La force de l'expression s'élève toujours en raison de l'énergie de la pensée et de la profondeur du sentiment de l'interprète.

» Il ne faut pas confondre l'*expression* avec la *manière*.

» La *manière* est à l'*expression* ce que la *sensiblerie* est à la *sensibilité*, et nous ne saurions trop répéter aux élèves que l'*exagération* et l'*afféterie* sont la véritable parodie du sentiment.

» Le naturel et la simplicité peuvent parfaitement s'unir à la distinction et à la noblesse, tout comme l'expression n'exclut en aucune façon la naïveté et une certaine retenue dans la manière de sentir et d'exprimer.

» L'impression individuelle du virtuose doit toujours se plier au caractère et au style des maîtres à interpréter. C'est le plus souvent dénaturer la pensée première que substituer son propre sentiment à celui du compositeur, aux indications transmises par lui ou par la tradition, et cela, sous le déplorable prétexte de produire plus d'*effet*.

» L'expression a ses différents genres, comme le style dont elle émane. Nous la retrouvons tour à tour simple, naïve, pathétique, passionnée; et la même phrase, diversement accentuée, peut accuser différents caractères qui la rapprochent ou l'éloignent du sentiment vrai de l'auteur.

» La précieuse faculté de sentir vivement et de rendre avec la même énergie d'expression les intonations délicates et variées des œuvres musicales de divers styles, est ce qu'on appelle la qualité *expressive* de l'exécutant. Traduire d'une manière poétique, chaleureuse, colorée, nos impressions, nos sensations, dans la langue musicale, c'est faire acte d'*expression*.

» Toutes les variétés d'accent et de sonorité, toutes les nuances de sentiment trouvent leur emploi dans une exécution expressive, guidée par le goût; mais il faut employer discrètement certains effets qui, répétés, se neutralisent par l'abus.

» On ne doit pas donner un intérêt égal à toutes les parties d'un morceau : la lumière, l'ombre et les demi-teintes doivent trouver place dans le coloris musical, aussi bien que dans la peinture.

» Mettre des accents sur chaque note, c'est n'en placer nulle part. Il faut étudier d'abord le caractère d'un morceau dans son ensemble, puis analyser ses grandes périodes, ses phrases principales et secondaires, avant de songer aux accents isolés.

» L'artiste dramatique, lorsqu'il crée un rôle, étudie dans leurs replis les plus intimes le caractère et la physionomie donnés par l'écrivain au personnage qu'il doit représenter et avec lequel il entreprend de s'identifier; et cette étude préalable se fait toujours avant celle du débit dramatique : il doit en être ainsi de l'exécution d'une œuvre sérieuse; il faut l'étudier dans son ensemble d'abord, avant de songer aux nuances délicates, aux fines intentions de détail.

» On exprime bien ce dont on est à l'avance bien pénétré; et nous ne conseillons pas à de jeunes virtuoses de laisser à l'imprévu du moment le soin de diriger leur sentiment.

» Il faut s'étudier à bien graduer l'intérêt, ne pas employer trop fréquemment des contrastes extrêmes, se montrer sobre des effets de puissante sonorité que l'on ne peut obtenir qu'aux dépens d'une belle qualité de son, par dessus tout, enfin, se bien pénétrer du sentiment de l'auteur, et ne pas avoir la prétention de remplacer par une inspiration spontanée ce qui doit être le fruit de la réflexion et de l'étude.

» L'*inspiration* sert trop souvent d'excuse aux exécutants qui tendent à l'exagération, et dont le style est à l'opposé de la simplicité et du naturel.

» L'*inspiration*, c'est tout simplement le génie; et Dieu ne l'a départi qu'à un petit nombre d'élus. Trop souvent ce mot sert de passe-port à l'absence de méthode et aux fantaisies de virtuoses excentriques qui n'acceptent pour guide que leur caprice (1). »

Nous ne pouvions mieux commencer ce chapitre qu'en reproduisant ces observations si justes et si fines de M. Marmontel, où se trouve résumée, en quelques sorte, toute l'esthétique de l'expression musicale. Il ne nous reste plus qu'à guider l'élève dans la route qu'il doit suivre pour développer son jugement et exercer son intelligence.

Vouloir prescrire des règles pour l'expression serait une prétention pleine de dangers pour le chanteur, un moyen infaillible de réprimer les élans de son imagination, en tenant son esprit dans un continuel état de doute.

Avant de s'occuper de l'expression, l'élève doit s'être rendu fort habile dans l'exécution de toutes les parties de l'art du chant, que nous avons traitées et qui constituent les éléments du mécanisme vocal; il faut aussi que, par la pratique des vocalises, il ait acquis l'art des nuances au moyen du *forte* et du *piano*, du *crescendo* et du *diminuendo*, et que, suivant les circonstances, il sache employer les différents timbres de la voix; il doit, en outre, posséder à un haut degré l'art de phraser dont nous avons parlé.

C'est seulement lorsque l'élève est arrivé à ce degré d'instruction qu'il doit s'occuper de l'étude des passions, de l'accentuation et du coloris qui s'identifient avec le sentiment qu'il est appelé à exprimer au moyen des sons.

Si le rôle du maître devient ici difficile, il n'en est que plus intéressant. Il ne s'agit pas seulement de faire connaître à l'élève le caractère particulier à chaque passion, il faut encore l'initier à toutes les modifications dont ces passions sont susceptibles, suivant l'état de calme ou d'exaltation où se trouve le personnage, il faut aussi lui enseigner l'art d'exprimer toutes ces nuances avec le timbre de voix et les inflexions qui leur sont propres.

Un mécanisme parfait peut étonner et même donner un grand plaisir; mais une connaissance parfaite de la partie matérielle de l'art ne suffit pas au chanteur. Sa tâche est beaucoup plus difficile et plus complexe qu'on ne le pense généralement. En effet, le chanteur doit avant

---

(1) A. Marmontel. *Conseils d'un professeur sur l'enseignement technique et l'esthétique du piano*, 1 vol. in-12.

tout se rendre compte du style de la musique, bien se pénétrer de la situation dramatique, saisir avec justesse le caractère du personnage et le sens des paroles ; il doit joindre à une grande vivacité d'imagination une âme sensible et mobile, capable de ressentir tous les sentiments qu'il veut exprimer. Il ne peut émouvoir ses auditeurs qu'à la condition d'être ému lui-même.

D'après les tendances de l'école moderne, la virtuosité est presque disparue ; mais, pour être moins évidente, la part de la science vocale est loin d'être moindre qu'autrefois ; et aujourd'hui plus que jamais, il faut que le chanteur arrive à posséder une habitude du chant telle que la musique devienne pour lui un langage aussi familier que la parole l'est à un comédien.

L'expression diffère essentiellement de l'exécution. On peut considérer l'exécution comme le corps, et l'expression comme l'âme de la musique ; sans l'expression, la musique n'est plus qu'une suite de sons insignifiants. Comme le dit très bien Villotteau, il existe continuellement entre le cœur et la voix une correspondance intime et secrète, indépendante de la réflexion et même de la volonté, dont l'influence est telle qu'elle détermine à notre insu les couleurs propres à l'expression de ce que nous ressentons. L'action du sentiment qui anime nos sens s'étend donc jusque sur l'organe de la voix, puisqu'elle en modifie les sons et en caractérise l'expression, et c'est surtout pour cette raison que cet organe, interprète des passions de notre âme, transmet aux autres avec tant de vérité les sentiments dont nous sommes animés.

Tous les accents naturels de nos sentiments ont un caractère si particulier, si inaltérable, que, soit que l'expression de celui qui les rend devienne plus animée ou plus forte, soit qu'elle devienne plus lente ou plus faible, ils sont toujours semblables à eux-mêmes, et jamais aucun d'eux ne peut devenir méconnaissable ou même équivoque.

Tout le secret du chanteur consiste donc à suivre la nature pas à pas, à ne se servir que des intonations naturelles au caractère des passions et des sentiments.

Une prononciation pure et une articulation nette et correcte sont deux qualités absolument nécessaires à l'expression ; il ne faut pas que le chanteur les détruise en partie, en croyant suppléer aux charmes de la modulation par la force des sons et par des efforts constants.

L'exagération et les efforts n'ont d'autre résultat que d'altérer la prononciation et de fatiguer les auditeurs au lieu de les intéresser. En pareil cas, il n'est pas rare de voir le chanteur s'embarrasser, se perdre, finir par ne plus s'entendre lui-même, et arriver à la fin du morceau sans souffle et comme suffoqué.

La monotonie est un des inconvénients qui nuisent le plus à l'expression ; si les idées et les sentiments sont confondus dans une fâcheuse uniformité tout devient obscur et incolore.

Le chanteur doit savoir relever par des inflexions justes et variées les diverses pensées qu'il est chargé d'interpréter, afin d'intéresser les auditeurs. Dans les morceaux d'un caractère simple, il doit rester dans les limites d'une expression calme sans qu'aucun mouvement violent ne vienne altérer le caractère du passage. Cependant il est nécessaire que les inflexions soient nuancées avec goût et marquent bien tous les sentiments.

La musique d'un style tempéré réunit à la douceur et à la grâce du genre simple la noblesse et l'élégance. C'est dans ce genre de musique qu'il faut commencer à nuancer un peu plus et à donner aux divers sentiments des accents plus vifs et plus colorés.

Le style élevé demande une articulation plus énergique et des accents plus marqués. La noblesse, la majesté, règnent tour à tour dans ce genre de musique. Le chanteur doit s'identifier avec le sujet ; il devient ici chanteur dramatique, il doit élargir son chant et accentuer ses intonations par des nuances plus énergiques.

L'élève devra rechercher les conseils d'un maître instruit et éclairé qui, tout en développant ses qualités naturelles, lui fera connaître la fausseté ou la justesse de ses intonations, et qui, après avoir analysé avec lui la force et le caractère des passions, lui enseignera l'art de les exprimer avec vérité.

La justesse des intonations dépendant souvent de l'idée à exprimer, il faut étudier la nature, le caractère et les nuances de cette idée, s'adresser à l'esprit d'abord et non à l'oreille. Le premier soin du professeur doit être d'analyser avec son élève la pensée qu'il s'agit d'exprimer, et d'essayer de lui faire rendre cette idée d'après la seule impulsion de son sentiment. Il fera bien ensuite de donner ses intonations et de chanter les passages analysés afin que l'élève soit plus vivement frappé du timbre de la voix, des inflexions et des nuances dont l'analyse a été faite préalablement.

Savoir bien régler l'expression est une des grandes qualités de l'art du chant. Tout consiste à saisir le moment où l'on doit se livrer à l'inspiration et le point précis où l'on doit s'arrêter ; mettre de l'expression partout affaiblirait nécessairement les effets qu'on voudrait produire.

« Avant d'essayer un morceau de musique, dit Romagnési, on doit en examiner les paroles avec soin, en comprendre la pensée générale, en étudier les diverses parties, afin de fixer les éléments à mettre en œuvre pour donner au chant tout l'effet qu'il est susceptible de produire, car c'est de la coïncidence parfaite de la musique avec les paroles que résulte la bonne exécution d'une composition vocale.

» Non seulement on doit étudier les intentions du poète ; mais il serait à désirer même qu'avant de les chanter on déclamât à haute voix les paroles d'un morceau, ayant soin de s'arrêter dans une juste mesure aux points et aux virgules, d'accentuer avec précision les syllabes longues par opposition aux syllabes brèves, de s'attacher, en un mot, à une prononciation nette et correcte. »

Nous citerons encore la manière dont Garat réglait l'expression d'un morceau de chant : « Un chanteur français, Garat, doué d'une chaleur, d'une verve entraînante et d'un goût délicat, dit Fétis, possédait des qualités particulières qui en ont fait un des chanteurs les plus étonnants qui aient existé. Jamais on ne fut organisé plus heureusement, et jamais on ne conçut l'art du chant d'une manière plus large. La pensée de Garat était toujours ardente ; mais il savait toujours la régler par l'art et la raison. Un air, un duo, ne consistaient pas, selon ce grand chanteur, dans une suite de phrases bien exécutées et même bien senties ; il lui fallait un plan, une gradation, qui n'amenât les plus grands effets que lorsqu'il en était temps, et que la passion était arrivée à son entier développement.

» Rarement on saisissait sa pensée, lorsque, discutant sur son art, il parlait du plan d'un morceau de chant ; les musiciens même se persuadaient qu'il y avait de l'exagération dans ses idées à cet égard ; mais lorsqu'il joignait l'exemple au précepte, et que, voulant démontrer sa théorie il chantait un air avec les différentes inflexions qu'on pouvait lui donner, on comprenait tout ce qu'il avait fallu de réflexions et d'études pour arriver à cette perfection dans un art qui ne semble destiné, au premier aperçu, qu'à procurer des jouissances à l'oreille.

» Une des qualités les plus précieuses de Garat était la beauté de sa prononciation : ce n'était pas seulement une netteté parfaite d'articulation, sorte de mérite fort rare, c'était en lui un moyen puissant d'expression. » (*La musique mise à la portée de tout le monde.*)

Il ne faut pas que le chanteur se méprenne sur les moyens qu'il met en jeu pour l'expression ; il ne doit pas oublier que, quelle que soit la passion à exprimer, il ne fait que la rendre par l'imitation de la réalité et que son émotion ne doit pas aller jusqu'à la réalité elle-même.

Tout en se laissant aller au sentiment qu'il veut faire partager aux auditeurs, le chanteur doit toujours s'entendre, rester maître de lui-même, et diriger, en quelque sorte, par la pensée tous les détails et les moindres nuances de son chant. Si ayant à exprimer une grande douleur, au lieu de chercher à rendre l'effet que produisent les larmes, il se laissait dominer par l'émotion et pleurait réellement, il perdrait, aussitôt toute action sur les auditeurs, et il en résulterait pour lui des inconvénients qui empêcheraient tous les effets qu'il devrait produire. Dans son *paradoxe sur le Comédien*, Diderot a exposé ces vérités d'une façon frappante.

« Le principe de tous les arts qui se proposent d'imiter la nature, dit J. F. Marmontel, est que l'imitation soit en quelque chose de ressemblant, et non pas de semblable.

» L'imitation est donc un mensonge, soit dans le moyen, soit dans la manière dont elle fait illusion ; et ce qu'il y a de singulier, c'est que le témoignage confus que nous nous rendons à nous-mêmes que l'art nous trompe, est la source du plaisir sensible et délicat que nous éprouvons à être trompés. Il doit donc y avoir dans l'imitation une ressemblance afin que l'âme y soit trompée ; mais il doit y avoir en même temps une différence sensible afin que l'âme s'aperçoive et jouisse confusément de son erreur.

» Alternativement savoir et oublier que l'imitation est un artifice, sentir à chaque instant le mérite de l'art en le prenant pour la nature, jouir par sentiment des apparences de la vérité, et par réflexion des charmes du mensonge, voilà le composé réel, quoique ineffaçable du plaisir que nous font les arts d'imitation.

» Tous les arts d'imitation ont leurs données, et les seules conditions qu'on leur impose sont l'illusion et le plaisir. Mais dans l'imitation, on ne cherche pas seulement la vérité ; on y désire, comme je l'ai dit, la vérité embellie, c'est-à-dire une impression plus agréable que celle de la vérité ou de son exacte ressemblance ; il s'agit donc d'un calcul de plaisir. » (*Encyclopédie méthodique*).

Chanter avec âme, c'est mettre dans le chant une expression vive et passionnée, et rendre le morceau que l'on chante avec toute l'expression dont il est susceptible. C'est une qualité très importante pour le chanteur de théâtre, mais qui a besoin d'être dirigée par le goût. En musique comme en toute chose le goût est la moitié de l'art.

« Le goût ne s'acquiert pas, dit Mme de Montgéroult, la nature seule en fait naître le germe, et il se développe par l'observation et l'étude des bons modèles : il est le résultat d'une organisation plus parfaite encore que celle qui donne les autres qualités du musicien. La chaleur, l'expression, le génie même, peuvent n'être pas dirigés par le goût ; il est le complément, la véritable pondération du talent, comme il en est la partie la plus rare et la plus séduisante, car il se compose de l'élégance et de la grâce. Le tact fin qu'il exige ne peut s'enseigner, il faudrait l'inspirer comme un sentiment.

» Le goût qui s'applique à tout, qui peut exister en toutes choses, ne se trouve en rien aussi rarement qu'en musique ; il y est incertain, et sujet à l'empire de la mode ; parce que, dans ce seul art, il n'a pas de modèle fixe. Le temps le flétrit et le décolore : saisir ses variations, savoir en profiter, le guider, le rajeunir sans tomber dans la bizarrerie, enfin le faire coopérer à fortifier les divers effets que la musique peut produire ; telle est la tâche du grand artiste, et l'on entrevoit de quelle délicatesse de tact il doit être doué pour bien diriger son goût. »

« Chanter avec goût, dit G. Duca, c'est exprimer chaque pensée d'une manière vraie et naturelle, c'est soutenir ou modifier la voix, selon que l'exige le sentiment, c'est le nuancer des diverses teintes qui peuvent prêter du charme à la pensée ou la rendre plus frappante. »

Dans la première moitié de ce siècle, il était de mode, surtout parmi les chanteurs italiens, de procéder par des oppositions instantanées de *fortissimo* et de *pianissimo* ; cette manière, qui a pu paraître surprenante et d'un grand effet chez quelques chanteurs (comme Rubini), est passée de mode depuis longtemps, et le chanteur qui userait aujourd'hui d'un pareil procédé risquerait fort de paraître ridicule.

« Les oppositions, dit Romagnesi, sont dans les arts, les plus puissants auxiliaires de l'effet général ; mais c'est dans la nature et le raisonnement qu'il faut en chercher les éléments. Cela ne paraît pourtant pas être la manière de voir de quelques-uns de nos chanteurs, qui ont imaginé qu'ils pourraient employer cet artifice sur une même phrase qu'ils disent *forte* d'abord, et instantanément *pianissimo*, sans qu'il y ait dans les paroles aucun motif à ce contraste. C'est ainsi que les éternelles vérités du bons sens se faussent jusqu'au ridicule lorsqu'elles sont mal comprises par l'ignorance et la présomption. »

On ne doit pas abuser de ce qu'on appelle les vibrations ou le tremblement de la voix qui ont pour but de rendre plus saisissante l'expression des sentiments douloureux ou tendres ; il ne faut user de ce moyen que dans les situations où on peut l'employer avec convenance. « La vibration bien employée, dit Mme Damoreau, donne de l'accent et de l'expression à la phrase musicale ; mais, sitôt qu'elle est prodiguée ou forcée, non seulement la monotonie en résulte, mais la voix la plus fraîche devient bientôt une voix fatiguée. »

L'étude des grands artistes est encore un moyen de s'instruire et de se perfectionner ; mais il ne faut pas que l'élève cherche à copier servilement les intonations et les inflexions de voix de ses modèles, car il n'est pas un artiste, si habile qu'il soit dans son art, qui n'ait quelque défaut ; et c'est presque toujours sur les imperfections du chanteur auquel on veut ressembler que tombe l'imitation. Ne voit-on pas tous les jours de jeunes chanteurs s'empresser de prendre les gestes, la physionomie, les intonations et jusqu'au timbre de la voix d'un artiste à la mode, pour les substituer aux moyens que la nature leur avait accordés ? Mais alors qu'arrive-t-il ? au lieu de réussir dans l'imitation de ce qui est beau dans leur modèle, ils n'en prennent que ce qui est défectueux ou exagéré, et leur imitation est constamment déplacée et maladroite. On ne doit chercher dans les grands modèles que ce qui est vraiment beau, ce qui tient aux principes de l'art pour l'adapter à ses propres moyens.

Récitatif.

Dans la partie spécialement historique de ce travail, nous avons suivi pas à pas les transformations des différentes formes du chant; il est donc inutile de revenir sur ces détails; mais au moment de nous arrêter un instant sur le récitatif, rappelons brièvement le caractère des différents récitatifs que l'artiste peut être appelé à interpréter.

Lorsqu'à la fin du seizième siècle et au commencement du dix-septième, les Galilée, les Péri, les Caccini, les Monteverde, reprirent, sans en avoir conscience, la monodie du treizième siècle, pour la faire succéder au style madrigalesque qui avait régné pendant près de deux cents ans, ils cherchèrent et trouvèrent, sans tenir compte de la mélodie proprement dite, une sorte de mélopée dont tout le mérite était de suivre pas à pas l'expression des paroles. Là ne se réduisit pas leur œuvre, mais les autres innovations ne sont pas du domaine de ce chapitre. A partir de ce jour, le récitatif était créé, ou pour mieux dire ressuscité.

Une trentaine d'années après, on sentit le besoin de donner plus de force à cette sorte de versification musicale : on ajouta à la basse chiffrée quelques accords d'instruments et de courtes ritournelles. Le *San Alessio* de Stefano Landi (1634), les œuvres de Lulli, nous offrent de nombreux exemples de ce genre. Peu à peu le récitatif avait pris plus de force, plus d'expression, et s'était rapproché de la mélodie. Scarlatti fut le premier à offrir un exemple complet de récitatif obligé avec orchestre. Celui-ci n'avait pas fait disparaître l'ancien récit qui subsista au contraire, et est parvenu presque jusqu'à nous.

Le récitatif dans lequel l'accompagnement ne consiste que dans une basse propre à indiquer la tonalité et à maintenir la voix, le récit presque non mesuré, flottant, suivant les besoins des paroles, entre les différents tons, est une sorte de compromis entre la parole et la musique, donnant plus de force au vers sans cependant affecter les formes précises de la mélodie ou même de la mélopée accompagnée.

Très commode pour toutes les parties d'une œuvre sur lesquelles le musicien ne se croit pas obligé d'appeler l'attention de l'auditeur, le *recitativo secco* s'est maintenu à côté du *recitativo obligato*, surtout dans l'opéra bouffe, où il est devenu une sorte de *parlante*, plus près de la parole que de la musique. Mais, pendant que le premier restait stationnaire, le *recitativo obligato* prenait lui-même dans notre art une importance que ses créateurs n'avaient pu prévoir.

Le grand récit français inauguré par Lulli, perfectionné par Rameau, devint, avec Gluck et les grands maîtres qui le suivirent, Sacchini, Méhul, Spontini, le modèle de la déclamation lyrique.

A l'exemple de Mozart, les Italiens qui, jusqu'à la fin du dix-huitième siècle avaient réservé le *recitativo obligato* aux oratorios et à la musique d'un style très élevé, le firent passer dans l'opéra. Les prédécesseurs de Rossini, tels que Simon Mayer, en firent un grand et bel usage. Enfin Rossini, non seulement dans les opéras écrits pour la France, comme *Guillaume Tell*, mais aussi dans les œuvres de la dernière manière italienne, comme *Sémiramide* et *Mose* donne au *recitativo obligato* une importance mélodique jusqu'alors inconnue.

En même temps l'Allemagne voyait naître les beaux récitatifs de *Fidelio*, d'*Euryanthe*, et du *Freyschütz*.

Enfin Meyerbeer forçant l'orchestre sous le récit, élargissant l'expression et la dramatisant encore, rejoignait ensemble plusieurs récitatifs, leur donnait l'unité en y ajoutant une phrase principale et formait l'*arioso*, qui tient le milieu entre l'air proprement dit et le *récitatif soutenu*, par un orchestre compliqué et non moins expressif que la mélodie.

Aujourd'hui, à tort ou à raison (nous n'avons pas à juger le procès), les compositeurs tendent à remplacer l'ancienne mélodie, l'air d'autrefois, par une sorte de fragments mélodiques habilement reliés entre eux, dans le but de suivre exactement le sens de la situation, mais qui, considérée au point de vue de la technique musicale, n'est qu'une transformation de la mélopée ou du récitatif obligé dans la plus haute acception du mot.

Ainsi, que le chanteur interprète les œuvres du passé ou qu'il aborde les compositions nouvelles, il faut, de toute nécessité, qu'il sache dire chacune des espèces de récits dont nous venons de faire un rapide tableau, soit qu'il récite un *parlante bouffe* avec volubilité et esprit sans perdre de vue que c'est encore de la musique qu'il chante, soit qu'il déclame un récitatif sans accompagnement, soit enfin qu'il s'élève jusqu'au mélodique *recitativo obligato*, et de là à l'expressive mélopée de Gluck ou de nos maîtres modernes. Ici il devra appeler toute la science à son aide, car cette sorte de musique, aux intervalles difficiles, aux fréquentes altérations de rythme, aux accompagnements fournis, présente au chanteur les plus réelles difficultés.

Qu'on ne croie pas que le sentiment vrai de la situation et des paroles suffise pour bien dire ces sortes de récits. Certes, le premier devoir du chanteur est de bien se pénétrer du sens des paroles et de la musique qu'il doit rendre, surtout lorsque toutes les deux sont unies par des liens aussi étroits que le récitatif ou la mélopée ; mais la science parfaite de la pose, de l'émission du son, la beauté et la richesse du timbre, la netteté de la prononciation, l'intelligence et l'expression du débit sont autant et peut-être plus utiles dans le récitatif que lorsqu'il s'agit de chanter l'air le plus compliqué, hérissé des vocalises les plus hardies.

Pour le détail de l'exécution des divers récits, les vieux maîtres qui ont été nos guides jusqu'à ce moment nous viendront encore en aide.

C'est à Choron et à Adrien de Lafage que nous empruntons les définitions claires et précises qui suivent ; ces observations pleines de justesse sont surtout relatives à l'ancien récitatif : « Considéré en lui-même, le récitatif est un débit qui tient le milieu entre la déclamation et le chant ordinaire en se rapprochant néanmoins davantage de celui-ci.

» En ce qui concerne le ton, ceux du récitatif ne sont ni aussi soutenus, ni même aussi précis que ceux du chant ordinaire ; cependant ils sont susceptibles d'être appréciés, puisque l'on peut le noter et l'accompagner d'une basse qui porte harmonie. D'ailleurs, il n'est point soumis aux lois ordinaires de la modulation ; car non seulement il n'a pas de ton principal, non seulement on peut finir dans un ton différent de celui où l'on a commencé, mais outre cela, on ne suit aucune loi de modulation, et l'on passe sans aucune préparation du ton où l'on est à un autre qui n'y a aucun rapport.

» Quant à la durée, il n'y a point de rapport dans celle des sons, ni dans la distance des temps forts ; il n'y a aucune périodicité dans la succession des mesures ; il n'y a donc point de mesure proprement dite ; et si l'on écrit le récitatif en mesure, c'est uniquement afin de pouvoir diviser le discours en intervalles déterminés, bien qu'inégaux par le fait, et non pour indiquer les syllabes sur lesquelles se frappent les temps forts.

» Quant à la force des sons, on y suit absolument les degrés de la déclamation et l'on y passe subitement d'un son très fort à un son très faible, ou réciproquement ; ce qui n'a pas lieu ordinairement dans le chant proprement dit. Cependant on remarquera que, si l'on n'observe pas la même liaison à cet égard, on se tient du moins dans des limites plus étroites.

» Le récitatif est syllabique, c'est-à-dire que chaque note porte sur une syllabe. Chaque syllabe forte du discours doit être rendue forte et frappée aux temps forts de la mesure adoptée. On conçoit d'après cela qu'il ne peut y avoir, en général, aucun ornement. Il est cependant permis d'en introduire de temps en temps lorsque le caractère du morceau le permet ; mais cette licence ne doit pas dégénérer en abus. D'ailleurs elle appartient plutôt au chanteur qu'au compositeur : quelquefois un chanteur habile, au moyen d'un ornement placé avec goût, corrigera une négligence, évitera un faux accent, une articulation dure.

» On distingue plusieurs sortes de récitatifs : le récitatif simple, qui est celui que nous venons de décrire ; le récitatif mesuré qui se rattache au premier et dont nous parlerons bientôt ; enfin le récitatif obligé.

» Le propre du récitatif mesuré est d'être formé des inflexions ordinaires du récitatif simple, auquel on ajoute la mesure, on accompagne ces passages avec plus de soin que les autres ; et souvent on y fait paraître les instruments à vent. Si le chanteur met à ces traits une expression convenable, ils ne manquent jamais de produire un effet excellent.

» Le *Récitatif obligé* est celui qui est accompagné de tout l'orchestre, et qui est entremêlé de ritournelles et de traits de symphonie ; en sorte que l'orchestre et le récitant sont forcés de s'attendre l'un autre. C'est de cette obligation réciproque, qui est particulière à ce genre qu'il a pris le nom de *Récitatif obligé.*

» Cette espèce de récitatif sert communément d'introduction aux pièces de chant, telles que airs, duos, etc. Il s'emploie tant dans les opéras où tout se chante que dans ceux où le simple discours alterne avec la musique. » (*Nouveau manuel complet de musique vocale et instrumentale.*)

Le chant de ce récitatif n'est pas différent de celui du récitatif simple ;

ils sont tous les deux fondés sur le même système. C'est pour ne pas interrompre le sentiment et la force d'expression que l'on a coutume d'assujettir la voix et l'orchestre à la mesure.

Aujourd'hui que nous semblons revenir aux œuvres des maîtres primitifs, quelques conseils sur l'exécution des récits de Lulli et de Rameau ne seront peut-être pas inutiles.

Le récitatif de l'ancienne musique française était toujours chanté, ce qui faisait qu'on pouvait le confondre avec le chant proprement dit, et, si le mouvement était un peu pressé, croire qu'il devait se chanter plus vite que les airs.

Le récitatif de Lulli, qui se prête aisément à un débit rapide, se débitait de son temps beaucoup plus vite que du temps de Rameau. Le récitatif de ce dernier compositeur était chargé d'ornements et avait une certaine prétention au chant, qui le dénaturait parfois. En outre, l'espèce de mesure à laquelle il était astreint le rendait fort difficile à chanter. Ce récitatif, par cela même qu'il ressemblait davantage au chant et que les agréments de l'un s'étaient abusivement introduits dans l'autre, avait moins besoin d'être déclamé.

Les agréments dont on se servait à cette époque dans le récitatif étaient les ports de voix, les trilles et des broderies insignifiantes qui révolteraient aujourd'hui les personnes de goût.

Le récitatif des Italiens était plus débité que chanté et se rapprochait plus de la déclamation que celui des Français. Les bons chanteurs avaient coutume de le dire d'une manière soutenue dans les opéras sérieux ; mais dans les opéras bouffes et les farces, la façon dont ils l'exécutaient se rapprochait beaucoup plus de la déclamation que du chant. Néanmoins les chanteurs reprenaient toujours l'intonation chantante pour terminer une phrase de récitatif.

Depuis environ 60 ans, comme nous l'avons dit, le récitatif français a reçu de nouvelles formes qui le rapprochent tout à fait du chant proprement dit, et exigent qu'il soit chanté. Les opéras français de Spontini, Meyerbeer, Halévy, Rossini, et autres renferment un grand nombre de ces admirables récits.

Les compositeurs étant dans l'impossibilité de noter absolument le degré de lenteur ou de rapidité que le récitatif doit emprunter au mouvement des passions, on comprend combien il faut de réflexion pour le dire avec la justesse d'expression et la vérité que demande la situation. Le chanteur doit avant tout se pénétrer de la situation dramatique, du caractère du personnage, et se rendre compte de la valeur des mots qui expriment la pensée du poète. La moindre négligence dans l'observation de ces principes peut amener des contresens fâcheux dans l'articulation.

Le chanteur qui dit d'un ton monotone et traînant des paroles qui expriment des passions violentes, amène bientôt la fatigue et l'ennui parmi les auditeurs, mais celui qui, en cherchant à éviter cet écueil, exagère l'expression, ne réussit le plus souvent qu'à tomber dans la charge et à se rendre ridicule.

« Il y a une grande différence entre le chant du récitatif et celui des airs. Le chant du récitatif est toujours à peu près le même ; tout ce qui peut le varier est plutôt du ressort de la déclamation, que de celui du chant proprement dit. Qu'il soit léger, simple, tendre, langoureux, vif ou passionné, bref, hautain, brisé, sanglotant ou désespéré, qu'il prie ou qu'il maudisse, la mélodie ne lui prête rien ; il ne tire ses ressources et ses beautés que d'un débit bien senti, d'une expression énergique et vraie. C'est ici que l'art domine et que le talent se révèle ; ici, ni broderies ni roulades : pour impressionner, le chanteur n'a que la parole et le sentiment. » (G. Duca.)

« On doit placer ici le conseil salutaire de ne jamais parler tout à fait quelque endroit du récitatif. Le prétexte qu'on pourrait apporter, que le récitatif parlé dans certains endroits a plus de force et de vérité, est un prétexte faux, puisqu'il s'agit de parler et de chanter en même temps, et non de parler uniquement. Cette manière est donc déplacée :

1° Parce qu'on a l'air d'entonner faux, ce qui blesse l'oreille sans satisfaire la raison ni le sentiment ;

2° Parce qu'en pratiquant ce moyen, on mérite, dans le sens inverse, les mêmes reproches qu'on fait à ceux qui semblent chanter ou déclamer des vers ;

3° Et parce que, enfin, dans un spectacle en musique, la convention faite avec le spectateur est que les personnages qu'il voit ne parlent pas, qu'ils ne déclament pas à la manière de ceux qui parlent, mais qu'ils chantent. C'est sur cette convention qu'est fondée l'illusion qu'il éprouve, et par conséquent son plaisir. Si, au moment où il est dans cette illusion, l'acteur parle au lieu de chanter, le charme est détruit, le spectateur est averti qu'on le trompe, et, loin d'ajouter, comme on pourrait le supposer, aux impressions qu'il a reçues, on les détruit toutes à la fois. Que dirait-on si, dans une tragédie, on entendait un acteur déclamer en récitatif quelques endroits de son rôle? On s'accorderait à dire qu'il a perdu l'esprit et qu'il ne sait ce qu'il fait. Que doit-on dire, d'après cela de celui qui parlerait au milieu d'un récitatif ? » (*Méthode du Conservatoire*.)

Ce dernier conseil est des meilleurs, en effet ; cependant depuis que le Conservatoire a rédigé son code, la musique a pris plus d'une licence, et le parlé expressif a produit des effets dramatiques d'une puissance inouïe. Nous ne pouvons citer un plus bel exemple que celui du quatrième acte du *Prophète* dans lequel Meyerbeer sentant que la situation était à son paroxisme d'intérêt, a remplacé la musique par une sorte de déclamation à peine notée qui est presque du parlé.

L'école moderne, s'autorisant de l'école ancienne, a permis pendant longtemps les agréments dans le récitatif, pourvu qu'ils eussent une parfaite analogie avec le sens du mot et l'expression du sentiment, mais cette liberté se restreignit de plus en plus.

Cependant le bon goût voulait qu'au théâtre on fût très sobre de ces ornements, et qu'on ne se permît cette licence que quand les paroles légères ou insignifiantes s'y prêtaient facilement. Mais, au salon, au concert, où l'action et l'illusion font absolument défaut, on pouvait être moins sévère et se donner un peu plus de liberté.

Cette manière de jeter quelque variété dans le récitatif, qui appartient aux Italiens et qui est fort en usage dans leurs opéras, n'est plus employée dans le récitatif français depuis longtemps. Aujourd'hui il est fort rare qu'un chanteur se permette le plus léger changement au texte écrit.

L'appoggiature est fréquemment employée dans le récitatif non comme ornement, mais pour exprimer l'accent tonique par une légère élévation de la voix ; elle donne plus d'élégance au récit et détruit la monotonie qui résulte de la répétition de la même note.

L'élève fera bien de consulter les méthodes de chant de Crivelli, Maria Anfossi, du Conservatoire, de Lanza, Lablache, Garaudé, Milhès, M. Manuel Garcia, et autres, qui renferment de nombreux exemples des substitutions, changements et ornements, que l'on peut introduire dans le récitatif.

Avant de terminer ce chapitre, nous devons signaler à l'élève les défauts que l'on remarque le plus communément. « Les défauts et les abus insupportables que les chanteurs font entendre dans les récitatifs, sans même s'en douter, sont innombrables. Nous allons essayer d'en indiquer quelques-uns dans le domaine du récitatif de théâtre, afin que les maîtres puissent les corriger.

« Il y a des vocalistes qui chantent le récitatif de théâtre comme celui d'église ou celui de chambre ; c'est alors une perpétuelle cantilène qui assomme. Il y en a qui, pour y mettre trop de chaleur, aboient; d'autres le disent comme en secret, d'autres d'une manière confuse; d'autres le suppriment; les uns le chantent négligemment, les autres d'une manière distraite ; il en est qui ne le comprennent pas, d'autres qui ne le font pas comprendre, tel y attache trop d'importance, tel le méprise; tel le dit d'une manière stupide, et tel autre le dévore ; il en est qui le chantent entre les dents, d'autres avec affectation ; il en est qui ne le prononcent pas ou qui ne lui donnent pas d'expression ; tel le dit en riant, tel en pleurant, il en est qui le parlent, d'autres qui le sifflent ; il en est qui crient, qui hurlent, qui détonnent; et de toutes les erreurs de ceux qui s'éloignent du naturel, la plus grande est de ne pas songer à l'obligation de se corriger. » (TOSI.)

Le récitatif a été la pierre de touche de tous les grands compositeurs, comme de tous les grands interprètes. A diverses époques on a compris différemment la manière de l'exécuter; mais de tout temps, il a été en grand honneur.

On s'étonnera peut-être de nous voir donner sans plus de détails le moyen didactique de bien dire un récit; mais, il faut le déclarer, chaque récitatif bien fait mériterait une leçon spéciale. Contentons-nous donc de répéter ce que nous avons dit au commencement de ce paragraphe : il n'est rien de plus difficile que l'exécution d'un beau récit, qu'il soit ou non accompagné, qu'il soit libre ou mesuré. Pour le récit, non moins que pour l'air, le chanteur a besoin de toute son expérience.

Au point où nous en sommes arrivés, nous pensons avoir dévoilé à l'élève la plus grande partie des secrets de son art. Prétendre lui enseigner encore à bien dire un récitatif serait vouloir recommencer un cours de chant, que nous avons l'espoir d'avoir rendu aussi complet que possible.

FIN DE LA PREMIÈRE PARTIE.

DEUXIÈME PARTIE

HISTOIRE DU CHANT

PREMIÈRE ÉPOQUE

Le chant dans l'antiquité et au moyen âge.

A côté de la théorie du chant, à côté de la pratique de cet art difficile, dont nous voyons la décadence se faire chaque jour pour ainsi dire plus profonde et plus rapide, il n'est pas de meilleur enseignement que de jeter les yeux sur le passé, que de raconter quelle place a tenu dans la musique cette science du *bien chanter* aujourd'hui trop négligée. C'est un principe maintenant établi qu'il n'est pas de leçons fructueuses, si on ne prend pas soin de montrer à celui qui apprend l'exemple des maîtres qui ont excellé dans leur art; l'histoire est le complément indispensable de toute étude sérieuse. Dans la partie didactique de ce travail, nous avons reproduit les opinions des plus grands maîtres et des plus habiles chanteurs, nous avons, si nous pouvons nous exprimer ainsi, codifié leurs règles les plus sages, les plus indiscutables.

Il nous reste maintenant à voir quelle chaîne non interrompue relie entre elles les écoles qui pendant plusieurs siècles se sont succédé; nous les verrons tour à tour grandir et progresser; nous expliquerons comment se sont conservées les grandes traditions du chant, par quel concours de circonstances elles se sont altérées au point d'être presque oubliées. Nous avons cité les préceptes des maîtres, nous montrerons leurs exemples, et après ce voyage à travers le passé, nous pourrons faire comprendre quelles causes ont amené l'art du chant à l'état où il est tombé de nos jours, heureux s'il nous est donné en même temps d'apporter le remède qui doit en quelque chose guérir la plaie que nous aurons touchée du doigt.

De l'antiquité, nous avons peu de chose à dire. Jamais le *quot quot mendaces Græci* ne fut plus vrai que lorsqu'il s'est agi de notre art. Il n'est pas de notre ressort d'entrer dans les polémiques soulevées au sujet de la musique grecque. Si les textes de quelques philosophes jettent un jour tremblant et douteux encore sur la théorie musicale des Grecs, si quelques hymnes qu'on dit avoir déchiffrés nous donnent des spécimens de leurs mélodies, si un grand nombre de représentations figurées nous renseignent sur leurs instruments et leur usage, rien, absolument rien, malgré les longues discussions dont la musique grecque a été et est encore le sujet, ne nous donne le moindre document sur l'art du chant proprement dit. Il est permis de supposer avec Fétis qu'à l'imitation des Orientaux, les Grecs ont surchargé leurs mélodies de traits et d'ornements, mais aucun monument ne vient éclairer cette question, aucun texte ne nous dit de quel genre étaient ces ornements, ni comment étaient exécutés ces traits.

On sait que les Grecs tenaient en grand honneur la voix humaine, « sans laquelle, dit Platon, l'emploi des instruments n'est qu'une barbarie. » On semble croire, d'après Aristide Quintilien, et d'après l'hymne de Calliope, un des plus importants débris de la musique grecque qui nous soient restés, que le ténor chantait du *la* au *si*.

L'histoire nous a conservé les noms de quelques chanteurs et chanteuses qui paraissent avoir été de remarquables virtuoses, tels que Stesichore, Xenocrite, Cléomène, Theono, comme chanteurs et Nosside de Locres parmi les femmes ; et encore n'est-on pas bien sûr que ces artistes n'aient été plus compositeurs encore que chanteurs ; mais tous ces renseignements sont vagues et offrent une bien faible pâture à notre curiosité. Que les Grecs aient chanté, cela est incontestable ; qu'ils aient bien chanté, il faut le croire, puisqu'ils le disent ; mais comment ont-ils chanté, c'est ce qu'il a été impossible de démontrer, jusqu'à ce jour du moins. M. Gevaert, dans son *Histoire et Théorie de la musique dans l'antiquité*, a traité la question ; mais s'il a jeté, après Bellermann, quelques nouvelles lumières sur la théorie musicale des Grecs, il ne nous a rien appris sur leur art du chant proprement dit.

Il n'en est pas de même du moyen âge ; longtemps on a cru que cette immense période de dix siècles qui séparait l'antiquité de la renaissance n'était qu'une longue léthargie de l'intelligence humaine, qu'un profond sommeil des peuples. Depuis un siècle, le nuage qui empêchait d'admirer le moyen âge dans toute sa splendeur s'est dissipé peu à peu ; on a compris quels trésors de génie, d'intelligence, de travail avaient dépensé ces hommes qui, pendant toute la période qui a précédé l'époque de la Renaissance, avaient su, au milieu des plus inextricables difficultés, au milieu du bouleversement des connaissances de l'antiquité, jeter les fondements de la civilisation moderne.

La musique, elle aussi, avait pris sa part dans cet immense mouvement de rénovation. Depuis cinquante ans, grâce aux travaux des Perne, des Fétis, des Coussemaker, des Danjou, des Kiessewetter, des Th. Nisard, de tous les fondateurs, en un mot, de la moderne histoire musicale, nous voyons la musique surgir du moyen âge, non point certainement brillante et variée comme elle l'est aujourd'hui, mais infiniment plus riche qu'on l'avait supposé. Les rythmes, l'harmonie, les formes mélodiques, les instruments ont été soigneusement étudiés ; on est parvenu, du moins en grande partie, à lire les neumes des manuscrits, on a dépouillé les traités, les monuments, et on a découvert un art bien différent du nôtre, il est vrai, mais un art véritable, là où on avait cru qu'il n'existait que des essais lourds, barbares et informes.

Dans cet ordre d'idées, une des plus intéressantes études est celle qui nous permet de savoir comment étaient exécutées les mélodies du plain-chant, et de reconnaître que, loin d'en être réduites à la lourde monotonie qui les attriste aujourd'hui, elles empruntaient à des chanteurs habiles une grande richesse et une étonnante variété. En effet, jusqu'à la prédominance de la poésie profane sur les textes sacrés, vers le treizième siècle, c'est dans la musique de l'Église que s'était réfugié le sentiment artistique.

Quelle que soit l'époque, quel que soit le caractère d'un art, toujours il reste une place pour la fantaisie du poète, pour le caprice de l'artiste ; or, les hommes astreints à chanter ces mélodies pour ainsi dire canoniques et dont les formes étaient réglées d'avance, et qui, en somme, se renouvelaient peu, durent nécessairement donner libre essor à leur imagination sur ces thèmes, et les broder à peu près comme nous avons vu broder les compositions modernes. Nous n'avons pas à examiner s'ils sont restés en cela fidèles aux traditions qui avaient donné naissance au chant religieux ; mais ces traits, ces vocalises, ces appoggiatures, ces ports de voix dont nous retrouvons les traces dans les monuments laissés par ces siècles reculés, constituent un véritable art du chant et appartiennent au sujet que nous traitons aujourd'hui, et nous devons en dire quelques mots si nous voulons expliquer les origines et l'histoire du chant moderne.

Au siècle dernier, Poisson, dans le *Traité théorique et pratique du plain-chant grégorien*, avait deviné ce que les musicologues ont découvert plus tard : « Les anciens, dit-il, avaient beaucoup de notes multipliées sur une même corde et sur une même syllabe ; c'est ainsi qu'ils faisaient la tenue. Les reviseurs du chant romain ont retrouvé presque toutes ces tenues. »

Plus tard, et presque de nos jours, Baini a relevé le même fait : « Au moyen âge, on faisait, dit-il, usage du piano, du forte, du crescendo, du decrescendo, du trille, du gruppetto, du mordant. Tantôt on accélérait la mélodie, tantôt on la ralentissait, tantôt on conduisait les sons du piano au pianissimo ; d'autres fois on les enflait du piano au fortissimo. »

Si nous cherchons en dehors de la musique religieuse, nous trouvons encore des preuves certaines de l'existence des nuances et des ornements dans le chant. Fétis nous dit que le barde Gallois qui voulait se faire recevoir dans la troisième catégorie des bardes (celle des chanteurs) devait connaître treize styles d'expression, et Fétis dit avoir entendu un chant gallois traditionnel exécuté par trois chanteurs qui disaient chaque couplet sur la même musique, mais avec de notables différences d'expression et de nuance.

Dès nos premiers pas dans l'histoire du chant, nous avons à constater un fait curieux dont l'influence se fait sentir jusqu'à notre époque. Il est prouvé, et les textes sont absolument affirmatifs, que dès les commencements du moyen âge les Italiens ont eu et de beaucoup la supériorité sur les chanteurs français. Doués de voix plus légères et plus souples, ils avaient su de bonne heure les exercer et dès le huitième siècle, la virtuosité avait été l'objet d'un soin tout spécial et d'une étude attentive. Une anecdote nous donne sur ce point des détails précis en même temps qu'elle nous apprend comment l'art du chant avait été introduit dans notre pays pendant la période carlovingienne. Dès que les relations s'étaient établies entre les premiers Francs et les papes, de nombreux efforts avaient été faits pour réformer le chant religieux français. En 754, le pape Étienne avait donné à Pépin des chantres pour instruire ceux de sa chapelle, et quatre ans plus tard une copie de l'antiphonaire romain. Charlemagne poussa plus loin encore sa sollicitude pour la splendeur du chant religieux, et lorsqu'il alla à Rome il emmena avec lui les chantres de sa chapelle. Ceux-ci ne tardèrent pas à entrer en antagonisme avec les chantres romains. Voici comment le moine d'Angoulême, dans sa vie de Charlemagne, raconte cette altercation. J.-J. Rousseau, dans son dictionnaire de musique, a traduit ce passage dont nous extrayons ce qui peut intéresser particulièrement notre sujet. « Les Français prétendaient chanter mieux et plus agréablement que les Romains ; les Romains se disaient les plus savants dans le chant ecclésiastique, qu'ils avaient appris du pape saint Grégoire, et accusaient les Français de corrompre et de défigurer le vrai chant. La dispute ayant été portée devant le seigneur roi, les Français qui se tenaient forts de son appui insultaient aux chantres romains. Les Romains, fiers de leur grand savoir et comparant la doctrine de saint Grégoire à la rusticité des autres, les traitaient d'ignorants, de rustres, de sots et de lourdes bêtes (*eos stultos, rusticos et indoctos velut bruta animalia affirmabant*). Comme ces observations ne finissaient pas, le très pieux roi Charles dit à ses chantres : déclarez-nous quelle est l'eau la plus pure et la meilleure, celle qu'on prend à la source vive d'une fontaine ou des rigoles qui n'en découlent que de bien loin ? Ils dirent tous que l'eau de la source était la plus pure, et celle des rigoles d'autant plus altérée et sale qu'elle venait de plus loin. « Remontez donc, reprit le seigneur roi Charles, à la fontaine de saint Grégoire dont vous avez évidemment corrompu le chant. Ensuite le seigneur roi demanda au pape Adrien des chantres pour corriger le chant français, et le pape lui donna Théodore et Benoît, deux chantres savants et instruits par saint Grégoire lui-même, il lui donna aussi des antiphonaires de saint Grégoire qu'il avait notés lui-même en note romaine. De ces deux chantres, le roi Charles, de retour en France, en envoya un à Metz et l'autre à Soissons, ordonnant à tous les maîtres de chant des villes de France de leur donner à corriger les antiphonaires français que chacun avait altérés par des additions et retranchements à sa mode, et tous les chantres de France apprirent le chant romain qu'ils appellent maintenant le chant français. Quant aux sons tremblants, flattés, battus, coupés dans le chant (trilles, groupes, appoggiatures, mordants), les Français ne purent jamais bien les rendre, faisant plutôt des chevrotements que des roulements, à cause de la rudesse naturelle et barbare de leur gosier. Du reste, la principale école de chant demeura toujours à Metz, et autant le chant romain surpasse celui de Metz, autant le chant de Metz surpasse celui des autres écoles françaises. » (1).

Il y a là un fait des plus intéressants, quoique quelques détails puissent être discutés. Ainsi Fétis, dans son *Histoire générale de la musique*, fait remarquer avec raison qu'il y a une erreur de la part du moine d'Angoulême, au sujet de Théodore et de Benoît, car en les supposant âgés seulement de deux ans au moment où le pape Grégoire mourut en 604, ces chanteurs n'auraient pas eu moins de cent quatre-vingt-treize ans à l'époque où le pape Adrien les aurait envoyés en France, en 787. Il est donc certain qu'ils ne furent pas élèves du pape Grégoire, mais qu'ils en continuèrent les traditions et les importèrent en France.

(1) Correcti sunt Antiphonarii Francorum, quos unusquisque pro suo arbitrio vitiaverat, addens vel minuens; et omnes Franciæ Cantores didicerunt notam Romanam quam nunc vocant notam Franciscam : excepto quod *tremulas* vel *vinnulas*, sive *collisibiles* vel *secabiles* voces in Cantu non poterunt perfecte exprimere Franci. Naturali voce barbarica frangentes in gutture voces, quam potius exprimentes. Majus autem Magisterium Cantandi in Metis civitate remansit; quantumque Magisterium Romanum superat metense in arte cantilenæ, tanto superat Metensis cantilena cœteras scholas Gallorum.

Des écoles furent fondées, à l'imitation de celles de Metz et de Soissons, à Lyon, à Troyes, à Sens, et dans d'autres villes encore.

C'était l'Italie qui avait donné le signal de la fondation de ces écoles, les premiers modèles de nos Conservatoires et de nos maîtrises. Peut-être avaient-elles existé dans les derniers siècles de l'empire romain, mais c'est au nom de Grégoire le Grand que se rattache le souvenir de ces grandes écoles de chant qui donnèrent naissance à celles de France, d'Allemagne et d'Angleterre.

Jean Diacre, l'historien de Grégoire le Grand, rapporte que ce pontife ne dédaignait pas d'apprendre lui-même le chant aux enfants, et il ajoute que l'on montrait encore à Rome le lit sur lequel il s'asseyait pour faire travailler ses élèves, l'antiphonaire dont il se servait, et le fouet dont il menaçait les enfants. Charlemagne, à son exemple, assistait fréquemment aux leçons des élèves de son école.

C'était à Rome, dans deux maisons distinctes, l'une au pied des degrés de Saint-Pierre, l'autre dans le voisinage de Latran, que saint Grégoire avait établi son école de musique et de chant. On a vu que non seulement ces écoles servaient à former des chantres capables de conserver le chant romain ; mais elles étaient une pépinière de maîtres qui devaient porter en Europe les traditions de l'art musical. Les deux chantres que le pape envoya à Charlemagne s'appelaient Pierre et Romanus.

Toutes ces écoles étaient constituées de la façon la plus pratique. Les enfants et les chantres vivaient en commun et on donnait, d'après Ducange, le nom de *Aephonotrophium* à l'endroit où ils étaient réunis. Leur chef portait le nom de *Primicier* ou de *Préchantre*.

Dans l'*Entretien des musiciens*, d'Annibal Gantez, c'était le maître de chapelle qui, au seizième siècle, remplissait les fonctions d'instituteur des enfants de chœur ; mais pendant le moyen âge le préchantre était un des hauts fonctionnaires de l'Eglise. Les auteurs de cette époque nous ont laissé des règlements à l'usage de ces écoles, et celui de l'illustre Jean Gerson, principalement, est remarquable par sa sagesse, son élévation, par la profonde connaissance des enfants et de leur caractère. « Châtiez les enfants, dit-il, mais qu'ils sachent bien que ce n'est pas par colère, mais bien par amitié ; gardez-vous de vous moquer d'eux, l'enfant doit se sentir aimé mais non bafoué. » L'auteur descend jusqu'aux plus minutieux détails: « Qu'ils s'habituent à être sobres, c'est à ce prix qu'ils conserveront leur voix. »

Ainsi élevés, les chanteurs connaissaient toutes les finesses de leur art, et il n'est pas étonnant qu'ils aient su enrichir le chant sacré de broderies et d'ornements qui devaient paraître à leurs contemporains des merveilles d'art et d'habileté. Il ne faut pas oublier, comme nous l'avons dit plus haut, que le plain-chant avait régné, presque sans partage, sur toute la musique jusqu'au treizième siècle, et par conséquent nous n'avons pas à nous prononcer sur la convenance de ces broderies dans le chant religieux. Du reste, il existait dans le texte liturgique un certain nombre de mots sur lesquels les chantres avaient la liberté de se livrer à toute leur fantaisie. D'après une ancienne tradition chrétienne dont saint Augustin nous a laissé le souvenir et le sens, quelques chants étaient suivis d'un certain nombre de notes chantées sur des voyelles sans signification ; ces notes appelées *neumes* ou *jubili* rendaient, par une pensée poétique, la foi et l'adoration des fidèles qui semblaient ne plus trouver de paroles pour exprimer leurs sentiments. Ces voyelles désignées par les mots *evovae* offrent un singulier rapprochement avec l'evohe des Grecs. Plus tard, le mot *alleluia* remplit le même office : « L'alleluia, dit saint Udalric (*consuetudines cluniacenses*), se chante à la fin de la séquence avec un neume ou jubilus, et on répète la lettre *a, a* en faisant de nombreuses modulations. » Ces vocalises ou broderies étaient quelquefois plus longues que le morceau lui-même et de nombreux auteurs se plaignent de l'importance donnée à ces sortes de fantaisies vocales. Walter Odington, dans le chapitre *de modo psallendi*, de son traité *de speculatione musicæ*, dit que les ornements du chant devaient être exécutés à voix légère et sans paroles.

Dans les pièces farcies, c'est-à-dire celles dans lesquelles un texte nouveau était ajouté au texte liturgique, d'interminables broderies étaient chantées sous le mot *Kyrie*, et nous pourrions, sans être trop hardis, supposer que là est l'origine de notre expression *Kyrielle*. L'*amen*, le *secula seculorum* offrent de nombreux exemples de ce genre. *Le mystère des vierges sages et des vierges folles*, dont le manuscrit date du dixième siècle, présente dans son écriture neumatique un grand nombre d'agréments et de fioritures.

Cela dura jusqu'au quatorzième siècle à peu près ; à partir de ce moment la musique profane commençant à prendre sa place dans l'art, le pape, les évêques et les moines pensèrent qu'il était bon de donner plus de gravité au chant religieux, de le dépouiller de ses ornements afin de distinguer le plain-chant de l'élément mondain qui faisait irruption de tous côtés.

Au plain-chant fleuri succéda, jusqu'au seizième siècle, le chant religieux simple dont nous avons conservé la tradition. Au commencement du quatorzième siècle le pape Jean XXII bannit les ornements du chant sacré. C'était saint Bernard qui avait, pour ainsi dire, réglé cette nouvelle manière de chanter dans ses statuts de l'ordre de Cîteaux : « Il faut, dit-il, que des hommes chantent d'une manière virile et non avec des voix aiguës et factices comme des voix de femmes, ou d'une manière lascive et légère comme des histrions. » Il ajoute, par manière de précaution, que les chantres feront bien de ne pas chanter du nez, de ménager leur respiration et de ne pas crier outre mesure.

La réforme ne s'appliqua pas à tous les ordres et la mode des broderies et des ornements sur les thèmes du plain-chant fut reprise avec plus de fureur que jamais vers le seizième siècle. Nous lisons dans le *Traité historique et pratique sur le chant ecclésiastique* de l'abbé Lebeuf : « Si, fidèles à l'esprit de saint Bernard, les religieux de Cîteaux avaient conservé dans le chant la simplicité ordonnée par leurs fondateurs, il n'en était pas de même des moines de Cluny qui, au contraire, aimaient dans le plain-chant les nuances de la variété. » Un livre curieux de Francesco Severi, dont nous aurons encore à parler au sujet du dix-septième siècle et intitulé *Salmi Passegiati* (Rome 1615, in-4°), nous montre qu'au seizième siècle les ornements sur le texte liturgique étaient fort à la mode à la chapelle Sixtine.

Mais, quels étaient ces ornements, quelles étaient ces nuances dont l'existence nous est prouvée par les textes anciens ? En principe, cela différait moins qu'on ne pense des artifices dont nous enrichissons aujourd'hui notre chant ; l'emploi des divers registres des voix, les différentes modifications dans l'émission du son, enfin les fioritures, ports de voix et broderies, variaient les mélodies du plain-chant comme elles varient les nôtres.

Les chantres du moyen âge employaient la voix de poitrine, de gorge et de tête ; en général, ils n'unissaient pas entre eux ces registres ; cependant Marchetto, dont Gerbert a reproduit le traité dans ses *scriptores ecclesiastici de musicâ sacrâ*, etc., dit qu'un des ornements du chant consistait à passer de la voix de poitrine à la voix de tête (fausset), ce qui, remarquons-le en passant, ressemble terriblement à notre tyrolienne moderne. Mais il ne faut pas discuter des goûts et des couleurs de chant et nous savons par Jérôme de Moravie, dont Coussemaker a publié le manuscrit, que les voix ne devaient point changer de registre. Nous traduisons le vieux théoricien : « Il est nécessaire que les voix dissemblables ne se mêlent pas dans le chant, soit la voix de poitrine avec celle de tête, celle de gorge avec celle de tête. La voix de poitrine est réservée aux notes straiguës. Généralement les voix graves et basses sont de poitrine, les voix légères et hautes sont de tête, celles de gorge sont intermédiaires ; on ne doit pas les mêler dans le chant, mais la voix de poitrine doit rester telle ainsi que la voix de gorge et de tête (1). »

L'emploi de la voix de fausset était fort commun, et les législateurs de la discipline ecclésiastique s'étaient vus forcés de le condamner chez les moines comme chez les religieuses. La voix de basse était aussi fort en usage, et même on avait fini par abuser singulièrement de son timbre puissant, mais lourd.

Théodulfe, évêque d'Orléans, condamne les grosses voix de basse (*voces taurinæ*) et les chanteurs qui avaient corrompu par leurs beuglements la pureté du plain-chant. On voit bien que le moyen âge ne diffère pas encore si radicalement de notre époque moderne, il semble même que les castrats n'aient pas été inconnus dans les premiers siècles de cette période, car si on en croit Balsamon de Constance, ce fut un castrat nommé Manuel qui introduisit à Smolensk le chant religieux.

C'est l'examen sérieux d'un curieux document laissé par le moine Nokter Balbulus qui a permis de savoir que les chanteurs savaient employer les nuances dans le plain-chant. Ce monument est à l'abbaye de Saint-Gall, dans un manuscrit des plus précieux qui, outre sa notation en neumes, porte un certain nombre de lettres dont le sens resta longtemps inexpliqué. On crut d'abord que ce manuscrit était un des deux antiphonaires que le pape avait envoyés à Charlemagne ; un travail récent du père Schübiger a détruit cette hypothèse ; mais le monument, sans avoir une aussi illustre origine, n'en est pas moins d'une incontestable autorité, et il est intéressant de découvrir le sens des signes conventionnels qu'il renferme. Une lettre de Nokter Balbulus adressée à Lampert, contient l'explication de ces signes soigneusement étudiés par le savant Th. Nisard. Cette épître porte l'explication de l'alphabet des vingt-trois lettres employées dans le manuscrit de Saint-Gall, et il est prouvé aujourd'hui qu'elle est la clef de ces signes qui, pour la plupart, indiquaient des nuances soit de mouvement, soit de *piano* ou de *crescendo* ; ainsi *a* signifiait *altus* (plus fort), *c citius* (plus vite).

Il n'entre pas dans notre plan de reproduire ici la lettre de Nokter qui est aujourd'hui imprimée dans les meilleurs traités de musique du

---

(1) Nulla igitur ex his (vocibus) alteri ligatur in cantu, sed vox pectoris pectorali, gutturis gutturali, capitis autem capitali.

moyen âge de Fétis, Coussemaker, Danjou, etc., après avoir paru dans les recueils de Canisius, de Mabillon et de Gerbert ; aussi nous contenterons-nous de signaler ce document qui jette une si vive lumière sur l'exécution du plain-chant orné au moyen âge.

Suivant Baini, c'étaient encore des lettres de ce genre qui, dans les manuscrits de Reims, de Metz, de Soissons, envoyés à Pépin et à Charlemagne par les papes Paul Ier, Adrien Ier et Léon III, ainsi que dans ceux de Rome, rappelaient aux musiciens certains ornements mélodiques. C'était *v* pour *vinulæ*, *t* pour *tremulæ*, *c* pour *collisibiles*, *s* pour *secabiles*, *p* pour *podatus*, « et beaucoup d'autres que les Français ne pouvaient exprimer avec leurs voix peu flexibles. »

Tous ces mots seraient pour nous autant d'énigmes, si les vieux théoriciens n'avaient pris soin de nous les expliquer.

Lorsque la notation du plain-chant, tel que nous la connaissons aujourd'hui, fut introduite dans la musique et succéda aux neumes, on ne crut pas devoir représenter par des signes les traits et les ornements que l'écriture neumatique, plus compliquée, reproduisait au moyen de lettres et de signes particuliers. On en garda un principal qui prit le nom générique de pliqué, laissant à l'enseignement oral et un peu à l'arbitraire du chantre le soin de suppléer à la simplicité de l'écriture à peu près comme les compositeurs du dix-huitième siècle écrivaient leurs mélodies sans indiquer les traits et les broderies dont les virtuoses devaient les surcharger.

Les théoriciens du moyen âge avaient laissé des tableaux de neumes dans lesquels on trouvait un grand nombre de noms appliqués à des signes non moins variés. Lorsqu'on eut déchiffré (ou à peu près) ces signes, on découvrit que beaucoup d'entre eux indiquaient les ornements du chant.

Voici, en peu de mots, à quoi se réduisait ce système : ces ornements portaient le nom de *crispatio*, *trepidatio*, *reverberatio*, *vinulæ*, *voces tremulæ*, *copula*, *hocheti*, qui signifiaient tremblé, flatté, trille, vocalise, notes piquées, etc. Les premiers mots sont à peu près synonymes, et l'expression *voces tremulæ* dépeint assez exactement le genre d'ornement dont il est question : c'étaient des trilles et des tremblements. Les *voces tremulæ* devaient être exécutées sans les articuler l'une après l'autre en prolongeant sur toutes la même émission de voix et la même respiration. « Cependant, quand deux notes devaient être exécutées sur une seule syllabe, le chanteur habile devait les séparer l'une de l'autre et non les exécuter comme une longue. » Cette sorte de tremblement soutenu était surtout employée sur les cadences et les finales.

Il est peut-être bon au point de vue historique de remarquer que cet artifice de chant se retrouvera ou à peu de chose près au commencement du dix-septième siècle, dans les *nuove musiche* de Caccini, où il portera le nom de *trillo*. Plus tard, au dix-huitième siècle, le *trillo* sera aussi mentionné dans Tosi; mais cette fois le vieux chanteur remarquera que cet ornement est tout à fait abandonné.

D'après Aurelianus Reomensis cité par Gerbert, Gui d'Arrezzo note aussi les *voces tremulæ*. La *copula* était une broderie faite par le ténor sur une tenue de la basse : « La *copula* est si utile, dit Jean de Garlande au onzième siècle, que, sans elle, il n'y a point de chant parfait. » Le *hochetus* représentait de véritables notes piquées; les canons qui le condamnaient le désignaient comme morcelant et coupant la mélodie. Dans plusieurs cas, le mot *hochetus* s'est appliqué aussi, soit à la syncope, soit à un genre de composition où la syncope jouait un grand rôle.

Les appoggiatures doubles et simples ascendantes ou descendantes étaient nombreuses ainsi que les ports de voix, et tous ces artifices peuvent être classés dans les *liquescentes voces* citées par Guido.

Le trille disparut à peu près du chant à partir du quatorzième siècle, mais à la fin du seizième, dit de Coussemaker, un certain Jean Luc Conforti, chantre de la chapelle pontificale, le renouvela avec le plus grand succès. Le Podatus semble avoir été aussi une sorte de trille, car il se faisait « par un mouvement de l'épiglotte subitement exécuté avec répercussion du gosier. »

Les ornements, comme nous l'avons dit plus haut, étaient représentés par des lettres et le plus souvent par des neumes qui vinrent se fondre dans la semi-brève et la plique du plain-chant. Voici les noms de quelques-unes de ces neumes et, d'après l'*histoire générale de la musique* de Fétis, et l'*histoire de l'harmonie au moyen âge* de Coussemaker, le genre d'ornements qu'ils représentaient :

Epiphanus......	Port de voix ascendant.
Cephalicus......	Port de voix descendant.
Quilisma......	Gruppetto ascendant.
Ancus......	Gruppetto descendant.
Pressus......	Trille (*vox tremula*).
Gutturalis......	Notes répétées.

Nous avons rapidement étudié dans ce chapitre l'histoire de l'art du chant au moyen âge telle qu'elle nous apparaît dans les documents laissés par les théoriciens, ou des manuscrits dont les musicologues ont déchiffré les signes ; mais dès le onzième siècle on découvre les premières traces d'un art singulier que nous ne pouvons omettre de signaler, car au seizième siècle nous le trouvons florissant et cultivé à ce point, que c'est presque lui qui, à cette époque, constitue l'art du chant tout entier. Nous voulons parler du déchant ou chant sur le livre. Il ne s'agit point ici de l'harmonie par quintes et par quartes qui, au moyen âge, avait aussi pris le nom de déchant, mais bien de variations vocales que les chantres improvisaient sur les cantilènes du rituel. Prenant la note du texte sacré, l'improvisateur la brodait en notes de passage et la subdivisait de telle façon que les maximes se changeaient en longues, les longues en brèves, etc., et qu'il mettait à exécuter ces mesures de moindre valeur le temps qu'il aurait mis à tenir la note qui lui avait servi de point de départ. C'est le procédé employé dans le contrepoint ; c'est le procédé des variations. Cette division des figures de longue valeur en notes de valeurs plus petites se subdivisant au gré du chanteur prenait le nom de *diminution*, et ce mot qui, au moyen âge, fut déjà employé dans ce sens, devint d'un tel usage plus tard, qu'il fut presque synonyme de *broderies* et de *variations*.

Déjà Hucbald, au onzième siècle, avait fait allusion à cette sorte de contrepoint fleuri et improvisé ; mais les théoriciens qui suivirent ce vieux maître furent plus explicites. Françon de Cologne, au onzième siècle, Élie de Salomon, au treizième siècle, Marchetto de Padoue et Jean de Muris, au quatorzième siècle, donnèrent la définition du chant sur le livre que nous retrouvons au seizième siècle, désigné sous le nom de contrepoint *alla mente*.

Il ne s'agissait point seulement, pour les chantres du moyen âge, d'improviser au hasard des variations sur le chant ; autour d'eux, un chœur nombreux et bien discipliné exécutait la note écrite et obligeait le virtuose à s'astreindre aux règles les plus sévères de l'harmonie, telle qu'elles étaient fixées à cette époque. Un traité de musique manuscrit de la Bibliothèque nationale indique, dans les plus minutieux détails, quelles précautions devait prendre le chanteur avant de commencer ses variations. Un traité anonyme en vers, publié par Baini dans l'ouvrage que nous avons cité, reproduit aussi ces conseils et ces règles ; nous renvoyons pour ce traité à la note 202 des *Mémoires sur Palestrina*. Marchetto de Padoue, dont le savant abbé Gerbert a publié le traité dans le tome III de sa collection, donne aussi des indications sur l'art du contrepoint improvisé. Un théoricien plus moderne (quinzième siècle), Tinctor, vient à son tour confirmer les textes de ses prédécesseurs, et c'est lui que nous citerons de préférence aux premiers, car ce qu'il nous dit dans son livre, nous le retrouverons encore formulé presque de la même façon dans les traités de chant du seizième siècle. Nous empruntons pour cette citation la traduction que Fétis a donnée dans son *histoire générale de la musique* : « Le contrepoint tant simple que fleuri, se forme de deux manières, savoir : par écrit et par improvisation. Le contrepoint qui se fait par écrit s'appelle ordinairement la *chose faite* (*res facta*). Nous nommons plus exactement contrepoint celui que nous faisons par improvisation et qui s'appelle vulgairement chant sur le livre. Or, la chose faite diffère principalement du contrepoint en ce que toutes les parties, soit qu'il y en ait trois, quatre, et même davantage, s'unissent mutuellement de telle sorte que la disposition et le mouvement des concordances dans chaque partie soient aussi bien réglés à l'égard de chacune en particulier qu'envers toutes ensemble. Mais lorsque deux, trois ou quatre parties ou un plus grand nombre de personnes chantent sur un livre, aucune n'est sujette à l'autre ; il suffit à chacun des chantres de faire accorder avec le ténor ce qui concerne le mouvement et l'ordre des concordances. Cependant, je ne considère pas comme blâmables, mais comme très dignes d'éloges, les chantres qui se concertent entre eux avec prudence, et s'entendent d'abord sur le placement et l'ordre des consonnances, car ils forment une harmonie beaucoup mieux remplie et plus suave. »

Il faut bien remarquer dans ce passage que le mot ténor n'est pas pris dans l'acception moderne. Il signifie, dans le sens sacré ou profane, la partie qui soutenait le chant et sur laquelle on brodait le contrepoint écrit ou improvisé. Tenant le milieu entre les dessus et la basse, il faisait concorder entre elles ces différentes parties. Comme ce rôle était souvent confié à la voix d'homme la plus aiguë, le nom de ténor est resté à cette voix, et c'est dans ce sens seul qu'il est employé aujourd'hui.

Cette sorte de contrepoint improvisé et très orné qui laissait une si grande latitude au virtuose, et qui nous parait aujourd'hui bien étrange, ne fut pas sans bons résultats pour l'art du chant. Cultivé avec éclat pendant plus de trois siècles, le déchant força les chantres à faire de sérieuses études musicales, à exercer leur imagination. Or, ces chantres étaient pour la plupart des compositeurs, et on ne peut nier que l'habitude d'improviser ainsi le chant sur un thème donné, n'ait beaucoup contribué au progrès de l'art vocal et de l'invention mélodique sans laquelle la plus belle virtuosité devient rapidement froide et peu intéressante.

Tel fut le chant pendant tout le moyen âge. Au moment où la musique profane vint prendre dans l'art la place prédominante qu'elle ne devait plus abandonner, les compositeurs trouvèrent le terrain tout préparé, les écoles étaient fondées, l'art du chant existait au moins dans ses principes fondamentaux. Les seizième et dix-septième siècles n'avaient plus qu'à recueillir un héritage déjà riche. Nous verrons comment les chanteurs et les compositeurs de cette époque surent profiter des conquêtes faites par les musiciens du moyen âge, et préparer la période du dix-huitième siècle que nous pourrons appeler l'âge d'or du chant.

DEUXIÈME ÉPOQUE

Les déchanteurs du seizième siècle. — Le chant orné à plusieurs voix. — Le style madrigalesque.

Nous avons indiqué brièvement dans le chapitre précédent en quoi consistait l'art du chant au moyen âge, nous avons montré comment au moment où la musique profane avait pris une extension considérable, l'Église avait cessé pour un temps d'employer le chant fleuri et rendu aux mélodies sacrées une partie de leur majestueuse simplicité ; mais bientôt la fantaisie avait repris le dessus, même dans la musique religieuse et avec elle naturellement avait brillé de nouveau l'art de fleurir les mélodies et de les orner de tous les agréments du chant usités pendant cette période.

En disant quelques mots de cet art spécial qui portait le nom de déchant, nous avons rattaché la chaîne non interrompue qui relie le moyen âge à l'époque communément appelée Renaissance.

Lorsque nous entrons dans le seizième siècle et encore pendant une période de plus de cent ans, nous trouvons l'art du déchant à son apogée. Il n'est pas dans notre sujet de suivre pas à pas l'histoire de la composition musicale, d'indiquer les progrès que les maîtres des écoles des quatorzième et quinzième siècles avaient fait faire à l'harmonie et à la mélodie ; mais il est indispensable de rappeler en quelques lignes les origines de l'art madrigalesque qui régna aussi bien à l'église qu'au concert et dans lequel les chanteurs de cette époque surent donner carrière à leur imagination et à leur virtuosité jusqu'à ce que l'invention du drame lyrique et la prédominance de la mélodie pour voix seule eussent changé les conditions du chant. Constatons en passant que, malgré les grands noms de Josquin des Prez et de Palestrina, la différence entre le chant religieux et le chant profane dans les madrigaux, les motets et les messes, n'est que bien médiocrement tranchée, et que pour celui qui étudie le chant proprement dit et les ornements, les œuvres destinées au temple offrent peut-être plus de fantaisie que les compositions réputées mondaines. N'en déplaise à ceux qui s'obstinent à considérer l'Italie comme la mère patrie de la musique, c'étaient les Français et les Flamands qui avaient fondé l'école Italienne dont nous avons à nous occuper ici. Sous la forte influence des maîtres des quatorzième et quinzième siècles, des Binchois, des Obrecht, des Okeghem qui s'étaient mis à la tête du mouvement musical, la musique avait fait un nouveau pas, l'harmonie s'était formée, la mélodie avait commencé à se détacher de la masse harmonique appuyée sur une tonalité plus ferme, le style vocal était devenu plus régulier, la marche des parties plus aisée. Le style profane et le style religieux, l'un consistant dans la mélodie seule, l'autre trouvant ses effets dans l'artifice du contrepoint le plus recherché, étaient par des voies différentes arrivés à peu près au même résultat. Dans sa *Chronique de Francfort*, écrite en 1300, Pierre Herp avait signalé le mouvement musical qui se faisait sentir dès cette époque et il avait dit : « Alors de nouveaux chanteurs s'élevèrent et des compositeurs de chant figuré qui nous habituèrent à une autre musique. »

C'était aux Flamands, aux Belges et aux Français que notre art devait ses progrès. Ils étaient venus en Italie et y avaient importé le nouveau style et formé de nombreux élèves.

Guichardin, dans sa description des Pays-Bas, n'hésite pas à reconnaître la supériorité des musiciens du Nord sur ceux de l'Italie, appuyant son argumentation sur les noms des plus célèbres compositeurs de ce temps, qui tous étaient Belges, Flamands ou Français. Si nous en croyons Moregi, Galeas Sforza, qui vivait vers 1470, entretenait et payait chèrement trente musiciens très habiles, et tous, ainsi que le maître de chapelle, étaient ultramontains, c'est-à-dire Français, Flamands et Belges. Muratori rapporte que Leonel d'Este, duc de Ferrare, qui régnait vers 1441, avait fait venir de France les chanteurs qu'il avait à sa cour; enfin l'influence de ces maîtres étrangers sur la musique italienne jusqu'à Palestrina fut si grande que, tandis qu'on remarquait une nombreuse phalange de compositeurs du Nord en Italie, tels que Léonard Barré de Limoges, Ghislain d'Ankerst, Zélandais, Jacques Arcadelt, Jean Lecant, Flamands, François Roussel, Français, le grand Goudimel, Français aussi, c'est à peine si quelques maîtres Italiens comme Constant Festa, à Rome, soutenaient la *concurrence*. Encore étaient-ils eux-mêmes élèves de maîtres étrangers, comme Prosdocimo Beldomandis à Padoue, comme Palestrina, que le Français Goudimel eut la gloire d'avoir pour disciple.

Il est juste d'ajouter aussi que l'école franco-belge n'avait pas été seule à former cette école italienne qui si longtemps régna sans partage sur la musique à dater de la seconde moitié du seizième siècle ; un peuple, qui, depuis, n'a pas conservé les glorieuses traditions du passé, les Espagnols avaient aussi exercé une féconde et forte influence sur les musiciens italiens particulièrement à Rome. Nous verrons quelle place ils occupaient à la chapelle Sixtine, comme maîtres et comme chanteurs, mais pour rappeler par quelques noms l'époque la plus brillante de leur histoire musicale, il nous suffira de citer le Portugais Vincenzo Vittoria et Morales, le Palestrina de l'Espagne.

Formés par ces maîtres, les Italiens prirent à leur tour une éclatante revanche ; ils cherchèrent à créer un art national, et, au milieu du seizième siècle, brillèrent les noms d'André Gabrieli, Claude Merulo, Constant Porta, des théoriciens Gassori, Zarlino, Zacconi, etc., et surtout de Palestrina, légion nombreuse de compositeurs et de maîtres qui furent les pères de l'école italienne.

Mais que leur avaient appris les maîtres étrangers ? Recueillant l'héritage légué par les musiciens des quatorzième et quinzième siècles ils avaient perfectionné l'art de broder un contrepoint sur un thème, d'enchevêtrer habilement les diverses parties d'un ensemble harmonique, instrumental ou vocal. Leur style, il faut le reconnaître, était plus compliqué qu'agréable, inférieur en cela à l'ancien style mélodique, dont Adam de la Halle avait laissé les modèles ; mais en revanche, il préparait l'avènement du règne de la musique moderne et jetait les fondements de l'harmonie dont nous nous servons aujourd'hui. Les maîtres du Nord avaient aussi conservé la tradition du déchant ou de l'improvisation sur le livre, et toute cette science, ils l'avaient donnée aux Italiens. Ceux-ci, avec ce merveilleux instinct du style vocal qui est le caractère le plus remarquable de leur génie en musique, n'avaient point tardé à jeter la lumière dans cet art un peu compliqué et surtout à rendre aussi parfait que possible ce genre singulier de composition qui porta le nom de contrepoint « *alla mente.* »

C'est ce contrepoint, *alla mente*, issu de l'antique déchant, et qui eut ses maîtres, son style et ses virtuoses, qui va nous occuper dans ce chapitre. C'est lui qui caractérise l'art du chant au seizième siècle et même lorsque la monodie ou mélodie à voix seule, dont nous traiterons dans le chapitre suivant, reprendra, grâce à l'invention du drame lyrique, la première place qu'elle avait perdue depuis le treizième siècle, nous verrons encore le chant sur le livre lutter non sans succès pour ne disparaître que dans la moitié du dix-septième siècle.

A l'époque où nous sommes arrivés, les renseignements sont plus nombreux et plus clairs que pour le moyen âge ; aussi nous est-il plus facile d'expliquer les règles du chant de cette époque et d'en suivre les transformations. Il est bon d'indiquer les ouvrages qui nous instruisent sur ce point intéressant. Glaréan, Aaron, Canuntius, parlent fréquemment de l'art des diminutions et des vocalises, mais leurs renseignements sont courts et généralement assez vagues. Il est à remarquer que ceux qui les premiers se sont étendus sur ce sujet ont traité particulièrement des diminutions faites par les instruments ; mais, ils le disent eux-mêmes, ces règles étaient aussi applicables au chant, tant le style instrumental différait peu du style vocal.

Dans sa *Fontegara*, publiée en 1555, Ganassi del Fontego indique les fioritures et les diminutions que la flûte doit exécuter ; mais il ajoute aussi que ces mêmes traits peuvent être faits par une voix humaine.

Plus loin, il propose de chanter la partie supérieure d'un madrigal, de l'orner, de la fleurir, en se contentant de jouer les autres parties sur une viole, une harpe, un luth, ou une lyre (basse de viole à douze cordes). Déjà en 1543, dans sa *Regula Rubertina*, sans donner des règles aussi explicites, il avait indiqué ce mode de chant accompagné et brodé, en donnant comme exemple un madrigal avec deux parties en tablature pour basse de viole et luth, et une autre pour la voix humaine.

Diego Ortiz, de Tolède, a reproduit, à peu de chose près, le livre de Ganassi. Son ouvrage est intitulé : *Trattado de Glosas sobre clausulas y otros generos de puntos en la musica de Violones nuevamento puesto en luz*. (Roma per Valerio e Luigi Darco, 1553.) — Pendant plus de 40 pages il donne plus de 400 exemples de la manière dont on peut conduire la voix, fleurir les cadences, divisant son travail en 3 chapitres : 1° Manière de varier ; 2° manière d'improviser sur le livre ; 3° règle pour fleurir une partie avec une voix ou un instrument. Zarlino (*Instituttioni harmoniche*, 1562), qui si longtemps fit autorité dans la musique, donna quelques règles sur le chant varié avec chœur et indiqua le moyen de fleurir une partie quelconque de l'ensemble, grâce aux ornements et aux accents nouveaux (*con vaghi et moderni accenti*). Zacconi, le célèbre théoricien consacra tout un chapitre de sa *prattica musica* à cet art singulier de l'improvisation (*chap.* LXVI *du* 1er *livre*) ; enfin, en 1613, l'Espagnol Cerone, dans un livre devenu aujourd'hui des plus rares et intitulé *il Melopeo* (*Napoli*, f° 1613), donne un traité complet du chant à plusieurs voix, traité qui contient les règles de la vocalise, de la prononciation, des conseils pour la tenue du chanteur et l'hygiène de la voix (1).

Le livre de Cerone fut imprimé à Naples, et aussitôt l'édition fut envoyée en Espagne; mais le navire qui la portait coula en route, et avec lui presque toute l'édition de l'ouvrage. Le poids énorme d'un si volumineux traité n'est pas certainement sans avoir été pour quelque chose dans ce malheur, tant est-il que peu d'exemplaires nous sont restés. Fétis dit douze, Wekerlin dit quatorze, de toutes les façons, l'ouvrage est des plus rares, et la Bibliothèque Nationale en possède un magnifique spécimen que nous avons pu consulter tout à loisir.

Cerone est le dernier auteur qui ait parlé en détail du contrepoint *alla mente*, considéré au point de vue de la virtuosité, mais il est juste d'ajouter que c'est lui qui est le plus clair et le plus précis dans ses renseignements.

« Cette espèce de contrepoint, dit Rousseau, était composée sur le chant par les parties supérieures, chantant impromptu sur le ténor et la basse, ce qui fait juger de la lenteur avec laquelle la musique devait être chantée, pour pouvoir être exécutée de cette manière par des musiciens aussi peu habiles que ceux de ce temps-là. » Au résumé, sans être complète, la définition du philosophe genevois moins erronée que de coutume n'est même pas absolument fausse, mais son jugement et les conséquences qu'il en tire manquent complètement de justesse. Improvisé par de mauvais chanteurs, le contrepoint *alla mente* n'e devait pas laisser de ressembler à la fameuse fugue des étudiants de Berlioz, mais d'habiles artistes, et il en existait un grand nombre à cette époque, tiraient certainement des effets nouveaux de ce genre d'improvisation qui donnait libre carrière à la fantaisie du virtuose. De plus, c'était un art véritable, cultivé par les meilleurs musiciens de l'époque, art qui avait ses lois et ses règles parfaitement définies.

Le contrepoint *alla mente* était de deux sortes; dans l'une, chacun variait sa partie et il fallait certainement une grande habileté pour que ce bariolage de traits n'engendrât pas la confusion. Dans l'autre, un seul chanteur fleurtissait sur le livre, avec les passages, des vocalises et les accents que lui inspirait son imagination, tandis que les autres parties se contentaient de chanter la musique telle qu'elle était écrite. Tous les motets n'étaient pas enrichis du contrepoint *alla mente*, et souvent ils étaient exécutés dans leur simplicité primitive, c'était ce

---

(1) Traité des ornements, des cadences et autres sortes de passages dans la musique vocale.

qu'on appelait *cantus ut jacet*. « *Cantus ut jacet*, dit Canuntius dans les *flores musicæ, est ille qui plane sine ulla diminutione canitur*, » c'était en résumé le thème chanté simplement et sans diminutions.

C'est en effet dans les diminutions que consiste le fond de l'art du chant pendant la période qui nous occupe ici.

Dans le premier chapitre, nous avons indiqué la théorie et le principe des diminutions ; ici la pratique nous apparaît dans tous ses détails.

C'était sur les cadences principalement et sur les demi-cadences que les broderies devaient être appliquées. Un exemple tiré de Cerone, nous indique la manière de donner à ces cadences plus de variété et de légèreté : « Car, sans les ornements, dit notre auteur, elles paraîtraient difformes et lourdes. »

Il en était de même des demi-cadences, qu'on variait de la même façon (*de glosar alcunos passos que parecen clausulas y no lo son*).

Mais là ne s'arrêtait pas l'art de la diminution et on devait varier non seulement les finales, mais aussi certaines parties de la mélodie, prenant simplement soin d'éviter de broder les demi-brèves accompagnées de leurs paroles. Se contenter de broderies sur les cadences, était prouver son ignorance et sa faiblesse. Un genre de vocalises spécial était indiqué pour chaque voix et la basse elle-même avait ses fleurtis et ses ornements, comme le prouve cet exemple :

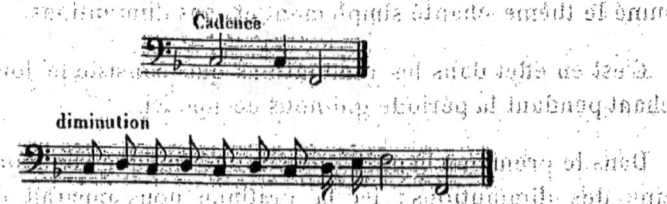

Cerone indique des spécimens de vocalises sur tous les intervalles de la gamme, octave, tierce, quarte, etc. La fantaisie, dans ce genre d'ornements, ne connaissait pas de limites ; ordinairement la moyenne des broderies était de huit croches par mesure, mais au commencement du dix-septième siècle cette moyenne avait été largement dépassée et la seule règle imposée au chanteur était de faire ses traits rigoureusement en mesure. Pour que ce genre d'improvisation fût supportable, il fallait que l'exécutant observât en effet strictement la mesure et lui obéît, « comme le fils à son père, » sous peine d'entraver la marche des voix qui l'accompagnaient.

Pour conserver la clarté de l'ensemble, il fallait que les chanteurs prissent soin de faire des broderies en même temps dans différentes parties et attendissent chacun leur tour pour commencer leur *gorgheggi*. Il paraît que cette règle indispensable n'était pas toujours rigoureusement observée. « Nous avons connu, dit Cerone, des *glosadores* qui, par point d'honneur se mettaient tous à vocaliser ensemble. Au lieu de produire un effet élégant et gracieux, ils ne parvenaient qu'à imiter les juifs braillant dans leurs synagogues ou une réunion de paysans en gaieté, sans compter les incorrections que les basses ne pouvaient éviter de produire dans leurs broderies improvisées entre les ténors, les seconds dessus et les soprani ». Pour compléter sa démonstration, l'auteur donne 156 passages et variations (*passos glosados*), « pour la commodité de ceux qui veulent chanter d'après la manière moderne ». En même temps, il indique la manière de transposer ces exemples sur différentes clefs et pour différentes voix ; ces 156 exemples n'étaient qu'un faible spécimen des fantaisies vocales auxquelles se livraient les déchanteurs du seizième siècle.

Les diminutions n'étaient pas les seuls ornements employés par ces improvisateurs. Trois graves écrivains, Cressolius (*De sacrorum nominum disciplina*, Paris, 1629, in-8), Guidicuoni (*Constitutiones synadules-lucques* 1571, in-8) et Doni, ont à différentes époques condamné la musique figurée à cause des nombreuses fioritures dont elle était chargée. « Les chants trop agréables, disaient-ils tous les trois, à peu près dans les mêmes termes, la délicatesse des diminutions, semblable au ramage des oiseaux, les inflexions de voix, les accents, les traits, prennent les oreilles, mais détournent du culte de Dieu. » Ces accents, ces inflexions, ces traits, étaient les trilles, les nuances, les vocalises, les flattés, les coulés.

Les déchanteurs connaissaient le port de voix aux divers intervalles, et même ne voyons-nous pas l'origine du fameux *rubamento di tempo*, dans ce conseil de Cerone, lorsqu'il recommande aux chanteurs d'anticiper sur la valeur plus longue pour préparer un port de voix ou un trille. « Les retards, dit-il, peuvent être faits sur la valeur d'une demi-minime, et cette valeur se fait comme si on exécutait une croche pointée, plus une demi-croche. »

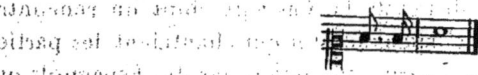

D'après Thomas Aceti, on a prétendu que c'était Conforti de Mileto (Calabre), chanteur de la chapelle papale en 1591, qui avait retrouvé le trille perdu au moyen âge ; cette assertion est fausse, car le livre de Gannassi del Fontego en contient un grand nombre indiqués par la lettre T.

Mais le trille n'était pas le seul ornement de passage. On connaissait aussi le *groppolo* (petit groupe), le *manachina*, le *zumbalo* (sorte d'appoggiature), l'*echo*. Alexandre Guidotti dans la préface de le *Rapresentazione de l'anima e corpo* nous les indique. « Dans les parties à chanter, on trouvera écrite avant quelques notes les quatre lettres g, m, t, z, qui signifient, g, *groppalo*, m, *mancahisma*, t, *trillo*, z *zumbalo*. » Durante dans ses *arce divote* 1608, François Severi (1615), dont nous parlerons plus loin en détail, Domenico Mazzochi dans sa préface des *Madrigaux à cinq voix* de 1638 donnent l'explication des signes de nuances < <> dont le sens est le même qu'aujourd'hui, ainsi que des lettres P (*piano*), F (*forte*), E (*eco*). Pendant tout le seizième siècle, ces nuances furent connues comme elles l'étaient au moyen âge ; Severi, dans ses *psalmi passagiate*; Anerio (*selva armonica* 1617) ; Ferraro (*motets* 1617); Allegri (*concerti*), passent pour avoir subdivisé les premiers, le temps en doubles croches ; mais avant eux on trouve dans les motets et les madrigaux un grand nombre de notes d'aussi courte valeur. »

Du reste, sans être réunis en un corps de doctrines, les bons préceptes ne manquaient pas pour les chanteurs, et on y retrouvait dès cette époque les excellents principes qui ont fait des Italiens sinon les premiers musiciens, du moins les premiers chanteurs du monde. La division des voix, leurs différents timbres, le style, l'émission de la voix, la tenue du chanteur et jusqu'aux conseils hygiéniques, tout se trouve détaillé dans les dissertations de cette époque.

Au temps où les castrats n'étaient pas encore employés, les ténors tenaient souvent le premier rang et il est même à remarquer que quelques écrivains, comme Cerone, regrettent que les femmes chantent, mais les faits nous démontrent que leurs regrets étaient superflus.

On écrivait quelquefois assez bas pour le ténor, comme on peut le voir dans un *kyrie* de Brummel cité par Glarean et qui descend jusqu'au *si* bémol. On distinguait, outre les voix de basse, de baryton, de ténor, d'alto et de soprano, des voix de fausset assez singulières qui remplissaient l'office des voix de femmes dans les églises et à la chapelle papale avant l'introduction des castrats. Ces voix dont on rencontre encore de nos jours quelques spécimens et qui chantaient les parties de femmes, étaient possédées particulièrement par des Espagnols qui tenaient l'emploi de soprani et de contralti à la chapelle pontificale. On nommait ces chanteurs *falsetti*.

Naturellement les registres de poitrine et de tête étaient employés dans le chant comme aujourd'hui; l'éclat, l'acuité, le brio de la voix de tête offraient aux compositeurs de nombreux avantages; ces qualités mêmes la rendaient fatigante, et à la longue insupportable; tandis que la voix de poitrine, forte et bien assise leur paraissait de beaucoup préférable, d'autant plus qu'écrivant peu au-dessus des lignes, les compositeurs avaient peu besoin de forcer l'organe de leurs chanteurs. ceux-ci employaient aussi la voix mixte dont ils tiraient, dit Cerone, des effets charmants. Il paraît que les excellentes voix, claires, égales, justes et souples étaient à peu près aussi rares à cette époque que de nos jours et la voix parfaite, haute, sonore et suave, assez forte pour n'avoir ni tremblement ni défaillance, assez douce pour remplir agréablement l'oreille, était difficile à trouver, même chez les plus grands chanteurs.

La respiration et la prononciation étaient aussi l'objet des soins assidus des meilleurs maîtres. Pour mener à bonne fin ces longues diminutions chantées dans un mouvement relativement assez lent, il fallait savoir ménager habilement le souffle. C'était au chanteur à être assez adroit pour reprendre la respiration sur les notes longues, sans le faire sentir, afin de pouvoir chanter les finales avec force et vivacité. Le compositeur devait aussi prendre soin de placer des pauses et des silences de façon à permettre au virtuose de prendre haleine et éviter dans les diminutions improvisées de respirer sur les croches et les doubles croches, à cause de leur rapidité d'émission.

Zarlino, Cerone et les autres se plaignent souvent des chanteurs qui, ne sachant pas conduire et ménager leur voix, poussent des cris semblables à des hurlements, oubliant que l'artiste de goût « doit chanter plutôt avec ses oreilles qu'avec sa bouche ».

Le chanteur, dit Zarlino, « ne doit pas lancer sa voix avec impétuosité et fureur comme une bête sauvage, mais bien la conduire et la modérer, la proportionnant à celle des autres chanteurs de manière à ne pas les couvrir, sans se laisser couvrir par eux. »

Avant de commencer un morceau, et ce conseil a été, est et sera bon de tout temps, le chanteur prudent devait lire la composition tout entière, afin de bien prendre d'avance ses mesures, et de bien savoir sur quels passages il devait pousser ou ménager sa voix. Il était bon aussi que dans les pauses quelquefois fort longues il chantât mentalement la partie de ses concertants, de peur de manquer la rentrée. Observer le sens des paroles n'était pas sans importance. Certes, il ne fallait pas pousser la chaleur jusqu'à chanter avec sa tête, ses bras, son cou et ses pieds « au point de ressembler à un danseur », mais il était nécessaire aussi d'éviter de chanter sans émotion ni accent, comme ce chanteur dont parle Hesychius qui chantait si froidement que des glaçons s'attachaient à ses lèvres. Il fallait avant tout conformer sa voix au sens des paroles, chanter gaiement les choses gaies et réjouissantes, rendre avec gravité les paroles graves en sachant distinguer le chant qui convient à une église ou à une salle de concert; enfin il ne fallait pas changer le son des voyelles, transformer les *u* en *o*, les *i* en *a* ou en *e*, les *o* en *i*.

Il est curieux de retrouver dans Tosi, en 1723 à peu près, ces mêmes conseils que donnent au seizième siècle les meilleurs didacticiens.

Toute une thérapeutique était recommandée au chanteur; mais si quelques remèdes étaient efficaces et sont encore employés avec succès, il était quelques médicaments tout aussi singuliers qu'inutiles et auxquels le chanteur ne devait guère avoir recours.

En revanche, ces vieux théoriciens donnent quelques conseils pour conserver la voix qu'il est peut-être curieux de rapporter. Cinq choses, disent-ils, sont nécessaires au chanteur prudent :

« 1° Éviter de forcer la voix quand on commence à chanter pour ne pas fatiguer les poumons, et ne chanter ni trop haut ni trop bas.

2° Faire beaucoup d'exercices de vocalises.

3° Ne manger que des choses légères, éviter amandes, avelines, noix, qui dessèchent la poitrine. Annibal Gantez disait cent ans plus tard, dans les *Entretiens des Musiciens* : « femme, pomme et noix sont nuisibles à la voix. » Autrefois, les chanteurs s'abstenaient de manger avant de chanter et même en dehors ils réduisaient leur nourriture à quelques légumes ; c'est pourquoi on les appelait les *fabarii* (mangeurs de fèves), *cantores vulgo fabarii dicti erant*).

4° Pour la boisson, les *falsetti*, les *soprani* et les *contralti* doivent prendre le vin très-tempéré, parce que le vin pur alourdit la voix et lui enlève de son acuité pénétrante. Les ténors et les basses, s'ils sont jeunes et surtout au printemps doivent tremper légèrement leur vin parce que le vin pur échauffe l'estomac et rend la bouche sèche et peu sonore ; en hiver, au contraire, il faut le boire tel qu'il sort du cep. Quant aux vieux, ils doivent boire sec en tout temps. « Il est très mauvais pour un chanteur de beaucoup écrire ; la poitrine baissée et appuyée sur une table se fatigue facilement. C'est ce qui fait, dit Cerone, que les compositeurs obligés d'écrire leurs œuvres ont rarement une bonne voix. Le chanteur fera bien, ajoute-t-il, s'il est obligé d'écrire, de se faire faire une sorte de pupitre élevé qui lui permette d'écrire debout sans baisser la tête. Meyerbeer n'avait certainement jamais lu Cerone et cependant il écrivait toujours monté sur une espèce de cheval de bois qui permettait à ses jambes de rester dans la position droite et de toucher le parquet. »

On le voit par ce résumé, l'art du déchant n'était pas aussi barbare que Rousseau avait bien voulu le dire. Il exigeait des chanteurs habiles, excellents musiciens et rompus à toutes les difficultés de leur art. Voyons maintenant sur quelles compositions s'exerçaient ces virtuoses et sur quelles pièces s'appliquait le contrepoint *alla mente* qui, pendant tout le seizième siècle et presque jusqu'au milieu du dix-septième, a tenu la première place dans l'art du chant.

C'était dans les motets et les madrigaux que les chanteurs prenaient leurs ébats et se livraient à toutes les fantaisies du contrepoint *alla mente*, et il est même curieux à remarquer que le style fleuri était plus employé encore dans la musique religieuse que dans le chant profane. En effet Zacconi qui donne dans la deuxième partie de la *prattica musica* un grand nombre d'exemples de diminutions s'excuse de n'avoir pas pris pour modèle un madrigal au lieu d'un motet, parce que les motets étaient plus faciles à varier. Drexelius (*Rhetorica cœlestis*) s'était élevé contre l'abus du chant fleuri à l'église : « Pour votre paix, je dois vous prévenir que maintenant, dans les temples, il existe un mode de chant diminué, sautillant, excitant les passions, convenant plus au théâtre et aux dames qu'à l'Église. Nous cherchons les finesses de l'art et nous perdons la connaissance du chant vraiment religieux. Cette nouvelle manière de chanter est une véritable comédie dans laquelle les chanteurs sont comme des acteurs; l'un s'avance d'abord, puis tous, et dialoguent dans des chants variés ; bientôt un seul triomphe et tous les autres le suivent. » La musique, que nous trouvons dans les madrigaux, est fort ornée en général ; qu'on se figure ces pièces à plusieurs voix, exécutées par des chanteurs habiles dans l'art du contrepoint *alla mente*, et l'exécution de la musique d'ensemble, nous paraîtra des plus singulières. Transporté en Italie où le goût du chant orné fut plus développé que chez tout autre peuple, le contrepoint *alla mente* fut surtout cultivé par les chanteurs et les musiciens ultramontains. Au moyen âge, il courait un proverbe qui donne une singulière idée de l'état du chant à cette époque. « *Galli cantant, Angli jubilant, Hispani plangunt, Germani ululant, Itali capricant.* »

Glarean, Zacconi, nous ont laissé un grand nombre d'exemples de motets et de madrigaux ornés ; Josquin des Préz, Brummel, Meyer, Henri Isaac, Nicolas Craen et bien d'autres encore, offrent un grand nombre de *kyrie*, de *secula seculorum*, d'*amen*, mots qui, au seizième siècle comme au moyen âge, servaient de sujet aux développements de vocalises telles que nous les avons décrites pour cette époque. La magnifique collection de messes de Duchemin, où on trouve les œuvres de Claudin, de Sermisy, de Colin de Certon, de Manchicourt, le *Liber selectarum cantionum* (1520) qui renferme des œuvres des musiciens des quinzième et seizième siècles, tels qu'Obrecht et H. Isaac, les deux magnifiques livres d'Orlando de Lassus (1573 et 1574), tous ces recueils en un mot, destinés à l'église, prouvent que chez les maîtres français et belges le chant orné n'était pas négligé. Si nous consultons les madrigaux de Philippe de Mons (1584), le curieux recueil intitulé les *Nerve d'Orfeo* (1606), qui contient des madrigaux des plus célèbres maîtres du seizième siècle, de Nanino, de Lucas Marenzio, de Claudin le jeune, de Philippe de Mons, de Gastoldi, etc., présentent la même particularité. Cependant les mélanges d'Orlando de Lassus, publiés en 1619, sont plus ornés et on y trouve entre autres la chanson populaire «*Quant un cordier cordant,*» arrangée à quatre parties, et dont les traits et les vocalises, se répondant à qui mieux mieux, semblent vouloir peindre les nœuds de la corde, imitation enfantine et à laquelle les musiciens du seizième siècle aimaient à se livrer. En Italie, la liste est des plus longues, et nous n'avons pas l'intention de donner une bibliogra-

DEUXIÈME ÉPOQUE

phie madrigalesque ; cependant, nous pouvons citer les compositions que nous avons eues sous les yeux en tout ou en partie.

Adr. Bianchieri. — *Organo Suonarino.*
Girol. Diruta. — *Il Transylvano.* Venise, 1605-1610.
Viadana. — *Falsi Bordoni.* Roma, 1612.
Nanini (Bern.) — *Motecta.* 1608-1618.
Vecchi (O.) — *La Veglie di Siena.* Gardane, 1604.
Durante (Ott.). — *Arte Divore.* Rome, 1608.
Micheli (Rom.). — *Musica Vaga.* Venise 1616.
Agazzari. — *Madrigali.* Gardano, 1600, in-4°.
Rimonte. — *Parnasso espagnol.*
Cifra (Ant.). — *Scherzi sacri.* Rome, 1616.
Puliaschi (Dom.). — *Gemma musicale,* 1616.
Bartei (G.). — *Missoe.* Roma, 1618.
Anerio. — *Sacri concentus.* Roma, 1613.
Constantini (Al.) *Motecta.* Roma, 1616.
Catalano (Ott.). — *Cantiones.* Roma, 1616.
Ferraro (Ant.) *Cantiones.* Roma, 1617.
Oliviere (Guiseppe). — *La Turca armoniosa.*
Rotti (L.). — *Motecta.* Roma, 1617.
Pace (V.). — *Sacri concentus,* 1618.
Cantoni (S.). — *Academia festivale,* 1627.

Toutes ces pièces contiennent des morceaux ornés ou propres à être ornés par le contrepoint *alla mente.*

Nous ne pouvons ici reproduire quelques-uns de ces motets à cause de leurs dimensions et nous renvoyons le lecteur au Traité de Zacconi qui donne de nombreux exemples de broderies et à celui de Cerone; mais il est un petit recueil rare presque inconnu, et précieux, qui nous paraît être le plus complet spécimen de ces sortes de chants à plusieurs voix, surchargés d'agréments et improvisés, c'est celui de Franc-Severi, intitulé : *Salmi passaggiati per tutte le voci nella maniera che si cantano in Roma.* (Rome, Nicolo Borboni, in-8°, année 1615.)

Ce petit recueil de psaumes ornés est précédé d'une préface explicative, dont nous donnons ici le sens, et dont plusieurs passages jettent une vive lumière sur ce genre d'improvisation vocale.

Voici cette préface :

Aux lecteurs :

« J'ai voulu publier mon petit livre de psaumes brodés, non pas parce qu'ils donnent la véritable manière de bien chanter, car les passages du genre de ceux que je présente aux lecteurs sont facilement improvisés à Rome dans toutes les grandes solennités, mais pour montrer à ceux qui désirent la connaître, la manière de chanter des artistes romains, et j'ai choisi des traits assez faciles, pour pouvoir facilement être exécutés par chacun.

» 1° Pour cela il faut d'abord entonner avec aisance, et d'une voix ferme et claire ;

» 2° Si en chantant les versets on rencontre plusieurs paroles sur une seule note, il faut s'appuyer sur la première syllabe en glissant rapidement sur la seconde et en marquant nettement la dernière syllabe de la parole ;

» 3° En chantant les croches, il ne faut pas manquer de pointer les premières et de les exécuter avec vivacité, mais sans une trop grande rapidité ;

» 4° Si, au contraire, une croche est pointée, il faut glisser sur la première et s'appuyer sur la seconde ;

» 5° Les demi-croches (*semicrome*) doivent se chanter le plus vite possible, mais avec la voix de poitrine et non celle de gorge comme font quelques-uns, ce qui rend le chant lourd et confus au lieu d'être léger et clair ;

» 6° Nous n'avons pas donné certains passages difficiles et extravagants, car notre intention est de montrer les passages naturels et qui sont improvisés sans études, suivant le style ecclésiastique de Rome et suivant la manière d'Ottaviano Catalani, mon maître, manière qu'il enseigna à ses disciples pendant les quatorze ans qu'il fut maître à Sainte Apollinaire à Rome et maintenant encore où il est maître de son Excellence le prince de Sulmone, neveu de Notre Saint-Père le Pape Paul V.

» Recevez donc avec plaisir ces prémices de mon travail, et tenez compte de l'âge de l'auteur, en excusant son inexpérience. De cette façon vous m'obligerez pour toujours et vous me donnerez le courage de publier un second livre d'airs brodés.

» Portez-vous bien. »

Nous donnons dans nos planches deux morceaux curieux de ces *salmi Passagiati*.

Notre étude sur le madrigal et sur le chant fleuri à plusieurs voix serait incomplète, si nous ne rappellions pas au lecteur que c'est sous la forme madrigalesque que furent écrites les premières œuvres lyriques qui, inspirées par les souvenirs de l'antiquité et des réminiscences grecques et romaines, succédèrent aux mystères du moyen âge pour préparer l'avènement du drame musical moderne avec l'*Euridice* de Peri, l'*Orfeo* de Monteverde, etc. Il existe tout un cycle de pièces mythologiques dans lesquelles l'élément lyrique tient une place considérable, et pour qui examine de près cette musique il est bien évident que sur ces madrigaux à plusieurs voix les virtuoses de l'époque devaient exercer leur talent d'improvisation.

Nous ne citerons pas toutes les pièces de ce genre qui furent composées pendant le seizième siècle; chaque fête de circonstance, chaque solennité pour ainsi dire donnait naissance à une de ces manifestations musicales; mais nous nous contenterons de rappeler au lecteur celles qui nous ont paru les plus curieuses. En 1501, à Lintz, sur le Danube, en présence de l'empereur Maximilien, du duc de Milan et de la cour, à l'occasion du carnaval, on représentait une sorte de drame mythologique, dans lequel Diane, Silène, Bacchus, venaient tour à tour jouer un rôle. Au premier acte, Diane entourée de ses nymphes venait prier l'empereur de la protéger. Elles chantaient un chœur à quatre parties, assez court, que la voix de soprano devait fleurir de façon à le rendre digne d'un si brillant auditoire. Au second acte, Bacchus, et autour de lui toutes les divinités qui l'accompagnent entamaient un second madrigal à trois voix cette fois, le tout entremêlé d'intermèdes d'instruments, et était terminé par un grand chœur d'actions de grâces.

Nous n'avons pu découvrir le nom du musicien qui avait composé ces madrigaux, mais nous avons sous les yeux un magnifique exemplaire du *Ludus Dianæ* et nous avons pu constater que ces chants ne devaient pas être exécutés sans force fioritures et ornements (1).

Parmi les plus remarquables fêtes du seizième siècle, dans lesquelles la musique prit une part importante, il faut citer celles qui furent célébrées à l'occasion des noces du duc de Florence, Cosme de Médicis avec Léonora de Tolleto; la bibliothèque de Saint-Marc à Venise et celle de Vienne possèdent l'ouvrage qui contient la musique exécutée dans ces cérémonies. Une grande place y est donnée aux instruments, mais on y trouve aussi une quantité considérable de chœurs et d'ensembles écrits dans la forme madrigalesque. Le livre est intitulé : *Musiche*

---

(1) *Ludus Dianæ*...... Impressum Nurembergœ ab. Hieronyme Holcelio anno MCCCCC et primo novi seculi. = Idibus Maiis, in-4° gothique, Bibl. nat.

*fatte nelle Nozze dello illustrissimo duca di Firenze, il signor Cosimo diè Medici e della illus*ma *consorte sua M. Leonora di Tolletto.* (Venetia, Ant. Gardane, MDXXXIX pet. in-4°.)

Les différents morceaux qui composaient ce recueil étaient exécutés à l'entrée de la duchesse de Florence. Vingt-quatre chanteurs d'une bande, quatre trombones et quatre cornets d'une autre, saluèrent la princesse à son arrivée. Dans la seconde partie de la cérémonie on vit une sorte de comédie d'après l'antique, arrangée par Francesco Corteccia. Ce véritable ballet de Bacchus et des nymphes commence par un chœur et une symphonie pour un clavicymbel et des petites orgues de différents registres ; à la fin du second acte, on entendait une cantate à six voix de trois sirènes et de trois monstres marins, accompagnés de trois flûtes traversières, plus trois nymphes marines, avec trois luths ; le tout ensemble. Le troisième acte, celui de Silène, se terminait par un chœur à quatre voix. Venait ensuite un chœur à cinq, chanté à la fin du cinquième acte, accompagné par quatre trombones. Un grand finale terminait la fête. Voici en quels termes la rubrique décrit ce morceau, qui est une invocation à Bacchus : « BACCO, BACCO, *Evoe, a quatro voci, cantata et ballata da quatro Baccante et quatro satiri, con varii stromenti tutti ad uno tempo, la quale subito dopo la notte, fu la fine della comedia.* » C'était donc un véritable opéra ballet, dans lequel l'art madrigalesque brillait de toute sa splendeur. Citerons-nous encore, dans ce genre, la fête donnée à l'occasion des noces de Ferdidand de Médicis et de Christine de Lorraine, et les somptueux spectacles que Don Garin de Tolède offrait à la noblesse italienne ?

Dans la première, c'était le combat d'Apollon et du serpent Pithon qui servait de sujet au ballet. Dans la seconde, on entendait l'*Aminta* du Tasse, à laquelle le jésuite Maratta avait ajouté des madrigaux. De toutes parts cet exemple était suivi ; en France aussi on pouvait admirer les magnifiques fêtes avec ballets et comédies mythologiques que la ville de Rouen offrait, en 1552, au roi Henri, arrivant en Normandie avec sa femme, Catherine de Médicis, qu'il venait d'épouser. Là encore, on rencontre des sujets mythologiques : Apollon, Hercule, le serpent Pithon ; mais, là aussi, on retrouve la forme madrigalesque un peu tempérée, il est vrai, par le goût français, auquel ce genre ne convenait pas absolument, mais gardant toujours son caractère de musique polyphonique.

Le dernier ouvrage dramatique important, écrit dans le style madrigalesque, est une composition singulière d'Orazzio Vecchi, intitulée : *Amfiparnasso — Comedia armonica*, Gardane, 1597 et 1610. M. Cataleni, dans une suite d'excellents articles publiés dans la *Gazette musicale de Milan*, de 1858, a analysé avec soin cette publication. C'est une suite de madrigaux, écrits sur une action dramatique et comique ; les personnages sont nombreux : on y voit Lelio, Isabelle, le capitan Pantalon, Francatrippa, tous les types populaires de la comédie italienne, et tous chantent dans la forme madrigalesque. De nombreux compositeurs, et Vecchi lui-même, ont écrit d'autres morceaux ainsi distribués ; mais l'*Amfiparnasso* nous est resté comme une protestation du vieux théâtre madrigalesque disparaissant devant la tragédie lyrique, où dominait la monodie, et qui devait donner naissance à notre opéra moderne ; à ce titre, il avait droit à notre attention.

Ces chœurs, ces madrigaux, ces broderies fantaisistes et singulières, qui les exécutait? Quels chanteurs savaient ainsi improviser sur le livre? Le seizième siècle nous a laissé peu de noms de chanteurs spéciaux. Les maîtres de chapelle, les compositeurs, étaient en grand nombre, et eux-mêmes se mêlaient, en général, aux exécutants ; mais, à part la longue liste des chanteurs de la chapelle pontificale, on trouve peu de virtuoses. En France, les maîtrises et la chapelle du roi étaient les véritables pépinières des chanteurs : Brummel, Gaspard Loiset, Pierre de La Rue, Verbonnet, Josquin des Prèz, etc.; Jean Mouton, Gilbert, Cl. Lyenne, Ducaurroy, Roland de Lassus, Villaert, Philippe de Mons, Arcadelt, Cl. Sermisy, Cl. Jannequin Colin, en France et en Belgique; Wirdung, Henri Isaac, H. Fink, Hofheimer, en Allemagne, forment une légion d'artistes fort capables d'improviser le contrepoint sur le livre. En Italie, Constanzo, Porta, Alphonse della Viola, Anerio, Nanini, Giovanelli, Lucas Marenzio, Or Vecchi; le prince Ch. Gesualdo de Venouse ; en Espagne et en Portugal, Vittoria Morales, Goes, etc., écrivaient leurs œuvres et souvent les chantaient eux-mêmes. A partir du milieu du seizième siècle, on signale un fait d'une importance capitale pour l'histoire du chant en Italie : c'est la création de la grande école de Palestrina, issue elle-même, comme nous l'avons vu, de l'école franco-belge. Devenu par son génie le chef de la musique en Italie, Palestrina avait fondé à Rome une école de composition et de chant, dont il avait conservé la haute surveillance, mais dont il avait confié la direction à Nanini et à Soriano, deux compositeurs, élèves aussi des maîtres français. Nous verrons dans le chapitre suivant quel éclat eurent ces écoles italiennes, sur lesquelles nous reviendrons souvent, et qui fournirent au monde entier tant de compositeurs et de chanteurs étonnants. Contentons-nous ici de rappeler les noms des créateurs de cette école : à Giovani Maria, à Bernardino Nanini, à Soriani, succéda Agostini ; puis vinrent leurs brillants élèves : Puliaschi, Severi, Naldini, Vittori (Loretto), Etienne Landi, Romano, Micheli, Cifra, Allegri. Les chanteurs qui exécutèrent les premiers opéras de Peri et de Caccini sortaient de cette école.

Du reste, tout était préparé en Italie pour donner naissance aux brillantes écoles qui devaient créer le drame lyrique et former les admirables chanteurs des dix-septième et dix-huitième siècles. Partout, en Italie, les princes, les prélats, avaient leurs musiques et leurs chapelles. Bottrigaro, Dentice, nous donnent des détails sur les concerts de voix et d'instruments de cette époque. Le premier décrit cette cour de Ferrare, si intelligente et si musicale, dans laquelle le duc appelait tout ce qui avait un nom comme compositeur, chanteur ou instrumentiste. Deux maîtres de chapelle, Fiorino et Luzzasco, dirigeaient cette phalange d'élites merveilleusement disciplinée ; le prince assistait lui-même aux répétitions où on préparait l'exécution des œuvres d'Alfonso della viola, de Luzzasco et de tant d'autres.

La princesse elle-même avait su se former un orchestre de dames qu'elle dirigeait en personne. Dentice, dans ses curieux *Dialogues*, décrit un concert qu'il a entendu à Naples, dans la maison de Jeanne d'Aragon. On y entendait Lonardo dell' harpa, Napolitain ; Marcello Perino de Florence; Battista, Sicilien; Giasties, de Ferrare ; les chanteurs étaient, le seigneur Jules-César Brancazzo, Francesco Bresbulle, comte de Briatico, Scipion del Palla, et un autre chantant le soprano, « qui ne plut pas beaucoup, dit-il, mais qui pouvait passer dans l'excellence de l'ensemble. » A Venise, la chapelle de Saint-Marc, avec ses illustres maîtres, brillait d'un incomparable éclat. La chapelle pontificale, dirigée par les plus grands musiciens du seizième siècle, et servie par les meilleurs chanteurs italiens et flamands, allait devenir, grâce à l'introduction des castrats, la plus riche pépinière des virtuoses. Nous reviendrons sur cette institution, qui rendit tant et de si éminents services à notre art.

Contentons-nous ici de constater son influence.

Sortis presque tous de l'Église ou y appartenant comme chantres ou comme maîtres de chapelle, les chanteurs jouissaient d'une grande considération, quelques-uns appartenaient aux premières familles de l'Italie, d'autres arrivés aux plus grandes dignités de l'Église n'en continuaient pas moins leur service dans le sanctuaire. Un fait singulier relaté par Caffi dans son histoire de la chapelle de Venise nous donne une idée de la haute opinion qu'on avait des chanteurs et des services qu'ils rendaient. Cet auteur raconte que le prêtre Alvirzi dalle Pinzochese, ténor de la chapelle ducale à Venise, ayant reçu la mitre dans la basilique de Saint-Marc le 19 février 1518, les procurateurs le supplièrent de continuer à chanter à cause de la beauté de sa voix. En France, en Allemagne le chant était fort en faveur, les virtuoses trouvaient dans l'exercice de leur art profits et considération. Une curieuse plaquette intitulée : *Libellus de Jucundissimæ musicæ laudibus* 4° 1515, par Bœmius, nous donne quelques détails sur l'organisation musicale de la cour d'Allemagne au seizième siècle ; c'est un éloge de la musique d'à peu près 400 vers, parmi lesquels on lit ceux-ci, qui ont particulièrement rapport aux maîtres de chapelle.

> *Quid de cesareo dicam tibi multa magistro*
> *Paulo? Quid de Buchnero pariterque Joanne?*
> *Mercurium Phœbumque Deos et Pana Linumque*
> *Vincentes numeris Scythicum et testudine vatem;*
> *Unde habet a domino locuplete quotannis uterque*
> *Aurea pro dicta mercede numismata centum.*

« Que te dirais-je de Paul, maître de la chapelle Impériale. Que dire aussi de Jean Buchner ; ils l'emportent sur Mercure et Phœbus, qui, pourtant, sont des dieux, ils laissent loin d'eux Pan et Linus, et sur le luth ils surpassent le poète de Scythie, aussi, un maître riche et généreux donne-t-il à chacun d'eux pour salaire cent pièces d'or. »

Résumons-nous ; le caractère particulier de la musique vocale au seizième siècle est le style madrigalesque à plusieurs voix, avec les broderies, les fioritures et les ornements ajoutés dans les différentes parties du chœur. C'est dans ce genre de musique qu'écrivent tous les plus grands maîtres de cette époque, c'est encore le même style que nous retrouvons dans les premiers essais de drame lyrique qui ont donné naissance à l'opéra moderne. Une grande révolution va s'accomplir, le chant à voix seule va dominer en maître, le madrigal cédera la place à la monodie, et avec lui disparaîtra un art primitif à la vérité et se ressentant des habitudes étranges du moyen âge, mais en somme difficile, original, exigeant des chanteurs une sérieuse connaissance de la musique et une certaine science du chant et véritablement digne de présenter à l'historien un réel intérêt.

TROISIÈME ÉPOQUE

Le chant au dix-septième siècle. — Naissance et progrès de l'art vocal en Italie.

Jusqu'ici, nous nous sommes contentés de faire de l'érudition, si ennuyeuse qu'elle fût, elle était nécessaire pour poser le fond de ce tableau de l'histoire du chant, dont la connaissance est le complément indispensable de toutes celles du plaisir de celle que nous avons entreprise.

L'opéra à peine né, le chant à plusieurs voix est peu à peu abandonné, ou du moins négligé. La première place appartient plus aux madrigaux agréables, aux chromatismes ensemblés savamment fleuris; elle est au chant dramatique et expressif; elle est à la monodie, d'où sortira bientôt, dans les efforts de dix initiateurs, un art savant, tiré un si beau et si utile parti.

Nous ne raconterons pas, après tant d'autres, les origines de l'opéra. De nombreux écrivains nous ont dit les efforts des Emilio del Cavaliere, des Péri, des Caccini, des Monteverde, des Carelli; les essais de Cambert, la brillante période de Lulli, les débuts, en un mot, du drame lyrique, tech encore, où études par Burney, Fétis, etc.; développant encore par MM. Thoinan et Gevaert.

Ne exposons donc pas sur ce sujet tant de fois et si bien traité, mais plusieurs plaçait à s'avoir quand et comment étaient exécutées ces œuvres dont nous connaissons la valeur; cherchons donc à comprendre quelle influence elles ont eue sur l'art du chant, et en même temps quelle part prit la virtuosité dans l'art du compositeur. Voyons, en un mot, par quel progrès l'art du chant a grandi pendant tout le dix-septième siècle, et comment il advint, qu'au théâtre étant ouvert aussi bien qu'à l'église, les chanteurs durent par faire reléguer au second

TROISIÈME ÉPOQUE

Le chant au dix-septième siècle. — Naissance et progrès de l'art vocal en Italie.

Jusqu'ici, nous nous sommes contentés de faire de l'érudition; si ennuyeuse qu'elle fût, elle était nécessaire pour poser le fond de ce tableau de l'histoire du chant, dont la connaissance est le complément indispensable de toute étude du genre de celle que nous avons entreprise.

L'opéra va naître, le chant à plusieurs voix est peu à peu abandonné, ou du moins négligé. La première place n'appartient plus aux madrigaux ingénieux, aux charmants ensembles savamment fleuris; elle est au chant dramatique et expressif; elle est à la monodie, d'où sortira l'*air* dont les chanteurs du dix-huitième siècle sauront tirer un si beau et si fatal parti.

Nous ne raconterons pas, après tant d'autres, les origines de l'opéra. De nombreux écrivains nous ont dit les efforts des Emilio del Cavaliere, des Péri, des Caccini, des Monteverde, des Cavalli; les essais de Cambert, la brillante période de Lulli; les débuts, en un mot, du drame lyrique moderne ont été étudiés par Burney, Fétis, etc.; dernièrement encore par MM. Chouquet et Gevaert.

Ne revenons donc pas sur ce sujet tant de fois et si bien traité; mais, cherchons plutôt à savoir quand et comment étaient exécutées ces œuvres dont nous connaissons la valeur; cherchons donc à comprendre quelle influence elles ont eue sur l'art du chant, et en même temps quelle part prit la virtuosité dans l'art du compositeur. Voyons, en un mot, par quel progrès l'art du chant a grandi pendant tout le dix-septième siècle, et comment il advint, qu'au théâtre et au concert aussi bien qu'à l'église, les chanteurs finirent par faire reléguer au second rang le compositeur et sa musique par un public qu'éblouissait leur prodigieux éclat.

Le dix-septième siècle fut comme l'époque de transition de cette étonnante efflorescence de virtuosité à laquelle nous assisterons pendant tout le dix-huitième siècle. Pendant les cent années qui précéderont le grand âge du chant, nous verrons la mélodie se former, l'air proprement dit prendre des contours plus fermes et plus accusés, le récitatif, issu de la monodie, devenir plus vocal et plus chantant; le virtuose, pendant cette période, se séparera peu du compositeur, il le suivra encore, lui obéira, s'honorera d'être l'interprète de sa pensée et de son génie.

En même temps, les écoles, peu nombreuses et timides encore pendant le seizième siècle, augmenteront chaque jour et prendront petit à petit la forme régulière qui est celle des grands Conservatoires d'Italie. Enfin, et ce fait est d'une importance capitale pour l'histoire du chant, c'est pendant le dix-septième siècle que nous verrons apparaître les castrats, ces rois de la virtuosité, tyrans impérieux devant lesquels plieront et dillettanti et maestri, mais dont le génie, en réalité, créera cet art spécial du *bel canto*, qui pendant plus de deux siècles a fait donner dans la musique le premier rang à l'école italienne, en dépit même de ses compositeurs.

Le temps n'est plus, depuis longtemps, où on pouvait considérer les Italiens comme les premiers musiciens du monde; mais il serait injuste de ne pas reconnaître en eux une grande richesse mélodique et un réel sentiment de l'art d'écrire pour la voix humaine, et d'employer cet instrument à la fois si docile et si varié.

Déjà, au seizième siècle, nous avons montré quel parti ils avaient su tirer au point de vue vocal du style madrigalesque qui, au premier abord, semblait peu se prêter à toutes les souplesses de la virtuosité; mais, lorsque l'invention du drame lyrique eut permis de chercher des effets nouveaux, ils donnèrent libre cours à leur imagination et ouvrirent à l'art du chant des horizons jusqu'alors inexplorés.

Malgré les progrès de l'art, malgré la différence des époques, la musique, lorsqu'elle est écrite spécialement en vue de la voix humaine, est toujours réduite à deux formes, le récitatif et la mélodie; le récitatif est devenu plus varié, plus passionné, il s'est enrichi des brillantes couleurs de l'orchestre; sous forme de mélopée il a emprunté à la mélodie proprement dite quelques-uns de ses dessins les plus accusés, mais toujours il a gardé son caractère *sui generis* qui le distingue à toutes les époques et dans toutes les écoles. La mélodie est devenue plus animée, plus expressive, plus rythmée; mais, toujours elle se fait reconnaître par des contours bien arrêtés, par une sorte de carrure, sans laquelle elle se confondrait avec la mélopée.

Ces deux éléments constitutifs du chant, nous les retrouvons dans les premières compositions des pères de l'opéra moderne. Le récitatif tel qu'ils croyaient l'avoir ressuscité d'après les Grecs, mais qui, en réalité, avait existé au moyen âge, était le résultat de leurs recherches et de leurs observations, faites en vue d'une musique expressive traduisant fidèlement les divers mouvements de l'âme. La mélodie était venue à eux par tradition, ils l'avaient acceptée, lui donnant surtout place dans les ballets et airs de danse, ainsi qu'on avait fait au moyen âge et au seizième siècle; puis, peu à peu, elle s'était emparée de l'opéra presque tout entier, et se transformant successivement elle donna naissance à l'*air* qui, sous ses multiples aspects, servit de sujet aux plus sublimes accents du chant expressif, de canevas aux plus brillantes broderies de la virtuosité.

Dans les premiers opéras de Peri, Caccini, Monteverde, nous voyons apparaître la mélodie, tranchant sur la déclamation, par son rythme et sa carrure; c'est d'elle que sortira l'air et rapidement développée par les maîtres qui suivront, elle ne tardera pas, chez les Italiens du moins, à concentrer sur elle toute l'attention de l'auditeur.

Les partitions en main, nous suivrons les péripéties éprouvées par le chant pendant le dix-septième siècle; jetons seulement ici un rapide coup d'œil sur les premières années de cette période et résumons, pour cette époque, l'histoire de l'air qui tient tant de place dans le développement de l'art vocal. Un excellent travail de M. Gevaert, inséré dans le *Ménestrel* de 1867, nous a rendu la tâche facile; suivons-le donc hardiment pendant ces quelques lignes.

La mélodie, issue comme nous l'avons dit de la chanson populaire et aussi des pièces de danse qui possédaient le rythme, condition essentielle de toute mélodie, avait d'abord suffi dans sa simplicité. Le chant était orné, quoi qu'on en ait dit; car nous avons sous les yeux un duo de Monteverde pour deux ténors qui n'est qu'une interminable fioriture; mais cette pièce n'a aucun des caractères constitutifs de l'air proprement dit, et il est juste de dire que les vieux maîtres florentins s'étaient appliqués plutôt à faire succéder les cadences parfaites les unes aux autres, en les fleurissant, qu'à enchaîner habilement les diverses périodes mélodiques. Mais bientôt, les chanteurs profitant de ce que l'école expressive de la déclamation avait perdu ses plus grands compositeurs et ses premiers protagonistes, voulurent donner plus d'importance à la mélodie si propre à faire briller la virtuosité. Les mélodies à une seule période étant devenues monotones, on les varia ; puis, vers 1630, à l'idée principale on ajouta une seconde idée incidente, dans le ton relatif, à la suite de laquelle il fallut naturellement ramener le premier thème. Telle est l'origine du *da capo* qui prit triomphalement possession, et pour bien des années, de l'air, dit de *facture*, et dont nous trouverons déjà les traces dans le *San Alessio* de Landi (1634). C'est cette coupe qui servit à Scarlatti, Hændel et aux premiers morceaux de Mozart. Bientôt on développa démesurément ce second mouvement pour ne revenir au *da capo* qu'après un long circuit ; mais cette forme devint monotone, et en resserrant le second mouvement, en coupant le *da capo*, on donna naissance aux premiers essais de l'air moderne à deux mouvements. Enfin, en multipliant les mouvements, en les enfermant pour ainsi dire dans le *da capo*, revenant après chaque période, on créa le *rondo* si favorable aux diverses expressions de la mélodie dramatique, bouffe ou sérieuse.

Pendant ce temps, le récitatif n'avait pas éprouvé les mêmes révolutions, mais il n'était pas resté stationnaire et avait dû subir plusieurs changements qu'il nous faut indiquer en quelques mots. C'était à la mélopée que les créateurs de l'opéra avaient donné la première place dans le drame lyrique. C'est elle, au résumé, que nous retrouvons encore dans les grandes œuvres véritablement expressives des grands maîtres de l'art musical. Lully, Hændel, Scarlatti, Gluck l'enrichirent en lui donnant plus de mouvement. A côté de la mélopée était née une sorte de récitatif, à l'ambition moins haute, et qui tenait place entre la parole et le chant dans les moments où la musique n'avait pas besoin d'employer toutes ses forces et tout son prestige. Ce récitatif, accompagné d'une simple basse, est venu jusqu'à nous dans les partitions italiennes ; c'est ce que nous appelons le *recitativo secco*. Suivant les besoins de l'expression, il se combina avec la mélopée dramatique, il devint plus incisif, plus ample dans ces contours, et on sentit le besoin de lui donner plus de force et d'importance en lui prêtant le concours de l'orchestre. Ce récitatif ainsi accompagné et qui peut si souvent se confondre avec la mélopée, fit sa première apparition, bien timide il est vrai, dans le *San Alessio*, mais c'est avec l'*Armide* de Lulli, que nous le voyons définitivement prendre sa place dans le drame lyrique. Les compositeurs qui illustreront la musique à partir du dix-huitième siècle jusqu'à nous, en feront un brillant usage. Vers la fin de la période qui nous occupe en ce moment, nous devons citer aussi Scarlatti, dont les oratorios contiennent de superbes récitatifs avec accompagnement obligé.

Nous possédons maintenant, l'air et le récitatif, c'est-à-dire les deux formes de la musique dans lesquelles les chanteurs ont eu le plus à déployer leur science et leur talent. Mais comment l'art du virtuose s'est-il développé pendant le dix-septième siècle, pour arriver au dix-huitième à son développement parfait, trop parfait peut-être ?

Les témoignages des contemporains, sur les grands chanteurs de cette époque et sur leur méthode, ne nous suffiraient pas pour avoir une idée juste de l'influence qu'ils eurent sur le chant et sur la musique ; aussi avant d'étudier leur manière de chanter, avant de nommer les plus célèbres virtuoses de ce temps, avant de montrer la liste de leurs écoles qui créèrent les grands charmeurs du dix-huitième siècle, croyons-nous intéressant de voir les œuvres que les maîtres écrivirent pour leurs interprètes.

La lecture de ces anciennes partitions nous montre combien fut rapide la conquête de l'art spécial du chant sur le drame lyrique, tel que l'avaient créé les Peri et les Caccini. Les ensembles, les chœurs, les pièces d'orchestre tiennent dans les premières œuvres une place importante. Toutes les voix d'hommes et de femmes y sont employées dans un partage égal. Le ténor n'a rien à envier au soprano, la basse brille du même éclat que le contralto. Les sujets aussi sont plus variés, plus intéressants, et il est peu de ces opéras (nous parlons même des plus sérieux, comme le *San Alessio*), qui ne contiennent quelque duo comique, ou quelque air bouffe qui jette sur l'ensemble de la variété, et dans lequel l'historien pourrait trouver les origines de l'opéra demi *seria* et même *buffa*.

Puis peu à peu les ensembles disparaissent, quelques duos se font encore entendre ; mais, le nombre des chœurs, de plus en plus restreint, finit par se réduire à un seul chœur final.

Les voix d'alto et de soprano prennent le premier rang. Parmi les voix d'hommes le ténor reste encore, mais la basse est négligée, jusqu'au moment où on n'en trouve plus trace dans les partitions d'opéra seria. La période du dix-huitième siècle commence, l'opéra n'est plus qu'un long concert, où les airs, plus ou moins mélodiques, plus ou moins fleuris, se suivent, à peine interrompus par quelques duos. Un chœur final clôt la séance ; le soprano, le contralto et le ténor ont suffisamment brillé ; chacun s'en va content, et tout est bien qui finit bien.

Dans le chapitre précédent nous avons montré les origines de l'art vocal et les artifices de style de Caccini, del Cavaliere et des premiers créateurs de l'art du chant. Nous ne reviendrons pas sur *la Rapresentazione di anima e di corpo* d'Emilio del Cavaliere, sur l'*Éuridice* de Peri, sur l'*Orfeo* de Monteverde, sur ces partitions rares qui ont cessé d'être inconnues; mais nous nous arrêterons sur des œuvres moins étudiées, dont la série depuis 1634 jusqu'aux premières années du dix-huitième siècle déroule devant nous, pour ainsi dire, une des périodes les plus curieuses de l'art vocal; c'est pendant cette période de transition qu'est véritablement née la virtuosité moderne.

Nous avons lu avec soin toutes les partitions dont nous donnons succinctement l'analyse historique. La riche collection de la Bibliothèque nationale les possède, et le lecteur pourra consulter comme nous ces œuvres intéressantes.

Une des pièces les plus curieuses de cette période est le *San Alessio* de Landi. Des paroles de cette sorte d'oratorio, imprimé à Rome en 1634, étaient du cardinal Barberini lui-même, qui le fit splendidement publier à ses frais. Le poème de cet opéra, qui n'est pas sans analogie avec *Robert-le-Diable*, offrait au musicien de la variété et des mouvements dramatiques dont celui-ci avait su profiter.

Laissant de côté l'orchestre qui présente un grand intérêt, nous n'avons à nous occuper que de la partie qui regarde les voix, leur emploi, leur *tessitura*, et la façon dont le compositeur en a tiré parti dans les ensembles et dans les soli.

Les chœurs sont écrits dans un bon style vocal, généralement dans la forme madrigalesque à six, huit, et même douze parties (double chœur final).

Les récitatifs, et particulièrement celui de Roma qui ouvre la partition, gardent encore une certaine tournure ecclésiastique qui convient assez bien au sujet; mais, il est bon de remarquer que plusieurs d'entre eux portent sur la dernière cadence un gruppetto prolongé, et que répétés comme les couplets, ils sont suivis d'une ritournelle d'orchestre qui recommence à chaque reprise. Plusieurs de ces récits sont forts beaux, et, un entre autre, celui du démon, a un grand caractère. Les airs (ariette) sont en général courts, d'un seul mouvement, et les quelques vocalises qu'on y trouve sont peu variées. Chaque couplet est répété sans changement sur la partition; ce qui fait supposer qu'il était loisible à l'interprète de les orner à son gré. Le compositeur semble avoir cherché de préférence les mélodies plutôt expressives que brillantes, et, parmi les meilleurs morceaux, on peut citer celui de saint Alexis (*morte gradita*) à deux reprises, au second acte. Les duos et trios sont nombreux, et dans presque tous on sent une recherche très remarquable de l'expression juste et pathétique. Au second acte, le duo de la mère et de la fiancée, cherchant saint Alexis perdu, renferme d'excellentes phrases, ainsi que le trio du troisième acte, dans lequel le père, la mère et la fiancée du saint pleurent la perte de celui qu'ils aiment. Obéissant aux vieilles traditions musicales du seizième siècle, Landi prit soin d'écrire dans le style madrigalesque un trio accompagné par le clavecin, la harpe et le luth. Enfin, au premier et au second acte, nous trouvons deux duos comiques, qui jettent quelque variété sur la partition. L'un, assez vif, est pour deux soprani, et deux jeunes pages qui plaisantent entre eux et jouent en musique sur les syllabes : *Diri, diri, diri, diri.* L'autre est une scène bouffe, dans laquelle le diable fait mille tours à un des personnages, et finit par se transformer en ours. Il se prépare avant de tenter saint Alexis, absolument comme Bertram détourne Raimbaud dans *Robert le Diable.* Certes, nous sommes loin de la bouffonnerie italienne, si alerte et si entraînante ; mais, en tenant compte de l'époque où elles furent écrites, ces plaisanteries musicales ne manquent ni de verve, ni de mouvement.

Comme tous les anciens Italiens, Landi traite bien les voix ; il a grand soin de les laisser dans leur étendue naturelle. Cependant il est à supposer qu'il disposait pour le rôle du Démon d'une basse des plus remarquables, car il le fait descendre jusqu'à l'*ut* grave et monter jusqu'au *fa* du baryton.

On compte dans la partition six à huit chœurs, d'esclaves, de démons, de vertus, d'anges, etc. Chaque acte se termine par un morceau de ce genre, et le dernier est un véritable ballet pendant lequel les anges, placés sur des nuages, chantent la gloire de saint Alexis. Les vertus dansent autour de lui et un grand double chœur final termine la fête. Nous noterons en passant l'emploi du chœur dans les coulisses, ou pour mieux dire, derrière la scène.

Vingt ans après, Cavalli écrivit un autre opéra qui a pour nous d'autant plus d'intérêt, que, joué à Paris, par ordre de Mazarin, il est la troisième tentative que firent les chanteurs italiens pour importer leur musique et leur art dans notre pays. (On sait que déjà en 1645 ils avaient fait entendre *la finta Pazza*, et en 1647, un *Orfeo.*) Nous voulons parler du *Serse* dont Lulli écrivit les divertissements. Cette partition est à notre avis bien inférieure au *San Alessio*. Elle a moins de variété, moins de mouvement, et son expression musicale n'est ni aussi touchante, ni aussi dramatique. Cependant elle se rapproche encore, sous plus d'un rapport, des anciennes traditions du drame lyrique.

Voici qu'elle était la distribution de la pièce d'après le manuscrit :

Sersé,	Le sieur Bordigon.
Arsamène,	Atto.
Ariodante.	Taillavoce.
Romilda,	Demoiselle Anna.
Adelante,	Le sieur Melone, castrat.
Lumes,	Zannetto.
Elvire,	Chiarino.
Amestris (travesti),	Philippe, frère du sieur Zannetto.
Ariston,	Le sieur Absalon.
Périaroue,	Pichini.
Cliton,	page de Romilda.

Tous ces noms sont à moitié francisés, mais nous les retrouverons quand nous parlerons des célèbres chanteurs qu'a produits cette époque.

Les chœurs sont assez nombreux, mais nous ne rencontrons pas un seul trio ; quelques duos, dont un excellent, quoique court, composent tous les ensembles ; en revanche l'*air* domine à chaque page, et quelques-uns sont très remarquables. On sait que Cavalli avait été un des premiers à donner plus de développement à l'air, et celui de *Giasone*, écrit en 1649, était resté célèbre. On peut citer ce maître avec Cesti au nombre de ceux qui, les premiers, ont mis ce genre de composition en honneur. Les opéras, comme ceux du musicien que nous venons de nommer, étaient déjà écrits en vue de quelques chanteurs dont on utilisait spécialement le talent. On sait combien les musiciens et surtout les Italiens ont abusé de ce procédé qui contribua beaucoup au perfectionnement du chant, mais qui fut si peu favorable au libre développement de l'inspiration musicale et de la musique pure. La déclamation des airs de Cavalli est souvent fort belle. Ces morceaux sont fréquemment à deux mouvements, et le *Da capo* commence à faire partie de presque tous les airs ; quelquefois même la reprise du thème est précédée d'une courte mélopée en récitatif.

C'est surtout dans les duos que nous trouvons le plus de *da capo*. Mais il est à remarquer que beaucoup de ces airs sont d'un seul mouvement. Sans égaler par là la richesse des ornements des airs de la fin de cette période dans lesquels l'idée mélodique et l'expression disparaissent presque complètement sous l'avalanche des notes, les morceaux du *Serse* sont beaucoup plus ornés que ceux du *San Alessio*, et les deux rôles de la basse et du soprano devaient exiger deux artistes doués d'une voix légère et bien exercée.

Parmi les airs qui nous ont parus les plus intéressants, nous pouvons citer celui de Serse au premier acte, ceux de Romilda au premier et à la cinquième scène du second, une gracieuse et mélodique ariette, et enfin un long morceau avec *da capo* chanté par le ténor au commencement du second acte (*Già la tromba*), et qui nous paraît un des plus anciens modèles de l'air de bravoure et de facture avec accompagnement de trompette, dont on a tant abusé depuis.

Nous voici en 1661 avec l'*Ercole in Tebe* de Giacopo Meloni. C'est un opéra de circonstance, et la préface du poème publié à part dit dans quelle occasion fut écrite cette partition. Nous renvoyons le lecteur au volume que possède la Bibliothèque nationale pour ces détails qui sont assez longs. *Ercole in Tebe* conserve encore de nombreuses traces de l'ancien opéra-ballet, les chœurs, les ensembles, les airs de ballet y sont fréquents. Le chant y est en général très fleuri, et nous citerons particulièrement un duo de deux *soprani* au commencement, et un duo de Proserpine et de Vénus pour soprano et contralto ; mais l'air commence à se développer réellement. Deux duos se faisant *pendant* indiquent chez le compositeur un certain sentiment de l'effet scénique ; de plus, l'élément comique n'est pas complètement abandonné, et dans ce genre on peut remarquer un air de ténor assez vif.

Enfin le rôle de la basse (CARON) est encore fort soigné, et il est possible de voir en lisant les roulades qui lui sont confiées, que ce genre de voix était loin d'être abandonné dans l'Ecole italienne, comme il le fut plus tard.

Vers la même époque (1662), nous rencontrons une partition qui est beaucoup plus intéressante : C'est *Il Paride*, dont G. And. Bontempi avait fait en même temps les paroles et la musique. Bontempi était, à cette époque, ce que nous appelons maintenant un *savant* ; nous aurons plusieurs fois à citer son *Histoire de la musique*, et si l'esprit critique lui manquait (il ne pouvait en avoir à l'époque où il écrivait), du moins était-il érudit et possédait-il à fond les secrets de son art. De plus, il composait, à Dresde, pour des Allemands, qui jusqu'à l'invasion Italienne du dix-huitième siècle exigeaient une musique relativement riche et nourrie. Bontempi, dans sa préface, a rédigé une sorte de poétique, dans laquelle il déclare qu'il renonce au style fugué et en imitation dans l'arrangement des voix. « Pour ne pas confondre la scène avec l'*oratorio* et le théâtre avec l'Église et la Chambre, je n'emploie pas certaines modulations, d'après lesquelles se forme la *Tessitura* des imitations ou des mouvements contraires dans les sujets. »

La pièce comprend vingt-huit personnages en comptant le prologue, dans lequel on assiste au jugement de Pâris. Les scènes comiques, amoureuses ou sérieuses, se croisent de la façon la plus curieuse, et on voit que le compositeur avait usé de tous les moyens que lui offrait son art pour bien traduire musicalement chaque situation. La grande scène finale du prologue avec le chœur des dieux, l'intervention de la Discorde, la dispute des trois déesses et en même temps le jugement du berger Pâris, tout cela montre chez le poète compositeur une certaine habileté scénique. Un trio dialogué de trois *soprani*, représentant des enfants jouant à la chasse et servant pour ainsi dire d'intermède, ne manque ni de mouvement, ni de gaîté dans le dialogue musical.

Deux duos comiques au quatrième acte devaient produire un grand effet ; dans l'un on entendait deux personnages bégayer en musique à qui mieux mieux ; dans l'autre c'était un amoureux transi bafoué par sa belle. Ces deux morceaux annoncent et préparent les bonnes pages de l'école bouffe italienne. Les airs sont à deux mouvements, et les mélodies, suffisamment développées, sont ornées à la vérité, mais elles n'atteignent pas le luxe de fioritures que nous trouverons dans les cantates de la même époque.

Cependant nous devons dire que les différents couplets répétés étant imprimés sans changement dans la partition, il devait être loisible au chanteur de les varier à son gré, suivant l'habitude qui fut de tout temps traditionnelle dans l'école italienne. Nous citerons particulièrement dans ce genre l'air du ténor Sylvio. Les quatre voix sont employées dans cet opéra, et même, l'air à boire du dernier acte montre que le compositeur avait confié le rôle à une basse légère et bien exercée.

Plus tard (1675), c'est Legrenzi avec *Etéocle et Polinice*. Nous approchons de la période pendant laquelle les anciennes traditions de l'opéra italien commenceront à être abandonnées. Le virtuose soliste prend plus d'importance, la mélodie est plus ornée, la voix de basse se fait encore entendre quelquefois pour chanter les airs à roulades ; mais les rôles de femmes ou de castrats sont beaucoup plus nombreux que ceux des hommes. Dans la forme des ornements nous ne trouvons pas la *Volata*, c'est-à-dire, la gamme vocalisée, et il faut avouer que les formules de fioritures sont en général assez monotones ; ce sont, le plus souvent, des traits, des *gruppetti*, et on remarque des trilles et des tenues d'une interminable longueur ; mais la quantité rachète largement ce qui peut manquer à la variété. Les airs brillants sont en majorité ; cependant nous citerons encore quelques morceaux d'expression comme l'air d'Étéocle (soprano) au premier acte et la prière d'Antigone au second.

Nous recommandons au lecteur le personnage de Deifile, comme donnant le modèle d'un rôle de chanteuse légère à cette époque. Il monte au *si* naturel, et c'est la première fois que dans notre travail nous avons à noter l'emploi de cette note qui devint à la fin du dix-septième siècle d'un usage général. La musique n'est pas encore étouffée sous les festons et les astragales ; mais le temps n'est pas loin, où le compositeur, esclave du virtuose, n'aura en vue que le succès de son chanteur et non la perfection du drame lyrique.

On croit généralement que l'opéra-bouffe ou de demi-caractère ne date que de la seconde moitié du dix-huitième siècle. C'est en effet vers cette époque qu'il a commencé à prendre sa forme définitive ; mais au dix-septième, nous en trouvons déjà plusieurs spécimens et c'est dans ce genre qu'il faut classer *il Careriere de se medesimo* d'Alessandro Melani (1681).

Le style en est très léger et très fleuri, la basse y chante de longues et nombreuses roulades, le chant est riche de traits et même assez varié. Nous citerons comme exemple la chanson d'avril pour soprano, au second acte. C'est un vrai déluge de traits montants et descendants, de vocalises, de trilles, de tenues, de notes piquées. Le rôle de Roberto, particulièrement, semble avoir été écrit pour un soprano à la voix excessivement légère et flexible. C'est le plus important de la partition ; mais cette débauche de fantaisie vocale n'a pas empêché le compositeur de se montrer généreux pour les personnages plus secondaires. La partie d'Isabelle est des plus ornée et il n'est pas jusqu'à la basse et jusqu'à la suivante Laura qui n'ait sa bonne part de roulades et de *volate*. Les seconds couplets sont copiés textuellement sur les premiers, mais il faut penser que les exécutants ne se faisaient pas faute de renchérir encore sur la brillante imagination du compositeur.

En arrivant aux dernières années du dix-septième siècle, nous trouvons l'opéra italien dans la forme qu'il gardera pendant plus de cent ans. Il diffère peu de la cantate, sur laquelle nous nous arrêterons quelques instants, ou pour mieux dire, le drame lyrique, pendant cette longue période, n'est qu'une longue suite de cantates à une ou deux voix que termine l'éternel et inévitable chœur final. Souvent même, ces opéras ne sont plus que de véritables pastiches où la musique est sans importance et où le chanteur est seul chargé d'intéresser le public. Raguenet, malgré sa partialité pour les Italiens, nous montre comment ceux-ci, le plus souvent, montaient un opéra et il faut bien avouer que les choses sont restées longtemps dans l'état où l'auteur du *Parallèle* les avait trouvées : Quand « l'entrepreneur d'un opéra a assemblé sa troupe dans quelque ville, dit-il, il choisit pour sujet de son opéra la pièce qui lui plaît, comme *Camille*, *Thémistocle*, *Xersès*; mais cette pièce n'est qu'un canevas qu'il étoffe des plus beaux airs que savent les musiciens de sa troupe ; car ces beaux airs sont des selles à tous chevaux... et il n'y a point de scène à laquelle les musiciens ne sachent trouver place pour quelqu'un de ces airs. »

Les *soprani* et *contralti* (hommes et femmes), de rares ténors faisaient les frais de ces partitions ; mais excepté dans les opéras bouffes et de demi-caractère, nous trouverons de moins en moins trace des basses et des barytons. Il faudra l'école du commencement de ce siècle et surtout Rossini pour faire sortir l'opéra italien de sa routine. A la fin du dix-huitième la musique cède la place à la virtuosité ; on sent approcher l'âge d'or de l'art vocal ; la *Partenope* de Mangi (1699), par exemple, est déjà écrite dans ce genre.

Le chant est infiniment plus orné; des duos brillants, fleuris, coupent des airs à vocalises hardies et légères. Nous devons cependant reconnaître que, au point de vue de l'accompagnement des voix, cette partition nous paraît plus soignée que toutes celles que nous avons analysées jusqu'ici. Quelques combinaisons sonores nous paraissent singulièrement propres à soutenir le chant. A la page 86 du manuscrit appartenant à la Bibliothèque nationale, le soprano est soutenu par trois violoncelles. A la page 133, l'orchestre qui chante avec le soprano se compose de flûtes, hautbois, premier et deuxième luths, violons en arpèges et altos, sans préjudice de la basse continue. Plus loin, c'est un théorbe sans autre instrument qui sonne avec la voix du chanteur. Cette variété relative dans l'orchestre d'accompagnement se retrouvait encore dans quelques opéras de Scarlatti, mais elle ne tarda pas à disparaître.

Nous passerons rapidement sur l'*Olympia* de Freschi, sur l'*Idalma* de

Pasquini, sur le *Muzio Scœvola* (1696), sur la *Semiramide* d'Aldovrandini ; tous ces opéras, littéralement bondés de vocalises, se ressemblent étrangement et ne diffèrent entre eux que par l'importance donnée à certains rôles, suivant le chanteur ou la cantatrice que le compositeur avait sous la main. Un autre opéra d'Aldovrandini, *Cesare in Alessandria* (Naples, 1700), est écrit, à la vérité, dans le même style ; mais il présente une certaine variété dans les accompagnements qui mérite de nous arrêter. C'était l'époque des grands virtuoses du violon comme des grands virtuoses du chant. Corelli avait créé la nouvelle école italienne du violon, et on peut juger, en lisant la partition d'Aldovrandini, avec quelle hardiesse les violonistes de cette époque attaquaient des difficultés qui feraient peut-être hésiter nos virtuoses contemporains. Un soprano est soutenu par la basse continue et un violon solo dont le dessin d'accompagnement nous paraît des plus curieux. Outre qu'il monte jusqu'au deuxième *la* au-dessus de la portée, il n'arrive à cette cime qu'en enjambant les intervalles les plus disjoints. Partant toujours du *la* (deuxième interligne, clef de sol), il gravit ainsi l'intervalle de deux octaves, revenant à son point de départ après avoir hardiment piqué chaque note de sa double gamme. L'air qu'accompagne ce solo est aussi d'une réelle difficulté. (Page 181 de la partition manuscrite qui se trouve à la Bibliothèque.)

Nous terminerons notre revue par deux opéras d'Alessandro Scarlatti : *Laodicea e Berenice* (1701) et *Le Nozze col Nemico*. Ici nous sommes en plein opéra italien : des airs, des airs, encore des airs, voilà tout le bilan de ces partitions. Ils sont bien écrits pour la voix ; les traits, bien préparés, ne manquent pas de variété ; mais, à part quelques morceaux d'expression et un ou deux duos bouffes, ces deux compositions, auxquelles il ne manque ni l'art de traiter la voix humaine ni une certaine fécondité mélodique, sont loin de valoir et les cantates et les compositions religieuses de ce grand maître. Il y aurait encore ici quelques remarques à faire au sujet de l'accompagnement d'orchestre ; mais ces considérations nous entraîneraient trop loin, d'autant plus qu'elles ne se rattachent qu'indirectement à l'histoire du chant. Le second acte des *Nozze col Nemico* se termine par le premier modèle complet des airs dits de facture. Le morceau est intitulé : *Canto del Rossignuolo;* le compositeur a pris plaisir à rassembler dans cet air toutes les difficultés, tous les artifices du chant. Le virtuose est accompagné, à la mode de son temps, par un luth solo et un violon, pour bien laisser la voix à découvert ; l'orchestre ne rentre qu'à a ritournelle. Les traits, les vocalises, s'y rencontrent en foule et on peut y remarquer une chaîne de trilles qui monte dans un mouvement lent du *la* au *fa*.

Une longue tenue, surmontée des mots *trillo fermo*, dure pendant trois mesures; à la seconde reprise, la copie que nous avons sous les yeux n'indique point de changement; mais le virtuose capable d'exécuter une pareille pièce avait bien aussi le droit de montrer la variété de son talent et les fantaisies de son imagination, et nous sommes portés à croire qu'il ne s'en faisait pas faute.

Ajoutons que, dans la plupart de ces morceaux, les mouvements sont indiqués par ces mots un peu vagues : *allegro*, *adagio*, etc.

Il est juste de dire aussi que, si les Italiens abandonnaient les anciennes traditions de la déclamation lyrique pour laisser plus de place à la virtuosité, ils restaient encore fidèles aux pompeuses représentations à grands spectacles, aux marches triomphales, dans lesquelles piaffaient des chevaux vivants, où éclataient les feux d'artifices, etc. Le *Mercure de France* possédait, à Venise, un correspondant plus curieux de ces sortes de choses que la plupart de ses contemporains; les articles de ce critique musical sont remplis, jusqu'à la fin du dix-septième siècle, du récit des luxueux opéras auxquels il a assisté.

Il nomme à peine les compositeurs, mais il parle des chanteurs, et nous recueillerons les quelques notes qu'il donne à ce sujet. Il raconte, par le menu, chacune de ces plates tragédies qui servent de sujet à ces opéras; il se complaît dans la description des décors; et, de sa correspondance, il ressort deux faits qui concordent parfaitement avec ceux que nous avons relevés en lisant les partitions : le drame lyrique était de plus en plus abandonné par les Italiens, et, le chanteur n'avait pour concurrent que le décorateur; encore verrons-nous disparaître tout cet appareil décoratif et instrumental au commencement du dix-huitième siècle pour laisser seul, face à face, avec le public, le virtuose qui n'a plus à compter que sur son art et sur la souplesse de sa voix.

Ces lettres nous prouvent que les partitions du dix-septième siècle qui sont parvenues jusqu'à nous ne sont pas complètes. Avant de disparaître de l'opéra italien, ces batailles, ces triomphes, ces cortèges brillants, formaient d'importants ballets, analogues à ceux du *San Alessio*, que nous avons décrits. Nous n'avons pas la musique de ces pièces, mais elle est de peu d'importance dans le sujet qui nous occupe.

Si ces opéras de la fin du dix-septième siècle sont moins intéressants au point de vue dramatique que ceux de la première moitié, du moins sont-ils fort nombreux. A Venise seulement, l'année 1677 en compte sept pour sa part, et nous ferons remarquer en passant que la plupart de ces opéras ne sont pas cités dans le *Dictionnaire lyrique* de M. F. Clément, ainsi que ceux dont nous avons donné plus haut la courte analyse. Voici la liste de ces opéras vénitiens, qui n'est pas sans intérêt :

Totila, de LEGRENZI ;
Astyage, de VIVIANI ;
Nicomède en Bythinie, de GROSSI ;
Jocaste, de GROSSI ;
César en Égypte, de SARTORIO ;
Pompeian, de SARTORIO ;
Il rapito d'Elena, de FRESCHI.

En 1679, dans la même ville, on entend :

Sardanapale, de FRESCHI ;
Circé, de FRESCHI ;
Sesto, de FRESCHI ;
Sesto Tarquinio, de TOMMASI ;
I due Tiranni, de SARTORIO.

Plus tard, c'est le *Grand Alexandre*, de ZIANI ; le *Néron*, de PALLAVICINI.

En 1680, la *Berenice Vindicata* ; en 1683, le *Justin*, de LEGRENZI.

Nous arrêtons ici cette liste, qui suffit à donner une idée de la production musicale de cette époque. Ces opéras si somptueux agrémentés de ballets et de divertissements étaient offerts au public par de riches particuliers. C'est ainsi que la *Berenice Vindicata* fut représentée aux frais de Contarini, procurateur de Saint-Marc, dans son palais de la Piazzala ; mais les magnifiques ballets ajoutés aux partitions ne faisaient point corps avec l'opéra lui-même, et, de l'aveu de notre narrateur, ils n'étaient point du goût des Vénitiens qui leur préféraient le chant des virtuoses. Il en était de même des chœurs, qui tendaient chaque jour à disparaître « Au lieu des chœurs, dit Raguenet dans le *Parallèle*, et des divertissements qui ont une si agréable variété dans nos opéras, et qui leur donnent même je ne sais quel air de grandeur et de magnilicence, les Italiens n'ont ordinairement que des scènes burlesques d'un bouffon, de quelque vieille qui sera amoureuse d'un valet, ou d'un magicien qui changera un chat en un oiseau. » Lorsque notre chroniqueur écrivait au *Mercure* on n'en était pas encore arrivé là dans les opéras italiens; mais la partie chorale de ces compositions était déjà bien faible, et il donne de ce fait une raison assez singulière. « J'ajouterai, dit-il, que l'on ne voit pas de chœurs de voix dans les opéras, et que les entrées de ballet y sont rares, mais qu'elles n'y sont pas exécutées avec la même délicatesse qu'en France. Cela n'est pas sans fondement, car à l'égard des chœurs de voix, il est fort inutile d'en remplir ici les opéras, puisque nous sommes accoutumés d'en avoir tous les jours dans quelqu'une de nos églises; toutes les fêtes et dimanches de l'année, on chante vêpres en musique dans quatre communautés, avec de grands chœurs de voix, théorbes, violons, petites orgues et clavecins; et ces musiques sont conduites par les quatre meilleurs maîtres de la ville. Pour les Ballets, les Vénitiens n'y prennent aucun plaisir et ne les mettent dans les opéras que pour remplir quelque entr'acte. » Ces dernières lignes semblent contradictoires chez un narrateur qui a décrit avec tant de soin les somptueux décors et les magnifiques entrées des opéras italiens; mais, outre que plusieurs années séparent la première lettre de la dernière, nous pouvons remarquer que c'est de la musique qu'il parle dans ce passage, et il prouve que les Vénitiens ajoutaient peu d'importance à la musique de danse et instrumentale, mais qu'en revanche ils réservaient tous les triomphes pour les chanteurs qui avaient su conquérir le succès.

« Les chanteurs, ajoute-t-il, sont appelés par honneur *virtuosi*. Les Italiens aiment extrêmement les voix de dessus et ne goûtent pas tant les basses.

« Les Vénitiens sont curieux sur ce sujet de faire chercher en Italie et ailleurs les meilleures voix d'hommes et de femmes qu'ils peuvent trouver, priant même les princes à qui appartiennent ces musiciens, de les laisser venir et ne plaignant pas la dépense en cette occasion, si forte qu'elle puisse être; il y en a un présentement à qui on donne quatre cents pistoles d'Espagne, sans les frais de son voyage, et plusieurs autres à qui on en a promis trois cents.

« Les voix sont claires, nettes, fermes et assurées, n'ayant rien de gêné ni de contraint.

« Les femmes y entendent la musique en perfection, ménageant admirablement bien leurs voix, et ont une certaine manière de trem-

TROISIÈME ÉPOQUE

blements, de cadences et d'échos, qu'elles varient et conduisent comme elles veulent.

« C'est une chose assez plaisante que du moment qu'elles ont fini quelque grand air ou qu'elles sortent du théâtre, les barcarols (ce sont ceux qui conduisent les gondoles) et même quantité de personnes plus considérables, s'écrient de toutes leurs forces : *Viva Bella! viva chi'l'ara! sia Benedetta!* »

« J'ajouterai, dit-il, que l'on ne voit pas de chœurs. »

En bonne foi, les enthousiastes italiens ne sont guère changés depuis plus de deux cents ans que ces lettres sont écrites.

En 1683, nous retrouvons encore le chroniqueur. Venise possède six théâtres d'opéra qui tous, à l'envi retentissent de brillantes vocalises, de délicates broderies; *Le Roi infant* de Pallavicini, les *deux Césars* de Legrenzi, le *Coriolan* de Petri, le *Temistocle* de Ziani, etc., servent encore de sujet aux pompeux dithyrambes du journaliste. Les décors tiennent toujours grande place; mais, à travers son récit, on reconnaît que le règne des *airs* et de la virtuosité s'étend chaque jour davantage. Ces lettres nous donnent quelques détails sur les virtuoses célèbres de cette époque; aussi aurons-nous encore à y revenir, heureux d'avoir pu, grâce à elles, commenter pour ainsi dire les partitions que nous avions sous les yeux, et jeter quelque jour sur l'histoire des opéras italiens au dix-septième siècle. (1)

Les cantates tinrent dans l'art du chant une place plus importante peut-être que les opéras. On sait quel était, à cette époque, ce genre de composition; c'était une sorte de concerto à une ou deux voix dans lequel le compositeur se plaisait à réunir toute les difficultés de l'art du chant. Quelques-unes, comme celle de Stradella et de Scarlatti, présentent de réelles beautés musicales et sont d'un caractère élevé des plus frappants. Quelquefois, un instrument solo, violon ou violoncelle, était joint à la basse de clavecin, et alors il se livrait à mille fantaisies et fioritures qui ne le cédaient en rien aux ornements exécutés

(1) Voir *Mercure*. Août 1677, page 75
Janvier 1679, 118
Avril 1679, 306
Février 1683, 218
Mars 1683, 249
Mars 1683, 232
Avril 1683, 92
Juillet 1684, 48

La dernière de ces lettres est signée Chassebras de Cramailles; c'est donc à lui qu'il faut attribuer cette volumineuse correspondance enfouie dans les milliers de volumes du *Mercure* (2,500 à peu près), et qui contient de si intéressants détails

par le chanteur. Avec son récitatif, ses deux airs, l'un adagio, l'autre allegro, et presque toujours surchargés de broderies, la cantate convenait surtout aux concerts ; mais, comme nous l'avons dit plus haut, elle finit par faire invasion sur la scène ; et à partir des dernières années du dix-septième siècle, on peut avancer hardiment qu'un opéra italien était qu'une suite de médiocres cantates. Il est facile de suivre pas à pas, dans ces compositions les progrès de la virtuosité italienne. Écrites uniquement en vue du chanteur, elles présentaient de réelles difficultés. Hérissées de vocalises, de traits, de trilles, elles étaient merveilleusement propres à exercer la voix des artistes qui les exécutaient et elles nous montrent l'école italienne sous un jour bien plus intéressant au point de vue vocal et mélodique que les opéras eux-mêmes.

Notre magnifique collection de la Bibliothèque Nationale possède un grand nombre de volumes de cantates italiennes. On y trouve les noms de Scarlatti, de Stradella, de l'abbé Stefani, de Bononcini, de Legrenzi, de Pasquini, de Pistocchi, d'Aldovrandini, de Ziani, reconnaissable à son style superfleuri. Nous ne nous occuperons ici que de celles qui se rapportent à la période qui nous occupe, et encore, aurons-nous bien soin de ne les citer que lorsqu'elles présenteront quelques faits intéressants pour l'histoire de la virtuosité.

Quelques-unes de ces cantates faisaient partie de la Bibliothèque de l'abbé de Louvois. Un de ces recueils (celui de Scarlatti) est accompagné de cette note : « M. Bossuet, évêque de Troyes, rapporta d'Italie, en 1699, ces airs et cantates, dont Brossard tira une copie. » Bossuet, dont il s'agit ici, était neveu du grand orateur sacré.

Les nombreuses cantates qui portent le nom de Stradella, de l'abbé Stefani, sont incontestablement les meilleures du recueil, au point de vue mélodique.

Nous citerons particulièrement celle de Scarlatti (page 38 du recueil V, m. 1175) ; le chant en est large et soutenu et peu chargé de fioritures ; le compositeur fait descendre le soprano jusqu'au si naturel. D'autres, du même maître ne sont pas moins belles ; mais il est à remarquer que ces pièces, soit dans le chant large, soit dans le chant fleuri, sont d'une grande difficulté d'exécution. Notons encore de Scarlatti la belle cantate, *bella, bella Pieta*, et celle de *Nel mio seno* (Recueil V, m. 1181) ; quoique fort ornées, ces pièces bien écrites pour la voix, sont mélodiques et intéressantes.

Voici trois cantates de Stradella, toutes trois différentes de style, et toutes trois dignes d'être citées.

» L'une d'elles est une remarquable composition pour basse et soprano. Chacune des deux voix, traitée avec un goût merveilleux, se meut dans un registre assez étendu. La basse descend jusqu'au *mi* bémol grave et monte au mi naturel; l'artiste capable d'exécuter ce morceau était évidemment un chanteur à la voix bien exercée, puissante et cependant légère. Le soprano monte jusqu'au *si* aigu, mais ses traits et ses vocalises sont écrits de la façon la plus aisée et la plus harmonieuse. (Recueil V, n. 1478, page 37.) A la page 66 du même recueil, c'est un duo pour basse et soprano encore, mais celui-ci est bouffe et, par sa légèreté, sa grâce, son élégance nous montre, sous un jour tout nouveau, le musicien auquel on a attribué le plus admirable et le plus religieux des airs d'église.

» La troisième, d'une belle inspiration mélodique, se rapproche davantage du style large et sévère du maître ; nous devons seulement faire remarquer qu'elle est écrite dans une *tessitura* assez élevée pour l'époque où elle fut composée.

Les cantates de Legrenzi et de l'abbé Stefani ont aussi un caractère spécial; tel est un bon et mélodique duo de Legrenzi, et un duetto de Stefani, dans lequel l'auteur se surprend à se lancer dans la musique pittoresque.

Du reste, à la fin du dix-huitième siècle, les Italiens ne dédaignaient pas ce dernier genre d'effet, dans leur musique, même religieuse. Raguenet qui revenait d'Italie, tout enthousiasmé encore de cette musique et de ces chanteurs, raconte avec force admiration, qu'étant à Rome, il avait entendu, en 1697, un air dans lequel sur les mots *mille saette* (mille flèches), « les notes étaient pointées à la manière des gigues; le caractère de cet air imprimait si vivement dans l'âme, l'idée de flèches... qu'on ne saurait entendre rien de plus ingénieux et de plus heureusement exprimé. »

Ce devait être en effet bien admirable; mais cette citation du grand admirateur des Italiens nous prouve que les musiciens français n'ont pas été les seuls à tomber dans les puérilités de la musique imitative.

Si orné que soit le style de Stefani, qui ne manque jamais de jouer longuement sur les mots de *saetta*, *catene*, etc., il n'est rien à côté de celui du vieux Carissimi lui-même, d'Aldovrandini, de Buononcini, de Legnani, de Bassani, de Pistocchi, le père de la grande école du dix-huitième siècle, et surtout de Ziani qui, dès cette époque, avait déjà exagéré la forme suffisamment fleurie de ses contemporains. « Ce ne sont que festons, ce ne sont qu'astragales. » Fusées, traits, roulades, trilles, *volate*, tout est accumulé dans ces pages avec une prodigalité fâcheuse; et l'amateur qui cherche à découvrir dans cette forêt de notes quelque forme mélodique, quelque idée ingénieuse, revient de cette chasse longue et fastidieuse sans avoir pu trouver une ligne digne d'être recueillie.

Les cantates avec accompagnement, véritables *concerti* de voix et d'instruments *soli*, sont assez nombreuses pour mériter une mention à part. Généralement la partie instrumentale n'est pas traitée avec la même habileté que le chant; soit que les chanteurs s'opposassent à ce que l'on fît une place importante aux instrumentistes, soit que les *maestri* traitassent les instruments avec moins d'*amore*. Souvent, comme dans celle de Legnani (Recueil V, m. 1178, page 18), le violoncelle exécute un simple redoublement fleuri de la basse chiffrée, ou un accompagnement du chant à la tierce; d'autres fois, comme dans une composition du même à deux violons et un violoncelle, les instruments se contentent d'établir avec la voix un dialogue par réponses et par échos, sans grand intérêt. Une autre pour contralto et flûte de Buononcini présente quelques jolies combinaisons des deux timbres qui ne suffisent pas à racheter la platitude générale du style concertant. Terminons par une dernière citation, en notant une intéressante et mélodique cantate de Scarlatti, dans laquelle la voix est accompagnée et fidèlement suivie par un alto qui est désigné dans la partition sous le nom de *Violetta*.

Les airs et ariettes du genre italien ne sont pas en moins grand nombre que les cantates, au contraire; mais les étudier en détail serait nous exposer à des redites inutiles, et nous augmenterions sans profit pour le lecteur les proportions de ce chapitre. Les airs et ariettes sont en tout point semblables aux cantates; seulement, étant destinés au salon et non au concert et à l'église, ces morceaux sont moins considérables. Au lieu de se composer de plusieurs pièces de différents caractères, ils ne contiennent généralement qu'une seule mélodie, tendre ou grave, bachique ou même religieuse, simple ou ornée, souvent précédée d'un récitatif. A cette différence près, il serait facile de confondre un air avec une cantate; c'est le même style, ce sont les mêmes ornements et les mêmes broderies. C'est pourquoi nous passerons rapidement sur ce genre de composition, notant simplement quelques pièces qui nous ont paru intéressantes.

Un de ces recueils d'airs est curieux au premier chef. C'est celui qui contient les airs de Sigismond d'India. Très partisan de la nouvelle école, ce compositeur écrivit, presque en même temps que Caccini, un livre d'airs, dans lesquels il mettait, à son tour, en pratique les théories de l'école expressive. Cet ouvrage, des plus rares, est ainsi intitulé : *Le Musiche di Sigismondo d'India nobile Palermitano, da cantar solo nel Clavicordo, Chitarone, arpa doppia e altri istromenti simili, nuovamente date in luce.* — Milano, apresso, l'heredi di Simontini e Filippo Lomazzo, MDCIX, in-folio.

La préface de ce recueil est aussi intéressante que celle des *Nuove Musiche* de Caccini, dont M. Gevaert a su tirer parti d'une façon si fructueuse pour la science ; de plus, tout en nous permettant aussi d'étudier l'art du chant au dix-septième siècle, cet avertissement au lecteur présente l'avantage d'être aujourd'hui moins connu des érudits que la préface de Caccini.

L'avertissement au lecteur n'est point sans intérêt. Il nous dit dans quel dessein Sigismond d'India a composé ses airs, et nous explique le nouveau style qu'il a employé.

Voici ce que dit notre auteur dans sa préface :

« Au courtois lecteur,

« Grâce au vif désir que j'ai toujours eu de m'instruire suivant les préceptes du prince des philosophes, j'ai pu, de bonne heure, converser sur la musique avec des hommes intelligents, et leurs discours m'ont inspiré l'envie de savoir composer pour une ou plusieurs voix. Je me suis mis à faire des recherches sur le chant à une seule voix, et je trouvai qu'en composant suivant la vraie manière, en employant des intervalles moins usés, en passant d'une façon plus neuve, d'une consonne à l'autre, suivant le sens varié des paroles, on pouvait donner au chant une force plus grande, pour émouvoir les âmes, que si la musique était composée sur un même mode et suivant les mouvements ordinaires. Ajoutez à cela que les hommes de goût n'ont qu'une médiocre estime pour cette musique monotone par le style, par la manière de réciter les paroles, par la façon d'écrire les passages ; c'est un effet que j'ai toujours vu produire sur les auditeurs par les madrigaux de l'ancien style.

« C'est pourquoi, pour être agréable à quelques seigneurs, j'ai composé à ma manière les madrigaux *Cara mia cetra andianne*, *Riede la primavera*, *Tra le selve*, *Donna vorrei dir molto*, et d'autres encore. Je fis, de plus, des variations sur la basse de *l'Air de Gênes*, pour les trois octaves du Tasse, qui commencent par *Sovente alhor*, et sur la basse de l'air de Ruggieri, de Naples : *Vostro fui, vostro son.* On verra que j'ai évité les *passages* ordinaires et communs. Je ne consultai pas seulement mon goût, mais je voulus encore faire agréer mes idées par les meilleurs musiciens et chanteurs de l'Italie. Je résolus d'aller à Rome pour faire entendre mes compositions aux premiers virtuoses, et surtout à l'abbé Farnèse, qui, autrefois, avait eu la bonté de s'intéresser à ma musique ; et là, sur la demande de quelques musiciens, des copies furent faites à la main, et approuvées des plus fameux artistes et chanteurs, et rendues dignes des oreilles illustres des princes et des cardinaux. A mon retour à Florence, je chantai moi-même quelques-unes de mes pièces à la signora Vittoria Archilei, chanteuse de Son Altesse Sérénissime ; elle approuva ma manière, disant qu'elle n'avait jamais entendu un style qui eût tant de force, qui rendît si bien le sens le plus délicat des paroles avec une telle variété de chant et d'harmonie, avec une façon si nouvelle de faire les *passages*.

« Non contente de donner de vive voix à mon œuvre de pareils éloges, elle voulut encore leur prêter le concours de son chant doux et suave, et les faire entendre par les meilleurs musiciens du monde, réunis, chez le seigneur Giulio Romano, pour jouer la comédie et célébrer les fêtes en l'honneur du mariage de Son Altesse. L'excellent musicien Giulio Caccini, dit Romain, les approuva fort. Voyant mes compositions ainsi agréées, j'ai voulu les livrer à l'impression. S'il est quelqu'un à qui elles ne plaisent pas, qu'on me pardonne en faveur de l'intention. »

D'India, on le voit, est un novateur de l'école de Caccini, et sa préface est comme un commentaire de la théorie du célèbre auteur des *Nuove Musiche*. Nous ferons de nouveau remarquer au lecteur qu'elle est absolument inconnue des musicologues. Cette très curieuse collection porte à la Bibliothèque Nationale le n° V, m. 1101—1-2.

L'œuvre en elle-même est des plus variées; on y trouve des airs d'un style simple et sans vocalises, d'une expression quelquefois heureuse. Les airs avec vocalises, et quelques-uns, comme le « Priede la Primavera, » ne manquent pas d'élégance, malgré leur tonalité encore indécise, malgré leurs broderies souvent monotones. La dernière partie de l'ouvrage se compose de madrigaux écrits dans le nouveau style (style *recitativo*), d'airs simples pour réciter les octaves, d'autres pour chanter les sonnets ; enfin, des variations sur des basses connues. La première (page 26) est intitulée : *Musica sopra il basso della Romanesca.*

Caccini a, lui aussi, donné une pièce qui porte le nom de *Romanesca.*

Il a donné toutes les indications sur la manière dont cette pièce devait être chantée. Le lecteur sait que la *Romanesca* était une danse sur laquelle les musiciens ont écrit de nombreuses compositions.

La musique, faite pour les basses de l'air de Gênes et celui de Ruggieri, de Naples, est ce que nous appelons aujourd'hui un véritable air varié ; sur la basse donnée, d'India a écrit jusqu'à quatre airs différents, brodés à sa manière, et qui montrent chez le compositeur une certaine richesse d'imagination et une assez grande habileté de main. Le dernier morceau du recueil est une pièce à deux voix, écrite aussi de quatre façons différentes sur la même basse, et dans laquelle le compositeur a dû déployer toutes les ressources de l'art vocal tel qu'on le connaissait à son époque. Nous avons entre les mains un autre recueil de d'India, intitulé : *Les Musiche del sig. Sigismond d'India. Libro terzo a una e due voci. Milan, Lamazzo, in-f°*, 1618. Mais, sauf que le chant en est plus fleuri, que les pièces à deux voix y sont plus nombreuses, ce volume ne donne guère lieu à des observations nouvelles.

Nous avons dit quelle ressemblance existait entre les airs et ariettes et les cantates et opéras que nous avons longuement analysés. Les noms fameux de Scarlatti, de Carissimi, de Stradella, de Bononcini, du gracieux et mélodique Luigi Rossi, se trouvent à chaque page dans la précieuse collection qu'il nous est donnée de consulter ; mais nous arrêter plus longtemps sur leurs œuvres serait nous exposer à d'interminables répétitions.

Nous avons essayé de suivre, dans les œuvres des maîtres, les transformations subies par le style vocal italien, il est temps de voir de quelle façon les chanteurs interprétaient ces compositions.

Le seizième siècle avait légué aux rénovateurs de l'art dramatique et du chant des virtuoses habiles dans l'art de conduire leur voix et tous bons musiciens. Caccini et ses contemporains n'avaient pas manqué d'en tirer amplement parti ; mais le style nouveau nécessitait une nouvelle manière de chanter, et il était dit que celui-là même qui avait posé les lois du nouvel art lyrique serait aussi le premier à formuler les règles rudimentaires de l'art du chant. En réalité, il le garda aussi fleuri qu'il l'avait trouvé ; mais il tenta de le rendre plus conforme au système musical que le cénacle de Florence avait inauguré, en lui donnant plus d'expression et d'accent. M. Gevaert a, dans *le Menestrel* (1873-74), traduit la préface des *Nuove Musiche*, qui est comme le résumé du nouveau code vocal ; nous-mêmes, dans les pages précédentes, avons analysé une œuvre contemporaine de Caccini et écrite suivant les mêmes théories ; nous n'aurons donc à relever ici que les passages relatifs à la manière dont le chanteur devait interpréter cette musique, en empruntant quelquefois même à M. Gevaert ses propres expressions. « Si on excepte les trilles, les passages, et une bonne émission de voix, l'habileté de ces chanteurs était presque nulle, pour ce qui concerne notamment le *piano* et le *forte*, le *crescendo* et le *smorzando*; l'expression des sentiments, le talent de mettre en relief, le sens de la poésie et la parole, de colorer le timbre de la voix en lui donnant, suivant la situation, le caractère de la joie, de la mélancolie, de la compassion, de l'intrépidité, il n'en était pas question en ce temps-là, et personne à Rome n'en avait entendu parler avant que, dans les dernières années de son existence, Emilio del Cavaliere nous apporta ces raffinements qu'il avait appris à la bonne école de Florence. » On a vu plus haut que ces nuances dont parle M. Gevaert existaient cependant déjà jusqu'à un certain point.

C'est Pietro della Valle, qui, dans son intéressant ouvrage *della Musica dell' eta Nostra*, 1640, nous décrit ainsi l'état du chant en 1640, et il avait entendu ces virtuoses dans sa jeunesse.

Aidés par des artistes habiles et eux-mêmes excellents chanteurs, Emilio del Cavaliere, Peri, Caccini, avaient, en effet, changé bien des choses ; non seulement ils avaient renouvelé la source de la mélodie expressive, mais ils n'avaient pas craint d'entrer dans les détails de l'exécution. « Les traits d'agilité, dit Caccini, ne sont point à rejeter absolument, mais on doit en user d'après certaines règles suivies dans mes œuvres, et non point au hasard et d'après les errements du contrepoint. C'est pourquoi il serait convenable, surtout quand il s'agit des productions d'autrui, de préparer soigneusement les traits qu'on désire intercaler dans le morceau. »

Puis il définit et décrit en homme de goût la place et l'effet des sons filés, des trilles, des gruppetti ; la manière d'émettre le son, de varier l'expression au moyen des nuances, dont il indique le sens et la place ; il donne de bonnes règles pour la respiration, prend bien soin d'avertir que les *Nuove Musiche* sont écrites dans les cordes naturelles des voix, sans avoir recours aux sons artificiels. Tous ces conseils sont détaillés avec beaucoup de finesse et de tact. C'est surtout sur le *gruppo* et le trille qu'il appuie sa démonstration. « J'ai noté, dit-il, le trille sur une seule et même note, afin d'indiquer le procédé dont je me suis servi en l'enseignant à ma première femme et à celle qui vit présentement avec mes filles. Ce procédé n'est autre que celui que j'ai indiqué plus haut : il faut commencer par la première noire et rebattre chaque son avec le gosier, sans détendre la glotte sur la voyelle, jusqu'à la dernière note carrée. Exemple :

Le gruppo s'exécutera aussi comme dans l'exemple :

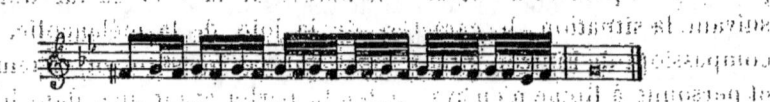

« Ces deux agréments étaient rendus dans la perfection par ma première femme. J'en appelle à cet égard au souvenir de tous ceux qui l'ont entendue ; quant aux amateurs actuels, ils savent avec quelle délicatesse ces effets sont interprétés par ma femme aujourd'hui vivante ; et s'il est vrai que l'expérience juge en dernier ressort toute chose, j'ose affirmer qu'il n'existe pas de meilleur moyen pour enseigner ces agréments, ni de manière plus commode de les noter. » Du reste, le trille et le gruppo servent, d'après la théorie de Caccini, à donner naissance à un grand nombre de broderies.

Du premier coup, le vieux maître avait formulé les grandes théories qui sont la base du chant et qui ont fait des chanteurs italiens les premiers chanteurs du monde. C'est pour avoir négligé l'art difficile de poser la voix, d'émettre le son, de respirer, de ménager les divers registres de l'organe vocal, que les chanteurs ont vu leur art disparaître peu à peu, que les compositeurs ont trouvé rebelle et incomplet cet instrument si admirablement disposé pour interpréter leurs inspirations les plus variées.

Les virtuoses qui vinrent après la période de Caccini et Peri suivirent, et avec succès, la méthode que le musicien leur avait enseignée ; sans abandonner le chant fleuri et brodé, ils restèrent fidèles jusque vers le dernier quart du siècle aux lois de l'expression.

Le violoniste Maugars, qui voyageait en Italie en 1639 (1), nous a laissé ses impressions, et nous pouvons constater, d'après son livre, que les anciennes traditions étaient encore en vigueur à cette époque. Pietro della Valle dit que la virtuosité avait fait, il est vrai, de notables progrès ; mais la musique *récitative* n'avait pas encore perdu ses droits, et les Italiens étaient les seuls qui sussent l'interpréter.

(1) Maugars, *Réponse à un curieux sur le sentiment de la musique d'Italie*, 1639, in-12. M. Thoinan a fait de ce livre et de quelques autres écrits de Maugars une excellente édition annotée, qui a pour titre : *Maugars, célèbre joueur de viole*. 1865, in-12.

Maugars constate que les Italiens sont tous bons lecteurs et capables de chanter à l'improviste des chœurs à première vue. « Il y a, dit-il, un grand nombre de castrats pour les dessus et pour la haute-contre; de fort belles tailles naturelles (baryton), mais fort peu de basses creuses... Ils sont tous très assurés de leurs parties et chantent à livre ouvert la plus difficile musique.

» Pour leur façon de chanter, elle est bien plus animée que la nôtre; ils ont certaines flexions de voix que nous n'avons point. Il est vrai qu'ils font les passages avec plus de rudesse, mais aujourd'hui ils commencent à s'en corriger. »

En faisant le portrait de la signora Leonora Baroni, fille d'Adriana, le violiste français nous donne pour ainsi dire le modèle de ce qu'était une virtuose accomplie à cette époque :

« Leonora est excellente musicienne et compose elle-même la musique qu'elle chante; sa voix est haute, étendue, juste, sonore, harmonieuse, l'adoucissant et la renforçant sans peine et sans faire aucunes grimaces. En passant d'un ton à l'autre, elle fait quelquefois tenir les divisions des genres enharmoniques et chromatiques avec tant d'adresse et d'agrément, qu'il n'y a personne qui ne soit ravi à cette belle et difficile méthode de chanter.

» Elle n'a pas besoin de mendier l'aide d'un théorbe ou d'une viole, sans lesquels son chant serait imparfait, car elle-même touche ces deux instruments parfaitement.

» Enfin j'ai eu lieu de l'entendre chanter plusieurs fois plus de trente airs différents avec des seconds et troisièmes couplets qu'elle composait elle-même. »

C'est vers cette époque que les chanteurs, forts de leur talent de virtuosité, firent pencher la musique de leur côté, au point de faire oublier aux compositeurs le véritable but de l'art, c'est-à-dire la variété dans l'expression et la richesse dans l'invention mélodique.

Arteaga, si sujet à l'erreur quand il ne s'agit pas de son temps et de la musique qu'il a pu entendre, résume cependant assez bien cette tendance :

« Les chanteurs, dit-il, profitèrent de la situation déplorable à laquelle la poésie et la musique se trouvaient réduites pour ramener vers eux l'attention du public, secouer le joug des poètes et des compositeurs et régler seuls la scène. »

L'exagération des traits, des *passi*, des vocalises, n'avait point encore atteint le point où elle arriva au dix-huitième siècle; mais entraînés sur cette pente fatale, les virtuoses italiens ne devaient pas tarder, par l'abus même de leurs merveilleuses qualités, à tomber dans les fautes que nous aurons à constater.

Adressons-nous encore au guide qui nous a si bien servi une première fois, à notre correspondant du *Mercure*, il nous donnera des détails sur le chant à la fin du dix-septième siècle, et nous trouverons même dans son récit l'origine de ces fameux duos de voix et d'instruments, et particulièrement des trompettes qui firent fureur au dix-septième siècle.

« L'endroit où Bassian (un des personnages des *Deux Césars*, de Legrenzi) chante un air pour s'endurcir dans sa cruauté et défier les foudres de Jupiter même, est quelque chose qui passe l'imagination et qui ne se peut concevoir qu'avec peine. Sa voix qui, sans difficulté, est une des plus belles que nous ayons ici, est soutenue de trompettes et de symphonies par reprise, et ces trompettes s'unissent si bien à son chant, qu'elles en laissent admirer toute la douceur en ne perdant rien de leur force. Dans *Scylla*, Filantini, un des principaux chanteurs, se fait distinguer en mariant admirablement bien sa voix avec les fanfares des trompettes. »

En entendant la Margarita imiter la trompette et lutter avec cet instrument, le journaliste ne connaît plus de bornes à son admiration : « Elle croit voir la terre s'abîmer sous ses pieds, l'enfer qui s'ouvre pour l'engloutir, toute la ville de Rome en armes pour la punir, les démons l'épouvantent par leurs cris, elle entend des trompettes, des timbales et des tambours dans les airs, et exprime par son chant toutes ces différentes manières dont son esprit est agité ; mais principalement le son des trompettes qu'elle imite si bien par sa voix qu'on s'imagine entendre ces instruments de guerre. » Le beau recueil intitulé *Orpheus Britannicus* (Orphée anglais), contient aussi plusieurs airs de ce genre écrits par Purcell, à l'imitation du genre italien et qui eurent grand succès en Angleterre. Un air de soprano est accompagné par deux trompettes, les timbales et la basse continue. L'air repose tout entier sur un thème de fanfares, dans lequel la voix dialogue longuement avec les deux trompettes. La tessiture vocale s'étend du *sol* au *ré* aigu,

ce qui indique une remarquable étendue de registre. Un autre est en *ut* écrit pour une voix de basse et une trompette, c'est l'éternel dialogue interrompu par de brillants unissons. La trompette s'élance hardiment jusqu'aux cimes les plus élevées de l'*ut* aigu; mais le chanteur ne dépasse pas les bornes de la voix de basse, faisant roulements, vocalises, traits, trilles, notes tenues et déployant son riche arsenal vocal entre le *sol* et le *mi*.

Plus loin, ce sont deux soprani chantant la gloire de la maison de Nassau avec accompagnement de deux trompettes. Dans la seconde partie du livre, nous rencontrons un air qui devait être le triomphe du genre. Il était chanté par M. Bowen dans le *Libertine Destroyed* (le même sujet que *Don Juan*). Je ne sais si ces vocalises étaient de Purcell ou si le chanteur en a ajouté de son crû, mais c'est une bien singulière lutte entre les deux instruments que cet air de trois pages dont le thème mélodique se meut entre les notes de l'accord parfait entouré d'interminables festons qui le rendent méconnaissable. Nous donnons dans nos planches cet intéressant spécimen de la musique vocale à la fin du dix-septième siècle.

Il n'y a pas de vainqueur dans ce combat, car le chanteur et le trompettiste s'arrêtent tous deux ensemble sur un brillant trait à l'unisson. Le même recueil contient encore deux autres airs du même genre. L'un des deux est tiré de *Dioclétien*, de Purcell (1690). Mais ces morceaux se ressemblent tous, et par leur style et par leur invention mélodique, et les quelques exemples que nous avons cités suffisent largement pour donner une idée de ces airs, ou, pour mieux dire, de ces concertos de trompettes, dont la vogue dura pendant la première partie du dix-huitième siècle (1).

Nous voilà bien loin des sages préceptes de Caccini; mais près d'un siècle s'est écoulé depuis le grand réformateur du Parnasse vocal et les traditions du chant véritablement expressif sont perdues. C'est donc un art nouveau que nous allons voir se développer, et lorsque nous retrouverons le chant italien dans les chapitres suivants, tout souvenir de l'école de Caccini aura disparu et le règne de la virtuosité pure commencera.

(1) *Orpheus Britannicus*, a collection of all the choicest song for one, two and three voices, composed by Mr. Henry Purcell. Seconde édition, London, 1706, in-f°.
Ce recueil, dont la première édition est de 1676, contient un grand nombre d'airs d'opéras de Purcell; on y trouve de nombreux renseignements sur la manière dont on écrivait pour la voix à cette époque.

Jusqu'ici nous avons suivi l'histoire du chant dans sa théorie, mais ce serait folie de notre part de vouloir essayer de raconter les origines du chant au dix-septième siècle sans citer les chanteurs, sans rappeler leur gloire, sans chercher à définir leur talent. Nous ne citerons pas tous les virtuoses qui ont illustré cette époque, la liste en serait longue et fastidieuse, et nous n'écrirons pas ici une chronologie de la virtuosité; nous nous contenterons de noter les artistes qui ont marqué d'une façon particulière dans l'histoire du chant, et nous réserverons aussi une place à part aux maîtres qui, non contents de cultiver l'art dont ils furent l'honneur, surent par leur merveilleux enseignement former les grands chanteurs du dix-huitième siècle.

Non seulement Giulio Caccini avait le premier formulé les lois de l'art du chant; mais, ainsi qu'il le dit lui-même, il avait dans sa propre famille trouvé ses premiers et meilleurs interprètes.

Ses deux filles brillèrent au premier rang parmi les plus grandes chanteuses de leur époque. Françoise Caccini resta à Florence, Septimie à Mantoue; enfin la petite-fille de l'auteur des *Nuove Musiche*, après avoir quelque temps chanté à Florence avec grand succès, entra dans les ordres et se retira au monastère de Saint-Gérôme, sur la côte Saint-Georges.

Vittoria Archilei fut, après les filles de Caccini, la plus célèbre virtuose de cette période qui s'étend de 1600 à 1620. Nous avons vu, dans la préface d'India, que tous les musiciens et chanteurs venaient la consulter. C'était elle qui faisait le succès et la vogue des compositions nouvelles. Les poètes la chantèrent, Guarini l'illustra dans ses vers; ce fut elle qui eut la gloire de créer le rôle d'Eurydice dans l'*Orphée* de Péri. A côté d'elle, il ne faut pas non plus oublier les grandes cantatrices qui, non moins que les compositeurs, contribuèrent si puissamment à la naissance et au progrès de l'opéra moderne. Catarina Martinelli, qui créa la *Daphné* de Gagliano en 1608, et Florinda à laquelle Monteverde confia le rôle principal dans son *Ariane* (1608). Maugars nous a donné d'intéressants détails que nous avons reproduits plus haut sur le talent de Leonora Baroni, fille d'Adriana, qui, elle aussi, laissa un nom dans l'art du chant. Leonora *Baroni*, née vers 1600, fut une des chanteuses qui initièrent les Français aux secrets de l'art italien, lorsque Mazarin fit venir les musiciens d'outre-monts. Elle semble avoir été la plus célèbre virtuose du milieu du dix-septième siècle, car un nommé Vincent Castazuti publia un gros volume, intitulé *Applausi poetici alle glorie della signora Leonora Baroni* (Rome, in-4°, 1639; 2° édition, 1641). Cet ouvrage contient toutes les pièces de vers écrites en l'honneur de cette artiste. Rossi, qui, dans sa *Pinacathéca*, cite peu de musiciens, lui donne cependant une place des plus honorables. Autour d'elle se pressait une charmante pléiade de brillantes virtuoses : Julie et Victoire Lulli, Morette, Mute, Campani, Sofonisba, Laodomia, qui semblent avoir pris les noms des rôles qu'elles avaient créés. Si nous approchons de la fin du dix-septième siècle, les cantatrices ne sont pas moins nombreuses. Ce fut la célèbre Anna Manarini qui vint créer à Paris le Xercès de Cavalli, et qui, pendant de longues années, avait fait les délices de l'Italie. Nous ne faisons point ici une liste des chanteuses qui brillèrent pendant tout le dix-septième siècle ; aussi nous contenterons-nous de citer les noms de Margarita Pia, de la Florentine, de Giulia Romana, d'Antonia Caratti, parmi celles qui régnèrent sur les scènes de la Péninsule, au moment où s'ouvre dans cette histoire la grande période de l'art du chant, au moment où les noms de la Cuzzoni, de la Faustina, feront pâlir, devant leur éclat, le souvenir des autres chanteuses.

Au commencement du dix-septième siècle, nous trouvons aussi un certain nombre de chanteurs. Au premier rang, il faut nommer Jules Caccini qui, non seulement, était le compositeur que nous avons tant de fois cité, mais aussi un virtuose distingué. Autour de lui se groupaient les deux Mazzochi, Jacques Peri et Zazzerino, Francesco Rosi d'Arezzo, élève de Jules Caccini, Gagliano, etc. Ajoutons aussi le ténor Puliaschi (Giovanni Domenico), qui, reçu à la chapelle papale le 3 mai 1610, fut non seulement un chanteur des plus remarquables, mais laissa encore des œuvres pleines de science et d'inspiration. A partir de la seconde moitié du dix-septième siècle, les ténors vont céder la place à des chanteurs d'une autre espèce qui bientôt régneront sans partage, et, dès maintenant, nous devons nous arrêter quelques instants sur les castrats auxquels le dix-huitième siècle doit ses maîtres les plus habiles et ses virtuoses les plus illustres.

L'influence des castrats sur l'art du chant fut immense, et, disons-le, des plus salutaires, si on considère le chant, ainsi que nous le faisons ici, comme un art spécial dans lequel la musique n'est pour ainsi dire qu'un accessoire, qu'un canevas sur lequel sont brodées les merveilles de la virtuosité et de l'exécution. En étudiant le dix-huitième siècle, nous trouverons à chaque pas les traces de ces grands et inimitables chanteurs ; nous les verrons partager, avec les cantatrices, la gloire de cet âge d'or du chant, leurs noms plâneront sur toute la musique italienne de cette période, et seront comme le symbole d'un art dont nous avons perdu jusqu'au souvenir, d'une école dont les traditions nous sont depuis longtemps étrangères.

Nous n'avons pas à revenir, au nom de la morale, sur un procès que l'histoire a justement jugé et sans appel; mais il est au moins permis d'expliquer les causes de la supériorité des castrats sur tous les artistes de leur époque et de montrer aussi pour quelles raisons la perfection même de leur art a fait tomber la musique dans des abus qui ne sont pas encore aujourd'hui complètement corrigés.

Les enfants ainsi destinés à la culture du chant commençaient fort jeunes la musique, et avant même d'aborder les premières études vocales, étaient rompus à toutes les difficultés de la lecture. Plus tard, la langue musicale leur était familière, à ce point qu'ils la parlaient pour ainsi dire sans effort et naturellement. De là cette prodigieuse facilité pour improviser, sur un thème donné, toutes les broderies et toutes les variations que pouvait leur inspirer la plus capricieuse fantaisie. La nature de leur voix, qui se trouvait avoir dès l'enfance une étendue et une pureté que les années n'altéraient pas, leur permettait d'entreprendre de bonne heure l'étude du chant, et de l'avoir poussée jusqu'à son dernier perfectionnement avant l'âge où l'élève sent le besoin impérieux de se séparer du maître et de voler de ses propres ailes, au risque de laisser ses études encore incomplètes et inachevées. Ces voix de castrats, convenablement ménagées, duraient extrêmement longtemps; il n'était pas rare de voir un chanteur briller sur la scène pendant trente ou quarante ans. Une aussi longue période permettait au virtuose de se perfectionner chaque jour, d'approfondir son art, de profiter des leçons de ce grand maître qu'on appelle le public, et, en même temps, de servir de modèles à de nombreux émules, soit qu'il leur inculquât sa méthode dans des leçons, ainsi que nous le verrons plus tard, soit qu'il servît d'exemple à ceux qui venaient l'écouter. Tant d'avantages étaient balancés, il est vrai, par de grands inconvénients qu'il est important de signaler. La nature même de leurs études, le culte qu'ils étaient habitués à avoir pour leur voix et leur virtuosité, entraînaient forcément les castrats à prendre dans la musique la première place, que le compositeur n'aurait jamais dû abandonner. Celui-ci, amoureux avant tout du succès, trouvait doux de triompher sans peine et n'avait plus d'autre préoccupation artistique que d'écrire pour la voix du virtuose, comme on écrit aujourd'hui un concerto pour un instrument, sans se soucier autrement de l'expression, de l'intérêt scénique que les castrats, chanteurs merveilleux, mais acteurs nuls, suivant le témoignage de leurs contemporains, n'auraient pu soutenir; nous dirons même que les maestri prenaient peu de soin d'inventer des mélodies nouvelles, sachant fort bien que le chanteur ne tarderait pas à défigurer la pensée mélodique au bénéfice de son art spécial.

La longue durée des voix obligeait les musiciens à renouveler souvent et pendant longtemps les mêmes effets, quand le chanteur ne se contentait pas d'emporter avec lui ces *airs de voyage*, bons à toutes les situations et à tous les sujets, et qu'il brodait à son gré. Ces airs traversèrent avec succès toute l'Europe, portés sur les ailes de la virtuosité, sans introduire dans l'art véritable ni une idée ni un procédé nouveau. Enfin, le public s'habitua peu à peu à ne plus entendre au théâtre que des voix féminines dont le timbre variait, il est vrai, mais qui restaient toujours dans les registres du contralto et du soprano, quelques ténors surent encore se faire applaudir, mais les beaux instruments du baryton et de la basse se turent, dans les opéras sérieux du moins, et de là s'ensuivirent l'insipide monotonie et l'écœurante platitude qui rend aujourd'hui illisibles la plupart des *opéras seria* purement italiens jusqu'au commencement de ce siècle.

L'emploi des castrats remonte aux derniers siècles de l'antiquité, ainsi que nous l'avons dit dans un des chapitres précédents. Le moyen âge les connut aussi, et Balzamon, de Constantinople, qui écrivait au dix-septième siècle, nous dit que de son temps le chant d'église se composait de voix de castrats. En 1137, un castrat grec nommé Manuel organisa le chant en Russie (à Smolensk); enfin en 1569 le duc de Bavière avait des castrats dans sa chapelle. C'est vers 1640 que nous voyons les castrats prendre définitivement la première place à l'Église, au théâtre et au concert. Maugars, en 1639, les trouve tout à fait établis en Italie lorsqu'il nous dit, sans commentaire, que dans ce pays « il y a un grand nombre de castrati pour les dessus. » Pietro della Valle, dans sa lettre sur l'Italie à Lelio Guidiccioni en 1640, dit que les castrats dominaient en Italie, et il cite parmi les plus célèbres : Guidabaldo, Campagnuola, Gregori, Angelucci, et surtout Loretto Vittori.

Ce fut surtout à la chapelle papale qu'ils tinrent le premier rang vers cette époque. Avant leur entrée dans cette chapelle, le service de la musique pontificale était fait par des falsetti espagnols, dont nous avons nommé les noms principaux en parlant du seizième siècle, et par quelques-uns de ces hommes à la voix étrange, auxquels une singulière anomalie de la nature permettait de chanter à l'unisson des femmes.

Vouloir raconter l'histoire de la chapelle pontificale serait sortir du plan que nous nous sommes imposé, et pour cela nous renvoyons le lecteur à l'excellent travail de Baini sur Palestrina, à l'histoire de Burney, aux livres précieux d'Adami et de Santarelli; mais aussi nous ne pouvons passer devant cette célèbre institution musicale sans citer quelques-uns des castrats qui l'ont illustrée pendant le dix-septième siècle.

Conforti fut un des premiers et des plus célèbres castrats de la chapelle. Né vers 1560, admis au nombre des chantres pontificaux en 1591, Conforti est compté parmi les pères de l'art du chant fleuri ; il passa longtemps pour avoir inventé le trille ; mais nous savons maintenant que ce fait est inexact ; dans tous les cas, il fut un des maîtres de la chapelle pontificale qui brillèrent au premier rang par la pureté de leur goût et la beauté de leur chant. Ses contemporains disaient de lui qu'il était *gran cantore di Gorghi e di Passegi, che andava alle stelle.*

Girolamo Rosini, de Pérouse, admis à la chapelle en 1601, fut presque aussi célèbre que Conforti ; mais une anecdote que raconte Adami à son sujet nous prouve que ce n'était pas sans résistance que les falsetti espagnols avaient cédé la place à leurs rivaux italiens. Ils avaient chassé Rosini dès les premières répétitions ; le pauvre castrat découragé avait voulu abandonner son art pour toujours et prendre l'habit de l'ordre sévère de saint François, dans lequel il était défendu de chanter ; le pape en le rappelant l'empêcha d'accomplir son vœu et ordonna qu'il reprit sa place à la chapelle.

Un des premiers en date après Rosini et Conforti, et des plus célèbres, fut Loretto Vittori, le plus grand chanteur des premières années du dix-septième siècle. Loretto Vittori, reçu à la chapelle pontificale le 23 janvier 1622, était tout à la fois compositeur, poète et chanteur ; il était né à Spolète vers 1588 et avait eu pour maître de chant le célèbre falsetto Soto, après avoir suivi les leçons de contrepoint de Jean et de Bernardini Tranini et de Fréd. Soriano, les trois fondateurs de l'école romaine qui avaient succédé à Palestrina. Urbain VIII, grand admirateur de Vittori, l'avait nommé chevalier de la milice dorée. Voici comment un contemporain, Victor Rossi, que nous avons déjà cité, appréciait longuement, en 1642, ce remarquable chanteur, à la page 215 de la 2º partie de la *Pinacotheca*, et on peut remarquer que dans son livre Rossi est fort avare de notices sur les musiciens.

« Vittori était considéré comme un prodige de la nature et de l'art ; la beauté de sa voix, la perfection de son chant et le profond sentiment qui l'animait faisaient rechercher avec empressement les occasions de l'entendre. C'était un véritable Protée. Sa voix prenait le ton de toutes les passions avec une flexibilité et une vérité surprenantes. Tel était son empire sur ceux qui l'écoutaient qu'on voyait ses sentiments empreints sur leur visage et dans leurs regards. Poète et musicien, il écrivait lui-même la plus grande partie de ses cantates.

On cite parmi ses plus beaux ouvrages : *Irène, Galatea*, et surtout le *Repentir de Magdeleine*. Pendant plusieurs soirées consécutives, il chanta celle-ci dans une église devant une foule nombreuse accourue pour l'entendre. » Ce grand artiste mourut en 1670.

Stéfano Landi, l'auteur de l'opéra de *San Alessio*, qui était en même temps un compositeur des plus distingués et un des premiers chanteurs de son temps, occupa brillamment un pupitre de contralto à la chapelle pontificale.

Allegri, le fameux auteur du *Miserere*, fit aussi partie des chantres de la chapelle. Il était élève de Nanini, le fondateur de l'école romaine; cependant il paraît, d'après son biographe, qu'il n'était pas des plus habiles dans le chant, mais en faveur de son immense talent de compositeur, le pape n'hésita pas à le recevoir au nombre de ses chanteurs qui étaient les premiers du monde ; et, ajoute Adami, qui détaille longuement tous les mérites d'Allegri : « Il faut espérer que celui qui a recouvert d'une si belle musique tant de paroles sacrées, sera recouvert, à son tour, par le Rédempteur du monde, d'une éternelle auréole de gloire. » Parmi les noms de cette longue liste des plus célèbres chantres de la chapelle des papes, citons encore Matheo Simonelli, contralto, dit le Palestrina du dix-septième siècle. Il laissa des compositions dignes de la grande institution musicale à laquelle il appartenait; il fut le maître du violoniste Torelli et brilla au premier rang parmi les chanteurs de son siècle. Terminons enfin en mentionnant le nom du célèbre soprano Francesco Grossi da Pescia, dit *Siface*, qui fut reçu à la chapelle en 1675 et dont nous aurons souvent à parler. Enfin, donnons au moins par reconnaissance une petite place au révérend André Adami, qui ne fut peut-être pas un chanteur de premier ordre, mais qui eut la bonne idée de nous laisser dans son livre les détails les plus intéressants sur la chapelle pontificale. Bientôt l'usage des castrats fut général dans les églises, malgré les foudres de Clément XIV, qui s'éleva contre eux, tout en les gardant dans sa chapelle.

Le théâtre ne tarda pas à se servir de ces voix si souples et si légères, quoique assez froides, si nous en croyons les auteurs, et bientôt on vit régner dans toute l'Italie ce que Arteaga appelle, par une expression emphatique, mais assez juste, « le despotisme du plaisir. »

La chapelle papale n'avait pas seule le privilège de posséder de grands chanteurs, et, à partir de la seconde moitié du dix-septième siècle, on vit surgir en Italie une brillante phalange de castrats qui illustrèrent l'art du chant et contribuèrent puissamment à l'amener à son plus haut degré de perfection. Ainsi que nous l'avons déjà dit, notre intention n'est pas d'écrire ici une biographie des chanteurs ni même des castrats (un livre ne pourrait suffire à cette tâche), aussi nous contenterons-nous de citer quelques-uns de ceux dont les noms ont laissé comme une trace lumineuse dans l'histoire du chant pendant la période qui nous occupe ici.

Un des plus célèbres de cette époque fut Baltazar Ferri. Il était né à Pérouse le 9 décembre 1610; vers 1625, il entra au service du prince Wladislas de Pologne; il resta longtemps dans ce pays et ne revint définitivement en Italie que vers 1675 et mourut en 1680. Peu de chanteurs jouirent d'une gloire plus pure et plus incontestée. Ferri était, disent ses biographes, de grande taille, de belle et agréable figure; sa conversation animée et instructive; son caractère plein de noblesse et de dignité. Traité avec une grande considération par les princes de Pologne, au service de qui il resta si longtemps, par l'empereur d'Allemagne Léopold Ier, qui voulut avoir le portrait du grand artiste portant sur la tête une couronne et avec cette inscription : *Baldassare Ferri Perugino, re dei musici*. Il fut nommé chevalier de Saint-Marc par le doge François Ericio. Tous les historiens de la musique en ont parlé avec honneur. Pietro della Valle lui donne une place importante dans son *Discorso sulla bonta della musica moderna non inferiore a quella dell'eta passata*. Bontempi, dans son histoire, et après lui Mancini et Rousseau, nous ont gardé le souvenir de ce chanteur incomparable. Conestabile (Gian-carlo) a écrit sur ce chanteur un livre tout entier intitulé : *Notizie biografiche di Baldassare Ferri*. — Perugia, 1846; in-8°.

Ginguené, dans l'*Encyclopédie méthodique*, nous dit de quels honneurs était entouré Ferri. « On conserve encore des recueils entiers de vers dictés par l'enthousiasme qu'excitait ce chanteur divin. Cet enthousiasme était général et se manifestait souvent par des démonstrations; quelquefois on faisait pleuvoir sur sa voiture un nuage de roses lorsqu'il avait seulement chanté une cantate. A Florence, où il avait été appelé, une troupe nombreuse de personnes de distinction, de l'un et l'autre sexe, alla le recevoir à trois mille de la ville et lui servit de cortège. »

Bontempi (1) en faisant l'éloge de Baldassare Ferri, semble avoir réuni dans une phrase les qualités qui distinguaient les habiles castrats de cette époque. « Celui qui n'a pas entendu un aussi sublime chanteur ne peut se faire une idée de la limpidité de sa voix, de son agilité, de sa facilité merveilleuse dans l'exécution des passages les

(1) Nous prenons pour ce passage la traduction qu'en a donnée Fétis dans sa *Biographie*.

plus difficiles, de la parfaite justesse de ses intonations, du brillant de son trille, ni de son inépuisable respiration. On lui entendait souvent exécuter des passages rapides et difficiles avec toutes les nuances du crescendo et du diminuendo ; puis, lorsqu'il semblait devoir être épuisé, il recommençait son trille interminable sans reprendre, et remontait et descendait sur ce trille par tous les degrés de l'échelle chromatique l'espace de deux octaves avec une justesse inaltérable. Tout cela n'était qu'un jeu pour lui et les muscles de son visage n'indiquaient jamais la moindre contraction ; d'ailleurs doué de sentiment et d'imagination, il mettait dans son chant une expression touchante. »

Mancini ajoute dans ses *Pensieri* : « Il avait la voix la plus belle, la plus étendue, la plus flexible, la plus douce et la plus harmonieuse que l'on pût entendre ; d'une seule respiration il montait et descendait deux octaves pleines, en faisant toujours le *trille* et marquant tous les degrés connus aujourd'hui sous la dénomination de chromatiques avec tant de justesse, et même sans accompagnement, que si l'orchestre touchait inopinément la note sur laquelle il se trouvait, on entendait un accord si parfait qu'il surprenait les auditeurs.

Les années 1649 à 1659 virent naître les plus célèbres castrats du dix-septième siècle. Matteucci (Naples, 1649), dont le vrai nom était Matteo Sassani, d'une noble famille napolitaine, avait une voix des plus étendues et des plus flexibles. « Il jouissait encore de ce rare avantage, dit Mancini, dans l'âge le plus avancé. Vers 1730, étant à Naples, il avait l'habitude, tous les samedis, en faisant ses dévotions, de chanter aux offices, et, malgré ses quatre-vingts ans passés, sa voix était si claire et si fraîche, il chantait avec tant de flexibilité et de légèreté, que ceux qui l'entendaient sans le voir le croyaient un jeune homme à la fleur de l'âge. »

Gaëtano Orsini, un admirable contralto qui mourut fort vieux, vers 1750, présenta aussi ce phénomène d'une voix restée encore souple et fraîche dans sa vieillesse. N'étant déjà plus jeune, il chanta à Prague et avec un très grand succès, en 1723, l'opéra de *Costanza et Fortezza*, de Fux.

Cortone, Ysope, brillèrent aussi vers la fin du dix-septième siècle ; mais à cette époque leur gloire fut éclipsée par un chanteur qui laissa dans toute l'Italie et dans toute l'Europe une immense réputation. Nous voulons parler de Jean-François Grossi, dit Siface. Ce dernier surnom lui fut donné après le succès qu'il remporta dans l'opéra de Scarlatti, *Mitridate*, où il chantait le rôle de Siface. La voix de ce soprano était non seulement étendue et légère, mais le caractère particulier de sa manière était la largeur du style, la force et la justesse de l'expression. Il semble que ce fut pour un tel chanteur que Scarlatti écrivit ces mélodies d'une forme si ample et d'une inspiration si élevée, dont on ne trouve malheureusement que trop peu d'exemples dans la musique italienne de la fin du dix-septième siècle. Siface fut assassiné, sur la route de Gênes à Turin, par le postillon qui conduisait sa voiture et qui voulait le voler.

Ce n'était pas en vain que tant d'artistes de talent avaient brillé pendant le dix-septième siècle. Non seulement, à l'église et au théâtre, ils avaient perfectionné l'art du chant; non seulement ils avaient excité l'émulation et l'ardeur des compositeurs lancés, depuis les premiers essais de Peri et de Caccini, dans une voie nouvelle, mais encore ils fournirent les modèles d'après lesquels furent créés les premiers principes de la grande école de chant italienne; et, comme il arrive toujours dans les arts, la théorie suivit de près la pratique.

Si nous n'avons qu'une médiocre admiration pour le plus grand nombre des compositeurs de cette école, du moins réserverons-nous toute notre attention aux maîtres qui ont été les gardiens du *bel canto* jusqu'à notre siècle; aux chanteurs qui, à force de goût et de science, de génie, surent faire triompher l'art vocal au détriment même de la musique et mettre en valeur les plates compositions qui pullulèrent en Italie pendant tout le dix-huitième siècle.

Les chanteurs italiens avaient dû leur incontestable suprématie, non seulement à la beauté des voix qui sont souvent mieux timbrées et plus souples dans les pays méridionaux que dans les régions du nord, mais aux principes sages et sévères auxquels ces chanteurs étaient strictement assujettis depuis leur enfance, et que les maîtres se transmirent comme un dépôt précieux pendant un siècle et demi. Ces grandes lois, vrai palladium de l'art du chant, ont été oubliées peu à peu, à ce point, que les chanteurs n'en ont même plus gardé la tradition, que les compositeurs découragés ne trouvant pas d'artistes capables d'interpréter leurs œuvres, se sont rejetés sur la musique instrumentale, perdant ainsi insensiblement le sentiment dramatique et l'instinct du style vocal. C'était dans les écoles et dans les Conservatoires que s'étaient formulées ces indispensables lois dont la perte aujourd'hui se fait si vivement sentir. De ces pépinières musicales sortaient, non seulement les grands et incomparables virtuoses qui s'emparaient triomphalement de la scène et y régnaient sans partage; mais aussi les nombreux artistes qui, par leur science et leur enseignement, maintenaient l'école italienne au rang brillant où elle est restée si longtemps. Des études régulières bien conduites, des règles sagement conçues par des chanteurs habiles qui étaient en même temps de savants compositeurs, des exercices proportionnés aux moyens et à la nature de chaque voix et patiemment exécutés, tel était au fond tout le secret de ces fameuses écoles d'Italie, secret bien difficile à conserver, puisque depuis longtemps nous n'en connaissons plus le mot magique.

En sortant des mains de ses maîtres, l'élève, quel qu'il fût, savait chanter, il parlait la langue dont il devait être l'interprète, il savait faire sonner l'instrument dont la nature l'avait doué. Plus tard, son génie lui faisait trouver de nouveaux accents, de nouveaux effets; il imprimait à son art le cachet de son individualité; il avait son style, son goût, son tempérament musical, en un mot, pathétique, léger ou gracieux; mais quoiqu'il fût, jamais il ne s'écartait des règles qui avaient présidé à sa première éducation d'artiste, et soit qu'au théâtre il servit lui-même de modèle, soit que, maître à son tour, il formât des élèves, il transmettait pieusement aux jeunes chanteurs les fortes traditions qu'il devait à ces écoles si admirablement organisées d'où il était sorti.

C'est le dix-septième siècle qui, véritablement, vit naître les Conservatoires d'Italie. Nous avons suivi dans le cours de cette histoire les différentes phases de l'enseignement du chant. Depuis les premières années du moyen âge nous avons signalé en Italie, comme en France, la présence de ces sortes de collèges ou de maîtrises où étaient enseignés la musique et l'art vocal. Nous avons assisté au seizième siècle avec Palestrina à la création de l'école romaine, qui passa après la mort du grand Pierluigi entre les mains de Maria et Bernardo Nanini, de Soriani et de Paolo Agostini. Rome et Florence furent les berceaux du chant. De la première étaient sortis les chanteurs et les compositeurs sacrés; la seconde avait donné naissance à l'école plus hardie dont Caccini fut pour ainsi dire le fondateur. Bientôt l'Italie tout entière fut couverte d'écoles où se conservèrent et s'augmentèrent encore les trésors de l'art du chant. En cela, comme pour toute la musique moderne, le dix-septième siècle fut la période de fécondation pendant laquelle l'art du dix-huitième siècle fut pour ainsi dire élaboré. Nous donnerons les noms des maîtres qui jetèrent pendant ce siècle les fondements des grands principes de l'art italien. Nous verrons d'après quelles règles, dès les premiers jours, ces sortes de collèges musicaux furent établis; et lorsque s'ouvrira le dix-huitième siècle, lorsque dans un chapitre suivant nous parlerons des grands

Conservatoires qui ont illustré cette époque, des maîtres qui ont formé tant et de si glorieux élèves, nous n'aurons pour ainsi dire qu'à suivre la chaîne non interrompue qui relie le dix-septième siècle à l'ère la plus brillante de l'art du chant.

L'école romaine peut être considérée comme la plus ancienne et la plus féconde des écoles d'Italie. Non seulement elle donna naissance à de grands artistes, mais c'est de son sein que sortirent les maîtres qui formèrent la fameuse école de Naples, qui eut une si grande influence sur la musique et l'art du chant pendant tout le dix-huitième siècle. Successeurs de Palestrina, Giovanni Maria et Bernardo Nanini s'étaient d'abord associés à Francesco Soriani. Bientôt Paolo Agostini épousa la fille de Bernardo Nanini et se joignit à son père. L'association de ces quatre maîtres fut heureuse pour les destinées de l'école romaine. Chanteurs et compositeurs prirent à cette école la science des principes du chant, et parmi les élèves de ces quatre fondateurs de l'école italienne, il faut compter Anerio, Antonio Cifra, Antonio Maria Abattini qui, lui-même, forma Domenico del Pane, virtuose de la chambre de l'empereur Ferdinand III, et le célèbre Antonio Cesti, chanteur de la chapelle pontificale et auteur d'un grand nombre d'opéras. Grâce à sa partition de l'*Orontea*, qui fut jouée en France, on peut compter Cesti au nombre des maîtres qui contribuèrent à initier les Français aux délicatesses du goût italien. Les belles traditions de cette brillante école romaine se perpétuèrent encore pendant de longues années, et à la fin du dix-septième siècle nous la voyons dignement représentée par l'illustre Fedi, par Francesco Poggia, qui eut lui-même pour élève Pitoni. Ce dernier, vers la fin de cette période, établit à Naples l'école qui fut si florissante dans la suite et donna naissance aux Durante, aux Feo, aux Leo, à presque tous les plus glorieux maîtres de la grande époque du chant. A côté de l'école qu'on pourrait appeler pontificale, il faut citer les deux frères Domenico et Virgilio Mazzochi dont nous avons eu plusieurs fois l'occasion de parler. Compositeurs et chanteurs tout à la fois ils donnèrent, et par leur enseignement, par leurs œuvres, et par leur exemple, le dernier coup au style sévère et toujours un peu scolastique que l'école romaine n'avait pas complètement abandonné, malgré la rénovation opérée dans la musique vocale dès les premières années du siècle. Mazzochi forma un grand nombre d'élèves parmi lesquels nous devons compter Bontempi, dont nous avons déjà analysé les œuvres, et qui, dans son *Histoire de la Musique*, nous a laissé de curieux détails sur l'organisation matérielle des écoles romaines.

La régularité dans les études n'était pas un des moindres mérites de l'enseignement donné aux élèves auprès de ces maîtres fameux. Le temps était réglé heure par heure; mais assistons quelques instants avec notre vieil historien à ces études si sagement dirigées.

« Les élèves étaient tenus d'employer chaque jour une heure à chanter les pièces difficiles, afin d'acquérir toute l'expérience nécessaire. Trois heures étaient affectées, l'une aux trilles, la seconde aux passages, la troisième à l'étude des traits. Pendant une autre heure, l'élève travaillait sous la direction du maître, qui avait soin de mettre devant lui un miroir, pour qu'il s'habituât à ne faire aucun mouvement en chantant, ni des yeux, ni du front, ni de la bouche. Telles étaient les occupations de la matinée. Dans l'après-midi, on étudiait la théorie pendant une demi-heure; une heure était employée au contrepoint sur le *canto fermo*; une autre à l'étude des lettres. Le reste du jour, on s'exerçait au clavecin ou à la composition d'un psaume, d'un motet, d'une chanson, ou tout autre composition, suivant le talent de l'élève. Tels étaient les travaux, les jours où les disciples ne sortaient pas. Dans le cas contraire, on allait jusqu'à la porte Angelica, et là on chantait à la portée d'un écho qui, renvoyant le son, permettait au chanteur de juger sa voix; ou bien on entendait la musique qui s'exécutait dans les églises de Rome. Excellente étude, à une époque où tant de bons chanteurs offraient partout des exemples à suivre. En rentrant, les élèves étaient obligés de rendre compte au maître de leurs impressions. »

A côté de l'école de Rome, deux autres écoles célèbres, celle de Venise et celle de Bologne, étaient devenues florissantes pendant la période qui précède l'ère du dix-huitième siècle. C'est au nom de Lotti que se rattache le souvenir de l'école vénitienne. Déjà, pendant les seizième et dix-septième siècles, la musique avait été en grand honneur à Venise. Les maîtres flamands et français, Gabrielli, Monteverde, avaient trouvé auprès de la république des emplois dignes de leur talent, et les Vénitiens avaient su rendre hommage aux maîtres étrangers aussi bien qu'aux compositeurs italiens. Les couvents, les hôpitaux étaient remplis de virtuoses des plus remarquables, et les maîtres de Saint-Marc comptaient au nombre des premiers musiciens du monde. Là, certainement, le chant était enseigné ainsi que les règles de la composition; mais cependant ce n'est que de la fin du dix-septième siècle que date l'établissement d'une école régulière, et il est même à remarquer que nous n'aurons à constater l'établissement des Conservatoires vénitiens, qui furent spécialement destinés aux femmes, que dans le chapitre suivant.

Antonio Lotti était élève de Legrenzi. Comme compositeur, il continua les traditions de la grande génération de maîtres à laquelle il appartenait. Il conserva le madrigal, mais en lui donnant une allure plus aisée et plus moderne; partout à la fois le style vocal perdait de son ton raide et scolastique. Non content de composer des opéras et de la musique d'église, il mit ses soins à fonder une école de chant qui fournit à l'Italie de nombreux virtuoses. Gasparini, son élève, continua son œuvre et, placé sur la limite du dix-septième siècle, fut, avec Pistocchi de Bologne, un des maîtres qui contribuèrent le plus activement à préparer la brillante époque du dix-huitième siècle. C'est de son école que sortit la célèbre Faustina Bordoni.

L'école de Bologne fut fondée par Pistocchi, vers 1700. C'est donc tout à la fin de la période qui nous occupe ici que doit prendre place cette célèbre école. Mais il est juste de dire qu'il n'en fut pas de plus féconde en brillants élèves et en virtuoses inimitables. Pistocchi était né à Palerme en 1659. Il possédait une jolie voix de soprano, et ses débuts dans la carrière furent des succès; mais bientôt les désordres de sa conduite ruinèrent sa voix. Il tomba dans une telle misère, qu'il dut se mettre comme copiste au service d'un musicien, chez lequel il apprit les règles de la composition. Au bout de quelques années, il recouvra une partie de sa voix, qui se transforma, à force de travail, en un beau contralto; c'est alors qu'il voyagea et se livra à la composition. Il écrivit plusieurs opéras dans lesquels il chantait le principal rôle. Enfin, en 1700, il se fixa à Bologne, où il fonda l'école dont nous allons parler.

Bien qu'on puisse faire remonter à Pistocchi l'abus du style fleuri qui caractérisa le chant au dix-huitième siècle, puisque ses élèves furent les chanteurs qui mirent ce style le plus en honneur, nous savons que sa méthode était pure, correcte; il instruisait avec patience ses disciples, ne leur permettant de paraître en public que lorsqu'il les jugeait parfaits : c'est ainsi qu'il fit avec Bernacchi. Nous savons aussi que, bien que son style fut plus orné que celui de l'école romaine, il ne tombait pas dans l'exagération, respectant toujours la mesure et le dessin de l'idée principale. Les qualités premières entre toutes qu'il avait su donner à ses élèves, étaient la science approfondie et difficile de la pose du son, la plus parfaite aisance dans la vocalisation et dans l'articulation.

On dresserait un véritable arbre généalogique, si on voulait reproduire la liste des brillants chanteurs qui sortirent de l'école de Pistocchi; mais c'est au dix-huitième siècle qu'ils appartiennent, c'est au dix-huitième siècle que nous les retrouverons. Contentons-nous seulement de citer les principaux : Bernacchi, Pasi, Minetti, Bertolino, etc., qui eux-mêmes devaient former des élèves tels qu'Amadori, Guarducci, le ténor Raaf, Mancini. De tels noms suffisent à eux seuls pour illustrer à jamais l'école fondée par Pistocchi qui peut presque être considérée comme la pépinière de tous les grands virtuoses italiens du dix-huitième siècle.

Ces écoles que nous venons de citer étaient, pour ainsi dire, des établissements particuliers, qui n'avaient aucun caractère public et qui souvent étaient condamnées à disparaître en même temps que le maître qui les rendait célèbres. Mais, depuis près de cent ans, il s'était fondé à Naples des écoles régulièrement constituées et qui prirent le nom de Conservatoires. C'était généralement grâce aux dons de quelques riches amateurs que ces Conservatoires étaient entretenus et l'éducation musicale y était donnée gratuitement. Dans ce sens, la fondation du Conservatoire de Naples, le plus ancien et aussi le plus célèbre de tous, ressemble à un véritable roman. Cette histoire, racontée d'abord dans un journal spécial, fut reproduite depuis par Lichtenthal dans son dictionnaire; le savant et consciencieux Florimo l'a confirmée dans son *Histoire de la musique à Naples*, et dernièrement encore le maestro Ruta la répétait dans son *Histoire*. Nous la reprendrons donc telle qu'elle se trouve dans ces auteurs, en nous contentant de l'abréger.

Dans la première moitié du seizième siècle, un nommé Jean de Tapia, déplorant l'état de la musique, eut l'idée de fonder une école où les principes de cet art fussent pieusement conservés. Les ressources lui manquaient; il alla bravement mendiant de ville en ville, de porte en porte. Lorsqu'il eut réuni la somme nécessaire, il arriva à Naples, et là, avec le produit des aumônes qu'il avait recueillies, avec un peu d'argent qui lui appartenait, il fonda, en 1537, le premier Conservatoire de musique de *Santa Maria di Loreto*. Afin de donner plus de force à son institution, et lui prêter le secours de l'État, il pria le vice-roi et le président du Consistoire de l'appuyer de leur autorité, ce qu'ils firent. Son œuvre était à peine achevée que Tapia mourait. Ses élèves reconnaissants l'ensevelirent dans l'église du Conservatoire, et jusqu'à la fin du dix-huitième siècle des messes furent dites pour ce bienfaiteur de la musique.

Bientôt l'exemple de Tapia fut suivi, et on fonda un nouvel institut musical à l'hôpital *della Nunziata*, dans lequel les orphelins et les enfants, qui annonçaient des dispositions pour la musique, furent élevés gratuitement. C'est ainsi que fut fondé en 1576 le second Conservatoire connu sous le nom de *Santo Onofrio in Capuana*.

Le vice-roi et les gouverneurs ne pouvaient conserver dans leurs attributions des établissements qui leur donnaient trop d'occupation ; ils en confièrent la direction à la famille des ducs de Monteleone, à la condition que cette charge importante reviendrait à l'aîné de la famille.

Les deux Conservatoires avaient prospéré et avaient donné naissance à une confrérie qui avait son siège à *Santa-Maria della Coronella*, rue Catalana. Mais bientôt ils ne suffirent plus. Avec la réputation de ces écoles grandissait aussi le nombre des élèves ; mais, en revanche, les dotations faites à la confrérie devenaient chaque jour plus nombreuses et plus importantes. C'est alors que la confrérie fit construire une grande maison dans laquelle fut érigé en 1607 le troisième Conservatoire dit *della Pieta dei Turchini*, ainsi appelé, parce que ses élèves portaient des vêtements bleus. Ce Conservatoire fut le plus célèbre de tous, on lui adjoignit plus tard celui de Santo Onofrio ; mais celui de Santa-Maria de Loreto resta séparé.

Il faut ajouter encore à ces trois écoles, celle non moins célèbre, *dei Poveri Gesu Christo*, qui forma plus tard de nombreux élèves, parmi lesquels on compte Pergolèse. Cette école fut fondée en 1598, par Marcello Passataro ; on y recevait les enfants de tous les pays, de sept à onze ans. Ce Conservatoire était sous la protection des archevêques de Naples, dont il dépendait directement ; mais lorsqu'au siècle passé, le cardinal Giuseppe Spinelli vint diriger l'évêché de Naples, ce Conservatoire fut supprimé, et on établit un séminaire dans son local ; ses élèves furent versés dans les autres collèges de la ville.

Le Conservatoire de Santo Onofrio et celui de la *Pieta dei Turchini* existèrent jusqu'au 21 février 1806 ; à cette époque, ils furent réunis en un seul établissement sous le titre de *collège royal de musique*. En 1808, ce collège royal de musique fut installé dans l'ex-monastère des dames de Saint-Sébastien ; et, enfin, en 1826, son local ayant été concédé aux jésuites, le Conservatoire fut transféré à San Pietro a Majella dont il prit le nom.

Naples avait donné l'exemple, les autres villes d'Italie le suivirent bientôt ; mais ce ne fut que le dix-huitième siècle qui vit naître les grands Conservatoires de Venise et de Milan et nous les retrouverons à cette époque.

Tel fut pendant le dix-septième siècle l'état du chant en Italie. Nous l'avons dit, cette période fut féconde ; compositeurs, chanteurs, maîtres, écoles, tout naît à la fois pendant ce temps. Le style vocal se forme, la virtuosité grandit chaque jour ; les grands principes du chant sont formulés par des maîtres habiles, et lorsque va s'ouvrir le dix-huitième siècle, lorsque nous verrons défiler devant nous la longue théorie des chanteurs qui ont illustré cette ère incomparable du *bel canto*, nous n'aurons plus à reconnaître en eux, pour ainsi dire, que les élèves des maîtres bien oubliés aujourd'hui et dont nous avons tenté de rappeler les noms.

QUATRIÈME ÉPOQUE

L'École expressive française aux dix-septième et dix-huitième siècles.

Si l'on en croit les historiens et les critiques, le chant n'existe pas en France, pas plus que la musique, et sans les Italiens les Français continueraient encore à hurler les psalmodies du moyen âge. Il serait temps enfin de s'élever contre un préjugé stupide et absolument contraire à la vérité même de l'histoire.

Pendant la longue période de dilettantisme que le goût musical vient de traverser, tout ce qui n'était pas italien, ou rappelant le style des maîtres et des chanteurs d'outre-monts, n'existait réellement pas. Pour se manifester notre art national dut plus d'une fois revêtir la livrée d'Italie, grâce à laquelle on lui permettait d'exister. Depuis quelques années on revient peu à peu de cette sorte d'engouement, on comprend par quelles séductions nos pères se sont laissé entraîner, admirant la grâce et la facilité, au détriment de l'expression et de la véritable musique ; on comprend que l'éclatant brio du style et de la mélodie italienne ait ébloui les dilettantes à ce point qu'ils n'ont pas voulu regarder autour d'eux, ni désirer autre chose.

Aujourd'hui cette effervescence est tombée, les formes de l'école d'Italie ont vieilli et on peut considérer les faits sous leur véritable jour d'un œil plus clairvoyant et d'un esprit plus perspicace. Il serait puéril de nier que dans l'art du *Bel Canto* et dans la virtuosité, l'école italienne l'emporte et de beaucoup sur notre école française ; mais ces qualités ne sont point les seules et il en est d'autres que les chanteurs français ont portées au plus haut degré de perfection. Nos compositeurs, du reste, lorsqu'ils sont restés dans le génie vraiment national, ont puissamment contribué à donner à l'art du chant français le caractère que nous essayons de définir en ce moment.

Le grand mérite de nos chanteurs à toutes les époques et dans tous les genres a été et est encore dans la recherche absolue de l'expression, l'intelligence bien nette des effets scéniques, le jeu, en un mot, non moins nécessaire au drame lyrique qu'à la tragédie et à la comédie La musique à l'expression forte ou spirituelle leur convient mieux que la brillante virtuosité et en cela le public, tout en se montrant fort engoué, quelquefois, des rossignols étrangers qui savaient le charmer, revenait toujours, guidé qu'il était par son sens si vrai de la scène, vers nos chanteurs qu'il ne cessait de critiquer, mais dont le talent avait quelque chose de plus intime, de plus français qui le touchait jusqu'au fond de l'âme. Nous n'avons point à soutenir un procès ou à faire ici un plaidoyer, mais il faut avouer que ces détestables chanteurs français, ces *Hurleurs* dont riaient tant les virtuoses italiens, n'étaient pas absolument sans mérite et sans talent, puisque c'est à eux que les maîtres étrangers sont venus confier leurs œuvres les plus puissantes et les plus expressives : *Orphée*, *Œdipe*, *La Vestale*, *Guillaume Tell*, les *Huguenots*, toutes ces grandes œuvres mères, resplendissantes encore de gloire, le plus pur du génie de ces hommes qui ont nom : Gluck, Sacchini, Spontini, Rossini, Meyerbeer. C'est pour des artistes français qu'elles ont été écrites, et nous nous plaisons à croire que si nos chanteurs n'avaient pu les interpréter dignement, ces maîtres n'auraient eu garde de confier de pareils chefs-d'œuvre à des exécutants incapables d'en rendre les sublimes beautés.

Il est donc bien convenu que le chant français existe, moins brillant, il est vrai, moins léger que l'italien, d'une grâce et d'une facilité moins élégantes, mais doué d'admirables qualités d'expression, d'une largeur de style et d'un pathétique merveilleux. L'influence italienne a été à plus d'une reprise fort utile, il est vrai, à nos chanteurs, et l'exemple des virtuoses italiens a donné à notre école de chant quelques-unes des qualités qui lui manquaient, mais les Italiens ne nous ont rien appris, sous le rapport de l'expression et du profond sentiment dramatique.

Dès que le chant proprement dit commence à se manifester en France, nous avons à constater chez nos artistes de singulières aptitudes pour la recherche de l'expression et dans le genre bouffe comme dans le genre sérieux. Les habiles chanteurs du moyen âge avaient disparu, les grands maîtres du quinzième siècle qui, venus de France et de Belgique, avaient formé les fameux compositeurs de l'école romaine, avaient cessé d'écrire et la musique à plusieurs voix, employée surtout à la fin du seizième siècle, était peu favorable au développement de la virtuosité, aussi voyons-nous peu de chanteurs français jusque vers 1650. Mazarin en appelant à Paris les artistes qui jouèrent la *Finta Pazza* et l'*Achille à Scyros* développa dans notre pays le goût du drame lyrique ; et il est à remarquer qu'à partir du jour où Cambert écrivit les premiers opéras français, ce ne fut pas d'après les modèles italiens, mais bien d'après une sorte de poétique qui n'était pas sans rapport avec notre tragédie que ces drames lyriques furent conçus.

Les maîtres qui suivirent Cambert et qui avaient nom Lulli, Campra et Gluck lui-même écrivirent leur musique sur le même genre de poèmes, et s'ils changèrent les formules harmoniques et mélodiques, s'ils ajoutèrent l'expression de l'orchestre à l'expression du chant, du moins conservèrent-ils, au résumé, la forme de la première tragédie lyrique française. Nous devrons donc suivre nos chanteurs français presque jusqu'au commencement de ce siècle, à l'époque où, avec *la Vestale*, les conditions de notre drame musical et de notre chant commenceront à changer. *La Vestale* annonce déjà *Guillaume Tell*, et à partir de ce jour nous entrons dans la partie moderne de l'histoire du chant en France.

Dans le style de demi-caractère, c'est-à-dire dans l'opéra-comique, les différences furent plus notables et l'influence italienne se fit sentir davantage ; cependant nous pourrons suivre nos chanteurs jusqu'à une époque assez rapprochée de la nôtre, mais en ayant soin de marquer quelles influences causèrent les petites révolutions artistiques auxquelles nous assisterons.

Le public français n'aime pas seulement l'opéra, il aime aussi la chanson, cette mère de notre opéra-comique, et il lui plaît aussi d'entendre un air, une romance chantée avec goût devant une assemblée restreinte. Petite musique et musique de salon, si l'on veut, mais musique en réalité. Dans ces conditions le chant revêt des formes toutes particulières, et dans ce genre notre école compte de véritables maîtres. Ces artistes possédèrent à la fois les qualités françaises et italiennes, et leur place dans l'art du chant est considérable. Nous voulons parler des chanteurs de salon, de ceux qui n'osant aborder le théâtre, ou ne le pouvant, se consacrent à un art charmant, plein de délicatesse et de goût, exigeant un talent de diction, d'expression et de virtuosité que nos diseurs seuls semblent avoir possédé, et qui, depuis Nyert, en passant par Lambert et Garat, est parvenu jusqu'à nous. Ce sont ces artistes qui ont donné au genre de la romance une si grande place dans notre art français ; ce sont eux qui semblent avoir perpétué à travers les siècles le goût national de la musique facile, il mais tendre, élégante, sans faux brio, comme sans exagération dans l'effet expressif. Nous ne les laisserons pas à l'écart ces charmeurs du passé; les oublier serait négliger un des côtés les plus caractéristiques de notre école française de chant.

Avant que le drame lyrique fût créé en France, ce furent ces chanteurs de concert ou de salon qui représentèrent réellement l'art vocal dans notre pays.

Pour former ces chanteurs la France eut comme l'Italie des écoles où on étudiait le chant et la musique. Les maîtrises venues du moyen âge étaient nos Conservatoires, et à partir du milieu du dix-septième siècle on vit en France des maîtres spéciaux de chant qui contribuèrent puissamment aux progrès de cet art charmant.

En étudiant le moyen âge, nous avons jeté un rapide coup d'œil sur les anciennes maîtrises, pépinière des virtuoses d'église et de salle. Lorsque nous les retrouvons au dix-septième siècle elles ne sont guère changées. Un musicien plein d'esprit et de verve, nommé Gantez, qui eut un jour l'idée de raconter ses aventures, nous montre de quelle façon ces écoles étaient organisées. Les églises possédaient toutes une maîtrise, et c'était le maître de chapelle qui enseignait le chant aux enfants. De plus, il les nourrissait, les logeait, était auprès d'eux comme un maître de pension auprès de ses élèves. Des conditions d'après lesquelles cette espèce d'école musicale était tenue, dépendait la plus ou moins grande importance d'un siège de maître. Gantez nous a laissé un tableau détaillé de cette sorte d'administration musicale. Il y avait quatre espèces de maîtrises. Dans la première, les maîtres vivaient en communauté avec les enfants comme à Saint-Paul, à Paris, Toulon, Marseille, Aix, Arles, Aigues-Mortes et Carpentras. Dans la seconde, les enfants ne vivaient pas en communauté, mais chez leurs parents, comme à Saint-Jacques de l'Hôpital, à Paris, Valence, Grenoble, le Val-de-Grâce.

Dans d'autres, les enfants étaient nourris avec le maître par procureur comme à Notre-Dame de Paris, et à Viviers en Vivarais.

La quatrième manière était la meilleure quoique la plus assujettissante; en effet, elle consistait pour le maître à nourrir lui-même les enfants; d'après ce dernier système, le musicien était chargé de mille petits soins de ménage qu'une femme seule pouvait convenablement remplir, mais, outre que les maîtres de chapelle étaient souvent mariés, ces pauvres diables ne dédaignaient pas les bénéfices qu'ils retiraient de ces sortes de pensionnats.

Les maîtres de la chapelle du roi élevaient les enfants de cette manière, et nous avons sous les yeux nombre de quittances délivrées par eux pour la nourriture et l'entretien des jeunes pages de la musique.

A en juger par les musiciens qui sont sortis des maîtrises, on peut supposer que leur instruction musicale était, au résumé, assez complète; mais nous devons avouer que les enfants n'acquéraient quelquefois cette science qu'après un rude apprentissage. Placés sous la sévère férule du maître de chapelle, qui les nourrissait, les promenait et les instruisait, les pauvres petits étaient souvent horriblement malheureux. Au moyen âge, et même jusqu'à une époque assez rapprochée de nous, les moyens pédagogiques ne furent jamais d'une grande aménité, et le proverbe *qui bene amat...* fut longtemps la grande loi de l'enseignement. On a conservé le bâton avec lequel Grégoire le Grand battait les élèves.

Charlemagne ne mettait pas plus de douceur dans l'éducation des jeunes musiciens de son temps. Grétry nous a laissé un touchant récit des souffrances qu'il eut à endurer chez son maître à la collégiale de Saint-Denis.

C'était dans les maîtrises que le régime du fouet était le plus en honneur lorsqu'on ne le remplaçait pas par la privation de nourriture. Cette dernière punition présentait l'avantage d'une économie réelle pour le maître chargé de l'entretien des enfants, surtout lorsqu'il profitait adroitement des fautes de ses élèves pour payer ses dettes de cabaret. Les meilleurs considéraient le fouet comme partie indispensable d'une bonne éducation musicale.

Cet instrument tenait lieu de tout. La mesure était-elle trop longue ou l'intonation un peu haute, vite le fouet venait rétablir le rythme et la tonalité. Un des maîtres de Gantez ne pouvant faire chanter à un enfant une certaine note dans sa partie, arracha du cahier la note avec tout le papier qu'il le força d'avaler, sous l'ingénieux prétexte de la lui faire entrer dans la tête. En maître intelligent Gantez s'élève contre ces barbaries. Il recommande fort la douceur envers ces pauvres Ixions de la musique. Il permet bien de gagner un peu sur la nourriture des enfants, « mais en bon chrétien et non en Turc, en abusant de leur innocence. »

Qu'on ne croie pas que notre Marseillais donne ces excellents conseils par bonté d'âme ou par honnêteté; les abus en ce genre ne le scandalisaient en aucune façon; mais sa longue expérience lui avait démontré que la douceur et les bons procédés pouvaient seuls faire des élèves dociles et instruits, et que le maître avait tout bénéfice à former une brillante école; car alors c'était dans son séminaire que l'on venait chercher les hommes capables de régir les plus grandes maîtrises, et tout en honorant le chapitre, la ville et la province, il recueillait pour lui-même une ample moisson de gloire.

Quoiqu'il en fût, les maîtrises formèrent la plus grande partie des musiciens, compositeurs et maîtres de chapelles qui brillèrent jusqu'à la fin du dix-huitième siècle. C'est à elles que Cambert et Lully s'adressèrent lorsqu'ils eurent besoin de chanteurs et, à la lecture des œuvres de ces maîtres, on peut juger que si ces artistes n'étaient point tous des virtuoses habiles dans l'art de la vocalisation et du trille, du moins composaient-ils une excellente troupe de tragédiens lyriques.

Du reste, les maîtrises n'étaient point seules à former les jeunes chanteurs, il y avait les maîtres particuliers et aussi l'école des pages de la chapelle, sorte de maîtrise royale placée sous la surveillance des meilleurs musiciens de l'époque et d'où sortirent beaucoup d'excellents artistes.

On voit d'après ce rapide tableau que lorsque la musique italienne fit invasion en France le terrain était tout préparé. Les bons maîtres fourmillaient dans les principales villes et nous étions loin d'être aussi totalement ignorants que Castil-Blaze a bien voulu le dire dans ses spirituels romans musicaux, intitulés *Molière musicien* et *Histoire de l'Académie de musique*.

Du temps du père Mersenne, vers 1636, l'école de chant était essentiellement française et les maîtres s'appelaient Boesset, Lecamus, Boesset fils, Molière ou Mollier, Richard, Moulinié, Sicard. Ils écrivaient et enseignaient à chanter des brunettes, des sérénades dans le goût espagnol, des chansons à boire et à aimer. Dubuisson, fameux buveur et auteur d'un grand nombre de chansons, donnait volontiers des leçons de musique et de table « à messieurs les étrangers et surtout aux Allemands qui venaient passer quelque temps à Paris ». Mais à cette époque, bien qu'il y eut des hommes habiles tels que Baillif pour composer, orner et enseigner des airs qui étaient fort en vogue, le chant n'était pas encore tout à fait entré dans la mode, lorsqu'il vint à Paris, un chanteur, qui exerça une grande influence sur la musique vocale, cet homme se nommait Nyert, dont le nom se lit aussi de Nyert, Niel ou Niert, il avait accompagné le maréchal de Créquy, ambassadeur de France à Rome; il était engoué des chanteurs d'Italie, et homme de goût lui-même avait trouvé moyen de marier habilement les deux styles français et italien; le roi, qui aimait la musique, voulut avoir de Nyert et en fit son valet de chambre.

Il est dans nos habitudes de croire que les manifestations de l'art sont isolées et que ce qui se passait en Italie était totalement inconnu aux autres nations jusqu'au moment où des chanteurs d'outre-monts vinrent propager l'art nouveau, il n'en fut jamais ainsi, et en France particulièrement, plus d'un musicien connaissait les essais de Péri et de Caccini presque au moment où les compositeurs les faisaient entendre en Italie. Mersenne ne manque pas de citer tout au long les *nuove musiche* de Caccini, les opéras de Péri et de Landi, et même les ouvrages antérieurs, comme le livre si rare de Cérone et les écrits de Ganassi del Fantego; mais ce genre était peu fait pour plaire aux Français et il fallait qu'un maître habile sût marier le style italien au nôtre, c'est ce que semble avoir fait Nyert avec un grand succès. Il prit ce que les Italiens avaient de bon dans leur manière de chanter et le mêla au chant français, puis il forma des élèves parmi lesquels il faut compter Mlle Raymond et Hilaire, et surtout Lambert, le célèbre, l'inimitable Lambert, dont le nom semble exprimer tout ce qu'il y a de plus parfait dans l'école de chant français au dix-septième siècle.

La réputation de Nyert fut immense. Louis XIII l'avait nommé un de ses premiers valets de chambre, Louis XIV le conserva dans cette charge. Il fallut la révolution opérée dans la musique française par la naissance de l'opéra pour faire un peu diminuer la vogue du grand chanteur à la mode. On sait les vers que La Fontaine adressa à Nyert en 1677 dans son épître à ce chanteur.

>   Nyert, qui pour charmer le plus juste des rois,
>   Inventa le bel art de conduire la voix.
>   Et dont le goût sublime à la grande justesse
>   Ajouta l'agrément et la délicatesse;
>   Toi qui sais mieux qu'aucun le succès que jadis
>   Les pièces de musique eurent dedans Paris,
>   Que dis-tu de l'ardeur dont la cour échauffée,
>   Frondait en ce temps-là les grands concerts d'Orphée,
>   Les longs passages d'Otto et de Léonora
>   Et ce déchaînement qu'on a pour l'opéra.
>   . . . .
>   La voix veut le théorbe et non pas la trompette.
>   . . . .
>   Ce n'est plus la saison de Raymond ni d'Hilaire.
>   Il faut vingt clavecins, cent violons pour plaire.
>   On ne va plus chercher au fond de quelques bois
>   Des amoureux bergers, la flûte et le hautbois.
>   Le théorbe charmant qu'on ne voulait entendre
>   Que dans une ruelle avec une voix tendre,

Pour suivre et soutenir par des accords touchants
De quelques airs choisis les mélodieux chants.
Boesset, Gaultier, Hemon, Chambonnière, Labarre,
Tout cela seul déplaît, et n'a plus rien de rare.
On laisse là Dubut, et Lambert, et Camus;
On ne veut plus qu'*Alceste*, ou *Thésée*, ou *Cadmus*.

Ce n'est pas pour le plaisir de citer une vingtaine de médiocres vers de La Fontaine que nous rappelons cette tirade; mais, à la date où elle fut écrite, la douzième épître donne un tableau de ce qu'avait été la musique de ruelles en nous indiquant quel goût nouveau était né en France avec l'opéra et quels regrets ressentaient les amateurs de la musique de chant. N'est-il pas aussi amusant de voir le Bonhomme faire à l'opéra, de son temps, les mêmes reproches que nous faisons au nôtre! Rien n'est nouveau dans la musique.

C'est un véritable Parnasse que ces quelques vers, Parnasse de la musique de chambre. Voici Boesset, le charmant compositeur de chansons et de doubles; voici Gaultier, qui partageait avec son cousin l'empire du luth; plus loin, Chambonnière, Labarre, Camus, le maître à chanter qui écrivit tant d'airs gracieux insérés au Mercure. Pour les femmes Mlle Raymond qui, avec la célèbre Mlle Hilaire, faisaient l'ornement de tous les concerts. Mlle Hilaire avait eu pour maîtres de Nyert et le fameux Lambert, son beau-frère; puis, comme ombre au tableau, nous voyons apparaître deux chanteurs italiens, Otto, que Mazarin estimait à ce point, qu'il l'envoya à Munich pour décider l'électeur de Bavière à se mettre sur les rangs pour l'empire, et Léonora Baroni, la Patti de l'époque qui représentait la luxuriante virtuosité italienne. C'est à elle que fut attribuée pour la première fois l'épithète de virtuose.

La Fontaine avait un peu chargé le tableau, car au moment même où il écrivait Lambert, le grand Lambert, le divin Michel, était encore dans toute sa gloire. Lambert illustré par Boileau, par La Fontaine, par Molière, est le plus célèbre représentant du chant purement français au dix-septième siècle. Chanteur de salon avant tout, fuyant le bruit des nombreux orchestres, l'éclat des grandes assemblées, il eut comme le secret du chant pour ainsi dire intime, il fut en son temps ce que Garat fut au commencement de ce siècle, ce que sont aujourd'hui quelques chanteurs charmants dont le nombre diminue, malheureusement, de plus en plus.

Il n'était pas de concert un peu recherché, pas de réunion musicale chez les précieuses, pas de repas chez les gens un peu nés, sans que Lambert vînt chanter quelques-uns de ses doubles tant vantés. On n'était réputé chanteur du goût et du bel air que lorsqu'on avait été prendre quelques leçons du maître à sa petite maison de Puteaux.

Lambert, dit le petit Michel ou Champigny, naquit en 1610, à Vivianne en Poitou, il mourut en 1696 à Paris. Dans le jargon des précieuses, Lambert portait le nom de Léonte. Aucun chanteur français ne jouit d'une plus immense réputation de chanteur, de professeur et d'homme d'esprit. Lorsqu'il était encore fort jeune, le maître de chapelle Moulinier, qui l'avait distingué, le fit entrer parmi les pages de la musique de Gaston d'Orléans, frère de Louis XIII; puis il fut élève de Nyert. Sa réputation commença chez le cardinal de Richelieu qui l'admit à chanter dans ses fêtes. Peu à peu elle effaça celle des meilleurs maîtres et partout il fut applaudi. Si quelqu'un de nos lecteurs avait idée de faire plus ample connaissance avec le célèbre chanteur, il trouverait dans sa biographie de singuliers détails où Bacchus jouait un rôle des plus importants ; mais ce n'est point de cela qu'il s'agit ici. Pendant les trente premières années du règne de Louis XIV, il fut le chanteur en vogue.

« Il n'y a que lui, dit Tallemant des Réaux, qui montre bien; et les écolières des autres ne valent rien auprès des siennes... Ce n'est rien que d'avoir ses airs notés, il faut que ce soit lui qui vous les montre; sans cela, ils n'ont pas la centième partie de l'agrément qu'il leur donne... Un de ses chagrins, à ce qu'il dit, est de ne pouvoir laisser par écrit sa science, car tout cela dépend de la manière qui ne saurait s'exprimer. »

En effet, c'est là le secret de la force du chant, comme c'est aussi la cause de sa fragilité ; art charmant, qui meurt avec celui qui en a fait un des plus précieux ornements de la musique. Le goût, telle était la grande qualité de Lambert, et lorsque nous lisons ses airs et ses brunettes, il est bien difficile de rétablir par l'imagination la manière de chanter du maître, ses accents, ses inflexions, le timbre de sa voix, tout ce qui, en un mot, constituait le meilleur de son talent.

Lambert (1) eut pour élèves les meilleures chanteuses de l'époque : Mlle Hilaire, sa belle-sœur, qui chantait *lambertiquement*, dit Loret, et tenait les premiers rôles dans les ballets du roi, Mlle Lefroid, Mme de Chanlo. Bientôt sa méthode fut adoptée par les maîtres de chant, ses concurrents, et alla jusqu'en province.

Plus haut, nous avons nommé Garat ; il semble que ce chanteur

(1) La *Gazette musicale* de 1859 a publié sur Lambert une bonne étude signée J.-Ed. Bertrand.

de salon charmant, que nous pouvons encore connaître par la tradition, soit de tous les artistes français celui qui peut le mieux être comparé à Lambert ; ce dernier avait la voix faible et d'un joli timbre, le goût parfait, l'émission et la prononciation d'une netteté remarquable. Le théorbe aux sons doux et longs accompagnait le chant de Lambert, soutenant sa voix sans la couvrir ; la guitare qui frémit sous les doigts était l'instrument préféré de Garat. Aucun des deux n'aborda le théâtre, qui eût été peu favorable au caractère tout intime de leur talent. Comme compositeur, Lambert, pas plus que Garat, ne sortit de sa spécialité de salon. Tantôt il ornait de doubles et de fioritures les mélodies de Lulli, tantôt il écrivait quelque gracieuse romance ou brunette, qu'il agrémentait avec goût. Il fuyait les grands effets du théâtre, et s'il écrivit pour de nombreuses assemblées, ce ne fut qu'afin d'ajouter aux ballets royaux d'agréables couplets, comme la *Plainte de Psyché*, l'air « Dans ces déserts paisibles », de la *Grotte de Versailles*, etc.

Comme maître de chant, Lambert nous semble avoir été fort bien jugé par Bacilly. Celui-ci, dans l'édition de 1679 de l'*Art de bien chanter*, n'a pas nommé Michel ; mais il a fait allusion au délicat chanteur, au maître habile et plein de goût, lorsqu'il a esquissé le portrait du maître modèle dont l'idéal doit toujours être présent à l'esprit de celui qui se pique de savoir et d'enseigner le chant. Nous reproduisons cette page, qui est comme le résumé de toutes les qualités d'un maître accompli :

« Je dis donc qu'il s'est trouvé de nos jours un homme seul duquel on peut dire : *Gaudeant bene nati*. La bonne éducation dans les belles-lettres, une voix charmante, un génie prodigieux, un goût délicat, un discernement merveilleux, une disposition pour exécuter tout ce qu'il y a de plus fin dans le chant, la science de la musique et de la composition, outre cela, l'avantage d'avoir plu dans sa jeunesse (par son chant et encore plus par les charmes de l'esprit et du corps avec lesquels il est né) à un grand roy qui a sceu reconnaître son rare mérite par des charges les plus considérables, dans lesquelles il a encore augmenté la politesse du chant qui lui était naturelle, de sorte que la qualité de chantre, qui pour l'ordinaire déshonore ceux qui la possèdent, lui a toujours été honorable et l'a fait distinguer des autres courtisans.

« Aussi voyons-nous encore aujourd'huy que rien n'est bon dans le chant que ce qu'il a jugé tel, et que plus il avance en âge, plus il luy vient de lumières, ce que je remarque tous les jours, depuis vingt-cinq ans que j'ai l'honneur de le fréquenter et que je vois par expérience que les plus habiles compositeurs sont trop heureux lorsqu'il veut prendre soin de polir leurs ouvrages, je veux dire pour ce qui regarde les ornements du chant français, qu'il sait appliquer aux paroles avec un discernement et une délicatesse infinis; que dis-je, du chant français, même du chant étranger, de l'italien, dis-je, et de l'espagnol, dont il sait tourner les airs et les faire quadrer aux paroles, desquelles il connaît mieux le fort et le faible que les étrangers mêmes de qui il s'est fait admirer, surtout du signor Luiggi, qui pleurait de joie de lui entendre exécuter ses airs, que dis-je, exécuter? les orner et même y changer par-ci par-là des notes pour mieux quadrer aux paroles. »

Autour de Lambert, et à son exemple, un grand nombre de maîtres avaient trouvé place et enseignaient d'après sa méthode : Boesset, Camus, Dambruys et surtout Bacilly. Voici ce que nous lisons à ce sujet dans une petite brochure assez intéressante intitulée *Lettre de M. Legallois à Mademoiselle Reynauld de Solier* (in-12, 1680) : « Chacun sait que M. Lambert a excellé et excelle encore dans la composition des airs; mais on sait aussi que M. Camus et M. Boesset n'ont pas moins excellé dans leur manière, et qu'ils sont suivis de près par M. Dambruys, par M. Bacilly et par quelques autres encore dont les noms ne sont pas présents à ma mémoire. » Parmi ces maîtres, Bacilly fut un des plus connus, et nous devons nous arrêter un instant sur cet artiste, qui a écrit le premier traité de chant en français vraiment digne de ce nom. Qui n'a pas lu les *Remarques sur l'art de bien chanter*, tant de fois rééditées aux dix-septième et dix-huitième siècles, ne peut savoir au juste ce qu'étaient les anciens chanteurs de notre pays. La partie didactique du livre n'est pas d'une logique très serrée, et le mot de méthode serait peut-être bien ambitieux pour caractériser ces conseils d'un homme de goût à des élèves un peu rétifs. Cependant quelques passages trouveraient encore aujourd'hui leur bonne application. Il est à remarquer que Bacilly, à chaque page de son livre, appuie avec soin sur la prononciation et sur la prosodie. Il répond en cela au goût prédominant des Français, qui se montrent aussi exigeants pour les paroles que pour la musique; et de plus il nous montre que ce n'était pas sans peine que les gens du bel air se décidaient à chanter de la musique française lorsqu'elle n'était pas ridiculement affublée de paroles italiennes ou espagnoles. Tel qu'il est, le traité de Bacilly est un des plus curieux monuments de notre histoire du chant et méritait, à ce titre, d'arrêter un instant notre attention.

L'enseignement du chant français se ressentait de l'esprit particulier de notre art; il était clair, logique, visant droit au but. Nous avons vu ce que dit Bacilly du maître de chant modèle, et son portrait anonyme de Lambert est marqué à chaque ligne de ce caractère spécial. Mersenne donne, à son époque, une liste assez complète de toutes les *gentillesses* qui constituaient le talent d'un chanteur accompli. Les tremblements, les trilles, les ports de voix tenaient une grande place dans ces broderies. Une certaine part d'initiative était encore laissée au chanteur ; c'est ainsi que le fredon était souvent improvisé par lui, tandis que la roulade était le plus généralement écrite par le compositeur. Dans une autre partie de ce livre, nous avons indiqué les ornements, comme les trilles et les cadences, mais nous savons aussi combien le goût particulier d'un maître pouvait ajouter à ce que le compositeur ne marquait pas. « Il faut, pour bien chanter, dit Bacilly, suivre les règles du chant, c'est-à-dire ajouter les ports de voix nécessaires, les accents et autres circonstances de la manière de chanter qui ne sont point marquées sur le papier, ou même qui ne se peuvent marquer. »

Généralement, c'était l'auteur même qui apprenait ses airs à ses élèves et en assurait ainsi l'exécution. Il y eut, paraît-il, une certaine hardiesse à chanter en français ; mais une fois que la chose fut entrée dans nos habitudes, maîtres et auditeurs se montrèrent, et avec raison, des plus sévères sur la prononciation. Bacilly essaya d'abord cette révolution, puis Lambert continua d'un pas ferme à marcher dans cette voie ; enfin Bacilly, en codifiant le chant, raille fort agréablement les chanteurs qui se permettaient d'estropier notre langue ; Mersenne lui-même s'était déjà élevé contre ces abus. Il demandait que nos chanteurs sussent mieux prononcer et apprissent des Italiens le style récitatif. Il est même singulier, lorsqu'on lit la musique française et qu'on voit avec quel soin nos compositeurs serraient de près l'expression, il est singulier, disons-nous, de voir qu'en 1636, trente ans avant Bacilly, Mersenne ait fait à nos chanteurs le reproche d'être plus fleuris que les Italiens et de nuire par là à l'expression.

« Il faut avouer, dit-il, que les accents des passions manquent le plus aux Français, parce que nos chantres se contentent de chatouiller l'oreille et de plaire par leurs mignardises, sans se donner la peine d'exciter les passions de leurs auditeurs suivant le sujet et l'intention de la lettre. »

Lavieuville de la Fréneuse, dans la *Comparaison*, parle des roulements français, comme dans l'air d'*Isis* :

« Il est armé du tonnerre,
« Mais c'est pour nous donner la paix. »

Mais il ajoute seulement que ce n'était pas ce que le public préférait, et que Lully lui-même, en faisant écrire les doubles et les broderies de ses airs par son beau-père Lambert, cédait aux exigences de quelques amateurs de roulades et prouvait par là même le mépris qu'il avait pour ce genre de musique. Maîtres, compositeurs, théoriciens s'accordent à chercher avant tout l'expression, et, à ce sujet, ces lignes de Mersenne sont bien significatives : « L'une des grandes perfections du chant consiste à bien prononcer les paroles et à les rendre si distinctes, que les auditeurs n'en perdent pas une syllabe. Ce que l'on remarque aux récits de Baillif, qui prononce fort distinctement et qui fait sonner toutes les syllabes, au lieu que la plupart les étouffent dans la gorge et les prennent si fort entre la langue, les dents et les lèvres, que l'on n'entend quasi rien de ce qu'ils disent. » Bacilly appuie encore sur ce détail, s'élevant, au nom de la grammaire, contre les *cuirs* (pardon du mot) que se permettaient quelquefois les chanteurs. Sans l'expression et sans la prononciation, une belle voix n'est rien pour lui. « Lorsque ceux qui possèdent seulement une belle voix disent : « Voilà ce qui s'appelle chanter », on pourrait leur répondre avec justice : « Voilà ce qui s'appelle vieller. » Il se plaint aussi que beaucoup de gens ne savent pas le français, et rit fort de ceux qui, dans le double de « De mon cher troupeau », disent *tout azarder* pour *tout hazarder*.

On voit par ces exemples que le grand principe du chant français est avant tout l'expression, le sentiment juste et la prononciation. Les artistes ont, dans la pratique, souvent manqué à ces lois immuables ; mais de tout temps et jusqu'à nos jours, ce sont ces qualités de premier ordre qui ont distingué notre école dans la composition comme dans le chant.

Puisque nous nous arrêtons quelques instants sur le chant français, il est juste que nous relevions une singularité de notre goût, qui ne se retrouve presque que chez nos dilettantes et nos amateurs. Nous avons aimé et nous aimons encore à chanter sans accompagnement. Nos pères appelaient cela chanter *à la cavalière*. Cette sorte de virtuosité était si fort répandue au dix-septième siècle, que les écrivains de ce temps ne manquent pas d'y faire mainte allusion et que Bacilly lui-même semble le préférer au chant avec accompagnement. « C'est faire le précieux que de se piquer de ne point chanter sans théorbe, et il y a à chanter seul je ne sais quoi de cavalier et de dégagé qui convient mieux à un homme de qualité que la servitude et l'embarras de l'accompagnement. »

Les instruments d'accompagnement, pour la chambre comme pour le concert, étaient la lyre (sorte de viole), le clavecin et le théorbe. A la fin du dix-septième siècle, la lyre était bien passée de mode, le clavecin paraissait encore trop bruyant pour les voix. C'était donc le théorbe qui régnait à peu près sans partage, seulement il fallait qu'il se montrât prudent, et on disait de lui : « Le théorbe n'est pas le mari de la voix pour la gourmander et l'accabler, mais bien pour l'adoucir et en cacher les défauts. » Les maîtres dont la voix était faible se servaient du théorbe pour donner leurs leçons ; mais on avait remarqué à juste titre que l'instrument rendait peu les effets de la voix. De plus, le théorbe avait plus d'un inconvénient dans la pratique : « Les leçons, dit notre auteur, sont bien plus courtes, car le temps se passe à accorder le théorbe, à préluder, à changer une corde fausse et autres superfluités, ce qui fait dire, non sans fondement, qu'il est très rare d'entendre jouer du théorbe, mais très commun de l'entendre accorder. »

Pour avoir une idée bien juste du chant français à cette époque, pour essayer de faire revivre cet art charmant, dont toutes les traditions, quoiqu'on en dise, ne sont pas encore perdues, qu'on nous permette de passer rapidement en revue les compositions de chambre, les airs, les cantates, sortes de concertos que les compositeurs écrivaient et ornaient pour faire ressortir le merveilleux instrument vocal, sans pour cela perdre de vue le sens des paroles qu'ils cherchaient à traduire. Ce genre tout à fait français, qui commence par l'air avec doubles pour finir par la romance, en passant par la cantate et la cantatille, subit, au résumé, peu de changements ; c'est là que nous retrouvons le génie particulier de nos maîtres de chant, dont le style s'altère moins qu'au théâtre par le contact de l'art italien. Après cette courte étude de la musique de chambre et de concert, nous passerons au théâtre ; mais là nous devrons marquer d'un trait plus accusé l'influence italienne, qui, si elle ne fut pas très sensible dans la tragédie lyrique, excepté à la naissance de l'opéra, se laissa deviner plus clairement dès la seconde moitié du dix-huitième siècle, après que les musiciens qui écrivaient les opérettes de la foire eurent créé notre opéra-comique.

Les ballets joués à la cour pendant les règnes de Henri IV, Louis XIII et Louis XIV, les recueils des chansons publiés à la même époque, recueils que la Bibliothèque nationale possède ainsi que les ballets, sont remplis d'airs de Guedron, Boesset, Sicard, Mollier ou Molière, Dubuisson, fameux buveur qui écrivait des airs à boire, et autres maîtres.

Ces airs ont un tour naïf qui a comme une vague senteur de musique populaire ; ils ne présenteraient pour l'étude du chant qu'un intérêt médiocre, si un grand nombre d'entre eux n'étaient suivis de doubles. Le double qui régna dans le chant français à l'égal de la fioriture et de la vocalise dans le chant italien, n'était autre chose que des variations sur un thème. Le double était le triomphe du maître de chant qui l'écrivait et du chanteur qui l'exécutait.

Le livre si précieux de Mersenne, l'*Harmonie universelle*, en contient un grand nombre de modèles. Tel maître, comme Bailly, n'écrivait pas un air original, mais se contentait de prendre un thème de Moulinié ou de Boesset pour la varier à sa guise.

Le roi Louis XIII, aussi célèbre par sa mélomanie que par son mauvais caractère, avait fait une mélodie sur ces vers :

« Tu crois, ô beau soleil, » qui servit de champ à tous les maîtres de chant désireux de flatter le royal dilettante.

Les vocalises et variations n'étaient pas le seul ornement du chant, les coulés, les *flattés*, les *chaînes de trilles*, les *notes rebattues*, les *diminutions*, les *fleurtis*, les *tirates*, etc., ajoutaient mille agréments aux charmes d'une mélodie fleurie. Dans la première partie de ce travail nous avons traité en détail des différents genres d'agréments anciens et modernes ; aussi n'y reviendrons-nous pas. Remarquons seulement combien la voix de basse si négligée en Italie fut en honneur dans notre pays aux dix-septième et dix-huitième siècles ; à elle les roulements et vocalises, à elle les effets de trilles sur les mots *tonnerres*, les fusées sur le mot *gloires*, les traits sur les mots *sonner*, *éclater* et mille calembours de ce genre qui faisaient la joie des anciens dilettantes.

Raguenet et Vieuville de la Fréneuse, tout en soutenant deux partis bien contraires, s'unissent pour reconnaître la supériorité de nos voix de basses sur celles des Italiens.

La première forme du chant français est l'air. Né à la fin du seizième siècle, il conserve encore quelque chose de nos vieux noëls ; mais, avec ses diminutions, il annonce les grandes compositions à vocalises et à roulement qui feront le bonheur des compositeurs et des chanteurs du dix-huitième siècle. Voici Boesset avec ses airs de cour datés de 1621. Ici, nous trouvons peu de traits, mais un grand nombre d'appoggiatures, de trilles et de ports de voix. Dans un récit d'Apollon, d'un tour assez facile, nous voyons une vocalise d'octave ; mais le compositeur ne s'applique pas encore, ainsi que le firent ses successeurs, à traduire le mot par une mélodie imitative plus ou moins heureuse. Le style madrigalesque à cette époque n'avait pas encore tout à fait perdu ses droits. C'est ainsi que Artus Auxcousteaux, dans ses mélanges publiés en 1644, écrit des chansons à trois parties où les traits se répondent, se mêlent et s'enchevêtrent dans les différentes voix ; ces ornements portent l'empreinte du vieux style français, il en est de même dans les quatrains datés de 1643.

Nous ne passerons pas en revue la foule des compositeurs qui écrivirent des airs, tant pour la cour que pour la ville, jusqu'aux vingt dernières années du siècle. En étudiant Lambert nous avons donné ou tenté de donner une idée du style de cette époque. Les musiciens qui glanaient après le maître ne trouvaient rien de mieux à faire que de l'imiter. Presque tous ces airs à boire ou à aimer sont aimables, mélodiques, cherchant l'expression sans cependant trop viser à la virtuosité. Ils sont empreints d'une sentimentalité douce qui n'exclut pas la grâce, tout en engendrant la monotonie. Parmi les plus célèbres maîtres en ce genre, il faut compter Lecamus, Bacilly, Dubuisson et surtout d'Ambruys et Dubousset. Les airs de d'Ambruys sont dédiés à Lambert ; ils sont écrits à peu près dans le même style que ceux de ce maître. Ceux de Dubuisson sont surtout gracieux et élégants, lorsque ce ne sont pas de bruyants roulements d'airs à boire. On y sent comme une sorte d'influence italienne qui précède de près de vingt ans la révolution opérée par Battistin dans la cantate et dont nous parlons plus loin. Parmi ces airs de Dubuisson, on trouve dans les *Mélanges* un duo de la bassinoire qui est franchement mélodique, malgré la forme un peu lourde encore à la mode à l'époque où ce petit morceau fut écrit.

Parmi les compositeurs d'airs, du Bousset fut peut-être le plus fécond et le plus célèbre après Lambert. Pendant près de quarante ans, de 1680 à 1725, il ne cessa de produire. Le Mercure de France et les autres recueils sont remplis de sa musique. Du Bousset était une sorte d'Adam, il avait de la verve, de la grâce, du rythme et son talent était essentiellement français, son style était correct et sa forme mélodique très favorable à la voix. Il s'intitulait professeur de goût et en lisant ses œuvres dont il publia un livre, on reconnaît que ce titre est mérité ; on trouve dans ses airs une expression juste des paroles, un chant noble et naturel, une grande variété. Ajoutez à cela qu'il avait une voix charmante, un réel talent sur le clavecin et que, de plus, il était fort joli garçon. On comprend d'après cela quel dut être son succès.

Parmi ses nombreuses pièces, citons un joli duo champêtre ; « Crains d'être avec moi seulette. » Le duo : « Cessez petits oiseaux, » avec solo de flûte. (Recueil de 1744.) Un air à boire qui a jusqu'à six diminutions. (Recueil de 1715.) Parmi les particularités de son œuvre, citons une chanson sur la bière, pour basse, sans roulades, bien franche et bien mélodique, et une ronde de table pour basse et haute-contre dont chacun des airs peut se chanter séparément. On voit qu'en écrivant de cette façon son joli duo du *Déserteur*, Monsigny n'avait fait que renouveler un petit tour de force déjà connu un siècle avant lui. Si Du Bousset eût vécu quelque cinquante ans plus tard, il eût été certainement un des pères de notre opéra comique. Du reste, dans plusieurs de ses airs, on sent une tendance dramatique très marquée et plusieurs même prennent les proportions de la cantate.

Autour de ce petit maître qui doit tenir une place importante dans l'histoire de la chanson française, citons vers la fin du dix-septième siècle Cochereau, qui mourut en 1722. Cochereau eut une célèbre école de chant, il écrivit aussi de nombreuses cantates dont nous reparlerons ; mais ses recueils d'airs présentent cette particularité, qu'à côté de morceaux originaux très bien faits comme celui du *Papillon*, on trouve des sortes de Pot-pourris, comme *la clef des chansonniers des mille et un airs* qui sont de vraies collections de chansons, dont plusieurs ont été populaires, et dont la date remonte à la seconde moitié du seizième siècle.

A une époque où la musique ne s'était pas répandue dans les théâtres comme elle l'est aujourd'hui, l'opéra seul représentait ce que nous appellerions la consommation dramatique des amateurs ; mais de même qu'aujourd'hui, le goût de la musique se propageait chaque jour de plus en plus, et le concert venait au secours du théâtre. Dans ce but, poètes et compositeurs se mirent à écrire des sortes d'actes d'opéra n'exigeant ni orchestre, ni chœurs, ni ensemble et formant cependant un tout dans les paroles comme dans la musique, avec récits et airs de divers caractères ; ces différents actes d'opéra prirent le nom de cantates dont la vogue dura une trentaine d'années à peu près, de 1690 à 1725 ou 1730. Le nombre de ces compositions est immense, et peu à peu on sent une réelle tendance de la cantate à se développer pour devenir opéra ; elle éleva même ses prétentions jusqu'à employer quelques instruments, tels que violons, violoncelles, basson et jusqu'à des trompettes. C'est alors que la cantate disparut ; elle faisait double emploi avec les grandes compositions lyriques ; de plus, chanteurs et chanteuses ayant peu à peu pris l'habitude de chanter dans les grandes réunions musicales telles que les concerts spirituels, les airs d'opéras italiens et français, la cantate était devenue surannée et hors de mode.

Une étude attentive des cantates nous donne une idée absolument juste des révolutions du chant en France, pendant cette période de notre histoire musicale. D'abord les cantates diffèrent peu des airs, dont nous avons tenté de donner une idée dans le paragraphe précédent; ce sont deux ou trois airs écrits dans le style français et reliés entre eux par un court récitatif. Puis viennent de véritables morceaux d'opéra avec variations et doubles; quelquefois les maîtres introduisaient dans leurs recueils quelques airs italiens dont ils imitaient exprès les formules.

Puis, bientôt, avec Campra, Battistin et Montéclair, nous voyons l'influence italienne s'établir en reine dans la cantate française, jusqu'au moment où le genre lui-même disparut presque complètement.

Cette partie intéressante de notre histoire musicale est la moins connue de toutes, aussi nous y arrêterons-nous d'une façon plus spéciale, nous réservant de glisser rapidement sur les sujets qui ont été le plus souvent traités. Ajoutons qu'en feuilletant les centaines de volumes de cantates que possède la Bibliothèque Nationale, nous avons vu vivre, pour ainsi dire, devant nous, l'art du chant français plus encore peut-être que dans les opéras; aussi espérons-nous que le lecteur ne nous en voudra pas de cette petite excursion dans un genre disparu et qui montre notre école sous un jour tout nouveau.

Beaucoup de compositeurs d'opéras ont écrit des cantates, mais surtout à l'époque où Lulli accaparait à son bénéfice le théâtre fondé par Cambert, un grand nombre de maîtres, ne pouvant se faire connaître à l'opéra, s'exercèrent dans la cantate pour laquelle ils trouvaient plus facilement un public et des exécutants. Un des plus célèbres dans ce genre, est Du Bousset, dont nous avons cité les airs; ses cantates, du reste, datent de 1693 et se rapprochent singulièrement de ses airs. Nous citerons parmi celles-ci des églogues d'une forme un peu lourde, des airs à boire très francs dont les doubles sont bien écrits pour la basse, et de charmants airs tendres. Dans un recueil de 1700, nous trouvons un air italien beaucoup plus orné que les airs français.

Vers la même date, Morin, dont le nom est aujourd'hui bien oublié, brillait d'un vif éclat. Ses cantates sont tout à fait dans le genre français; quoique Morin affichât hautement la prétention d'introduire en

France les cantates italiennes, elles sont plus développées que celles de Du Bousset, mais peu fleuries et remarquables par l'expression et le tour mélodique. On y trouve bien de nombreux concetti de vocalises et beaucoup de broderies sur les mots : *lancer, couler, voler,* etc., cependant leur tendance générale a une sévérité et une élévation de style qui ne se retrouvent pas toujours dans les cantates qui ont suivi celles de Morin. En revanche la tessiture vocale de ces compositions est assez étendue; c'est ainsi que dans un air vif : « Domptez le tyran de Cythère, » le soprano monte jusqu'au *si*. Dans la cantate de Bacchus, type complet de la cantate pour basse roulante, on trouve un air qui descend au *sol* pour monter jusqu'au *fa*. Parmi les meilleures cantates de Morin, il faut citer *Ulysse*, véritable fragment d'opéra, *Psyché*, où se trouve un trio madrigalesque à voix égales d'un style déjà ancien pour cette époque ; un curieux morceau ou deux petites flûtes et une flûte sont chargées d'imiter les roucoulements de Philomèle, et la cantate comique de *Don Quichotte* qui ne manque ni de mouvement ni d'esprit. Une autre cantate faite par Courbois sur le même sujet eut aussi du succès à la même époque.

Les trois grands maîtres de la période des cantates furent, sans contredit, Campra, Clérambault et Battistin. Campra, dans la préface du recueil de 1708, a donné pour ainsi dire la profession de foi de ces compositeurs. « Comme les cantates, dit-il, sont devenues à la mode, j'ai cru que je devais, à la sollicitation de quelques personnes, en donner quelques-unes au public, j'ai tâché, autant que j'ai pu, de mêler avec la délicatesse de la musique française, la vivacité de la musique italienne. Peut-être ceux qui ont abandonné tout à fait le goût de la première ne trouveront-ils pas leur compte dans la manière dont j'ai traité ce petit ouvrage. Je suis persuadé, autant que qui que ce soit, du mérite des Italiens, mais notre langue ne saurait souffrir certaines choses qu'ils font passer. Notre musique a des beautés qu'ils ne sauraient s'empêcher d'admirer et de tâcher d'imiter. Je me suis attaché, surtout, à conserver la beauté du chant, l'expression et notre manière de réciter qui, selon mon opinion, est la meilleure ; c'est aux gens de bon goût à décider si j'ai tort ou raison. »

Il n'est pas sans intérêt de voir un des meilleurs maîtres de notre école française rendre justice à notre musique, et cela sans montrer de parti pris contre les Italiens.

Les cantates de Campra sont, en effet, fortement empreintes d'italianisme ; cependant on sent que le compositeur avait l'habitude d'écrire pour le théâtre ; le style et l'expression s'élargissent dans des proportions vraiment lyriques, et plus d'une fois le lecteur croit être devant une scène écrite pour *Hésione* ou *Idoménée*.

Campra écrivit un grand nombre de cantates de basse, il avait pour exécutant Thévenard, dont il vante et chante le talent de virtuose et aussi de buveur.

Dans ce genre, la cantate des *femmes* est une page de maître qui produirait encore un bon effet aujourd'hui.

Les cantates de Clérambault, et surtout ses cantates sacrées, sont plus ornées que celles de Campra. Par une singulière coïncidence, car certainement notre compositeur ne connaissait pas ce maître allemand, les cantates de Clérambault rappellent quelquefois, de loin, le style et la manière de Haendel. C'est ainsi que dans la cantate d'*Héro et Léandre*, nous trouvons une trompette qui lutte de légèreté avec la voix humaine; d'autres sont d'un style plus personnel, comme *Orphée*, composition d'un très beau sentiment expressif, ou l'*Amour piqué par une abeille*, dans laquelle un air à vocalises très mélodique et très bien fait peut être considéré comme un des modèles du style français. Dans la cantate d'*Hercule*, le compositeur fait descendre la voix de basse jusqu'au *fa* grave.

Battistin (J. B. Stück), digne rival de ses deux maîtres, entra résolument dans la voie de l'imitation italienne, et sans le dissimuler aucunement. « J'ai hasardé, dit-il dans une de ses préfaces, de joindre le goût de la musique italienne avec les paroles françaises. »

Battistin était un musicien instruit qui avait fait ses études en Italie, il s'était rendu célèbre par son talent pour le violoncelle qui, grâce à lui, commençait à se substituer à la viole, et dans plus d'une de ses cantates il écrivit pour cet instrument des accompagnements obligés, qui montrent chez ce musicien une réelle habileté de facture; il avait moins de régularité que Clérambault, mais il avait plus de verve et de feu; la tournure de son chant était spirituelle, son style était franchement italien; aussi même alors que la mode des cantates était passée, les amateurs conservèrent longtemps le souvenir des *bains de Thomery*, de *Mars jaloux*, d'*Héraclite et Démocrite*. Dans cette dernière cantate, il essaya, et avec succès, d'opposer des rythmes différents, l'un triste et lent, l'autre vif et gai pour rendre l'opposition des pleurs et des rires des deux philosophes. Lulli, dans sa singulière fin, un peu dans ce genre, la jolie cantate pittoresque de l'*Assemblée des dieux* dans les divertissements de *M. de Pourceaugnac*, avait déjà écrit un morceau analogue pour la scène comique des deux avocats.

Mars jaloux est écrit pour basse chantante et dans l'air « Venez,

QUATRIÈME ÉPOQUE

volez, sanglante haine, » on rencontre des *mi* graves exécutés par une voix d'une remarquable profondeur. Battistin, dans la préface du livre II, a fait, lui aussi, sa profession de foi italienne, et bien que le mot ne soit pas prononcé, on comprend bien que l'expression de *vraie harmonie* s'applique à la musique d'outre-monts. « Le bonheur, dit-il, que plusieurs de mes ouvrages ont eu d'être du goût de Votre Altesse, me fait espérer que j'aurai pu réussir dans les nouvelles cantates françaises que je prends la liberté de lui offrir, après avoir tâché d'y joindre les beautés de la vraie harmonie, à l'expression juste et naturelle qu'exige la langue pour laquelle j'ai travaillé. »

En même temps que ces trois compositeurs il faut en citer un autre, Bernier, au style moins expressif, mais encore plus italianisé, si c'est possible, que celui de Battistin lui-même. Pour Bernier les maîtres français n'existaient réellement pas : « Allez en Italie, leur disait-il, ce n'est que là que vous pourrez apprendre votre métier. » Sa réputation fut grande, son style était léger et au résumé assez gracieux. On y trouvait une tournure de chant piquante, qui plaisait à des dilettantes un peu fatigués de la sévérité du style français, mais il faut avouer aussi que ses formules étaient pauvres et que dès qu'il en avait adopté une, il ne cessait de la promener sur tous les tons. Son chef-d'œuvre fut le *Ravissement de Proserpine*, et la cantate des *Nymphes de Diane* qui eut longtemps du succès.

Nous ne citerons pas les innombrables cantates qui furent écrites dans les vingt premières années du siècle, et ces quelques exemples que nous avons choisis entre tous peuvent donner une idée de ce genre de composition; mais nous ne quitterons pas ce sujet sans avoir cité Montéclair et Gervais, deux compositeurs dont les œuvres font pressentir Rameau. Les cantates de Montéclair se recommandent comme ses opéras, par l'élévation et la correction du style, par la recherche de l'expression juste poussée quelquefois jusqu'au calembour.

C'est ainsi que voulant rendre le mot *enfler*, il met cette note dans sa musique : « Filez imperceptiblement du bémol au bécarre en enflant le son de la voix. » C'est enfantin et caractéristique tout à la fois. Les cantates de Gervais sont moins belles; mais on y trouve une recherche singulière et souvent heureuse du style imitatif. On peut citer dans ce genre la jolie cantate pittoresque de l'*Hiver*, la cantate comique de *Ragotin* ne manque ni d'esprit ni de verve. Enfin, ce fut dans la cantate que Rameau, le colosse de la musique française au dix-huitième siècle, fit ses débuts et à ce titre elle a droit à notre souvenir.

Par un singulier retour, bien des fois observé dans l'histoire de la musique, la cantate se transforma. Elle s'agrandit pour se fondre avec l'opéra ou perdit de son importance pour revenir aux proportions des airs du dix-huitième siècle, et devint la *cantatille*. C'était la cantate mise à la portée des amateurs. J.-J. Rousseau a caractérisé avec infiniment de verve et d'esprit, sinon sans quelques erreurs, suivant son habitude, ces petites compositions qui prirent le nom prétentieux de cantatilles. Nous ne pouvons résister au plaisir de citer le passage:

« Le règne des cantatilles a été encore plus court que celui des cantates. C'était cependant une ressource pour les petits faiseurs de vers et pour les musiciens sans génie ; mais alors la musique sortait à peine encore de l'enfance et l'on doit être surpris en jetant un coup d'œil sur les plates cantatilles de Lemaire et sur celles de Mouret même qui valent un peu mieux, d'apprendre que la célèbre D[lle] Lemaure et les premières chanteuses de l'opéra de ce temps ne dédaignaient pas de chanter au concert des Tuileries (qui depuis s'est appelé le concert spirituel, quoique l'on y exécutât quelquefois de la musique très profane). Les concerts particuliers n'étaient, le plus souvent, que des assemblées de gens très désœuvrés, de faibles musiciens, d'amis et parents des maîtres de la maison, et d'un très petit nombre de vrais connaisseurs. Les pères et mères y menaient leurs enfants pour leur procurer une certaine hardiesse et confiance si nécessaires pour exécuter ou chanter en public. Ils voulaient aussi jouir des dépenses qu'ils avaient faites pour leur éducation. On était assommé de ces talents naissants que l'on était forcé d'applaudir pour plaire aux parents ; chaque maison avait son musicien favori ; tous les écoliers étaient entêtés de ses productions ; tous les pupitres en étaient garnis ; la maîtresse de la maison n'était occupée qu'à vanter ses ouvrages et d'en procurer des exemplaires à ceux qui avaient la complaisance d'en acheter, grâce à la modicité du prix (25 ou 30 sols). Une jeune demoiselle timide se faisait longtemps prier pour chanter, après grand nombre de révérences elle assurait qu'elle était enrhumée, et chantait, à la fin, par cœur la leçon de son maître ; à force de presser la mesure, la cantatille finissait, les révérences recommençaient, l'ennui gagnait, et l'on sortait. »

Ici, nous quittons la musique de chambre et de concert pour descendre jusqu'à la musique de famille qui n'a plus rien de commun avec l'art ; mais nous tenions à donner un tableau à peu près complet du chant français en dehors du théâtre. Le sujet n'a jamais été traité, du moins à notre connaissance, et nous avons cru intéressant de montrer la musique française et le chant dans ses parties les moins connues. En rentrant dans le théâtre, nous retrouvons un chemin plus frayé ; aussi en parlant de cette longue période qui commence à Cambert pour finir à Spontini, nous contenterons-nous d'indiquer les principales lignes de l'histoire du chant, en renvoyant le lecteur à des histoires plus étendues de l'opéra et de la musique en France, telles que le travail remarquable de M. Chouquet, qui résume avec exactitude ces intéressantes annales et le catalogue savamment annoté de la bibliothèque de l'opéra, que M. de Lajarte vient de publier.

En suivant pas à pas dans la cantate l'histoire du chant français, nous avons suivi à peu près notre art vocal dans l'opéra, à cela près que la cantate plus souple et moins développée a subi à un plus haut degré les diverses influences des différentes écoles.

On a dit et répété que c'était sous l'influence italienne que l'opéra s'était établi après que les chanteurs ultramontains eurent importé leur art en France, avec la *Finta Pazza*, dont le poème était de Strozzi, avec l'*Orfeo* dont le succès, au résumé, n'avait été dû qu'aux partisans de Mazarin, avec le *Serse* de Cavalli. Certes, ces importations étrangères ne furent pas inutiles à la création de l'opéra ; mais il est à remarquer que les premières partitions de Cambert, la *Pastorale* et *Pomone*, n'offrent absolument aucun rapport avec des œuvres comme le *Serse*, par exemple, que nous avons eu sous les yeux et que nous avons lues d'un bout à l'autre. Nous trouvons dans ces opéras un chant moins musical peut-être et moins développé ; mais dès ses premiers essais le musicien visé avant tout l'expression, et tout est écrit en vue de rendre exactement le sens des paroles, sans tenir aucun compte des brillants effets de la virtuosité. Tel est le caractère, au point de vue vocal, des premiers opéras de Cambert.

Quoique doué d'une imagination beaucoup plus riche et d'une étonnante fécondité mélodique, Lulli ne s'éloigna pas sensiblement d'abord des modèles laissés par Cambert. Dans un autre travail, nous avons étudié de très près le génie de Lulli et nous espérons avoir rendu pleinement justice à ce talent tout exceptionnel ; variété dans l'imagination, intuition des effets de l'harmonie et de l'orchestre, richesse dans la mélodie, sentiment étonnamment juste de la situation et de l'expression dramatique, cet homme avait tout ce qui fait le grand musicien, et malgré sa conduite infâme envers Cambert, malgré les mille méfaits dont il s'est rendu coupable, la postérité a bien jugé lorsqu'elle l'a déclaré le véritable père de l'opéra français ; mais, faut-il le dire, il n'eut pour la virtuosité et pour le chant proprement dit qu'une estime assez médiocre. Dans la première troupe de Cambert, il avait trouvé quelques chanteurs et chanteuses : les premiers venaient tout droit des maîtrises, ces vieux Conservatoires français, les secondes avaient été formées par Nyert et Lambert, où même s'étaient formées toutes seules ; il reprit ces artistes et en composa ainsi une troupe fort capable d'interpréter ses œuvres. Il ne tenait qu'en très médiocre estime les traits, les doubles et les roulades, et s'il s'en rencontre quelquefois dans ses opéras, on sait que c'était le beau-père de Lulli, Lambert, qui se chargeait de les écrire (1). En avançant en âge Lulli renonça tout à fait aux ornements. *Galatée* en contient fort peu, et *Armide* en est complètement dépourvue. C'est à peine si nous trouvons dans les œuvres du maître quelques calembours musicaux comme les mots *trait, tonnerre, gloire, voler*, ingénieusement surchargés de vocalises. La déclamation vraie et juste, la beauté et la bonne émission de la voix, telles étaient les grandes qualités qu'il exigeait de ses chanteurs. Reportons-nous cent ans plus tard, et lorsqu'il s'agira d'interpréter les œuvres de Gluck, le géant de la musique dramatique, nous verrons que ces qualités seront encore les plus nécessaires au chanteur lyrique français. Certes ce ne sont point les seules qu'un artiste doit acquérir ; mais comptons-nous pour si peu un mérite dont des hommes comme Rameau et Gluck ont su tirer un si splendide parti. Laissons les Italiens traiter notre chant de *Urlo francese*, laissons Castil-Blaze rire avec eux à l'unisson, et rappelons seulement que jusqu'à une époque bien rapprochée de nous, c'est pour des chanteurs français que les maîtres les plus renommés ont écrit leurs plus beaux opéras.

Lorsque Lulli formait ses chanteurs, le premier conseil qu'il leur donnait était d'aller entendre la Champmeslé ; tout le secret de cette grande école expressive n'est-il point là ? Il voulait avant tout que ses chanteurs fussent des tragédiens et non des virtuoses, et en cela il avait supérieurement saisi le goût du public français qui est peut-être médiocrement musicien, au dire des dilettantes, mais aime dans la musique ce qu'elle a de plus émouvant, de plus élevé et de plus puissant, c'est-à-dire le sentiment dramatique et l'intelligente traduction de la pensée du poète par le musicien ou le chanteur.

Il n'est peut-être pas sans intérêt de savoir quels furent les premiers chanteurs auxquels nous devons la création de nos opéras français. Dans les *Peines et les Plaisirs de l'Amour*, Mlle de Brigogne avait remporté le plus éclatant succès, si bien qu'elle garda le nom de petite Climène, du rôle qu'elle avait si brillamment créé. Voici, du reste,

---

(1) Voyez l'air : dans ces déserts paisibles de la *Grotte de Versailles*, et la plainte de *Psyché*.

ce que rapporta le *Mercure* lorsqu'il publia un article nécrologique à la mort de Cambert.

« C'est le même Cambert qui le premier a fait chanter les belles voix que nous admirons tous les jours et que la Gascogne lui avait fournies. C'est dans ses airs que la Brigogne a paru avec le plus d'éclat, et c'est par eux qu'elle a tellement charmé tous ses auditeurs que le nom de petite Climène lui est demeuré. » (*Mercure*, 1677.)

En effet, avant de créer l'opéra Cambert avait fait une tournée dans le midi et ramené pour son théâtre des chanteurs comme Beaumavielle et Rossignol, basse-taille; Clédière et Fallet, hautes-contre, et Mirade, taille. *Pomone*, le premier opéra régulier fut chanté par Mlle Cartilly, dont on n'entendit plus parler dans la suite, Beaumavielle, qui entra depuis à l'Opéra avec Lulli, et mourut en 1689, et Clédière, qui quitta l'Opéra en 1680.

Lulli ne se contenta pas de la troupe que lui laissait Cambert, il forma de nouveaux chanteurs auxquels il apprit à parler, à marcher, à entrer et à sortir. Parmi ceux-ci il faut citer Dumeny, Mlles Saint-Christophe et Lerochois. Ce furent surtout les basses et les soprani qui brillèrent pendant cette période.

Les basses furent aussi fort en honneur dans l'école française pendant tout le dix-huitième siècle; à elles étaient réservées les vocalises, les traits de chant proprement dit. Cette tradition nous venait, comme nous l'avons vu, des seizième et dix-septième siècles; et jusqu'à nos jours même, plus d'une remarquable basse taille a été chargée d'interpréter des rôles à vocalises. Pour s'en assurer, il suffit de lire le rôle de Phinée que Lulli écrivit pour Beaumavieille, en 1682. Thévenard, le chanteur chéri des salons et de l'Opéra, celui dont Campra proclamait le talent en Apollon aussi bien qu'en Bacchus, remplaça Beaumavieille. Jamais musicien, disent ses contemporains, ne sut mieux l'art de chanter. Il disait le récitatif d'une façon libre et coulante, moins emphatique que Beaumavieille, il faisait valoir sa voix sans rien exagérer dans l'expression.

« C'était un cavalier noble et merveilleux; aussi tout ce qu'il y avait de grand à la cour et à la ville, surtout parmi la belle jeunesse, était ravi de le posséder. » Thévenard ne quitta l'Opéra qu'en 1730. Ayant à sa disposition deux pareils chanteurs, Lulli eut l'idée de les utiliser à la fois; c'est pourquoi nous trouvons un duo de deux basses dans *Proserpine*, par exemple, en 1680. La mode des basses se continua longtemps, et Campra en mit trois dans son opéra de *Tancrède*, en 1702.

Un autre chanteur, Duménil ou Dumény, haute-contre, cette fois, tint aussi un bon rang dans la troupe de Lulli ; mais tout son talent consistait, paraît-il, dans la beauté de sa voix, et Mattheson, le fameux théoricien allemand, prétend qu'il chantait comme un cuistre. Il débuta dans *Isis*, en 1677, créa *Phaéton*, le rôle de Renaud dans *Armide*, et mourut en 1715. Dumény avait été cuisinier, et c'est à lui qu'un plaisant du parterre adressa cette apostrophe, au milieu même de la représentation de *Phaéton* :

Ah ! Phaéton est-il possible
Que vous ayez fait du bouillon ?

Au premier rang des chanteuses de cette période, il faut citer Marthe Lerochois. Cette artiste, entrée à l'Opéra en 1678, avait reçu une bonne éducation ; elle était intelligente à ce point que Lulli la consultait souvent ; elle brilla par son talent de tragédienne et par sa déclamation, plus encore que par sa virtuosité. Elle était petite, mais ses yeux étaient superbes, son geste noble, et l'expression de sa physionomie était telle, qu'elle paraissait belle, et cependant le portrait de cette artiste par ses contemporains est peu flatteur : « Quand je me représente la Lerochois, cette petite femme qui n'était plus jeune, coiffée en cheveux noirs, armée d'une canne noire avec un ruban couleur de feu, s'agiter sur un grand théâtre qu'elle remplissait toute seule et tirant de sa poitrine des éclats de voix merveilleux, je vous assure que j'en frissonne encore. » Elle avait de vilains bras, et c'est pour elle qu'on inventa les manches à la persane, et voilà cette petite femme noire, avec des cheveux noirs, une robe noire et une canne noire, qui frappait de terreur le public de l'Opéra tout entier. Écoutons un autre témoignage : « On a vu vingt fois tout le monde saisi de frayeur, ne soufflant mot, demeurer immobile, l'âme tout entière dans les oreilles et dans les yeux, jusqu'à ce que l'air des violons qui finit la scène donnât permission de respirer ; puis, les spectateurs reprenant haleine avec un bourdonnement de joie et d'admiration, se sentaient transportés par ce mouvement unanime qui marquait assez la beauté de la scène et leur ravissement. » C'est ainsi que le biographe qui a raconté la vie de Quinault décrit la scène d'*Armide* dans laquelle l'enchanteresse se prépare à poignarder Renaud. Pour produire de pareils effets, il fallait une artiste douée de qualités éminentes et dont l'école française avait, disons-le hautement, le monopole. Marthe Lerochois quitta le théâtre en 1697 et mourut en 1728. Les poètes firent son éloge, les artistes et les amateurs la regrettèrent ; elle avait été la plus grande et la plus intelligente chanteuse de cette période. Elle eut pour élève Mlle Antier, qui ne l'égala pas, mais fut digne d'elle. Entrée à l'Opéra en 1711, Mlle Antier prit sa retraite en 1741 et mourut en 1747.

Marthe Lerochois fut remplacée à l'Opéra par la Desmâtins et la Maupin. Cette dernière a dû sa réputation à ses aventures galantes plus encore peut-être qu'à son talent, qui cependant était remarquable. Elle fut le premier contralto qui ait chanté à l'Opéra, et ce fut pour elle que Campra écrivit dans *Tancrède*, en 1702, le rôle de Clorinde, le premier de ce genre. Comme la Lerochois, la Maupin était surtout une tragédienne, et, nous le répétons, c'est ce genre de talent qui a été de tout temps la grande qualité de nos chanteuses françaises ; une Falcon est plus que l'on ne pense la sœur d'une Lerochois.

A côté de ces étoiles, si nous pouvons nous exprimer ainsi, on vit briller pendant la période qui sépare Lulli de Rameau, des artistes telles que la belle Mlle Journet, dont le chant était lourd, mais expressif et touchant ; Mme Laguerre, bonne musicienne et compositeur ; Mlles Aubry, Verdier, Beaucreux, etc. ; Mme Rebel, femme de Lalande, chanteuse habile, douée d'une belle voix.

Depuis quelques années, appliquant à l'histoire de la musique l'esprit d'observation qui préside aujourd'hui à l'étude de toute science, on s'est aperçu qu'un génie tel que Rameau, avec ses nouveautés d'orchestre et d'harmonie, n'avait pu naître tout à coup dans la musique française sans avoir eu des prédécesseurs et sans que la porte lui fût au moins entr'ouverte. Ces prédécesseurs, on les a trouvés ; ces novateurs, timides encore, mais si utiles au génie, ont été étudiés (1). Mais si ces hommes, célèbres en leur temps et presque obscurs aujourd'hui, tels que Campra, Marais, Destouches, Montéclair, ont ouvert la voie à l'homme de génie qui marche de pair avec Bach et Hændel et complète la grande trinité du dix-huitième siècle, il faut avouer que pas plus que lui ils n'ont changé les conditions du chant lyrique en France. Chez quelques-uns, et chez Campra surtout, on trouve dans les opéras, comme dans les cantates, quelques velléités de marier le style déclamatoire français au style italien ; mais ce ne furent que des essais qui effleurèrent à peine la surface de notre musique. Chez Rameau, nous ne trouvons aucune trace de ces tentatives : la phrase mélodique s'élargit, l'harmonie prit une vigueur et une expression incomparables, l'orchestre une puissance magistrale, les rythmes une admirable variété, mais le chant ne changea pas, il resta toujours expressif, un

---

(1) Voyez : *Revue contemporaine*, 1868, un article de H. Lavoix fils, *les Successeurs de Lulli jusqu'à Rameau*; Lacome, *les Fondateurs de l'opéra*; Lavoix, *Histoire de l'instrumentation*.

peu lourd, et s'appuyant avant tout sur l'expression des paroles, en conservant, au point de vue de la virtuosité même, un grand nombre des formules de Lulli.

Passons donc rapidement sur le grand maître, qui nous arrêterait si longtemps si nous faisions une histoire de l'orchestre ou de l'harmonie, et arrivons à Gluck, après avoir cité Philidor, le seul vrai successeur de Rameau, au théâtre du moins. Gluck, comme chacun sait, reprit à son répertoire italien *Orphée* et *Alceste* pour les donner à l'Opéra ; il refit ses deux chefs-d'œuvre, leur donna cette forme définitive qui les rend immortels aujourd'hui ; mais parmi les changements de ses opéras primitifs, il faut remarquer qu'il mit tous ses soins à retrancher les italianismes qui concordaient peu avec notre style lyrique. Piccini lui-même, qui plus que Gluck conserva dans ses opéras français, comme *Didon* et *Iphigénie*, les souplesses et les élégances de la forme italienne, se garda bien de trop italianiser son style; cependant nous devons signaler dans l'œuvre de Piccini quelques tendances qui, se développant plus tard, contribueront puissamment, avec d'autres éléments dont nous ne tarderons pas à parler, à faciliter la révolution opérée dans le chant français tant à l'Opéra qu'à l'Opéra-Comique par la grande influence de Rossini.

Sacchini, avec *Œdipe*; Salieri, avec *les Danaïdes*, continuèrent l'œuvre de Gluck et de Piccini ; ils allégèrent, il est vrai, mais sans pour cela changer notablement le style de nos chanteurs. A partir de ces deux maîtres, l'opéra proprement dit passa par une période assez pauvre. De 1790 à 1824, nous n'avons à citer comme œuvre maîtresse que *la Vestale*, où se rencontrent de fréquentes formules italiennes. Dans cet opéra, Spontini semble avoir pris plus de soin d'élargir le sentiment scénique, de rendre l'expression plus passionnée et plus chaude, que d'enrichir beaucoup les formules de la virtuosité. Cependant nous devons dire que, pour celui qui lit en historien ce splendide chef-d'œuvre, il y a dans toutes ces pages comme un souffle de prochaine révolution musicale. Le règne du style purement français est fini, et bientôt notre chant lyrique entrera dans une voie nouvelle. En effet, *la Vestale* était jouée en 1807 et en 1826, Rossini, en faisant jouer *le Siège de Corinthe* à l'Opéra, marquait dans le chant français une date qui sépare définitivement la période moderne de celle que nous venons de parcourir.

Après avoir esquissé à grands traits l'histoire du chant à l'Opéra depuis Lulli jusqu'à Rossini, histoire, au résumé, assez courte, il est juste que nous nous arrêtions quelques instants sur les chanteurs d'opéras de cette période, non que nous voulions faire une biographie de chanteurs, plusieurs volumes n'y suffiraient pas, mais pour rendre hommage à quelques-uns des vaillants auxiliaires qui surent être les interprètes de ces hommes qui avaient nom Rameau, Gluck, Piccini, Sacchini, Spontini.

Nous avons cité un certain nombre de créateurs et créatrices de l'opéra français, au dix-septième siècle ; au moment où nous nous sommes arrêtés, l'école de la Lerochois commençait à disparaître, et nous touchions à la période que nous pourrions appeler celle de la Lemaure, car il est à remarquer que chaque époque a son grand artiste qu'elle admire, qu'elle exalte, et qui la représente pour ainsi dire. Aussi, dans la période qui nous occupe, peut-on diviser ainsi les règnes : celui de la Lerochois, celui de la Lemaure, de Sophie Arnould, de Saint-Huberti, pour arriver à la période de la Branchu ; de cette dernière semblent procéder directement nos grands sopranos dramatiques. Plusieurs hommes brillèrent aussi d'un vif éclat, mais ce fut toujours aux femmes, que le public donna toutes ses préférences, et il est inutile de dire pourquoi.

La Lemaure débuta en 1724, Laborde nous parle ainsi du talent de cette artiste.

« Jamais la nature n'a accordé un plus bel organe, de plus belles cadences, une manière de chanter plus imposante. Mlle Lemaure, petite et mal faite, avait une noblesse incroyable sur le théâtre ; elle se pénétrait tellement de ce qu'elle devait dire, qu'elle arrachait des larmes aux spectateurs les plus froids ; elle les animait et les transportait, et quoiqu'elle ne fût ni jolie, ni spirituelle, elle produisait les impressions les plus vives. » Elle quitta l'Opéra vers 1735, « parce que ne voulant pas chanter, elle fut conduite par ordre du roi au For-l'Evêque. » Aujourd'hui plus d'une de nos étoiles serait souvent logée aux frais de Sa Majesté, s'il y avait encore des étoiles et des majestés.

Mlle Lemaure n'avait cependant pas eu l'honneur de créer *Hippolyte et Aricie*, le premier opéra de Rameau, qui contribua tant à sa réputation.

Voici les noms des premiers combattants de ce grand combat : — Prologue : Diane, Mlle Eremans. — L'Amour, Jelyotte. — Jupiter, Dien. — Tragédie : Aricie, D^{elle} Pellissier. — Phèdre, Mlle Antier. — Œnone, D^{elle} Monville. — Prêtresse de Diane, D^{elle} Petit Pas. — Hippolyte, Tribou. — Thésée, Chassé. — Pluton, Dun. — Trois Parques, les sieurs Pugnier, Jelyotte et Cuvillier.

Cette liste à laquelle il faut ajouter la Lemaure, qui reprit plus tard le rôle, nous donne à peu près l'état des artistes qui exécutèrent l'opéra français pendant la période qui précéda Gluck. Mlle Pélissier était entrée à l'Opéra en 1722; comme toutes les artistes qui tenaient le premier rang à ce théâtre, elle brillait surtout par l'expression de son jeu et sa manière de dire le récit.

« Elle est la première, disaient ses contemporains, pour le jeu du théâtre et l'une des premières de son espèce pour la coquetterie. »

Des étrangers tels que Quantz et Marpurg, qui cependant n'étaient point tendres pour nos chanteurs, rendirent pleinement hommage à son talent. Elle avait été renvoyée de l'Opéra en 1734, mais rappelée à la retraite de la Lemaure en 1735, elle y resta jusqu'en 1747.

Jelyotte fut pendant longtemps le ténor aimé; après avoir fait ses études musicales à la maîtrise de Toulouse, il fut appelé à Paris par le prince de Carignan, inspecteur de l'Opéra, et débuta à Paris en 1733. Jelyotte était très bon musicien et même compositeur; il jouait de plusieurs instruments; sa voix de haute-contre était belle, sonore et très étendue; on l'accusait de surcharger d'ornements la mélodie, mais ses qualités consistaient surtout dans des qualités d'expression dramatique. On peut appeler Jelyotte le chanteur de Rameau; il se retira de l'Opéra en 1755, mais ne cessa tout à fait de chanter qu'en 1765.

Dun, qui créa Jupiter, n'a laissé à l'Opéra d'autres souvenirs que ceux d'un artiste laborieux, qui, issu d'une famille de chanteurs, conserva les traditions qui lui avaient été laissées, et les passa à ses successeurs, parmi lesquels nous trouvons encore un Dun, en 1775, attaché à l'Opéra.

Chassé fut une des plus célèbres basses de l'Opéra, qui en a tant possédé de célèbres. Ancien officier, ruiné par l'entreprise de Law, il entra à l'Opéra en 1722 et y resta jusqu'en 1757. C'était surtout un tragédien remarquable, qui poussait jusqu'à ses dernières limites la vérité du jeu. Un jour, en jouant Roland, il tomba en scène. « Marchez-moi sur le corps, » cria-t-il. Ne retrouvons-nous pas là quelque chose de l'ancien officier? Chassé mourut à quatre-vingt-huit ans, en 1786.

Vers le même temps, en 1734, on vit, dans *les Éléments*, une jeune fille, qui tint une place importante dans l'histoire du chant français, c'était Mlle Marie Fel. Fille d'un organiste de Bordeaux, très bonne musicienne, douée d'une belle voix égale dans toute son étendue, Mlle Fel chantait avec infiniment de goût; elle semble avoir été un soprano plutôt léger que dramatique. Elle quitta le théâtre en 1759, mais chanta au concert spirituel jusqu'en 1770. Mlle Fel, à en juger par son portrait et aussi par les rôles qu'elle joua, devait être avant tout une artiste pleine de finesse et de grâce. Nous ne la voyons pas en possession des grands rôles dramatiques du répertoire; mais ce fut elle qui créa Colette du *Devin du Village*, et le rôle d'Alcimadure dans la Pastorale languedocienne de Mondonville, *Daphnis et Alcimadure;* c'est dire qu'elle contribua fortement à introduire à l'Opéra, l'opéra comique gracieux et de demi genre qui y régna si longtemps et faillit faire oublier la tragédie lyrique; de là vinrent les immenses succès de l'aimable chanteuse.

A la même époque on vit débuter à l'Opéra un chanteur qui y tint aussi grande place: ce fut Larrivée. Il est à remarquer qu'il débuta dans *Castor et Pollux*, le jour même où Jelyotte jouait pour la dernière fois le rôle de Castor. Larrivée brilla surtout dans les œuvres de Gluck. Il était ce que nous appelons aujourd'hui un baryton ténorisant. Ses principales qualités étaient la justesse de la déclamation, la pureté et la beauté de sa voix. Il paraît cependant que dans les notes élevées, il était affecté d'un accent nasal qui fit dire un jour à un plaisant du parterre: « Voilà un nez qui a une belle voix. » Avant lui le récitatif se déclamait d'une façon pompeuse et lente, il l'allégea en lui donnant plus de mouvement et d'accent. Il se retira en 1779, et ce baryton célèbre, qui dans sa jeunesse avait été perruquier, mourut garde consigne à Vincennes en 1802.

Pendant cette période, nous avons pris pour point de départ les créateurs d'*Hippolyte et Aricie;* qui nous empêche de nous arrêter sur la distribution d'*Iphigénie en Aulide*, le premier opéra de Gluck? Elle sera pour nous comme une sorte d'abrégé historique, la voici: Iphigénie, Sophie Arnould. — Clytemnestre, la D^{elle} Duplant. — Achille, Legros. — Agamemnon, Larrivée. — Chalchas, Gelin. — Patrocle, Durand; un peu plus tard, nous verrons entrer en scène dans ces mêmes rôles Mlle Levasseur, Laguerre et la Saint-Huberti.

Sophie Arnould, aussi célèbre par son esprit que par son talent, a trouvé à notre époque un historien digne d'elle auquel nous renvoyons le lecteur désireux de savoir ce que furent l'art et le goût du dix-huitième siècle. L'étude de M. de Goncourt nous dispense donc de nous arrêter bien longtemps sur cette artiste. Il est convenu que Sophie Arnould avait de l'esprit, nous voulons bien le croire, mais cette qualité lui a été médiocrement utile pour créer *Iphigénie*, et je crains qu'il y ait dans sa réputation plus de réclame des philosophes et des journalistes que de talent. Il semble en effet que Gluck n'ait pas énormément tenu à elle, car après lui avoir confié les rôles d'Iphigénie et d'Eurydice, il l'abandonna complètement pour Mlle Levasseur, ce dont Sophie Arnould se plaignit du reste avec amertume.

Elle était née en 1744; elle entra à treize ans à l'Opéra. Sa voix, paraît-il, n'était ni très belle, ni très étendue, et son mérite consistait surtout dans une expression touchante et une manière de jouer qui lui était personnelle.

Legros sortait d'une maîtrise, comme la plupart de nos chanteurs français à cette époque. A la cathédrale de Laon, Rebel et Francœur avaient distingué sa belle voix; ils le firent débuter à l'Opéra le 1er mars 1674 dans le rôle de Titan. Legros, doué d'une voix superbe de haute-contre, était, paraît-il, chanteur et acteur un peu froid, mais au contact de Gluck il s'enflamma et chanta fort bien les rôles de ténor écrits pour lui par le maître dans une *tessitura* très élevée. Il quitta l'Opéra en 1783.

Gélin était une basse-taille ou pour mieux dire un baryton qui succéda à Chassé dans son emploi. Il créa les meilleurs rôles de basse dans les opéras de Gluck, et en particulier celui d'Hidraot d'*Armide*. Gélin quitta l'Opéra en 1779.

Rosalie Duplant était une de ces bonnes tragédiennes que l'Opéra comptait en si grand nombre. « Mlle Duplant, disent les *Tablettes de renommée*, est superbe dans les rôles à baguette et dans les reines. Une taille avantageuse, une voix de vaste étendue, un jeu plein de noblesse, on ne peut guère réunir à un plus haut point ces dons de la nature et la perfection de l'art. »

Presque en même temps que ceux-ci, on vit briller deux artistes qui, avec des talents différents, eurent un grand succès à l'Opéra : Lainé et Mlle Levasseur.

Lainé fut découvert par Berton, qui, l'entendant crier de la laitue un jour dans la rue, le fit venir à l'Opéra et débuter en 1770, puis il le mit à l'école de chant et de déclamation, et lui fit refaire ses vrais débuts à l'Opéra en 1773. Il ne tarda pas à doubler, puis à remplacer Legros; il avait une voix de haute-contre; mais, à en croire ses contemporains, il était plus acteur que chanteur et poussait jusqu'au ridicule certains défauts de l'école française. Sa voix était criarde et chevrotante; il se laissait aller à des sons de gorge et de nez du plus désagréable effet; et, chose qui se rencontre plus souvent qu'on ne pense, ce chanteur qui prononçait si bien et avec tant de netteté le récitatif ne faisait pas entendre les paroles dans les airs. Il créa un grand nombre de rôles : Rodrigue dans *Chimène*, Polynice dans *Œdipe à Colone*, Licinius dans la *Vestale*. Il quitta l'Opéra en 1812.

Mlle Levasseur était une belle personne à la voix grande et bien timbrée à laquelle Gluck fit l'honneur de confier les rôles d'*Alceste* et d'*Armide*. Bientôt sa gloire fut effacée par celle de la Saint-Huberty.

La Saint-Huberty (Antoine-Cécile Clavel) était née en 1750. Après avoir chanté un certain temps à l'étranger, elle débuta à l'Opéra en 1777 par le petit rôle de Mélisse d'*Armide;* elle languit quelque temps sans grand succès, appréciée seulement de quelques artistes et particulièrement de Gluck. Elle n'était point jolie, elle avait un fort accent allemand et certains défauts que nous appelons aujourd'hui des *tics* de province, mais elle travailla, puis, tout à coup, se révéla dans le rôle d'Angélique de *Roland*. A partir de ce jour son succès fut assuré; les pièces sentimentales de demi-caractère, fort à la mode à cette époque, comme le *Seigneur bienfaisant*, l'*Embarras des Richesses*, furent pour elle de véritables triomphes. Pathétique au plus haut degré elle n'était point sans rapport avec Mlle Fel, mais sa voix était évidemment plus forte et plus étendue puisque nous lui voyons créer, et avec un immense succès, l'Armide du *Renaud* de Sacchini, rôle écrit dans le style de la grande tragédie lyrique française. Une anecdote racontée par Fétis nous dit assez quelle puissance dramatique possédaient ces chanteurs. « En 1783, pendant que la Saint-Huberty était en voyage, on répéta *Didon* de Piccini. L'ouvrage produisit peu d'effet pendant les premières répétitions, et déjà on s'empressait de le juger défavorablement. Messieurs, dit Piccini, avant de juger *Didon* attendez que Didon soit arrivée. »

« Le talent de cette actrice, dit Guinguené dans sa notice sur Piccini, prend sa source dans son extrême sensibilité; on peut mieux chanter un air, mais on ne peut donner aux récitatifs un accent plus vrai, plus passionné, on ne peut avoir une action plus dramatique, un silence plus éloquent. On n'a point oublié son terrible jeu muet, son immobilité tragique et l'effrayante expression de son visage pendant la longue ritournelle du chœur des prêtres à la fin du troisième acte de *Didon* et pendant la durée de ce chœur. Quelqu'un lui parlant de l'impression qu'elle avait paru éprouver et qu'elle avait communiquée à tous les spectateurs : « Je l'ai réellement éprouvée, répondit-elle, dès la sixième mesure, je me suis sentie morte. » Le mot était plus joli que juste, car tout artiste sait que pour bien faire éprouver au public de grandes émotions, il est nuisible de l'éprouver trop soi-même. C'est la théorie de Diderot, et elle est toujours juste. La Saint-Huberty créa *Chimène* de Sacchini, les *Danaïdes*, et après les plus éclatants succès, après avoir été couronnée en scène, elle quitta l'Opéra vers 1790. On sait qu'elle fut assassinée à Londres avec son mari, en 1812, dans des circonstances singulières. Du reste, on trouvera dans une étude de M. A. Jullien, publiée dans la *Gazette Musicale*, de curieux détails sur la Saint-Huberty. M. de Goncourt et M. P. Foucher ont aussi traité cet intéressant sujet.

Autour d'elle, avant et après, gravitaient des étoiles de grande et moyenne importance, comme Mlles Laguerre et Maillard. Mlle Laguerre, qui mourut à vingt-huit ans, tuée par la boisson et les excès, laissa le souvenir d'une artiste douée d'une voix souple et sympathique. Mlle Maillard entra à l'Opéra en 1782 et n'en sortit qu'en 1813. C'était une actrice noble et expressive, sa voix était fort belle. Après le départ de la Saint-Huberty, elle brilla d'un vif éclat, surtout dans Clytemnestre d'*Iphigénie en Aulide* et dans Hécube.

Vers 1780 aussi débuta un chanteur que quelques vieux amateurs n'ont point encore oublié. Il s'appelait Lays et jouait le rôle de Pétrarque dans un petit opéra de Candeille, intitulé *Laure et Pétrarque*. Il avait fait ses études dans une maîtrise du midi. Il chantait à Toulouse en amateur lorsque l'ordre de venir à Paris lui fut signifié ; il obéit et débuta à l'Opéra. Après quarante-trois ans de services il se retira au mois d'octobre 1822. Voici ce que Fétis, qui a pu l'entendre, dit de ce chanteur, qui fut un des derniers de la vieille école lyrique française :

« Malgré l'enthousiasme qu'il a longtemps excité parmi les abonnés de l'Opéra, Lays n'était pas un grand chanteur ; on peut même dire qu'il ignorait les premiers éléments de l'art du chant. Sa vocalisation était lourde, il n'avait point appris à égaliser les registres de sa voix, et quand il passait des sons de poitrine à ceux de la voix mixte, c'était par une transition subite d'un organe formidable à une sorte de voix flûtée d'un effet plus ridicule qu'agréable. Il affectait cependant de se servir de cet effet qui, de son temps, faisait pâmer d'aise les amateurs de profession. La plupart de ses ornements étaient surannés et de mauvais goût ; mais, malgré ses défauts, la beauté de sa voix lui faisait des partisans de presque tous ses auditeurs. Au reste, il avait de la chaleur et savait animer un morceau de musique. » On voit par ce portrait assez malveillant que Lays était, comme ses prédécesseurs, un ténor plus apte à la tragédie lyrique qu'au chant proprement dit.

Chéron fut comme basse ce que Lainé était comme ténor. Entré en 1779 à l'Opéra, il en sortit en 1882. Il était bon musicien et intelligent ; sa voix bien timbrée sortait avec une excellente émission. Seulement si Chéron était peut-être meilleur chanteur que ses camarades, il était moins bon tragédien et on l'accusait de froideur. La femme de Chéron, bien qu'ayant quitté le théâtre à trente-trois ans, y laissa des traces brillantes de son passage, surtout dans l'Antigone d'*Œdipe à Colone*. C'était un soprano sfogato plein de sensibilité ; mais il est dans sa vie un trait qui marque bien quelles étaient les tendances des chanteurs de cette école. Pendant qu'elle étudiait le chant et la musique sous la direction de Piccini, Laugée, Guichard et Lays, elle suivait assidûment les cours de déclamation de Molé. Cent ans avant, Lully envoyait ses élèves chez la Champmeslé ; les choses n'ont donc pas beaucoup changé.

A côté de ces artistes, citons Mlle Gavaudan cadette, qui continuait les traditions de Mlle Fel et semblait représenter à la suite de celle-ci l'opéra-comique à l'Opéra. Nous retrouverons ce nom de Gavaudan dans la suite de ce récit.

La *Vestale* est comme le chant du cygne de cette époque à l'Opéra. Dans la distribution, les noms de Mme Branchu et de Dérivis représentent une période plus moderne ; mais ceux de Mlle Maillart (la grande Vestale), Lainé (Licinius), Lays (Cinna), nous reportent en plein dix-huitième siècle ; Mme Branchu chantait Julia, Dérivis, le grand-prêtre.

Mme Branchu est, à la vérité, la dernière chanteuse de tragédie lyrique de cette période, comme Lays en est le dernier chanteur ; mais on trouve dans son chant certaines tendances déjà plus modernes. Mme Branchu, après avoir obtenu le prix de chant au Conservatoire, était entrée à Feydeau pour y chanter l'opéra-comique, ce qui semble indiquer dans le chant proprement dit une plus grande souplesse d'exécution, ignorée des grandes chanteuses de l'Opéra ; bientôt on la fit débuter à l'Opéra en 1801 dans le rôle de Didon. Non seulement sa voix était belle, puissante, étendue et expressive, mais encore sa science du chant était parfaite, son mécanisme large et correct. Elle était tragédienne, et en même temps virtuose ; elle travailla avec Garat au milieu même de ses plus grands succès, et à pareille école elle ne pouvait que gagner sous le rapport de la science vocale. A en juger par le rôle d'*Alceste* et d'*Hypermestre* qu'elle reprit, à en juger par ceux de Julie et d'Amazilyes qu'elle créa, Mme Branchu a été la dernière tragédienne lyrique, et en même temps la première chanteuse dramatique de l'Opéra.

Par une singulière coïncidence, Mᵐᵉ Branchu quitta le théâtre l'année même où Rossini faisait jouer le *Siège de Corinthe* en 1826. Le *Siège de Corinthe* est pour nous une date ; c'est là que commence à l'Opéra la période moderne de l'histoire du chant, dont nous nous occuperons dans le chapitre final. La distribution du *Siège de Corinthe* nous donne Mᵐᵉ Cinti (plus tard, Mᵐᵉ Damoreau). Ce nom est pour ainsi dire synonyme de virtuosité. A partir de l'entrée sur notre scène lyrique d'une chanteuse légère de ce genre, les conditions du chant sont changées et nous devons dire adieu à la vieille tragédie musicale, un peu lourde peut-être, mais remplie de si admirables qualités, pour aborder le drame moderne plus italianisé et qui exigera de nos chanteurs moins de profondeur dans l'expression, mais aussi plus de souplesse dans le chant et une plus grande connaissance de l'art vocal.

Quel que soit le génie d'un homme, une révolution comme celle opérée par Rossini ne se fait pas sans avoir été longuement préparée ; et, s'il faut le dire, deux choses ouvrirent les voies au novateur : l'opéra-comique apparaissant sous forme de comédie à ariettes, ou, pour mieux dire, de vaudeville, pour se hausser jusqu'à l'opéra, avec des œuvres telles que *Joseph* pour n'en citer qu'une, et l'influence intermittente, mais puissante, des Italiens sur le chant et la musique des Français.

Une histoire de l'opéra-comique est encore à faire, et nous n'avons pas l'intention de combler cette lacune, mais nous ne pouvons suivre l'histoire du chant français sans raconter succinctement l'histoire de notre seconde scène lyrique. C'est là que le chant proprement dit trouva place, bien plutôt qu'à l'Opéra, qui s'était réservé le monopole de la tragédie et de la déclamation. Des diverses péripéties de ce théâtre nous n'avons rien à dire et notre intérêt doit porter seulement sur les différentes formes vocales que les musiciens employèrent à diverses époques sur cette scène, qui fut successivement Théâtre de la Foire, Comédie Italienne, Feydeau et Opéra-Comique.

Dans l'histoire de l'opéra-comique l'arrivée de Rossini est aussi une date. De même que les *Troqueurs* de Dauvergne indiquent, après les vaudevilles chantés de la Foire, la première période de notre véritable opéra-comique ; de même la *Dame blanche*, entachée d'un rossinisme accentué, marque comme une date nouvelle ; aussi nous arrêterons-nous au seuil de l'année 1826, sur ce jour du 10 décembre 1825, avant d'entrer dans l'opéra-comique français moderne.

On sait quelles entraves rencontra la musique de demi-genre lorsque des compositeurs qui brillèrent dans la chanson et le couplet se mirent en tête d'adapter ces couplets à des comédies. Cette histoire est du domaine administratif, et nous n'y reviendrons pas. Disons seulement que celui qui pousserait la curiosité jusqu'à feuilleter les nombreux recueils de couplets de la Foire que possède la Bibliothèque nationale, y rencontrerait une immense clef du caveau prodigieusement riche en couplets, vifs, légers, spirituels, et marqués au bon coin de notre langue musicale française, mais qu'il ne trouverait nulle trace de chant proprement dit. C'était cependant vers ce même temps que l'Italie produisait déjà des opéras-bouffes vraiment dignes du nom d'opéra, et avant même qu'une troupe italienne vînt à Paris, les rapports artistiques étaient fréquents entre les Italiens et les compositeurs français. Ces influences ne devaient pas rester inutiles ; elles ne tardèrent pas à avoir leurs résultats, et bientôt naquit en France l'opéra-comique.

Au point de vue scénique et musical, on sait quelles furent les évolutions de cet art nouveau. Depuis les *Troqueurs* de Dauvergne et les œuvres italianisées de Duni jusqu'aux partitions de Philidor et Grétry, l'idée mélodique était bien courte, le développement scénique de la comédie à ariettes bien sec et bien enfantin ; mais, au point de vue vocal, toute cette musique avait des souplesses et des grâces que le chant de l'opéra ne connaissait pas. Bien que joué sur la scène où avait brillé Rameau, le *Devin du Village*, véritable vaudeville, était le type de ce genre pathétique, gracieux et exigeant des chanteurs une certaine connaissance de l'art. Plus tard, sous ce rapport, le *Déserteur* de Monsigny est plus remarquable. Non seulement le musicien a conservé cette merveilleuse justesse d'expression, sans laquelle il n'est pas de maître français, mais il a élargi la phrase ; des airs tels que celui d'Alexis exigent des chanteurs plus expérimentés peut-être que le concerto vocal le plus hérissé, et cela sans préjudice d'un réel talent d'acteur.

Avec Philidor et Grétry le style est plus serré ; l'un a une profonde connaissance de son art ; l'autre une plus grande habileté scénique peut-être et une plus forte nourriture italienne. Les airs sont bien faits, bien développés, et tout, comme par exemple le splendide récitatif de Tom Jones ou l'air du *Maréchal-Ferrant*, montre quelle variété de connaissances devait avoir à cette époque le chanteur dit d'opéra-comique.

La suite de Rameau et de Gluck ne trouva pas place seulement à l'Opéra avec Sacchini et Saliéri, mais bien aussi à l'Opéra-Comique, où nous voyons entrer en lice les grands maîtres de notre art qui, rompant définitivement avec la comédie à ariettes, élargissent leur cadre pour arriver jusqu'aux élévations lyriques de l'opéra, et finissent même par *mélodramatiser* l'opéra-comique de Monsigny et de Grétry : c'est Chérubini avec *Lodoïska* et les *Deux Journées;* c'est Méhul avec *Joseph;* c'est Lesueur avec la *Caverne*, etc. Chez tous ces maîtres le chant devenait dramatique et prenait une importance et une variété que nos vieux chanteurs d'opéra ne connaissaient pas.

En même temps, un grand maître était apparu ; il avait nom Mozart, et malgré le masque ridicule dont l'avaient affublé les faiseurs de pastiches, tels que Lachnitz et autres, nos musiciens l'avaient bien reconnu. Son influence sur notre style vocal fut immense. Ce fut à lui que Nicolo, Berton, et même Boïeldieu, empruntèrent d'abord le meilleur de leurs formules. L'œuvre de ces maîtres était moins dramatique peut-être que celui des Méhul et des Cherubini; on peut dire que c'est souvent du drame à fleur de musique, mais est-il une école qui ait mieux possédé la justesse scénique, qui ait su rendre avec plus de bonheur et de vérité les plus charmantes délicatesses de sentiment ? C'est au nom de Boïeldieu, nous l'avons dit, que nous arrêterons cette rapide esquisse de l'histoire de l'opéra-comique. Dans les œuvres de cette école, en lisant les partitions de ces maîtres, il faut bien vouloir fermer les yeux pour continuer à prétendre avec Rousseau que les Français n'ont point de musique et ne peuvent en avoir. Pour qui sait lire et comprendre la musique, le fameux *urlo francese*, rappelle singulièrement le *tarte à la crème* de Molière.

La naissance et le succès de l'opéra-comique ne fut pas le seul effort tenté par les Français et par la France pour jeter de la variété dans notre art et dans le chant.

Les cantates, que nous avons étudiées au commencement de ce chapitre, trouvaient un public et des salles où on pouvait les entendre; la musique religieuse avait aussi sa place en dehors même de l'église, et ce fut le concert qui offrit ces précieux débouchés à la musique; et les concerts du dix-huitième siècle, sous quelque nom qu'ils aient été désignés, présentèrent même une variété, un éclectisme dans le choix des chanteurs et des morceaux qui ne fut pas sans exercer une grande influence sur notre école.

Les amateurs des dix-septième et dix-huitième siècles s'étaient bien des fois réunis pour exécuter des œuvres qui leur plaisaient; mais ce ne fut que vers 1722 que fut fondé le premier concert régulier, celui des *Mélophilètes*.

Bientôt la marquise de Prie, aidée du financier Crozat, ouvrit un autre concert appelé des *Amateurs*; les deux concerts devaient jouer dans le même temps de Pâques, au moment où l'Opéra était fermé. Le *Concert des Amateurs* fut ouvert le 18 mars 1725, et voici le programme d'ouverture :

« Une suite d'airs de violon de Lalande, plus un caprice et un *confitebor* du même auteur, puis un concerto de Torelli. » On voit que les étrangers avaient aussi leur part à ces agapes musicales. Le concert spirituel fut successivement dirigé par Philidor, Mouret, Royer, Gaviniès, Gossec. On y entendit les plus remarquables virtuoses et les meilleurs chanteurs de l'Opéra et des Italiens. Ce fut le concert spirituel qui fit connaître au public les symphonies d'Haydn, le *Stabat* de Pergolèse, et nous n'avons point à détailler les aventures de cette institution musicale. Mais raconter l'histoire du chant en France sans dire au moins quelques mots des concerts où se sont faites les manifestations de l'art qui nous occupe eût été laisser une lacune regrettable. Les origines du *concert spirituel* ont été du reste racontées bien des fois, et, en dernier lieu, par M. Blondel, dans la *Chronique musicale* (1874).

D'autres concerts, comme celui *des Amateurs* (1770), celui de la *Loge Olympique*, qui fit connaître un grand nombre d'œuvres d'Haydn, furent aussi fondés au dix-huitième siècle, et ne contribuèrent pas peu à propager en France le goût de la musique et même du chant.

Ces concerts donnèrent, non seulement de la notoriété aux œuvres instrumentales, aux instrumentistes et aux artistes français, mais on y entendit aussi, comme nous l'avons dit, plusieurs virtuoses allemands et italiens. Parmi les soprani, il faut citer Mmes Frazi, Piccinelli, Bigliani, Farinella, Giorgi, Farnesi, la célèbre Inglesina (Cécilia Davies), la Todi et la Mara, qui excitèrent des batailles presque égales à celles des Gluckistes et des Piccinistes, et d'autres virtuoses moins illustres. Parmi les sopranistes hommes qui se firent entendre au concert spirituel, il faut citer le célèbre Cafarelli, Guadagni, Albanèse, Pellerino, Piozzi, Amantini, etc. Les ténors furent de beaucoup moins bien partagés; cependant on y entendit Ajuto, Nannini, Davide Lotti, l'Allemand Raff; parmi les barytons, Chiardini. Nous savons que les basses de l'école française brillèrent au premier rang dans l'histoire du chant, aussi les étrangers se risquèrent moins au concert spirituel, cependant nous trouvons encore dans la liste Rovedino, et l'illustre Fischer, qui fit longtemps les délices de l'Allemagne.

Une autre institution, celle du Conservatoire, doit être mentionnée ici, au moins pour mémoire. En établissant l'Opéra, Lulli avait pensé, et avec juste raison, qu'il devait placer près de son académie, et comme annexe d'une bonne scène musicale, une école chargée, non seulement de préparer pour le théâtre des chanteurs déjà dégrossis que les maîtrises, ainsi que nous l'avons vu plus haut, envoyaient à l'Opéra, mais aussi de former de toutes pièces les voix naturellement bien douées que le hasard permettait de découvrir ; cette sorte de Conservatoire fut instituée sous le titre bien significatif d'*École de Chant et de Déclamation*. La Lerochois reprit l'idée si pratique de Lulli, et à sa sortie de l'Opéra, en 1698, ouvrit, rue Saint-Honoré, une école de chant et de déclamation qui, fermée en 1726, forma différentes bonnes élèves, et entre autres Mlle Antier.

L'école de Lulli ne tarda pas à renaître, et à côté de l'Académie royale de musique, rue Saint-Nicaise, on vit s'élever une sorte d'établissement d'éducation musicale, dont l'organisation n'était pas sans rapports avec celle du Conservatoire qui fut créé plus tard. Cette école prit le nom de *Magasin*, parce qu'elle était située dans les magasins mêmes de l'Académie royale, et les élèves femmes s'intitulèrent : *Filles du Magasin*. C'est pour le Magasin que Rodolphe écrivit, en 1772, la série de leçons connues depuis sous le nom de *Solfège de Rodolphe*. Le Magasin compta parmi ses professeurs Dun, Delacoste, Deshayes, etc. ; enfin, en 1784, un arrêt du Conseil, relatif à l'Opéra, établit une école destinée à former des sujets pour ce théâtre.

L'établissement de cette école était dû à l'initiative de Devismes du Valgay et de Gossec. Les frais de l'école étaient couverts en partie par un impôt du timbre établi sur les œuvres de musique. L'enseignement du chant était confié à Piccini, à Langlé, à Guichard. L'école fut établie dans l'hôtel des Menus-Plaisirs du roi, qui servait alors aux répétitions de l'Opéra. Elle fut ouverte le 1er avril 1784. Le 18 avril 1786, elle donnait son premier exercice public, qui servait d'examen pour les candidats aux classes de chant. On y joua *Roland*, de Piccini. Un curieux rapport de Gossec nous prouve que les exercices ne discontinuèrent pas jusqu'à la Révolution, et, en 1792, on fit même chanter des élèves devant des commissaires de la deuxième législature, probablement pour encourager celle-ci à protéger un établissement que ses origines monarchiques semblaient avoir condamné d'avance. Ce fut en effet l'année suivante, en 1793, que, sur l'initiative de Sarrette, le Conservatoire, appelé *Institut musical*, fut réorganisé sur un nouveau pied, sans changer, au fond, grand'chose à l'école dont nous avons parlé plus haut, sauf que, sous couleur de préparer des musiciens pour célébrer des fêtes nationales et populaires, on augmenta considérablement l'importance des classes d'instruments. Le 3 août 1795 (16 thermidor an III), la Convention rendit une loi qui supprimait l'École de Chant et de Déclamation et l'Institut national, et les rétablissait tous deux sous le nom de *Conservatoire de Musique*, destiné à enseigner la musique à six cents élèves des deux sexes, choisis proportionnellement dans tous les départements. On y comptait trois professeurs de vocalisation, quatre de chant simple, deux de chant déclamé. En 1800, un nouveau règlement vint fixer définitivement l'organisation du Conservatoire. On sait, malgré les attaques injustes dont elle a été l'objet, les services que cette institution a rendus au pays et à la musique. Il n'entre pas dans notre plan de raconter l'histoire du Conservatoire, tâche que M. Lassabathie a remplie avant nous d'une façon très suffisante; mais nous ne pouvions sans négligence, en racontant l'histoire du chant, omettre de dire de quelle façon fut fondée l'école qui, après tout et malgré tout, est encore la vraie pépinière de nos chanteurs français.

Jusqu'ici nous avons été, au résumé, assez exclusifs. Nous n'avons tenu, pour ainsi dire, aucun compte de l'influence étrangère sur l'art du chant français; c'est à peine si quelques allusions y ont été faites en passant. Cependant, dans cet intervalle de deux siècles dont nous venons de résumer l'histoire, les chanteurs étrangers eurent sur les nôtres, en dehors de l'Opéra, une influence considérable, et on peut dire que notre opéra-comique a dû sa naissance, sinon entièrement, comme on l'a dit, du moins dans une certaine mesure, aux œuvres italiennes et aux virtuoses qui en étaient les interprètes.

Castil-Blaze, cet historien fantaisiste qui aimait à jongler avec les faits et à les travestir au profit de certaines théories qu'il croyait originales, a raconté l'histoire de l'opéra italien à Paris. Son injuste prévention contre notre musique l'a assez bien servi dans ce sujet; car, pour écraser sous le poids de ses sarcasmes l'école française, dont il a méconnu les mérites, il a bien fallu qu'il prêtât quelque attention à l'histoire de l'école italienne en France. Nous le suivrons donc en quelques points de son livre *de l'Opéra italien*, moins romanesque peut-être que les autres ouvrages qu'il lui a plu d'intituler *histoires*.

Le 14 décembre 1645, Mazarin avait fait jouer, au Petit-Bourbon, une sorte d'opéra de demi-genre, où le bouffe se mêlait au sérieux et qui avait pour titre : *Festa teatrale della finta Pazza*. Les paroles étaient de Strozzi et la musique de Socrati. Le mouvement était donné, et les représentations continuèrent jusqu'en 1652. Certes, cette musique n'était guère du goût du public, et Saint-Évremond nous apprend que les chanteurs italiens n'étaient applaudis que par les flatteurs du Cardinal. Cependant leur influence se fit sentir malgré tout. Une nouvelle troupe fut appelée en 1647, et elle chanta un *Orfeo e Éurydice*, musique de Rossi. *Orfeo*, qui servit un peu de champ de bataille aux ennemis du Cardinal aussi bien qu'à ses amis, eut du succès. Après cet opéra, on en fit jouer plusieurs autres, parmi lesquels *Ercole Amante* et *Serse*, de Cavalli. *Serse* tient une place importante dans notre histoire musicale; aussi tenterons-nous de donner rapidement une idée de cette partition, dont la Bibliothèque nationale possède une magnifique copie.

Considéré au point de vue purement vocal, le *Serse* est une tragédie mêlée de comique, dans laquelle l'art de la virtuosité tient une place beaucoup plus importante que dans les opéras français nés quelques années plus tard. Derrière la note écrite, du reste, il est bon de supposer les ornements et les traits que chaque artiste ajoutait à son rôle.

Dès le premier acte, nous trouvons un grand air de *Serse* à un seul mouvement, écrit pour basse; cet air est assez orné. Dans ce genre, les traits et broderies appartiennent surtout au soprano Romilda. Du reste, le nombre des acteurs était considérable, et en voici la liste, avec le nom des interprètes, d'après la belle copie faite par Foisard en 1695 :

XERCÈS	Le s^r Bordigon.
ARSAMÈNE	Le s^r Atto.
ARIODATE	Le s^r Taillavacca.
ROMILDE	Mlle Anna.
ADELANTE	Le s^r Melone.
EUMES	Le s^r Zannetto.
ELVIRO	Le s^r Chiarino.
AMASTRIS	Le s^r Philippe (frère du s^r Atto).
ARISTON	Le s^r Absalon.
PERIARQUE	Le s^r Pichini.

Dans les ensembles, duos et trios qui sont un peu élémentaires, il est vrai, mais qui existent cependant, le compositeur aime assez la forme dialoguée, comme dans le duo du premier acte; dans celui d'Arsamène et Xercès au second, on trouve un ensemble note contre note intéressant ; ce duo est coupé par un air à roulades, et cette forme ne se retrouve pas dans les œuvres qui suivirent le *Serse*. Un très joli duo avec reprise, d'une bonne facture et d'un excellent sentiment mélodique, une charmante ariette et un duo en canon, indiquent que Cavalli était un mélodiste distingué. Pour la facture vocale proprement dite, nous trouvons déjà l'air, soit de déclamation, soit fleuri ; dans la scène V, Romilda en chante un intéressant, et celui qui ouvre le second acte *Già la Tromba* est un des premiers modèles de ces airs de *trompettes*, qui furent si célèbres au dix-huitième siècle.

Nous ne rendrons pas compte de *Serse*, comme d'un opéra nouveau, et morceau par morceau ; mais nous n'avons pas cru inutile de nous arrêter un instant sur cette partition, d'un haut intérêt historique, qui appartient à la période italienne, pendant laquelle l'expression était encore fort recherchée. Sous le rapport de la facture vocale et de la variété, elle l'emporte, à vrai dire, sur nos opéras français et surtout sur ceux de Cambert ; mais Lulli égala et surpassa plus d'une fois cette œuvre, tout en gardant la forme, la coupe et la langue qui lui était propre. Tel qu'il est, le *Serse* de Cavalli se rapproche encore plus des premiers opéras expressifs italiens et par la structure et par la variété des morceaux, que de ces sortes de pièces de concert, pompeusement intitulées opéras et qui au dix-huitième siècle fournissaient aux virtuoses italiens l'occasion de déployer leurs talents.

A partir de *Serse*, il ne fut plus de divertissements ou de ballet dans lesquels un air italien, léger ou sérieux ne trouvât avantageusement sa place. Par des raisons qu'il est inutile d'expliquer ici, il se passa un long temps (de 1662 à 1729) avant qu'une troupe italienne reparût en France, sur un théâtre. Mais le coup était porté, cet art étranger avait troublé nos amateurs et nos musiciens. Les relations musicales étaient plus fréquentes dès la première moitié du siècle entre nous et l'Italie. Tantôt c'était un musicien français ou un dilettante qui voyageait au pays dit de la musique ; une autre fois un virtuose chanteur et instrumentiste italien passait les Alpes et venait chez nous chercher fortune. Nous avons vu, dès le commencement du dix-huitième siècle, l'effet de cette influence sur nos compositeurs, particulièrement dans les cantates. Campra semble avoir été, après des maîtres presque italiens, comme Battistin, celui qui s'est le plus italianisé. Les recueils d'airs sont remplis de morceaux où la forme italienne est imitée de bien près.

C'est de cette époque que datent ces discussions sur l'école italienne et française, vives jusqu'à la violence, mais fécondes en bons résultats.

On a fort écrit sur les fameuses querelles, et si elles s'apaisent à peu près aujourd'hui, de ce côté du moins, c'est que le combat a cessé faute de combattants dans le camp des Italiens. Les premiers coups furent portés dès le milieu du dix-septième siècle et les opuscules de Saint-Évremond sur l'opéra en restèrent comme un vague écho. Ensuite vint la grande bataille, qui commence avec le dix-huitième siècle, et dont le *Parallèle des Français et des Italiens* de Raguenet, et la *réponse au Parallèle* de Vieuville de Laffreneuse indiquent les péripéties principales. Plus tard c'est la fameuse querelle des Bouffons, et Rousseau et Rameau et Grimm brillent parmi les lutteurs les plus acharnés. Avec Gluck et Piccini la bataille se rallume plus ardente que jamais ; lorsque Rossini vient en France, le parti français, avec Berton et Lesueur en tête, reprend les armes et combat le bon combat. Le feu n'avait jamais cessé et nos compositeurs s'étaient servis de leurs propres armes pour combattre les étrangers ou les soutenir au nom du progrès. C'est ainsi que Grétry, bouffoniste enragé, s'amusa dans le *Jugement de Midas* à mettre en regard le chant français et le chant italien, riant fort de Marsyas, qui chante à la façon des *hurleurs* de l'opéra, et chargeant Apollon lui-même du chant fleuri à l'italienne. Philidor, le grave Philidor ne se fait pas faute de gloser sur ce sujet dans *le Sorcier*. Plus tard c'est Méhul qui écrit en dérision un opéra italien, *l'Irato ;* et, singulière méprise ! on le prend au sérieux. Avançons plus près encore nous trouvons Halévy avec le *Dilettante d'Avignon*, Adam dans vingt endroits, Ambroise Thomas dans le *Caïd*, puis les opérettes en foule ; partout c'est le même procès plaidé de façons différentes. Une des plus amusantes charges de ce genre est un opéra de salon intitulé : *l'Incendio di Babylonia*, où un amateur, M. Feltre, s'est moqué avec infiniment d'esprit et de verve des opéras sérieux italiens, et des habitudes vocales des virtuoses d'outre-monts.

La longueur du procès ne semble prouver qu'une chose, c'est que les deux partis pourraient bien avoir raison ; mais nous n'avons pas à juger une querelle qui a aujourd'hui changé d'objet, notre devoir est de constater, nous constatons. Deux écoles de chant sont en présence, nous avons bien assez à faire d'en montrer l'histoire, les tendances, les efforts et les résultats. En 1729, une troupe italienne conduite par Luco Papirio vint chanter à l'Opéra quelques partitions bouffes ; mais, malgré quelques succès, l'influence de ces artistes fut presque négative.

Il n'en fut pas de même de la campagne de 1752 qui dura deux ans. Une troupe, en tête de laquelle on voyait la célèbre Tonelli et la basse

Manelli, vint chanter le 2 août 1752, et l'on sait avec quel succès, la *Serva Padrona* de Pergolèse. On peut dire que cette partition ouvrit les yeux à plus d'un de nos maîtres et entre autres à Grétry, qui, du reste, avait déjà entendu des Italiens en Italie. Le chant lyrique français à l'opéra se ressentit peu de ces aimables fantaisies bouffes, et nous avons vu pourquoi ; mais notre opéra-comique gagna énormément, et au point de vue des idées, et au point de vue du style vocal, au voisinage des virtuoses étrangers. Pendant deux années les œuvres de Lattilla, de Leo, de Jomelli, de Scarlatti furent jouées avec succès par des chanteurs qui s'appelaient Manelli, Guerrieri, Lazzari, les demoiselles Tonelli, Rossi, etc.

Nous verrons dans le chapitre suivant quel était le caractère de cette musique, au point de vue du chant, qu'il nous suffise de remarquer ici que de ces opéras, pas un n'était sérieux, et que si notre public et nos compositeurs purent alors avoir une idée assez exacte de ce qu'étaient les chanteurs bouffes en Italie, du moins ne purent-ils savoir ce que devaient être les grands virtuoses, qui au dix-huitième siècle parcoururent l'Europe entière, excepté la France. Cependant la guerre des Bouffonistes était de plus en plus ardente ; elle prenait un caractère politique, et le coin du roi, partisan des Français, l'emporta sur celui de la reine, si bien que les Italiens quittèrent Paris en mars 1754, sans cependant avoir eu un seul insuccès. Après une courte apparition de la célèbre Deamicis sur la scène de la comédie italienne en 1758, une seconde troupe vint s'établir à Paris en 1778, appelée à l'Opéra par le nouveau directeur Devismes du Valgay. Cette expédition fut brillante. Sous la direction de Piccini on entendit la musique bouffe de ce maître, celle de Paësiello, d'Anfossi, on y vit aussi des opéras bouffes de Traetta et de Sacchini comme l'*Amore soldato*.

Les chanteurs qui brillèrent dans cette troupe étaient Caribaldi, Vigagnani, ténors : Poggi, Gherardi, Focchetti, basses ; Mmes Chavacci, Rosina et Constanza Bogliani. Cette troupe, paraît-il, était assez médiocre, mais, en revanche, on entendit vers la même époque au concert spirituel Mmes Mara et Todi qui se partagèrent les applaudissements du public parisien, au point qu'elles firent naître une nouvelle querelle, celle des Maratistes et des Todistes, querelle qui égala presque celle des *coins*.

En 1787, une nouvelle troupe, si médiocre, cette fois, qu'il fallut remplacer les Italiens par des chanteurs français, chanta à Versailles et pendant cette campagne on fit connaissance avec Cimarosa, Sarti et surtout Paësiello, dont on entendit la fameuse *Frascatana*.

L'année suivante, Antié, coiffeur de la reine, plus connu sous le nom de Léonard, avait obtenu le privilège d'un opéra italien, qu'il confia au violoniste Viotti. Celui-ci forma une troupe composée de Raffannelli, Rovedino, Mandini, auxquels vinrent se joindre Mengozzi, Mᵐᵉ Maricelli, Balletti, Mandini. Ces artistes furent très utiles à notre école d'opéra-comique qui entrait dans la magnifique période où brillèrent les Martin, les Elleviou, les Gavaudan, etc.; on entendit alors, comme œuvres nouvelles, à partir de 1789 jusqu'en 1792, *le roi Théodore* de Paësiello, l'*Impresario in Augustie* de Cimarosa, un peu de Mozart, le célèbre *Barbiere di Siviglia* de Paësiello, et sa non moins illustre *Molinara*, de la musique de Salieri, de Guglielmi, et encore la *Nina* de Paësiello. Enfin peu d'époques furent plus brillantes pour les chanteurs et les opéras italiens; c'est aussi dans cette période que Chérubini débuta timidement en France en ajoutant des duos, des trios, des morceaux d'ensemble aux œuvres qui paraissaient un peu vides à notre public. La révolution chassa les aimables chanteurs, mais aussitôt le calme rétabli, c'est-à-dire, en 1804, ils revinrent attirés par le souvenir du succès d'antan. A partir de ce jour, avec des fortunes diverses, les Italiens ne cessèrent d'avoir à Paris un théâtre où leurs principaux virtuoses tenaient à honneur de briller. C'étaient la Barilli, la Festa, la Morandi, surtout Mᵐᵉ Mainvielle-Fodor et la Catalani. En même temps, Napoléon, qui aimait peu la musique française, mais qui, en revanche était passionné pour les Italiens, ne contribua pas médiocrement à fixer dans notre pays des artistes dont l'influence ne pouvait qu'être heureuse.

Dans sa chapelle particulière nous les trouvons en grand nombre; ce sont: Mᵐᵉˢ Grassini et Paër, Brizzi, ténor, Crivelli, Tacchinardi, ténors, Mazzari baryton élevé et, surtout et avant tout, le célèbre Crescentini.

Le répertoire italien en France pendant cette période ne fut pas moins brillant; le *Matrimonio segreto* de Cimarosa, une des grandes œuvres de la musique, fait son apparition en 1801. Les *Astuzie féminile* du même maître (1802), *Camilla* de Paër, les *Cantatrice villane* de Fioravanti, les *Nozze de figaro* de Mozart (1807) et le *Cosi fan tutte* (1809). C'est cette troupe aussi qui fit entendre en 1811 le *Pirro* de Paësiello, un des premiers opéras *Seria* italiens joués en France; la même année *Don Giovanni* de Mozart était entendu à Paris.

Ce ne sont que des noms et des dates, mais chacun de ces mots indique un fait qui est une révolution dans l'art qui nous occupe. Nous ne faisons point ici d'esthétique, le chant et son histoire nous intéressent seuls, et nous répétons que jamais plus brillante et plus féconde période n'a existé dans les annales du dilettantisme français.

Le 1ᵉʳ février 1817, la troupe italienne jouait l'*Italiana en Algieri*. C'était le vrai début de Rossini à Paris. Cette troupe célèbre comptait alors dans ses rangs Mᵐᵉˢ Mainvielle-Fodor, Pasta, et Cinti (plus tard Mᵐᵉ Damoreau), premières et secondes chanteuses; les ténors Garcia et Tramezzani, la basse Bassi, les bouffes Barilli et Graziani. Ces noms et ceux qui nous entourent, tels que Bordogni, Pellegrini, Galli prouvent que nous sommes entrés dans la période moderne, et ici doit s'arrêter notre court récit des campagnes italiennes.

Dans le chapitre suivant, nous nous arrêterons plus spécialement à l'école italienne pendant le dix-huitième siècle, cet âge d'or de la virtuosité, et nous retrouverons tous les noms que nous n'avons fait que citer ici, tels que la Deamicis, la Tonelli, la Catalani et tant d'autres. Mais voyons, en peu de mots, quelle fut l'influence de ces virtuoses et des œuvres qu'ils exécutaient. Comme nous l'avons maintes fois constaté, ils n'eurent aucune influence sur l'Opéra; mais il n'en fut pas de même au concert et à l'Opéra-Comique. Dans les cantates françaises, nous avons déjà remarqué le passage de l'art italien, et c'est sous sa sauvegarde que se met l'opéra-comique dès les premières années de sa naissance. Nos compositeurs connaissaient trop bien leurs forces et aussi leur public pour se perdre dans une imitation trop exacte; mais, l'oreille encore remplie des légères formules italiennes, ils donnèrent à leur mélodie un tour plus souple et plus harmonieux, et disposèrent les lignes de façon à faire mieux valoir la voix, tout en conservant ces qualités natives qui distinguent, entre tous, les maîtres français. A mesure que les grandes œuvres étrangères se firent entendre, ils s'en approprièrent les formes. Pergolèse, puis Paësiello, puis Cimarosa, puis enfin Mozart, vinrent exercer sur notre musique vocale leur heureuse influence; et il est à remarquer que plus tard, lorsque l'imitation de Rossini devint une véritable tyrannie, nos musiciens, bien qu'éblouis par l'éclat du maître, surent encore, dans l'imitation même, conserver leur personnalité.

Les chanteurs suivent le même progrès, et, il faut bien le dire, c'est à l'Opéra-Comique qu'ils surent montrer le plus de variété et de souplesse. Lambert avait emprunté déjà quelque chose de leur manière aux Italiens; et que fut Lambert, après tout, sinon un virtuose de concert? Un siècle plus tard, il eut été Garat. Les premiers interprètes de l'opéra-comique sont acteurs plutôt que chanteurs; mais bientôt ils apprennent leur art avec les Garat, les Martin, les Elleviou, et c'est évidemment aux Italiens qu'ils doivent le plus pur de leur savoir en virtuosité. Ils restent acteurs français, mais ils ont une forte tendance à devenir chanteurs italiens.

Jusqu'ici nous n'avons fait qu'esquisser l'histoire de la musique de chant bouffe et de demi-caractère, au point de vue du style vocal. Il est temps que, pour bien finir ce chapitre de l'histoire du chant en France, pendant le dix-huitième siècle, nous disions aussi quelques mots des chanteurs d'opéra-comique qui ont brillé pendant cette période, en essayant, autant que possible, de caractériser leur manière et leur talent.

Nous ne sommes point de ceux qui croient que l'interprète fait l'œuvre; en France, au contraire, l'œuvre fait le plus souvent l'interprète. Mais ces artistes, dont la pléiade est si nombreuse à la fin du siècle dernier et au commencement de celui-ci, surent imprimer à leur talent un tel cachet que leur nom est resté, non à telle pièce ou à tel rôle, mais à un genre tout entier de musique qu'ils excellaient à rendre. En Italie, un chanteur prenait le nom du rôle qu'il avait joué; en France, ce fut tout le contraire. Les noms de Dugazon, de Trial, de Martin, d'Elleviou, sont devenus des mots communs, indiquant toute une série d'artistes, dépeignant d'un seul trait caractéristique leurs talents et leur emploi.

Il y a là une différence curieuse et fort intéressante. Dans ces courtes notices, nous pourrons remarquer aussi un fait qui domine tous les autres : c'est que les chanteurs et les chanteuses, même les plus célèbres, sont plutôt acteurs que virtuoses. On a reproché aux Français de préférer dans un opéra, la pièce à la musique. Le reproche est juste, mais nous devons nous en faire gloire. Nous pensons, et avec raison, que la musique ne s'élève au-dessus de la sensation que lorsqu'elle est l'expression d'un sentiment humain. Les artistes dont nous allons nous occuper avaient compris si bien cette loi, qu'ils cherchaient, avant tout, l'expression et la vérité; et en cela ils rentraient dans les grandes qualités françaises que nous avons signalées au sujet de l'opéra. Ceux qui les ont suivis sont peut-être plus habiles chanteurs; mais à coup sûr, en se rapprochant trop des modèles italiens, ils ont perdu comme acteurs ce qu'ils gagnaient sous le rapport de la virtuosité.

Caillot, un de nos plus anciens chanteurs d'opéra-comique, était né à Paris, en 1732. Il débuta à la Comédie-Italienne en 1760, après une existence assez aventureuse. Il avait une belle voix de baryton ténorisant, il disait bien, sa physionomie était expressive, son geste juste. Comm. un grand nombre de chanteurs d'opéra-comique de cette période, il était excellent acteur, et, sous le rapport de la sensibilité, Grimm le préférait à Le Kain. Tel était bien, et tel aurait toujours dû être le mérite du chanteur français : ne faire servir la voix qu'à l'expression des sentiments. Grétry raconte ceci dans ses *Essais sur la Musique* : « A la première répétition du *Huron*, lorsque Caillot chanta l'air ! « Dans quel canton est l'Huronie ? » et qu'il dit : « Messieurs, messieurs, en Huronie, » les musiciens cessèrent de jouer pour lui demander ce qu'il voulait. » Cette vérité dans le jeu fut, en dehors du chant même, le grand mérite de nos premiers chanteurs d'opéra-comique, et c'est à eux qu'on doit les touchantes comédies à ariettes du dix-huitième siècle, dans lesquelles le jeu est aussi important que le chant. Caillot perdit sa voix de bonne heure, et ne tarda pas à se retirer du théâtre.

Clairval, avec moins de talent, fut un acteur dans le genre de Caillot. Il avait une voix de ténor agréable, et créa les amoureux dans les opéras de Duni, Philidor, Grétry. Il jouait bien et était surtout *sensible*. Il quitta la Comédie-Italienne en 1792. Clairval avait été perruquier; c'est pour lui qu'on fit cette épigramme, plus spirituelle que juste :

Cet acteur minaudier et ce chanteur sans voix
Écorche les auteurs qu'il rasait autrefois.

Marie Desbrosses, fille d'un acteur de la Comédie-Italienne, débuta au même théâtre, en 1776, dans le rôle de Justine du *Sorcier;* elle avait treize ans, et son succès fut grand. La concurrence de la célèbre Dugazon lui nuisit d'abord. Contrairement à la Dugazon et à la Gauthier, M¹¹ᵉ Desbrosses était plus musicienne peut-être qu'actrice ; cependant elle disait avec une certaine franchise qui plaisait dans les rôles de duègnes, dont elle avait fait sa spécialité à la fin de sa carrière. Après être restée cinquante-trois ans au théâtre, cette actrice se retira en 1829 et mourut en 1856.

Après Mᵐᵉ Favart, la Déjazet du dix-huitième siècle, — dont nous ne parlons ici que pour mémoire, car elle fut plus fine actrice qu'habile chanteuse, — un nom domine au premier rang de toutes les artistes du dix-huitième siècle, celui de Dugazon. Chanteuse légère suffisante, la Dugazon était surtout actrice. La tradition de son jeu si fin, si spirituel, d'une expression si vraie, s'est conservée jusqu'à nos jours avec le nom de celle qui avait imprimé aux rôles dits Dugazon le cachet tout particulier de son talent. Qu'on ne croie pas que la Dugazon ait été une personnalité isolée dans l'histoire du chant français; cette artiste personnifia, pour ainsi dire, depuis l'opéra-comique jusqu'à l'opérette, la chanteuse française par excellence, à la voix agréable et légère, mais avant tout diseuse charmante et intelligente. La Dugazon était entrée à treize ans au théâtre de la Comédie-Italienne, comme danseuse ; ses débuts de chanteuse se firent dans *Sylvain*, de Grétry, en 1774. Elle se retira en 1806 et mourut en 1821. Dugazon et Gavaudan ont dominé de leur talent l'histoire de l'opéra-comique pendant tout le dix-huitième siècle ; bien des rôles, et des meilleurs, ne furent écrits que parce que les compositeurs avaient à leur disposition ces incomparables Françaises (1).

Si nous étions généalogistes, nous aurions fort à faire de suivre pas à pas cette nombreuse et célèbre dynastie artistique des Gavaudan qui fit la gloire de l'Opéra-Comique. Notre confrère et ami Pougin s'est acquitté, avec le talent et la conscience que nos lecteurs lui connaissent, de cette tâche difficile ; aussi n'avons-nous plus qu'à essayer de donner un léger aperçu de ce que furent les Gavaudan à la fin du dix-huitième siècle et au commencement du dix-neuvième.

Nous avons déjà cité, dans le cours de cette histoire, les deux sœurs Gavaudan qui chantèrent à l'Opéra, et dont l'une, Gavaudan cadette, fut célèbre ; mais les deux plus célèbres, Gavaudan Jean-Baptiste et Alexandrine-Marie, sa femme, appartinrent à l'Opéra-Comique. Gavaudan, né en 1772, avait été élevé dans l'amour de la musique, et il était tout jeune lorsque ses sœurs débutèrent à l'Opéra. Après avoir été successivement marin et employé au bureau de l'Opéra, il fit ses études de chant avec Persuis, et débuta en 1791 au théâtre de la Montansier ; c'est là qu'on vint le chercher pour le théâtre de Monsieur, où on jouait l'opéra italien et l'opéra-comique français. Là, il rencontra la terrible concurrence de Martin, et, un peu plus tard, d'Elleviou. Mais il ne tarda pas à se faire remarquer d'abord comme comique, puis comme premier ténor dramatique. Ses grandes qualités étaient surtout le feu, l'ardeur, la chaleur entraînante de son jeu. Il interpréta supérieurement *Montano et Stéphanie*, *Ariodant*, *Beniousky*, *le Délire*. Gavaudan quitta définitivement le théâtre en 1828 et mourut en 1840. Sa femme, si célèbre sous le nom de Mme Gavaudan, était surtout une actrice essentiellement spirituelle et fine, avec une voix fort agréable et bien conduite ; aussi les rôles de Dugazon lui furent-ils dévolus dès ses débuts en 1798. Elle quitta le théâtre en 1822 et mourut en 1850.

Gaveaux, qui fut aussi compositeur comme la plupart des chanteurs de cette époque, avait fait ses premières études à la maîtrise de Bé-

---

(1) Bouilly et M. Pougin ont donné d'intéressants détails sur ces excellentes chanteuses d'opéra-comique.

ziers; il entra en 1789 au théâtre de Monsieur, à Feydeau en 1791, et à Favart en 1801. Gavéaux mourut fou en 1825.

Ce compositeur facile, qui écrivit *le Bouffe et le Tailleur* et *Monsieur Deschalumeaux*, peut être comparé à nos musiciens d'opérettes; comme chanteur, il n'égala ni Elleviou ni Martin; mais sa voix était légère, agréable et facile; de plus, elle avait de la chaleur et de l'expression. Joignez à cela que, comme presque tous les chanteurs de son temps sortis des maîtrises, Gaveaux était fort bon musicien, sinon virtuose consommé, ce qui, quoi qu'on en dise, n'a jamais nui à un artiste.

Mme Saint-Aubin fut, avec Mmes Dugazon et Gavaudan, une des figures les plus intéressantes de cette période. Née en 1764, Jeanne-Charlotte Schrœder, dame Saint-Aubin, entra à l'Opéra le 26 janvier 1786, protégée par Mme Saint-Huberty. Depuis *le Devin du Village*, l'Opéra jouait des œuvres qui, après tout, n'étaient que des opéras-comiques, et qui convenaient fort bien aux chanteurs de demi-genre. Le début de la jeune chanteuse dans *Colinette à la cour* fut heureux; cependant elle comprit que sa place n'était pas là et entra à la Comédie-Italienne. Là son succès fut complet; elle était avant tout actrice; sa voix était faible, peu étendue, quoique bien conduite; mais, disent ses contemporains, « une figure aimable, fine, expressive, une voix fraîche et flexible, peu étendue, à la vérité, mais qui ne manquait ni de timbre ni de mordant; un maintien plein de grâce et de décence, une prononciation nette, un débit vrai, des gestes simples et naturels, l'intelligence et l'habitude de la scène lui assurèrent un succès complet. » Ce sont surtout ces qualités qu'exige notre premier répertoire d'opéra-comique, et on voit que Mme Saint-Aubin les possédait au plus haut degré. Mme Saint-Aubin se retira du théâtre au moment où la musique plus approfondie des Berton, des Chérubini, des Méhul, des Boïeldieu, exigeait des interprètes possédant des qualités de puissance plus accentuées. Elle prit sa retraite en 1808 et ne mourut qu'en 1850.

Bien d'autres artistes au talent essentiellement français brillèrent encore pendant cette période, et Chenard, la basse, qui joignait à ses mérites de chanteur une certaine habileté sur le violoncelle, et Michu, qui fut un des premiers interprètes de l'opéra-comique naissant; mais les passer tous en revue sortirait du cadre de cette étude, destinée à donner seulement une légère idée de ce que fut le chant dans le passé et des influences qui en causèrent les transformations. Réservons seulement une place aux chanteurs qui personnifient le chant français à la fin de la longue période qui nous occupe. L'heure de la perfection est arrivée, le jeu de l'acteur ne suffit plus; on a entendu les Italiens, on a su les apprécier; les compositeurs ont pris le *la* (pour nous servir d'une expression vulgaire). Ce sont des virtuoses qu'il faut maintenant, et ces virtuoses auront noms Martin, Elleviou et Garat. Les deux premiers, doués de voix exceptionnelles, imprimèrent le cachet de leur talent à toutes les œuvres écrites dans les vingt premières années du siècle; ils furent en même temps acteurs, ce qui rend si difficile à reprendre aujourd'hui les rôles qu'ils ont créés. Le troisième fut, avant tout, un homme de goût et un chanteur de salon par excellence. Il a réuni dans sa personne le goût français, si juste, si expressif, si fin et si délicat; et, en même temps, il a su emprunter aux étrangers ce qui, dans leur manière de chanter, pouvait le mieux être approprié à son talent et à sa voix.

Martin était né à Paris en 1769. Doué d'une voix excessivement étendue, qui parcourait toute l'échelle des sons, depuis la basse jusqu'au ténor, il voulut entrer à l'Opéra, mais on trouva son organe trop faible et il dut se tourner vers une autre scène. A cette époque, les Italiens faisaient florès au théâtre de Monsieur, et il débuta chez eux, en 1788, dans le rôle du *Marquis de Tulipano*, de Paësiello, traduit en français. Après un brillant passage à Feydeau, il entra au théâtre Favart et compléta, avec Elleviou, Mmes Saint-Aubin, Chenard et Dugazon, cette troupe incomparable d'opéra-comique qui fit la gloire de cette aimable scène. Bientôt il créa tout le répertoire qui, sous l'Empire, eut tant de succès à l'Opéra-Comique; *l'Irato*, *Une Folie*, *Jean de Paris*, *Joconde*, *Jeannot et Colin*, etc.; il se retira en 1823, mais en 1826 il fit à la scène une nouvelle et brillante apparition, avant de prendre sa retraite définitive.

En 1834, Halévy écrivit pour lui *la Vieillesse de Lafleur*; ce fut sa dernière création, il mourut en 1837. Martin était professeur au Conservatoire depuis 1825.

Lorsqu'on lit les rôles écrits pour Martin, on est surtout étonné de l'étendue de cette voix, qui possédait les deux registres de baryton et de ténor. Cette singulière *tessitura* nous indique que le célèbre chanteur savait user avec souplesse des registres de tête et de fausset. Martin avait entendu des Italiens; il avait même chanté à côté d'eux, et cette fréquentation lui avait été profitable. Ce ne fut qu'à la longue que Martin devint bon acteur; cependant il avait du feu, de l'esprit, et son jeu était très suffisant; mais ce qui fait de Martin un chanteur des plus remarquables et presque un phénomène, ce fut, avant tout, son habileté vocale, la fraîcheur et l'étendue de sa voix, la facilité prodigieuse qu'il avait pour passer sans transition choquante d'un registre à l'autre.

Elleviou était né la même année que Martin; il débuta à la Comédie Italienne en 1790. Par un singulier phénomène, Elleviou, le ténor élevé et léger par excellence, possédait d'abord une voix de basse, lourde, terne et peu étendue. Il exerça cette voix; comme Martin, il fit une sérieuse étude des sons de tête et de fausset, si bien qu'en 1792, Elleviou, basse médiocre, était devenu le charmant ténor dont le nom n'est point encore oublié. Citer les titres des rôles qu'il a créés ou repris serait raconter l'histoire de l'Opéra-Comique pendant vingt ans : *Gulnare*, *le Prisonnier*, *Adolphe et Clara*, *Maison à vendre*, *le Calife de Bagdad*; plus tard, *Joseph*, où l'on sait que le gracieux ténor avait donné à son style plus de puissance et de largeur.

Elleviou était peut-être inférieur à Martin comme musicien, mais il le surpassait beaucoup comme acteur; il avait plus de charme, plus d'expression naturelle (nous parlons de l'expression de convention dont se contentait le public de cette période où le troubadour régnait presque sans partage). Bref, on ne peut nier qu'Elleviou ait été un talent peut-être un peu prétentieux et maniéré, mais il faut reconnaître aussi qu'il devait posséder une réelle connaissance de l'art vocal, une intelligence remarquable de la scène, une grande souplesse de talent, un charme et une grâce extrêmes et une grande sensibilité; et malgré tous les Castil-Blaze du passé, du présent et de l'avenir, en lisant les rôles écrits pour un pareil chanteur, on est persuadé que notre pays a une école de chant qui lui est propre, école où l'intelligence et le jeu scénique tiennent, il est vrai, plus de place que la virtuosité, mais dans laquelle nous retrouvons les grandes et précieuses qualités qui font de nos artistes les premiers comédiens du monde, tant par le goût vraiment fin et délicat du chant, que par la justesse de l'expression.

Elleviou quitta le théâtre en 1812 et mourut en 1842 (1).

C'est par Lambert que nous avons commencé l'étude du chant français pendant cette longue période du dix-septième et du dix-huitième siècle; c'est par un Lambert moderne que nous finirons notre récit : Garat est, pour nous, le type du chanteur français, doué d'un goût aimable et recherché, que rehausse une science de l'art vocal intelligemment employée. Garat, né à Ustaritz, dans les Basses-Pyrénées, prit ses premières leçons de chant d'un maître italien nommé Lamberti.

---
(1) M. Pougin a écrit une étude sur Elleviou.

Bientôt un chef d'orchestre français, Beck, lui indiqua la voie qu'il avait à suivre. Venu à Paris pour étudier le droit, il abandonna le Digeste pour la musique.

On était au milieu même de la querelle des Maratistes et des Todistes ; le chant était fort à la mode et la troupe italienne en donnait d'excellents modèles. Tout entier absorbé par la musique, Garat voulut se faire chanteur malgré la volonté de son père. On sait dans quelle circonstance touchante Garat se réconcilia avec ce père rigide. Venu à Bordeaux avec le comte d'Artois, il donna un concert au bénéfice de son ancien maître Beck ; on finit par décider le père de Garat à venir au concert, et là, par la beauté de son chant et son expression pathétique, le fils émut le père à ce point que celui-ci le serra dans ses bras.

La troupe de Monsieur, dont nous avons parlé plus haut, vint chanter à Paris avec Mandini, Vigagnani, etc., Garat en suivit avec passion les représentations. Doué d'une prodigieuse mémoire il retint leur style, leur manière, et cette étude, qui pour lui n'était qu'un jeu, eut sur son talent la plus heureuse influence.

En 1795 s'ouvrirent les concerts de Feydeau ; c'était bien là le milieu qu'il fallait à cet artiste délicat que le théâtre semblait effrayer. Là se forma définitivement son talent. Il chanta également les scènes de Gluck, empreintes d'une expression si profonde et les airs italiens les plus brodés. Bientôt son oncle Garat étant devenu dignitaire de l'Empire, il fut difficile au neveu de continuer à chanter en public, et il devint le merveilleux chanteur de salon dont la tradition ne s'est pas encore perdue. Garat mourut à cinquante-neuf ans le 1er mars 1823.

Caractériser le talent de Garat n'est point chose facile ; les romances écrites par lui ou sous son nom par des compositeurs plus habiles (car il était assez faible musicien) nous donnent, jusqu'à un certain point, une idée de ce talent délicat et essentiellement musical ; à ces qualités Garat joignait aussi la variété. Fétis, qui a pu connaître Garat, et qui du moins a vécu dans un milieu d'artistes l'ayant connu, résume ainsi son jugement : « Jusqu'à l'âge de cinquante ans Garat excita l'étonnement et l'admiration ; les artistes étrangers les plus célèbres avouaient que la réunion de tant de qualités supérieures était ce qu'ils avaient entendu de plus prodigieux. Telle était l'opinion de Marchesi et de Crescentini, Piccini et Sacchini la partageaient. Réunissant tous les registres de voix dans sa voix singulière, ayant une égale flexibilité dans toute son étendue, il avait une inépuisable fécondité pour les fioritures qu'il faisait toujours de bon goût et appropriées au caractère du morceau; sa prononciation était la plus belle prononciation qu'on ait jamais eue; enfin il possédait une verve et une sensibilité extraordinaires, il maniait tous les styles avec une égale perfection. Nul n'a possédé la tradition de Gluck aussi bien que lui; nul n'a été plus entraînant dans le pathétique, plus élégant dans le demi-caractère, plus comique dans le bouffe; qui ne l'a pas entendu dans son brillant ne se doute pas de la perfection qu'on peut mettre même dans le chant d'une romance. Il en avait composé de charmantes qui eurent beaucoup de vogue.

« Comme professeur, Garat ne fut pas moins merveilleux, il s'occupait peu du mécanisme et l'élève qui avait recours à ses conseils devait arriver chez lui bien instruit sur la partie matérielle du chant; mais alors il trouvait un incomparable maître de goût, chaleureux, intelligent, aimant son art et ses élèves. Il forma ou perfectionna les meilleurs chanteurs français du commencement de ce siècle, Mme Barbier, Mlle Chevalier (plus tard Mme Branchu), Roland, Nourrit, Ponchard, Levasseur, etc. »

Bref, Garat était le chant personnifié; chanteur d'instinct plus que de science et doué d'une merveilleuse puissance d'assimilation, il semble qu'il ait réuni en sa personne les meilleures qualités du chant français augmentées encore par la connaissance de l'art étranger; et n'est-il pas curieux qu'un tel chanteur ait brillé en France au moment même où l'art français se préparait à entrer dans une voie nouvelle?

L'AGE D'OR DU CHANT

L'ART ITALIEN AU DIX-HUITIÈME SIÈCLE

Avant de commencer, un mot d'avis au lecteur. On s'étonnera peut-être du peu d'étendue que nous donnons à ce chapitre. Le dix-huitième siècle est, pour le chant italien, une de ces époques principales qui font date dans l'histoire d'un art. L'explosion resplendissante de l'art vocal n'a pas été spontanée; il en a été de lui comme de toutes les manifestations artistiques, qui ne se produisent pas sans avoir été longuement préparées. Dans un autre chapitre, nous avons raconté en détail les différentes phases par lesquelles a passé l'art du chant avant d'arriver à l'état de perfection qu'il atteignit au dix-huitième siècle; et cependant nous ne donnerons pas à cette période, importante entre toutes, un développement aussi considérable que celui que nous avons consacré à l'histoire du chant et de la mélodie en Italie pendant le dix-septième siècle.

La raison de cette apparente anomalie est dans l'essence même de notre sujet. Jusqu'ici, tant en France qu'en Italie, nous avons pu étudier le chant dans les œuvres des compositeurs, mais cette ressource nous manque. Pendant les vingt premières années du siècle, les maîtres, tels que Scarlatti, Porpora, écrivaient eux-mêmes leur musique, et les chanteurs, à peu de changements près, exécutaient encore la note écrite; mais à partir de ce moment, le *virtuosisme*, s'il est permis d'employer ce mot, ne tarda pas à l'emporter sur la musique, et les suites de rondes et de blanches que nous trouvons dans les partitions laissées par les copistes ne nous sont que d'un faible secours pour deviner les brillantes broderies de vocalises, ou les artifices de style et d'expression par lesquels les grands artistes de ce temps savaient vivifier ces lettres mortes de la musique.

Le talent du chanteur disparaît avec celui qui le possède. L'artiste mort, l'art meurt aussi, et rien ne peut en donner une idée à ceux qui n'ont pu juger par eux-mêmes ; comment, à plus de cent cinquante ans de distance, nous serait-il possible de retrouver les effets de cet art si fragile et si puissant à la fois? Quelques lignes de musique rapportées par un dilettante enthousiaste et nous indiquant les traits exécutés par un petit nombre de chanteurs célèbres, quelques appréciations plus ou moins bien formulées par des amateurs plus sincères dans leur admiration qu'habiles en critique, voilà les traces qui nous restent de cet art du chant au dix-huitième siècle, tel que l'ont compris et exécuté les grands virtuoses de cette époque.

Il est dans le chant toute une partie immatérielle qui fait surtout le succès, et dont le critique ne peut donner une idée, lors même que, par l'imagination, il serait capable de reconstituer, dans une certaine mesure du moins, le talent d'un chanteur. Nous savons l'étendue de certaines voix, mais nous n'en connaissons pas le timbre, nous ne pouvons retrouver ni le goût merveilleux, ni la flexibilité du son, ni la force d'expression, ni la variété d'accents de ces instruments magistralement maniés ; nous savons quel prodigieux effet produisaient ces chanteurs, mais nous ne pouvons dire précisément par quels moyens ils ont su enthousiasmer pendant plus d'un siècle des générations d'admirateurs, et cela avec une musique d'une désolante nullité. Voilà les exemples qu'il serait bon de pouvoir mettre sous les yeux de nos lecteurs ; voilà les vraies leçons de goût que nous désirerions ardemment pouvoir leur donner. Expliquer autrement, au moyen de mots vagues, par quelles qualités différentes deux rivales, comme la Cuzzoni et la Faustina, la Mara et la Todi, par exemple, se disputaient la palme du chant, voilà quel serait notre rêve ; mais pareil prodige est au-dessus des forces de l'historien. Compulser les œuvres, les comparer, les décrire, en étudier les différents styles, telle est la tâche qu'il peut remplir ; mais définir une voix, la dépeindre, pour ainsi dire, avec ses variétés de couleur, de timbre et d'accent, est chose impossible ; autant vaudrait essayer de décrire le nuage que le vent emportait hier sur son aile.

Avant d'étudier l'histoire du chant et des chanteurs, avant de tenter de donner un tableau aussi complet que possible de cette célèbre époque du dix-huitième siècle en Italie, qu'on nous permette de retracer en quelques lignes rapides l'histoire de la musique vocale au théâtre et à l'église dans ce pays, depuis le moment où nous l'avons quittée jusqu'au moment où Rossini, trouvant le chant à l'état de décadence et profitant des travaux de ses prédécesseurs, pensa que les chanteurs avaient assez régné seuls, et qu'il était temps que les compositeurs se mêlassent un peu de leurs affaires pour réprimer les abus et pour ressusciter par la musique un art que la virtuosité avait perdu.

Les grandes compositions dans lesquelles les musiciens durent employer la voix humaine étaient de quatre espèces : deux à l'église, deux au théâtre. A l'église ou au concert, nous trouvons la *cantate* et l'*oratorio ;* au théâtre, l'opéra *seria* et l'opéra *buffa*. Ce dernier, tel que nous le comprenons aujourd'hui, a pris réellement sa forme définitive au dix-huitième siècle. A un chapitre précédent, nous avons suivi de notre mieux les progrès de l'opéra *seria*. Quant à la cantate, faisant double emploi avec l'opéra, elle va disparaître dès les premières années du siècle qui nous occupe ici. L'oratorio différait peu de l'opéra italien et, de plus, les chanteurs ne parurent pas lui accorder leurs préférences ; aussi glisserons-nous légèrement sur ces deux genres de composition.

Nous avons laissé l'opéra *seria* au moment où, abandonnant les traditions des maîtres du dix-septième siècle, les compositeurs transformaient peu à peu l'opéra expressif et varié en une sorte de longue et monotone cantate.

La musique, n'étant plus payée par les républiques italiennes ou par les princes, tomba dans le domaine de la spéculation, et adieu les belles fêtes théâtrales qui servaient de prétexte aux grands opéras que *le Mercure* décrit avec tant de complaisance. Les maîtres, comme Scarlatti, Porpora, qui, dans leur cantate et dans leur musique d'église, conservaient encore leur indépendance, ne résistèrent plus au courant, et, à partir du premier quart de ce siècle jusqu'au moment où Gluck et Mozart vinrent jeter le trouble dans la paisible nullité des maîtres italiens de cette période, les opéras *seria* ne présentèrent qu'un assez médiocre intérêt. Pour mieux montrer ce qu'était une composition dramatique sérieuse à cette époque, prenons un exemple parmi les œuvres à succès de l'époque.

La chose est de Hasse, un des maîtres les plus célèbres du dix-huitième siècle. Elle a pour titre *l'Olympiada ;* le titre seul indique que cet opéra est un des cinquante, écrits sur le sujet banal. L'opéra est en trois actes, plus une ouverture qui est, il est vrai, un progrès sensible sur celles du commencement du siècle et sur celles de Lulli, et trois petits ballets intercalés entre chaque acte. A part trois chœurs et un duo d'amour, dont la stretta est assez bien venue, il n'a pas un seul morceau d'ensemble ; mais, en revanche, on compte *vingt* airs variés avec reprises dans toute la partition. Les voix sont ainsi distribuées.

MÉGACLE.	Soprano.
ARISTÉA.	Soprano.
LICIDA.	Contralto.
CLISTÈNE.	Contralto.
ARGÈNE.	Ténor.
AMINTA.	Ténor.

On le voit, l'absence de basse ou de baryton est complète, et la révolution qui donne, sans partage, l'empire aux timbres élevés, est absolument terminée.

Le rôle principal est celui de Mégacle ; l'arrivée du soprano à succès est annoncée par une longue et pompeuse ritournelle qui est comme l'insigne obligé de sa dignité ; à lui aussi sont réservés les récitatifs importants avec accompagnement. Les airs sont généralement à deux mouvements avec trois reprises du thème principal, sur lesquelles le *primo Uomo* avait le droit de se livrer à toutes les fantaisies de son imagination.

Dans toute cette partition, si monotone, si peu composée, à vrai dire, il y a un certain sentiment mélodique, gracieux, mais sans caractère. Dans les rôles secondaires on trouve beaucoup d'airs fort propres à développer le talent d'une chanteuse; mais de musique point, ou peu, dans cet opéra. Citons, sous ce rapport, une évocation aux ombres chantée par Argène avec force vocalises et qui fait bien sourire lorsqu'on pense aux belles compositions du même genre que Lully, Rameau et Gluck ont tant de fois traitées de main de maître.

Quant à l'orchestre qui accompagne ces longs concerts d'airs variés, qu'on nous permette de nous citer nous-mêmes, pour donner une idée des formes instrumentales dont les compositeurs de cette époque se servaient pour soutenir les voix.

« Fidèles à leurs traditions de dilettantes de génie, les Italiens n'avaient demandé à l'orchestre que ce qui pouvait contribuer à donner plus de relief à l'instrument par excellence, à la voix humaine ; Avec quel soin ils entouraient le chanteur favori d'une atmosphère sonore habilement ménagée ! pour lui les violons n'étaient pas assez légers, les cors, flûtes et hautbois assez moelleux ; craignant toujours de surcharger leur instrumentation, les Italiens n'acceptèrent qu'avec défiance les instruments nouveaux ; un tel système convenait merveilleusement à leur génie, mais ne permettait pas à l'orchestration de prendre un bien grand essor.

» Depuis Pergolèse jusqu'aux vingt dernières années de dix-huitième siècle l'orchestre italien n'eut que le mérite de la discrétion, et on ferait l'histoire de l'opéra *seria* avec la biographie des chanteurs. Le véritable orchestre italien consiste dans le quatuor à cordes ou pour mieux dire dans le trio, car l'alto, marchant presque toujours avec la basse, n'a pas de partie réelle. Les instruments à vent sont réduits au rôle de *Ripieni*, et lorsque par hasard on en rencontre, on les voit se contenter de timides tenues harmoniques, qui n'ajoutent rien au coloris de l'orchestre. Ce ne fut qu'après Gluck et Mozart que l'orchestre italien eut plus de variété et de fermeté. Il est bon cependant de remarquer que c'est dans l'opéra buffa que l'instrumentation fit les progrès les plus sensibles; arrêtés dans leur essor par le despotisme des chanteurs qui faisaient un art dans l'art, les compositeurs n'hésitèrent pas dans l'opéra *seria* à sacrifier l'expression et le sentiment dramatique à la virtuosité, qui seule intéressait le vrai dilettante. Devant le grand virtuose, sans l'agrément duquel il n'était pas de succès, non seulement l'orchestre devait se faire le très humble serviteur de la voix, mais l'opéra se réduisait aux proportions d'un concert dans lequel quelques airs, attachés au bout d'interminables récitatifs, que personne n'écoutait du reste, faisaient briller le chanteur ou la chanteuse. La rareté des ténors et l'absence complète de basses nous montrent assez quel était le sexe des chanteurs; on ajoutait à ces airs un duo à effet, un petit chœur bénin terminait la cérémonie et compositeur, opéra et exécutants allaient *alle stelle*; mais il n'en était pas de même dans l'*opéra buffa* ou demi caractère, le compositeur italien redevenait maître; tout en réservant à l'art du chant la place qui lui était due, il ne sacrifiait ni son sentiment dramatique, ni la vérité d'expression, il suivait le drame dans ses développements et dans sa progression, son génie se trouvait là dans son élément, aussi dès les premiers maîtres, avec Pergolèse, Galuppi, Rinaldo de Capua, etc., nous voyons l'opérette, l'opéra de demi caractère, débordant de gaîté, de tendresse et riche de véritables mélodies, prendre plus de variété et d'animation.

» Après Gluck et Mozart seulement, la révolution se fit aussi dans l'opéra *seria* et ce fut alors que l'orchestre joua un rôle plus intéressant jusqu'au jour où passant par Piccini, Anfossi, Sarti, Cimarosa, Paër, Guglielmi, Paësiello, Mayer, etc., il devint l'éclatant et léger orchestre de Rossini, qui, faisant oublier tous ses prédécesseurs, excepté Cimarosa, résuma dans ses premières manières les qualités, comme aussi les défauts, de l'instrumentation purement italienne. »
(H. Lavoix fils, *Histoire de l'Instrumentation*.)

Ainsi, en résumé, jusqu'à la fin du siècle l'opéra *seria* est nul ou à peu près et les virtuoses en font toute la valeur. Seul l'opéra *buffa* a quelque intérêt. Nous faisons ici l'histoire du chant et non de l'opéra italien, aussi ce tableau suffira-t-il, à notre avis, pour indiquer qu'elle fut la part des compositeurs pendant ce siècle où l'Italie fut si brillante au point de vue de la virtuosité et si médiocre au point de vue de la musique. Composés dans de semblables conditions ces opéras suffisaient largement au public et aux chanteurs de l'époque.

Une longue ritournelle pour faire une entrée au premier sujet, des airs assez nuls pour être changés à volonté, pas d'orchestre, peu d'harmonie, et pas de mélodie.—Voilà en quoi ils consistaient, voyons donc ce que les chanteurs arrivaient à faire de cette singulière rapsodie.

A tout seigneur, tout honneur, c'était l'air qui tenait le plus de place dans l'opéra italien, c'est donc sur l'air que nous allons nous arrêter d'abord. Nous avons dit qu'elles furent les origines de l'air et au moment où nous en sommes arrivés, l'air traditionnel à deux mouvements, qui s'est conservé jusqu'à nous, était définitivement formé. Voici, d'après Arteaga, de quoi se composait un air complet bien et dûment construit pour la grande gloire du chanteur et avec tous ses accessoires.

1° Un récitatif ;

2° Ritournelle instrumentale ;

3° Air, 1re partie ; on répète les paroles et on fredonne pendant dix minutes au moins sur chacune d'elles ;

4° Ritournelle ;

5° Retour de l'air avec de nouvelles broderies ;

6° Point d'orgue inévitable avec lequel il fallait languir une demi-heure avant que le chanteur abandonnât un *a* ou un *o* ou toute autre syllabe favorite ;

7° Ritournelle ;

8° 3e Reprise simple ;

9° Reprise fleurie ou feu d'artifice.

Dans son *Antigone*, Anfossi employa 9 mesures, à 16 notes par mesure, c'est-à-dire 152 notes sur la seconde voyelle du mot *amato*, et à deux reprises différentes.

Maffei, dans sa philosophie de la musique a donné un tableau amusant de la façon dont on comprenait un air, et malgré la longueur du passage nous ne résistons pas au plaisir de le citer.

« Des airs de plusieurs strophes pourraient diminuer le principal inconvénient de notre musique, je veux dire, celui de répéter sans cesse et jusqu'à la nausée les mêmes paroles. Ouvrons au hasard un livre de musique, lisons les paroles d'un air, de celui, par exemple, que Porus chante à Alexandre.

> Vedrai con tuo periglio
> Di questo acciaro il lampo.
> Come baleni in campo
> Sul ciglio del donator.

» Tu verras au péril de ta vie comment l'éclat de ce fer brille au champ de bataille sur le front du donateur.

» Voyons la manière dont le maître de chapelle a disposé ses paroles : *Vedrai, vedrai con tuo periglio, di questo acciaro, acciaro il lampo.* (Ici dix mesures de gazouillement sur ce mot *lampo.*) *Come, come baleni il campo sul ciglio al donator. Vedrai con tuo periglio di questo acciaro il lampo come baleni.* (Six autres roulades sur *Baleni.*) *Sul ciglio al donator; come baleni in campo, di questo acciaro in lampo, sul ciglio, sul ciglio, al donator.* Vous croyez, peut-être que cela se termine là? Point du tout. Par cette route en *fa, ut, fa,* nous sommes arrivés en *C. sol ut ;* il faut maintenant retourner en arrière et revenir par la même route en *F. Ut, fa.* Voici comment le compositeur reprend les paroles : *Vedrai, vedrai, con tuo periglio, vedrai di questo acciaro il lampo vedrai come baleni.* (Ici la voix galope sur mille doubles croches arpégées.) *Sul ciglio al donator con tuo periglio vedrai il lampo.* (Ici on ne court pas, on vole sur les ailes de mille autres notes de gazouillement.) *Come, baleni, baleni in campo, sul ciglio al donator.* Et ensuite, demandez-vous? ensuite, un silence universel annonce la *cadenza,* et nous perdons un quart d'heure de temps sur l'*a* de *donator,* pour donner satisfaction à un chanteur extravagant.

» Mais enfin, continuerons-nous notre route et le chanteur restera-t-il sur sa cadence? oh! que non. Le chanteur se relève comme Antée. Il chante quatre notes de la seconde partie qui pêche, au contraire, par une excessive brièveté et sert, pour ainsi dire, de rafraîchissement ; et il reprend bravement sa course, non pour aller en avant, mais pour revenir encore deux fois sur son *Vedrai, vedrai,* parce qu'il faut absolument répéter la première partie. Pendant que Porus se pavane ainsi, Alexandre, plus patient que Job, reste sur le théâtre à attendre la fin de cet impertinent rabâchage. »

Le tableau est peut-être un peu forcé, mais il est bon.

Ceci est le grand air de bataille, le feu d'artifice, le chef-d'œuvre du chanteur; mais là ne se réduisait pas l'air, on en connaissait de plusieurs sortes. L'air de bravoure, l'air à roulades qui d'abord d'un mouvement vif devint plus lent vers la fin du siècle, avec de longs passages et roulades, l'air de danse où dominait encore la vocalise, l'air de caractère dans lequel le chanteur devait mettre de l'énergie, de la force et de l'expression ; l'air cantabile, mélodie élégante, faite exprès pour mettre en valeur le charme et la grâce du virtuose ; l'air parlé spécialement réservé à l'opéra bouffe, et dont l'expression était spirituelle et vive.

Les airs les plus caractéristiques de toute cette période étaient ce qu'on appelait des airs de convenance. Le chanteur se faisait faire par un musicien quelconque un canevas sur lequel il brodait après coup toutes les variantes qui lui plaisaient. Il ne s'en tenait pas seulement aux vocalises, mais il plaçait sur ce canevas tous les artifices du chant, favorables à sa voix et à son talent, puis, son air fait à sa convenance, il l'emportait partout, le faisait intercaler dans tous les opéras, le chantant à tout venant et à toute occasion.

Pour suffire aux exigences de sa longue carrière, l'artiste se faisait composer divers canevas de différents genres, les arrangeait à sa façon, se formant ainsi une sorte de répertoire qu'on appelait *Quaresmale*. Le *Quaresmale* se renouvelait quelquefois, mais rarement. La Deamicis et la Gabrielli conservèrent le même répertoire pendant un temps infini.

Marcello, le célèbre auteur des Psaumes, a, dans un livre très spirituel (*De teatro alla moda*), fait le tableau des théâtres de son temps. La cantatrice dès les débuts de sa carrière a fait choix d'un compositeur qui lui fabrique un livre d'airs et lui écrit lui-même les passages et variations. Se présente-t-elle à un directeur, à un amateur, l'inévitable livre de *Passi* la suit, porté par la non moins inévitable mère, et il faut, bon gré mal gré que, dans tout opéra nouveau on trouve une place pour les bienheureux *passi*. Ces airs prenaient aussi le nom d'airs du *sorbet*, parce que le public italien les humait doucement en dégustant sorbets et autres rafraîchissements. Ils portaient aussi le nom d'airs *di baule*, celui-ci était le véritable air de voyage, que l'artiste mettait dans sa malle (*baule*) et offrait pendant longues années à tous ses admirateurs italiens et étrangers.

Il était une autre sorte d'air dont un chanteur faisait sa spécialité. Farinelli, par exemple, avait eu connaissance des airs très nombreux au dix-septième siècle, dans lesquels le chanteur luttait d'agilité avec la trompette, la chose lui plut, il se fit faire un air de ce genre par son frère, le chanta, pour la première fois à Rome, avec un énorme succès en 1722, et à partir de ce jour, colporta partout le *duo* fascinateur. A son exemple tous les virtuoses se mirent à l'envi à lutter d'agilité avec quelque instrument. Cette mode n'a pas complètement disparu et il n'y a pas encore si longtemps que Meyerbeer trouvait fort agréable de faire rossignoler, dans *l'Etoile du Nord*, le soprano avec une flûte. Il est vrai que le rossignol avait nom Cabel.

Nous avons déjà parlé dans le chapitre précédent d'un morceau de trompette et voix tiré du *Libertine destroyed*, de Purcell. C'est un exemple curieux des anciens airs de ce genre.

« Le compositeur devint presque inutile dans ce genre de composition qui avait nom opéra et qui, après tout, n'était qu'un pot-pourri, ou, pour mieux dire, un prétexte à long concert. La grande affaire des maestri était de bâcler vite la partition commandée, quinze jours avant l'ouverture de la saison. « Ils ont des maîtres croupiers sous eux, est-il dit dans le *brigandage de la musique italienne*, à qui ils font faire toute la partie du récitatif ; reste quinze ou seize ariettes, sur celles-ci on en choisit trois qu'on travaille, c'est-à-dire, l'*Aria Cantabile*, l'aria di Bravura, et *il duetto*, moyennant quoi l'opéra est composé, car les autres sont de petits menuets, des rondeaux et autres bagatelles qui ne signifient rien.

» Lorsqu'on dit que Buranello a fait cinquante opéras, cela veut dire qu'il a fait cent ariettes et autant de duos. »

Voilà donc l'ancienne et fameuse fécondité italienne réduite à bien peu de chose.

On comprend qu'avec de pareilles œuvres, les chanteurs en aient pris fort à leur aise ; tout ce qui n'était pas à leur goût n'existait pas et ils s'arrogeaient le droit de faire de la musique tout ce qui leur plaisait. Hasse, Jomelli, Galuppi, avaient de leur mieux résisté au courant, mais ils n'avaient pas tardé à être entraînés, si bien, qu'il y eut, au dix-huitième siècle vingt ou trente années pendant lesquelles les chanteurs régnèrent absolument sans partage. Mais il n'y a si beau règne qui n'ait sa fin. Gluck était né, Mozart apparaissait, Cimarosa entrait dans la carrière, et de pareils maîtres étaient bien capables de faire au goût public les plus larges concessions, mais n'auraient jamais consenti à abdiquer complètement leur personnalité au bénéfice de quelques chanteurs, si grands qu'ils fussent ; alors commença la guerre qui n'est point encore finie, puisque certains virtuoses réussissent jusqu'à un certain point à nous faire la loi, et dans laquelle Rossini porta les plus rudes coups à la virtuosité, en écrivant lui-même les traits dont il lui paraissait convenable d'orner sa musique. Déjà Cimarosa s'était élevé contre l'abus des improvisations, broderies, points d'orgue et autres fantaisies. Tenant un jour le clavecin pour la répétition d'une de ses œuvres, le maître entend le ténor chargé du rôle principal s'escrimer sur un de ses airs et rendre méconnaissable une de ses mélodies ; chacun de s'extasier et d'applaudir, le ténor est dans la joie : « Bravo, bravo, crie le maître, maintenant que tu as chanté ton air, fais-moi le plaisir de chanter le mien. »

Il n'était pas jusqu'au récit qui lui-même ne fût soumis au chanteur. On a vu, dans le chapitre de l'Art italien au dix-septième siècle, comment s'était formé le récitatif. Cette partie de la musique, que les créateurs de l'expression musicale avaient formée avec tant de soin pendant près d'un siècle, tomba aussi entre les mains des virtuoses. A part quelques récitatifs obligés avec accompagnement d'orchestre, les compositeurs d'opéras *serias* ne se donnèrent plus la peine d'écrire eux-mêmes ; des secrétaires, ainsi que nous l'avons vu plus haut, se chargèrent de la besogne, ou bien le chanteur les arrangea suivant son caprice, sans préjudice des changements qu'il avait entière licence de faire aux récitatifs écrits.

On comprend facilement qu'avec de pareils opéras, le jeu des acteurs se trouva réduit à sa plus simple expression. Tandis que la plus grande ambition de nos chanteurs français était d'être des tragédiens, les chanteurs italiens, hommes et femmes, ne visaient qu'à la virtuosité. Ils chantaient, c'était assez. La distribution de la pièce était toujours la même ; la plus compliquée comprenait : une prima donna, une seconde et une troisième femme, un primo uomo (castrat) et un second, plus un ténor ; de basses, pas un mot, excepté dans les opéras bouffes, où leurs rôles étaient très variés ; outre les personnages de pères ou de Cassandres tuteurs, on leur réservait aussi la partie importante de buffo. Il y avait le *buffo primo, secondo* et *terzo*, le *buffo nobile, buffo di mezzo carattère, buffo caricato* et *buffo cantante*. L'opéra *buffa*, beaucoup plus varié, beaucoup plus musical que le *seria*, employait tour à tour ces différents personnages.

Les virtuoses à succès se souciaient assez peu de la manière dont il fallait jouer une des cinquante *Olympiades* qui servaient de prétexte à leurs *Gorgheggi*, et les auteurs se plaignirent plus d'une fois de la façon dont les chanteurs interprétaient leurs pièces. Métastase, dans une lettre curieuse à Mattei, en vient à préférer les mimes et les danseurs aux virtuoses qui assassinent ses œuvres :

« Ma pauvre pièce n'acquerra pas de mérite entre les mains des chanteurs d'à présent. L'opéra ne sert plus que d'intermède au ballet. Les danseurs ayant appris l'art séduisant de représenter les mouvements de l'âme et les actions des hommes, ont acquis une supériorité que les autres ont perdue, en faisant de leurs ariettes, souvent très ennuyeuses, une espèce de sonate de voix, en laissant aux acteurs du ballet la tâche difficile d'occuper l'esprit et d'intéresser le cœur des spectateurs. »

Les critiques et historiens de ce temps sont unanimes à blâmer la façon de jouer des chanteurs italiens. Au milieu de leurs nombreuses lamentations, choisissons ce piquant passage d'Arteaga :

« A peine le récitatif obligé a-t-il annoncé l'air, qu'Éponine, sans respect pour l'empereur qui est sur la scène, se met à se promener à pas lents et de long en large sur le théâtre ; puis, avec des roulements d'yeux, des tournoiements de cou, des contorsions d'épaules, des mouvements convulsifs de la poitrine et toute la noblesse de déclamation dont nous venons de parler, elle chante son air. Alors, que fait Vespasien ? Tandis que la triste Éponine s'essouffle et se met en eau pour l'attendrir, Sa Majesté Impériale, d'un air d'insouciance et de désœuvrement tout à fait charmant, se met à son tour à se promener avec beaucoup de grâce et de dignité, parcourt des yeux toutes les loges, fait des mines, salue dans le parquet ses amis et ses connaissances, rit avec le souffleur ou quelque autre des musiciens de l'orchestre, admire ses bagues, joue avec les énormes chaînes de ses montres, et fait cent autres gentillesses tout aussi convenables. »

Certes, de pareils opéras n'auraient eu aucune chance de succès sans le chanteur et la cantatrice, qui seuls leur donnaient la vie. Mais c'est ici que notre tâche devient difficile, pour ne pas dire impossible. Pour expliquer comment des œuvres aussi nulles et aussi plates purent plaire pendant longtemps à un public quel qu'il fût, il faudrait pouvoir reproduire la manière dont chantaient les virtuoses de cet âge d'or du chant. En nous arrêtant sur quelques-uns des plus célèbres à la fin de ce chapitre, nous essaierons de caractériser le talent de chacun ; mais, pour qui ne les a point entendus, une appréciation générale est presque impossible. Ces gloires sans pareilles, telles que celles des Farinelli, du Sénésino, de la Faustina, de la Cuzzoni, nous prouvent que les effets de leur art étaient d'autant plus prodigieux que la musique qu'ils chantaient était sans intérêt. Qu'on ne croie pas que tout leur art consistait dans des vocalises plus ou moins rapides ou plus ou moins légères : ils savaient aussi le secret de rendre moelleuses les lignes d'un cantabile; ils connaissaient l'effet d'une inflexion placée avec goût; ils savaient par quelles habiles oppositions les différentes variantes d'un air peuvent paraître un air nouveau; ils savaient ajouter l'accent aux récitatifs, être tour à tour passionnés et tendres, légers ou éclatants. Bref, la musique, à proprement parler, ne gagnait pas grand'chose à ces merveilles, mais elle servait de prétexte au développement d'un art étonnant, dont l'existence devait être nécessairement éphémère, à cause de son essence même, mais qui a sa place dans l'histoire du temps passé. Ce bel art a disparu par la forme même des choses, mais il est à regretter qu'on en ait perdu jusqu'aux plus légères traditions.

De pareils chanteurs ne se formaient point seuls, et déjà nous avons dit quelques mots des premières écoles et des plus anciens Conservatoires.

Les premières années de dix-huitième siècle en virent naître et prospérer un grand nombre.

Les écoles et les classes de ces Conservatoires étaient dirigées par des anciens chanteurs ou des artistes habiles, dont la voix était trop faible pour réussir au théâtre. Voyons en quelques lignes quels furent ces maîtres et un peu aussi quel était leur procédé d'enseignement.

Dans les premières années du dix-huitième siècle, les traditions du style expressif subsistaient encore; le chant n'était pas encore arrivé à être un art dans l'art, et les maîtres enseignaient avant tout la pose du son, le style lié, la tenue de la voix, et l'enseignement de ces écoles semblait plutôt fait pour produire des chanteurs de style que des virtuoses d'exécution; ce ne fut que vers 1725 ou 1730 que les chanteurs mirent à la mode de fleurir outre mesure leur chant. L'école de Redi, de Leo, de Feo, de Porpora avait maintenu les anciennes habitudes; on accusa celle de Bernacchi, dont Pasi prit la suite, de les avoir altérées. On raconte que Pistocchi, entendant chanter son élève Bernacchi, s'écria: « Malheureux! j'ai fait de toi un chanteur, et maintenant tu veux jouer! » C'était l'ancienne école se révoltant contre les innovations de la nouvelle.

Les plus célèbres écoles italiennes, dit Mancini, existant vers la fin du dix-septième siècle ou au commencement du dix-huitième, sont celles de Fedi, à Rome; de Franc. Ant. Pistocchi, à Bologne; de Jos. Ford, Brivio, à Milan; de Franc. Peli, à Modène; de Franc. Redi, à Florence; de Jos. Amadori, à Rome; celle de Nic. Porpora, de Leo, de Franc. Feo et celle d'Egizzio, à Naples.

Nous avons vu, au dix-septième siècle, quelles précautions infinies prenaient les premiers maîtres, comme Fedi, pour former le goût de leurs élèves. Ils étaient en relation avec des maîtres tels que le clavecinisté Pasquino, le célèbre violoniste Corelli, qui donnaient, dans une autre partie de l'art, l'exemple de la perfection. Ils demandaient conseil à ces grands virtuoses, ils envoyaient chez eux leurs élèves, ils complétaient par leurs leçons celles qu'ils donnaient dans leur école. Plus tard, ce furent de grands compositeurs, comme Scarlatti, Porpora, Leo et Duranti, qui enseignèrent le chant, et ceux-là ne furent évidemment pas sans tenir la main à ce que les droits de la musique fussent respectés. Mais du jour où l'enseignement du chant tomba aux mains d'artistes qui étaient plus chanteurs que compositeurs, comme Pistocchi, la virtuosité prit tout naturellement le pas sur la musique. C'est probablement à cette raison qu'il faut attribuer la révolution qui fit succéder le chant fleuri au chant mélodique et posé dont Porpora nous avait laissé les plus parfaits modèles dans ses cantates.

Nous retrouverons la plupart de ces maîtres lorsque nous donnerons quelques détails sur les chanteurs qui illustrèrent le dix-huitième siècle. Nous nous arrêterons seulement un instant sur les deux plus brillantes écoles de cette époque ; celle de Naples, personnifiée par Porpora, et celle de Bologne, qui fut comme la pépinière de tous les étonnants chanteurs du siècle dernier. L'école de Porpora vit s'élever à Naples une autre école non moins brillante, celle d'Egizzio, qui lui fit concurrence à la même époque et qui brilla aussi d'un vif éclat. Les deux écoles de Naples et de Bologne semblent du reste représenter le chant italien tout entier ; car l'une se montra pendant longtemps très attachée aux traditions du style sévère, tandis que l'autre, tout en produisant des chanteurs d'une prodigieuse virtuosité, marqua dès ses premiers pas une tendance vers le style fleuri qui fut, nous osons le dire, le premier signe de la décadence du chant. A Naples, Porpora avait fondé, dès le commencement du dix-huitième siècle, l'école qui eut la gloire de former Farinelli, Caffarelli, la Mingotti, Salimbeni, Hubert, surnommé il Porporino à cause du nom de son maître, la Gabrielli, etc. ; Porpora avait pour le chant une méthode d'enseignement toute spéciale. On a raconté bien des fois comment le maître avait formé Caffarelli ; rappelons-le en quelques mots. Dès le début des études, Porpora donna à Caffarelli une feuille de papier de musique, sur laquelle il n'y avait absolument que des gammes, des sons filés et des trilles ; pendant trois ans le pauvre chanteur n'eut pas d'autre bréviaire et ne chanta pas d'autre musique. Enfin un jour, impatienté, il demanda au maître quand il pourrait chanter un morbeau : « Va, lui dit son maître, tu peux courir le monde et chanter tout ce que tu voudras, tu en sais assez. » La suite a prouvé combien le compositeur avait raison. Cette histoire a passé depuis à l'état d'ana, mais elle montre jusqu'à quel point étaient suivies les études spécialement destinées aux principes et aux premiers exercices dans ces célèbres écoles italiennes (1).

En 1700, Pistocchi, chanteur de talent dont la voix était trop faible pour lui permettre de réussir au théâtre, ouvrit à Bologne une école qui ne tarda pas à devenir une véritable pépinière de grands artistes. Il eut peu d'élèves, mais ceux-ci firent la gloire de leur maître. Au premier rang il faut compter Bernacchi, qui reprit l'école après son maître et dont nous reparlerons plus loin. Ensuite viennent Pasi qui succéda à Bernacchi, Minelli, Fabri, Bertolino de Faenza. « Ces cinq écoliers, dit Mancini, quoique instruits par le même maître, différaient entre eux par leur méthode et par leur style, chacun d'eux ayant été dirigé suivant sa disposition naturelle. »

Bernacchi compta parmi ses élèves le ténor Cortoni de Bologne, Jean Tedeschi, dit Amadori, Thomas Guarducci et le célèbre ténor Raff ; de plus, il fut le maître de Mancini, dont le livre nous donne de si précieux renseignements sur l'école à laquelle il appartenait et qui porta les traditions du *bel canto* à Vienne, où il fut professeur, et de là dans toute l'Allemagne.

Bernacchi n'avait pas reçu de la nature une excellente voix, ce fut Pistocchi qui l'égalisa et la développa par un travail persistant. Secondé par le zèle de son élève, qui se condamna à ne chanter ni au théâtre ni à l'église jusqu'à ce que son éducation fût complète, le maître arriva ainsi à former un virtuose qui brilla au premier rang dans ce siècle et qui mérita le titre de *roi des chanteurs*. Ayant débuté en 1722, Bernacchi conserva pendant dix ans à peu près le style des chanteurs de son temps, c'est-à-dire que tout en cultivant le chant orné, il ne tomba pas dans l'excès de la fioriture ; mais, vers 1730, il rechercha ce genre d'effet, il se servit avec exagération des traits que ses prédécesseurs et ses contemporains avaient moins libéralement prodigués. Du reste, il faut dire qu'en cela il n'avait fait que suivre le courant de la mode en la poussant jusqu'à ses dernières limites ; car Tosi, dans ses *Observations sur l'art du chant*, se moque finement en 1723 des chanteurs pour lesquels la reprise du *da capo* n'était qu'un brillant feu d'artifice

(1) On peut voir sur l'école de Porpora une brochure intitulée : *Étude sur l'art du chant : Porpora et ses élèves, ou l'Art du chant au dix-huitième siècle*, par Labat, in-8°, 1863.

de roulades et de gorgheggi. Il faut donc supposer que Bernacchi ne fit que régulariser des traits et enrichir des vocalises dont les chanteurs se servaient déjà sans beaucoup de ménagement depuis quelques années. Il n'en est pas moins vrai que c'est de 1720 ou 1730 qu'il faut faire dater cet abus des ornements qui indique déjà une réelle décadence dans l'art du chant, comme quelquefois une trop luxuriante végétation semble annoncer une prochaine fatigue.

Pasi de Bologne continua l'école de Bernacchi, mais il renchérit encore sur son prédécesseur. Voici ce que Mancini dit de ce maître : « Il se rendit célèbre par son chant magistral et d'un goût tout à fait rare, parce qu'avec un port de voix sûr et uni il avait introduit un mélange de petits groupes, de tirades (volatines), de traits choisis et légers, de trilles, de mordants et de temps rompus, ce qui, fait avec perfection, formait un style particulier et vraiment surprenant. » A travers ces lignes on peut cependant distinguer que le style de Pasi différait de celui de Bernacchi. Ce dernier usait de gorgheggi et de longues roulades. Pasi, au contraire, ne se servait que d'ornements courts et nombreux. Nous devons ajouter cependant que le chant large n'était pas non plus négligé par ces maîtres; car lorsque Quantz entendit Pasi il fut étonné de la façon dont il exécutait l'adagio.

Pour ne pas donner à ce travail des proportions démesurées, nous devons nous contenter de parler seulement des deux grandes écoles napolitaine et bolonaise; mais il nous faut citer, au moins pour mémoire, les Conservatoires qui, à côté des écoles libres, ne contribuèrent pas peu à former les beaux chanteurs du dix-huitième siècle, dont nous allons nommer les principaux virtuoses. Naples et Venise se rendirent célèbres par leurs Conservatoires. A Naples ces écoles étaient destinées aux hommes; à Venise les femmes seules y étaient admises.

Nous avons raconté comment les Conservatoires de Naples furent créés grâce à la charité de quelques amateurs. Nous avons dit comment furent fondés les Conservatoires de Santa-Maria de Loreto, dus au dévouement de Giovanni de Tapia et celui della Nunziata. En 1576 on fonda le Conservatoire de San-Onofrio; enfin le dix-septième siècle avait vu naître en 1607 le Conservatoire della Pieta dei Turchini; tous ces Conservatoires furent réunis au commencement de notre siècle sous le titre de *Real collegio di musica*.

A Venise, les Conservatoires étaient tous antérieurs au dix-huitième siècle, et on sait s'ils furent célèbres. A l'époque qui nous occupe, *l'Ospedale della Pieta*, destiné aux enfants trouvés, avait pour directeur, à la fin du siècle, Furlanetto, et les *Mendicante*, Bertoni; les *Incura-*

bile étaient dirigés par Galuppi; l'*Ospedaletto de san Giovanni e Paolo* compta Sacchini parmi ses maîtres. Rien n'était étrange et charmant comme ces écoles où la musique était exécutée par des femmes, et où l'orchestre lui-même, avec ses tambours, ses trompettes, ses instruments à cordes, était tenu par des jeunes filles.

Jusqu'ici, dans ce chapitre, nous avons parlé du chant, de la musique, des écoles; mais il serait injuste de ne pas nous arrêter plus longtemps sur les virtuoses, à qui revient véritablement la gloire de cette brillante période. Comme pour l'école française, nous fermerons le chapitre à l'époque de Rossini, nous contentant de citer quelques-uns des artistes qui ont exécuté les opéras de sa première manière. La liste serait longue, s'il fallait citer tous les chanteurs qui eurent du succès pendant cette période d'un siècle; aussi ne la donnerons-nous pas entière; loin de là, ne prenant que ceux qui brillèrent au premier rang, nous laisserons de côté des virtuoses qui, à une époque moins riche, eussent suffi à faire la gloire d'une école, et nous nous occuperons seulement des plus illustres, donnant la première place aux castrats, les plus célèbres entre tous, puis aux cantatrices, puis aux ténors, gardant pour la fin les basses, qui, pendant tout le dix-huitième siècle, ne trouvèrent d'emploi que dans les opéras bouffes, et ne vinrent reprendre que vers les premières années de ce siècle le rang que les premiers créateurs du drame lyrique italien leur avaient autrefois donné dans l'opéra *seria*.

Chaque époque musicale a son type, auquel se rattachent toutes les traditions, toutes les légendes mêmes qui constituent l'histoire. Le seizième siècle a Palestrina, les madrigaux, les larges et nobles harmonies de la musique religieuse; le dix-septième voit naître l'opéra; au dix-huitième, ce sont les castrats qui dominent l'histoire de l'école italienne. Nous avons vu leur introduction dans la chapelle pontificale au seizième siècle, avec Rosini; au dix-septième, leur importance s'est considérablement accrue, et on sait les merveilles que les historiens nous ont racontées sur le célèbre Balthazar Ferri; au dix-huitième, ils accoururent en foule. Leur merveilleuse supériorité dans le chant était due à de nombreuses causes. Par la nature même de leur voix, ils pouvaient, commençant de bonne heure leurs études, les suivre sans interruption jusqu'au jour des débuts; de plus, cette voix, du timbre mordant et spécial, conservait longtemps ses qualités, et chaque année apportait son tribut d'expérience sans être absolument préjudiciable aux qualités naturelles du virtuose. Ajoutez à cela que, pour la plupart, les castrats étaient compositeurs, ce qui excuse, jusqu'à un certaient point, les libertés grandes qu'ils prenaient avec la musique, au point d'en faire oublier le véritable objet. Voilà les principales raisons qui firent de ces artistes les premiers chanteurs du monde, mais on peut dire aussi que l'apogée de leur gloire fut comme le premier signe de la décadence de l'art vocal.

Le plus célèbre, peut-être, de tous les castrats, fut Farinelli; outre que son talent était des plus remarquables, sa haute fortune politique appartient à l'histoire. Son véritable nom était Carlo Broschi, et le surnom de Farinelli lui vint de ce que la famille des Farina, de Naples, le protégea dans ses premières études et dans ses débuts; il était né en 1703, à Naples, et fut élève de Porpora.

Sacchi, dans sa *Biographie de Farinelli*, parle ainsi de ce chanteur et du succès qu'il obtint à Londres avec un air de facture pour trompette et soprano. L'air dont il est parlé dans cette citation avait eu un premier modèle dans un autre air que Porpora avait écrit, en 1722, pour le même virtuose, jeune alors, et pour un trompettiste allemand d'une grande habileté, en duo de voix et trompette, suivant la mode du temps. Cette pièce curieuse avait été intercalée dans l'*Eumène* du maître. En arrivant à Londres, en 1734, Farinelli voulut renouveler son premier succès; il fit écrire par son frère, Ricardo Broschi, un air du même genre, qui fut placé dans l'*Artaserse* de Hasse.

Nous n'avons pu nous procurer l'air de Porpora, mais nous avons cité plusieurs fois déjà dans l'*Orpheus Britannicus*, recueil intéressant des compositions de Purcell, un air de trompette qui pourra donner une idée de ce singulier genre de composition. Voici la citation de Sacchi.

« Aucun chanteur ne posséda une *messa di voce* supérieure à celle de Farinelli, et ce virtuose connaissait parfaitement tout l'effet qu'on peut produire avec les moyens les plus simples. Un son filé, tel fut le moyen dont il se servit pour attirer la foule. Farinelli plaça cette *messa di voce* sur la première note d'un air que son frère Ricardo avait écrit pour lui. Prenant une longue inspiration et plaçant sa main droite sur sa poitrine, comme pour aider à l'action de ses poumons, il émit un son si frais, si pur, si longuement soutenu, si merveilleusement modifié, que les auditeurs en furent frappés d'admiration et de surprise. Il eut à peine fini que de frénétiques applaudissements retentirent de toutes parts. Depuis ce moment, la foule se porta aux représentations en tel nombre, que, du mois d'octobre au mois de mai, les impresarii payèrent un arriéré de 19,000 £. »

Mancini s'exprime ainsi sur le talent de Farinelli : « La voix de Farinelli était considérée comme une merveille, parce qu'elle était si puissante, si sonore, si parfaite, et si riche dans son étendue, tant au grave qu'à l'aigu, que de notre temps on n'en a point entendu de semblable. Farinelli était d'ailleurs doué d'un génie créateur qui lui inspirait des traits si étonnants, que nul n'était capable de les imiter ; l'art de conserver et de reprendre la respiration avec tant de douceur et de facilité que nul ne s'en apercevait, a commencé et fini en lui.

« L'égalité de la voix et l'art d'en étendre le son; le Portamento, l'union des registres, le chant pathétique ou gracieux, un trille admirable autant que rare, furent les qualités par lesquelles il se distingua. »

Burney est non moins louangeur :

« Ce n'était pas seulement à la rapidité et au brio qu'il devait son succès; il avait réuni en lui seul tout ce que chaque chanteur, séparément, présentait d'excellent dans la voix, la force, la douceur et l'étendue; le tendre, le gracieux, le rapide, se faisaient remarquer également dans son style. Farinelli avait des moyens tels qu'on n'en a rencontrés jamais de pareils avant lui, et qu'on n'en a pas reconnu, depuis lors, dans aucun être humain; moyens d'un effet irrésistible, avec lesquels il pouvait subjuguer tout homme qui l'entendait, le savant comme l'ignorant, l'ami comme l'ennemi. »

Bien des anecdotes ont couru sur le compte de ce grand chanteur; nous ne les rapporterons pas toutes, mais celle-ci prouve la force du talent de Farinelli. Il était à Londres en même temps que Senesino. Chantant les mêmes jours sur deux théâtres différents, les deux virtuoses n'avaient pu s'entendre réciproquement. Ils se virent enfin réunis une fois et interprétèrent un opéra à côté l'un de l'autre. Senesino représentait un tyran furieux; Farinelli, un prisonnier chargé de fers. Celui-ci, par l'effet de son premier air, amollit tellement la férocité apparente du tyran, que Senesino, oubliant complètement la situation et son rôle, courut se jeter dans les bras de Farinelli et le serra dans les siens avec enthousiasme; après ce trait, on comprend qu'une dame anglaise ait pu crier : « Non, il n'y a qu'un Dieu et qu'un Farinelli. »

Un pareil chanteur fût enlevé au public, on sait dans quelles circonstances. Le roi d'Espagne, Philippe V, était accablé d'une mélancolie profonde; on eut l'idée de faire venir Farinelli et de le faire chanter secrètement près du roi, sans que celui-ci fût averti; il fut si charmé, que non seulement il se fit présenter le virtuose, mais qu'il lui demanda ce qu'il pouvait lui accorder : « Je demande à Votre Majesté qu'elle daigne se rendre en personne à son conseil. » On avait évidemment fait la leçon au chanteur ; mais le moyen fut bon, car, à partir de ce jour, Philippe secoua quelque peu sa mélancolie. Il ne voulut plus que Farinelli s'éloignât, lui fit à la cour une haute situation, à condition qu'il ne chanterait plus que pour le roi. Farinelli fit le plus noble usage du crédit que son talent lui avait procuré ; puis, à la mort du roi, se retira dans sa patrie avec une pension de 80,000 livres, qui lui fut continuée par Ferdinand VI et par Charles III. Ce dernier eut à ce sujet un mot qui fait le plus grand honneur au chanteur : « Je lui continue avec plaisir sa pension, dit-il, car il n'a jamais abusé de la bienveillance et de la magnificence de nos prédécesseurs. »

Farinelli mourut le 15 juillet 1782.

Si Farinelli eut un rival, ce fut Majorano, connu sous le nom de Caffarelli. Caffarelli était né en 1693. Il eut pour premier maître un chanteur nommé Caffaro, dont il garda dans la suite le nom par reconnaissance. A Caffaro succéda Porpora, qui compléta son éducation. Caffarelli mourut en 1783 ; il avait débuté en 1724.

Ce chanteur n'eut point le talent sans égal de Farinelli ; mais il prit de Porpora une connaissance parfaite de son art. Nous avons vu plus haut quel procédé d'enseignement le maître avait employé à son égard ; toujours il se ressentit de cette excellente éducation musicale. Sa voix était belle, d'une remarquable étendue et d'une égalité parfaite de son ; il possédait à la fois le chant large et le chant rapide ; il passa pour avoir introduit dans le chant les vocalises en gammes chromatiques ; nous savons ce qu'il faut penser de ces prétendues innovations attribuées à chaque grand chanteur. Il fut, disent les contemporains, le seul virtuose de cette espèce que l'on ait vu chanter jusqu'à l'âge de soixante-dix ans sans détonner.

Deux traits assez curieux montrent de quelle façon les artistes savaient apprécier mutuellement leurs talents. Étant à Naples, Caffarelli apprend que Gizziello doit chanter un certain jour à Rome ; il veut connaître le nouveau sopraniste tant applaudi ; il prend la poste ; il arrive, il court au théâtre, écoute, et, après le premier air, s'écrie de sa place : « *Bravo, bravissimo, Gizziello ! e Caffarelli che tel dice.* » Puis il repart pour Naples aussitôt après la représentation.

Un autre jour, il chanta à Naples avec ce même Gizziello pour l'inauguration du théâtre de San-Carlo, dans une pièce de Pergolèse, appelée *Achille in Sciro*. Caffarelli exécuta son premier air, et en l'écoutant, Gizziello avoua lui-même qu'il s'était cru perdu : « Néanmoins, dit-il, j'implorai l'assistance du ciel et je m'armai de courage. Il chanta si bien que le roi se leva dans sa loge pour l'applaudir. On partagea le prix en déclarant Caffarelli le plus grand chanteur dans le genre brillant, Gizziello dans le style expressif.

Gizziello, qui fut plusieurs fois le rival de Caffarelli, était né à Arpino en 1714; il s'appelait Joachino Conti, et avait pris le nom de Gizziello, de son maître Gizzi, qui était lui-même élève de Scarlatti. Il débuta vers 1729. Venu à Londres vers 1736, il se trouva mêlé à la grande lutte de Porpora contre Haendel, et tint dignement sa place à côté de Caffarelli et de la Cuzzoni. Gizziello mourut en 1761.

Son chant était moins fleuri que celui de Caffarelli, mais il avait de plus que lui beaucoup de sentiment et de tendresse. Sara Goudar, dans ses lettres à Milord Pembroke (Florence, 1774), parle dans ces termes de ce soprano : « Gizziello effaça tous les sopranistes de son temps par l'harmonie de sa voix et par la douceur de son chant; il récitait au cœur et chantait à l'âme. C'est lui qui dans *Artaserse* fit pleurer Rome entière par ce seul accent : *E pur sono innocente*. » Scudo l'a raconté cette anecdote dans son étude sur les sopranistes.

Le maître de Gizziello, Gizzi fut, avant tout, professeur. Il était né à Arpino, en 1684. Il fit ses premières études sous Angélio, puis de là il passa au Conservatoire de San-Onofrio, où il fut le condisciple de Porpora et de Durante. Puis il ouvrit à Naples une école dont le plus brillant élève fut Gizziello dont nous venons de parler. Gizzi cessa son enseignement en 1740; mais Feo, un de ses meilleurs élèves, reprit son école et en continua les traditions.

Après Caffarelli et Farinelli, un des plus célèbres castrats du dix-huitième siècle fut Bernardi, appelé Senesino, de Sienne, où il était né en 1680. Bernardi était élève de Bernacchi, il devint célèbre vers 1715 ou 1719. On admirait surtout en lui le timbre pénétrant de sa voix égale, claire et flexible. De plus, il ne craignait pas de rival pour l'exécution des passages et des vocalises. Son intonation était pure, son style parfait; ajoutez à cela qu'il était bon acteur et qu'il chantait à merveille le récitatif. Cependant on doit dire que ce fut lui qui contribua le plus à répandre la mode des *airs de voyage*. Il eut aussi *son air* comme Farinelli et fit, par l'agilité de sa voix de contralto, l'admiration du public de Londres quand il débuta dans le rôle de *Mucius Scœvola*. Il était venu dans cette ville avec Haendel en 1721 et ce fut là qu'il fonda définitivement sa réputation européenne. Bientôt il se brouilla avec le grand maître et son départ ruina l'entreprise d'Opéra que Haendel avait fondée. Sara Goudar, parlant de ce castrat, en dit ces quelques lignes : « Senesino est le premier qui chanta dans le nouveau goût. Notre théâtre de Hyde-Market reçut les prémices de ces airs où le compositeur donna tout au brillant. » Un autre sopraniste nommé Martini, né en 1764, porta aussi le surnom de Senesino. Il avait une voix d'un timbre agréable et métallique, qu'il conduisait avait goût ; mais il fut loin d'égaler la réputation de son prédécesseur et homonyme et après avoir débuté en 1782, il se retira en 1799.

Un autre contemporain des Caffarelli et des Senesino eut aussi une grande réputation, je veux parler de Carestini, qui prit le nom de Cusanino, de la famille des Cusani, qui l'avait protégé au commencement de sa carrière. Il débuta en 1721. « Il avait, dit Quantz, une des plus fortes voix de contralto, partant du Ré grave au Sol, c'est-à-dire ayant deux octaves et demie. Il était exercé dans les passages qu'il exécutait de poitrine, conformément aux principes de Bernacchi, à la manière de Farinelli ; il était audacieux et souvent fort heureux dans ses traits. » Mancini donne sur son talent et sa manière de travailler quelques détails de plus : « Quoique sa voix fût naturellement belle, il travaillait sans relâche pour la perfectionner par l'étude et pour la rendre propre à toute espèce de chant, et il y réussit d'une façon sublime. Il avait un génie fécond et un discernement si délicat que, malgré l'excellence de tout ce qu'il faisait, sa trop grande modestie l'empêchait toujours d'être satisfait ; un jour, un de ses amis le trouvant à l'étude, lui en témoignant son étonnement, Carestini se retourna vers lui et lui dit : *mon ami, si je ne puis parvenir à me satisfaire moi-même, comment pourrais-je satisfaire les autres ?*

Les chanteurs, castrats et autres ne nous ont pas habitués à de pareils exemples de modestie et de persévérance, aussi ne pouvons-nous manquer de les citer, bien persuadés que de semblables traditions ne sont pas encore absolument perdues chez les artistes. Carestini, tint longtemps le premier rang parmi les plus célèbres chanteurs de son époque, mais on ignore la date de sa mort.

Bertolino di Faenza fut aussi un des meilleurs castrats de la première moitié du dix-huitième siècle ; élève de Pistocchi et compagnon de Bernacchi, il se signalait surtout par la variété et l'éclat de son chant. Quoique ses succès fussent grands, ils n'égalèrent point ceux de Guarducci. Celui-ci brillait surtout par l'expression de son chant. C'étaient les mêmes qualités qui distinguaient le chant de Minelli. Celui-ci, né à Bologne en 1687, était un contralto élève aussi de Pistocchi. « Il chantait le contralto, dit Mancini, avec une méthode unie et un noble port de voix, cette voix avait de la légèreté, un trille et un mordant si parfaits qu'il pouvait exécuter tous les styles et exprimer tous les caractères, Minelli possédait au suprême degré l'accent musical. Profondément instruit dans son art et très intelligent, il savait aborder tous les genres et s'y montrer excellent; sans compter au nombre des castrats exceptionnels comme Farinelli, il tint le premier rang parmi les meilleurs et mérita d'être surnommé *le Sage.* »

Le célèbre Tedeschi (Joseph), surnommé Amadori, trouva aussi moyen de se faire une place brillante à côté de ces rois du chant. On a fait sur ce castrat une assez singulière erreur, on l'a confondu avec Jean qui fut élève de Bernacchi et fonda à Rome une école. Jean Tedeschi, né vers 1700, n'avait pu être élève de Bernacchi, mais Joseph, le plus célèbre des deux, fut celui qui reçut les leçons du grand maître. Le premier mourut en 1730, le second vivait encore en 1775.

Grossi, qui lui aussi brilla au commencement du dix-huitième siècle, était né en 1666, à Turin. Après la création du rôle de Siface, dans le *Mithridate* d'Alexandre Scarlatti, il prit le nom du personnage qu'il avait tant fait applaudir. Mancini en parle en ces termes : « Il avait une voix admirablement belle et pénétrante, il joignait à un style remarquablement large et plein d'expression une *messa di voce* parfaite. On pouvait lui appliquer le proverbe italien qui dit que cent perfections sont nécessaires au chanteur, mais que celui qui possède une belle voix en a déjà quatre-vingt-dix-neuf. »

Siface gagna des sommes énormes dans le cours de sa brillante carrière, et il rentrait dans sa patrie, résolu à jouir de sa grande fortune, lorsqu'il fut assassiné, sur la route de Gênes à Turin, par son postillon, qui voulait s'emparer de ses bijoux et de son argent.

Derrière ces grands artistes, qui brillèrent d'un éclat sans égal pendant la première moitié du dix-huitième siècle, citons encore Bercelli, qui chantait vers 1720. Bercelli possédait une voix prodigieuse qui montait de l'*ut* au-dessous de la portée jusqu'à sa dix-huitième, *fa*; mais il était médiocre chanteur, ce qui ne l'empêcha pas de gagner 2,000 guinées à Londres, en 1738.

Sédati, né en 1710, fut élève de Gizzi et compagnon de Gizziello.

Monticelli avait un style pur et une excellente mise de voix ; mais, pour l'énergie et la beauté du son, il était de beaucoup inférieur à Farinelli, à Senesino, à Carestini et à tous les grands chanteurs.

Félix Salimbeni fut élève de Porpora ; il savait chanter, mais jouait mal. Il débuta en 1731 et mourut, des suites de ses désordres, en 1751.

Parmi les plus illustres soprani de la seconde moitié du dix-huitième siècle, il faut compter Marchesi, Guadagni, le célèbre Gasparo Pacchiarotti. Né en 1744, Pacchiarotti débuta à seize ans. Le grand triomphe de Pacchiarotti était surtout dans les rôles de tendresse. Chantant un jour avec la Gabrielli, il s'enfuit de scène, désespérant de lutter avec une pareille virtuose; puis, il rentra et chanta son air d'une façon si émouvante, que la Gabrielli elle-même ne put retenir ses larmes. A en croire ses contemporains, sa voix était douce et étendue, sa vocalise facile et de bon goût, mais, avant tout, c'était un chanteur d'expression, chantant à merveille le récitatif. André Mayer a dit de lui : « Son style savant et admirable se compose de nuances infinies, d'ornements brisés, d'appoggiatures, de gruppetti, de renforzi, c'est-à-dire de renflements de sons et de demi-teintes adorables, dont il est impossible à la parole de rendre les effets. » Arteaga dit, de son côté, que son chant était moins fleuri que celui de Marchesi. Pacchiarotti a laissé le souvenir d'un chanteur étonnant de force et d'émotion. Un jour, chantant à Rome l'air de l'*Artaserse* de Bertoni : « E pur sono innocente », il s'aperçut que l'orchestre s'arrêtait d'accompagner... « Que faites-vous? dit-il aux musiciens. — Nous pleurons, répondit le chef d'orchestre. »

Pacchiarotti, plus peut-être que les autres chanteurs, s'était fait un répertoire d'airs dont il se servit pendant toute sa carrière. De plus, un compositeur se mit à son service et écrivit presque exclusivement pour lui. Ce compositeur s'appelait Bertoni; il resta célèbre par ses démêlés avec Gluck et par ses plagiats. Cette gloire était bien due à un musicien qui s'abaissait jusqu'à se mettre à la remorque d'un chanteur.

Pacchiarotti chantant presque toujours la musique ou plutôt les redites du même compositeur, ne devait pas manquer de tomber dans la monotonie; cependant il sut être durant de longues années l'idole du public. Parmi ses plus beaux rôles, il faut citer le *Rinaldo* de Sacchini, l'*Olympiade* de Paësiello, le *Demofoonte* de Bertoni.

Pacchiarotti, qui mourut en 1821, donna d'utiles conseils à la célèbre chanteuse Pisaroni.

Marchesi fut non moins admiré, lorsqu'il revint à Milan après un brillant voyage à travers l'Europe. L'Académie de cette ville, pour perpétuer à jamais la mémoire d'un si beau talent, fit frapper une médaille attestant son incontestable supériorité. On ajoute que les dames milanaises se montrèrent tellement enivrées du chanteur, que son portrait devint un ornement essentiel de leur parure.

C'est par l'expression du récitatif et l'admirable exécution du cantabile que le contralto Gaetano Guadagni, qui était né en 1725 et débuta en 1747, parvint à la célébrité. « Guadagni, disait Sara Goudar, se distingua sur la scène avec peu de voix et beaucoup d'art. Les hommes l'admiraient, les femmes l'aimaient à la folie. » Il eut l'honneur de créer le *Telemacco* et l'*Orfeo* de Gluck. Il fut si content de ce dernier rôle qu'il exigea que Bertoni intercalât plusieurs passages du chef-d'œuvre du maître dans son opéra d'*Orfeo*, et ce plagiat causa bien des ennuis au compositeur. Guadagni, qui mourut en 1797, était venu en France en 1754, à peu près en même temps qu'un autre sopraniste nommé Albanèse, beaucoup moins célèbre que lui, mais auquel on attribue la jolie romance : « Que ne suis-je la fougère ! »

La seconde partie du dix-huitième siècle vit fleurir encore un grand nombre de virtuoses de ce genre. Nous ne les nommerons pas tous. Contentons-nous de citer : Aprile, contraltiste, né en 1738. Malgré une voix faible et inégale, Aprile était inimitable dans le trille et chantait avec infiniment de goût et d'expression. Rubinelli, autre contralto, né à Brescia en 1753, avait une voix pure et flexible, et il obtint un succès prodigieux dans la *Morte di Cleopatra* de Millico. Non content d'être un brillant soprano, il fut encore un excellent professeur.

Citons encore Carlo Nicolini, surnommé *delle Cadenze*, à cause de la beauté de son trille :

Prato (Del), sopraniste, qui créa le rôle d'Idamante dans l'*Idoménée* de Mozart.

Potenza, Mattucci, Ravanni, Roncaglia tinrent aussi, au second rang, une place brillante dans cette période brillante entre toutes.

Les deux derniers castrats furent Crescentini et Velluti. Crescentini était né en 1766, à Urbino. Il débuta en 1783. Ses plus beaux rôles furent le *Romeo e Giuletta* de Zingarelli, auquel son nom resta pour toujours attaché, et les *Orazzi e Curiazzi* de Cimarosa. En 1803, il fut appelé à la chapelle de l'Empereur. Crescentini possédait un superbe mezzo soprano. Il fut un grand chanteur dans toute la force du terme; sa mise de voix était parfaite, son accent absolument juste, son expression touchante ; s'il ajoutait des traits, c'était toujours avec beaucoup de goût et de tact. On sait que Napoléon aimait peu la musique ; cependant l'anecdote suivante prouve quel prodigieux effet produisait Crescentini sur le peu mélomane grand homme.

En 1809, ayant consenti, pour obéir à l'Empereur, à jouer de nouveau le rôle de Roméo, dans l'opéra de ce nom, bien qu'il eût renoncé au théâtre depuis quelques années, ce virtuose produisit une telle impression sur Napoléon, qu'à la troisième représentation, après la grande scène qui se termine par l'air « Ombra adorata », l'Empereur, par un mouvement spontané, lui envoya l'ordre de la Couronne de Fer, en témoignage de sa grande satisfaction et de l'hommage qu'il se plaisait, disait-il, à rendre à un aussi beau talent.

Ce grand chanteur se retira définivement du théâtre en 1816, lorsque les révolutions de la musique moderne eurent changé les conditions du chant et de la composition, mais il ne mourut qu'à une époque assez rapprochée de nous, en 1846.

Velluti était né en 1781. Pendant seize ans, il étudia l'art du chant avec le plus grand soin, sous la direction de l'abbé Calpi, et débuta en 1800. Il fut le dernier sopraniste de l'école ancienne, et ce fut lui qui transmit les grandes traditions du *bel canto* à la génération de chanteurs qui brilla pendant les premières années de ce siècle.

Un fait important et curieux tout à la fois se rattache au souvenir de Velluti. Parmi l'héritage de chanteurs que le dix-huitième siècle légua à Rossini, Velluti brillait au premier rang. Le maître ne tarda pas à vouloir se servir d'un auxiliaire dont l'influence était si grande sur le public et il écrivit pour Velluti *Aureliano in Palmyra*, à Milan (1814). Le sopraniste, suivant la coutume de son école, en prit fort à son aise avec les mélodies de Rossini, tant et si bien que celles-ci devinrent méconnaissables, et qu'*Aureliano* n'eut qu'une seule représentation. Le compositeur jura qu'on ne l'y reprendrait plus, et à partir de ce jour, non seulement il profita de la leçon en ne composant plus pour des sopranistes, mais il écrivit lui-même les ornements dont il voulait fleurir ses mélodies.

Retiré du théâtre en 1829, Velluti vit toute la révolution musicale qui s'accomplit en France, en Allemagne et en Italie pendant les trente années qui nous ont précédés, car il ne mourut qu'en 1861 âgé de quatre-vingts ans.

Malgré leur immense réputation, les castrats ne furent pas seuls à faire la gloire du dix-huitième siècle. Les chanteuses y eurent aussi leur grande part. Quelques-unes se firent surtout remarquer par la prodigieuse étendue de leur voix, d'autres par une science qui égalait presque celle des sopranistes.

Si nous voulions faire de ce travail un recueil d'anecdotes galantes et curieuses, certes la matière ne nous manquerait pas; mais nous n'avons pas à renouveler tous les anas vrais ou faux qui courent sur les célèbres cantatrices du dix-huitième siècle ; citer le nom des principales, caractériser leur talent, et montrer dans les qualités de chacune d'elles ce qui constitue le chant pendant cette belle période, tel est notre plan, et nous le réaliserons aussi rapidement qu'il sera possible.

La Tesi fut une des premières en date dans ce siècle fécond ; elle était née à Florence, dans les dernières années du dix-septième siècle ; non seulement sa voix avait une étendue remarquable, mais encore elle la conduisait avec infiniment de goût et de sûreté. Elle fit ses premières études avec le compositeur François Redi, puis elle alla à Bologne travailler avec Campeggi ; on prétend même qu'elle reçut des conseils de Bernacchi. « Elle avait, dit Mancini, la voix d'une grande étendue et chantait avec une égale facilité dans le haut et dans le bas. Le genre grave et le genre gracieux lui étaient également familiers. Quantz a remarqué qu'en Allemagne elle préférait chanter le contralto, le genre sérieux et faire briller son jeu, surtout dans les rôles d'homme, où elle excellait. En Italie, au contraire, elle chantait les dessus et le genre léger. » Elle avait toutes les qualités qui se trouvent rarement réunies : un excellent maintien, accompagné d'un port noble et gracieux. Une prononciation claire et nette, l'expression des paroles proportionnée au véritable sens, l'art de distinguer les différents caractères, tant par le changement de visage que par un geste approprié, la connaissance de la scène ; enfin une parfaite intonation qui ne vacilla jamais, même dans la chaleur de l'action la plus vive.

Vittoria Tesi mourut en 1775, laissant pour élève la Déamicis. La Déamicis, bien que venue beaucoup plus tard que la grande artiste qui l'avait initiée aux secrets de l'art du chant, conserva quelques-unes de ses qualités ; mais, suivant la mode de l'époque, elle brilla surtout par l'agilité et l'étendue de sa voix. « Elle fut, dit Burney, la première à exécuter des gammes ascendantes *staccato* dans un mouvement rapide, montant sans effort jusqu'au *contre-mi* aigu. »

Vers 1726, deux chanteuses remplirent l'Italie et l'Angleterre de leur nom et de leur réputation, ce furent la Faustina et la Cuzzoni. La Faustina (Faustina Bordoni), qui épousa plus tard le compositeur Hasse, était née en 1700. Elle fut élève de Gasparini et de Marcello ; sa voix était flexible, argentine et pure. Elle improvisait ses vocalises et ses traits avec infiniment de goût ; mais elle était, avant tout, une chanteuse légère, et on l'accusait de manquer de passion ; disons, pour son excuse, que cette qualité ne lui eût été guère utile pour chanter la musique de Hasse, où le chant de demi-caractère souvent convenait mieux que le chant large. Elle fut surnommée la dixième muse de l'Italie, et tous les historiens, tels que Mancini, Burney, Hawkins, etc., ont fait d'elle un éloge pompeux. Sara Goudar, seule, fait sonner une note discordante dans ce concert dithyrambique; mais son opinion est bonne à citer et paraît juste : « Faustina, dit-elle, fut la première qui passa seize croches dans une mesure. Cette agilité fut le signal du mauvais goût qui allait s'introduire dans la musique. Dès lors cet art changea sa simplicité naturelle en une gaieté artificielle; il ne fut plus question de chanter bien, mais de chanter vite; en précipitant les modes, on les corrompt, on ne songea plus à toucher l'âme, mais à l'agiter. Les *volate* défigurèrent le pathétique et lui firent perdre cette gravité qui soutient son caractère; au lieu de rendre une expression tendre, on courut après elle. »

Quantz a jugé moins sévèrement la femme de Hasse : « La voix de Faustina, dit-il, était un demi-soprano, partant du *si bémol* pour arriver au *sol*. Elle possédait le *cantar granito*, le chant ferme et délié. Elle avait l'exécution bien articulée et brillante, la langue fluette, ce qui lui donnait la faculté de prononcer les mots rapidement. »

Faustina avait un gosier flexible pour les traits d'agilité, un trille si prompt et si vibrant qu'elle pouvait l'attaquer en toute occasion et comme elle voulait. Les passages simples ou compliqués, lents ou rapides, ceux mêmes dans lesquels il fallait battre la même note, comme l'archet du violon bat le trémolo, toutes ces difficultés étaient surmontées par la voix de la cantatrice avec une aisance et une prestesse que l'on aurait à peine obtenues d'un instrument. C'est elle qui, la première, introduisit avec succès la répétition rapide et perlée d'une même note, artifice prodigieux, dont Farinelli, Manticelli, Visconti, Ricciarelli et la charmante Mingotti, s'emparèrent ensuite pour lui devoir leurs plus beaux triomphes.

Castil-Blaze a prétendu que la Catalani et Mme Damoreau, dans *la Zanetta*, d'Auber, avaient repris cet effet, mais il me semble que ce genre d'artifice ne fut jamais abandonné depuis le jour où Faustina l'avait mis à la mode.

Venue à Londres en 1726, la Faustina y trouva la Cuzzoni, et alors recommença l'éternelle guerre entre l'expression et la virtuosité. La Cuzzoni, dont le chant était surtout pathétique, fut vaincue par la Faustina, qui étonnait et enlevait son public. Les plus grandes dames du royaume prirent part à cette lutte, qui fut une des batailles musicales les plus célèbres du dix-huitième siècle, si fécond en épisodes de ce genre.

La Cuzzoni (Mᵐᵉ Sandoni) était née à Parme, en 1700. Elle fit ses études sous la direction de Lanzi. Voici comment Mancini caractérise son talent : « Les qualités de cette cantatrice étaient extraordinaires : douée d'une voix pure et pleine de suavité, elle joignait à un excellent style un port de voix parfait et une rare égalité dans les registres de la voix; elle avait une légèreté suffisante, mais elle excellait surtout dans la *mise de voix*; en exécutant un *cantabile*, elle avait soin de l'orner dans les endroits convenables, d'en ranimer le chant (sans préjudice de l'expression) avec de petits groupes variés et choisis; elle variait aussi les traits, tantôt en les liant, en y ajoutant des trilles, des mordants, en les détachant, en les soutenant, en les séparant par quelques tirades redoublées, ou par des fusées liées, depuis les tons graves jusqu'aux tons aigus; elle traitait les *cordes* aiguës avec une justesse sans égale, son intonation était parfaite; elle avait le don d'un esprit créateur et un discernement juste pour choisir les choses particulières et nouvelles. » « Mᵐᵉ Cuzzoni, dit Quantz, possédait une voix de soprano étendue et limpide, une intonation pure, un trille parfait. Elle parcourait deux octaves d'*ut* à *ut*; son style était simple, noble et touchant. Ses grâces ne semblaient pas être un effet de l'art, sous la manière aisée qui les accompagnait, elle n'usait pas d'une grande rapidité dans l'exécution de l'*allegro*; mais il y avait dans chacune de ses notes une rondeur et une douceur charmantes. »

Cette artiste, qui gagna des sommes folles, mourut pauvre, et, dans sa vieillesse, fut obligée pour vivre de fabriquer des boutons de soie. Elle mourut en 1770.

En même temps que ces deux cantatrices, brilla, pendant quelques années, de 1724 à 1733, la Negri, élève de Pasi.

En parlant de la Faustina, nous avons nommé Régina Mingotti; celle-ci, née en 1728, avait reçu les conseils de Porpora. Sa voix était un mezzo-soprano bien timbré, mais peu étendu. Par un singulier hasard, ce fut elle qui reprit plus tard, avec la Faustina, la lutte que la Cuzzoni avait abandonnée. Hasse, voulant faire briller sa femme, écrivit une partition de *Demofoonte* pour la circonstance. Castil-Blaze raconte ainsi la chose : « Le maître avait remarqué le fort et le faible de la voix de Mᵐᵉ Mingotti; le malicieux compositeur imagina de donner à la cantatrice un *adagio* qui naviguait dans les notes peu sonores de son organe, et pour montrer au grand jour ces défauts, il n'accompagna l'insidieux *adagio* qu'avec un pizzicato de violons. Régina fut obligée d'accepter le défi sans réclamation; mais elle découvrit le piège, elle travailla son *adagio* de telle sorte, tourna l'écueil avec une telle adresse, que la victoire lui resta. L'air : *Se tutti i mali miei*, disposé tout exprès pour mettre la virtuose en péril et ruiner sa réputation, fut couvert d'applaudissements, et Faustina elle-même, réduite au silence, n'osa se permettre un seul mot de critique. »

La célèbre Gabrielli était fille d'un cuisinier du prince Gabrielli, à Rome. Celui-ci, l'entendant un jour chanter, fut étonné de la beauté de sa voix et de la précocité de son goût naturel. Il la confia d'abord à Garcia l'ancien, dit l'Espagnoletto, puis de là elle passa dans l'école de Porpora. Née en 1730, elle débuta en 1747.

Lacroix, voyageant en Italie, rendit compte de son voyage dans *le Spectateur français*, et voici ce qu'il dit de cette chanteuse : « Est-il possible de peindre l'art et la manière de la Gabrielli, reine des cantatrices du jour? Son facile gosier se déploie à mesure qu'elle chante; sa voix flexible semble augmenter à chaque instant de netteté, de force et d'étendue. Tout à coup elle éclate, et perce les airs, ou s'élève et s'enfle par degrés; puis elle baisse et descend peu à peu, toujours avec art, toujours pleine dans ses inflexions, toujours juste dans ses mouvements. »

Non seulement la voix de la Gabrielli était très exercée, mais encore elle avait une remarquable étendue; son grand succès était surtout dans les effets de bravoure, où la pureté de sa vocalisation, la sûreté du trille, dépassaient tout ce qu'on peut imaginer. On ferait un livre avec toutes les aventures dont la fille du cuisinier fut l'héroïne ; impertinences avec les rois, amours romanesques, caprices, elle eut tout le roman des cantatrices de cette époque, et sembla en être, pour ainsi dire, la principale héroïne. Nous ne nous arrêterons pas sur ces détails. Cependant nous ne pouvons nous empêcher de citer un mot qu'elle eut l'audace de répondre à l'impératrice Catherine. Cette princesse voulut l'engager à Saint-Pétersbourg. La chanteuse demanda dix mille roubles d'appointements. — Je ne donne pas autant, dit l'Impératrice, à mes feld-maréchaux. — Eh bien! que Votre Majesté fasse chanter ses feld-maréchaux! répondit la chanteuse. Elle mourut en 1796 (1).

---

(1) Marie et Léon Escudier ont compilé quelques-unes de ces aventures de chanteuses dans un livre intitulé : *Vie et aventures des cantatrices célèbres*. Paris, Dentu, 1856, in-12. — Voici la liste des cantatrices dont ils ont fait la biographie : M¹¹ᵉ Maupin, Mᵐᵉ Favart, Sophie Arnould, Mᵐᵉ Gauthier, Mᵐᵉ Dugazon, Saint-Huberty, Saint-Aubin, Maillard, Gavaudan, Branchu, Philis, Gabrielli, Mara, Banti, Billington, Grassini, Catalani, Mainvielle-Fodor, Pisaroni, Pasta, Sontag et Malibran.

La Gabrielli avait eu avec le castrat Marchesi une rivalité d'artistes qui fut célèbre en son temps; mais une de ces luttes de chanteuses si fréquentes au dix-huitième siècle, se renouvela encore en France et rappela dans ce pays des beaux jours la lutte de la Faustina contre la Cuzzoni à Londres. Je veux parler des Maratistes et des Todistes.

Contre l'opinion générale, toutes les grandes chanteuses ne sont pas Italiennes, outre qu'il y en a de Françaises, il en existe aussi d'Anglaises, de Hollandaises et d'Allemandes surtout. La Mara, née Schmæling, était une de ces dernières. Gertrude - Elisabeth Schmæling (plus tard Mme Mara), était née à Cassel. La pauvre enfant avait perdu sa mère de bonne heure; son père, pauvre musicien et luthier, qui réparait des instruments, partait le matin pour travailler, l'attachait sur sa chaise et la laissait ainsi des journées entières. L'enfant mit un jour la main sur un violon et le père, en rentrant, fut tout étonné d'entendre sa fille jouer assez correctement la gamme. L'enfant avait cinq ans, et l'on voit que sa vocation musicale se déclarait de bonne heure. Schmæling profita de la circonstance et fit jouer sa fille en public comme un petit prodige, il la portait dans ses bras pendant qu'elle jouait. L'âge venant, l'enfant trouva des protecteurs et on s'aperçut que, non seulement elle jouait bien du violon, mais qu'elle avait une fort belle voix. On la fit étudier avec le castrat Paradisi.

La voix de la Mara avait une étendue de trois octaves du *sol* grave au *mi* sur aigu, sa vocalisation était légère et personne, mieux qu'elle, ne sut attaquer le trille *piano* pour l'augmenter en *crescendo* et revenir *diminuendo* jusqu'au point de départ. De plus, elle savait donner à l'*adagio* un tour et une largeur des plus remarquables. La Mara avait entendu les grands sopranistes de l'Italie et avait profité de leurs leçons. Elle vint à Paris, en 1782, où son succès de début fut prodigieux dans un air de Naumann « *Tu m'entendis* ». Pour donner une preuve de son agilité, il suffit de dire qu'elle se plaisait, comme plus tard la Catalani, à exécuter, avec sa voix, les traits et arpèges des variations de Corelli écrites primitivement pour le violon. Longtemps au service du roi Frédéric, la Mara eut à souffrir de la tyrannie de ce dernier, et eut mille peines à se débarrasser de ce trop impérieux protecteur.

En arrivant à Paris, en 1782, la Mara avait trouvé une rivale déjà établie depuis 1778, la Todi, qui possédait surtout le chant large, sonore, émouvant, mais dont la voix était un peu voilée. Elle n'avait pas le brio et la légèreté de la Mara, aussi pouvait-on dire de l'une que c'était une virtuose et de l'autre que c'était une chanteuse; l'une étonnait, l'autre émouvait. Le succès de la Mara fut peut-être plus grand que celui de la Todi ; mais on ne peut nier que cette dernière ait exercé sur les artistes français une plus grande influence que sa rivale.

Le public français applaudit la virtuosité, mais il apprécie mieux l'expression, et par bonheur nos chanteurs, grâce à la tendresse même de notre goût et de notre genre, sont plus disposés à rechercher l'expression et le sentiment que l'éclat de la virtuosité, voilà pourquoi la Todi fut plus utile à nos chanteurs que la Mara.

C'est en entendant chanter la Todi que Garat comprit son art et ce fait seul indique quel était le genre de talent de la cantatrice. L'engouement pour la virtuose passe vite, l'admiration pour la chanteuse expressive laisse seule des traces durables.

M. E. David a, dans le *Ménestrel* de 1874, fort bien raconté cette lutte des Todistes et des Maratistes qui fut une des batailles musicales les plus mémorables du temps passé ; on y dépensa beaucoup d'esprit, on fit beaucoup de mots et au résumé l'art du chant ne put que gagner à tout ce bruit.

La Todi eut d'autres rivales moins célèbres, il est vrai, mais qui eurent aussi leur jour de gloire, d'abord Mme Heyne, dont le souvenir ne fut pas durable, puis la fameuse Banti.

La Banti, qui fut si célèbre à Paris vers 1780, fut littéralement ramassée sur la voie publique par Devismes, alors directeur de l'Opéra et qui voulait former une troupe italienne. Elle était née dans le Parmesan vers 1756. Chanteuse ambulante, elle s'était peu à peu dirigée sur Paris et c'était près d'un café sur les boulevards que Devismes avait entendu sa voix étendue et remplie d'expression. Après avoir débuté dans la troupe italienne de Paris, elle partit en 1780 pour commencer son tour d'Europe et se faire applaudir à côté des grands chanteurs du temps, tels que Crescentini, Marchesi et Crivelli ; sa voix avait un volume prodigieux, son intelligence était telle qu'il lui suffisait de chanter deux fois un air, un duo, un trio, pour le savoir. Elle mourut à Bologne, le 18 février 1806, léguant son larynx à l'Académie de cette ville.

L'étendue et la souplesse de la voix de la Banti étaient merveilleuses ; mais en même temps qu'elle brillait, en Italie, une chanteuse qui, sous le rapport de l'étendue des registres, fut un véritable phénomène. Ce fut Lucrezia Agujari, surnommée la Bastardella.

La Bastardella eut pour maître l'abbé Lambertini, et elle débuta à Florence en 1764. Si Mozart n'avait écrit presque sous sa dictée un trait de la célèbre cantatrice, on traiterait de fable l'existence de cette prodigieuse voix qui montait jusqu'au contre *ut* suraigu. Fétis, dans sa biographie, Jahn, et Oulibicheff, dans leurs travaux sur Mozart, ont reproduit cette note musicale prise par le maître. Il ne semble pas que l'Agujari ait été une artiste bien remarquable, dans le sens élevé du mot sa voix était tout son talent, et elle se plaisait à ne chanter presque exclusivement que des opéras que Colla écrivait exprès pour elle. Lorsqu'elle vint à Londres, elle fut payée cent livres par soirée et encore pour ne chanter que deux morceaux. Elle épousa Colla probablement par reconnaissance et mourut en 1783.

« Il est difficile de croire, dit Mozart, qu'il y ait jamais eu dans le monde une voix aussi riche au grave comme à l'aigu. Dans sa partie élevée une octave complète succédait à l'*ut* posé sur la seconde ligne additionnelle à l'*ut*, borne très satisfaisante des soprani les mieux partagés. » Les notes de cette octave suraiguë, dit Léopold Mozart, rendaient un son plus faible, mais elles étaient douces et flûtées comme les tuyaux d'orgue, d'un pied de hauteur. Burney confirme le dire de Mozart :

« Lucrezia Agujari était une cantatrice merveilleuse. La partie inférieure de sa voix était d'un timbre plein, rond et d'une excellente qualité, l'étendue de son organe dépassait tout ce que nous avons entendu jusqu'à présent. Elle avait deux octaves de belles cordes naturelles, depuis le *la* sur la cinquième ligne (clef de basse), jusqu'au *la* aigu du soprano. De plus elle avait eu dans sa première jeunesse une troisième octave dans la région grave du contralto. Sacchini m'assurait lui-même qu'il l'avait entendue monter au *si* bémol suraigu (Mozart dit *ut*,) son trille était égal et parfait, son intonation irréprochable. »

Les voix d'une étendue extraordinaire furent nombreuses au dix-huitième siècle. Outre celles dont nous venons de parler, on peut citer M*me* Brauwer, qui, dit Castil-Blaze, possédait trois octaves d'une belle qualité de son. Plus tard, en 1820, M*me* Becker prenait le *fa* suraigu de volée, le soutenait longtemps et montait jusqu'au *si* bémol clair, net, femme et bien sonnant, M*mes* Catalani et Malibran possédaient un diapason de trois octaves. M*lle* Donzi, plus tard (M*me* Lebrun) atteignait sans peine le *fa* suraigu et quelquefois le *la*. Sabine Hitzelberger possédait aussi une étendue de trois octaves.

Derrière ces chanteuses célèbres se pressent une foule d'artistes de grande valeur qui se partagèrent pendant les dernières années du dix-huitième siècle les applaudissements du public. Cécilia Davies, dite l'Inglesina, élève de Sacchini et de Hasse, chanteuse agréable et excellente musicienne ; Anne Storace, autre élève de Zacchini qui mourut vers 1814, La Caltellini, charmant soprano de demi caractère, flexible et suave qui débuta en 1781 et pour laquelle Paësiello écrivit le rôle touchant de Nina, qu'elle rendit plus touchant encore ; La Bonasini qui dut son succès aux qualités d'expression de son chant. Un peu plus tard, et au commencement de ce siècle, on vit arriver des chanteuses qui furent les premières créatrices des opéras de la jeunesse de Rossini, la Colbran qui épousa le maître, la Mombelli, la Morichelli.

Trois chanteuses terminèrent brillamment la grande période du dix-huitième siècle, la Campi, la Grassini et la Catalani.

La Campi naquit en Pologne en 1773, sa voix était belle et passionnée, et elle eut le rare bonheur de la conserver pendant plus de trente ans : sa voix allait du *sol* grave au *fa* suraigu, elle avait une articulation des plus flexibles, une exécution nette et précise. On a comparé la Campi à la Catalani ; elle n'avait pas la voix aussi étendue mais elle la surpassait de beaucoup par le style et par le sentiment expressif ; on lui reprochait de surcharger le chant de traits et d'enfler le son par saccades sans suivre cette savante progression qui était le signe distinctif du chant chez les grands virtuoses au dix-huitième siècle. La Campi fut la créatrice des premiers opéras de Rossini qui la trouva dans tout l'éclat de sa réputation et son succès fut immense dans le rôle d'Aménaïde, de *Tancrède*. La Campi mourut au mois de septembre 1822.

La Grassini fut la cantatrice de Napoléon, comme Crescentini avait été son sopraniste. Elle était née en 1773. Le général Belgiojoso, étonné de la beauté de sa voix, la prit sous sa protection ; elle débuta en 1794 à Milan. Dès cette époque, elle connut Marchesi et Crescentini, qui lui révélèrent le *Bel Canto* avec ses grandes qualités de style. « Sa voix, dit Fétis, était un contralto vigoureux doué d'un accent expressif, elle n'avait pas d'étendue vers les sons élevés et sa vocalisation avait de la légèreté, qualité fort rare, chez les voix fortement timbrées. Après la bataille de Marengo, Napoléon, qui l'avait entendue chanter, l'emmena à Paris, et plus tard il l'attacha aux concerts de la cour avec Crescentini, Brizzi, Crivelli Tacchinardi et Mme Paër. A la chute de l'empire, Mme Grassini retourna en Italie où elle chanta jusqu'en 1817 et où elle mourut en 1850.

La Catalani fut la dernière chanteuse de la grande école du dix-huitième siècle. Son chant inégal accusait déjà, il est vrai, une époque de décadence ; mais on retrouvait en elle certaines des qualités des maîtres qui l'avaient précédée. La Catalani naquit en octobre 1779, à Siniglia, dans l'État romain. Elle fit ses études au couvent de Sainte-Lucie, à Gubbio, près de Rome, où elle fit déjà remarquer l'agilité et l'étendue de sa voix qui montait jusqu'au contre *sol;* de plus, elle avait une singulière facilité pour l'exécution des traits chromatiques montants et descendants. Sa première éducation entièrement livrée à la nature fut assez incomplète, aussi la Catalani en vint-elle à contracter certains défauts dont elle ne put jamais se corriger, comme, par exemple, celui d'un mouvement saccadé dans l'exécution des vocalises. Elle voulut d'abord cultiver le chant d'expression, mais bientôt elle s'aperçut que là n'était pas sa spécialité et que ce style ne convenait ni à son talent ni à sa voix; alors elle se livra complètement au virtuosisme de bravoure.

Elle débuta à seize ans, en 1795, à Venise, dans un opéra de Nasolini; dès ses premiers pas dans la carrière, elle fut considérée comme une chanteuse médiocre mais douée d'un merveilleux organe. Fétis dit même qu'elle ne comprit absolument rien aux conseils que Crescentini voulut lui donner. Son passage à Paris fut un triomphe. Puis en 1806, elle alla à Londres où s'établit définitivement sa réputation, et où elle gagna des sommes folles. La Catalani avait été la chanteuse des ennemis de l'empereur et de la France et se trouva ainsi en concurrence avec la Grassini; à la Restauration, elle revint en France où elle obtint du roi Louis XVIII le privilège du théâtre italien, qu'elle tua net, du reste, malgré son talent et à cause de son talent.

Elle seule régnait à ce théâtre, et pour que ce règne fut sans partage elle avait écarté systématiquement tout ce qui pouvait lui porter ombrage, depuis les premiers sujets jusqu'à l'orchestre sur lequel elle voulut réaliser les économies. Les opéras qu'elle chantait n'étaient que d'ennuyeux pastiches composés avec les morceaux qui convenaient le mieux au talent de la directrice comme les variations de Rode pour le violon qu'elle eut l'idée d'exécuter avec sa voix si étendue et si flexible et qui furent applaudies avec frénésie. Après avoir donné longtemps et avec succès, des concerts à l'étranger, la Catalani revint à Paris où elle mourut du choléra en 1849.

A quelques exceptions près, les ténors furent loin d'avoir les prodigieux succès des castrats et des cantatrices du dix-huitième siècle. Il fallut notre siècle amoureux de la vérité, de passion pour donner la vraie place à cette voix vibrante et passionnée si propre à exprimer l'amour, la colère, tous les sentiments, en un mot, qui agitent le cœur de l'homme; cependant nous ne pouvons négliger d'en citer quelques-uns et les derniers surtout comme Tacchinardi et Nozzari, qui ont pour nous un réel intérêt, puisque c'est avec eux que commence véritablement la période moderne du chant.

Le ténor le plus célèbre du dix-huitième siècle fut Antoine Raff. Il naquit à Geldsdorff dans le duché de Juliers. Malgré les préventions qu'on avait au dix-huitième siècle pour les castrats, au préjudice des ténors, son succès fut immense. Ginguéné dans le dictionnaire de musique cite sur Antoine Raff une anecdote qui prouve quelle était la puissance de son chant : « La princesse Belmonte-Pignatelli venait de perdre son mari, un mois s'était écoulé sans qu'elle proférât une seule plainte et versât une seule larme. Seulement vers la chute du jour, on portait la malade dans son jardin, mais ni l'aspect du plus beau ciel, ni la réunion de tout ce que l'art ajoutait sous ses yeux aux charmes de la nature, ni même l'attendrissante obscurité du soir, rien ne pouvait amener en elle ces douces émotions qui, donnant une issue à la douleur, lui ôtent ce qu'elle a de poignant et d'insupportable.

« Raff, passant alors à Naples pour la première fois, voulut voir les jardins de la princesse Belmonte, si célèbres par leur beauté; on le lui permit, mais en lui recommandant de ne pas approcher de tel bosquet, où était la princesse. Une dame de sa suite, sachant que Raff était dans le jardin, proposa à Madame de Belmonte, non pas de l'entendre, mais de le voir, et de lui permettre de venir la saluer. Raff approche, en allant le chercher on lui avait fait sa leçon. Après quelques moments de silence, la même femme pria la princesse de permettre qu'un chanteur aussi fameux, qui n'avait jamais eu l'honneur de chanter devant elle, pût, au moins, lui faire entendre le son de sa voix, et seulement quelques strophes d'une chanson de Rolli ou de Métastase. Le refus n'ayant pas été positif, Raff interpréta ce silence et s'étant placé un peu à l'écart, il chanta le premier couplet d'une chanson très touchante de Rolli qui commence par ce vers : *Solitario bosco ombroso*. Sa voix était alors dans toute sa fraîcheur, et l'une des plus belles et des plus touchantes que l'on ait entendues ; la mélodie simple, mais expressive de ce petit air, les paroles parfaitement adaptées au lieu, aux personnes, aux circonstances, tout cela ensemble eut un tel pouvoir sur des organes qui semblaient depuis longtemps fermés et endurcis par le désespoir que les larmes coulèrent en abondance. Elles ne s'arrêtèrent point pendant plusieurs jours ; ce fut ce qui sauva la malade qui sans cette effusion salutaire, eût immanquablement perdu la vie. »
En 1752, Raff se rendit à Lisbonne et y chanta pendant longtemps. Il vint à Paris en 1773 et quitta le théâtre en 1779, il mourut en 1795 à l'âge de 83 ans. Il avait appris le chant à vingt ans et presque seul,

il se ressentit toujours de ce défaut d'éducation première ; mais quoique médiocre acteur il fut surtout un chanteur d'expression.

Quelques autres ténors brillèrent aussi dans la première partie du dix-huitième siècle. Citons au premier rang Annibal Pio Fabri, surnommé Balino, élève de Pistocchi. Il se fit entendre sur les premiers théâtres d'Italie, et au dehors, il fut goûté par différents princes, particulièrement par Charles VI. Il fut agrégé comme compositeur à l'Académie philharmonique, en 1719, et fut prince de cette compagnie à plusieurs reprises. Fabri mourut en 1760.

Jean Pinta brilla vers 1726, surtout dans l'exécution de l'*adagio*, et mérita le surnom de roi des ténors; mais il fut surtout célèbre par l'école qu'il établit à Gênes et qui forma un grand nombre de bons élèves.

Panzacchi (Dominique) fut élève de Bernacchi; il naquit à Bologne en 1733; il chanta longtemps en Espagne, et, après avoir amassé dans ce pays une grande fortune, il revint dans son pays, rapportant une magnifique collection d'ouvrages concernant la musique espagnole et des partitions.

Viganoni, né à Bergame en 1754, fut à Venise élève de Bertoni; il débuta en 1777, et c'est pour lui que Paesiello écrivit le rôle de Sandrino, d'*Il re Teodoro*.

Citons encore, dans cette même série, un chanteur dont les succès furent moins éclatants, mais qui rendit de grands services à l'art français. Je veux parler de Bernard, qui, né en 1758, fut élève de Potenza. Il chanta d'abord au théâtre, puis au concert, ensuite il vint en France, où il enseigna longtemps le chant. A la fondation du Conservatoire, il y fut nommé professeur et prit une part active à la rédaction de *la Méthode de Chant*. Il mourut en 1800.

Le dix-huitième siècle avait été l'âge d'or des castrats, mais il n'est si bonne chose qui n'ait sa fin; grâce aux progrès de la musique, grâce aussi à la révolution philosophique, les castrats diminuaient en nombre et en influence; les œuvres nouvelles étaient moins favorables à leur talent que celles qu'on écrivait exprès pour eux. De plus, on avait eu honte de sacrifier l'humanité au plaisir de quelques amateurs. Il fallut remplacer les castrats. Remplacer les femmes dans les rôles d'hommes paraissait déjà une monstruosité à quelques-uns, on eut donc recours aux voix élevées d'hommes, et c'est ainsi que toute la première moitié de notre siècle a été la période des ténors.

Déjà, Simon Mayer s'était servi avec bonheur des ténors. Rossini le suivit dans cette voie.

Un des premiers de ce siècle fut Giacomo Davide, excellent musicien, à la voix facile et sonore, possédant une intonation sûre et un goût délicat; il avait été l'interprète des maîtres de la fin du dix-huitième siècle et du commencement de ce siècle. En même temps que lui avait brillé Crivelli, élève d'Aprile, dont la principale qualité avait été la largeur du style et du phraser. C'est le fils de Crivelli qui a écrit la méthode que nous avons si souvent citée. Après eux vinrent Nozzari, Tacchinardi et Garcia.

Cette trinité, qui couronne dignement la dernière période du *Bel Canto*, servait pour ainsi dire d'intermédiaire entre l'école ancienne et les chanteurs contemporains. C'est en interprétant surtout les œuvres de Rossini que ces chanteurs initièrent le public au style nouveau.

Nozzari était élève de l'abbé Pétrabelli, puis de Davide père et d'Aprile. Il débuta à Pavie à dix-neuf ans, et vint à Paris en 1802. La voix de Nozzari était très étendue, moelleuse et flexible. Son triomphe était dans les *airs*, et on garda longtemps le souvenir de la façon dont il chantait le célèbre *Pria che spunti l'aurora*, de Cimarosa. Il créa les opéras *seria* de la première manière de Rossini : *Otello*, *Armida*, *Mose*, *Ermione*, *la Dona del Lago* et *Zelmira*. Il mourut à Naples en 1832.

Tacchinardi, né à Florence en 1776, était fort laid, mais il possédait une magnifique voix, sachant à merveille passer du registre de poitrine au registre de tête, choisissant bien les traits et les fioritures dont il ornait la musique, contrairement à Crivelli dont le chant était médiocrement orné. Tacchinardi forma deux élèves qui furent célèbres : sa fille, qui fut plus tard la Persiani, et la Frezzolini.

Garcia fut aussi un des premiers interprètes de Rossini. Garcia était né à Séville en 1775; après avoir quelque temps chanté en Espagne, il vint à Paris en 1808. Bon compositeur et chef d'orchestre, Garcia ne tarda pas à se mettre à la tête du Théâtre Italien. Garat disait de lui : « J'aime la fureur andalouse de cet homme, elle anime tout. » C'est à cette époque qu'il se fit entendre à Paris, et chanta dans un opéra de lui, le chant espagnol devenu populaire : *Yo que son contrabandista*.

Ce fut en 1811 qu'il alla en Italie, et se perfectionna dans l'art du chant. En 1815, Rossini écrivit pour lui le rôle de ténor d'*Elisabetta*;

puis, en 1816, le rôle du comte dans *le Barbier*, qu'il fit connaître en France en 1819.

La grande qualité de Garcia était la verve et la chaleur. Il brûlait les planches, suivant une expression de théâtre. Un soir, en Amérique, l'excellente troupe dont il était le chef, exécutait *Don Juan*. Il suffit de savoir que cette troupe était composée de Crivelli fils, de Manuel Garcia, d'Angresani, de Rosich, de Mᵐᵉ Barbière, de celle qui fut plus tard la Malibran, pour penser si ce finale avait été bien exécuté ; toute la salle trépignait ; un seul était mécontent, Garcia ; il s'élance tout à coup et s'écrie : « Cela ne va pas, recommençons le tout. » Et voilà l'ensemble repartant à nouveau, comme en pleine répétition. Le jeu de Garcia était si chaleureux, si vrai, si passionné, que la Malibran a dit plusieurs fois que, dans ce dernier acte d'*Otello*, elle avait craint que son père l'assassinât.

Garcia forma une école de chant qui fut longtemps célèbre, et il occupé une place d'honneur parmi les professeurs de cet art. Il eut pour élèves sa fille, la Malibran, Mᵐᵉ Rimbault, Ruiz Garcia, Méric Lalande, Favelli, Nourrit, Géraldi, et son fils Manuel Garcia, excellent professeur. Garcia mourut à Paris le 2 juin 1832.

On a pu voir que, même pendant l'ère des castrats et des cantatrices, on avait encore réservé une place importante aux voix aiguës d'hommes, mais les voix graves étaient complètement exclues de l'opéra *seria*.

Qu'aurait-on fait de basses, lorsqu'on avait déjà dans une œuvre quatre voix féminines, plus un ténor? On les réserva donc pour les opéras bouffes, et là, quelques chanteurs habiles, maniant dextrement la vocalise, surent se faire une place brillante dans l'histoire du chant.

Citons, sans nous arrêter aux détails, Caribaldi, à la voix souple et au jeu naturel; Naldi, Pacini, chez lequel se présenta le phénomène curieux que, né avec une voix de ténor, il finit sa carrière avec une voix de basse, Raffanelli, plus acteur que chanteur, Manelli, etc.

Mais une révolution s'était accomplie; Rossini, sentant par où péchait l'ensemble vocal des Italiens dans l'opéra *seria*, avait introduit des basses au milieu des soprani et des ténors. Encouragé par les essais timides de Simon Mayer, il avait, dans *la Gazza ladra*, écrit pour Galli un rôle de basse de demi-caractère, dans un style qui ne ressemblait en rien à celui des anciens bouffes. Dans *Tancrède*, il avait encore accentué le rôle de la basse en l'introduisant dans l'opéra héroïque. Dans *Mosè*, il y en eût deux, Moïse et Pharaon, écrits pour

Porto et Benedetti. C'est avec *Mosè*, en 1818, qu'eut lieu définitivement cette révolution vocale. Depuis *Tancrède*, en passant par *Otello*, le progrès fut constant, et en rencontrant les deux basses de *Mosè* (1818) on est loin du jour où Rossini, écrivant *Elisabetta* pour Naples (1815), avait dû se passer de rôles de basses, parce que l'impresario ne possédait pas ce genre de voix dans sa troupe.

Galli, Remorini, Porto, Benedetti, furent les chanteurs à voix graves du novateur. Pellegrini, dont le nom reste aussi attaché aux œuvres de Rossini, ainsi qu'à celles de Mayer, de Fioravanti et de Paër, fut un chanteur bouffe plutôt que sérieux.

Galli était né à Rome en 1783. Comme Garibaldi, il débuta avec une voix de ténor, puis, après quelques années, à la suite d'une maladie grave qui changea la nature de son organe, de ténor il devint basse, et basse d'une intensité de son peu commune. Il joua les basses bouffes, comme le Bey dans *l'Italienne à Alger*, jusqu'au jour où, en écrivant le rôle dramatique de Fernando, dans *la Gazza ladra*, Rossini lui fournit l'occasion de faire connaître ses réelles qualités dramatiques; il s'éleva enfin jusqu'à la tragédie dans *Maometto*. Galli avait la voix puissante et souple, il vocalisait avec aisance, comme on peut le voir dans les parties écrites pour lui; mais sa grande qualité était surtout la force expressive. Il mourut à Paris en 1853.

Remorini, né la même année que Galli, inaugura aussi la nouvelle manière de Rossini, en 1816, en créant *Torwaldo et Dorlisca*. Il mourut en 1827. Porto et Benedetti furent les créateurs des deux célèbres rôles de basses de *Mosè*; le premier avait une voix puissante, mais lourde; Benedetti rappelait, dans ses traits et dans sa stature, le gigantesque Moïse de Michel-Ange.

Résumons-nous donc sur cette brillante période de l'histoire du chant en Italie pendant le dix-huitième siècle, et notre résumé se réduit à peu de mots : peu ou point de musique, mais une merveilleuse efflorescence de l'art du chant. Pendant les premières années du siècle, l'école conserve quelque chose des pures traditions musicales du dix-septième, mais, vers 1720, dans l'*opéra seria*, la musique cède définitivement le pas à la virtuosité ; cantatrices et castrats tiennent lieu de musique, d'orchestre, de compositeurs.

Parfaitement instruits dans leur art, les virtuoses cachèrent d'abord, sous l'étonnante richesse de la forme, la navrante pauvreté du fond. Mais bientôt la décadence se fit sentir. Des artistes moins habiles voulurent à leur tour traiter la musique en pays conquis; les musiciens, émancipés par Gluck et Mozart, se révoltèrent peu à peu contre cette tyrannie qui mettait leur œuvre à la merci d'un castrat; leur confiance dans le chanteur diminua à mesure que leur conscience artistique grandissait, et bientôt vint le temps où ils demandèrent à leurs interprètes, non plus de la virtuosité, mais du chant et du talent, ce qui n'est point absolument la même chose.

ÉPOQUE CONTEMPORAINE

Les derniers virtuoses. — Le chant contemporain.

A la fin du chapitre précédent, nous avons prononcé le mot *décadence* ; mais, au fond, était-il bien juste ? Ceci paraîtra peut-être un peu hardi, mais il n'existe pas de décadence en art, il n'y a que des transformations. Plus que tout autre art, la musique est sujette aux changements de la mode. De plus, elle est jeune encore, et la période exceptionnellement brillante qui a marqué la fin du siècle dernier et le commencement de celui-ci, a causé dans tous les genres de la musique, et même dans le goût du public, de rapides perturbations, dont l'art du chant devait être un des premiers à ressentir les effets.

Avec les chanteurs de Rossini, nous sommes bien loin, il faut le dire, des étonnants virtuoses du dix-huitième siècle. Déjà Mancini s'était plaint de la décadence de l'art du chant, les méthodes, les histoires, les études sérieuses ne tarissent pas à ce sujet, devenu matière à éloquentes dissertations. Que s'est-il donc passé? Rien ou peu de chose : la virtuosité a disparu, et petit à petit la musique a pris sa place. Avec les chanteurs qui brilleront depuis 1825 à peu près jusqu'à notre époque, on retrouvera encore quelque temps des lueurs fugitives du passé, mais chaque année emportera avec elle un peu de cette antique gloire du chant, comme chaque flot du fleuve, entraîne dans son cours quelques fragments du superbe édifice qui décorait la rive. Nous ne jugeons pas, nous constatons. Est-ce un mal? Est-ce un bien? L'avenir seul saura nous le dire. Regrettons seulement qu'un art entier puisse ainsi s'effondrer sous le poids du temps et disparaître à ce point qu'il devienne impossible d'en retrouver jusqu'au moindre vestige.

Dans notre récit, nous n'avons pas négligé, tout en suivant de près l'histoire de la virtuosité, de jeter un coup d'œil sur la musique que les compositeurs écrivaient, ou pour mieux dire esquissaient, pour la plus grande gloire des chanteurs. Nous avons vu ensuite les musiciens s'enhardir chaque jour, d'abord dans l'opéra bouffe, puis peu à peu sortir d'Italie et venir en France, où le public se montrait plus avide d'expression que de *bel canto*. Peu à peu ils se mirent à faire de la musique et à exiger que les exécutants chantassent cette musique.

Ces mauvaises et impertinentes habitudes se répandirent même chez les compositeurs exclusivement italiens. Il arriva un jour qu'un maître, qui avait nom Cimarosa, eut l'audace de dire à un ténor : « Bravo ! mille fois bravo ! mais maintenant que vous avez fini de chanter votre musique, il me serait fort agréable de vous entendre chanter la mienne. »

Tout cela indiquait des idées inquiétantes de révolte, et les temps néfastes étaient venus où Rossini, imitant en cela Mayer, avait osé écrire les traits à exécuter et tenté par là de couper court aux fantaisies des chanteurs. Il n'est pas à dire qu'à partir d'*Aurélien à Palmyre*, les virtuoses n'aient plus jamais rien ajouté à leur rôle, mais du moins il exista dès ce jour un frein qui les empêchait de pousser à l'excès leurs caprices.

Dès le commencement de ce siècle, l'art musical avait pris un prodigieux élan. Avec Gluck, Mozart, Beethoven, Spontini, la musique était arrivée à ce moment qu'il est aujourd'hui convenu d'appeler psychologique ; quelque chose d'inattendu devait sortir d'une pareille manifestation artistique. Rossini et Weber furent les plus éclatantes personnifications de ce merveilleux progrès. De la musique de Weber, au point de vue vocal, nous parlerons tout à l'heure, Rossini seul nous occupe en ce moment.

Qu'il plaise à une certaine école de méconnaître les immenses services rendus à la musique par le maître qui a écrit *Guillaume Tell*, soit ; mais l'historien ne peut ni ne doit avoir de ces oublis.

Nous ne sommes point admirateurs exclusifs de Rossini ; nous connaissons ses défauts, mieux peut-être que ceux qui les lui reprochent le plus ; cependant nous devons reconnaître que l'art italien a dû à cet homme de génie les bienfaits d'une révolution presque complète, qu'il ne commença pas, mais dont il fut un des plus éclatants continuateurs. La musique italienne, toute de superficie, ne cherchant ses effets que dans la mélodie, cette musique-femme, en un mot, s'était peu à peu virilisée, la sensation avait fait place au sentiment, et, chose curieuse !

c'était Rossini, le moins sentimental des musiciens, qui, après Spontini, entraînait dans cette nouvelle voie les artistes de son temps. L'orchestre devint plus riche et plus expressif, l'harmonie plus variée et surtout plus appropriée au sens dramatique ; bref, tout en restant essentiellement sensualiste, le musicien d'*Otello* et de *Sémiramide* sut quelquefois trouver des accents dramatiques vrais et émouvants. Pour conserver à sa musique le caractère qu'il avait voulu lui donner, Rossini avait dû tenir à ce qu'elle ne fût pas livrée au caprice d'un chanteur. Sa haute ambition était bien encore de plaire aux dilettantes, mais il voulait que ce plaisir fût dû à sa musique et non à l'exécutant. Lorsqu'il fleurit de mille arabesques la flamboyante partition de *Sémiramide*, il prit ses précautions pour que l'œuvre restât ce qu'il avait désiré qu'elle fût. La France, l'Allemagne devaient une partie de leur gloire musicale à la force de l'expression, à la puissance des harmonies, et plus encore à la valeur des œuvres qu'à l'éclat de leurs chanteurs. Rossini pensa qu'il devait en être de même de l'Italie.

Non seulement il écrivit lui-même sa musique, mais encore il révolutionna le style vocal et la *tessitura*, en remettant en honneur des voix et des timbres que les sopranistes et les femmes avaient fait reléguer dans l'opéra *buffa*. Nous avons vu que la basse fut une voix très employée par lui, le contralto retrouva dans ses œuvres son véritable emploi dramatique : le rôle d'Arsace en est un éclatant exemple.

Plus la vraie musique progressait, grâce à ces révolutions, plus la virtuosité tombait naturellement en décadence. Le moyen de fleurir d'élégantes broderies sur une harmonie nombreuse accompagnée d'un orchestre expressif? Comment ajouter traits et agréments là où le compositeur, serrant de près l'expression, n'avait mis que les notes nécessaires à l'expression? On se plaignait bien un peu de ce bruyant orchestre ; on riait bien un peu du *Tedesco* dont la science venait de se jeter ainsi au travers du dilettantisme vocal; mais, en résumé, le maestro restait le maître, et le retour aux vrais principes se faisait sentir, bien faible, il est vrai, mais assez fort cependant pour laisser parfois à la musique la première place au détriment de la virtuosité.

Si Rossini avait eu pour interprètes les rois du chant qui avaient nom Farinelli, Senesino, etc., peut-être se fût-il laissé aller au plaisir des succès faciles d'interprétation ; mais, il faut bien le dire, le grand siècle était un peu passé. D'un côté, la musique tuait peu à peu les virtuoses en les réduisant au rôle de chanteurs; de l'autre, la virtuosité avait beaucoup perdu de cette perfection qui lui permettait, à elle essentiellement fugitive, de constituer un art dans l'art.

Nous reviendrons plus tard sur les causes de la révolution, pour ne pas dire de la décadence du chant à une époque plus rapprochée de nous. Contentons-nous ici de constater que les grands virtuoses étaient disparus, que les principes merveilleux sur lesquels s'appuyait leur science spéciale commençaient à être oubliés, que, ne sachant faire mieux, ils en étaient venus peu à peu à vouloir faire étonnant. Certainement les progrès de la musique, dans ses parties étrangères au chant, avaient contribué à faire perdre au virtuosisme sa plus grande puissance; mais il faut avouer aussi que le virtuosisme, en s'abandonnant lui-même, avait fatigué public et compositeurs. Aussi, à partir de ce moment, malgré les grands noms que nous avons encore à citer, saluons, sans trop la regretter, une période curieuse dans l'histoire de notre art, et entrons résolument dans le cycle du chant moderne.

C'est l'Italie ou, pour mieux dire, l'école italienne qui eut l'honneur de fournir et jusqu'à notre époque les plus brillants chanteurs et les cantatrices les plus applaudies. Mais la France et l'Allemagne donnèrent à la musique ses plus émouvants tragédiens et ses plus dramatiques interprètes. Ainsi depuis deux siècles les choses n'ont point changé. D'un côté virtuosité et éclat, de l'autre expression et profond sentiment dramatique.

Type célèbre vénéré de tous, illuminé comme d'un divin rayon dans l'école italienne de notre siècle, immortalisée par un grand poète, illustrée par les critiques, Malibran semble avoir réalisé le modèle parfait de la chanteuse. Son nom éveille comme un monde de souvenirs émouvants et pathétiques, elle avait l'expression qui touche, la tendresse qui émeut, la puissance qui subjugue, la gaîté et l'éclat qui fascinent. Pour elle le chant était une langue naturelle singulièrement perfectionnée par un art merveilleux, de là vint que non seulement elle fut une grande chanteuse, mais encore une tragédienne pleine de sensibilité, une comédienne vive et spirituelle. Le chant était, chez la Malibran, un instrument docile au service d'une des plus admirables organisations musicales qui ait jamais existé.

La Malibran, on le sait, appartenait à la grande famille des Garcia, que Mme Viardot illustre encore. Elle naquit à Paris le 24 mars 1808. Chose étrange, il fut quelque temps incertain si ces deux Français lui donneraient ses premières leçons. Panseron lui enseigna le solfège au service de ses rôles une science parfaite du chant et Hérold le piano.

La jeune Marie fit ses études de chant sous la direction de son père. C'était un maître bien terrible, bien brutal, bien sujet à des transports de colère, bien emporté dans ses leçons. Pour Marie surtout, le travail était un supplice mêlé de coups, de bourrades et de pleurs; mais Marie tenait tête et oubliait les violences pour ne se souvenir que des bienfaits. Ses études finies, elle débuta à Londres en 1825, et à partir de ce jour la gloire fut fondée à jamais. Elle épousa en 1827 à New-York un homme maudit dont elle se sépara un an après

Nous reviendrons plus tard sur les causes de la révolution pour ne pas dire de la décadence du chant, à une époque plus rapprochée de nous. Contentons-nous ici de constater que les grands artistes courbait la tête et oubliait les violences pour ne se souvenir que des bienfaits. Ses études finies elle débuta à Londres en 1825, et à partir de ce jour sa gloire fut fondée à jamais. Elle épousa en 1827 à New-York un négociant nommé Malibran dont elle se sépara un an après.

La Malibran vint à Paris en 1828, son succès fut grand, mais nous ne la suivrons pas dans toutes ses tournées triomphales, nous ne raconterons pas comment les Bolonais poussèrent l'enthousiasme jusqu'à lui ériger une statue, comment le public dételait les chevaux de sa voiture pour la reconduire chez elle, nous ne compterons pas les sommes prodigieuses que les dilettanti jetèrent à ses pieds. Peut-être des reines du trille et de la vocalise sourient aujourd'hui en lisant ces lignes, si toutefois elles les lisent, mais aux mois de mai et juin 1835 la Malibran gagna à Londres 69,375 livres sterling pour vingt-quatre représentations, les Milanais trouvèrent tout naturel de payer 420,000 francs pour quatre-vingt-cinq représentations. Aujourd'hui une diva célèbre fait payer le double ses brillantes vocalises et ses trilles éclatants, sans pour cela rappeler en rien les émotions de la Malibran.

La Malibran avait épousé en secondes noces en 1836 le violoniste de Bériot, mais la même année elle mourut d'une fièvre nerveuse à vingt-huit ans, et le 23 septembre 1836 marqua parmi les jours néfastes de l'histoire de l'art.

Ils deviennent assez rares ceux qui ont entendu et apprécié la Malibran, mais jamais chanteuse n'a laissé plus vivant souvenir. C'est avec un sentiment touchant de tendresse et de reconnaissance et d'admiration que ceux qui l'ont entendue en parlent encore. Son talent était multiple et varié, tantôt elle était la coquette et joyeuse Rosine, tantôt la touchante et dramatique Norma. Non contente de bien chanter, elle savait aussi bien jouer. Il paraît que lorsqu'elle vint en France pour la première fois, son chant, paré encore d'une luxuriante végétation, sembla trop orné au public et à la critique, c'était le trop plein d'une imagination merveilleuse qui débordait dans ses trilles, ses vocalises, ses improvisations, plus tard elle corrigea cet excès de richesse et revint à un style plus pur et plus châtié. A partir de ce moment la Malibran fut avant tout une chanteuse dramatique, mettant au service de ses rôles une science parfaite du chant, un étonnant instinct du théâtre et de l'expression juste sous le rapport de la voix. Par un don singulier de nature, elle joignait les deux registres de contralto et de soprano, ce qui lui permettait de produire des effets inaccessibles à d'autres. Quelques critiques sévères ont accusé la Malibran de chercher à tout prix le succès. « Laissez-moi faire, disait-elle, vous êtes deux dans la salle à vous apercevoir de mes incartades; c'est le public que je veux enivrer et séduire, quand je chanterai pour vous je ferai autrement. » Elle enivrait et séduisait, donc elle avait raison.

Les poëtes ont de singuliers priviléges et Musset pleurant sur le cercueil de la Malibran, a pu flétrir d'un vers le talent de la Pasta, mais il parlait en poëte et cherchait son effet. Contrairement au vers de Musset, la Pasta possédait un talent essentiellement dramatique. Elle savait surtout composer un personnage, concevoir un rôle, lui donner avec une merveilleuse intelligence la profondeur et la vérité d'expression. Son chant n'était pas irréprochable sous le rapport de l'émission de la voix, sa vocalise manquait de souplesse, et même dans la seconde partie de sa carrière on l'accusa quelquefois de chanter au-dessous du ton; mais la Pasta fut surtout une chanteuse dramatique et émouvante; son sentiment musical lui fit comprendre le caractère harmonique de la musique vocale moderne inaugurée par Rossini, et elle sut en exprimer tous les accents. Les vieux amateurs se rappellent encore avec quelle simplicité Pasta chantait la *Sonnambula*; la poésie pénétrante et toute shakespearienne avec laquelle elle interprétait le rôle de Desdémone. Nous voilà bien loin du jugement de Musset; lisons les poëtes, aimons-les, adorons-les, mais ne les prenons pas pour critiques musicaux.

Une autre artiste se trouva aussi en lutte avec la Malibran, mais celle-ci n'eut pas le malheur de rencontrer un poëte en quête de prosopopée; je veux parler de la Sontag. La Sontag était Allemande; car il est à remarquer que souvent les chanteuses, dites italiennes, ne sont que des enfants adoptifs de l'Italie. Enfant de la balle elle naquit à Coblentz en 1805. Après avoir débuté à six ans sur le théâtre de Darmstadt elle entra au Conservatoire de Prague, où elle fit ses études; mais ce fut en entendant Mme Mainvielle-Fodor qu'elle se perfectionna dans l'art du chant. Ses premiers débuts datent de 1824 dans *Freyschütz* et dans l'*Euryanthe* de Weber. Douée d'une grande flexibilité de talent, elle chantait également la musique de Rossini et celle de Weber. Elle vint à Paris en 1826 et débuta dans le *Barbier de Séville*, où elle exécuta à la leçon de chant des variations de Rode qui firent oublier celles de la Catalani. La lutte de la Sontag avec la Malibran fut des plus profitables pour l'art. Sans rappeler les terribles batailles de la Faustina et de la Cuzzoni, de la Mara et de la Todi, cette rivalité tient aussi sa place dans l'histoire des guerres musicales. Fétis raconte que ce fut lui qui mit fin à cette inimitié en faisant chanter à la Sontag et à la Malibran le duo de Sémiramis et d'Arsace. On ne pouvait signer un plus harmonieux traité de paix. La Sontag mourut du choléra à Mexico en 1854.

Le talent de la Sontag était surtout dans le charme, l'élégance et la grâce. Il faut classer cette artiste parmi les chanteuses légères; sa voix était très étendue, remarquable de justesse et d'égalité, sa vocalise facile et pure. Au contact du public français, elle sentit que quelques qualités dramatiques lui manquaient encore; elle ne tarda pas à les acquérir, et le rôle si dramatique de dona Anna dans *Don Juan* fut pour elle l'occasion de ses plus grands triomphes.

Nous avons nommé Mme Mainvielle-Fodor. Hongroise d'origine, née à Paris, élevée en Russie, Italienne d'adoption, elle travailla avec son père Joseph Fodor, un artiste de talent. Elle débuta en 1810 à Saint-Pétersbourg dans la *Cantatrice Villane* de Fioravanti. Mariée en 1812 à Mainvielle, acteur français, elle vint en France chanter notre répertoire national à l'Opéra-Comique en 1814. Son succès fut médiocre, mais elle eut l'idée d'aller remplacer Mme Barrilli à l'Odéon dans le répertoire italien; ce changement de carrière décida de son succès. Elle alla ensuite en Italie où la douceur et le charme de sa voix la firent porter *alle stelle*. Revenant bientôt à Paris en 1819, elle fit véritablement connaître aux Parisiens le répertoire bouffe ou de demi-caractère de Rossini, tel que la *Gazza Ladra*, et surtout le *Barbier de Séville* qui n'avait eu qu'un demi-succès lorsque Mme Bienzi l'avait chanté pour la première fois. Après avoir passé quelques brillantes saisons en Italie, elle revint à Paris, mais son insuccès fut tel dans *Sémiramide* qu'elle renonça complètement à chanter dans notre ville. A partir de ce jour la Mainvielle ne fut que l'ombre d'elle-même, une maladie de larynx lui avait enlevé la pureté de sa voix; après une courte apparition au théâtre San-Carlo de Naples la célèbre chanteuse quitta définitivement le théâtre.

Quoique venue quelques années après les chanteurs dont nous venons de parler, la Persiani occupa le premier rang pendant la brillante période des Malibran, des Pasta, des Sontag. La Persiani était fille et élève de Tacchinardi. Son père lui avait inculqué les grands principes de l'école dont il avait connu les derniers maîtres. Elle fut surtout une chanteuse légère. Sa voix, très élevée, vocalisait avec une merveilleuse souplesse; le son était pur, quoique la qualité en fût un peu maigre. Enfin, la Persiani a laissé le souvenir d'une des chanteuses les plus hardies et les plus brillantes de cette époque où le chant pur jeta ses dernières lueurs.

Malgré la différence de talent, ne séparons pas de la Persiani la Frezzolini, qui fut notre contemporaine. Elle reçut, comme la Persiani, des leçons de Tacchinardi. Elle étudia aussi avec Ronconi le père et Manuel Garcia. Plusieurs de nos lecteurs ont pu, ainsi que nous, entendre à son déclin ce splendide talent dramatique. Elle était belle, son geste était noble et sculptural, son style plein de largeur et d'expression dramatique ; de plus, elle conservait, quoique un peu altérées, les grandes traditions du chant italien. Qui l'a entendue exhaler son âme dans le quatrième acte de *Rigoletto* a connu une des plus grandes chanteuses dramatiques de notre temps.

Mais nous voici loin de la période de la Malibran ; revenons-y avec Mme Albertazzi, une Anglaise italianisée, dont la carrière fut trop courte. Suivant Fétis, elle fut un exemple frappant du danger que les maîtres font courir à leurs élèves en les faisant chanter trop tôt et avant que les études soient terminées. A peine avait-elle fait quelques exercices de la pose du son qu'elle débutait, n'ayant pas encore seize ans. C'est en vain que le compositeur Celli lui donna quelques leçons de vocalisation, que la Pasta lui prodigua ses conseils ; après huit ans à peu près d'une brillante carrière, la chanteuse, fatiguée, perdit la voix ; le succès fut d'abord capricieux, puis tout à fait rétif, et ses dernières représentations furent lamentables. Mme Albertazzi mourut en 1847.

Parlerons-nous de Grisi (Julia), la belle Norma, dont le nom seul fait tressaillir les anciens amateurs de l'opéra italien ? Ce fut elle, en effet, qui pendant quinze ans, à partir de 1832, fut la première chanteuse dramatique des Bouffes. Elle eut l'honneur de créer *I Puritani*, de Bellini ; enfin, comme nous le disions, elle est restée comme le type de la plus belle Norma qui ait jamais existé. Depuis ses débuts dans *Sémiramide*, cette artiste ne cessa d'étudier, de se perfectionner, d'acquérir la science de son art. Plût à Dieu que son exemple fut encore suivi !

Dans ce court tableau, nous n'avons pas cité de contralto ; il en est cependant quelques-uns qui méritent notre attention. La place importante que Rossini avait donnée à cette voix si rare et si belle, qui malheureusement disparaît aujourd'hui, donna naissance à quelques contralti remarquables. Ceci n'est point une nomenclature, nous l'avons déjà dit maintes fois. Cependant nous ne pouvons négliger de citer la Pisaroni qui, prenant la succession des premiers chanteurs de Rossini, sut si bien se rendre digne d'eux.

La Pisaroni, née en 1793, se forma aux leçons de Moschini et de

Marchesi. Il lui arriva une aventure singulière. De soprano qu'elle était, elle devint contralto, et cette nouvelle voix se développa si bien, que la Pisaroni posséda un des plus beaux contralti connus. Son succès put s'appeler le triomphe du chant, car jamais artiste ne fut plus épouvantablement laide; la petite vérole avait complètement déformé ses traits. Lorsqu'elle débuta à Paris, en 1827, par le rôle d'Arsace, elle entra en scène en tournant le dos au public, et les premiers sons de sa merveilleuse voix excitèrent des transports d'enthousiasme; mais lorsqu'elle se retourna, l'effet fut des plus pénibles. Son talent surmonta cette difficulté, bien grande cependant, et le succès de la Pisaroni à Paris fut immense. Ses grandes qualités étaient la largeur et la puissance du style. Elle n'a créé aucun des rôles de Rossini, mais elle a été une merveilleuse interprète de ses œuvres.

L'héritière directe de la Pisaroni, Mme Alboni, est notre contemporaine et semble assez jeune pour ne pas avoir encore le droit d'entrer dans l'histoire. Nous avons résolu de ne point parler des artistes dont les succès sont assez rapprochés de nous pour que nos critiques puissent paraître des personnalités; mais les révolutions de l'histoire du chant sont telles depuis trente ans, qu'une chanteuse qui a reçu des leçons de Rossini, qui a eu pour partenaires les Rubini, les Lablache, les Grisi, devient, qu'elle nous pardonne le mot, document historique. Quelques privilégiés peuvent encore entendre Mme Alboni, à de rares intervalles, et ceux-là seuls peuvent se faire une idée approximative de ce que fut cet art spécial que l'on pourrait appeler *le chant pour le chant*. En écoutant cette voix si admirable, un peu altérée dans les parties aiguës, mais qui a conservé au grave toute sa beauté, il semble que nous soyons transportés vers un temps qui n'est plus. Le son, merveilleusement posé, sort avec une étonnante plénitude, sans une trace d'effort, sans une ombre de mauvais goût; ses ondes se déroulent douces et suaves à la fois; chaque note, émise avec netteté, porte l'accent qui lui convient; la vocalise se détache, pleine, note par note, sans saccade et avec une parfaite égalité. Non seulement Mme Alboni a été douée d'un instrument vocal complet, mais elle sait aussi en perfection en faire valoir le timbre, la souplesse et l'étendue, et cette science elle la doit à une école qui n'est plus, à un enseignement dont les principes sont malheureusement trop oubliés aujourd'hui.

Pendant cette période de 1826 à 1845 à peu près, l'Italie ne fut pas seule à produire les grandes chanteuses, et il est une Suédoise, Jenny Lind, à laquelle nous devons au moins un souvenir, bien qu'elle n'ait jamais voulu mettre les pieds en France depuis son échec dans une audition pour l'Opéra, en 1842. Jenny Lind était née à Stockholm en 1820. Après avoir appris le chant et même débuté dans son pays, M¹¹ᵉ Lind vint à Paris étudier avec Manuel Garcia. Elle fut, en Allemagne et en Angleterre, la chanteuse de Meyerbeer et du répertoire allemand ancien et moderne. Sa voix était d'un beau timbre, sa vocalisation correcte et facile; cependant, en entendant ce phrasé qui manquait d'ampleur et d'accent, on sentait que l'artiste ne s'était pas inspirée aux grandes sources du chant. Elle fut en vérité une cantatrice remarquable, mais avant tout une chanteuse dramatique admirablement préparée à l'interprétation du répertoire allemand moderne. Jenny Lind a joui d'une réputation immense, et tous les témoignages de ses contemporains, et particulièrement de Berlioz, prouvent qu'elle la méritait; mais elle a trop souvent demandé à la réclame de consacrer sa gloire. L'art se venge toujours dans l'avenir; et le plus grand souvenir que laissera Jenny Lind sera d'avoir commencé, en Amérique, la fortune de l'illustre Barnum.

Nous avons cité quelques noms parmi les grands chanteurs de la dernière période brillante du chant pur, mais il n'entre pas dans notre plan de faire l'historique des nombreuses cantatrices italiennes qui se sont fait une réputation à l'époque moderne. Aussi bornerons-nous là nos citations. Citons parmi les hommes quelques-uns de ceux dont le nom est comme le glorieux drapeau de la célèbre école italienne, et nous aurons donné une idée de l'état du chant pendant les années qui ont précédé la période contemporaine.

Rubini, Lablache, voilà les deux noms triomphants de cette époque, parlons donc de Rubini et de Lablache.

« Avez-vous entendu Rubini? disais-je un jour à un ténor italien nommé Tiberini, si je ne me trompe.

— Ah! monsieur! me répondit-il, quand j'ai été à même de le comprendre, Dieu l'avait rappelé à lui pour apprendre à chanter aux anges! »

Voilà tous les renseignements que nous pouvons tirer même de ceux qui ont pu l'entendre. Dans les dithyrambes admiratifs des dilettantes on distingue cependant que Rubini était un merveilleux chanteur et un acteur exécrable. Doué d'une voix des plus étendues, à laquelle était également et habilement soudé un registre de tête plein de charme et de douceur, Rubini avait conservé toutes les plus belles traditions de son école. Né à Romano, dans la province de Bergame, en 1795, Rubini, après avoir longtemps erré avec des troupes ambulantes, fut engagé par le célèbre impresario Barbaja, et là il prit pendant plusieurs années des leçons de Nozzari. Ces leçons n'eurent pas peu d'influence sur l'avenir de son talent. Partout applaudi et fêté, chantant également bien la musique bouffe et sérieuse de Rossini, il trouva sa véritable voix lorsque Bellini, avec le *Pirata*, vint faire vibrer une note nouvelle. C'était un art de petites proportions et d'une facture misérable, mais les qualités de tendresse, de sentiments dramatiques y étaient portées au plus haut degré. Rubini, appliquant à cette musique un peu maigre les principes de chant de l'école, n'en augmenta certainement pas l'accent dramatique, mais lui donna une ampleur qui lui manquait. Sa voix avait été très faible au début; petit à petit, elle acquit de la force et de l'étendue, à ce point, qu'au dire de tous ceux qui l'ont entendu, il piquait en voix de tête, il est vrai, mais avec une remarquable vigueur, le *fa* suraigu. Les grandes qualités de ce chanteur étaient l'extrême agilité de la voix et une sûreté dans la pose qui lui permettaient de battre le trille le plus élevé avec une force étonnante, et d'aborder sans effroi les intervalles les plus écartés. Il fut le ténor de Bellini et de Donizetti, mais il fut surtout le ténor *du chant pour le chant.*

Lablache n'a peut-être pas surpassé Rubini comme chanteur, mais comme acteur bouffe ou sérieux il le laisse bien loin derrière lui. On sait quels souvenirs sont restés de lui dans deux rôles bien différents, celui de Geronimo du *Mariage secret* et celui de Henri VIII d'*Anna Bolena*. Sous une apparence lourde et massive, il cachait une étonnante agilité, et la bonhomie de son extérieur ne l'empêchait pas de posséder une grande puissance de jeu et une mobilité extrême de physionomie. Sa voix, très vigoureusement timbrée au grave, montait jusqu'aux plus hauts degrés du baryton ; pleine et riche, elle s'étendait du *mi bémol* grave au *mi naturel aigu*. Lablache était de race française, et quelques-unes de nos qualités se retrouvaient dans son talent. Il reçut sa première éducation musicale au Conservatoire de la *Pietà dei Turchini*. A peine libre, il s'engagea pour jouer les bouffes dans les petits théâtres populaires, et son ambition se serait bornée à être le comique qui sût le mieux faire rire un parterre de Napolitains, si sa femme ne l'avait pas excité à viser plus haut. Il changea pour le pur italien son patois napolitain, et, après quelque temps passé à Messine, Lablache débuta dans le Dandini de la *Cenerentola*. A partir de ce jour, les compositeurs écrivirent pour lui, et il reprit les anciens rôles du répertoire. Non seulement la voix de Lablache était splendide, conduite avec un art parfait, mais encore, ainsi que nous l'avons dit, il était excellent acteur et tragédien autant que comédien. Son jeu était plein de verve et d'entrain, bouffe sans charge, noble sans enflure ; de plus, sa figure était belle, son esprit vif ; ajoutez à cela qu'il était de bonnes manières, plein de bonté, d'amabilité et de droiture, et nous aurons le portrait du parfait chanteur dans la plus haute et la plus intelligente acception du mot. Lablache mourut à Naples, en 1858.

À la même époque brilla un autre chanteur, moins remarquable, il est vrai, que Lablache, mais dont la voix de basse avait une remarquable étendue. Nous voulons parler de Santini, qui descendait sans peine, et à pleine voix, jusqu'au contre-*ré* grave. L'ancien modèle.

Tamburini doit être aussi compté parmi les premiers de cette belle troupe italienne. Il était né en 1800, à Faenza. Dès l'enfance, il entendit Donzelli, Mombelli, Davide, Mme Pisaroni, et ces modèles lui furent utiles plus tard ; puis, à dix-huit ans, il fit le *tour d'Italie* que font tous les jeunes chanteurs, commençant par des théâtres infimes pour finir à la Scala de Milan et à Venise. C'est en 1832 qu'il débuta à Paris, comme Lablache, dans le rôle de Dandini de la *Cenerentola*. Sa voix était belle, sa vocalisation facile et son style plein de largeur dans les mouvements lents. Son succès fut immense, cependant on lui a souvent reproché de chanter au-dessous du ton ; ce défaut augmenta sensiblement avec l'âge, et en 1852 le grand Tamburini n'était plus que l'ombre de lui-même.

N'oublions pas non plus, dans ce court aperçu, deux artistes qui eurent aussi leur heure de gloire : Dominique Ronconi et le ténor Georges, son fils aîné. Dominique, né en 1772 et ayant quitté le théâtre en 1827, appartient à la période déjà ancienne ; aussi n'en parlerons-nous que pour rappeler qu'il fonda, à Milan, une excellente école de chant, d'où sortirent Mme Unger, les trois fils du professeur et la Frezzolini. Georges Ronconi est, au contraire, notre contemporain ; il naquit en 1810, débuta en 1831 et se retira du théâtre à une époque assez rapprochée de nous. En 1863, il avait fondé, à Cordoue, une école de chant. Il possédait une belle voix de baryton, et ses grandes qualités étaient une belle mise de voix et un large phraser. Comme Tamburini, Ronconi ne chantait pas toujours juste, et ce défaut se fit surtout sentir à partir de 1836. Ronconi est un des chanteurs qui ont inauguré la période moderne en interprétant l'œuvre de Verdi.

Il faut arrêter là nos courtes notices sur les chanteurs qui brillèrent dans la dernière période du chant italien, laissant à d'autres le soin de raconter en détail cette histoire, et ceux-là ne manqueront pas de rendre hommage à des artistes moins célèbres, mais cependant pleins de talent, qui eurent nom : Banderali, Barilli, Mme Unger, Tadolini, Camelli, sans oublier Mario, Fraschini, le dernier ténor italien, le spirituel et gracieux Delle Sedie, sans passer sous silence la Piccolomini, la superbe Cruvelli, et tant d'autres encore, pour arriver enfin à celle qui est la dernière colonne du virtuosisme, j'ai nommé la Patti.

En France, les conditions du chant se trouvèrent bientôt changées par Rossini et par l'introduction dans l'opéra et l'opéra-comique de chanteuses à roulades dont M⁽ᵉ⁾ Cinti-Damoreau est restée le plus parfait modèle. L'ancienne école dramatique, dont la Branchu avait été la dernière représentante, fut continuée jusqu'à nos jours par M⁽ᵐᵉ⁾ Falcon et M⁽ᵐᵉ⁾ Stoltz. Il faut bien le dire, pendant toute cette période et jusqu'à aujourd'hui, les femmes ont tenu haut le drapeau du chant, et au moment même où nous écrivons, M⁽ᵐᵉ⁾ Krauss, la grande et admirable tragédienne, cette Allemande devenue Française en passant par l'Italie, est la glorieuse preuve de ce que nous avançons.

Marie-Cornélie Falcon, la Valentine des *Huguenots*, la Rachel de *la Juive*, était née à Paris, le 1812, le 28 janvier. Entrée au Conservatoire en 1827, elle en sortit en 1832 pour créer l'Alice de *Robert le Diable*. C'est à peine si sa santé lui permit de rester cinq ans à l'Opéra, et cependant elle y laissa le souvenir d'une des plus grandes artistes de notre tragédie lyrique. Cinq ans suffirent à la gloire de Falcon, et elle eut le bonheur de créer deux des plus grandes figures de la musique dramatique moderne. M⁽ᵐᵉ⁾ Falcon avait conservé les anciennes traditions du chant français; outre qu'elle était grande et belle, sa physionomie, d'une excessive mobilité et d'une puissante expression, se prêtait aux sentiments dramatiques les plus variés. On se rappelle encore par quel admirable regard, par quels prodigieux mouvements de corps, elle accueillait le refus insultant de Raoul, au second acte des *Huguenots*. Ajoutez que sa voix, riche et sonore, formée d'après les meilleurs principes par Henri, par Pellegrini et par Bordogni, convenait à merveille aux beaux rôles qu'elle eut à créer, et l'on comprendra comment Falcon a sa place marquée au premier rang de notre glorieux panthéon musical.

M⁽ᵐᵉ⁾ Stoltz, la Léonore de *la Favorite*, l'Odette de *Charles VI*, la Catarina de *la Reine de Chypre*, était plutôt encore une tragédienne qu'une virtuose. Son chant était pur et large, sa voix belle et pleine, mais surtout la beauté de sa physionomie, la noblesse de ses gestes, la force tragique de son jeu firent d'elle une des plus remarquables artistes lyriques de notre siècle. Née à Paris en 1815, Rosine Stoltz quitta l'Opéra en 1847.

A peine était-elle partie qu'en 1849, une des grandes œuvres de Meyerbeer, le Prophète, venait mettre en relief, à l'Opéra, une des chanteuses les plus françaises qui aient paru à la scène. Mᵐᵉ Viardot, la sœur de la Malibran, Mᵐᵉ Viardot, qui, elle aussi, avait eu sa part de gloire dans la grande troupe italienne, prêtait au superbe rôle de Fidès le puissant secours de sa haute intelligence et de sa science vocale.

Mᵐᵉ Viardot, qui est notre contemporaine, a eu la gloire d'attacher son nom à cette belle création de Fidès, et son souvenir sera toujours inséparable de celui de l'*Orphée* de Gluck. Plus près de nous, la Cruvelli, à la voix si chaude et si riche, Mᵐᵉ Gueymard, belle et dramatique, Mᵐᵉ Sass, un des plus beaux instruments de l'orchestre vocal, enfin, Mᵐᵉ Krauss, la sublime tragédienne, continuent, avec des moyens différents, la tradition des Falcon.

Comme nous l'avons dit dans le chapitre précédent, l'entrée de Mˡˡᵉ Cinti à l'Opéra était une véritable révolution. Rossini ne pouvait se passer de chanteuses légères. Nos chanteuses dramatiques, à la voix nécessairement un peu lourde, convenaient peu à la musique plus fleurie qu'expressive qu'il se plaisait à écrire pour les femmes. Aussitôt qu'il eut refait *Maometto II* pour l'Opéra, sous le titre du *Siège de Corinthe*, il fit rappeler à l'Opéra une Française, ancienne élève du Conservatoire, qui avait débuté d'abord dans la carrière italienne, Mˡˡᵉ Cinti. Elle fit son entrée à l'Opéra dans *Fernand Cortez*. Le début fut des plus heureux, et, à partir de ce jour, Rossini avait trouvé la Palmira du *Siège de Corinthe*, la Mathilde de *Guillaume Tell*. Un nouveau genre de rôle était inauguré à l'Opéra avec Mˡˡᵉ Cinti : c'était la chanteuse à roulades, la *princesse* en un mot. Moitié dramatiques, moitié virtuoses, ces personnages ont une sorte de caractère mal défini qui n'est peut-être pas appelé dans l'avenir à un bien long succès, mais qui permettait d'opposer aux héroïnes passionnées du mélodrame musical de cette époque, des figures plus douces et plus légères. Cependant, cette alliance de la légèreté de la voix à une certaine force scénique a donné naissance à des personnages féminins qui ont leur place importante dans l'histoire de l'art, et dont quelques-uns brillent au premier rang. Pour ne citer qu'Alice de *Robert*, plus tard la Marguerite du *Faust* de M. Gounod et l'Ophélie de l'*Hamlet* de M. A. Thomas. Le grand talent de Mˡˡᵉ Cinti, qui devint Mᵐᵉ Damoreau, était une absolue perfection de chant et de vocalisation. Passant de l'Opéra à l'Opéra-Comique, elle donna, là encore, naissance à tout un cycle d'œuvres où le chant fleuri tenait une grande place. *Le Domino noir*, *l'Ambassadrice*, etc., ces partitions plus brillantes qu'expressives, datent de l'entrée de Mme Damoreau à l'Opéra-Comique.

S'il fallait remplacer Mme Damoreau à l'Opéra, il se trouva une chanteuse, moins parfaite qu'elle peut-être, mais qui eut l'honneur de créer le rôle éclatant de Marguerite de Navarre dans les *Huguenots*. Mlle Dorus, qui devint plus tard, Mme Gras, était aussi sortie du Conservatoire. Élève de Henri et de Blangini, elle se destina d'abord aux concerts, puis elle entra à l'Opéra en 1830, pour doubler Mme Damoreau. A la retraite de cette dernière, elle la remplaça, et bientôt prit une place importante. Ce fut elle qui créa les grands rôles des princesses que Mme Damoreau n'avait pas encore créés, et au nombre desquels il faut citer, comme nous l'avons dit, la Marguerite de Navarre des *Huguenots*, la princesse Eudoxie de *la Juive* et de Ginevra de *Guido*. Ce dernier rôle prouve, surtout au troisième acte, que non seulement Mme Dorus possédait une grande légèreté de voix et de vocalises, mais aussi qu'elle avait certaines qualités dramatiques absolument indispensables au magnifique et touchant personnage de Ginevra.

Des chanteuses légères à l'Opéra-Comique, la transition est facile, mais nous ne nous arrêterons que peu de temps sur ce sujet. Nous ne faisons pas l'histoire des chanteurs, mais du chant; aussi nous suffira-t-il de citer quelques noms. Dans la première partie du siècle, outre les artistes que nous avons cités déjà, on peut encore noter, la toute gracieuse Mme Boulanger; puis, à partir du début de Mme Damoreau à l'Opéra-Comique (1835), les chanteuses légères, les habiles vocalistes abondèrent en foule. Ce furent Mme Anna Thillon, la créatrice des *Diamants de la Couronne*, Mme Rossi-Caccia, Mlle Lavoye, et d'autres encore; puis celles que nous avons applaudies nous-mêmes, comme Mme Cabel, la vocalise faite femme, et surtout Mme Carvalho, la reine de notre chant français moderne.

Le grand nom de ténor qui domine la période de 1826 à 1836 est celui de Nourrit. On sait quelle horrible catastrophe termina cette brillante carrière. Il ne nous appartient pas d'entrer dans les discussions qui s'élevèrent au moment où la terrible concurrence de Duprez lui fit quitter l'Opéra; nous ne discuterons pas non plus sur les théories de voix blanche, de voix sombre, etc.; mais nous tâcherons de voir en quelques mots ce que fut Nourrit. Nourrit, le Masaniello de la *Muette*, l'Arnold de *Guillaume Tell*, l'Éléazar de la *Juive*, enfin le Raoul des *Huguenots*, fut un chanteur de force, mais surtout de grâce et d'élégance. Doué d'une haute intelligence, lettré, passionné pour son art, il a laissé le souvenir d'un de nos artistes les plus respectables et les plus remarquables. Son chant, nous l'avons dit, n'était point tout entier dans la force, quelques lignes écrites à un de ses amis nous dévoilent en partie le secret de son style.

« Tu peux profiter de la circonstance pour jouer le *Philtre*, le *Comte Ory*, et même pour créer le rôle de Raoul de Nangis; je t'engage cependant à ne pas trop te fatiguer dans les *Huguenots*, c'est un rôle de jeune homme, et il n'est point nécessaire de lui donner de grands développements tragiques; et puis je te répète ce que je t'ai déjà dit, le public ne s'aperçoit de notre impuissance que lorsque nous avons la maladresse de la lui laisser voir, il ne faut donc risquer devant lui que ce dont nous sommes sûrs; ainsi il te faut prendre en grâce tous les passages qui te gêneraient dans la force. D'ailleurs le rôle de Raoul est plus tendre qu'énergique; ménage-toi surtout dans le commencement du duo du quatrième acte, afin d'avoir toute ta force pour la fin et ne cherche pas à donner le dernier si bémol de poitrine; il faut garder quelque chose pour le cinquième acte, qui est encore très fatigant. Quant au *Comte Ory* et au *Philtre* tu peux très bien y réussir sans risquer de nuire à ta voix, car tu peux prendre de tête tous les sons élevés. » Toute la théorie de Nourrit est là, théorie pleine de prudence et de sagesse dans laquelle le respect des forces vocales est le premier principe énoncé. Ménager la voix, ménager la poitrine, réserver au registre de tête les efforts qui feraient courir quelques dangers à la poitrine : voilà les grands principes de cette méthode; mais ici nous entrons dans la guerre du jour, et s'il est de notre devoir d'indiquer dans la partie didactique de cet ouvrage le moyen de remédier aux maux dont nous sommes témoins, en historiens impartiaux nous sommes obligés aussi de nous écarter avec soin de toute polémique (1).

Le grand répertoire qui fut écrit de 1825 à 1840 pour l'Opéra trouva aussi dans les chanteurs à voix graves de puissants interprètes. Au premier rang citons Levasseur. Celui-ci après un premier début à l'Opéra était entré dans la carrière italienne. La connaissance du chant italien n'était pas inutile à l'Opéra au moment où la vocale venait y prendre une importance considérable. Levasseur, qui unissait à une voix d'une remarquable étendue une science profonde de son art, vint remplacer les basses lourdes et massives telles que Dérivis. Levasseur débuta de nouveau à l'Opéra en 1828 et n'en sortit

(1) Pour l'histoire du grand chanteur Nourrit, on peut lire l'ouvrage de M. Quicherat, *Adolphe Nourrit, sa vie, son talent, son caractère*, 3 vol. in-8°, 1867.

qu'en 1845 après avoir créé de beaux et magnifiques rôles aux premiers rangs desquels il faut compter Bertram.

Parmi les barytons de cette période, citons au premier rang Baroilhet, auquel Halévy dut une grande partie de ses succès. Du reste, avec Massol, l'Opéra avait toujours possédé d'admirables et puissants barytons dont la tradition n'est pas encore perdue, maintenue qu'elle est par le remarquable talent de M. Faure. Il est même à remarquer que dans la pénurie des ténors où nous sommes aujourd'hui, c'est la voix de baryton qui paraît devoir prendre la première place parmi les voix masculines.

Au chapitre précédent, Martin et Elleviou ont représenté l'opéra-comique; à notre époque Chollet et Roger seront dans l'histoire les deux personnalités les plus brillantes de la période qui nous précède. Chollet était doué d'une de ces voix de ténor croisées de baryton qui se rencontrent fréquemment à l'Opéra-Comique. Il dut ses succès plus encore à son adresse à connaître le goût du public qu'à sa science du chant et à son talent d'acteur; cependant la plus grande partie des bons rôles écrits de 1825 à 1835 furent composés pour lui. Citons entre autres *Marie*, la *Fiancée*, *Fra Diavolo* et *Zampa*, et surtout le *Postillon de Longjumeau*, dans lequel Adam écrivit avec infiniment d'habileté une agréable musique d'opérette qui mettait en valeur la voix étrange de Chollet et ses remarquables qualités tout en dissimulant ses immenses défauts.

Bien supérieur à lui fut Roger, fin acteur, chanteur habile, dont la grande force était le charme et la grâce aimable. L'Opéra enleva cet excellent artiste à notre seconde scène lyrique pour créer le *Prophète*; mais l'historien ne doit pas oublier le nom de celui qui a su par son intelligence et son talent créer à l'Opéra-Comique les rôles où le jeu de l'acteur était aussi important que la science du chanteur, ce que nos jeunes lauréats du Conservatoire semblent oublier absolument aujourd'hui. Joignons à ces noms ceux de Moreau-Sainti, d'Audran, d'Hermann-Léon, qui eurent aussi leur part dans la glorieuse période d'opéra-comique qui a précédé notre génération.

Nous sommes arrivés au seuil même de notre époque, et ici se présente sous notre plume le nom d'un maître respecté qui a, pendant dix ans, été la gloire de l'Opéra.

Il faut bien l'avouer, c'est de Duprez que date la réelle décadence du chant, non pas comme il l'a fort bien dit lui-même, que son enseignement ait été fait d'après les théories qu'il mettait en pratique, non pas qu'il ait été la principale cause du mal, comme on a voulu l'insinuer, mais parce que, voyant le formidable succès de l'inimitable chanteur, bien des artistes qui ne possédaient ni sa méthode ni sa vigoureuse constitution, ni la prodigieuse force de sa voix, ont voulu l'imiter et ont succombé à ce rude labeur. C'est toujours la fable de la grenouille, mais avant de mourir la sotte bête a l'audace d'accuser autrui de son trépas.

Du reste, ne terminons pas cette histoire déjà longue, sans élever plus haut le débat; jetons les yeux derrière nous et au-dessous de nous, et peut-être pourrons-nous tirer des faits eux-mêmes un enseignement utile sans nous arrêter à des personnalités qui ne prouvent généralement rien du tout.

Aujourd'hui, quelle est la situation? Les chanteurs deviennent de plus en plus rares, autant pour ressusciter l'ancien répertoire que pour en créer un nouveau. Quelques-uns semblent donner des espérances; puis, tristes éphémères, disparaissent au moment même où ils allaient rendre service à l'art et aux compositeurs. Les causes à ce mal qui chaque jour devient de plus en plus irrémédiable sont multiples. Les unes sont inhérentes à l'essence même de la musique moderne, et à celles-ci on ne peut rien changer, les autres tiennent à l'enseignement de l'art vocal, et celles-ci peuvent au moins être sensiblement atténuées.

En Italie même Rossini avait donné le signal, la musique des virtuoses ne lui suffisait plus, et il avait cherché dans l'orchestre et dans l'harmonie de nouvelles forces expressives, à l'imitation de Mozart et des Allemands, dont il n'atteignit jamais la puissance et la profondeur. De quels anathèmes ne fut-il pas poursuivi par Stendhal, le critique fantaisiste, lorsque dans *Sémiramide*, et surtout dans *Mosè*, il rompit ouvertement en visière avec les anciens errements italiens.

Cependant Rossini avait encore fait bien des concessions, et *Sémiramide* avec ses duos surannés, où les personnages se répondent de vocalises en vocalises comme les bergers de Virgile, en est la preuve; mais lorsque le premier engouement pour le maître sensualiste par excellence fut un peu éteint, on s'aperçut qu'il avait au résumé fait plus encore qu'il ne convenait pour la virtuosité: alors vint tout à coup un pauvre petit musicien bien humble, bien faible quelquefois, mais qui possédait à un degré bien plus élevé que Rossini le don de la sensibilité, je veux parler de Bellini! Celui-ci n'emprunta pas ses effets à l'harmonie, il ne demanda pas à l'orchestre un surcroît d'expression; son harmonie est une bien légère trame, soutenant à peine le dessin mélodique, son orchestre est une douce guitare que remplacerait avantageusement un piano. Mais c'est dans la mélodie qu'il puisa ses principales forces, et à côté d'enfantillages dignes à peine d'un sourire il trouva des notes nouvelles, des cris de passion douloureuse, et pour ainsi dire maladive qui retentirent au fond de tous les cœurs. Après lui un éclectique merveilleusement doué comme fécondité mélodique, connaissant bien son art, voulut marier le sentiment de Bellini à la forme rossinienne, ce fut Donizetti. Généreux jusqu'à la prodigalité, il jeta follement au vent de l'improvisation les richesses de son admirable imagination. Il fut le dernier Italien qui ait su à vrai dire écrire pour les voix dans cet art spécial qui a passé longtemps pour être le seul digne d'attention. Cependant de dangereuses tendances se font déjà sentir dans ses œuvres. A côté des plus belles pages, comme le sextuor de *Lucie*, où l'improvisation alla presque jusqu'au génie, Donizetti a laissé bien des morceaux dans lesquels la recherche obstinée de l'effet à tout prix était poussée jusqu'à la brutalité.

Le mot est dit, *brutalité*, tel est le caractère du style vocal italien depuis Donizetti. C'est la déesse dont M. Verdi est le grand-prêtre. « Étonne ou meurs, voilà sa devise. » Mais, dira-t-on, la *Traviata*, mais *Rigoletto*, ces poèmes de passion et de chaleur sont donc des œuvres à mépriser? Loin de là, ces partitions et d'autres encore, comme le *Ballo in Maschera*, ont droit de cité parmi les œuvres qui font la gloire d'une époque. Ajoutons même que dans ses dernières compositions le maître semble revenir à un style plus vocal et moins violent; mais il n'en est pas moins vrai que pour obtenir sur ce public l'effet nerveux qu'il ambitionne avant tout, Verdi a eu recours, et maintes fois, aux procédés les plus violents, demandant à la voix ses vibrations les plus stridentes, exigeant d'elle des efforts non préparés. Si un artiste du talent de M. Verdi a traité ainsi le premier des instruments que n'ont point fait les imitateurs.

Pendant ce temps que se passait-il en Allemagne? Une grande révolution se préparait, l'art allemand longtemps opprimé par l'école italienne relevait la tête, et ses premiers coups étaient des coups de génie. C'était *Don Juan*, c'était *Fidelio*, c'étaient *Oberon* et le *Freyschutz*; puis un maître israélite, par conséquent éclectique, Meyerbeer, tentait de réunir les deux éléments allemand et italien si longtemps ennemis.

Disons notre avis puisqu'il le faut sur le style vocal des Allemands, qui est, après tout, celui qui a donné et donnera désormais dans l'histoire de notre art. Il n'a point, à vrai dire, l'aisance et la souplesse du style italien, mais par combien de puissantes et poétiques qualités ne rachète-t-il pas ce qui lui manque de ce côté! Nous ne parlons pas de Mozart qui, fort italianisé, puise ses modèles dans ce genre aux meilleures sources italiennes sans abdiquer pour cela sa personnalité, mais attaquons-nous sans hésiter aux deux maîtres ennemis avant tout de la virtuosité Beethoven et Weber. Beethoven n'a pas su écrire pour les voix, soit! puisque c'est convenu, mais a-t-il su les faire parler? A-t-il su leur faire exprimer des sentiments profonds et passionnés? Oui. Or, c'est là le seul but auquel visent les compositeurs modernes. Quelques-uns, et Beethoven lui-même, ont eu, il est vrai, trop peu de souci des commodités des chanteurs, mais ils ont traité le chant comme interprète des passions à l'égal de l'orchestre et de l'harmonie; c'est pourquoi les dilettantes ont été tant soit peu étonnés et déroutés; mais, en lisant bien le finale de *Fidelio*, est-on absolument sûr que Beethoven ignorait si complètement le parti que l'on pouvait et que l'on devait tirer de la voix humaine? Weber a été aussi compris dans cet anathème de dilettantes, et on l'a fort accusé d'avoir traité la voix en despote; il s'en est en effet servi au détriment du virtuosisme pour la plus grande gloire de l'expression dramatique, mais on ne fera jamais croire à un musicien que ce compositeur, qui a écrit le trio de *Freyschutz* ou le finale du second acte d'*Obéron*, ne savait pas écrire pour les voix.

Avec ces maîtres un nouvel élément s'était introduit dans la musique dramatique. Nous avons démontré, dans un autre livre, comment la symphonie s'était peu à peu introduite dans le drame. Par la force même des choses ces deux arts symphoniques et dramatiques, si éloignés l'un de l'autre chez Haydn et Mozart, avaient fini par se réunir dans l'œuvre de Beethoven. Ce besoin de dramatiser grandit petit à petit et finit par donner naissance à cet admirable chef-d'œuvre, enfin compris aujourd'hui ou à peu près et qui a nom la Symphonie avec chœurs. Peu à peu l'ode-symphonie et la symphonie dramatique prirent leur place même au théâtre, et, sous l'influence de Berlioz, arrivèrent à se confondre avec le drame lyrique lui-même.

Enfin, de cette décomposition et de cette fusion naquit le drame lyrique de Wagner, puisqu'il faut nommer le monstre par son nom.

Qu'on ne s'y trompe pas, ce n'était pas seulement une des formes de la musique qui changeait, c'était l'esthétique même de l'art dramatique qui, bouleversée de fond en comble, entrait dans une voie nouvelle. Nous n'indiquons pas nos préférences, qui, en résumé, importent peu au lecteur, nous constatons les faits. Or, dans cette révolution nouvelle, dans cette recherche ardente de l'idéal qui fera la gloire ou la perte de la musique moderne, toutes les forces vives de l'art sont convoquées; orchestre, harmonie, rythme, mélodie, sont appelés dans la grande bataille, chacun concourt à son tour à l'ensemble; les formes mélodiques se brisent, s'entrecroisent et s'enlacent tour à tour pour suivre pas à pas la pensée du poète, la fantaisie du compositeur; les rythmes se heurtent, se contredisent, même; et cependant, de cet apparent désordre l'œuvre naît, une dans sa conception et pourtant variée à l'infini.

Pendant ce temps, le chant pur, auquel il faut avant tout de longues périodes pour se développer dans toute sa plénitude, qui veut, pour exister, régner seul en maître, fut naturellement et fatalement sacrifié. Admis, dans l'ensemble, à l'égal des autres parties de la musique, le chant, haletant et surmené, ne tarda pas à disparaître à peu près complètement. Mais le chant pur n'est pas plus de la musique que le virtuosisme n'est du chant, et c'est en confondant ces deux éléments si divers que l'on a fini par tomber dans d'étranges erreurs.

Qu'on ne croie pas que l'école moderne méprise autant qu'on le veut bien dire les forces vives de la voix humaine. Elle l'a fait entrer, cet admirable instrument, dans son harmonieux et poétique concert; elle lui donne encore la première place et la lui donnera toujours, quoiqu'on en dise, sous peine de disparaître, mais elle n'admet pas la tyrannie de la voix humaine; elle l'appelle comme son premier auxiliaire, mais elle n'entend pas se soumettre à ses caprices. Elle veut des chanteurs, d'excellents chanteurs, et se soucie fort peu des virtuoses.

La France est peut-être le pays où on fait le moins de musique, et cependant c'est celui où les influences étrangères se font le mieux sentir. C'est un privilège de notre race, non seulement d'inventer par nous-mêmes, mais aussi de perfectionner l'invention d'autrui, de la parfaire, de trouver la formule même du progrès. Viennent-ils chez nous, les étrangers, au contact même de notre public et de nos artistes, se sentent forcés de donner à leur génie la forme la plus pure et la plus définitive. Dans de telles conditions, la révolution déjà commencée en Allemagne se fait sentir chez nous, mais d'une manière plus rationnelle. Aimant et comprenant avant tout le théâtre, nous exigeons absolument du compositeur qui écrit pour la scène ou pour le concert la clarté dans la disposition des plans et la netteté de pensée et d'exposition. Au moment où le rossinisme fit invasion dans notre pays, nos maîtres, et les meilleurs, pour ne citer qu'Hérold, prirent, eux aussi, au maître italien les formes qui souriaient à leur génie. A cette fréquentation, ils gagnèrent plus de légèreté dans le style orchestral, plus d'aisance dans la manière de traiter les voix, et cela sans renoncer aux grandes qualités françaises, la vérité d'expression, la merveilleuse clarté indispensable au véritable sentiment de la scène. Hérold, Halévy, Félicien David, M. Ambroise Thomas, et jusqu'à Jules Massenet, le jeune maître né d'hier et leur digne successeur, ont conservé ces qualités essentiellement françaises. Un musicien étranger, Meyerbeer, écrivant ce que nous appelons de la musique historique, et unissant la profondeur allemande à la vérité française, et, jusqu'à un certain point, l'élégance italienne, résuma en lui les qualités de cette époque. Lui aussi a été accusé de mal écrire pour les voix. Certes, il n'avait pas les merveilleuses souplesses du style rossinien, mais il n'en avait pas les mollesses. Avait-il besoin de ces élégants artifices, celui qui traça en traits de flamme le rôle de Raoul, celui qui dessina d'un magistral coup de pinceau la gigantesque scène de l'église, du *Prophète*? Nous conseillons à ceux qui s'obstinent encore à répéter que Meyerbeer ne savait pas se servir des voix de relire avec attention le finale du deuxième acte de *l'Africaine*. Ajoutons cependant que Meyerbeer, lui aussi, à l'imitation des maîtres italiens, a cherché l'effet à tout prix, et ce côté nerveux et purement sensualiste de son art n'est pas, à notre avis, celui qu'il faut admirer le plus dans son talent.

Mais voici bien un autre phénomène : un grand maître naît qui prend la musique, comme il a osé le dire lui-même avec un juste orgueil, où Beethoven l'avait laissée. Lui aussi dramatise la symphonie, lui aussi appelle la voix à son secours pour réaliser son puissant idéal : c'est Berlioz. Il est joué, bafoué. Que lui fait, à lui? il n'est pas de ceux qu'un public peut tuer en une soirée. Il attendra. Son talent se perfectionne peu à peu ; il sent qu'il a exigé des instruments des effets de passion que seule la voix humaine pouvait rendre. Alors l'expérience lui profite ; il écrit l'adorable duo de Béatrix et Bénédict ; il dessine le septuor des *Troyens*, cette splendide symphonie de voix ; il rêve et réalise le duo de Didon et d'Énée, le plus passionné des épithalames ; et dans toutes ces pages, la voix humaine vient occuper la première place, et règne en reine incontestée.

Pendant ce temps, un public s'était formé ; les œuvres étrangères étaient connues ; une génération nouvelle de compositeurs voit le jour, ardente, passionnée, mécontente de l'idéal d'opérette qui infeste l'opéra-comique, cherchant autre chose que le roman historique si puissamment et si harmonieusement raconté par Rossini, Meyerbeer et Halévy, exigeant un art et une formule nouvelle. Ce sera la gloire des Félicien David, des Gounod, des Thomas d'avoir ouvert les portes aux nouvelles aspirations avec *Lalla Rouk*, avec *Faust*, avec *Roméo*, avec *Hamlet*, gloire dont M. Massenet continue vaillamment les traditions. Chacun suit ces hardis pionniers, la connaissance des compositions des Allemands et de Berlioz achève l'œuvre, et dans ce moment notre jeune école se prépare, malgré les résistances entêtées du dilettantisme aux abois, un merveilleux triomphe.

Que devient le chant, dans cette terrible bataille? Avouons-le, il paraît peut-être sacrifié en ce moment, mais les compositeurs ne sont pas seuls coupables. Il y a manque d'harmonie entre eux et les chanteurs, ce qui, entre musiciens, est toujours assez grave.

On a fort accusé l'orchestre d'avoir été l'ennemi des voix et de les avoir accablées de ses sonorités bruyantes. Il y a déjà quelques siècles que le reproche se reproduit périodiquement de lustre en lustre. Gluck fut accusé de ce crime irrémissible, Grétry trouva que Mozart mettait le piédestal sur la scène et la statue dans l'orchestre; Rossini fut traité de *signor Vacarmini*, et Dieu seul sait quels anathèmes fondirent sur la tête du pauvre Meyerbeer. Mais la réponse à cet éternel procès est bien simple. Il n'y a pas eu de compositeur vraiment digne de ce nom qui n'ait fait usage d'un orchestre puissant et varié; ensuite, rien n'a pu empêcher qu'un grand nombre de musiciens usassent maladroitement et abusassent de cet auxiliaire indispensable du drame lyrique, mais on peut affirmer que jamais orchestre bien pondéré, soutenant un chant écrit dans une bonne *tessitura* vocale, n'a réellement fatigué une voix d'un bon timbre, bien posée et formée d'après les meilleurs principes.

Du reste, s'il y a quelque exagération dans l'emploi des procédés nouveaux, s'il est arrivé aux compositeurs modernes tant Allemands que Français, de donner trop de place dans le drame à la symphonie, de confier aux voix des mélodies qui convenaient mieux aux instruments, la faute n'en doit pas revenir aux seuls musiciens. Les maîtres du passé, et jusqu'à notre époque, se sont trompés souvent sur l'essence du drame lyrique. Recherchant les applaudissements du public, ils ont laissé attribuer aux chanteurs la part qui n'aurait dû revenir qu'au créateur de l'œuvre. Les virtuoses, fiers de leurs triomphes, gonflés par les succès que les compositeurs eux-mêmes leur avaient préparés, se sont posés en arbitres de l'art, ont dicté leurs lois; et, bref, d'esclaves qu'ils auraient dû rester ils ont voulu se faire maîtres. Or, depuis quelques trente ans, les voix ont perdu de leur étendue et de leur beauté; les études sont devenues plus négligées et plus faibles, et les chanteurs moins habiles, moins brillants, moins artistes qu'autrefois, ont vu grandir leur arrogance à mesure que leur talent diminuait. N'ayant souvent à leur disposition que des chanteurs dont les moyens étaient restreints et l'ignorance absolue, à quelques honorables exceptions près, sentant que ces chanteurs étaient généralement absolument incapables de chanter autre chose que de la musique écrite dans le style qui leur était familier, les compositeurs eurent recours aux instrumentistes, interprètes moins brillants, mais plus sûrs de leur pensée. Peu à peu ils s'habituèrent à traiter la voix comme un instrument, ils lui confièrent des traits et des formules qui semblaient plus appropriées au style instrumental qu'au style vocal. Ils laissèrent au second plan l'art de marier les voix, de faire miroiter l'harmonie dans un ensemble habilement écrit; habitués à soulever la masse polyphonique de l'orchestre, ils ne surent plus mettre en relief la voix humaine, qui, malgré les chanteurs, est et sera toujours le premier des instruments. Ces nouvelles habitudes ne sont certainement pas sans inconvénient, et nous regrettons la perte de cet art du chant si charmant et si riche à la fois; mais nous pensons que la crise n'est que momentanée, que l'abus disparaîtra par son exagération même, que les chanteurs soumis à un meilleur système d'études redeviendront pour les compositeurs d'utiles auxiliaires sans chercher à empiéter sur les droits de l'expression dramatique, et qu'alors les compositeurs à leur tour, sans rien laisser perdre des conquêtes faites dans l'instrumentation, sauront rendre à la voix humaine la place qui lui est due (1).

Mais comment les chanteurs en arrivèrent-ils à inspirer tant de méfiance aux compositeurs dont ils sont les premiers auxiliaires?

En dehors des causes historiques que nous venons d'exposer, les nouvelles habitudes, les fautes d'éducation musicale et vocale contribuèrent puissamment aussi à préparer par une sorte de malentendu la décadence de l'art du chant.

Dans une excellente brochure publiée en 1871 (2), un critique fin et distingué, dont la perte est encore bien récente, notre pauvre ami Gustave Bertrand, a exposé avec une grande compétence une remarquable clarté, et sous la forme la plus attrayante, les effets dont nous expliquons les causes.

Gustave Bertrand avait entrepris le travail que nous terminons au-

(1) H. Lavoix fils, *Histoire de l'instrumentation.*
(2) *De la réforme des études du chant au Conservatoire*, par Gustave Bertrand. (Une brochure in-4°, 1871.)

ÉPOQUE CONTEMPORAINE

jourd'hui, il avait pour ainsi dire jeté les premiers jalons de la *méthode historique* du chant; d'autres occupations lui firent abandonner le livre, mais il continuait à s'y intéresser, et à lui conserver, pour ainsi dire, une sorte de tendresse paternelle ; nous sommes heureux de pouvoir lui donner ici une petite place à côté de nous.

Pour expliquer dans le chant même les causes de la décadence du chant, nous ne croyons pas nécessaire de revenir après lui sur les détails. Il nous semble même que nous rendrons à notre ami regretté un peu de sa part de collaborateur, et comme un dernier hommage en renvoyant le lecteur à ce remarquable travail, qui explique avec talent la cause de l'abandon du chant.

Gustave Bertrand attribue cette décadence à l'abandon des études de solfège, des premiers principes du chant tels que l'émission, la vocalisation, la possession complète du mécanisme vocal; il se plaint que l'éducation d'un chanteur est aujourd'hui trop rapide; il s'élève avec esprit et éloquence contre l'ignorance des chanteurs, gouaillant finement ceux qui, s'appuyant sur quelques exemples, persistent à soutenir avec aplomb, qu'être musicien n'est point nécessaire à un chanteur. Laissons cette science secondaire aux comédiens, aux orateurs, à tous ceux, en un mot, qui ont besoin de comprendre ce qu'ils lisent et ce qu'ils disent, mais ne chargeons point le chanteur d'un bagage aussi superflu, disent ces professeurs étranges, enseignant l'ignorance; Bertrand réduit leurs arguments à leur juste valeur. Il désire aussi, et chaque jour son souhait devient plus opportun, que l'acteur lyrique sache jouer la comédie, qu'il respecte les paroles aussi bien que la musique (quand il la respecte).

Tout cela est, n'est-ce pas, bien subversif, comme tout ce qui appartient au vrai bon sens et au goût! Mais n'importe, nous ne cessons de recommander encore à nos lecteurs l'étude de ce remarquable opuscule.

Comment trouver les moyens de parer à cet inconvénient? Pour les indiquer à cette place il faudrait recommencer le livre que nous avons écrit, et nous avons la prétention de les avoir tous ou presque tous signalés. Là, nous ne critiquons pas, mais nous enseignons, ce qui nous paraît préférable.

Les chanteurs ne trouvant pas dans la musique moderne le style et le genre qui mettaient au premier rang leur instrument, au préjudice même de l'orchestre et de l'harmonie, croient sincèrement que l'art vocal devenait inutile avec ces formes nouvelles. Il ne leur parut pas nécessaire de se préparer par de longues et difficiles études à chanter ces phrases courtes, peut-être dans la forme mélodique, mais d'une puissante intensité de pensée et d'une singulière richesse de développement et qui passent, suivant le besoin, de la voix à l'instrument. Ils pensent que la peine qu'ils se donnent sera perdue. Qu'ils se détrompent, jamais la musique n'a plus eu besoin de chanteurs et de grands chanteurs. Dans ces phrases aux modulations fréquentes, aux rythmes variés, dans ces duos, véritables dialogues, tous les artifices du chant (nous n'avons point dit de la virtuosité) deviennent nécessaires, et nous entendons par artifice la sûreté de l'émission, la pureté de la vocalise, la science profonde de l'emploi des registres. Par conséquent, là plus qu'ailleurs, la vraie science du chant est absolument indispensable.

La musique dramatique est languissante, dit-on. Ralliez-vous aux compositeurs, vous, les chanteurs, qui êtes leurs interprètes et revenez vers eux forts de la pratique de l'art le plus consommé, ils vous attendent, ils vous désirent avec ardeur.

La bataille qu'ils livrent en ce moment est bien rude, ceignez vos reins avec eux, et combattez le bon combat, et à vous reviendront les premières palmes de victoire. Ne laissez pas croire aux musiciens qu'on peut se passer de vous, vous êtes nécessaires à la musique moderne, et vous seuls aussi pouvez empêcher les grands génies du passé de tomber dans l'oubli. Pareille part de gloire est belle, il nous semble, mais pour la conquérir il vous faut revenir aux anciens principes, non afin de ressusciter les abus du passé et étouffer la musique sous les fleurs du virtuosisme, mais afin de rendre la vie aux vieux maîtres et d'entrer glorieusement avec les jeunes dans la voie qu'ils suivent, courageusement avec une persévérance qui sera certainement dans l'avenir couronnée d'un plein succès.

Nous le répétons, ils vous attendent, mais pour être leurs collaborateurs et leurs auxiliaires, et non leurs dominateurs et leurs bourreaux.

FIN DE L'HISTOIRE DE L'ART DU CHANT

BIBLIOGRAPHIE DU CHANT

A

Adami da Bolsena. — *Osservazioni per ben regolare il coro dei cantori della cappella pontificia tanto nelle funzioni ordinarie che straordinarie.* Roma, 1711, in-4°; avec portraits.

Adam de la Halle. — *Œuvres complètes d'Adam de la Halle* (poésie et musique), publiées par E. de Coussemaker. Paris, Durand et Pédone-Lauriel, 1872, in-8°.

Alary (G). — *École vocale italienne. — Œuvres choisies des maîtres italiens.* Édition de concert avec points d'orgue, traits, variantes et nuances des plus célèbres chanteurs de la grande école, recueillis et notés par G. Alary. Texte italien et paroles françaises de D. Tagliafico. Paris, Heugel et Cie, in-f°.

Algarotti. — *Essai sur l'Opéra*, traduit de l'italien par M.*** (Chastellux). Paris, 1773, in-8°.

Alix (l'abbé Céleste). — *Cours complet de chant ecclésiastique.* Paris, J. Lecoffre et Cie, 1853, in-8°.

Anfossi (Maria). — *Trattato teorico-pratico sull'arte del canto*, composto e con permessione dedicato al molto Onorevole lord Burghersh. (Texte italien et anglais.) London, s. d., in-folio.

Arteaga (Stefano). — *Le Revoluzioni del teatro musicale italiano, dalla sua origine fino al presente.* Venezia, 1785, 3 vol. in-8°.

Audubert (Jules). — *L'Art du chant*, suivi d'un traité du *Maintien théâtral* avec figures explicatives. Paris, Brandus et Cie, 1876, in-8°.

Avella (Jean d'). — *Regole di musica, divise in cinque trattati, con le quali s'insegna il Canto fermo, e figurato, per vere e facili regole, il modo di fare il contrappunto, di comporre l'uno e l'altro canto; di cantare alcuni canti difficili, e molte cose nuove e curiose.* Roma, 1657, in-f°.

B

Bacilly (B. de). — *Remarques curieuses sur l'art de bien chanter, et particulièrement pour ce qui regarde le chant françois.* Paris, 1668, in-12.

Une deuxième édition de ce livre a été publiée en 1671 sous ce titre : *Traité de la Méthode, ou Art de bien chanter, par le moyen duquel on peut en peu de temps se perfectionner dans cet art, et qui comprend les remarques que l'on y peut faire.*

Bailleux (Antoine). — *Solfèges pour apprendre facilement la musique vocale et instrumentale, où tous les principes sont développés avec beaucoup de clarté.* Paris, 1784, in-f°.

Baillot. — *L'Art du violon.* Paris, Heugel et Cie, s. d., in-f°.

Baini (Giuseppe). — *Memorie storico-critiche della vita e delle opere di Giovanni Pierluigi da Palestrina, cappellano cantore, e quindi compositore della cappella pontifici, maestro di cappella delle basiliche vaticana, lateranense, e liberiana, detto il Principe della musica.* Roma, 1828, 2 vol. in-4°.

Battaille (Ch.). — *Nouvelles recherches sur la phonation.* Mémoire présenté et lu à l'Académie des sciences le 15 avril 1861. Paris, Victor Masson, 1861, in-8°.

Battaille (Ch.). — *De l'enseignement du chant.* Deuxième partie. De la physiologie appliquée à l'étude du mécanisme vocal. Mémoire lu à l'Académie des Beaux-Arts. Paris, Victor Masson, 1868, in-8°.

Beauchemin (Ch.). — *Méloprosodie française*, ou *Guide du chanteur*. Paris, 1847, in-8°.

Beaulieu (de) — *Du Rythme, des effets qu'il produit et de leurs causes*. Paris, Richault, s. d., in-8°.

Beauquier (Charles). — *Philosophie de la musique*. Paris, 1866, in-12.

Belgiojoso (Antoine). — *Sull'arte del Canto. Brevi Osservazioni del canto.* Milano, 1841, in-18.

Benelli (A.). — *Regole pel il canto figurato. O sieno precetti ragionati per apprendere i principi di musica, con esercizi, lezzioni et infine solfeggi per imparare a cantare.* Dresden, 1819, in-f°.

Bennati (F.). — *Recherches sur les maladies qui affectent les organes de la voix humaine*, lues à l'Académie royale des sciences physiques et chimiques de Paris. Paris, 1832, in-8°.

Bennati (F.). — *Recherches sur le mécanisme de la voix humaine*. Paris, 1832, in-8°.

— Bérard (J.-B.). — *L'Art du chant*, dédié à madame de Pompadour. Paris, 1755, in-8°.

Bertrand (Gustave). — *Essai sur la musique dans l'antiquité*. Dans l'Encyclopédie moderne publiée par Firmin Didot, 1860.
— *De la réforme des études du chant au Conservatoire*. Paris, Heugel et C°, 1874, in-8°.

Besançon (R.). — *Nouvelle méthode préparatoire du chant*, écrite au point de vue de ses rapports avec la physiologie. 1851, in-8°.

Blanchet (l'abbé Joseph). — *L'Art ou les principes philosophiques du chant*. Paris, 1756, in-12.

Blondel. — *Origine du concert spirituel*. Chronique musicale, 1874.

Bogentantz (Bern.). — *Rudimenta utriusque cantus*. 1528, in-4°.

Boisquel (M. F.). — *Essai sur l'art du comédien-chanteur*. Paris, 1812, in-8°.

Bonesi (B.). — *Traité de la mesure, ou de la division du temps dans la musique et dans la poésie*. Paris, 1806, in-8°.

Bontempi (Gio-Andrea-Angelini). — *Istoria musica nella quale si ha piena cognizione della teoria e della pratica antica della musica armonica.* Pérouse, 1695, in-f°.

Bouché (L.), artiste de l'Opéra. — *De l'art du chant. Théorie nouvelle, basée sur l'appréciation des éléments constitutifs de la voix.* Nogent-le-Rotrou, 1872, in-12.

Bouilly. — *Récapitulations*. 1836-37, in-8°.

Bourdelot (P.). — *Histoire de la musique depuis son origine, les progrès successifs de cet art jusqu'à présent, et la comparaison de la musique italienne et de la musique française*. La Haye, 1743, 4 vol. in-12.

Brossard (Sébastien de). — *Dictionnaire de musique*, contenant une explication des termes grecs, latins, italiens et français les plus usités en musique, à l'occasion desquels on rapporte ce qu'il y a de plus curieux et de plus nécessaire à savoir..., suivi d'un traité de la manière de bien prononcer, surtout en chantant, et d'un catalogue de plus de 900 auteurs qui ont écrit sur la musique, en toutes sortes de temps, de pays et de langues. 3° édition. Amsterdam, s. d., in-8°.

Brouc (Docteur). — *Hygiène philosophique des artistes dramatiques, ou Traité des causes physiques, intellectuelles et morales qui, engendrées ou favorisées par l'exercice de l'art dramatique, peuvent compromettre la santé des artistes qui cultivent cet art*. Paris, 1836, 2 vol. in-8°.

Burney (Charles). — *A general history of music, from the earliest ages to the present period to which is prefixed a dissertation on the music of the ancients.* London, 1776-1788, 4 vol. in-4°.

C

Caccini (Jules). — *Le nuove musiche di Giulio Caccini detto Romano.* In Firenze, appresso i Marescotti 1601, in-folio de 40 pages. La seconde édition parut en 1607 et la troisième en 1615. La préface de cet ouvrage, traduite en français par M. Gevaert, a été publiée dans le journal *le Ménestrel*, en 1874.

Caffi. — *Storia della musica sacra nella*

già capella ducale di San Marco in Venezia, dal 1318 al 1797. Venezia, 1855, 2 vol. in-8°.

Carré (Remy). — *Le Maistre des novices dans l'art de chanter, ou Règles générales, courtes, faciles et certaines, pour apprendre parfaitement le plain-chant; précédées de quelques motifs et exemples édifiants, qui engagent les jeunes ecclésiastiques et les jeunes religieux novices et autres à s'y appliquer; de quelques observations sur la formation, conservation, destruction, enrouement, extinction de la voix, avec leurs remèdes et moyens de la rendre claire, nette et sonore,* etc., etc. Paris, 1744, in-4°.

Carulli (G.). — *Méthode de chant,* dédiée à son ami Duprez. Paris, 1838, in-f°.

Castil-Blaze. — *De l'opéra en France.* Paris, Janet et Cotelle, 1820, in-8°.

— *L'Académie impériale de musique. Histoire littéraire, musicale, chorégraphique, pittoresque, morale, critique, facétieuse, politique et galante de ce théâtre, de 1645 à 1855.* Paris, 1855, 2 vol. in-8°.

— *L'opéra italien, de 1548 à 1856.* Paris, 1856, in-8°.

— *Les théâtres lyriques de Paris. Recueil de musique, de 1100 à 1855.* Paris, 1856, in-f°.

Ce recueil fait suite aux deux ouvrages précédents.

— *L'art des vers lyriques.* Paris, 1858, in-8°.

Catrufo (J.). — *Méthode de vocalisation, propre au développement des diverses espèces de voix.* Paris, Henry Lemoine, s. d., in-f°.

Caza (Fr.). — *Trattato vulgare di canto figurato.* Mediolani, 1492, in-4°.

Constant d'Orville. — *Histoire de l'opéra buffon, contenant les jugements de toutes les pièces qui ont paru depuis sa naissance jusqu'à ce jour; en deux parties.* Amsterdam et Paris, 1768, in-12.

Celoni. — *Grammatica ossia regole di ben cantare.* Leipzig, 18.., in-f°.

Cerone (Domin.-Pierre). — *El melopeo y maestro, tractado de musica theorica y pratica; en que se pone por extenso, lo que uno, para hazerse perfecto musico ha menester saber, y por mayor facilidad, comodidad, y claridad, del lector, esta repartido en XXII libros.* En Napolis, MDCXIII, in-f°.

Chabanon (de). — *De la musique considérée en elle-même et dans ses rapports avec la parole, les langues, la poésie et le théâtre.* Paris, 1785, in-8°.

Chastellux (Fr.-J.). — *Essai sur l'union de la poésie et de la musique.* Paris, 1765, in-12.

Chiaramonte (F.). — *L'art de phraser et de cadencer, leçons de chant pour développer le médium de la voix.* Paris, 1865, in-8°.

Choquel (Henri-Louis). — *La musique rendue sensible par la mécanique, ou nouveau système pour apprendre facilement la musique soi-même;* ouvrage utile et curieux. Paris, 1759, in-8°.

Choron (Alexandre). — *Principes de composition des écoles d'Italie,* adoptés par le gouvernement français pour servir à l'instruction des élèves des maîtrises de cathédrales. Paris, A. le Duc, 1808, 3 vol. in-folio.

Choron et Adrien de Lafage. — *Manuel complet de musique, ou Encyclopédie musicale.* Paris, Roret, 1836, 6 vol. de texte in-12 et 5 atlas.

Chouquet (G.). — *Histoire de la musique dramatique en France.* Paris, Didot, 1873, in-8°.

Clément (Félix). — *Histoire générale de la musique religieuse.* Paris, Adrien Leclerc et Cie, 1861, in-8°.

Colombat (de l'Isère). — *Traité de tous les vices de la parole, et en particulier du bégaiement, ou Recherches théoriques et pratiques sur l'ortophonie, et sur le mécanisme, la psychologie et la métaphysique des sons modulés, simples et articulés qui composent le langage humain.* Paris, Labé, 1823, 2 vol. in-8°.

— *Traité médico-chirurgical des organes de la voix, ou Recherches théoriques et pratiques sur la psychologie, la pathologie, la thérapeutique et l'hygiène de l'appareil vocal.* Paris, Mansut fils, 1834, in-8°.

Concone (J.). — *Introduction à l'art de bien chanter. Méthode élémentaire de chant, contenant les principes analytiques et raisonnés, avec des exemples et exercices à l'appui, et suivie d'études de vocalisation extraites des ouvrages de Rossini.* Paris, Richault, s. d., in-f°.

Conservatoire. — *Méthode de chant du*

Conservatoire, rédigée par L. Chérubini, Méhul, Gossec, Garat, Plantade, Langlé, Richer et Guichard, avec la collaboration de Ginguéné et de Mengozzi; contenant les principes du chant, les exemples, exercices et vocalises des grands maîtres avec accompagnement de piano. Nouvelle édition. Paris, Heugel et C⁹ᵉ, s. d., in-8°.

— *Méthode de chant du Conservatoire de musique*; contenant les principes du chant; des exercices pour la voix; des solféges tirés des meilleurs ouvrages anciens et modernes, et des airs dans tous les mouvements et les différents caractères. Paris, Heugel et Cⁱᵉ, s. d., in-f°.

C'est la première édition de l'ouvrage ci-dessus.

Coussemaker (Ed. de). — *Mémoire sur Hucbald et sur ses traités de musique*, suivi de *Recherches sur les instruments de musique*; avec 21 planches. Tiré à 80 exemplaires. Paris, J. Techener, 1841, in-4°.

— *Drames liturgiques du moyen âge*. Tiré à 250 exemplaires. Paris, v. Didron, 1861, in-4°.

— *Histoire de l'harmonie au moyen âge*. Paris, v. Didron, 1852, in-4°.

— *L'art harmonique aux XIIᵉ et XIIIᵉ siècles*. Paris, v. Didron, 1865, in-4°.

— *Scriptores de musica medii ævi, nova series a Gerbertino altera*. 3 vol. in-4°.

Crescentini (Girolamo). — *Raccolta di esercizi, per il Canto all'uso del vocalizzo*. Con discorso preliminare. (Texte italien et texte français.) Paris, s. d., in-f°.

Crivelli (Domenico). — *L'Arte del canto*, ossia corso completo d'insegnamento sulla coltivazione della voce. (Texte italien et texte anglais.) Londres, s. d., in-f°.

Crosti (E.). — *Abrégé de l'art du chant*. Paris, s. d., in-f°.

D

Damoreau (Mᵐᵉ Cinti). — *Méthode de chant*, composée pour ses classes du Conservatoire. Contenant: la théorie et les 120 exercices pratiques de ses cours de chant; 25 exercices sur les fioritures et les points d'orgue; 6 grandes études et 6 grandes vocalises; les points d'orgue et traits principaux des morceaux de son triple répertoire des Italiens, de l'Opéra et de l'Opéra-Comique. Paris, Heugel et Cⁱᵉ, s. d., in-f°.

— *Nouvelle méthode de chant*. Développement progressif de la voix. Heugel et Cⁱᵉ, 1855, in-8°.

Damour, Burnett et Elwart. — *Études élémentaires de la musique*, depuis ses premières notions jusqu'à celles de la composition; divisées en trois parties: connaissances préliminaires, méthode de chant, méthode d'harmonie. Paris, 1838, in-8°.

Danjou (J.-L.-F.). — *Revue de la musique religieuse et populaire*. 1845-1849, 4 vol. in-8°.

Dard. — *Nouveaux principes de musique, qui seuls doivent suffire pour l'apprendre parfaitement*, auxquels l'auteur a joint l'histoire de la musique et de ses progrès depuis son origine jusqu'à présent, suivie du parallèle de Lulli et de Rameau, et d'un catalogue chronologique des opéras représentés par l'Académie de musique depuis son établissement. Paris, 1769, in-4°.

David (F.). — *Méthode nouvelle, ou Principes généraux, pour apprendre facilement la musique et l'art de chanter*. Paris, 1737, in-4° oblong.

Debay (A.). — *Hygiène de la voix et gymnastique des organes vocaux*. Des divers moyens gymnastiques et médicaux propres à combattre les vices et altérations de la voix. Paris, 1852, in-12.

Degola (A.). — *Méthode de goût et d'expression, pour apprendre à filer les sons, rendre la voix flexible et acquérir le genre moderne*. Paris, s. d., in-f°.

Della Valle (V. Valle).

Delle Sedie (E.). — *L'Art lyrique*. Traité complet de chant et de déclamation. Paris, Léon Escudier, s. d., in-f°.

Delprat (Ch.). — *L'Art du chant et l'école actuelle*. 2ᵉ édition. 1870, in-8°.

Delsarte (F.-A.-N.-E.). — *Préliminaires de la méthode philosophique de chant*. Paris, s. d., in-f°.

Denis (Pietro). — *Nouvelle méthode pour apprendre en peu de temps la musique et l'art de chanter*. Paris, s. d., in-4° oblong.

Dentice. — *Due Dialoghi della musica.* Roma, 1553, in-4°.

Despiney (G.). — *Physiologie de la voix et du chant*, 1841, in-8°.

Dictionnaire de l'Académie des Beaux-Arts, contenant les mots qui appartiennent à l'enseignement, à la pratique, à l'histoire des beaux-arts, etc. Paris, Firmin Didot frères, fils et Cie, in-4°.

Diday et Pétrequin. — *Mémoire sur une nouvelle espèce de voix chantée*, extrait de la *Gazette médicale de Paris.* S. d., in-8°.

Dodart (Denis). — *Mémoires sur les causes de la voix de l'homme et de ses différents tons.* (Dans les mémoires de l'Académie royale des Sciences, années 1700, 1706, 1707.)

Dorval (P.). — *L'Art de la prononciation appliquée au chant, et manière facile d'augmenter les ressources de la voix par le secours de l'articulation.* Paris, 1850, in-8°.

Dubroca (L.). — *Traité des intonations oratoires, appliqué à tous les genres d'éloquence, soit théâtrale, soit judiciaire ou sacrée.* Paris, 1810, in-8°.

— *L'Art de lire à haute voix, suivi de l'application de ses principes à la lecture des ouvrages d'éloquence et de poésie.* Nouvelle édition, entièrement refondue, mise dans un ordre nouveau et augmentée d'une dernière partie consacrée à la poésie dramatique et à l'art théâtral. Paris, 1824, in-8°.

— *Traité de la prononciation des consonnes et des voyelles finales des mots français, dans leur rapport avec les consonnes et les voyelles initiales des mots suivants;* suivi de la *Prosodie de la langue française, exposée d'après une nouvelle méthode,* etc. — Paris, 1824, in-8°.

Duca (Giovanni). — *Conseils sur l'étude du chant.* (Traduit par J. Boyer). Paris, Bonoldi frères, 1854, in-8°.

Dudouit. — *Essai sur l'accentuation, ou l'Art de débiter une composition à haute voix, et sur le moyen d'obtenir une prononciation exacte.* Paris, 1840, in-8°.

Dumarsais (C.). — *Principes de grammaire, ou Fragments sur les causes de la parole.* Paris, 1703, 2 vol. in-18.

Duprez (G.). — *L'Art du chant.* Paris, Heugel et Cie, 1846, in-f°.

— *La Mélodie, études complémentaires vocales et dramatiques de l'art du chant.* Paris, Heugel et Cie, 1873, in-f°.

Duquesnois (M.). — *Manuel de l'orateur et du lecteur, et Exercices de récitation intelligente et accentuée.* Paris, 1854, in-12.

Duval. — *Méthode agréable et utile pour apprendre facilement à chanter juste, avec goût et précision.* Paris, s. d., in-f°.

E

Emy de l'Ilette (A.-F.). — *Théorie musicale divisée en quatre sections; contenant la démonstration méthodique de la musique, à partir des premiers éléments de cet art jusques et y compris la science de l'harmonie.* Paris, s. d. in-f°.

Encyclopédie méthodique. — *Dictionnaire de musique.* 2 vol. in-4°. 1781, 1818.

Escudier frères. — *Études biographiques sur les chanteurs contemporains,* précédées d'une esquisse sur l'art du chant. Paris, 1840, in-12.

— (Marie et Léon). — *Vie et aventures des cantatrices célèbres,* précédées des musiciens de l'Empire, et suivies de la vie anecdotique de Paganini. Paris, 1856, in-8°.

Fantoni (Gabriele). — *Storia universale del canto.* Milano, 1873, 2 vol. in-12.

Farrenc (J.-H.-A.). — *Le Trésor des Pianistes. Préliminaires.* Paris, Philipp, 1861, in-f°.

Faure (S.). — *Essai sur la composition d'un nouvel alphabet, pour servir à représenter les sons de la voix humaine, et leurs diverses modifications, avec beaucoup plus de fidélité que par tous les alphabets connus;* suivi de l'esquisse d'une nouvelle prosodie, etc. Paris, Firmin Didot frères, 1831, in-8°.

Ferrein (Antoine). — *De la formation de la voix de l'homme.* (Dans les mémoires de l'Académie royale des sciences, 1741.)

Fétis (F.-J.). — *Revue musicale*, de 1827 à 1835, in-8°.
— *La Musique mise à la portée de tout le monde. Exposé succinct de tout ce qui est nécessaire pour juger de cet art et pour en parler sans en avoir fait une étude approfondie.* 3e édition. Paris, Brandus et Cie, 1847, in-8°.
— *Curiosités historiques de la musique, complément nécessaire de la Musique mise à la portée de tout le monde.* Paris, 1830, in-8°.
— *Histoire générale de la musique, depuis les temps les plus reculés jusqu'à nos jours.* Paris, Firmin Didot et Cie, 1869-1876, 5 vol. in-8°.
— *Résumé philosophique de l'histoire de la musique.* (Dans le premier volume de la Biographie universelle des musiciens. 1re édition.) Bruxelles, 1837.
— *Biographie universelle des musiciens et Bibliographie générale de la musique.* 2e édition. Paris, Firmin Didot, 1860, 8 vol. in-8°.
— *Méthode des méthodes de chant, basée sur les principes des écoles les plus célèbres de l'Italie et de la France.* Paris, Schott, 1870, in-f°.
Florimo (F.). — *Metodo di canto, approvato dalla R. Accademia di Belli Arti ed adattato del R. Collegio di musica di Napoli e nel R. Conservatorio di Milano.* Edizione 3a. Milano, Ricordi, s. d., in-f.°
— *Cenno storico sulla scuola musicale di Napoli.* Naples, 1869-1871, in-8°.
Foucher (Paul). — *La Saint-Huberty.* Chronique musicale, 1873.
Fournié (Edouard). — *Physiologie de la voix et de la parole.* Paris, Adrien Delahaye, 1866, in-8°.
Framéry (N.-E.). — *Avis aux poètes lyriques, ou de la nécessité du rythme et de la césure dans les hymnes ou odes destinés à la musique.* Paris, an IV, in-8°.
— *Discours qui a remporté le prix de musique et de déclamation proposé par la classe de littérature et beaux-arts de l'Institut national de France, et donné dans sa séance du 15 nivôse an X, sur cette question : Analyser les rapports qui existent entre la musique et la déclamation. — Déterminer le moyen d'appliquer la déclamation à la musique sans nuire à la mélodie.* Paris, an X (1802), in-8°.
Franceschi (E.-L.). — *Studii theorico-pratici sull'arte di recitare e di declamare, nelle sue correspondenze coll'oratoria, colla drammatica e colla musica.* Milano, 1857, in-12.

G

Gantez (Annibal). — *L'Entretien des musiciens.* Nouvelle édition publiée d'après l'édition rarissime d'Auxerre, 1643, avec préface, notes et éclaircissements, par E. Thoinan. Paris, A. Claudin, 1878, in-12.
Garaudé (Alexis de). — *Méthode complète de chant, ou Théorie pratique de cet art, mise à la portée de tous les professeurs, contenant tous les préceptes et exemples qui y sont relatifs.* Paris, L'auteur, s. d., in-f°.
— *52 études ou exercices de prononciation et d'articulation dans le chant français, sous forme de récitatifs, airs, cavatines, romances, etc.* Paris, s. d., in-f°.
Garcia père (Manuel). — *Exercices pour la voix, avec un discours préliminaire.* Paris, Heugel et Cie, s. d., in-f°.
Garcia (Manuel). — *Mémoire sur la voix humaine.* 1840, in-8°.
— *École de Garcia. Traité complet de l'art du chant.* Paris, Heugel et Cie, 1840, in-f°.
Garcins (Laurent). — *Traité du mélodrame, ou Réflexions sur la musique dramatique.* Paris, 1772, in-8°.
Gentelet (Urbain). — *Essai pratique sur le mécanisme de la prononciation.* Lyon, 1838, in-8°.
Gérard (H.P.). — *Méthode de chant, ou Études du solfège et de la vocalisation.* Paris, Richault, s. d., in-f°.
— *Considérations sur la musique en général, et particulièrement sur tout ce qui a rapport à la vocale, avec des observations sur les différents genres de musique et sur la possibilité d'une prosodie particielle de la langue française.* Paris, 1819, in-8°.
Gerbert (M.). — *De cantu et musica sacrá, a prima Ecclesiæ ætate usque ad præsens tempus.* Typis San Blasianis, 1774, 2 vol. in-4°.

Scriptores ecclesiastici de musica sacra potissimum, ex variis Italiæ, Galliæ et Germaniæ codicibus manuscriptis collecti et nunc primum publici luce donati. Typis San Blasianis, 1784, 3 vol. in-4°.

Gervasoni (Carlo). — Nuova teoria di musica ricavata dall'odierna pratica, ossia metodo sicuro et facile in pratica, per ben apprendere la musica a cui si fanno precedere varie notizie storico-musicali. Parma, 1812, in-8°.

Gevaert. — Histoire et théorie de la musique grecque. 1875-79, in-4°.

— Les gloires de l'Italie. Chefs-d'œuvre de la musique vocale italienne aux XVII° et XVIII° siècles. Avec une introduction historique. Paris, Heugel et C°, 2 vol. in-f°.

Giraldoni. — Guido theorico-pratica ad uso dell'artista cantante. Milano, s. d., in-8°.

Goncourt (Ed. et J.). — La Saint-Huberty. Supplément au Globe, 1879.

Gorla (Pietro). — Ecole de chant, ou nouvelle Méthode musicale complète. Texte italien et texte français. Sans lieu ni date, in-f°.

Grétry (A.-E.-M.). — Mémoires ou essais sur la musique. Paris, an V, 3 vol. in-8°.

Grimarest (de). — Traité du récitatif dans la lecture, dans l'action publique, dans la déclamation, dans le chant. Paris, 1707, in-12.

Guercia. — L'Arte del canto italiano. Milano, s. d., in-f°.

Guglielmi et Rossi-Galliono. — Aperçu d'une méthode de beau chant. Toulouse, 1842, in-8°.

H

Haas. — Le Guide du chanteur. Théorie instructive et prescriptions hygiéniques. Paris, s. d., in-8°.

Hawkins (sir John). — A general history of the science and pratice of music. A new edition, with the authors posthume notes. London, 1853, 3 vol. in-4°.

Helmholtz (H.). — Théorie physiologique de la musique, fondée sur l'étude des sensations auditives. Traduit de l'allemand, par G. Gueroult. Paris, V. Masson et fils, 1868, in-8°.

Hennelle (Mme Claire). — Rudiment des chanteurs, ou Théorie du mécanisme du chant, de la respiration et de la prononciation. Paris, 1843, in-8°.

Herbst (J.-A.). — Musica moderna pratica ovvero maniera del buon canto, das ist eine Kurze anleitung. Francfort, 1653, in-4°.

Heyden (Séb.). — De arte canendi, libr. duo. Nuremberg, 1540, in-4°.

Holtzem (L.-A.). — Bases de l'art du chant. Traité théorique et pratique, et guide spécial à l'usage des jeunes chanteurs et des amateurs. Paris, Girod, 1865, in-12.

— Complément des Bases de l'art du chant. Guide spécial à l'usage des jeunes chanteurs, des amateurs et des orphéons. Paris, Girod, 1867, in-12.

Hummel (J.-N.). — Méthode complète théorique et pratique pour le forte-piano. Paris, Farrenc, s. d., in-f°.

J

Jumilhac (Dom). — La science et la pratique du plain-chant, où tout ce qui appartient à la pratique est établi par les principes de la science et confirmé par le témoignage des anciens philosophes, des pères de l'Église et des plus illustres musiciens, entre autres de Guy Arétin et de Jean des Murs. 2e édition, scrupuleusement réimprimée d'après l'édition originale, mise dans un meilleur ordre, enrichie de notes critiques et de tables supplémentaires très étendues par Théodore Nisard et Alexandre Leclercq. Paris, 1847, in-4°.

K

Kastner (G.) — Méthode élémentaire de chant. Paris, s. d., in-4°.

— Grammaire musicale, comprenant tous les principes élémentaires de musique, la mélodie, le rythme, l'harmonie moderne, et un aperçu succinct des voix et des instruments. Paris, H. Lemoine, 1837, in-8°.

Kircheri (Athanasii). — Musurgia universalis, sive ars magna consoni et dissoni, in-X libros digesta. Roma, 1650, 2 vol. in-f°.

Kuhn (C.). — Solfège des chanteurs, ou Méthode analytique de musique. Paris, 1851, in-f°.

L

Labat (J.-B.) — *Études philosophiques et morales sur l'histoire de la musique.* Paris, 1852, 2 vol. in-8º.
— *Porpora et ses élèves, ou l'Art du chant en Italie au XVIIIᵉ siècle.* S. l., 1862, in-8º.

Lablache (L.). — *Méthode complète de chant, ou analyse raisonnée des principes d'après lesquels on doit diriger les études pour développer la voix, la rendre légère, et pour former le goût.* Paris, Mᵐᵉ Parvy-Graff, s. d., in-fº.

Lacassagne (l'abbé). — *Traité général des éléments du chant.* Paris, 1766, in-8º.

Lacombe (Mᵐᵉ Andrée). — *La Science du mécanisme vocal et de l'art du chant.* Paris, Enoch père et fils, 1876, in-8º.

Laborde (A.-L.-J. de). — *Essai sur la musique ancienne et moderne.* Paris, 1780, 4 vol. in-4º.

Lacome (P.). — *Les fondateurs de l'opéra.* Enoch, 1878, in-4º.

Lafage (Adrien de). — *Essais de diphthérographie musicale, ou notices, descriptions, analyses, extraits et reproductions de manuscrits relatifs à la pratique, à la théorie et à l'histoire de la musique.* Paris, 1864, 1 vol. in-8º et 1 vol. de planches.

Laget (Auguste). — *Le Chant et les chanteurs.* Paris, Heugel et Cⁱᵉ, 1874, in-8º.

Lajarte (Théodore de). — *Bibliothèque musicale du théâtre de l'Opéra.* Paris, 1876-1878, 8 fascicules in-8º.

Lambillotte (Le R. P. L.). — *Esthétique, théorie et pratique du chant grégorien, restauré d'après la doctrine des anciens et les sources primitives.* Paris, 1855, in-8º.

Lamperti (Francesco). — *Guida theorico pratica-elementare per lo studio del canto.* Paris, Escudier, 1865, in-fº.

Lamy (Bernard) — *La Rhétorique ou l'art de parler.* Paris, 1701, in-12.

Lanza (Gesualdo). — *Études élémentaires du chant dans le genre italien, depuis les premiers principes jusqu'aux plus grandes difficultés.* Texte anglais. London, s. d., 4 vol. in-4º oblong.

Laugel (Auguste). — *La Voix, l'Oreille, et la Musique.* Paris, 1867, in-12.

Lavoix fils (H.). — *Histoire de l'instrumentation depuis le XVIᵉ siècle jusqu'à nos jours.* Paris, Firmin Didot et Cⁱᵉ, 1878, in-8º.

Lebeuf (l'abbé). — *Traité historique et pratique sur le chant ecclésiastique.* Paris, 1741, in-8º.

Le Camus. — *L'Art du chant,* en 3 parties, in-fº.

Lecerf de la Vieuville de Fréneuse. — *Comparaison de la musique italienne et de la musique françoise,* en 3 parties, Bruxelles, 1704, in-12.

Lécuyer. — *Principes de l'art du chant, suivant les règles de la langue et de la prosodie française.* Paris, 1769, in-8º.

Ledesma (Mariano Rodriguez de). — *Collection de 40 exercices, ou études progressives de vocalisation; avec des observations sur le chant, ainsi que sur la partie organique et matérielle de la voix.* Paris, Launer, s. d., in-fº.

Lefort (Jules). — *De l'émission de la voix.* Paris, s. d., in-8º.
— *Partie théorique de la nouvelle méthode de chant de J. Lefort. Du rôle de la prononciation dans l'émission vocale.* Paris, 1870, in-12.
— *Méthode de chant.* Paris, s. d., in-4º.

Lemoine (Albert). — *De la physionomie et de la parole.* Paris, 1865, in-12.

Lepileur d'Apligny. — *Traité sur la musique et sur les moyens d'en perfectionner l'expression.* Paris, 1779, in-8º.

Lesfauris (J.). — *Unité de la voix chantée et auscultation de la voix au point de vue du goût.* 1854, in-8º.
— *Physiologie de la voix chantée.* 1863, in-8º.

Lespinasse (Paulin). — *Enseignement complet de l'art du chant. Principes pratiques de la voix et conseils sur la manière de travailler avec fruit l'art du chant.* Paris, Heugel et Cⁱᵉ, s. d., in-fº.

Lichtenthal (Pietro). — *Dizionario e bibliografia della musica.* Milano, 1826, 4 vol. in-8º.
— *Dictionnaire de musique,* traduit et augmenté par Dominique Mondo. Paris, 1839, 2 vol. in-8º.

Loulié (Etienne). — *Eléments ou principes de musique, mis dans un nouvel ordre, très clair, très facile et très court,* et divisez en trois parties. Paris, 1696, in-8°.

Lovati (Gaetano). — *Guida per gli esordienti nell'arte melodrammatica.* Milano, 1850, in-8°.

Lusitano (V.). — *Introduzzione di canto fermo, figurato, contraponcto*, etc. Roma, 1553, in-4°.

Lussy (Mathis). — *Traité de l'expression musicale. Accents, nuances et mouvements dans la musique vocale et instrumentale.* Paris, Heugel et Cie, 1874, in-4°.

M

Madelaine (Stephen de La). — *Physiologie du chant.* Paris, 1840, in-12.
— *Théories complètes du chant.* Paris, Amyot, s. d., in-8°.
— *Etudes pratiques de style vocal*, leçons écrites. Paris, Albanel, 1868; 2 vol. in-12.

Mainvielle-Fodor (Mme). — *Réflexions et conseils sur l'art du chant.* Paris, Perrotin, 1857, in-8°.

Majer (André). — *Discours sur l'origine, les progrès, les révolutions et l'état actuel de la musique italienne.* Traduit de l'italien par le docteur Joseph de Valeriani. Leipsic, 1827, in-12.

Mancini (J.-B.). — *Réflexions pratiques sur le chant figuré.* Traduit de l'italien sur la 3e édition, par de Rayneval. Paris, an III, in-12.

Mandl (L.). — *De la fatigue de la voix dans ses rapports avec le mode de respiration.* (Extrait de *la Gazette médicale de Paris*). Paris, 1855, in-8°.
— *Traité pratique des maladies du larynx et du pharynx.* Paris, J.-B. Baillière et fils, 1872, in-8°.
— *Hygiène de la voix parlée ou chantée, suivie d'un formulaire pour le traitement des affections de la voix.* Paris, J.-B. Baillière et fils, 1879, in-12.

Manfredini — *Méthode théorique et pratique de chant.* Paris, 1840, in-8°.

Manstein (H.-F.). — *Système de la grande méthode de chant de Bernacchi de Bologne avec des vocalises classiques, jusqu'à présent inédites, des maîtres de chant formés dans la même école.* Leipzig, 1835, in-f°.

Marié (de l'Opéra). — *Formation de la voix, vocalises et exercices de pronon-*ciation. Paris, Heugel et Cie, 1873, in-8°.

Marmontel (A.). — *Conseils d'un professeur sur l'enseignement technique et l'esthétique du piano.* Paris, Heugel et Cie, 1875, in-12.

Marpurg (F.-G.). — *Principes de clavecin*, avec 20 planches. Berlin, 1856, in-4°.

Martini (Giambatista). — *Storia della musica.* Bologna, 1757-1770-1781, 3 vol. in-4°.

Martini (J.-P.-E.). — *Mélopée moderne, ou l'art du chant réduit en principes.* Paris, 1792, in-f°.

Marx (A.-B.). — *Die kunst der gesänges, theoretisch-praktisch.* Berlin, 1826, in-4°.

Maugars, V. Thoinan.

Mercadier de Belesta. — *Nouveau système de musique théorique et pratique.* Paris, 1777, in-8°.

Mersenne (Le père Marin). — *Harmonie universelle, contenant la théorie et la pratique de la musique, où il est traité de la nature des sons et des mouvements, des consonances, des dissonances, des genres, des modes, de la composition, de la voix, des chants et de toutes sortes d'instruments harmoniques.* Paris, 1636, in-f°.

Milhès (Is^{re}). — *Guide du chanteur. Traité pratique de l'art du chant, de son perfectionnement et de tous ses agréments; leur dénomination, leur classification, leurs rapports et leurs différences*, etc. En deux parties. Paris, Boieldieu, s. d., in-f°.

Montéclair (Michel Pignolet de). — *Nouvelle méthode pour apprendre la musique, par des démonstrations faciles, suivies d'un grand nombre de leçons à une et à deux voix, avec des tables qui facilitent l'habitude des transpositions et la connaissance des différentes mesures.* Paris, s. d. (1709), in-f°.

Montgéroult (Mme de). — *Cours complet pour l'enseignement du forte-piano; conduisant progressivement des premiers éléments aux plus grandes difficultés.* Paris, Janet et Cotelle, s. d., 3 vol. in-f°.

Morin (M.) — *Traité de prononciation*, indiquant les moyens d'obtenir une bonne émission de voix, de corriger tous les défauts de prononciation, tous les accents étrangers, et donnant la prononciation exacte de plus de deux mille mots. Paris, 1855, in-12.

Moussaud (l'abbé). — L'Alphabet raisonné, ou explication de la figure des lettres. Paris, 1803, 2 vol. in-8°.

Mozart (Léopold). — Méthode raisonnée pour apprendre à jouer du violon. Paris, s. d., in-f°.

Mueller (J.). — Manuel de physiologie, traduit de l'allemand par Jourdan et revu par Littré. Paris, J.-B. Baillière, 1851, 2 vol. in-4°.

N

Nava. — Istradimento all'arte del canto. Paris, s. d., in-f°.

Negri (Benoît). — Instruction aux amateurs de chant italien. Paris, Pacini, 1834, in-8°.

Nisard (Théod.) — Etudes sur les diverses notations musicales de l'Europe. Revue archéologique, t. V, p. 781; t. VI, p. 109, 461, 748; t. VII, p. 129.

Moinville (de). — Histoire du théâtre de l'Académie royale de musique en France, depuis son établissement jusqu'à présent, 2e édition. Paris, 1757, in-8°.

O

Olivet (l'abbé d'). — Traité de la prosodie française, avec une dissertation sur le même sujet, par M. Durand. Genève, 1760, in-12.

Ortigue (Joseph d'). — Du Théâtre italien et de son influence sur le goût musical français. Paris, 1840, in-8°.

— Dictionnaire liturgique, historique et théorique de plain-chant et de musique d'église, au moyen âge et dans les temps modernes. (Collection Migne.) Paris, 1853, in-4°.

P

Pacchiarotti (G.) e Calegari (A.) — Modi generali di canto, premessi alle maniere parziali; onde adornare o riflorire le nudi o semplici melodie o cantilene, giusta il metodo di Gaspare Pacchiarotti. Milano, s. d., in-8°.

Panofka (H.). — L'Art de chanter. Théorie et pratique, suivies du vade-mecum du chanteur, contenant des exercices nécessaires pour former, développer et égaliser la voix, écrits dans tous les tons et pour toutes les voix. Paris, Brandus et Ce, in f°.

— Voci e cantanti. Ventotto capitoli di considerazioni generali sulla voce e sull'arte del canto. Firenze, 1871, in-8°.

Panseron (Auguste). — Méthode de vocalisation. En deux parties. Paris, L'auteur, 1839, in-f°.

Pellegrini Celloni (A.-M.). — Grammatica, o seino regole per ben cantare. Roma, 1810, in-8°.

Perino (Marcello). — Nouvelle méthode de chant. Traduite de l'italien par A.-L. Blondeau, et précédée d'une notice sur Palestrina, de la vie de Benedetto Marcello, et d'une notice sur les usages du théâtre en Italie. Paris, Ebrard, 1839, in-8°.

Perotti (G.-A.) — Guida per lo studio del canto figurato. Milano, 1846, in-8°.

Piermarini (F.). — Cours de chant, ou méthode divisée en deux parties. Paris, s. d., in-f°.

Planelli (Antonio). — Dell'Opera in musica. Napoli, 1772, in-8°.

Poisson (l'abbé Léonard). — Traité théorique et pratique du plain-chant, appelé grégorien, dans lequel on explique les vrais principes de cette science suivant les auteurs anciens et modernes. Paris, 1750, in-8°.

Pougin (A.). — Figures d'opéra comique. Paris, 1875, in-8°.

Prœtorius (Michel). — Syntagma musicum.

— Tomus primus in quo de musica sacra vel ecclesiastica agitur... Wittenbergiæ Joh au Richter. 1615. 1 vol. in-4°.

— Tomus secundus, de organographia Wolffenbüttel. Elias Holwein. 1619. 1 vol. in-4°.

Q

Quadrio. — Della Storia e della Ragione d'ogni poesia. Milano e Bologna, 1739-1752, 7 vol. in-4°.

Quantz (J.-J.). — Essai d'une méthode pour apprendre à jouer de la flûte traversière. Avec plusieurs remarques pour servir au bon goût de la musique. Berlin, 1752, in-4°.

Quicherat (L.). — Adolphe Nourrit. Sa

vie, son talent, son caractère, sa correspondance. Paris, Hachette et Cie, 1867, 3 vol. in-8°.

R

Raguenet (l'abbé François). — *Parallèle des Italiens et des Français en ce qui regarde la musique et les opéras.* Paris, 1702, in-12.

— *Défense du Parallèle des Italiens et des Français en ce qui regarde la musique et les opéras.* 1705, in-12.

Raillard (l'abbé). — *Explication des Neumes ou anciens signes de notation musicale,* pour servir à la restauration complète du chant grégorien. Paris, Repos, s. d., in-8°.

Rameau (J.-P.) — *Code de musique pratique, ou méthode pour apprendre la musique, même à des aveugles, pour former la voix et l'oreille,* etc. Paris, 1760, in-4°.

Raparlier. — *Principes de musique, les agréments du chant, et un essai sur la prononciation, l'articulation et la prosodie française.* — Lille, 1772, in-4°.

Regnier-Desmarais (l'abbé). — *Traité de la Grammaire françoise.* Paris, 1706, in-4°.

Reicha (Antoine). — *Traité de la Mélodie, abstraction faite de ses rapports avec l'harmonie,* suivi d'un supplément sur l'art d'accompagner la mélodie par l'harmonie, lorsque la première doit être prédominante. Paris, Richault, 1814, 2 vol. in-4°.

Romagnési (H.). — *L'Art de chanter les romances, les chansonnettes et les nocturnes, et généralement toute la musique de salon,* accompagné de quelques exercices de vocalisation et suivi de dix romances pour servir d'application aux principes de la méthode. Paris, L'auteur, 1846, in-8°.

— *La Psychologie du chant.* Méthode abrégée de l'art de chanter, contenant des exercices de vocalisation et des mélodies de genres différents, pour servir d'application aux principes de la méthode. Paris, L'auteur, 1846, in-8°.

Rossi (Nicias-Erythrœus). — *Pinacotheca imaginum illustrium virorum.* 1re édit., 1643; 2e, 1729.

Roucourt (J.-B.). — *Essai sur la théorie du chant.* — Bruxelles, 1821, in-8°.

Rousseau (J.-J.). — *Dict. de musique.* Éditions diverses.

Ruta (Michel). — *Storia critica delle condizioni della musica in Italia e del Conservatorio di S. Pietro a Majello di-Napoli.* Naples, 1877, in-8°.

S

Sabbatini (F.-L.-A.). — *Elementi teorici della musica, colla pratica de' medesimi, in duetti, e terzetti a canone.* Accompagnati del basso, ed eseguibili si a solo, che a più voci. Roma, 1789, in-4° oblong.

Santarelli (Joseph). — *Della musica del santuario e della disciplina di suoi cantori.* Roma, 1764, in-4°.

Scoppa (Antoine). — *Les vrais principes de la versification développés par un examen comparatif entre la langue italienne et la française.* — Paris, 1811, 3 vol. in-8°.

Schubiger (Le P.). — *Histoire de l'école de chant de Saint-Gall du VIIIe au XIIe siècle...* Trad. de l'allemand par Briffod. 1866, gr. in-8°.

Segond (L.-A.) — *Hygiène du chanteur.* Influence du chant sur l'économie animale; causes principales de l'affaiblissement de la voix et du développement de certaines maladies chez les chanteurs; moyen de prévenir ces maladies. Paris, Labé, 1846, in-12.

Stoepel (Fçois). — *Méthode théorique et pratique de chant.* Paris, 1836, in-f°.

T

Talabardon (Pascal). — *Traité théorico-pratique de l'articulation musicale.* avec des observations sur les sons de la langue française et sur la théorie des intervalles. Paris, 1841, in-f°.

Tartini (Giuseppe). — *Traité des agrémens de la musique,* contenant l'origine de la petite note, sa valeur, la manière de la placer; toutes les différentes espèces de cadences, la manière de les employer; le tremblement et le mordant, l'usage qu'on en peut faire; les modes artificiels qui vont à l'infini, la manière de former un point d'orgue. Paris, 1782, in-8°.

Thiébault (le général). — *Du Chant, et particulièrement de la romance.* Paris, 1815, in-8o.

Thoinan (Ernest). — *Maugars, célèbre joueur de viole, musicien du cardinal de Richelieu, conseiller, secrétaire, interprète du Roi en langue angloise, traducteur de F. Bacon, prieur de Saint-Pierre-Eynac. Sa Biographie, suivie de sa réponse faite à un curieux sur le sentiment de la musique d'Italie, escrite à Rome le premier octobre 1639.* Paris, Claudin, 1865, in-8o.

Tissot (S.-A.). — *Essai sur la mue de la voix.* (Dans la collection complète de ses Œuvres.)

Tomeoni (Florido). — *Théorie de la musique vocale, ou des dix règles qu'il faut connaître et observer pour bien chanter ou pour apprendre à juger par soi-même du degré de perfection de ceux que l'on entend.* Paris, an VII (1799), in-8o.

Tosi (Pierfrancesco). — *L'Art du chant. Opinions sur les chanteurs anciens et modernes, ou observations sur le chant figuré. Ouvrage imprimé à Bologne en 1723. Traduit de l'italien, et augmenté d'exemples et de notes par Théophile Lemaire.* Paris, J. Rothschild, 1874, in-12 ; en vente chez Baur.

Trœstler (B.). — *Traité général et raisonné de la musique.* Paris, s. d., in-fo.

V

Vaccaj (Nicolas). — *Metodo pratico di canto italiano, per camera, diviso in quindici lezioni.* Paris, s. d., in-fo.

Valle (Pietro della). — *Della musica dell'eta nostro.* Sans lieu, 1640, in-4o.

Viardot (Pauline). *Une heure d'étude. Exercices pour voix de femme, adoptés au Conservatoire national de musique.* Paris, Heugel et Cie, in 8o.

Villers (Mlle Clémence de). — *Dialogues sur la musique, adressés à son amie.* Paris, 1774, in-8o.

Villeneuve. — *Nouvelle méthode pour apprendre la musique et les agréments du chant.* Paris, 1756, in-4o.

Villoteau (G.-A.). — *Recherches sur l'analogie de la musique avec les arts qui ont pour objet l'imitation du langage, pour servir d'introduction à l'étude des principes naturels de cet art.* Paris, 1807, 2 vol. gr. in-8o.

— *Mémoire sur la possibilité et l'utilité d'une théorie exacte des principes naturels de la musique.* Paris, 1807, grand in-8o.

Winter (Pierre de). — *Méthode de chant, divisée en quatre parties ; avec un avant-propos et explications. Texte français, texte italien et texte allemand.* Strasbourg, s. d., in-4o, oblong.

Z

Zarlenga (Raffaello). — *Sulla scoverta del maestro di musica Giovanni Toscano, concernente la scuola di canto ; brevi considerazioni estetico-fisiologiche.* Sans lieu, 1841, in-8.

Zacconi (Louis). — *Pratica di musica, utile e necessaria, si al compositore, per comporre i canti suoi regolarmente, si anco al cantore, per assicurarsi in tutte le cose cantabili.* (1re partie, 1592 ; 2e partie, 1622.) Venezia, gr. in-4o.

TABLE DES MATIÈRES

PREMIÈRE PARTIE

PRINCIPES DU CHANT

Au lecteur	1
Aux maîtres et aux élèves	5

CHAPITRE PREMIER. — Physiologie de la voix 17

Anatomie et physiologie de l'appareil vocal. — Mue de la voix. — Timbres. — Registres. — Intensité et volume de la voix. — Voix mixte. — Chevrotement. — Couac. — Classification des voix cultivées d'homme et de femme. — Conservation de la voix.

CHAPITRE II. — Étude du chant 63

Tenue du chanteur. — Respiration. — Manière de disposer la bouche pendant les exercices. — Attaque et émission du son. — Pose de la voix. — Sons liés. — Ports de voix. — Union des registres. — Sons filés.

CHAPITRE III. — Vocalisation. (Agilité de la voix) 105

Vocalisation liée. — Sons marqués. — Notes détachées ou piquées. — Sons coupés. — Notes rebattues. — Notes répétées. — Arpèges. — Gammes chromatiques.

CHAPITRE IV. — Ornements du chant 121

Ancien chant français. — Port de voix. — Sons filés. — Pincé. — Martellement. — Tour de gosier. — Petite note. — Tremblements ou cadences. — Flatté. — Balancement. — Accent. — Sanglot. — Sons glissés. — Chute. — Diminution et Passage. — Trait. — Coulé. — Coulade.

Chant moderne. — Appoggiature. — Acciacatura. — Groupes. — Trilles et mordants. — Points d'orgue. — Syncope.

CHAPITRE V. — Chant avec paroles. 195
Voyelles. — Consonnes. — Prononciation. — Grasseyement. — Mélodie, art de phraser, respiration. — Liaison du son sous les paroles. — Expression. — Récitatif.

DEUXIÈME PARTIE

HISTOIRE DU CHANT

PREMIÈRE ÉPOQUE. — Le chant dans l'antiquité et au moyen âge . . 243

DEUXIÈME ÉPOQUE. — Les déchanteurs du seizième siècle. — Le chant orné à plusieurs voix. — Le style madrigalesque 257

TROISIÈME ÉPOQUE. — Le chant au dix-septième siècle. — Naissance et progrès de l'art vocal en Italie 277

QUATRIÈME ÉPOQUE. — L'école expressive française aux dix-septième et dix-huitième siècles 321

L'AGE D'OR DU CHANT. — L'art italien au dix-huitième siècle. . . . 377

ÉPOQUE CONTEMPORAINE. — Les derniers virtuoses. — Le chant contemporain. 417

BIBLIOGRAPHE DU CHANT. 443

Musique.

FIN DE LA TABLE

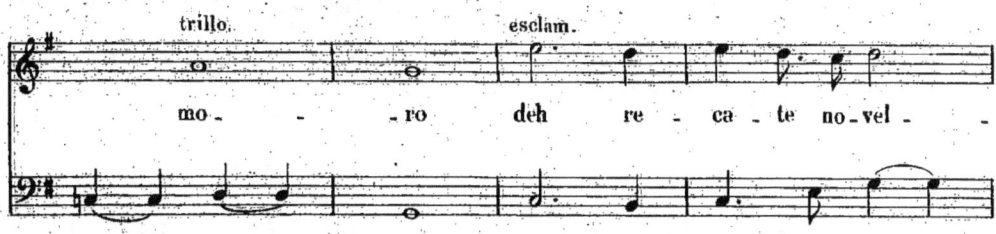
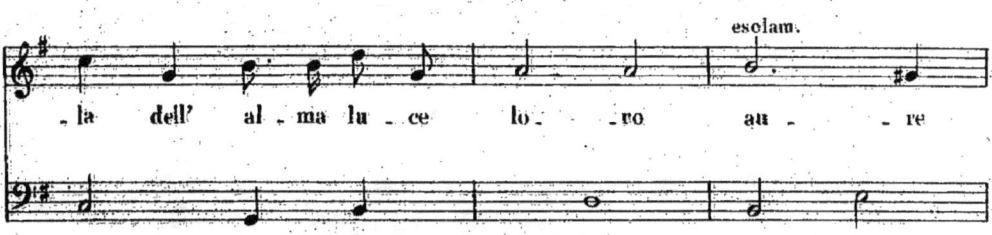

Salmi passaggiatti nella maniera che si cantano.

FRANC SEVERI. in Roma 1645.

INTONATIONE DEL 8º TUONO.

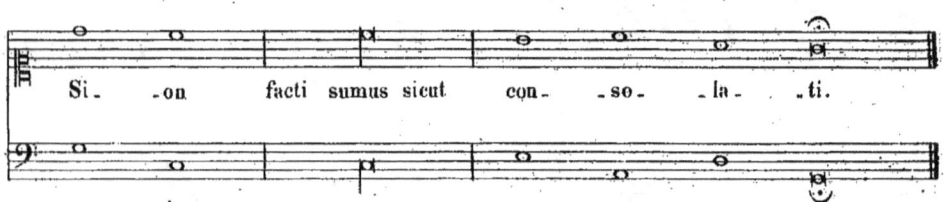

FALSO BORDONE DEL 8º TUONO.

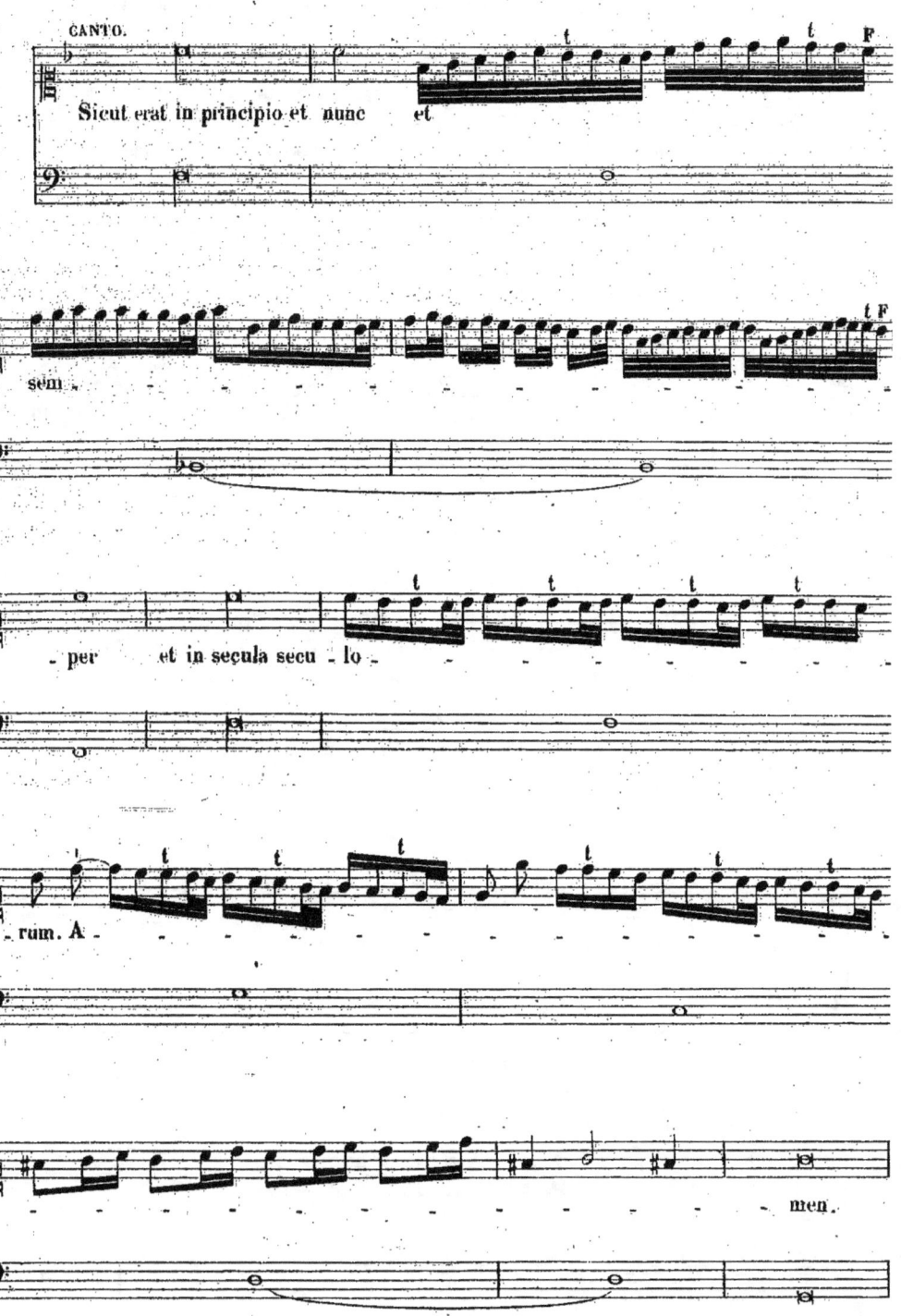

Alcuni versi del miserere sopra il falso Bordone del Dentice.

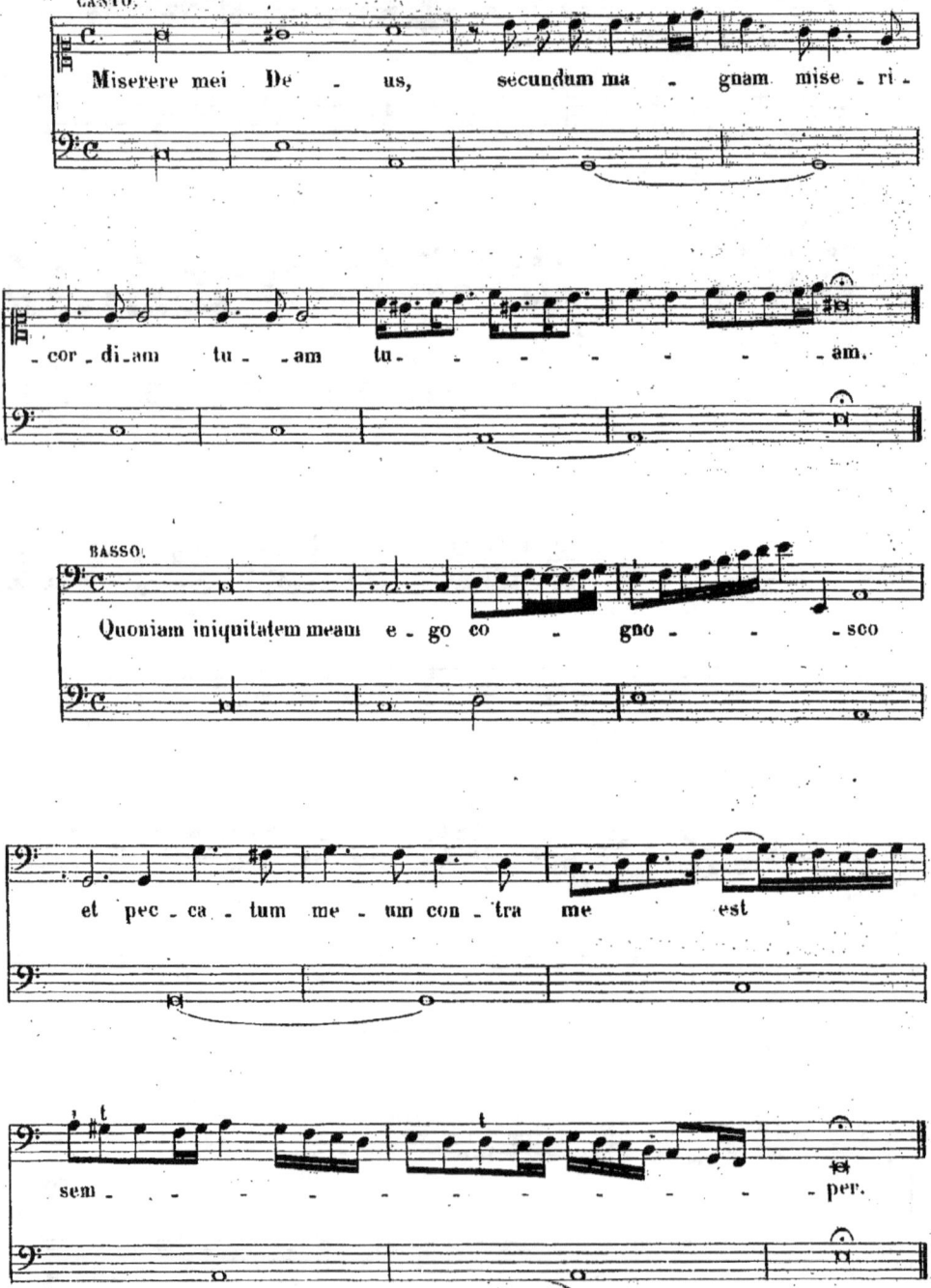

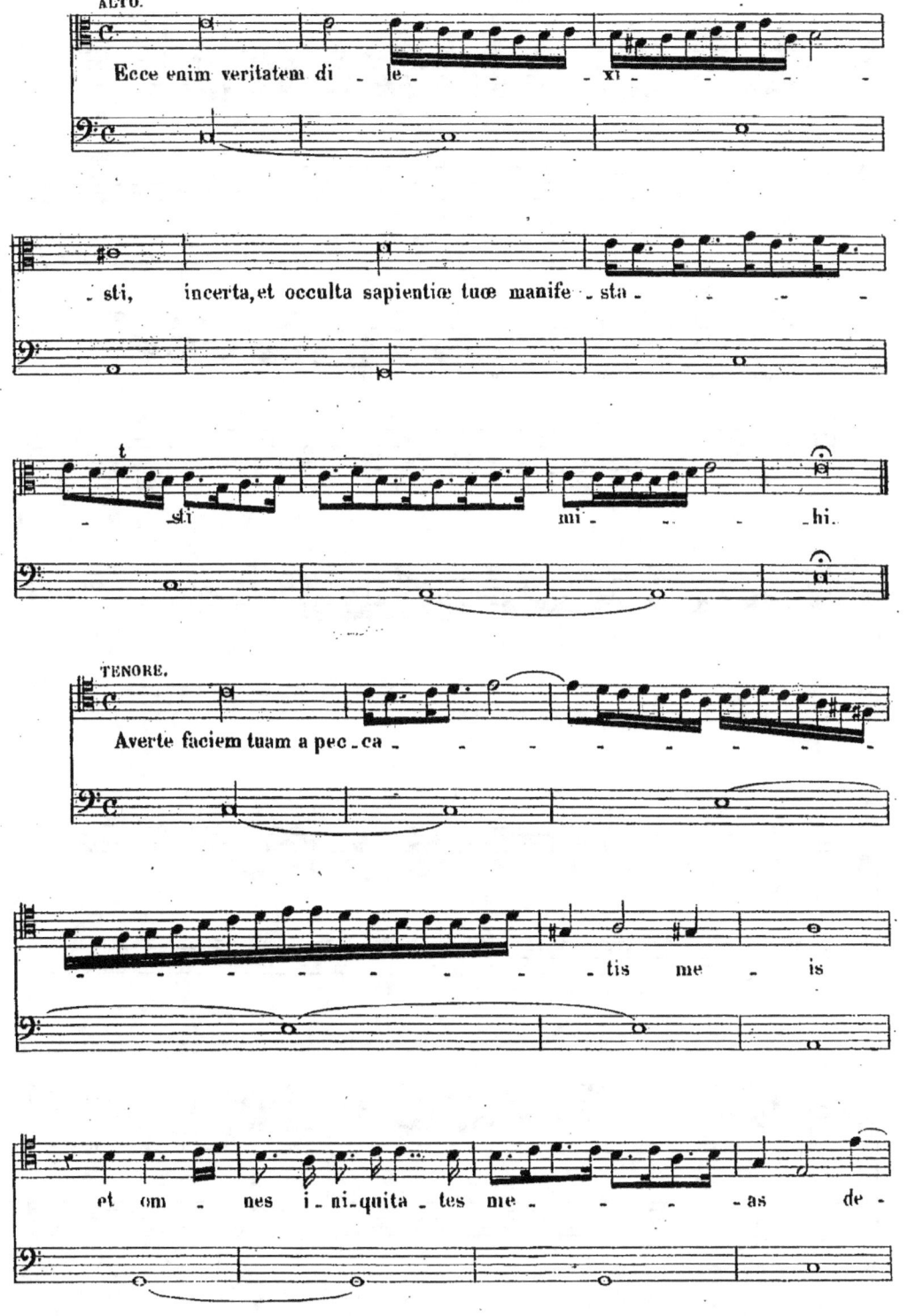

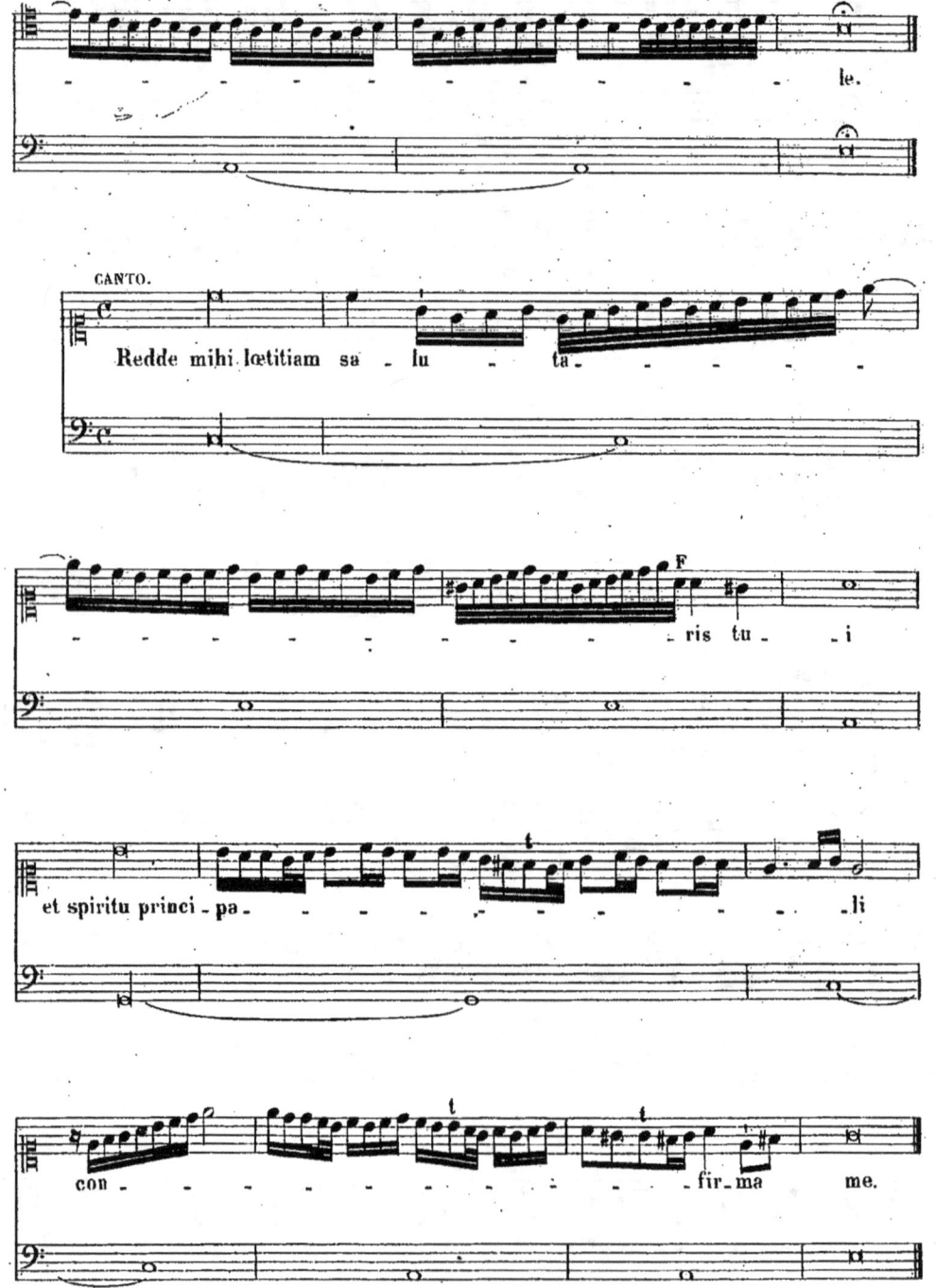

10

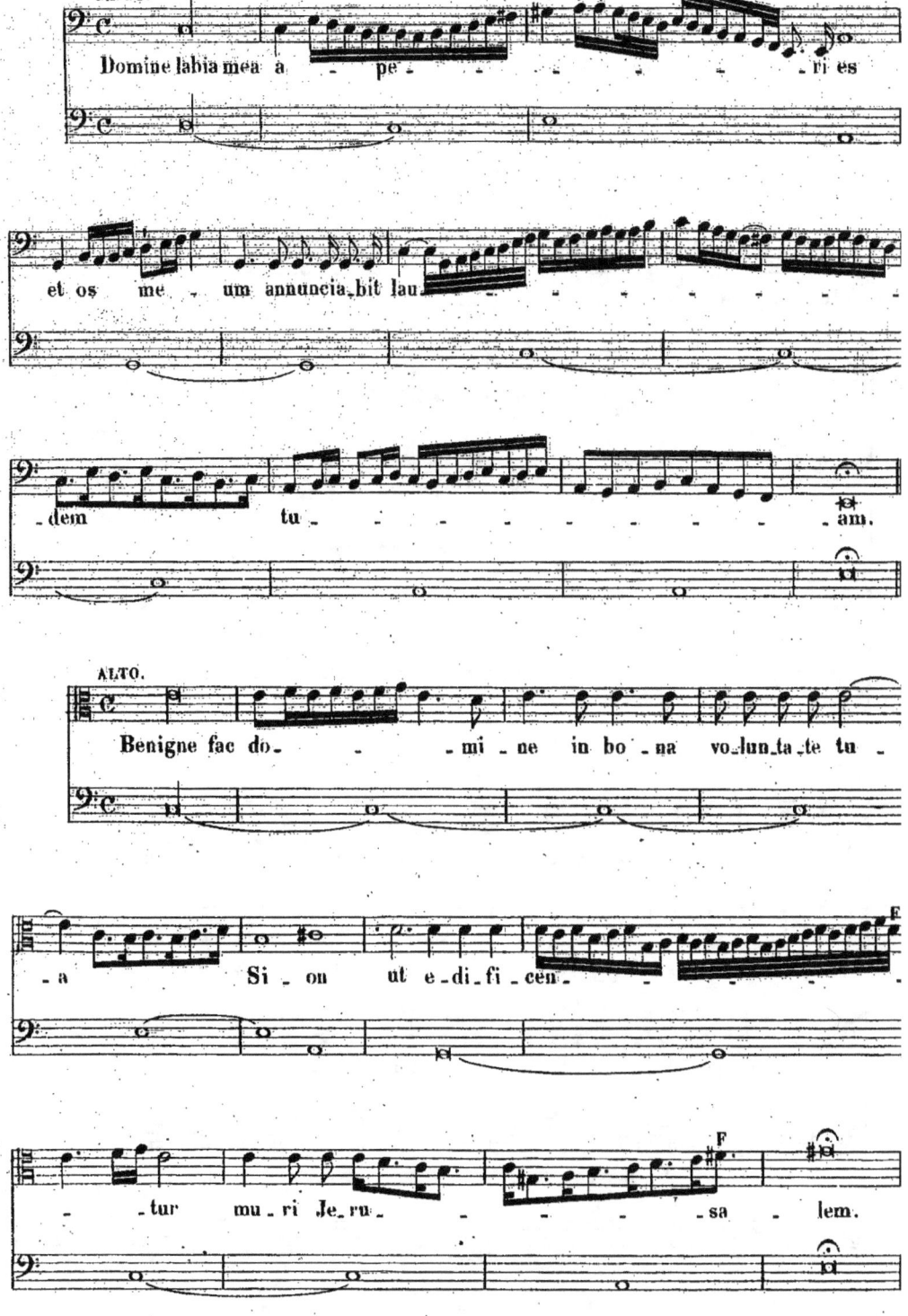

COMMENCEMENT DU XVIIIe SIÈCLE.
(1700)
ACTE 2^e SCÈNE 18^e [1]

ALESSANDRO SCARLATTI.   LE NOZZE COL NEMICO.

Hor che farò io di tanti fiori A_draspe scegliti un fior, lo scielgo_ ti ringratio o Reina stolto lascia ch'I_dreno la ringratij Mel' diede accio lo tenness' io sin ch'ei venia Poglio a lui felicissimo Idreno eccovi il fior prendete, Mà qual dolce concento solleva del mio cor l'aspro tormento.

In quest' aria del Rosignuolo sonano solamente il violino, è leuto solo.

[1] Nous reproduisons ce morceau curieux d'après le manuscrit que possède la Bibliothèque Nationale avec ses irrégularités de notation.

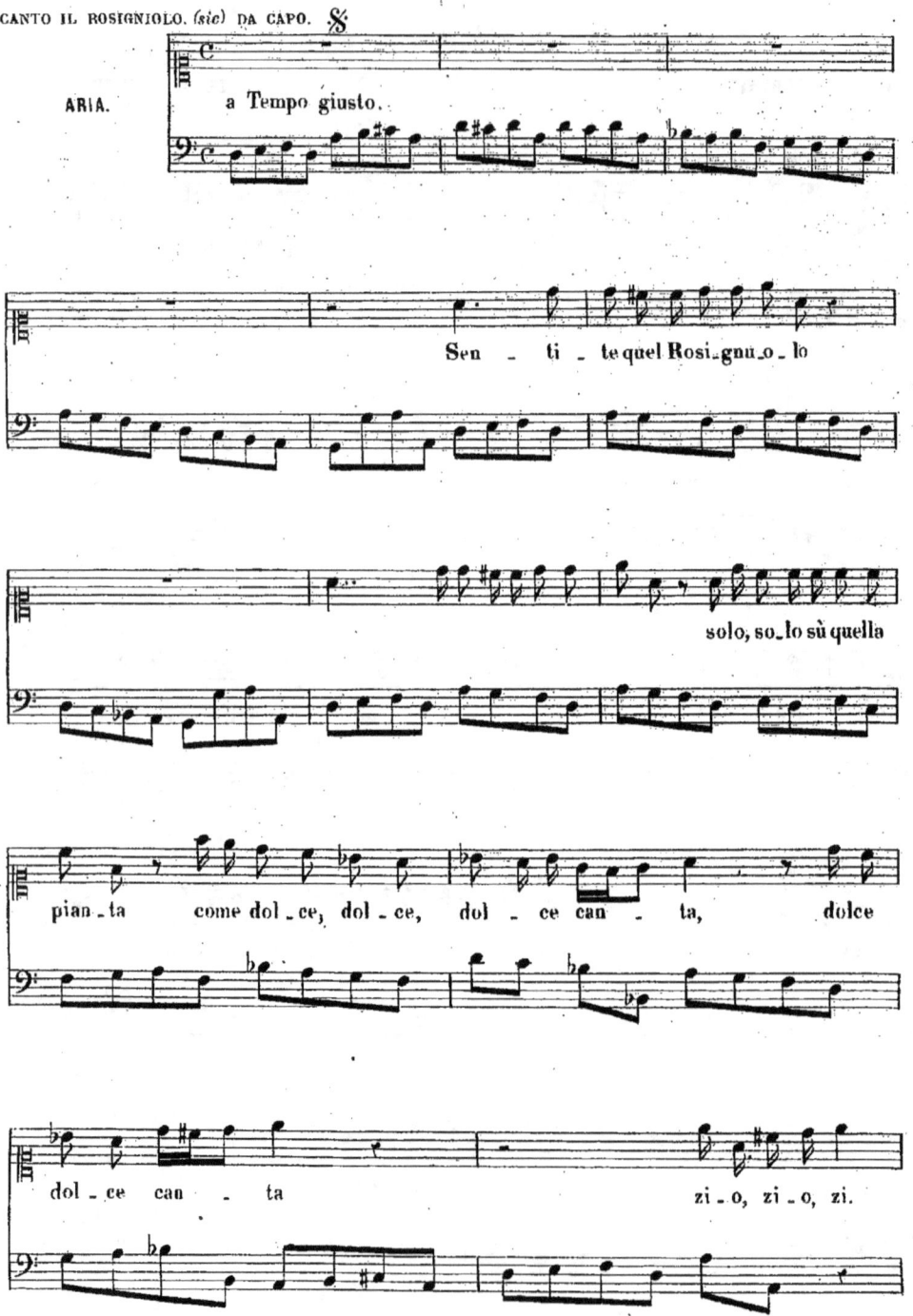

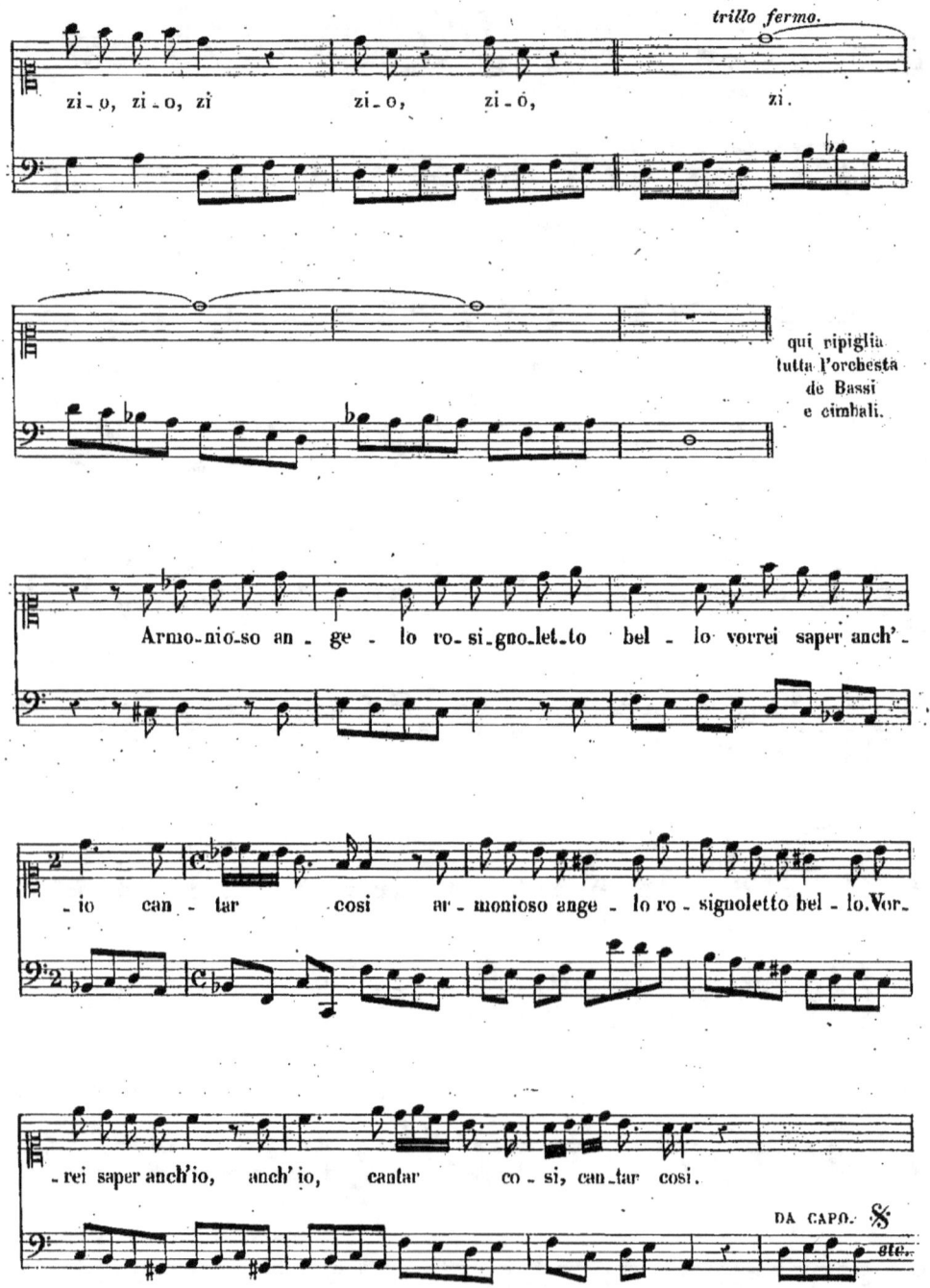

www.ingramcontent.com/pod-product-compliance
Lightning Source LLC
Chambersburg PA
CBHW051620230426
43669CB00013B/2119